璧山年鉴

BISHAN NIANJIAN

2017

《璧山年鉴》编纂委员会

《璧山年鉴》编辑部

方志出版社

Publishing House of Local Records

图书在版编目（CIP）数据

璧山年鉴. 2017/《璧山年鉴》编纂委员会编. - -
北京：方志出版社，2017.10
ISBN 978-7-5144-2591-8

Ⅰ.①璧… Ⅱ.①璧… Ⅲ.①璧山区—2017—年鉴
Ⅳ.①Z527.194

中国版本图书馆CIP数据核字（2017）第254899号

璧山年鉴（2017）

编　　者：《璧山年鉴》编纂委员会
责任编辑：黄　彦
出 版 人：冀祥德
出 版 者：方志出版社
地址　北京市朝阳区潘家园东里9号（国家方志馆4层）
邮编　100021
网址　http://www.fzph.org
发　　行：方志出版社发行中心
电话（010）67110500
经　　销：各地新华书店
印　　刷：重庆巴南彩印厂
开　　本：889×1194　1/16
印　　张：29　插页：68
字　　数：793千字
版　　次：2017年10月第1版　2017年10月第1次印刷
印　　数：0001~1000册
ISBN 978-7-5144-2591-8　定价：350.00元

《璧山年鉴》编纂委员会

《璧山年鉴》编辑部

《璧山年鉴》编审人员名单

主　　审　胡正好　徐安绪

分　　审　（按姓氏笔画为序）

王大全　田　中　张　伟　周厚强　郑发利　傅应明

总纂统稿　刘　静

打字校对　罗　敏

新闻图片　（按姓氏笔画为序）

王禧华　孙　茜　刘　畅　刘兴洪　任福建　连宏宇

陈富春　张承刚　陈　进　陈　亮　罗　君　周海瑞

郭昌禄　曾世雷　曾清龙　程　超　谢　捷

编 辑 说 明

一、《璧山年鉴（2017）》坚持以马克思列宁主义、毛泽东思想、邓小平理论、“三个代表”重要思想和科学发展观为指导，贯彻落实习近平总书记系列重要讲话精神和治国理政新理念新思想新战略，坚持辩证唯物主义的立场、观点和方法，旨在为领导决策服务，为宣传璧山服务，为民众提供信息，为修志积累史料。

二、《璧山年鉴》创于1998年，逐年编纂。本卷为第20卷，全面记录2016年璧山经济、政治、文化、社会和生态文明建设的发展变化。本卷年鉴框架结构基本保持稳定，共有14个类目，分别是特辑、璧山概况、园区建设经济、政治、法治、民兵与民防、文化与信息传播、社会事业、镇街、人物、光荣榜、大事记、文献、统计资料、附录等。共设66个分目，重点反映实施““三区一美”战略行动”战略，加快推进新型工业化、信息化、城镇化、农业现代化建设和推进国家高新区建设、法治政府建设、切实改善和保障民生、城乡统筹发展的新进展、新成果。

三、本卷年鉴框架采取类目、分目、子分目、条目的编辑体例，以字体、字号等版式设计区别不同层次。条目标题用黑体字加【】表示，大事记中同一日期用“是日”表示。

四、本卷年鉴的统计数据使用法定计量单位。价值指标绝对数凡未注明的，按年鉴记载当年（2016年）价格计算。

五、本卷年鉴由区内各部门（单位）、党派、团体、镇街以及驻璧部队提供，并经供稿单位主要领导审核。统计资料由区统计局提供。文中数据如有不一致，则以统计部门提供的数据为准。

六、本卷年鉴刊载的领导图片排列顺序为中央、部委局、重庆市级领导（排列顺序为市委、市政府、市人大、市政协主要领导，其他副职按各单位领导排列顺序）、区级主要领导（排列顺序同上），重大活动图片按时间（事以类聚）先后顺序相结合排列。光荣榜收录排序为国家、市委、市政府、市级部门（主管部门和行业表彰除外）、区委、区政府表彰的先进集体和个人。

七、本卷年鉴为免累赘，凡直书月、日而未写明年份的，即为2016年；数据增加和减少未说明与某一年份比较的，即为本年鉴记载当年（2016年）与上年（2015年）比较。

八、本卷年鉴具备双重检索系统，即书前目录和书后索引，索引采用主题分析法，按主题词首字汉语拼音字母顺序排列。

2016年，璧山城区新貌

壁山速览

（2016年度）

辖区面积	914.56平方公里
年末户籍人口	64.35万人
年末常住人口	73万人
地区生产总值	428.4亿元
一般公共预算收入	56.2亿元
政府性基金收入	54.2亿元
规模以上工业企业总产值	1029.2亿元
固定资产投资	718.8亿元
社会消费品零售总额	122.4亿元
金融机构本外币存款余额	426.7亿元
金融机构本外币贷款余额	286.8亿元
外贸进出口总额	13.4亿元
城镇常住居民人均可支配收入	32510元
农村常住居民人均可支配收入	15680元

领 导 关 怀

2016年1月5日，国家发改委主任徐绍史（中）到璧山考察秀湖生态区

2016 年 4 月 27 日，教育部副部长杜占元（中排左三）一行到璧山调研教育信息化工作

2016 年 5 月 15 日，水利部副部长矫勇（前排左四）到璧山专题调研水利工作

2016 年 10 月 10 日，水利部副部长陆桂华（前排左三）到璧山考察水生态文明试点城市建设

2016 年 7 月 20 日，重庆市市长黄奇帆（后排中）出席重庆山水主题小镇—六旗乐园签约仪式现场

2016年8月8日，重庆市人大常委会副主任、民建重庆市委主委沈金强（右一）到璧山专题调研民建重庆市璧山支部工作。图为沈金强在人民广场调研

2016年9月1日，重庆市人大常委会副主任夏祖相（前排中）到璧山七塘镇蔬菜研发中心调研蔬菜研发情况

2016 年 9 月 22 日，重庆市人大常委会副主任郑洪（前排左二）到璧山调研区镇人大换届选举工作

2016 年 4 月 12 日，重庆市政协副主席张玲（右二）到璧山调研侨企发展情况

2016 年 5 月 24 日，重庆市政协副主席刘光磊（左三）到璧山调研经济社会发展和政协工作。图为在观音塘湿地公园调研

2016 年 9 月 19 日，重庆市政协副主席彭永辉（前排右三）、张玲（前排右二）率市政协常委视察团第三分团视察“大众创业、万众创新”工作开展情况

区级主要领导调研

2016年7月7日，区委书记吴道藩（前排左二）到中铁任之健康城推进项目建设

2016年2月4日，区长章勇武（右二）检查千层岩水厂

2016 年 3 月 22 日，区人大常委会主任薛方梅（前排左二）率执法检查组在七塘镇查看商贩食品经营情况

2016 年 6 月 14 日，区政协主席向邦俊（前排左二）到八塘镇调研经济社会发展情况

交流与合作

2016 年 3 月 10 日，国家发改委调研组到璧山调研承接产业转移情况

2016 年 3 月 16 日，渝西片区侨联工作座谈会在璧山召开

2016 年 3 月 28 日，重庆大学负责人到璧山考察调研经济社会发展情况

2016 年 4 月 5 日，重庆市委党校主体班到璧山开展主题现场教学活动

2016 年 4 月 11 日，全市舆情信息工作会在璧山民生大酒店召开

2016 年 4 月 20 日，梁平县党政代表团到璧山考察交流城市经营理念，并现场参观秀湖国家湿地公园，了解璧山城市建设、生态与产业发展情况

2016 年 5 月 15 日，“全国百家网络媒体总编看璧山”活动在秀湖国家湿地公园参观璧山城市建设和生态建设情况

2016 年 5 月 16 日，璧山党政代表团到武隆县考察旅游业发展情况

2016 年 5 月 23 日，全国水文机制体制改革工作会在璧山召开

2016 年 6 月 22 日，在渝全国人大代表调研组到璧山专题调研创新驱动发展、高新技术产业、大众创业和万众创新情况

2016年7月19日，中新苏州工业园区开发集团股份有限公司董事长、总裁赵志松（右二）到璧山重庆台商工业园考察产业发展情况

2016年7月20日，美国六旗集团全球总裁兼首席执行官约翰·达菲和山水文园集团董事局主席李辙到重庆雾都宾馆出席山水文园集团与璧山区人民政府合作建设“重庆山水小镇—六旗乐园”协议签字仪式，并现场接受新华社、中新社、《环球时报》等全国40家媒体采访

2016 年 7 月 22 日，璧山宣传思想工作首登中宣部讲坛，区委常委、宣传部部长刘晋（前排左一）在全国宣传干部学院授课

2016 年 8 月 19 日，文化部艺术司司长诸迪（前排左二）一行到璧山调研文化事业发展情况

2016年9月20日，区人民医院与重庆医科大学附属第一医院签署合作办医协议

2016年9月25日，“海外侨胞故乡行——走进重庆”活动到璧山考察经济社会发展情况

2016年9月28日，中央电视台《焦点访谈》栏目专题报道璧山区户籍制度改革情况，区长章勇武接受采访

2016年10月19日，璧山区党政代表团到河北省固安县考察产业新城建设情况

2016 年 10 月 19 日晚，中央电视台综合频道 CCTV－1《新闻联播》栏目以单条形式报道璧山积极对接国家激励政策，激活拉动民间投资的工作情况

2016 年 11 月 3 日，璧山书画展亮相市政协大厅，市政协主席徐敬业（前排左二）参观展览

2016 年 11 月 14 日，美国一带一路总商会到璧山对接招商引资工作。图为考察规划展览馆现场

2016 年 11 月 20 日，海外华裔青少年“中国寻根之旅”活动走进璧山。图为在秀湖国家湿地公园合影

2016 年 12 月 29 日，重庆军民融合协同创新研究院落户璧山国家高新区

重大活动

2016 年 9 月 7 日，18 个项目集中签约入驻璧山国家高新区重庆众泰汽车配套产业园

2016 年 12 月 31 日，区人民政府与教育部深空探测研究中心举行合作签约仪式

2016 年 4 月 21 日，璧山区组团参加十二届重庆高交会

2016 年 6 月 28 日，璧山国家高新区 4 家企业集中开工

2016 年 6 月 30 日，重庆西郊福寿园人文纪念公园开工

2016 年 9 月 28 日，区人民医院新院落成暨重医一院壁山医院揭牌

2016 年 12 月 30 日，“千年重庆”民俗文化旅游项目举行开工慰问活动

2016 年 12 月 19 日，区中医院和秀湖汽车露营地开工

2016 年，璧山森绿城市一角

绿城·璧山

生态修复后的观音塘湿地公园

风景优美的园林式厂区

市民在秀湖公园游玩

沿 河 路

2016年年底，全区有公园30个、广场20个，新建11个生态停车场，居民楼院立体绿化1200户，建成示范街区5条。公共绿地达到1800万平方米，立体绿化20万平方米，人均公园绿地面积增加到28平方米，城市植物品种达到2700种，绿色清新成为“城市底色”。

新建投用的福禄镇班竹村生态公园

新建投用的漫水湾公园

市民在秀湖公园天子桥游览

2016年，实施河湖水系连通工程，新建扩建水库3座、湿地4处，水网密度达到2.7公里/平方公里，城区水域面积占比提高到10.5%，人均水面面积达到10平方米。启动“海绵城市”建设项目20个，覆盖试点面积2平方公里，“一河三湖九湿地”框架逐渐成型。

璧南河水利工程

璧山绿岛新区一角——秀湖国家湿地公园

中水回用工程

古城璧山

2016年年底，全区有南门唐城、秀湖水街、翰林院、状元桥等仿古建筑23万平方米。其中新建成仿古建筑5.7万平方米、仿古亭廊14处，新开工1.6万平方米。文化古城形象进一步凸显，古城建设厚植文化符号。

茅莱山居与千年重庆项目总图

南门唐城商业街区

建设中的地派宋城一角

2016年5月4日，璧泉街道开展古文化展示活动

生态宜居区

位于秀湖公园正南门的渝西跨境商品直购体验城

建设中的九永高速云雾山隧道

璧山区人民医院新院

绿城、水城、古城深度发展 御湖新区4.7公里环湖路建成通车。新建11个生态停车场，新增1120个公共停车位。完成1200户居民楼院立体绿化，建成5条示范街区。实施河湖水系连通工程，新建扩建3座水库、4处湿地，水网密度达到2.7公里/平方公里，城区水域面积占比提高到10.5%，人均水面面积达到10平方米。启动“海绵城市”建设项目20个，覆盖试点面积2平方公里。建成仿古建筑5.7万平方米、仿古亭廊14处，新开工1.6万平方米。

重大基础设施快速推进 九永高速璧山段完成48%的工程量，轨道一号线缙云山隧道双向掘进3公里，六旗大道动工建设，合璧津高速、渝蓉高速连接北环立交进入开工准备阶段。长江提水璧山供区工程隧洞整体贯通，新区水厂开工，中水回用二期工程投用。建成220千伏茅莱变电站，编制新能源汽车充电桩建设规划，建成充电桩137个。新建4G基站720个，新增“无线城市”免费WIFI热点62个。

城市管理走向精细 整治城区违法建筑64.9万平方米，改造“城中村”22个。新建改造标准化公厕8座、垃圾收集站16个，垃圾收运体系逐步完善，城镇生活垃圾无害化处理率达到100%。深入实

伊顿幼儿园

重庆护理职业学院

施环保“五大行动”，主要污染物削减达标率完成市政府下达任务，顺利通过中央环保督察。

现代服务业高位起步 云雾山“裸心”度假酒店项目完成概念规划设计，“千年重庆”民俗文化旅游项目启动建设。俊豪购物广场完成主体工程，南门唐城创建为市级特色夜市街区。新增金融机构8家，金融业增加值占GDP比重达到2.6%。

“人生链条”服务体系加快形成 人民医院新院落成，实现与重医一院合作办医，中医院新院破土动工。璧山中学与重庆一中联盟办学、实验小学与巴蜀小学合作办学纵深推进，伊顿幼儿园和重庆护理职业学院开学招生，职教中心改扩建顺利推进。重庆西郊福寿园人文纪念公园开工建设。

环卫车辆交接现场

2016年4月15日，璧山区第二届云雾山樱桃采摘节在八塘镇开幕

新型工业化

众泰新能源汽车

重庆金冠汽车制造股份有限公司组装车间

工业经济持续壮大 完成工业投资377.7亿元，增长12.5%。实现工业增加值267.4亿元，增长11.3%。实际利用内资296.6亿元，进出口总额13.4亿元。236个项目实施技术改造，8个项目通过重组、并购、合作实现产业升级。获批中新合作智慧区试点，为中新项目落地搭建更好平台。

高新区发展再上台阶 实现规上工业产值890亿元，增长18.7%，高新技术产业产值占比达到43.5%。首辆“璧山造”众泰新能源汽车整车下线，引进得润电子新能源汽车零部件等项目51个。30个项目开工建设，32个项目建成投产。高新区

示范区

蓝黛传动生产线一角

成为科技部科技服务业区域试点单位，纳入重庆国家自主创新示范区核心建设范围。

科技创新平台密集搭建 采取“总院+专业研究院”模式，组建重庆军民融合协同创新研究院，成功举办重庆军民深度融合产业发展交流会，加快组建中国工程科技军民融合发展战略研究院和10个专业研究院。建立创业种子基金，科技创新示范基地建成投用，“璧山创智工场”被命名为国家级众创空间。与重庆大学、重庆理工大学等高校共建大学生实训基地，5000余名大学生、1000余名企业员工参加培训。新增高新技术企业41家、科技型企业103家，新增重庆名牌产品7个。新增发明专利190件，万人发明专利拥有量达到5.9件。

股权投资计划顺利实施 坚持“创新+资本=新动力”经济逻辑，打造金融创新高地。帮助潜力企业争取国家专项建设基金17.4亿元。“两山西证”“两山火炬”两支股权投资基金投资众泰汽车等项目6.4亿元，实现瑞普电气、兴渝涂料、梦赛力士3家企业“新三板”挂牌，凯成科技等6家企业完成上市筹备。

得润电子生产线

璧山国家高新区变速器研发中心

山青机械制造有限公司智能焊接机器人

食品生产车间

统筹城乡

璧北十万亩蔬菜基地：育苗保秋栽

璧南十万亩花木基地

扶贫脱贫成果巩固 在全面完成脱贫任务基础上，设立相对贫困户识别标准，新识别1117户、3169人。落实每户2000元以上产业扶持资金，帮助脱贫户稳步增收。投入139万元为脱贫户和相对贫困户购买保险，解决因病因灾返贫问题。

道口经济持续发展 实施大路道口征地拆迁740亩，大路物流园项目开工建设，引进现代农业、智慧物流项目5个，投资额6亿元。建成中铁任之健康城2.4万平方米体验区，22万平方米颐养区和养老公寓主体完工。

特色农业效益显现 农林牧渔业产值达到34亿元，增长4%。璧北蔬菜基地播种面积11.8万亩、产量27万吨，璧南苗木基地新增种植面积2000亩，璧西果木基地新增种植面积5000亩，“三大基地”产值突破10亿元。完成永久性基本农田划定，建成

中铁任之健康城一角

先行区

村民用上天然气

村民用上自来水

高标准基本农田6.8万亩，实施农村宅基地复垦665亩。新建改建农村水利设施2000余处。引进培育农业龙头企业15家、专业合作社48家。新增重庆名牌农产品5个，新认证无公害农产品28个。发展农村电子商务，建成13个镇街电商服务中心、60个村级电商服务站，信息进村入户率达到50%。

河边镇文昌社区村级电商服务站

生态创建长抓不懈 加大考核力度，治污防污长效机制和督查巡查机制不断健全。完成28个行政村环境连片整治，实施通道绿化132公里，关闭污染企业21家，关停整治畜禽养殖场26家。启动全市首个生态文明建设示范基地建设，成功创建全国节约型公共机构节能示范单位2个、国家级生态镇街12个、市级生态文明建设示范镇街1个、市级生态村（社区）61个，获全市首批生态文明建设示范区命名。

乡村电商物流配送

和美璧山

夏日心爱困难儿童帮困活动现场

保障性住房建设

区人才招聘会现场

民生实事逐项落实 投入6.2亿元，集中力量办好25件重点民生实事。其中，保障性住房建设、农村危房改造、城市供水“一户一表”改造、社区便民商业设施建设等9件全面完成三年目标任务，农村公路危险路段安全防护设施安装、山坪塘整治及村社便道建设、农村妇女“两癌”检查和孕妇产前出生缺陷筛查及残疾人帮扶、流动文化服务进村、扩大就业技能培训等5件超额完成年度任务。新建扩建4所中小学校，改善65所义务教育薄弱学校基本办学条件，义务教育阶段学生营养餐全覆盖。完成4个镇街敬老院标准化建设，建成6个社区养老服务设施和8个社区健身点。改造升级农村电网400公里，实现165个行政村（社区）光纤全覆盖。开工建设精神卫生中心，实施260家基层卫生机构医用计量设备免费检定。改造23栋老旧居住建筑消防设施，规范设置城区27个重要节点信号灯和交通标志。

社会事业更加繁荣 新建民办幼儿园4所，完成御湖小学、凤凰小学主体工程建设。全面推进教育系统绩效考核，41所学校实施课程改革，高考重本上线突破800人。启动医联体建设和分级诊疗，推进人民医院、妇幼保健院“三甲”创建工作，国家卫生区创建通过初步检查。全面两孩政策有序实施。举办11场大型文艺演出活动，承办重庆市第三届原创歌曲大赛，完成全国第一次可移动文物普查并通过验收。参加市五运会并获历史最高成绩，举办第一届老年人体育健康运动会，常年参加体育锻炼人口比例达到45.5%。

就业和社会保障不断加强 城镇新增就业2.6万人，城镇登记失业率为2.51%。新发展微型企业680户，带动就业3600人。积极构建和谐劳动关系，确保农民工工资按时足额发放。社会保险不断扩面，参保待遇逐步提高。发放城乡低保金3280万元、五保金1555.9万元、“三无”人员生活补助金1236.6万元，2.3万人从中受益。实施医疗救助、临时救助13.6万人次，发放救助金2660万元。1.8万名80岁以上老人享受高龄营养补贴1278.3万元，467个失独家庭获得特别关爱金744万元。

平安建设成效显现 创建“2+N”矛盾纠纷联调机制，调处纠纷1795件。集中开展打击“盗扒骗”专项行动，严厉打击“黄赌毒”、非法集资、传销等违法犯罪。新配备禁毒专职社工43名，禁毒康复中心开工建设。在全市率先建立反信息诈骗中心，查处涉案账户71个，止付涉案资金492.8万元。组建百人特警队，维稳处突能力进一步提升。社会安全事件应急联动指挥系统建成投用，城市交通智能化示范有序推进。完成6000余个重点风险源登记识别及评估，开展应急演练30余次。探索建立安全生产诚信体系，实现安全监管关口前移。关闭5家危化生产企业，安全生产基本面持续改善。全年未发生较大以上安全生产事故。

市民展示办理好的免费公交卡

2016年5月19日，中央六一系列报道《校训是什么》走进璧山实验小学

璧城街道治安巡逻

首届璧山百名小学生手绘环保手提袋活动现场

协办单位

璧山高新技术产业开发区管理委员会

中共重庆市璧山区委宣传部

重庆市璧山区经济和信息化委员会

重庆市璧山区统计局

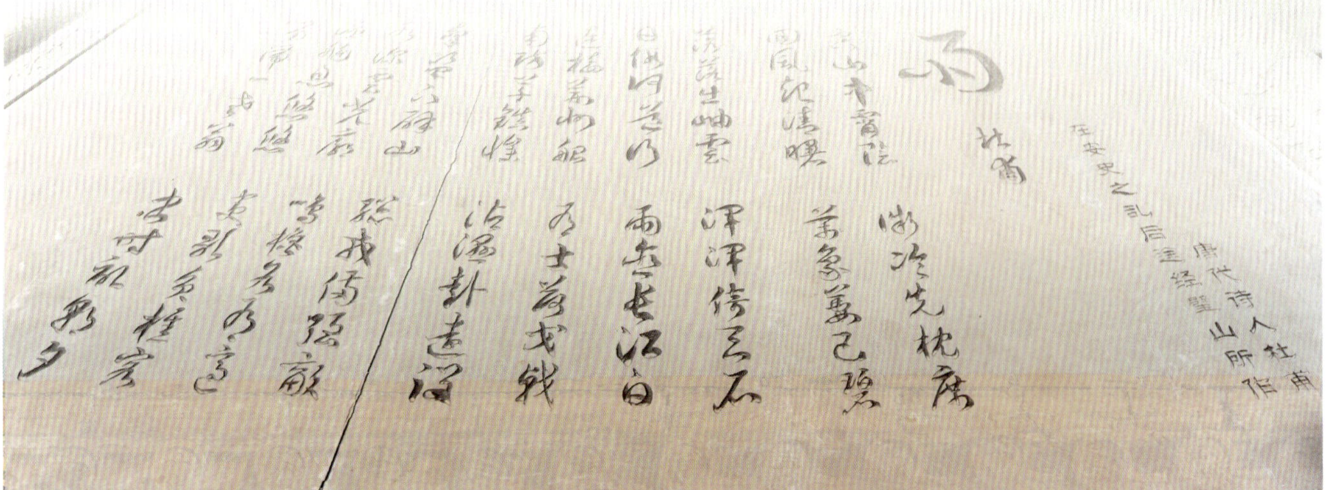

2016 年，观音塘湿地公园一角

实施创新驱动

——璧山高新技术产

10家企业集中开工现场

工业投资集中签约现场

2016年，璧山国家高新区秉承“创新+资本＝新动力”的经济新逻辑，大力实施创新驱动战略，集聚创新要素，提升整体科技创新水平和集聚高新技术产业，推进产业转型升级，打造中国西部地区具有竞争力和发展活力的高新技术产业引领示范园区。

经济总量快速增长。完成规上工业产值902.5亿元，增长15.7%；完成工业增加值237亿元，增长15.6%；完成固定资产投资335亿元，增长25%；建成面积16平方公里，入园企业963家，规上工业企业207家。有国家级高新技术企业71家、企业技术中心2家、实验室3家、各类市级研发平台53家，组建重庆军民融合协同创新研究院。

产业集聚效应凸显。建设“中新产业园”、众泰汽车新能源汽车整车生产基地和500亿级新能源汽车零部

蓝黛传动二期鸟瞰

国家高新区一隅

打造“智造”洼地

业开发区管理委员会

件制造基地，打造“中欧智慧能源产业园”“中意创新产业园”。分别建设3平方公里的“微电园拓展区”和“重庆台商工业园”，入驻笔电配套企业135家、台资企业80家。

创新能力不断提升。纳入重庆国家自主创新示范区建设范围，成为全国第一批2个智能化工业园区、科技部第二批科技服务业区域试点单位。申报高新技术企业41家，增加136%；培育市级研发中心19家；投入1亿元，采取“总院+专业研究院”模式，打造以“中国工程研究院”为核心的“1＋10”战略研究院；建成重庆·创智工场等平台20个。

金融创新成效显著。“两山火炬股权投资基金”和“两山西证股权投资基金”累计投资重庆众泰汽车、凯成科技等项目6.37亿元，成立3000万元的创业种子投资基金，争取国家专项基金17.4亿元。筛选培育重点企业50家，引进区外拟挂牌上市企业迁到璧山，蓝黛传动、瑞普电气、兴渝涂料、梦赛力士、世开物流5家上市或在新三板挂牌。

产业转型升级步伐加快。众泰汽车整车下线，汽车整车生产实现突破，初步形成完整的汽车产业体系。推动启动龙润电动助力转向系统等30多个本地企业新建扩能，技术合作与改造率33.7%。龙润公司与德国大陆集团、得润公司与意大利Meta集团、金冠公司与德国海姆集团开展技术合作。技改项目618个，投入240亿元，升规企业15家。

承载能力进一步增强。市政府明确高新区管辖28.23平方公里，启动拓展区编制工作。获创新创业园用地批文100多公顷、渝蓉道口用地指标300公顷，土地拆迁420多公顷。完成镁铝路、镁山路、沿河东路建设，青杠污水处理厂配套管网建设8公里，破损路面整治5000平方米，标准化公厕垃圾台1个，绿化20万平方米。两山丽苑、两山秀苑、清明经适房等保障性住房建设有序推进。

众泰汽车车间

重庆众泰新能源汽车生产基地

谋在高处 干在

——中共重庆市

2016 年 11 月 18 日，区委常委、宣传部部长刘晋在全国宣传干部学院就网信管理工作作经验交流发言

2016年，璧山宣传思想文化工作立足超前谋划，重在努力作为，取得新的成绩。

新闻宣传　央视、《人民日报》等中央权威主流媒体宣传璧山43次，创造央媒上稿最高成绩。其中，央视《新闻联播》2次单条聚焦璧山，《真诚沟通》《走遍中国》栏目首次报道璧山，中央人民广播电台、《光明日报》《内参选编》分别报道法院、生态、宣教工作，《瞭望东方周刊》《香港大公报》深度关注璧山，全国各大媒体累计发稿千余篇、市级主流媒体1050条。开展“全国百家网络媒体总编看重庆”“海外侨胞故乡行”走进璧山等活动。《璧山手机报》免费受赠用户达到20万，“和美璧山”微信公众号关注量39196，“和美璧山”APP累计81009下载量。

理论武装　区委中心组开展中共十八届六中全会精神等集中学习12次，创新与武汉市江夏区委中心组联组学习，中心组成员在

CCTV－1 报道璧山法院工作成效视频

《重庆宣传》等市级刊物发表文章13篇。市委宣讲团成员杨清明、祝轻舟到璧宣讲中共十八届六中全会和市委四届九次全会。打造“民嘴”到“名嘴”工程，培育40人的理论宣讲微联盟。青杠街道“好声音”宣讲队获市级理论宣讲集体，典型经验在《重

实处 再上台阶

璧山区委宣传部

庆宣传》第十期刊登，璧城街道唐永平获得市级理论宣讲先进个人。

区委常委会五次专题部署意识形态工作。区委印发《璧山区党委（党工委、党组）意识形态工作责任制实施细则》《进一步加强全区意识形态工作的实施细则》。区委宣传部印发《关于进一步加强报告会研讨会讲座论坛等活动申报审批的通知》。全市意识形态工作培训会在璧召开，璧山做交流发言。区委常委、宣传部部长刘晋2次到全国宣传干部学院作网络意识形态工作讲课。

思想政治　依托40个梦想课堂举办梦想公开课堂、社区课堂、流动课堂、沙龙等活动500多场。举行建党95周年全总话剧演出《又到满山红叶时》、纪念红军长征胜利80周年暨少先队建队67周年大型主题纪念活动。广泛开展璧山区“10·1”千万市民升国旗、“11·29”家风润万家、“12·4”志愿服务季·千万市民学法律等梦想社区·幸福家园主题日活动，推动核心价值观落地生根。选树培育重庆绿色年度人物郑渝军、感动重庆月度人物邹洪梅、刘华、代青等道德模范。

文化建设　宣传部出台《文学艺术成果资助管理暂行办法》等扶持重点项目。建立区级文艺创作基地3个。在重庆美术馆举办纪念百年巨匠吕凤子130周年诞辰《全国名家书画作品邀请展》，书法展《重庆诗歌地图·璧山听鸟》在央视书画频道播出，举办长篇历史小说《大宋状元冯时行》作品研讨会。原创歌曲《小而美》连续数周位居“全球华语音乐榜中榜”冠军，长篇科幻小说《终极失控》、书法《重庆诗歌地图·璧山听鸟》获评市级重点文艺资助项目，《璧山鼓韵》获全市第七届乡村文艺会演获音乐类一等奖，《城市底色》获第三届原创歌曲大赛表演金奖。举办传统节庆等文化活动90余场。充分挖掘整理璧山历史故事融入新建街区、东岳公园等城市建设。

2016年7月3日，纪念百年巨匠吕凤子130周年诞辰全国书画名家作品邀请展在重庆美术馆开幕

璧山区获2016中国最具幸福感城市十周年“生态宜居城市”

精准统计结硕果

——重庆市璧

2016年11月7日，重庆市统计局局长蓝庆华（左三）一行到璧山区调研统计工作

2016年，区统计局以“谋在新处，干在实处”和“精准高效服务”的工作态度和作风，客观真实反映“三区一美”发展巨大成就，统计工作取得新成效。

地区生产总值（GDP） 完成428.4亿元，同比增长11.4%，其中：第一产业增加值27.2亿元，增长4.1%；第二产业增加值301.5亿元，增长12.0%；第三产业增加值99.7亿元，增长10.9%。

固定资产投资 完成固定资

2016年12月29日，全区召开第三次全国农业普查推进会

高效服务谱新篇

山区统计局

产投资718.8亿元，增长13.9%。其中，国有经济投资158.8亿元，增长19.1%；集体经济投资0.6亿元，下降30.2%；私营个体经济投资440.8亿元，增长5.8%；港澳台及外商投资24.3亿元，增长540.5%；其他经济投资94.2亿元，增长24.0%。

财政收入　完成辖区内财政收入149.8亿元，增长4.1%。地方财政收入131.6亿元，增长1.6%。

城镇居民人均可支配收入　全区城镇常住居民人均可支配收入32510元，居全市第9位，考核组12个区第1位；增长9.3%，增速居考核组12个区第1位，超过全市平均水平0.6个百分点。

农村居民人均可支配收入　农村常住居民人均可支配收入15680元，增长10.2%，绝对值居考核组12个区第1位，在全市排位中超过渝北区和巴南区，居第7位。

第三次全国农业普查　围绕“农业普查，福到农家”主题，借助平面媒体、电视媒体、网络媒体以及印制三农普查宣传挂历17万册等开展宣传，完成三农普查机构组建、人员配备、经费落实，划分163个普查区，1039个普查小区，选聘普查“两员”1807名，业务培训27期，完成农作物播种面积遥感测量野外调查样方30个，为普查登记打下坚实的基础。

2016年9月22日，区统计局职工到荣昌接受警示教育

2016年7月1日，区统计局党总支部全体党员唱国际歌

来了
就是璧山人
ONCE BE HERE, ALWAYS IN MIND!
御湖新区
YUHU NEW DISTRICT
东林大道
DONGLIN Ave.
黛山大道
DAISHAN Ave.
景山路
JINGSHAN Rd.
剑山路

来了就是璧山人

目 录

特 辑

璧山概况

经 济

政 治

法　治

民兵与民防

文化与信息传播

社会事业

公用事业

镇　街

人物　光荣榜

大事记

文　献

统计资料

附　录

索　引

Contents

Special Notes

General View of Bishan

Economy

Politics

Nomocracy

The Militia and Civil Defense

Culture and Information Dissemination

Social Undertakings

Subdistricts of Bishan

Figure Honour Roll

Historical Events

Literature

Statistical Materials

Appendix

Index

特 辑

璧山五年发展（2012—2016 年）

中共十八大以来，璧山发展速度进一步加快。2013 年 9 月 15 日召开的中共璧山县委十三届二次全会制定“生态宜居区、新型工业化示范区、统筹城乡先行区，实现和美璧山发展目标”的“三区一美”发展战略。以这个战略为统领，全区上下在良好政治生态环境下，坚持把“创新、协调、绿色、开放、共享”五大理念落实落细，一张蓝图干到底，经济、政治、文化、社会、生态五位一体全面发展，“十二五”规划由纸面变成现实项目，取得显著成就，璧山实现撤县建区的千年变革。

五年来，树立“环境就是资本，就是生产力”的理念，以“生态优先”为前提打造发展硬环境，高标准实施城市规划、创造性实施城市绿化，通过“绿城、水城、古城”建设提升城市品质和地区价值。坚持环境污染“零容忍”，通过实施河段长制铁腕治河，在全市率先出台环保“严控清单”，关闭各类污染企业 580 家，辖区环境质量持续改善。建成区公共绿地 1 800 万平方米，立体绿化 20 万平方米，人均公园绿地面积增加到 28 平方米，城市植物品种达到 2 700 种，绿色清新成为“城市底色”。“一河三湖九湿地”框架逐渐成形，水城建设活力迸发。23 万平方米仿古建筑拔地而起，古城文脉逐步再现。绿岛新区崭新崛起，城市规模快速倍增，城镇建成区从 14 平方公里扩大到 51.4 平方公里。全区常住人口增加到 73 万，城

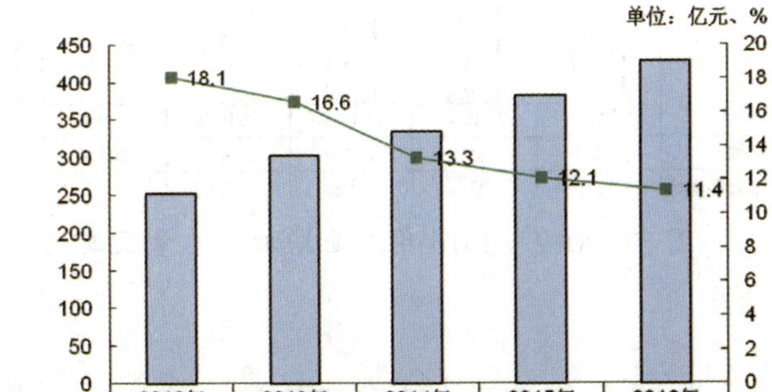

	2012年	2013年	2014年	2015年	2016年
总量	252.9	301.9	334.4	381.8	428.4
比上年增长	18.1	16.6	13.3	12.1	11.4

图 1　2012—2016 年地区生产总值总量及其增长速度

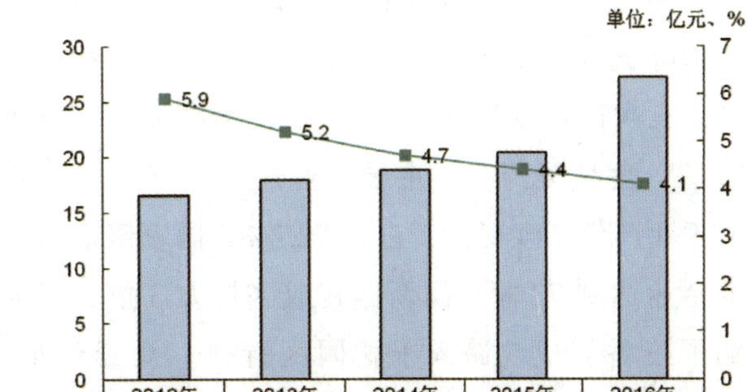

	2012年	2013年	2014年	2015年	2016年
总量	16.6	17.9	18.8	20.4	27.2
比上年增长	5.9	5.2	4.7	4.4	4.1

图 2　2012—2016 年第一产业增加值总量及其增长速度

镇化率达到 52.14%，成功申报为国家新型城镇化综合试点地区。成渝高铁、渝蓉高速建成通车，轨道一号线大学城至璧山段、九永高速上马推进，黛山大道南延到高铁站处。重庆第二个国家高新区“璧山国家高新区”成立。国家新型工业化示范基地、国家低碳工业园区、国家城市湿地公园、中国人居环境范例奖、全国双拥模范城、国家农业科技园区、国家水利风景区、全国水生态文明城市、生态保护与建设示范区等 15 张“国字号”名片花落璧山。

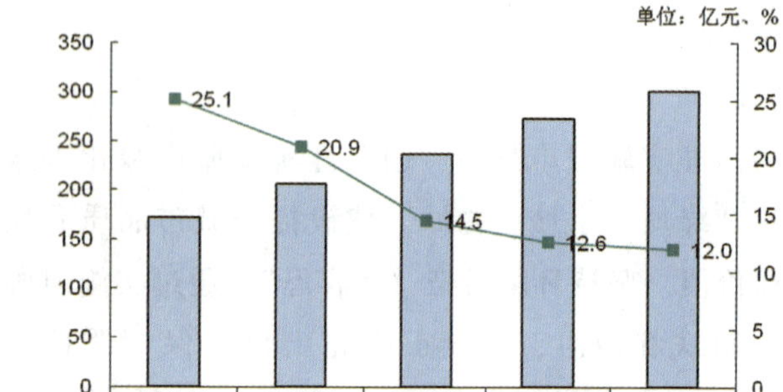

	2012年	2013年	2014年	2015年	2016年
总量	171.5	206.4	237.3	273.6	301.5
比上年增长	25.1	20.9	14.5	12.6	12.0

图 3　2012—2016 年第二产业增加值总量及其增长速度

五年来，树立“创新+资本=新动力”的理念，坚持“三道防线”控制政府负债，政府、社会投资比例保持在 1:6。按照“崇尚创新、注重协调、倡导绿色、厚植开放”原则，全区上下谋在新处，干在实处，实现经济发展的“变轨超车”，多数经济指标进入全市“一梯队”。产业转型升级稳步迈进，三次产业结构为 5.3:71.7:23。装备制造、电子信息、食品医药三大主导产业迅猛发展，实现规上工业产值 744 亿元，占比 72.2%，国家级高新技术企业达到 72 家。高新区建成区扩大 3 倍，产值翻了三番，成功跨入千亿园区行列。众泰汽车、得润电子等一批“强筋壮骨”项目纷至沓来，蓝黛传动、青山工业、红宇精工等一批本土企业转型升级，全社会研发投入占 GDP 比重达到 2.2%。截至 2016 年，全区地区生产总值达到 428.4 亿元，

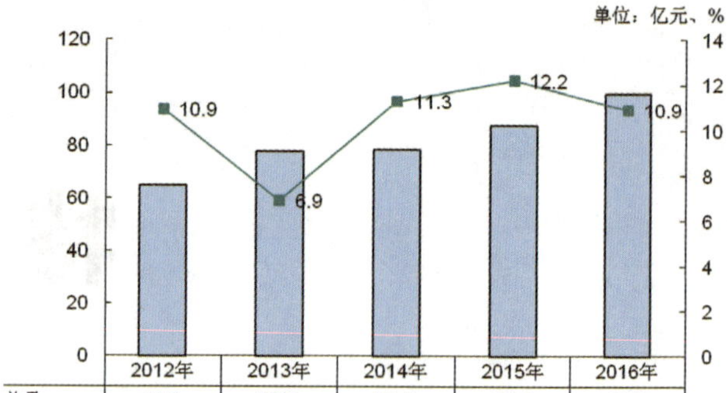

	2012年	2013年	2014年	2015年	2016年
总量	64.8	77.6	78.3	87.7	99.7
比上年增长	10.9	6.9	11.3	12.2	10.9

图 4　2012—2016 年工业增加值总量及其增长速度

年均增长 14.2%，总量翻了一番多，人均 GDP 突破 9 000 美元；一般公共预算收入实现 56.2 亿元，年均增长 26.9%；固定资产投资以年均 26%的增速，达到 712 亿元；规模以上工业企业增加到 320 家，实现产值 1 030 亿元，年均增长 22%；社会消费品零售总额实现总量翻番，达到 122.1 亿元，年均增长 15.8%；国有资产总量增长超过 60%，突破 700 亿元；金融机构增加到 57 家，存贷款余额达到 690 亿元。服务业倍增计划成效显著，增加值达到 96 亿元，年均增长 10.2%。

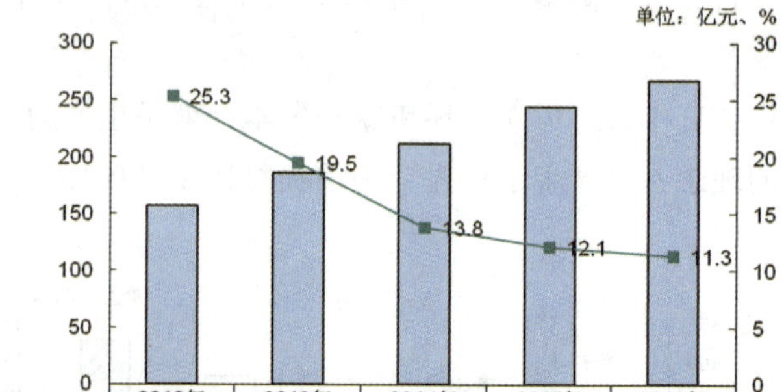

	2012年	2013年	2014年	2015年	2016年
总量	156.7	185.9	211.5	244.2	267.4
比上年增长	25.3	19.5	13.8	12.1	11.3

图 5　2012—2016 年工业增加值总量及其增长速度

五年来，通过落实全面从严治党“两个责任”，反“四风”，强基础，抓学习教育活动，营造“风清气正促发展”的良好政治生态，党的建设和行政体制改革全面推进。坚决落实全面从严

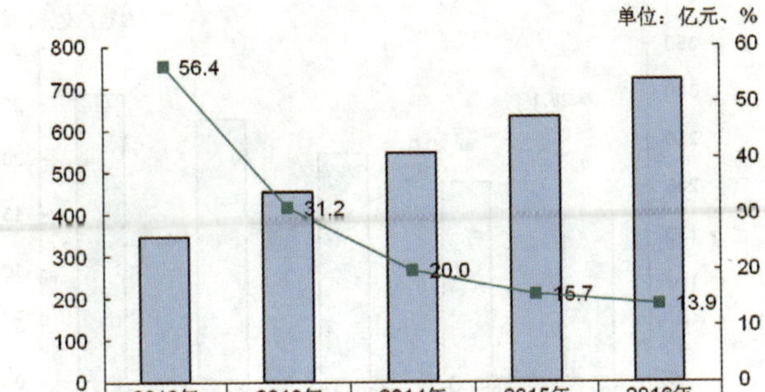

	2012年	2013年	2014年	2015年	2016年
总量	346.2	454.4	545.4	630.8	718.8
比上年增长	56.4	31.2	20.0	15.7	13.9

图 6　2012—2016 年固定资产投资总量及其增长速度

治党主体责任、监督责任，以“不断线”的思想教育反“四风”、改作风，严规矩、强纪律，始终以“风清气正促发展”作为检验“群众路线”“三严三实”和“两学一做”成果的实践标准。深入推进依法行政，清理公开行政“权力清单”“责任清单”。抓好机构改革和简政放权，整合精简机构 38 个、撤销临时机构和议事协调机构 146 个，清理取消区级行政审批事项 200 项。推进商事制度改革，激发社会创业创新活力，市场主体达到 4.8 万户。积极稳妥推进“营改增”工作，税收征管平稳有序。释放税收改革红利，为 19.9 万户纳税人减负 11.4 亿元。实施镇街分税制财政管理体制改革，镇街最低财力保障线提高到 2 000 万元。完成党政机关公务用车制度改革。坚持公共资源“阳光交易”，完成交易金额 450.9 亿元，为政府增收节支 10.9 亿元。建立诚信评价机制，为诚信企业“松绑”。实施“三年千人引才计划”，引进和培养硕士研究生、副高级职称以上人才 1 310 名。开展“走进矛盾、破解难题”“走进企业、助推发展”“走进村社、融入群众”活动，落实领导干部信访包案、联系重点项目、结对包建村社制度，打通服务群众“最后一公里”。在全市率先开展网络留言办理工作，受理 1071 件，办复率 100%。落实“干部对账”定期“报账”制度，保障各项工作高效推进。深入推进“平安璧山”建设，政法综治“三基”工作成效显著，社区网格化管理、基层应急规范化实现全覆盖，完成食品药品监管体制改革。严格落实中央“八项规定”精神，坚决纠正“四风”，保持预防和惩治腐败高压态势，立案查处 74 件，政纪处分 82 人。81 项重大决策事前征求人大、政协意见，办结人大代表建议和政协提案 1 702 件，办复率和满意率均100%。

五年来，通过修复历史文脉，将千年璧山历史文化底蕴融入和再现于城市建设，一批重大文化硬软件项目惠及民众，以音乐为标志的优秀文艺作品感染着民众。先后建成南门唐城、秀湖水街、翰林院、状元桥等仿古建筑 23 万平方米，植入千年历史文脉，围绕“古城”建设，征集民俗用品石水缸、石磨等 519 件。璧山区文化艺术中心建成，璧山图书馆获评国家一级图书馆。建设镇综合文化站 9 个和街道文化服务中心 6 个，建

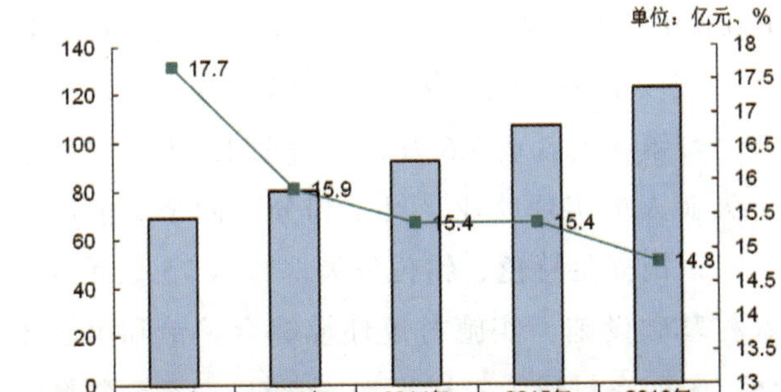

	2012年	2013年	2014年	2015年	2016年
总量	69.1	80.1	92.4	106.6	122.4
比上年增长	17.7	15.9	15.4	15.4	14.8

图 7　2012—2016 年社会消费品零售总额总量及其增长速度

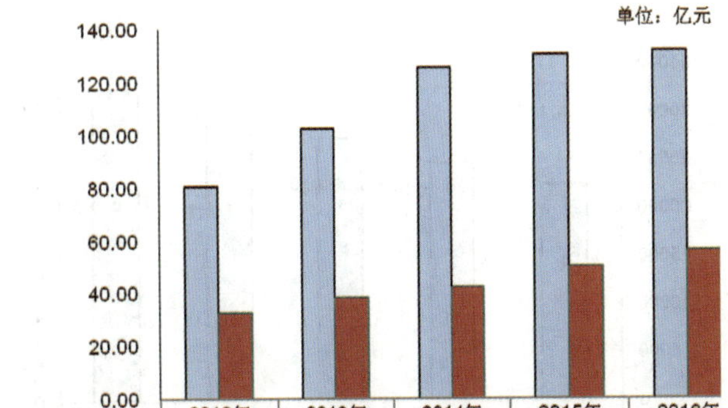

	2012年	2013年	2014年	2015年	2016年
地方财政收入	80.3	102.4	125.7	130.2	131.6
一般公共预算收入	32.6	38.1	42.3	50.2	56.2

图 8　2012—2016 年地方财政收入、一般公共预算收入总量

成社区文化活动室50个、农家书屋149个，基本实现区、镇（街道）、村（社区）公共文化服务网络全覆盖。经过第三次全国不可移动文物普查，不可移动文物936处，经过第一次全国可移动文物普查，可移动文物801件（套）。非物质文化遗产保护体系逐步建立，普查出全区非物质文化遗产资源60项。启动文化民生工程，开展流动文化服务进村活动1 408场。文艺创作成果迈上新台阶，三集历史纪录片《凤起九天——吕凤子的璧山岁月》制作完成并在央视10套、重庆卫视播出；舞蹈《咏莲》、音乐《田坝腔》荣获文化部第十届中国艺术节群星奖；书法《宣和书谱》获第五届中国书坛百强榜十强；长篇历史小说《大宋状元冯时行》完成创作并公开发行；诗集《小镇书》获第五届重庆市文学奖；书法《梅影堂书宣和书谱册》入展全国第十一届书法篆刻展并获获奖提名；微刻《古玉新韵》获全国旅游商品新产品创意设计开发大奖赛银奖；歌曲《小而美》夺得《全球华语流行音乐金曲榜》54期视频榜和55期电台榜双料冠军。科幻小说《终极失控》《病毒纪元》分获第六届世界华人科幻星云奖长篇小说银奖、最佳长篇小说人气奖。

五年来，通过坚持以人为本理念打造一生之城，城市功能和城市品质以及璧山地区价值得到大幅提升，坚持最大限度惠及民生，人民的获得感、

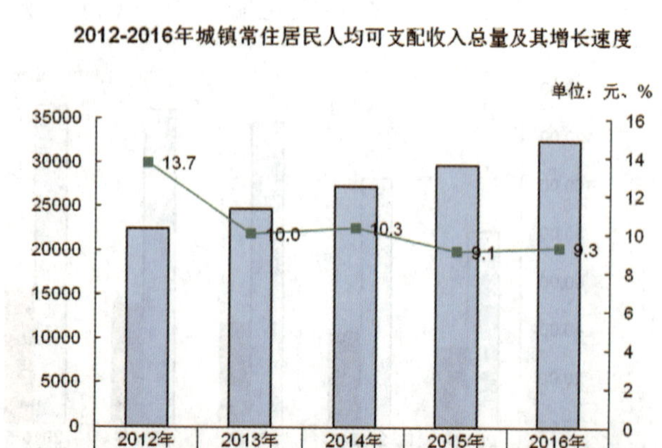

	2012年	2013年	2014年	2015年	2016年
总量	22470	24717	27263	29744	32510
比上年增长	13.7	10.0	10.3	9.1	9.3

图9　2012—2016年城镇常住居民人均可支配收入总量及其增长速度

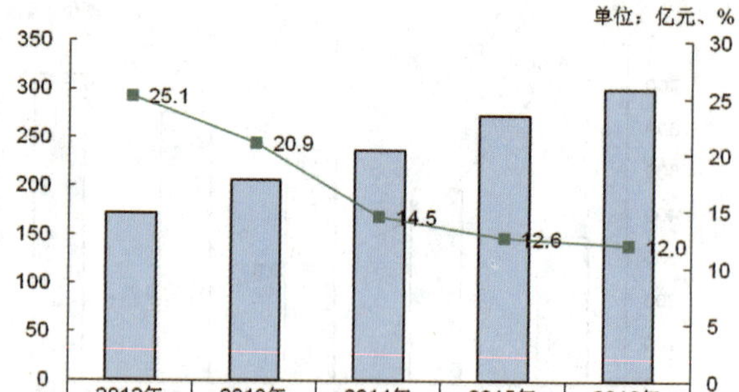

	2012年	2013年	2014年	2015年	2016年
总量	171.5	206.4	237.3	273.6	301.5
比上年增长	25.1	20.9	14.5	12.6	12.0

图10　2012—2016年第二产业增加值总量及其增长速度

幸福感达到新高度。文化艺术中心、璧山中学、人民医院、妇幼保健院、老年护养中心、图书馆、规划馆等重要“功能要件”相继建成，“一生之城”逐步实现“链条补缺”，人生10个重要节点高标准服务体系日渐成型。CBD、奥特莱斯、秀湖水街、南门唐城、渝西跨境商品直购体验城等大型商业体开门迎客，六旗乐园项目签约落地。实施国省道路面改造179公里，新建改造农村公路870公里，全区路网密度提高到257公里/百平方公里。规划布局10个道口片区，因地制宜明确功能定位，“道口经济”发展稳步推进。实现“镇镇通沥青路，村村通水泥路”，基本实现“半小时璧山”，实现“镇镇通公交”，群众出行更加便捷，区域综合交通枢纽功能持续提升区位优势。坚持财政收入60%以上用于民生，持续增进百姓福祉。城乡居民人均可支配收入五年增长85.3%，达到24 198元。“五险”参保130.1万人次，基本实现“人人享有社会保障”目标。城乡低保实现应保尽保，97.1万人次从中受益。城镇新增就业7.6万人，帮助1.7万名城镇登记失业人员实现就业。科学划分“四个功能区”，引导镇街立足特色、错位发展。投入75亿元改善农村基础设施，实施村镇环境综合整治和生态创建，美丽乡村成为农村生动“音符”。教育领域综合改革纵深推进，通过国家“义务教育发展基本均衡区”督导认定。深化医药卫生体制改革，实施基本药物制度，基本公共卫生服务实现全覆盖。累计

投入38.3亿元，接续实施重点民生实事。深入推进“平安璧山”建设，政法综治“三基”工作成效显著，社区网格化管理、基层应急规范化实现全覆盖，完成食品药品监管体制改革。推进三级服务体系建设，区、镇街、村（社区）三级服务中心全部实现规范化。

（璧山年鉴编辑部）

延伸阅读 ▶▶

绿色生态更宜居 五年绘就深绿城

绿意不断延伸植物日益丰富

当平面绿化到达一定体量，近年来，璧山还探索实施了“立体绿化”工程，让绿意在这座城市不断延伸。

政府出资免费提供苗木，市政部门上门指导技术，市民积极参与种植，五年来，因为"立体绿化"工程的实施，市民建绿、植绿的热情高涨，建筑楼顶、居民阳台栽种的垂吊、攀爬、开花等植物，不仅绿化了居民楼院，也美化了城市景观。据统计，近五年，璧山种植立体绿化20万平方米。

与此同时，璧山还在城市中大量引入植物品种，公园内、绿化带、山坡上种植了大量开花、观果等植物，共计2700个植物品种，引来了大量的鸟类，不仅让城市四季常绿、鸟语花香，通过鸟类治理虫害，还减少了化学药品的施用量，让城市更加生态环保。

老城开敞留白新区完善功能

一座生态宜居的城市，不仅要景观美，也要功能齐。

近年来，璧山在城市建设中，坚持老城区做“减法”，新城区做“加法”，对于老城区老百姓的房产不予拆除重新开发，而是在将机关事业单位办公地点搬迁到新区后，对部分位于老城区的机关事业单位的办公楼进行拆除。但在拆除办公楼的原址杜绝一切商业开发，而是大量修建公园广场、生态停车场等公益设施，为建筑密集的老城腾出更多开敞空间，不断完善老城功能，满足老百姓生产生活需求。这一做法既避免了拆迁老百姓房屋的社会矛盾，部分具有历史文化底蕴的建筑得以保留，又留住了文脉和乡愁。同时，老城功能建筑迁至新区，还带动了新区发展。

五年时间里，璧山大面积、大体量建公园、造绿化，不仅建成了一座绿色生态宜居之城，良好的生态宜居环境也让璧山成为了主城精英和外来务工者“蛙跳”出城的首选地。五年来，璧山城镇建成区扩大到51.4平方公里，常住人口增加到73万，超过户籍人口10万人，成为重庆主城区外唯一一个人口净流入区县。

璧山概况

基本情况

地　理

璧山位于重庆市以西，北纬29°17′~29°53′，东经106°02′~106°20′。东邻沙坪坝、九龙坡，南界江津，西连铜梁、永川，北接合川、北碚。辖区面积约915平方公里，辖6个街道（璧城、璧泉、青杠、来凤、丁家、大路）、9个镇（河边、正兴、大兴、八塘、七塘、福禄、广普、三合、健龙）。

璧山，自古居成渝要冲、扼渝西咽喉。宋李浚《璧山普泽庙记》云："国朝蜀分为四，而方各有镇。由剑之里为七曲，剑以东为白崖，剑之西为玉垒，自蜀而下为渝，则有璧山。是四山者，如蜀之镇，一道生灵之司命也。"璧山境内旧有东大路、东小路、小川东路、西北路。其中，东大路系驿传古道，自巴璧交界处老关口入璧山境，经来凤、丁家、马坊桥到小马坊入永川界，跨境30公里，为历代重庆至成都的驿传、调遣军队、运送粮饷及商贾往来的主要通道。西北路系重庆至合川的旱塘路线，由青木关入璧山境，经六塘、七塘、八塘，在风垭入合川界，跨境35公里。

璧山，已成为重庆向西连接成渝经济带的重要节点。穿越境内的成渝、渝蓉、渝遂3条高速公路，成渝客运专线（高铁）建成通车，成渝高速扩能工程正在建设。连接重庆主城的璧山隧道已于2010年9月28日建成通车，重庆轨道交通1号线璧山段开工建设。璧山正在由重庆西大门蝶变渝西交通枢纽。

建置沿革

【概况】 璧山，于唐至德二年（757）置县。清乾隆《璧山县志》载，"唐至德二年，始析巴、江津、万寿三县地，置璧山县，属渝州"。《新唐书·地理志》《四川通志》，记载亦同。

璧山原名璧山，因山为名。唐《元和郡县图志》载："璧山县，本江津、万寿、巴三县地，……川中有一孤山，西北二面险峻，东南面稍平，土人号为重璧山，至德二年置县，因山为名。"清嘉庆二十一年（1816），朝廷颁发新印，将"璧山"更名为"璧山"。

置县前，璧山境域《禹贡》载为梁州之域，周代为巴子国地属江州县，秦代为巴郡地，汉代为巴郡地属益州，三国时属蜀汉，晋代为巴郡地属梁州，南北朝时为巴郡地属益州，隋代为巴、江津二县地属渝州。

唐置县时，隶属渝州。县境约为中梁山以西、云雾山以东、长江以北、嘉陵江以南的区域。清乾隆《璧山县志》载，"古志曰：璧山，形如柳

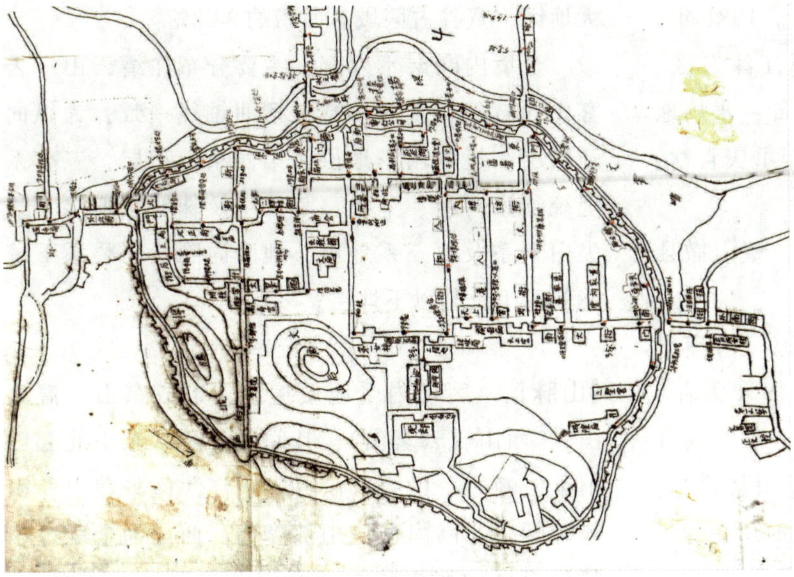

民国 29 年（1940）绘制的璧山县城图

（区档案馆提供　罗君摄）

叶，环境皆山，外高中平，两江夹送，周回弯曲六百里”。

唐大历十一年（776），分璧山西南部分地置永川县。北宋崇宁元年（1102），渝州改名恭州，璧山隶属恭州。南宋淳熙十六年（1189），升恭州为重庆府，璧山属之。元至元二十二年（1285），璧山因屡遭兵灾、地广人稀并入巴县。明成化十九年（1483），复置璧山县，属重庆府。清康熙元年（1662），因户口尚少，停璧山县铨，交由永川代管。清雍正七年（1729），复置璧山县，属川东道重庆府。

民国 3 年（1914），璧山属四川省川东道。民国 17 年（1928）撤道后，属四川省。民国 25 年（1936），四川省设行政督察区制，璧山属第三行政督察区。民国 29 年（1940），重庆成为陪都，以成渝、川黔公路两侧 80 公里范围为重庆卫戍区和陪都迁建区，璧山属之。

气　候

【概况】　璧山地处亚热带湿润季风气候区。气候湿润，雨量充沛，四季分明。具有春早、夏热、秋迟、冬暖、无霜期长以及风速小、湿度大、日照少、云雾绵雨多的特点。

历年平均气温 18.1 度，极端最高气温 42.2 度，极端最低气温-3.0 度；历年平均降雨量 1 064.7 毫米；历年平均日照时数 1 051 小时；历年平均风速 1.7 米/秒；历年平均相对湿度 81%；历年平均无霜期 337 天。

【2016 年气候数据】　2016 年，境内气象灾害有：暴雪、暴雨、寒潮、低温、大风、阴雨和雾，其中危害最大的是暴雨，其次是寒潮、低温、大风、阴雨和雾。主要灾害是暴雨、强降温、严重连阴雨，其中暴雨较为突出。年内：平均温度 18.8 度，极端最高气温 41.4 度；年极最低气温-1.1 度。年降水量 1 057.9 毫米。雨日 163 天，大于 50.0 毫米雨日 4 天，一日最大降水量 84.7 毫米。年日照时数 1 112.4 小时，距平百分率 5.8%。1 月 23 至 24 日出现历史罕见的降雪天气，程度为暴雪，其最大雪深为 11 厘米，雪量为 14.8 毫米。全年气象局出现一次特强降温天气 1 次、暴雨天气 4 次。严重连阴雨天气 1 次。雨量正常、温度偏高，日照略偏多，年内出现的强降温、暴雨以及连阴雨天气给全区的工农业生产和人民的生活带来一定影响。

行政区划

【行政区划】　1949 年 12 月 1 日璧山解放，属川东区巴县行政专员公署。是年 12 月 20 日，巴县行政专员公署改驻璧山，更名璧山行政专员公署。川东区璧山专署辖巴县、璧山、江津、永川、合川、江北、铜梁、荣昌、大足、綦江、南川、长寿、涪陵 13 个县和北碚管理局。

1951 年 4 月，璧山专署迁江津，更名江津专区。1968年，江津专区更名江津地区。1981年，江津地区更名永川地区。璧山先后属江津专区、江津地区和永川地区。1983年4月1日，永川地区并入重庆市，璧山属重庆市。1997年重庆直辖，璧山县隶属重庆直辖市。

2014年5月2日，经国务院批准，璧山撤县设区，1257年的置县历史结束。

县署，唐置县时即设于今璧城街道。清雍正六年（1728）复置时，因县城残破，衙署无存，短时寄治来凤驿。清雍正十年（1732），于璧城重建县衙署。此后，今璧城街道一直为璧山县政府、璧山县人民政府、重庆市璧山区人民政府所在地。

自然环境

【地质】 璧山区地质构造属川东南弧形构造带，华蓥山复式背斜中的温塘峡背斜（东山，缙云山脉）与沥鼻峡背斜（西山，云雾山脉）之间璧山向斜。缙云山、云雾山为天然屏障，其间为丘陵，总地貌有二山夹一谷之特点。东山，北段称缙云山，中段称金剑山，南段称龙隐山。海拔500米至810米，绵延61公里，山势磅礴，北高南低。西山，北起八塘镇仰天高，南止永川区云谷关，海拔500米至885米，其中燃灯寺峰高885米，为区境最高。西山插旗山以南，受构造控制分为两支，构成背斜核部的高山入铜梁区为东山，构成背斜翼部的低山延至花果山。

区境地形地貌，清同治《璧山县志》载“形如柳叶，环境皆山，外高中平”。璧山区地貌按其海拔高度，可分为低山、丘陵、宽谷几种地貌类型。低山海拔为500~885米，分布于境内东西两山，山间灰岩溶蚀成槽谷。低山占全区总面积的17.6%。丘陵海拔为240~500米，按海拔高度梯次及丘陵形态可分为坪状高丘、桌状高丘、山麓状深丘、单斜深丘、桌状中丘、馒头状中丘、单斜中丘，丘陵占全区总面积的43.6%。宽谷海拔240米左右，分布于璧南河、璧北河、梅江河流域广大地区，宽谷占区域总面积的38.8%。

全境内断层不发育，主要分布在缙云山、云雾山两背斜，走向多数与褶曲轴线一致，为纵向逆断层。境内出露地层为第四系堆积层、三叠系上统须家河组、下统嘉陵江组及侏罗系地层。缺失白垩系及第三系地层，地腹内隐伏三叠系下统飞仙关组及其以下地层。

【山脉】 区境内受地质控制，形成东山（温泉山）、西山（云雾山），其间为丘陵。东山北起巴山十二峰之一的缙云山，南止江津区华盖山。山势磅礴，北高南低，中部隆起。西山为金屏山东麓延至璧山境内称之。西山由北而南至插旗山，山势雄伟，有名峰36座，其燃灯寺峰高885米，为境内最高峰。构成背斜翼部、海拔在500米以下的低山继续南延至花果山复升到600米。东西山约161平方公里，占全区的17.6%，丘陵753平方公里，占82.4%。东西山间为丘陵，其间，龙门溪，保家的石弹沟、鸡公山、堡上、连架山一线，分水岭以北为二峡夹一谷；分水岭南低山集聚，以太仙山、龙梭山、茅莱山地势较高，海拔在400~500米。与东山、西山组成三峡二谷的特点。中部丘陵除低山外，还广布海拔400米以下的高丘。

【河流】 璧山区域有大小河流72条,总长200公里。境内璧南河、梅江河、璧北河3条主要河流均发源于璧山中部地区云雾山即西山地区。3条主要河流及其支流分别属长江水系和嘉陵江水系。其中，璧南河为长江水系左岸一级支流、梅江河为长江水系左岸二级支流；璧北河为嘉陵江水系右岸一级支流。

璧南河。璧南河位于长江左岸嘉陵江右岸，主河道发源于大路街道大竹村古老寨、黄桷桥一带，由西北向南方流经大路、河边、璧城、璧泉、青杠、来凤、健龙、广普等镇街辖区，止于广普镇柏杨村与江津区长冲乡金山村结合部“两口河”交界处与梅江河汇流后进入江津区长冲乡，再经江津区油溪镇注入长江左岸。璧南河河流总长度95.4公里，区境内长度为73.1公里，平均坡降2.65‰，境内流域面积455.10平方公里，占区域面积的49.8 %，多年平均年径流量20 725万立方米。流域内有支流38条，其中，支流长度在5公里以上有7条，5公里以下31条。

梅江河。梅江河位于璧南河右岸，主河道发源于云雾山福禄镇境内太平村一带，由西北向南方向流经福禄镇、梅江场、石院场、马坊场、三合镇等场镇辖区，止于三合镇天星村离境进入江津区吴滩镇、长冲乡金山村与璧山区广普镇柏杨村结合部“两河口”交界处汇入区境内璧南河。梅江河河流总长度60.6公里，区境内长度37.7公里，平均坡降2.02‰，区境内流域面积246.90平方公里，占区域面积的27.0 %，区境内流域面积多年平均年径流量11 524万立方米。区境流域内支流21条，其中，支流长度在5公里以上有6条，5公里以上下15条。流域内有永川区九龙河在丁家街道马坊场官井村小河坝处汇入梅江河。

璧北河。璧北河位于嘉陵江右岸，主河道发源于境内大路街道大沟村与铜梁区西泉镇南天门村交界处一带，由西向东北方向流经大路、七塘、八塘、五龙等街道场镇辖区，止于八塘镇智灯村大水塘堰出境进入北碚区澄江镇五一村、盐滩村交界处，再经北碚区澄江镇汇入嘉陵江右岸。璧北河河流总长44.8公里，区境内长度37公里，平均坡降4.46‰，境内流域面积212.52平方公里，占区域面积的23.2 %，多年平均年径流量9 560万立方米。流域内有支流13条，其中，支流长度在5公里以上有7条，5公里以下有6条。

过境河流。璧山区境内唯一过境河流是九龙河。九龙河发源于永川区大安镇薄刀岭，先北偏东流后转南，由永川区隆济镇进入璧山境内最南端的丁家街道马坊场官井村小河坝处汇入梅江河右岸,九龙河入境璧山境内约10公里后在境最南端三合镇天星村离境进入江津区境内。九龙河流域面积218平方公里，多年平均年径流总量9 478万立方米。

自然资源

【土地资源】 璧山区位于重庆市主城区以西，渝东南平行岭谷褶皱区西南侧，系华蓥山脉向西南延伸的低山丘陵体系。南北长66.5千米，东西宽15.5千米，辖区面积914.42平方公里。区境形如柳叶，外高中平，两江夹送，东邻沙坪坝、九龙坡，南界江津，西连铜梁、永川，北接合川、北碚。

根据土地变更调查结果显示，2016年全区土地总面积为91 442.48公顷，其中农用地为74 793.75公顷，建设用地为15 231.29公顷，未利用地为1 417.44公顷，分别占全区土地总面积的81.79%、16.66%、1.55%。按一级分类划分，耕地面积为41 885.01公顷,园地和林地土地变更调查面积分别为5 054.85公顷和19 681.91公顷,草地为268.08公顷，城镇村及工矿用地面积为13 182.41公顷，交通运输用地面积为2 133.82公顷，水域及水利设施用地3 499.04公顷，其他土地面积为5 737.35公顷。按行政区域划分详见附表。

2016年璧山区土地面积统计表

表 2-1　　　　　　单位：公顷

地区	耕地	园地	林地	草地	城镇村及工矿用地	交通运输用地	水域及水利设施用地	其他土地	总面积
璧山区	41885.01	5054.85	19681.91	268.08	13182.41	2133.82	3499.04	5737.35	91442.48
璧城街道	2333.01	950.95	1995.67	13.03	4112.60	449.38	259.96	423.75	10538.35
青杠街道	3447.90	591.22	2158.93	4.47	2064.63	280.78	382.94	497.21	9428.07
八塘镇	2778.20	415.31	2203.54	45.19	418.81	65.59	138.77	373.15	6438.56
七塘镇	2983.12	105.39	1651.76	18.71	538.40	71.78	173.76	358.24	5901.17
大路镇	5053.42	158.51	3555.77	123.76	1137.16	228.79	420.25	838.47	11516.12
河边镇	2353.31	400.97	973.71	11.17	549.62	142.20	278.66	313.54	5023.18
福禄镇	1482.07	569.71	1154.12	4.44	405.15	100.13	108.72	310.85	4135.19
大兴镇	4994.22	671.31	1316.98	8.81	1005.02	178.71	428.26	671.29	9274.59
正兴镇	3973.24	290.62	1258.15	19.08	763.51	140.59	367.27	568.86	7381.31
丁家镇	5207.78	95.51	870.29	1.82	1101.99	255.10	342.84	652.87	8528.19
广普镇	3080.41	204.38	432.24	0.59	361.35	71.17	235.97	299.26	4685.37
三合镇	1924.15	509.83	554.97	4.69	241.83	73.34	110.79	178.12	3597.71
健龙乡	2274.19	91.14	1555.77	12.33	482.35	76.27	250.86	251.74	4994.65

【矿产资源】　璧山境内已发现矿产有煤、铁、天然气、石膏等。现有矿产煤、铁、石膏、天然气、重金石、页岩、石英砂、石灰石、瓷土等。其中石膏、石英砂、石灰石、页岩等建材矿产配套产出，规模大、品质高，开采条件好，属地区优势矿产。

【水资源】　璧山区属于典型的水源区，五大江大河过境，因此水资源匮乏，年人均水资源量仅560立方米左右，成为重庆西部典型的缺水区。从近30年来看，水资源总量不足是璧山区经济发展的主要制约因素之一。

全区1959—2015年多年平均地表水资源量为4.18亿立方米，占重庆市地表水资源量的2.0%；相应径流深为449毫米，高于重庆市平均值。在丰水年（p=25%）情况下全区地表水资源量4.90亿立方米；一般枯水年（p=75%）情况下全区地表水资源量3.22亿立方米，特枯水年（p=95%）情况下全区地表水资源量2.25亿立方米。

璧山区水能资源也较为短缺，理论蕴藏量仅为2 489千瓦，其中可开发水能资源1 535千瓦，年发电量565万千瓦时。现已建成的水电站有7个，总装机容量1 435千瓦，年发电量495万千瓦时。

（王炯其）

【动植物资源】　全区野生动物有30种。其中常见的有野兔、白鹤、秧鸡、斑鸠、野鸡、画眉、山雀、燕子、点水鹊等。家禽家畜有40种，其中良种约有14种，常见的有猪、牛、羊、鸭、鸡、兔、鹅、蜂等。鱼有15科、36种，主要有青鱼、草鱼、白鲢、花鲢、鲤、红鲤、非洲鲫鱼、泥罗罗非鱼等。两栖、爬行类有团鱼（鳖），乌龟，青蛙，癞蛤蟆，蝙蝠，四脚蛇，菜花蛇、乌梢蛇、青竹标蛇等。昆虫有蜜蜂、蝴蝶、蜻蜓等85种。

境内植物属亚热带常绿阔叶林区川东盆地偏湿性常绿阔叶林带。植物种类繁多，资源丰富。

壁山区福禄古柏位于浸和村，距今600年

（郭昌禄　摄）

常见高等植物有191科586属900种。其中孢子植物40科65种，裸子植物8科25种，被子植物143科810种。植物为自然植被和栽培植被。

自然植被中常绿针叶林以马尾松为主，杉木林、柏木林为辅；常绿阔叶林是区内主要森林植被，现已被常绿针叶林取代；竹林属木本群落，有大径竹、小径竹2类。栽培植被主要植物有禾本科的水稻、玉米、高粱、小麦等；十字花科的油菜、白菜、卷心菜、萝卜等；蝶形花科的黄豆、蚕豆、豌豆、绿豆、四季豆、花生等；葫芦科的西瓜、黄瓜、冬瓜等；茄科的茄子、辣椒、番茄等24科58属。

境内植物资源主要分森林资源、农作物资源、中药材资源。森林资源主要分布在东西低山区，其特点：（1）针叶林多，阔叶林少。由马尾松、杉木、柏木组成，约占境内林地的60%。亚热带竹林以慈竹为主，占林地18.8%。（2）单纯林多，混交林少。在东西两低山的马尾松纯林，占乔木林地的70%，极少有杉木、线栗和其他阔叶林树种的混交林。（3）中幼林多，成熟林少。中幼林占全区森林的91.2%，成熟林仅占8.8%。

农作物资源丰富：种植业中有粮、油、麻、丝、茶、糖、菜、烟、果、药、杂等。农作物品种分属34科58属，约有上千个品种。其中粮食作物有136个品种。

中药材资源，境内常产常销的野生药材94种，种植23种，产量较多的13种，即半夏、香附子、管仲、黄栀子、苡仁、陈皮、积壳、青皮、薄荷、淡竹叶、菊花、鸡血藤、杂枳实。

旅游资源

【概况】　2016年，全区有国家级AAAA级景区1个（观音塘湿地公园），AA级景区2个（三担湖公园和露德堂），国家森林公园、省级风景名胜区1个（青龙湖），省级森林公园1个（金剑山）、国家级城市湿地公园1个（观音塘湿地公园）；有农家乐66家（其中四星级农家乐1家、三星级农家乐13家）；温泉酒店1个（天赐华汤温泉酒店）；有国内旅行社2家，旅行社网点21个。2016年全区累计接待游客1 306.49万人次，同比增长3.6%，旅游总收入实现30.65亿元，同比增长4.5%。

全年响应重庆对渝西地区“环主城游憩旅游经济带”的总体布局与定位，将休闲度假的发展理念融入社会生活、产业发展、区域经济等各个方面。根据璧山建设“四大功能区”的部署，全区旅游发展基本形成4个片区：

1.璧中生态城市旅游片区。璧中依托秀湖公园——观音塘湿地公园休闲体验、御湖绿岛新区休闲度假、东林寺文化体验、地派温泉和天赐华汤温泉沐浴养生、翰林庄文化养生、砂之船奥特莱斯休闲购物为主要资源基础，积极构建以休闲度假养生为主的旅游格局。

2.璧北山水田园旅游片区。璧北依托青龙湖古老寨生态观光体验、大路任之健康城休闲养生、璧北蔬菜基地观光体验、八塘樱桃基地、凤湖仙山山水观光为主要资源基础，积极构建田园风情乡村旅游片区。

3.璧南生态园林休闲旅游片区。璧南依托渝西园林基地、广谱登云峰、谢唯进故居景区为主要旅游资源，积极构建生态园林休闲旅游片区。

4.璧西生态果园体验旅游区。璧北依托大兴葡萄园基地、露德堂为主要资源基础，构建璧西乡村旅游采摘体验旅游区。

人　　口

2016年年末，全区总户数25.36万户，总人口（户籍人口）64.35万人，其中城镇人口33.51万人，乡村人口30.84万人。在总人口中,男性32.66万人，女性31.69万人。全年出生人口8 156人，死亡人口5 002人；人口自然增长率为4.7‰。出生人口性别比为106.3（出生人口、死亡人口含漏统数据）。2016年年末，全区常住人口73万人，其中城镇人口39.61万人，农村人口33.39万人；城镇化率为54.26%。

民族宗教

璧山区系少数民族散居地区，有土家族、苗、回、蒙古、彝、满等少数民族32个，总人数2 500人，分布在全区15个镇街。璧山区有佛教、天主教、基督教（真耶稣教派，下同）三大宗教。有爱国宗教团体2个，宗教活动场所21处（其中佛教10处、基督教9处、天主教2处），分布在全区15个街镇。有宗教界人士40人，有信教群众6万人，其中信奉佛教的人数5万人，天主教信徒近4 000人，基督教真耶稣教派信徒5 000人，道教信众数百人，民间信仰的信教群众难以统计。信教群众构成的基本特点是：“四多四少”即年纪大的多、年轻的少，女性多、男性少，文盲半文盲多、有初中以上文化的少，信佛教的多，信天主教、基督教的少。

特色产品

【概况】　璧山传统的土特产品是“璧山土布”“璧山干酒”“玉麒麟锦缎”“青杠板栗”“大路七蕊黄花”“天池银丝粉”。这些土特产品除“大路七蕊黄花”“青杠板栗”“璧山干酒”有生产，其余的已不存在。现土特产品有青龙湖竹山玉笋、云雾绿茶、瑞峰灵芝。

【特色美食】　璧山特色美食当属誉享四方的“来凤鱼”“璧山兔”。“来凤鱼”最早的历史可以追溯到明末清初，发源于璧山区来凤街道，是重庆江湖菜的鼻祖，其特点为麻、辣、鲜、香、嫩。受到过往食客的喜爱。著名书法家杨萱庭欣然题书“鲜鱼美”，盛赞味在来凤。除闻名天下的来凤鱼，“璧山兔”也是璧山美食的一张重要名片，论种类，“璧山兔”主要有丁家兔、唐兔、财兔、爆兔、板兔等，有红烧兔、白砍兔、兔丝、兔丁、兔脑等多种做法。其中，“璧山板兔”连续三届被评为重庆市名牌农产品，“关公兔丁”和“巧媳妇兔丝”被评为西南地区知名品牌。除此之外，璧山叫得出名字的特色美食还有“大刀烧白”“水八碗”“璧山面”等。

【特色农产品】　截至2016年12月底，全区“三品一标”和重庆名牌农产品累计认证321个，其中无公害农产品164个、产地认证100个，绿色食品认证39个，地理标志1个，重庆名牌农产品17个。

其中有效期内的有206个（无公害农产品100个、产地认证66个，绿色食品认证22个，地理标识1个，重庆名牌农产品5个）。

2016 年璧山区 6 家企业的 7 个产品被评为重庆市名牌产品

表 2-2

企业名称	获评产品名称	授予（批准）单位	批准时间（年.月.日）	注册商标
重庆宏向汽配有限公司	三轮摩托车制动蹄总成	重庆市名牌产品协会	2016.12.22	
重庆大江动力设备制造有限公司	汽油发动机	重庆市名牌产品协会	2016.12.22	DUCAR
重庆市港风办公家私有限公司	木质班台	重庆市名牌产品协会	2016.12.22	港风家私
重庆加利加鞋业有限责任公司	胶粘男鞋	重庆市名牌产品协会	2016.12.22	加利皇
重庆市法拉加斯鞋业有限责任公司	胶粘皮鞋	重庆市名牌产品协会	2016.12.22	FALaJIASI
重庆市建新建筑防水材料厂璧山分厂	弹性体改性沥青防水卷材	重庆市名牌产品协会	2016.12.22	
重庆市建新建筑防水材料厂璧山分厂	石油沥青玻璃纤维胎防水卷材	重庆市名牌产品协会	2016.12.22	

【2016 年市级以上名特优产品】（含重庆名牌产品）。

2016 年市级以上名特优产品

表 2-3

名称（商标）	主要产地	批准时间（年.月）	授予（批准）单位	建成规模（数量）	备注
渝璧·玉血橙	璧山七塘	2016.01	农业部优质农产品开发服务中心	5000 吨	国家名牌农产品
璧玉翠芽茶叶	璧山三合	2016.09	重庆名牌农产品评选认定委员会	11 吨	市级名牌农产品
“重庆红”干红葡萄酒	璧山大兴	2016.09	重庆名牌农产品评选认定委员会	1000 吨	市级名牌农产品
天河葡萄	璧山正兴	2016.09	重庆名牌农产品评选认定委员会	13 公顷	市级名牌农产品
厚华蔬菜嫁接苗	璧山八塘	2016.09	重庆名牌农产品评选认定委员会	1000 万株	市级名牌农产品
温氏肉鸡	璧山璧泉	2016.09	重庆名牌农产品评选认定委员会	1500 万只	市级名牌农产品
土老坎葡萄	璧山大兴	2016.01	中国绿色食品发展中心	7 公顷	绿色食品
蜜莉葡萄	璧山正兴	2016.01	中国绿色食品发展中心	7.13 公顷	绿色食品
三贵葡萄	璧山正兴	2016.12	中国绿色食品发展中心	10 公顷	绿色食品
鲍哥葡萄	璧山丁家	2016.03	中国绿色食品发展中心	8.67 公顷	绿色食品
启辰玫瑰葡萄	璧山大兴	2016.07	中国绿色食品发展中心	4 公顷	绿色食品
方家葡萄	璧山七塘	2016.07	中国绿色食品发展中心	14.33 公顷	绿色食品
黄氏姐妹葡萄	璧山大兴	2016.06	中国绿色食品发展中心	5.33 公顷	绿色食品
天河葡萄	璧山正兴	2016.06	中国绿色食品发展中心	13.33 公顷	绿色食品
张大利葡萄	璧山七塘	2016.06	中国绿色食品发展中心	2.47 公顷	绿色食品
鸟巢葡萄	璧山大兴	2016.08	中国绿色食品发展中心	5.133 公顷	绿色食品
番茄	璧山七塘	2016.05	农业部农产品质量安全中心	485 吨	无公害农产品
落葵	璧山七塘	2016.05	农业部农产品质量安全中心	405 吨	无公害农产品
南瓜	璧山七塘	2016.05	农业部农产品质量安全中心	255 吨	无公害农产品

续表 2–3

名称（商标）	主要产地	批准时间（年.月.日）	授予（批准）单位	建成规模（数量）	备注
黄瓜	璧山七塘	2016.05.13	农业部农产品质量安全中心	305 吨	无公害农产品
苦瓜	璧山七塘	2016.05.13	农业部农产品质量安全中心	800 吨	无公害农产品
普通白菜	璧山七塘	2016.05.13	农业部农产品质量安全中心	200 吨	无公害农产品
落葵	璧山七塘	2016.05.13	农业部农产品质量安全中心	30 吨	无公害农产品
茄子	璧山七塘	2016.05.13	农业部农产品质量安全中心	600 吨	无公害农产品
菜豆	璧山八塘	2016.05.13	农业部农产品质量安全中心	210 吨	无公害农产品
茄子	璧山八塘	2016.05.13	农业部农产品质量安全中心	200 吨	无公害农产品
丝瓜	璧山八塘	2016.05.13	农业部农产品质量安全中心	130 吨	无公害农产品
番茄	璧山八塘	2016.05.13	农业部农产品质量安全中心	200 吨	无公害农产品
葡萄	璧山大兴	2016.05.13	农业部农产品质量安全中心	80 吨	无公害农产品
葡萄	璧山大兴	2016.05.13	农业部农产品质量安全中心	170 吨	无公害农产品
李子	璧山健龙	2016.01.29	农业部农产品质量安全中心	90 吨	无公害农产品
菜薹	璧山八塘	2016.05.13	农业部农产品质量安全中心	750 吨	无公害农产品
葡萄	璧山大兴	2016.05.13	农业部农产品质量安全中心	278 吨	无公害农产品
生猪	璧山八塘	2016.10.13	农业部农产品质量安全中心	611 吨	无公害农产品
苦瓜	璧山八塘	2016.10.13	农业部农产品质量安全中心	90 吨	无公害农产品
茄子	璧山八塘	2016.10.13	农业部农产品质量安全中心	150 吨	无公害农产品
黄瓜	璧山八塘	2016.10.13	农业部农产品质量安全中心	80 吨	无公害农产品
番茄	璧山八塘	2016.10.13	农业部农产品质量安全中心	200 吨	无公害农产品
茄子	璧山八塘	2016.10.13	农业部农产品质量安全中心	150 吨	无公害农产品
冬瓜	璧山八塘	2016.10.13	农业部农产品质量安全中心	50 吨	无公害农产品
黄瓜	璧山八塘	2016.10.13	农业部农产品质量安全中心	100 吨	无公害农产品
罗非鱼	璧山广普	2016.11.18	农业部农产品质量安全中心	70 吨	无公害农产品
鲤	璧山广普	2016.11.18	农业部农产品质量安全中心	25 吨	无公害农产品
鲫	璧山广普	2016.11.18	农业部农产品质量安全中心	8 吨	无公害农产品
鳖	璧山来凤	2016.11.18	农业部农产品质量安全中心	50 吨	无公害农产品
鲜食玉米	璧山河边	2016.12.22	农业部农产品质量安全中心	31 吨	无公害农产品
菜豆	璧山河边	2016.12.22	农业部农产品质量安全中心	95 吨	无公害农产品
茄子	璧山七塘	2016.12.22	农业部农产品质量安全中心	120 吨	无公害农产品
苦瓜	璧山七塘	2016.12.22	农业部农产品质量安全中心	75 吨	无公害农产品
莴笋	璧山七塘	2016.12.22	农业部农产品质量安全中心	160 吨	无公害农产品

（区气象局、区国土房管局、区林业局、区统计局、区委统战部、区商务局、区质监局、区农委、璧山年鉴编辑部）

精神文明建设

【概况】 2016年，璧山区在精神文明创建工作过程中，坚持以建设社会主义核心价值体系为根本，不断深化文明创建活动，深入开展节日主题活动，完善志愿服务组织建设，开展专题推荐评选活动以及关爱困境儿童结对帮扶活动，推动精神文明持续健康发展。

【精神文明创建常态化】 一是不断深化文明城市、文明单位、文明村镇创建活动。按照市文明办相关要求，开展各项创建活动，巩固市级文明城区创建工作成果。对区内各级文明单位、文明村镇开展复查验收工作。二是深入开展“我们的节日”主题活动。组织开展形式多样的群众文化活动7场。三是持续开展“微笑满渝州”文明礼仪行动和“善美行业”文明行风行动。组织200名文明劝导员全天在城区重要路口开展“礼让斑马线，文明我点赞”志愿服务活动，同时在区内媒体开设“曝光台”，曝光市民的不文明行为。

【志愿服务活动】 一是完善志愿服务组织建设，成立区志愿服务指挥中心，全区15个街镇成立志愿服务工作站，187个村（社区）建立志愿服务岗亭。注册志愿者8.8万人，占辖区户籍人口比例14%,注册志愿服务组织443个，在重庆“志愿云”信息系统上发布项目280个。二是以“志愿服务赶场天”为抓手推动志愿服务常态化。组织开展“志愿服务赶场天”活动185场，参与志愿者人数5 000人，收到群众意见建议1 800条，帮助困难群众2万人次。三是广泛宣传，营造氛围。设计制作一批视屏类、平面类、剪纸等形式的志愿服务公益广告，使志愿服务理念深入人心。

【公民思想道德建设】 一是深入开展“我推荐、我评议身边好人”活动，推荐评选“重庆好人”11人，“中国好人”1人。组织“好人在身边”微访谈活动10场，利用区内媒体策划宣传“我推荐、我评议身边好人”活动等专题，组织广大干部职工学习好人先进事迹，参与评议和投票活动。积极开展关心关爱“身边好人”和道德模范活动，组织区内爱心人士对贫困“身边好人”和道德模范开展关爱慰问志愿服务活动。二是广泛开展“讲文明树新风”公益广告宣传。璧山广播电台播放“安全行车”“邻里关系”“梦娃”等系类公益广告2 000分钟；《璧山报》常年刊播各类“讲文明树新风”、文明礼仪公益广告54个整版；璧山网、璧山文明网等网站首页位置积极刊播公益广告图片，总点击量超过200万次。三是开展“衣食住行”文明生活行动。广泛开展“衣旧情深”“文明餐桌行动”“社区邻里节”“礼让斑马线”等活动，倡导市民节用惜福、文明用餐、邻里互助、文明出行。深入开展“文明引导、文明交通、文明餐桌、文明传播”行动，引导人们从身边做起，从小事做起，推动全社会践行礼仪规范。

【未成年人思想道德建设】 一是参加“九童圆梦”活动和关爱山区留守女“红樱桃”行动，开展“九童圆梦猴年春节行动”、美德少年评选、优秀童谣征集、慈孝典范推荐、“九童圆梦·寻找最美家书”等活动。二是开展关爱困境儿童志愿服务活动，向全社会招募爱心志愿者457名，募集善款物资10万元，对全区困境儿童进行“1+1+N”结对帮扶。三是积极引导乡村学校少年宫建设和使用。区内9所乡村学校少年宫均按照“一校一特色”品牌建设，做到规范操作、专款专用、阳光透明、严格开支、强化管理。书法、古筝、陀螺、铁环等20项兴趣小组活动让农村孩子在“家门口”实现与城里孩子“同学同乐”。

（区委宣传部）

经　济

园区建设

国家高新技术产业开发区

【概况】 2016年，璧山高新区管委会纳入重庆国家自主创新示范区核心建设区范围，成为国家科技部科技服务业区域试点单位。全年完成规上工业产值902.5亿元，增长20.3%；工业增加值237亿元，增长17.3%；固定资产投资335亿元，增长25%；建成16平方公里，入园企业940家，规上工业企业207家。年底，高新区拥有国家级高新技术企业71家、国家级企业技术中心2家、国家级实验室3家、各类市级研发平台53家，组建重庆军民融合协同创新研究院。

【创新创业生态优化】 一是优化创新创业政策措施。秉承政策"加法"换取创新"乘法"思路，实施《璧山区促进科技创新奖励办法》《璧山区创业行动计划》《璧山区专利资助办法》《璧山区科技成果登记管理办法》等政策措施，切实支持创新创业，激发创新创业活力。同时，集聚一批市场化、社会化、专业化的科技服务机构，形成较完备的投融资体系，打造优良的创新创业生态。建立3 000万元创业种子投资基金，投资创新型小微企业和创业团队。对入驻的国内外一流创新创业服务企业和平台，参照全区金融产业相关优惠政策，由区政府一事一议确定具体支持政策。其他入驻的创新创业服务企业和平台，在房租、装修、设施设备等基础设施上给予不超过50万元的一次性补助。

二是打造综合性科技创新平台。创建创业大

璧山国家高新区变速器研发中心

（曾清龙　摄）

厦、创业大道、金融集聚区、产业创新升级体验中心四大功能板块于一体的创新示范基地，规划9万平方米，分别承担科技型企业孵化器、创新型企业孵化器、金融综合服务和科技水平集中展示等功能，打造综合型、开放型的创新创业生态圈。采取市场化管理运作模式，高新区管委会和区科委负责整体规划和业务指导，重庆众合创园企业孵化器公司负责建设和日常管理工作。创新示范基地入驻创客团队和企业59家，入驻金融机构20家，带动就业近1 000人；同时，通过举办创新创业大赛等，激发创造创新活力，扩大对外影响。

【规划引领】　一是合理规划发展空间。根据产业基础、产城融合发展和城市拓展进程，初步划定高新区拓展区28.23平方公里，为华夏幸福产业新城、中新产业园、国家自主创新示范区以及其他重点项目预留发展空间。在城区规划璧泉组团21.15平方公里，发展先进制造业和互联网产业；在渝蓉高速璧山下道口规划璧城组团3.16平方公里，发展仓储物流及大健康产业；在城区南部规划青杠组团3.92平方公里，发展先进制造业和大健康产业。璧山高新区建成16平方公里。

二是谋划产业发展方向。经多年发展，璧山高新区基本形成智能装备、信息技术和生命健康三大主导产业，2016年三大主导产业产值占规上工业总产值的75%以上，并根据国际、国内产业发展形势，结合自身产业基础，采用引进、并购、重组、合作等方式，加速延伸打造先进制造业、互联网产业、“大健康”产业等竞争力强的战略新兴产业体系，以此提升产业的科技含量和为经济发展的“供血”功能。

三是集中打造重点平台。抓住重庆发展万亿级电子产业的契机，规划建设3万平方公里的“微电园拓展区”和3平方公里的“重庆台商工业园”。入驻笔记本电脑配套企业135家、台资企业80家。抓住中新（重庆）战略性互联互通项目合作契机，拟与中新集团合作建设“中新产业园”。世界500强企业淡马锡、普洛斯物流等5家新加坡企业落户。依托得润电子丰富的行业资源，打造“中欧智慧能源产业园”，利用其与意大利美达公司合作，在璧山建设汽车车载充电机和汽车车联网等项目。依托众泰汽车和得润电子，建设众泰汽车新能源汽车整车生产基地和500亿级新能源汽车零部件制造基地。

【招商引资】　一是加强招商引资工作。深化“3+3+N”招商引资新模式，从“拼政策”招商逐步深化到产业招商、股权招商和资本招商。快速推进重庆众泰汽车配套产业园一期项目，签约涉及汽车传动系统、制动系统等汽车核心零部件企业18家，总投资58亿元，进一步完善和壮大全区汽车产业体系。全年引进得润电子等项目51个，总投资194亿元。华夏幸福产业新城、中新产业示范园、中欧智慧能源产业园等示范性产业项目取得重大进展。开工建设企业30家，投产达效企业32家。

二是实施股权投资计划。为扶持产业发展，在传统的奖励、补贴等资金扶持方式上，与西南证券等金融机构合作，共同组建“两山火炬股权投资基金”“两山西证股权投资基金”和“并购基金”，政府筹资30亿元，撬动社会资本100亿元参与。其中，“两山火炬股权投资基金”主要针对拟挂牌上市企业投资，以扶持产业为主，不以营利为目的。“两山西证股权投资基金”主要与西南证券对区外企业股权投资，在追求投资利益回报的同时，引入其产业落户璧山。“并购基金”主要与西南证券和私募基金合作，通过收购上市公司“壳资源”或参与企业“定增”，引进一批“龙头”项目。截至年底，对众泰汽车、凯成科技等企业投资6.37亿元。

三是推动企业挂牌上市。为推动企业进入资本市场发展，与西南证券合作，引进其在璧山成立分公司，并作为挂牌上市企业综合金融业务财务顾问。出台《拟上市重点培育企业财政扶持暂行办法》，制定对企业上市奖励300万元、在全国中小企业股份转让系统（简称“新三板”）挂牌奖励150万元等一系列奖励扶持政策，增强企业进入资本市场发展积极性。同时筛选培育重点企业50家，积极引进区外拟挂牌上市企业迁到璧山，力争通过三年时间推动30家企业挂牌上市。截至年底，蓝黛传动在深交所上市，瑞普电气、兴渝涂料、梦赛力士3家企业在“新三板”挂牌。

【要素保障】 一是培养创新创业人才。依托璧山区“三千人引才计划”，高新区和企业引进培养高层次人才816名，其中“海归”23名，博士、硕士522名；与8所高校和25家企业合作，共建大学生创新创业实训基地，5 000名大学生到10家企业实习培训，近100名企业技术骨干到高校深造学习。二是强化劳务服务力度。全区有成年劳动力39万人，周边区县有上百万劳动力可以吸纳使用。区内建立职业高中和职业学校8所，专业设置全面，每年可向社会提供近万名技能性人才。联合区级相关部门建立劳务基地4个，成立30人工作团队专门招工，保障企业生产用工。三是强化基础保障。打造园林景观，实施干道组团式绿化160万平方米；统一168家企业建筑色调，以接近大自然的“灰色”“巧克力色”为主；坚持产城融合，按照“20分钟步行半径”布局生活服务设施，方便企业员工和家人的生产生活。引进新欧鹏集团建设商务国际区，建成新加坡—伊顿国际幼儿园，开工建设凤凰小学。建成观音塘湿地公园等7个公园，并在旁边建设保障性住房。为降低企业成本，建成日处理能力3万吨的污水处理厂，并采取低于周边区县收费标准，提升项目“承载力”。（贾　雯）

【科技创新服务平台建设】 建成国家级众创空间—科技创新示范基地，入驻创客团队43家，得润汽车电子研究院、碳纳米研究院、绿谷机器人研究院等推进顺利。培育科技型企业103家，获批高新技术企业41家、企业技术中心8家，各类创新平台总数达到71家。

【项目承载能力建设】 完成城市主要道路建设17公里；推进微电园拓展区道路建设，同步完成道路综合管网建设；完成绿化25万平方米，高新区建成区面积拓展至16平方公里。按照“20分钟步行半径”布局完善生活服务设施，方便群众和企业工人生产生活，推进众泰、企业天地周边生态停车场建设，建成生态停车位500个；建成标准化公厕垃圾台4座、五星级公厕7座；全面检测高新区范围内已建市政桥梁，整治高新区范围内破损路面5 000平方米；推进凤凰小学主体工程。大力推进经适房和公租房建设，完成保障性住房及配建廉租房27.63万平方米。获渝蓉道口300公顷和创新产业园101公顷土地指标，实施渝蓉道口、埃尔发和车管所项目以及新胜336公顷拆迁；启动青杠莲花58.87公顷拆迁工作。

【择商选资】 积极开展国际合作。促成得润电子收购意大利Meta公司，将其拥有全球领先的智能车险技术注入国内保险公司，打造国内首家千亿级互联网车险保险公司；龙润公司与德国大陆电子合作，建成汽车电动转向系统；金冠汽车与德国海姆公司合作，生产开发房车项目。

中意创新产业园。璧山高新区响应落实国家“一带一路”及创新驱动发展战略，促进中意两国在科技及产业等领域的合作。2017年2月22日，璧山区政府、圣安娜大学、重庆大学在总书记习近平和意大利总统的见证下，在北京签订“中意创新产业园”的合作协议。高新区和重庆大学正在编制“中意创新产业园”发展规划，拟规划10平方公里，首期启动3平方公里用于“中意创新产业园”建设，以得润与意大利mate公司联合建设新能源汽车电池为突破，建设“中意创新产业园”。

重庆自创区建设。2016年7月，国务院批复同意建设重庆国家自主创新示范区，璧山高新区也纳入自创区的建设范围。由此，高新区也编制

《璧山高新区建设自创区实施方案》，方案明确未来五年，高新区将以军民融合为突破，以资源创新、产业创新、主体创新、载体创新、环境创新为抓手，将璧山高新区打造成“重庆的智造新城，成渝经济走廊的重要创新节点”。

产业研究院建设。按区委、区政府的统一部署，采取“总院+专业研究院”模式，打造重庆军民融合协同创新研究院和“1+10”研究院体系建设，研究院已注册成立，璧山高新区、重庆大学正在积极编制研究院建设方案。另外，得润汽车电子研究院已注册成立，正在装修办公场所；碳纳米研究院投资方启越涌阳公司已与区政府签订投资协议；绿谷机器人研究院整合产学研资源，修改完善实施方案。众泰汽车也与重庆大学汽车学院签订合作协议，共同开发新能源汽车。

（璧山国家高新区管委会）

绿岛新区

【概况】 2016 年，围绕“三区一美”战略行动部署，以完善城市功能为抓手，脚踏实地，求真务实，推进新区各项重点工作。全年完成固定资产投资 83.1 亿元，文化艺术中心、御湖新区环湖路、渝西跨境商品直购体验城建成投用，快速推进“六旗乐园”“海绵城市”、定向经济适用房 B 区建设。

【规划设计】 根据城市发展需要，完成 8.48 平方公里绿岛新区、7 平方公里御湖新区控规修编以及 2.6 平方公里南部片区控规编制工作；全面启动绿岛新区南部片区市政道路设计工作，完成南部片区市政道路设计 2.8 公里；同时，配合区交委开展轨道一号线璧山站片区“六旗大道”的设计工作，“六旗大道”2.2 公里于年内招标完成并动工建设。

【投融资与土地出让】 绿岛新区核心区范围内完成固定资产投资 83.1 亿元，其中房地产完成投资 64.3 亿元，绿岛新区管委会完成投资 14.3 亿元，由政府其他部门完成投资 4.5 亿元。持续加强与房地产公司联系，推介新区土地，全年出让土地 18 宗、71.78 公顷，土地出让收入 15.16 亿元。

【征地拆迁安置】 全年完成征地拆迁 192.13 公顷，完成年度任务的 125.3%；完成 110 千伏田秀西线和 110 千伏茅秀线迁改的廊道建设工作。

绿岛新区道路骨架之一

（曾清龙　摄）

【新区市政道路建设】 新建、续建市政道路 8.1 公里，全面建成通车；新建污水干管 1.97 公里，建成投用 1.1 公里；完成 24 个道路路口智能交通系统、标线及标志改造。

【御湖新区建设】 完成御湖新区环湖路一期 4.67 公里道路建设；着力打造重庆御湖国际生态旅游度假区项目建设，该项目规划占地约 60 公顷，总投资约 60 亿元，启动御湖文化主题精品酒店群建设，出让酒店用地 19.87 公顷；秀湖汽车露营地工程项目完成施工招标并进场施工；完成御

御湖新区山体水体路

（谢捷　摄）

车辆行驶在御湖新区环湖路

（刘畅　摄）

湖新区滨水道路及环湖管网工程的方案设计编制并送审。

【文化艺术中心建设】 文化艺术中心B区大剧院于5月31日建成投用，A区文化馆（会议中心）于7月25日建成投用，C区电视台完成加固工程以及室内装饰及广电工艺系统设计。

【定向经济适用房建设】 快速推进定向经济适用房B区建设。其中一标段建筑5.9万平方米，为高层建筑，1号楼、3号楼主体工程封顶；全面完成定向经济适用房B区二标段2.9万平方米多层安置房建设并通过竣工验收；B区附属工程完成总工程量的60%。

【招商引资】 持续加强新区宣传推介工作，积极推动项目落地。全年接待40次项目考察，项目洽谈10个，涉及房地产、酒店、特色商业、文化娱乐等领域，签订北部综合体项目投资意向书，“六旗乐园”、御湖国际生态旅游度假区等一大批重大产业项目落户新区。天安商业综合体完成金融街1号至4号楼初步验收；建成秀水湾商业街4万平方米并完成招租2.4万平方米；“南门唐城”南区1.6万平方米、北区2万平方米年内建成投用。

（王　川）

国家农业科技园区

【概况】 重庆璧山国家农业科技园区是2013年9月由科技部、农业部等6部委批准建立的全国第五批国家级农业科技园区之一，也是重庆市第3家国家级农业科技园区。党工委、管委会于2014年8月成立，属区委、区政府派出机构，正处级参公事业单位。园区现行组织架构为“1+1+1”，1个参公单位即管委会、1个事业单位即科技创新中心、1个所属国有企业即重庆国隆农业科技发展有限公司。管委会核定参公事业干编制21名，内设机构5个部，即综合部、规划建设部、土地利用部、招商服务部、财务部。园区管委会主要负责以蔬菜为代表的全区现代农业发展，城区规划区外的渝遂高速大路道口、成渝高速丁家道口、定林道口等高速公路道口开发、重庆西郊人文纪念公园建设三大任务，推进一二三产业融合发展，促进城乡统筹。下属正科级事业单位——农业科技创新中心，核定事业干部编制6名。所属国有企业——重庆国隆农业科技发展有限公司，注册资本金5亿元，主要负责农业科技园区范围内的开发建设及投融资工作。

【璧北十万亩蔬菜基地建设】 2016年，园区整合各类资金1亿元（2011年以来累计投入13.5亿元），推进璧北十万亩蔬菜基地建设，全面实现“公路到基地、便道到菜园、沟渠相通、能排能灌”的良好格局。基础设施升级。改建汤甘路等15条道路30公里，整治山坪塘96口，新建钢架大棚66 000平方米。产业发展增效。实施蔬菜自然灾害险、雇主责任险、价格险、设施综合险等4个农业保险，投保266.67公顷；遭遇雪灾、洪灾后，业主获赔近100万元，风险抗御能力有效提升。全区蔬菜播种达到22 046公顷，产量达到75.6万吨，产值14.7亿元。其中，璧北十万亩蔬菜基地面积2 333.3公顷，蔬菜播种7 871.9公顷，产量27.2万吨，产值5.3亿元。科技创新激活引擎。实施“121科技支撑项目”，构建“蔬菜产地环境信息数据库”。创建科创中心、组培中心、渝西蔬菜研发中心三大平台，致力产学研合作、科技成果转化；引进示范新品种500种，气象物联网、立体栽培、组培繁育等新技术10项；搭建“璧山数字农业服务平台”“蔬菜产地环境信息数据库”“蔬菜市场价格查询与行情预测系统”以及“农产品质量安全监管系统”。全年接待各类观光考察60批次、2 000人次。三产融合提速。统筹布局种养殖产业，促进立体循环生态农业发展。优化产业调结构，配套发展血橙、樱桃等经果林533.33公顷，产业结构进一步优化。完成“国家农业公园”（科技田园生活体验区）规划编制，全区首个昆虫主题博物馆“喜观昆虫王国”开园，加快促进农业与二三产深度融合发展，打造主城“金色郊区”。

【大路道口产业区开发建设】 累计投入2.1亿元，以大路道口为突破拉开发展帷幕。新征国有土地21.77公顷，启动用地空间修改工作；投入6 000万元，实施大路拆迁安置定向经济适用房建设，23 700平方米。加快基础设施建设，竣工投用道路3条、正实施2条；搬迁电力杆线3公里；协调市环投集团加快推进大路污水处理厂建设。狠抓融资工作，国隆公司迈出实体化步伐，完成林地、水库资产评估入账，公司资产逐步壮大；包装项目融资近5亿元，争取国家专项建设基金1.25亿元。大力创新股权招商、以商招商模式，落户现代农业和道口项目5个，合同引资6亿元，其中：与万达物流集团共同建设大路智慧物流园，占地约13.33公顷、投资5亿元。

璧北蔬菜基地核心区

（刘畅　摄）

【重庆西郊人文纪念公园建设】

引进国内殡葬行业领军企业，合资组建实业公司，携手共同建设“重庆西郊人文纪念公园”。高起点规划。依据“总体规划，分期开发”的原则，结合“文化陵园、园林公墓”建设理念，融入园林、雕塑、文化等元素，植入本土历史文化，注重功能布局与自然风貌的融合，使其既是祭祖祈福的陵园，又是传统文化探寻、人文纪念、旅游休闲的公园，打造融于自然、温馨，明亮，让心灵得到慰藉的殡葬服务区。高标准建设。完成殡仪馆整体搬迁项目6.61公顷、人文纪念公园10.2公顷征地拆迁，专用公路、安乐水库坝区建设完毕，库区已调试蓄水；殡仪馆主体工程开工。

【中铁任之健康城】 项目位于大路道口片区的大路街道三担村，规划总占地约200公顷，总投资约60亿元，总建筑约150万平方米。项目以国际化的高端视野和理念，以“健康养老和乡村生态旅游”为主题，涵盖“医疗康复、生活护理、养老养生、文化娱乐、生命研发、生态农业”等功能为一体的现代大型居家养老社区。截至2016年年底，项目累计开工约22万立方米，完成投资约10亿元。其中项目体验区和健康管理中心于10月投入使用和运行；项目一期工程（颐养中心、养老公寓）约20万立方米主体工程完工。

【国有企业建设】 国隆公司迈出实体化步伐。配备董事长（兼总经理）、副总经理2人，新招录、调入人员8名，实现正常办公。经区政府批准，注入29宗国有林地（606公顷）、33座水库，资产进一步壮大。加大融资力度，获浦发银行贷款3亿元；遵循“创新+资本=新动力”经济逻辑，与上海福寿园集团合资成立重庆福寿园西苑实业有限公司，与无锡万达物流集团合资成立重庆大路物流有限公司，全面增强“造血”能力。

（国家农业科技园区管委会）

延伸阅读 ▶▶

公厕留下客商

事实上，良好的环境并非必然能带来经济增长。

“一般来说，环境好的地方区位相对偏僻，区位好的地区，环境污染一般相对严重。”黄文杰告诉本刊记者，“璧山发展的优势就在区位好，环境也好。”

璧山东倚缙云山，与重庆大学城仅一山之隔，为重庆主城“西大门”；西靠茅莱山，地处成渝经济走廊要冲。

2010年9月28日，就在璧山“断臂”改革的同时，其首条城市隧道——璧山隧道建成通车，由此实现了璧山与重庆主城的“无缝对接”。此后，渝蓉高速、成渝城际客运专线、轨道一号线穿境而过，形成了辖区内南、北、西、中均有高速公路过境的高速路网。

交通通达后，从重庆江北机场到璧山，仅需一个小时。以至于，常有客商在候机前到璧山游玩，而决定落户于此。

譬如，台湾一家电子企业董事长，到璧山进了一次公厕后，就决定留下。

“这个董事长出来就说，公厕都这么整洁，说明地方政府很管事，我看不用再到其他地方去了。”黄文杰说。

能留住客商的公厕是怎样的？

本刊记者实地探访了一番，秀湖公园入口处，天子桥公厕依山而建。24小时恒温，免费开放，纸巾也24小时免费供应。目前，璧山区像这样的公厕共有25座，达到主次干道每500~800米、其他支路每800~1000米建一座公厕。

农　业

综　述

【概况】 2016年，全区乡村户数17万户，农业人口35.7万人，实有乡村从业人员33.4万人，农林牧渔业从业人员10.4万人，耕地2.45万公顷(其中田17 040公顷、土7 460公顷)，有效灌溉1.82万公顷，保灌1.15万公顷。农村土地流转2.07万公顷，流转率53.75%，规模经营集中度46.24%。全年新增无公害农产品基地13个，无公害农产品28个，绿色食品10个，市名牌农产品5个，璧山儿菜、来凤鱼、璧山葡萄、大路黄花获国家地理标志认证。

【农业生产】 全区农林牧渔及水利固定资产投资30亿元，同比增长7%；农林牧渔业总产值40.5亿元，增长28%；农林牧渔业增加值27.4亿元，增长4.1%；全区林地达到3.98万公顷，森林面积达到3.83万公顷，森林覆盖率提升到42%，林木覆盖率提升到50%，活立木蓄积量55.4万立方米，林业产值达到34.15亿元；农资销售总额达到18.49亿元，增长32%；争取市级以上国家水利资金4.11亿元，完成水利建设投资11亿元；农村居民人均可支配收入15 680元，增长10.2%。

【农业产业化发展】 大力培育和发展农业龙头企业、农民专业合作社、家庭农场、种养殖大户等新型农村经济经营组织。加大对农产品加工企业扶持力度，整合项目资金予以倾斜，重点扶持、培育产品附加值高、示范带动性强、有发展前景的加工企业。新增龙头企业15家，农民合作社56家，新增发展家庭农场45个，新培育市级家庭农场示范场3个；全区农产品加工农业产业化龙头企业34家，其中市级7家、区级27家。新增土地流转501.2公顷，流转率达到53.75%；规模经营1.78万公顷，新增452.2公顷。

【农村改革】 深入推进农村集体资产量化确权改革，在丁家街道3个社开展经营性资产量化确权改革，在完成确权确股基础上，组建新型农村经济股份合作社，完善法人治理结构，规范收入分配制度。盘活集体闲置或低效使用的办公用房、校舍、仓库等固定资产，挖掘存量资产价值；深入推进农村土地承包经营权股份制改革，在河边镇和七塘镇6个组探索开展以土地承包经营权入股量化成立土地股份合作社，6个组64.1公顷开展股份制改革试点，界定享有分配权的成员数量1 132人。

【农村社会事业】 全区累计投入8 250万元用于脱贫成果巩固，通过政策倾斜，整合区交委、区税务局、区城乡建委、区农委等部门资金用于加强贫困村基础设施建设。累计投入6 663万元，硬化村级公路11.73公里，新建机耕路6.3公里，进一步完善贫困村村级公路网络；投入扶贫培训资金50万元，培训贫困户280人；投入471万元，为所有村卫生室完善设施设备配置；投入391万元，资助各级贫困学生5 000人次。全年经移民户主申报、镇街及区级调查核实、区政府审批确定全区城镇移民困难补助对象349人和特殊救济对象35户。按城镇移民困难补助每人400元标准，特殊救济对象每户500元至2 000元标准，计兑付困难补助资金13.96万元，特殊救济资金5.25万元。

八塘镇千亩丝瓜　　（张曦　摄）

【美丽乡村民主管理】　牵头组织编制《重庆市璧山区农业农村经济发展第十三个五年规划（2016—2020年）》，建成区级现代农业示范园区2个、精品农业园6个。依托第一产业，全面带动休闲观光农业发展，编制《重庆市璧山区血橙基地景观规划》，中铁任之健康城、来凤婚纱摄影基地等初具规模。调整土地利用总体规划，完成土地建设用地调整项目120个、471公顷，缓解“土地制约瓶颈”。实施美丽乡村、一事一议、新农村建设等项目，建成泥结石道路12公里，太阳能路灯311盏、观光长廊5 000公里以及观光亭20个。建成美丽乡村7个、美丽农庄5个。向上争取项目资金，申报产业融合发展试点乡镇项目1个、葡萄主题公园等专项基金项目2个。

（区农委）

种　植　业

【概况】　2016年，以全国基层农技推广补助项目为载体，强化全区农技科技示范户、种植大户、农业专业合作社和龙头企业的技术指导，培育现代新型农民，带动农民学技术、学方法，提高科技种植水平，增强科技、生产、经营、管理意识，提升自我发展的积极性和主动性。全年技术指导200次。

【粮油生产】　全年粮食作物播种2.86万公顷，比上年减少8.81公顷、减0.46%；总产174 361吨，减少435吨、减0.25%。其中，小春粮食作物播种0.4万公顷，减少198.93公顷、减4.74%；总产10 318吨，减产822吨、减7.38%。大春粮食作物播种2.46万公顷，增加87.7公顷、增0.36%；总产16.37万吨，增产387.2吨、增0.24%。油料作物播种2 863.9公顷增加15.2公顷、增0.53%；总产4 712吨，增产577吨、增1.22%。其中，小春油料作物播种2 622公顷，增加11.9公顷、增0.45%；总产4 248吨，增产55吨、增1.31%。大春油料作物播种241.9公顷，增加3.3公顷、增1.4%；总产464吨，增产1吨、增0.22%。

【水果生产】　全年完成政策性财政投资1 840.11万元（含水土保持投入647.11万元），拉动社会投资3 460万元。完成新发展种植沃柑、大雅及特晚熟塔罗科血橙等333.33公顷；新建和改建葡萄设施大棚47.9公顷，配套果园滴灌设施39.7公顷，节水灌溉系统64公顷，新修蓄水池28口（9 428立方米），蓄粪池21口（1 633立方米），产品处理场15处（2 855平方米），改建和新建葡萄观光长廊1 047米，园区生态停车场6 432平方米，新

2016年璧山区粮食产量对比表

表3–1

填报单位：璧山区农业委员会　　　　单位:亩　公斤/亩　吨

	2016年（实际）			2015年			2016年比2015年增减					
	面积	亩产	总产	面积	亩产	总产	面积		亩产		总产	
							绝对数	相对数	绝对数	相对数	绝对数	相对数
一、大春粮食	369151	449.8	164043	367836	444.9	163655.8	1315	0.36	4.88	1.10	387.20	0.24
1.谷物	225253	502	113079	225763	503.0	113564.8	–510	–0.23	–1.03	–0.20	–485.80	–0.43
中稻	225253	502	113079	225533	503.5	113559	–280	–0.12	–1.51	–0.30	–480.00	–0.42
再生稻	0	0	0	230	25.0	5.75	–230	–100.00	–25.00	–100.00	–5.75	–100.00
2.豆类	3710	271	1003.4	3578	291.2	1042	132	3.69	–20.22	–6.94	–38.60	–3.70
春豆	1532	210	322	1544	229.7	354.6	–12	–0.78	–19.66	–8.56	–32.60	–9.19
冬豆	1382	351	485	1359	356.5	484.5	23	1.69	–5.51	–1.55	0.50	0.10
杂豆	677	263	178	675	300.6	202.9	2	0.30	–37.59	–12.51	–24.90	–12.27
秋大豆	119	155	18.4	0	0.0	0	119	0.00	155.00	0.00	18.40	0.00
3.薯类	69261	298	20621	67711	299.4	20272	1550	2.29	–1.39	–0.46	349.00	1.72
红苕	65286	307	20026	64086	306.5	19642	1200	1.87	0.51	0.16	384.00	1.95
马铃薯	3975	150	595	3625	173.8	630	350	9.66	–23.79	–13.69	–35.00	–5.56
4.玉米	69504	418	29053	69304	411.0	28484	200	0.29	7.00	1.70	569.00	2.00
5.高粱	1423	201	286	1480	198.0	293	–57	–3.85	3.03	1.53	–7.00	–2.39
二、小春粮食	60032	172	10318	63016	176.8	11140	–2984	–4.74	–4.78	–2.70	–822.00	–7.38
1.谷物	9038	210	1898	13343	219.2	2925	–4305	–32.26	–9.22	–4.20	–1027.00	–35.11
小麦	9038	210	1898	13343	219.2	2925	–4305	–32.26	–9.22	–4.20	–1027.00	–35.11
2.豆类	40195	154.9	6214	39290	155.2	6097	905	2.30	–0.28	–0.18	117.00	1.92
葫豆	38759	151.5	5872	37955	152.0	5769	804	2.12	–0.50	–0.33	103.00	1.79
豌豆	1436	238.2	342	1335	245.7	328	101	7.57	–7.49	–3.05	14.00	4.27
3.马铃薯	10799	204.3	2206	10383	204.0	2118	416	4.01	0.31	0.15	88.00	4.15
全年粮食	429183	410.9	174361	431164	405.4	174796	–1981	–0.46	5.50	1.36	–435.00	–0.25

修生产便道14 199米，生态观光亭7个，园区景观大门7个，果蔬、花椒等冷藏保鲜室3处（2 368立方米）。全区水果种植1.14万公顷，总产量15.90万吨，产值75 910万元，比上年同期分别增长2.1%、7.55%、5.99%。茶叶605吨，产值1 880万元，产量和产值分别增长16.3%和29.7%。

取得成绩：“璧山葡萄”获2016年度中国果品区域价值品牌，品牌价值4.89亿元；新增无公害农产品认证4个：重庆一博农业发展有限公司的葡萄、重庆市西辰葡萄种植专业合作社的葡萄、重庆市璧山区新星果蔬种植股份合作社的李子、重庆嘻御农业发展有限公司的葡萄；无公害产地3个：重庆中铁任之农业发展有限公司的水果、重庆市璧山区长荣种养殖农民专业合作社的水果、重庆市农标农业发展有限公司的葡萄；绿色食品认证10个：重庆市璧山区腾飞葡萄种植股份合作社的“土老坎”葡萄、重庆市璧山区莉莉葡萄种植专业合作社的“蜜莉葡萄”、重庆市璧山区正和

2016年与2015年水果生产同期对照表

表 3-2

项目	2015年面积（公顷）	2016年面积（公顷）	增减%	2015年总产量（万吨）	2016年总产量（万吨）	增减%	2015年总产值（万元）	2016年总产值（万元）	增减%
总计	10897.4	11413.27	4.89	14.7876	15.9036	7.55	71619	75910	5.99
其中：一、柑橘	3565.867	3796.4	6.47	4.5611	5.032	10.3	13433	16573	23.38
二、伏淡季水果	7088.667	7363.067	3.87	9.8765	10.2575	3.86	57136	59337	3.85
梨	2921.733	2921.733	0	3.26	3.154	-3.25	11357	11440	0.73
李	250.6	337.2667	34.58	0.45	0.6398	42.18	2395	3350	39.87
桃	601.0667	711.8667	18.43	0.94	0.843	-10.3	3451	3480	0.84
葡萄	2332.4	2365.733	1.4	4.34	4.607	6.15	33080	36740	11.06
枇杷	622.8	609.4667	-2.1	0.502	0.5115	1.89	1950	2065	5.9
茶叶	520	588	13.1	0.052	0.0605	16.3	1450	1880	29.7

葡萄种植农民专业合作社的“三贵”葡萄、重庆市璧山区金凤凰葡萄种植专业合作社的“鲍哥”葡萄、重庆启晨农业发展有限公司的“启晨玫瑰”葡萄、重庆市方家蔬菜有限公司的葡萄、重庆市璧山区黄氏葡萄种植农民专业合作社的“黄氏姐妹”葡萄、重庆市璧山区天河葡萄种植有限公司的葡萄、重庆市璧山区张大利水果种植农民专业合作社的“张大利+图形”葡萄、璧山区鸟巢葡萄种植园的“鸟巢葡萄”。

大兴镇葡萄

（周海瑞　摄）

【农业植保】　全区农业植保以实施到2020年农药使用量零增长行动为指南，坚持“预防为主、综合防治”的方针，树立“科学植保、公共植保、绿色植保”的理念，以保障农业生产安全、农产品质量安全和生态环境安全为目标，持续推进专业化统防统治、农作物病虫绿色防控、融合示范，提升预警和用药装备水平。

1.农作物病虫害监测预警：主要对全区水稻、玉米、油菜、蔬菜等农作物预测预报，结合全区实际，制定农作物病虫防治意见，科学指导农作物病虫防治，做到测报准确，预报及时。全年测报工作出动326人次，农作物病虫害发生7.92万公顷次，防治6.95万公顷次，其中水稻、玉米、蔬菜、果树、茶叶病虫防治6.63万公顷次，挽回粮食作物损失13 066.24吨，蔬菜8 531.26吨，水果10 973.07吨。

2.病虫专业化统防统治：在全区7个镇街集中实施水稻病虫专业化统防统治2 333.3公顷，推广机动喷雾器25台，示范推广60%烯啶·吡蚜酮120公斤，33%甲维盐·毒死蜱1 000公斤，推广75%三环唑420公斤，带动全区大面积水稻病虫统防统治工作。在经济类作物上，全年累计实施统防统治水果4 800公顷、蔬菜1 140公顷，茶叶186.7公顷，实现大户全覆盖。全区水稻、玉米种植1.93万公顷，实施专业化统防统治5 260公顷，统防统治覆盖率达到27.24%。

3.农作物病虫绿色防控：实施《蜜蜂（熊蜂）授粉与绿色防控增产技术集成应用示范（设施番茄）》、蔬菜病虫专业化统防统治与绿色防控融合示范、《果树病虫害绿色防控示范与推广》项目，重点在广普的果树和璧北基地蔬菜开展病虫绿色防控示范与推广，示范146.7公顷，累计示范推广太阳能杀虫灯184台，性诱捕器900个，粘虫板542 500张、捕食螨157 000袋，新物农药275公斤。全区主要农作物病虫害累计防治6.63万公顷次，其中绿色防控1.7万公顷次，覆盖率达到25.68%。

养 殖 业

【畜牧概况】 2016年，璧山区养殖业技术服务中心以转变生产方式为主线，以标准化养殖为抓手，以产业优化升级为重点，以生态安全、质量效益为核心，推动畜牧养殖健康持续发展。全区生猪出栏27.88万头，同比减少3.49%；家禽出栏3 293.94万羽，增长1.93%；肉兔出栏365.91万只，增长0.59%；牛出栏0.065万头，增长4.48%；羊出栏1.85万只，增长8.78%；畜禽肉类总产量7.64万吨，与上年持平；禽蛋产量0.73万吨，减少3.30%。

【畜牧项目实施】 畜禽养殖业实施《现代特色效益农业市级切块资金项目》子项目16个、肉鸡标准化示范场创建项目1个及其他惠农政策项目3

2016年畜牧基本情况对比一览表

表3-3

指标名称	单位	2015年	2016年	±%
大牲畜				
年末存栏数	头	1526	1350	-11.53
出栏或自宰的牛	头	625	653	4.48
牛肉产量	吨	81	84	3.70
牛奶产量	吨	29	9	-68.97
生猪				
年末存栏数	万头	17.55	16.98	-3.22
#能繁殖母猪	万头	0.91	0.87	-4.19
出栏肥猪	万头	28.89	27.88	-3.49
猪肉产量	万吨	2.13	2.07	-3.16
羊				
年末存栏数	万只	1.32	1.29	-2.21
出栏羊	万只	1.70	1.85	8.78
羊肉产量	吨	237	256	8.02
家兔				

续表 3-3

指标名称	单位	2015 年	2016 年	±%
年末存栏数	万只	97.72	101.65	4.02
出栏兔	万只	363.78	365.91	0.59
兔肉产量	吨	4417	4443	0.59
家禽				
年末存栏数	万羽	978.85	1009.24	3.10
# 鸡	万羽	936.56	966.99	3.25
年内出栏	万羽	3231.63	3293.94	1.93
# 鸡	万羽	3119.31	3181.24	1.99
禽肉产量	万吨	5.00	5.06	1.14
禽蛋产量	万吨	0.75	0.73	-3.30

个，市、区两级财政投入资金 495 万元，养殖户自筹资金 340 万。严格做到项目资金的专款专用，按照项目建设要求实施，截至 12 月，完成项目投资 421 万元，见效益项目 6 个。

【动物疫病防控】 按照农业部、市和区农委的重大动物疫病防控和畜产品安全工作要求，畜牧兽医体系各单位综合协调，把各项工作落到实处。全区免疫散养户应免生猪口蹄疫、高致病性猪蓝耳病、猪瘟 60 万针次，牛羊口蹄疫 1.4 万针次，羊小反刍兽疫 1.2 万针次，散养鸡高致病性禽流感 540 万针次、鸭鹅 27 万只针次，犬狂犬病 3.8 万针次；消毒农村散养户畜禽圈舍 10 万户。监督养殖大户（场）常年开展自主免疫，督促强制免疫高致病性禽流感 3 000 万针次。监测口蹄疫等重大动物疫病免疫抗体 7.47 万份，免疫抗体合格率均达到农业部规定要求；病原学样品 640 份，监测结果均为阴性。全年全区无重大动物疫情发生。

加强动物卫生监管，确保畜产品质量安全。开展风险评估和日常监管规模养殖场 791 个。严格执行动物调运备案制度。全区产地检疫生猪 12 万头，检出病害生猪 40 头；牛 325 头；羊 521 只；禽 2 021 万只，检出病害禽 2 527 只。屠宰检疫检验生猪 502 661 头，无害化处理病害猪 963 头，“瘦肉精”检测尿样 1 600 份，均未发现阳性。按一般程序办理案件 20 件，罚款 30 733 元。全区无重大畜产品质量安全事件发生。

【水产概况】 璧山区水产品总产量 19 159 吨，增加 6.99%；全区养殖 2 950 公顷，增幅 1.94%；全区培育各类鱼苗 10 210 万尾，鱼种产量 3 107 吨；渔业总产值 34 874.50 万元，其中渔业产值 26 813.0 万元，增幅分别为 11.93%、12.29%。推广长丰鲢 233.33 公顷，异育银鲫“中科三号”73.33 公顷、松浦镜鲤 34 公顷。鱼病监测主养品种 5 个，测报 40.47 公顷。全区 12 个街道、镇 91 家养殖场业参加渔业养殖保险，参保 144.93 公顷。

【水产项目实施】 实施《现代特色效益农业市级切块资金项目》子项目 18 个，总投资 799.2 万元，其中财政补贴资金 431 万元，业主自筹 368.2 万元，截至 12 月完成项目投资 650 万元。

（区农委）

林　业

【概况】 2016 年，全区开展生态修复、生态保护、生态富民、生态服务、生态文化五大林业行

2016年水产基本情况对比一览表

表 3-4

指标名称	单位	2015	2016	±%
养殖面积	亩	43417	44250	1.9
水库	亩	16477	16820	2.1
池塘	亩	8770	8861	1.0
商品鱼基地	亩	966	966	0.0
耕地养鱼	亩	15148	15561	2.7
河道网箱	亩	0	0	0.0
其他	亩	2055	2042	-0.6
稻田养鱼面积	亩	9546	9250	-3.1
生产鱼苗	万尾	9807	10210	4.1
水产品产量	吨	17906	19159	7.0
水库	吨	1885	1930	2.4
池塘	吨	15313	16512	7.8
河沟	吨	0	0	0.0
稻田	吨	37	35	-5.4
河道网箱	吨	0	0	0.0
淡水捕捞	吨	511	524	2.5
其他	吨	160	158	-1.3
在产量合计中				
草鱼	吨	2203	2862	29.9
鲤鱼	吨	674	805	19.4
鲢鱼	吨	5304	5607	5.7
鳙鱼	吨	1240	1217	-1.9
鲫鱼	吨	6778	6937	2.3
罗非鱼	吨	408	408	0.0
鲶鱼	吨	88	58	-34.1
鳝鱼	吨	134	109	-18.7
泥鳅	吨	271	314	15.9
其他	吨	674	703	4.3
虾蟹类	吨	61	82	34.4
贝类	吨	72	57	-20.8

动。林地达到3.98万公顷，森林达到3.83万公顷，森林覆盖率提升到42%，林木覆盖率提升到50%，活立木蓄积量55.4万立方米，林业产值达到34.15亿元。

【林业产业】 依托林业重点工程，大力发展璧南花卉苗木、晚熟柑橘等特色效益林业。新增各类花卉苗木种植133.33公顷，5 286.67公顷，高峰期年产值10亿元；初步形成广普镇脐橙基地、正兴镇蜜柚基地、福禄镇、大兴镇的沃柑和七塘镇的血橙等晚熟柑橘基地。

【退耕还林】 大力实施退耕还林、中央造林等林业重点工程，突出通道绿化、荒山荒坡绿化。围绕发展林业产业和改善人居环境，推进造林绿化。完成人工造林666.67公顷。完成中幼龄林抚育2 666.67公顷。全面完成第一轮退耕还林阶段性验收任务6 113.33公顷。硬化村社道路绿化80公里。义务植树210万株。引进丰富城市绿化植物品种50个。

【天然林保护】 严守“五个决不能”底线。严格林地用途管制和分级管理,严格林地非法流转。严格保护天然林，完成“天保”二期阶段性建设任务。

【林业有害生物防治】 坚持“预防为主，科学治理，依法监管，强化责任”的防治方针，狠抓森林病虫防治检疫工作。林业有害生物无公害防治率100%，产地检疫率100%，调运检疫率100%，无成灾面积，林业有害生物成灾率控制在3‰以内。

【森林防火】 狠抓森林防火基础设施建设，新建森林防火通道30公里、消防水池1个，购置森林防火对讲机75台配发到各镇街、及时维修损坏的扑火机具。森林火灾受害率始终控制在0.1‰以内，无重特大森林火灾和人员伤亡事故发生。

【林业法治】 开展林业综合执法活动，严厉打击破坏森林资源的违法犯罪行为，办理各类森林案件50件，查处50件。林政处罚49人，为国家挽回各种损失10万元。全区生态系统得到保护，生态质量不断提升。

【集体林权制度改革】 围绕“山定权、树定根、人定心”，完成集体林权制度改革确权颁证工作，全区集体林地确权率100%、发证率98%，调处林权纠纷3起，调处率100%。推进林地所有权、承包权和经营权“三权分置”改革。规范有序推进林地流转。配合国土部门做好林业不动产登记工作，实现林地确权平稳过渡。开展森林保险1.57万公顷，实现公益林全覆盖。林权抵押贷款融资0.6亿元，推动森林资源变资产、资产变资本。

（黄　红）

水利事业

【概况】 2016年，树立“与水共生，依水发展”理念，发扬水利人“献身、负责、求实”的行业精神，全年争取市级以上国家水利资金4.11亿元，完成水利投资11亿元，助推全区水利建设呈现项目多、规模大、进度快、质量优、标准高、效果好的新局面。

【水利项目规划】 搞好水利规划和项目储备工作，编制完成《璧山区水利发展“十三五”规划》《城区供水规划》《节水型社会建设规划》《农村饮水安全巩固提升规划》《河道岸线保护与利用规划》《大中型水库移民后期扶“十三五”规划》《流域水环境综合治理方案》等一系列专项水利规划和方案，为夯实水利发展后劲、争取国家更多投入奠定良好基础。

【重点水利工程】 完成长江提水璧山供区工程隧洞开挖2 530米，实现隧洞整体贯通，左右两边隧

2016年11月17日，建设中的千秋堰—盐井河—同心水库连通工程隧洞进口　（区水务局供图）

洞的轴线和高程控制良好，对接很好，未发生偏差，同时也未发生大小安全事故。启动城市新区水厂工程，完成厂区场地平整，开始土建工程。有序推进城区河湖库水系连通工程、千秋堰—盐井河—同心水库连通工程、璧北河—璧南河水系连通工程、大学城—璧山应急调水工程。完成城区中水回用二期工程，日处理能力由1万吨提升至2万吨。完成璧南河大灌区年度建设任务，整治改造灌区内主干渠道40公里。

【水利民生实事】　投入4 878万元专项资金，整治全区15个镇街病险山坪塘622口，占年度计划439口整治任务的142%，新增和恢复蓄水能力200万立方米，新增和恢复灌溉2 000公顷，受益群众4万人。居民供水“一户一表”改造成效良好，完成“一户一表”改造1.38万户，占年度计划1.35万户改造任务的102.5%。

【农田水利】　开展农田水利基本建设，围绕蔬菜、苗木、水果等三大产业基地实施水利项目，完成各类水利设施项目2 000处。其中：兴建小型水源工程105口，新建提灌站5处，维修养护提灌站217处，修复水毁工程658处，新建防渗渠道312千米，维修清淤渠道1 039千米，恢复改善灌溉3 266.67公顷，新增灌面1 733.33公顷。

【河流治理】　实施璧南河中兴堰综合治理工程，起点为中兴堰翻板坝上游约490米处，终点为胡家桥。工程总投资1 580.15万元，于2016年9月开工建设，年底完成工程量的90%，新建堤防1.1公里。同时，2015年7月开工建设的福里河山洪沟治理工程于2016年7月完工验收，工程总投资1 306万元，在福里河两岸新建堤防6 235米，清淤疏浚河道3 134米，新建排水沟3处。开展棕树水库下游河道整治工程的招投标工作。

【水库除险加固】　投入专项资金1 076万元，分别对丁家街道的罗家湾水库、三合镇的新场水库、大路街道的虾蟆石水库，以及大兴镇的水口水库和尹柏水库除险加固建设。这5座水库除险加固工程于2016年4月完工，恢复蓄水能力81万立方米，恢复改善灌溉165.33公顷，惠及群众6 000人。

【防汛抗旱】　汛前对全区15个镇街的95座水库工程、重要河段以及蓄水1万立方米以上山坪塘拉网式安全大检查。对丁家街道马坊场镇大桥堵洪问题、青杠街道杨柳河小河沟堵洪问题、璧泉街道狮子场镇河段堵洪问题和林泉香山楼盘防汛安全问题逐一落实整改措施。实施一批防汛抗旱应急工程，防御2016年“6·18”“6·30”“7·13”“7·18”4次洪灾，均未发生明显灾情，人民群众生命财产安全得到保障。

2016 年 9 月 2 日，水库连通工程规划图

（连宏宇　摄）

【供排水事业】　城区累计实现供水 1 930 万立方米，比上年增长 10%以上，供水水源充足，水质稳定，城区供水安全得到保障，其余镇街供水也得到正常保障。在排水工作方面，城市核心区和 43 个场镇污水处理厂站均严格按工艺处理污水，做到达标排放，城市核心区的污水收集处理率达 93%以上，其余镇街污水处理率达 82%以上。中水回用方面，在 15 个镇街建成中水处理设施 15 处，中水回用率达到46%。

【水政水资源及水文水质监测】　“世界水日”和“中国水周”活动期间，在七塘、丁家等镇街组织开展以水法、水资源管理、河道管理为重点的水法律法规宣传活动。进一步推行取水许可制度，切实加强河道管理、涉河建设项目的检查和审批管理工作，严格水务综合执法，全年查处水事违法行为 7 起。加强供水企业日常水质监测，完成水质检测扩项工作，区水文水质监测站的水质监测能力从原来的 36 项提升至 74 项；完成全区 15 个镇街水厂基础九项实验室建设，通过区级验收。全国水文机制体制改革会议在璧山召开。完成全区 4 个雨量站改扩建墒情站建设，区墒情监测和预警的质量和水平得到提高。

【水土保持】　审批水土保持方案 8 件，征收水土保持规费 45 万元，验收 5 个生产建设项目的水土保持设施。同时，投入 700 万元，开展水土流失综合治理，完成年度农发水保项目，治理水土流失 20 平方公里。

【水库管理】　出台《关于禁止在饮用水源水库进行垂钓、炸鱼、毒鱼、电鱼、偷捕水产品、游泳等污染水体行为的通告》（璧山府发〔2016〕37 号），以“水库原水保护”为抓手，开展饮水水源水库联合执法行动，全年组织对水库工程及渠系的巡查 300 次，劝阻库内垂钓群众 364 人次，库内游泳群众 97 人次，配合街镇开展联合执法行动 3 次。水库内游泳、钓鱼等违法行为日趋减少，库内原水水质大幅改善。

【水利改革】　启动河道管理体制机制改革工作，推行河段长管理制度。完成城区供水阶梯水价改革。从 2016 年 1 月 1 日起实行阶梯水价，执行范围为重庆市渝山水资源开发有限公司服务的“一户一表”居民用水户。完成基层水利服务机构标准化建设工作，第一批 11 个镇街水务工作站和第二批 4 个水务工作站标准化建设工作先后完成验收。

【水库精准扶贫和移民后期扶持】　重点扶持正兴镇大面坡村、丁家街道三五村、三合镇二郎村等 3 个村，帮助 3 村规划建设一批山坪塘、饮水安全工程、蓄水池、提灌站、渠道等水利基础设施，基本解决村民的生产生活用水问题。全区核实登记农村移民1 255人，按季发放农村移民直补资金75.27万元，确保全区无一农村移民上访和群访、集访事件发生。投入700万元资金，完成以山坪塘、蓄水池、农村公路等为重点的农村移民后期扶持项目建设，逐步改善大中型水库库区基础设施相对滞后的现状。（王炯其）

2016年8月24日，长江提水璧山供区工程缙云山隧洞施工
（区水务局　供图）

【水城建设】　以“一河三湖九湿地”为蓝图，抓好活力水城建设工作，强化工程措施，做到城市建设不破坏水系，保护和拓宽水系，保证水畅、水活，全年重点开工千秋堰水库—盐井河水库—同心水库水系连通工程，完成莲花水库扩建工程，新开工土田、黛山等2座城市景观防洪水库，完成主体工程的80%左右；完成翠微、团堡、李家沟、竹林沟等4处湿地工程，开展双柏湿地、菜子沟湿地初设工作。全年新增水域36.67公顷、水网6公里。年底，城区水域面积占比达到10.5%，人均水域面积10平方米，水网长度达到2.7公里/平方公里。

【长江提水璧山供区工程建设】　长江提水璧山供区工程是铜罐驿长江提水工程的重要组成部分，是铜罐驿长江提水工程的西干线工程，璧山供区工程总投资约3.5亿元，该工程缙云山隧洞于2015年10月26日开始实施爆破掘进以来，进展顺利，2.53公里长的隧洞工程整体贯通进入最后冲刺阶段。（王炯其）

农业新型经营主体

【龙头企业】　加大对农产品加工企业扶持力度，整合项目资金予以倾斜，重点扶持、培育产品附加值高、示范带动性强、有发展前景的加工企业。2016年全区农产品加工农业产业化龙头企业34家，其中市级7家、区级27家，涉及葡萄酒、粮食、中药材、饲料、调味品、茶叶等农产品加工领域。

【农民合作社】　全年净增合作社56家，全区合作社累计479家；组织10家农民合作社申报实施中央财政支持农村新型股份合作社发展项目，5家完成项目申报和实施工作。完成2家农民合作社市级示范社项目和1家农村新型股份合作社服务能力建设项目。

【家庭农场】　新增家庭农场45家，全区家庭农场累计406家,其中工商注册家庭农场119家，新增45家。（区农委）

农业机械化

【概况】　2016年，完成机插3 666.67公顷；机耕4.61万公顷；机收1.32万公顷；新机具推广911台套；培训各类农机人员500人次。采取扎实措施，全力抓好农机装备水平提升。春耕期间，召

正在作业的现代农机

（谢捷　摄）

开田间演示现场会30次，发放宣传资料2万份，组织机具下乡巡展32次，制作宣传标语46幅，派出农机技术人员320人次进村入户，广泛宣传，使机具推广得到全面发展，全区推广各类机具2 153台（套）。

【农机作业】　农机推广站在青杠、大路高速路口，设立接待服务总站，其余镇街设立分站，对外来机手提供作业信息服务。全区引进外地收割机400台，加上本地农户自购130台，实现机收1.26万公顷，为农民节约支出5 400万元，相比人工减少粮食损失折合人民币920万元。

【农机技术推广】　以水稻生产全程社会化项目为契机，全区铺开策略、全面推进。确定大兴、丁家、福禄、青杠、来凤、健龙为全区示范重点，其余为一般示范点，机插秧示范在全区展开取得良好效果。在示范过程中，先后召开培训会30次，派出专业技术人员130人次，解决技术难题60件，印发《璧山水稻机械化插秧技术要点》8 000份。

【农业生产综合机械化率】　推广农业新机具769台（套），受益1 200户，农机补贴100万元，农业综合机械化率达到51%。

【农机化服务体系建设】　抓好农机维修服务，区财政出资资金30万元，设立农机维修网点，采取服务外包，企业参与的方式，给农机具请保姆，使农户维修难、难维修的问题得到很好解决。全区建有镇级维修网点38个，区级1个，服务队1支。只要农户有求，24小时内问题就能得到解决。

【农机购置补贴】　争取农机购置补贴中央资金200万元。建立和完善一系列农机购置补贴监管工作制度。对所有上报补贴产品，按照规定，入户核查和电话抽查，电话核查率达30%以上，单机补贴在3 000元上以机具入户核查率达到100%。15个街、镇对全部补贴信息在村里及时进行公示。销售补贴机具911台，兑付农机购置补贴资金97万元，受益农户800户。努力发展农机专业合作社。

【农机安全监管】　出动农机安全监理人员330人次，清查整改、限期整改安全隐患121件，罚款0.24万元，全年未发生重特大农机安全生产事故。截至年底，璧山区累计拥有各型注册登记拖拉机907台，联合收割机52台。农业机械补贴机具备案登记率100%，拖拉机联合收割机注册登记率100%。璧山区政府将农机安全监管的行政检查权、违法行为制止权、部分行政处罚权、提请行政处罚权委托给全区15个镇街政府、办事处，并签订行政执法委托协议书。大路街道郭家村、青杠街道棕树村、丁家街道竹林湾村、正兴镇曙光村、大兴镇龙飞村获“平安农机”示范村。

农村信息化

璧北蔬菜基地的大路、七塘、八塘3个镇街建立农产品电商服务中心，每个镇街3个行政村建立农产品电商村级服务站，基本建成区+镇+村三级电商和物流服务体系。实施信息进村入户工程，在璧北蔬菜基地的行政村和龙头企业建设“信息益农社”，融合各类资源，拓展服务范围，确保公益服务落地，商业服务搞活。提供4类服务：农业公益服务。利用“12316”语音、短彩信、微农信等渠道精准推送农业生产经营、技术推广、政策法规、村务公开、就业等公益服务信息及现场咨询；协助开展农技推广、动植物疫病防治、农产品质量安全监管、土地流转、农业综合执法等业务。便民服务。开展水电气、通信、金融、保险、票务等代购代办服务。电子商务。开展农产品、农资及生活用品电子商务，提供农村物流代办等服务。培训体验服务。开展农业新技术、新品种、新产品培训，提供信息技术和产品体验。加快农业物联网和智慧农业建设步伐，逐步建设以信息化手段为主的生产经营模式，提升信息化服务的水平。大力推进“互联网+”，提升信息化服务水平。实施农产品电子商务“村村通”工程，打造农产品电商示范街1个，建成区级电商运营中心1个，镇街电商服务中心13个，村级电商服务站69个，16家农业企业建立网络销售平台。

农业科技创新

【农作物良种创新】 在正兴镇石院、朝阳、尖山、大面、石龙等5个村实施水稻高产创建示范项目，673.33公顷。按照市农技总站水稻高产创建示范测产方法，亩平均产量614.6公斤，比对照亩平均增产96公斤，增加稻谷96.96万公斤，按稻谷每公斤单价2.68元计算（2016年全区粮站收购价），增加产值259.85万元，纯收益187.13万元。增产增收效果明显，起到辐射和带动作用。通过项目实施，有利于农业先进实用技术的推广、运用，增强农民种植水稻的信心，有利于培育水稻种植大户，促进农村土地流转。2016年，在正兴镇石院村7社，示范片推广“宜香优2115”“渝香203”等高产优质品种13公顷，展示推广水稻优良品种及栽培技术。通过示范推广适时播种，保证用种量，机械化翻耕，机械化插秧，提高水稻栽插密度，测土配方施肥、病虫统防统治、科学管水等技术，提高单产量。

【经济作物科技创新】 利用农业综合开发土地治理“璧山区葡萄水肥一体化技术示范推广项目”，探索、示范推广水肥一体化先进技术。在大兴镇船形村、均田村、莲生村实施16.67公顷。一是示范区安装3套水肥一体化中控系统，包括滴灌系统和施肥系统，二是通过宣传培训引导农户采用水肥一体化，种植绿肥，秸秆腐熟还田，增施有机肥和土壤调理剂等技术，使水肥利用率得到进一步提高。据测算，通过本项目实施，平均每亩可节省成本300元，减少化肥用量50%~80%。

【畜牧水产科技创新】 一是推广池塘低碳循环流水养殖技术。建成循环流水槽33个（面积3 630平方米），吸污设备5套，污水处理池5套，物联网水质监测与控制系统5套，不但实现产量翻番，而且实现“零排污”，是兼具生态与高产的可持续发展渔业养殖新模式。二是推广实施池塘综合种养技术。全年推广池塘综合种养153.33公顷，项目池塘平均亩产成鱼达15 000公斤/公顷以上，水生蔬菜500公斤以上，公顷产值16.5万元以上；试验水面种植花卉6.67公顷，改善池塘水环境，提高池塘效益。三是示范推广池塘底排污技术。全年推广塘底排污6.67公顷，改善池塘养殖水质条件，提高水产养殖产量，降低养殖水体内外源性污染。

【农业科技成果转化】 加强与西南大学、重庆农科院等高等院校、科研单位合作，大力提升农业科技创新和农村信息化服务水平，建成的渝西蔬菜研发中心成绩斐然，组培项目、科创中心，双创空间等相继完成，发挥引擎作用，新成立重庆璧山果业研发中心，打造水果科研高地。2016 年，引进推广新品种 180 个，新技术 40 项。推广农业新机具 769 台（套），受益 1 200 户，农机补贴 100 万元，农业综合机械化率 51%。培育新型职业农民 400 人，农业职业技能和农业创业培训 3 200 人。在各镇街开展农民科技讲座、科技赶场技术咨询、田间地头实作和农业科技进村入户等农业技术服务指导活动 6 次。宣传农业科技指导咨询人员达 1 000 人以上，发放科技书籍、农业技术资料 800 份，后续跟踪服务 172 人，2 000 次。

农村土地流转

【概况】 2016 年，全区家庭承包耕地流转为 2.07 万公顷，流转率达到 53.30%。其中：转包5 340 公顷，转让 406.67 公顷，互换 1 793.33 公顷，出租 1.20 万公顷，股份合作 753.33 公顷，其他流转形式 340 公顷。全区农村土地适度规模经营 1.78 万公顷，集中度 45.95%。推动完善区、街镇、村三级农村土地流转服务体系，实行各负其责，各司其职。加强农村土地承包经营纠纷调解仲裁。督促指导区、街镇农村土地承包仲裁委员会切实履行职责，及时调解处理农村土地承包经营纠纷，维护农村土地承包权和土地流转双方的合法权益。进一步健全完善土地流转的规范化管理制度。制定下发《重庆市璧山区人民政府办公室关于印发重庆市璧山区农村土地承包经营权》《重庆市璧山区农村土地流转工作考核办法》《重庆市璧山区农村土地流转经营权证登记管理办法》等，明确流转原则，创新流转方式，强化工作措施，落实工作责任，保证全区农村土地流转工作有章可循，有法可依。

农业生态建设

【概况】 璧山区农村能源建设贯彻“积极发展、巩固提高、建管并重、注重效益”的方针，围绕农业和农村经济发展，坚持与农业结构调整相结合、与不断增加农民收入相结合、与提高农民生产生活环境质量相结合，推进农村能源建设成效显著。截至 2016 年年底，全区累计建成农村沼气池 25 974 口，占全区适宜农户的 87.83%。推广安装太阳能热水器 19 044 台，37 631 平方米；推广省柴节煤灶 4 528 台；推广节能炉 6 730 台。

【生态农业建设】 通过宣传引导以大户为主的农业生产者，采用测土配方施肥，秸秆综合利用，增施畜禽粪便、绿肥等有机肥，改变施肥方法等技术，使全区化肥施用量继续递减，化肥零增长成果明显。2016 年全区化肥施用总量 9 268.7 吨（折纯），较 2015 年的 9 317.4 吨（折纯）减少 48.7 吨（折纯），减少 0.52%；化肥利用率提高到 36%，较 2015 年提高 0.6 个百分点；有机肥施用量 8.66 万吨，较 2014 年提高 0.58 万吨；秸秆利用率 97%，与 2015 年持平，畜禽粪便利用率 97%，较 2015 年提高 2%。

【农业生物资源保护】 根据重庆市农业环境监测站农业野生植物保护工作要求，进行农业野生植物的调查动员和技术培训，通过查阅和学习相关文献资料、走访咨询、实地调查等办法，进行全面详细地普查。并通过宣传培训和教育，提高公众对野生植物的保护意识。按照 2016 年外来入侵生物防治工作要求，本着坚持“广泛发动、防除并举、突出重点、注重实效”的方针，广泛发动社会各界力量参与灭毒除害行动，构建长效防控机制；在全区各街镇开展水花生、福寿螺、水葫芦、加拿大一枝黄花等主要外来入侵生物调查，并对调查发现主要分布在湿地公园和秀湖公园内的加拿大一枝黄花进行集中防除，防除140.5公顷。

【农业生态项目】 为促进农业生产方式转变，解决农业生产对环境的污染及资源的浪费问题，改善农村生活环境，提升农产品品质，提高农民保护农业生态环境的意识。2016年在大兴镇船型村实施生态农业试点村建设项目。项目市级投资20万元。通过项目建设，促进试点村农业生产方式转变，解决农业生产对环境的污染及资源的浪费问题，改善村容村貌，农村生活环境、农产品品质得到提升，农民保护农业生态环境的意识得到提高。化肥投入量得到有效控制，高毒高残留三致农药全面禁用，废弃物资源化率得到提升，灌溉用水符合《农田灌溉水质标准》（GB5084-2005），农产品农药残留零检出，产品中重金属含量符合《食品中污染物限量》（GB2762-2012）标准，实现环境与生产协调发展。

按照农业部和市农委的部署，完成农品产地土壤重金属污染防治普查资料的收集、整理等工作。根据农业部和市农环站的安排，在八塘镇蔬菜基地核心区设置农膜残留监测点3个，并对地块的地膜残留量挖方监测，项目监测期5年，已监测3年。

农业综合开发

【概况】 2016年，围绕蔬菜、水果、苗木等农业主导产业和特色产业发展，在全区3个镇组织实施农业综合开发项目，投入各类资金3 194.35万元，用于土地治理、市级集中科技推广项目以及产业化经营项目，其中：中央财政资金1 719万元，市级财政资金735万元，区级财政配套资金176万元，自筹资金564.35万元。农业综合开发项目极大改善项目区群众的农业生产基本条件，提高农业综合生产能力。

【土地治理项目】 璧山区农业综合开发土地治理项目4个，即璧山区2016年大兴镇高标准农田建设项目、璧山区2016年八塘镇高标准农田建设项目、璧山区2016年健龙镇高标准农田建设项目、璧山区2016年大兴镇高标准农田建设（扩建）项目，建设地点分别为：大兴镇龙飞、双柏、船形村，福禄镇胜利村，健龙镇寨子、睦佳村，正兴镇大面坡村，八塘镇青云、三元、江兴、石庙村，七塘镇四合村，完成治理土地940公顷。修建项目工程有：开挖疏浚渠道41.29千米，新修衬砌渠道10.53千米，埋设管道5.86千米，渠系建筑物36座，山坪塘6座，蓄水池9座，便民池23座，改良土壤5.33公顷，整修机耕道路8.258千米，耕作道4.393千米，生产便道9.193千米，并实施《璧山区葡萄水肥一体化技术示范推广》科技项目，加快蔬菜基地、水果基地和苗木基地的建设。完成项目总投资2 255万元，其中各级财政资金投资2119万元。

山坪塘整治

（曾清龙 摄）

【市级集中科技推广项目】　璧山区农业技术推广中心实施“2016年度璧山区葡萄精细化管理技术集成示范项目”市级集中科技项目1个。项目采取邀请专家现场召开培训会、深入田间实地指导、发放技术宣传资料、观摩交流、建立示范片等形式，组织培训农业技术人员和种植大户300人次，形成葡萄精细化管理技术集成手册1套，并印发技术资料6 000份，该项目计划投入财政资金30万元。

【产业化经营财政补助项目】　2016年农业综合开发产业化经营财政补助项目4个，分别为：一是由重庆古老寨黑色作物种植农民专业合作社在大路街道大竹村实施的“璧山区70亩高山水果采摘园基地建设项目”，项目总投资63.9万元，其中中央财政资金19万元，市级财政资金9万元，区级财政资金2万元，业主自筹资金33.9万元；二是由重庆步步康农业发展有限公司在七塘镇四合村实施的“璧山区13.33公顷火龙果大棚种植示范基地改扩建项目”，项目总投资162万元，其中中央财政资金43万元，市级财政资金21万元，区级财政资金6万元，业主自筹资金92万元；三是由重庆凯锐农业发展有限责任公司在七塘镇喜观村实施的“璧山区100万头害虫天敌昆虫培养工厂新建项目”，项目总投资400.68万元，其中中央财政资金118万元，市级财政资金66万元，区级财政资金16万元，业主自筹资金200.68万元；四是由重庆市漫寰农业开发有限公司在大兴镇均田村实施的“璧山区1 000吨葡萄汁饮品加工工厂新建项目”，项目总投资201.77万元，其中中央财政资金70万元，市级财政资金24万元，区级财政资金6万元，业主自筹资金101.77万元。

【产业化经营贷款贴息项目】　农业综合开发产业化经营贷款贴息项目2个，分别为：（一）重庆特驱家禽养殖有限公司的“土鸡养殖推广项目”，中央财政提供贷款贴息资金30万元；（二）重庆市凌翔食品有限公司的“果蔬罐头食品加工项目”，中央财政提供贷款贴息资金51万元。

农村扶贫开发

【概况】　2016年，贯彻落实市委、市政府精准扶贫精准脱贫攻坚部署，以巩固扶贫脱贫成效为主要出发点，进一步落实责任，出台政策，扶贫开发工作成效显著。投入培训资金50万元，培训贫困户280人，涉及培训专业10项。

【整村整片扶贫】　整合投入6 663万元，硬化村级公路11.73公里，新建机耕路6.3公里；新建生产便道8.3公里，新建人行便道19.6公里；新建衬砌渠道2 057.8米，挖机电井32口，修建山坪塘43口，便民池6口，蓄水池6口；改造贫困户危房245户（其中C级65户，D级180户）；安装太阳能灯100盏，修建休闲亭3座。

蔬菜基地的交通便道

（连宏宇　摄）

【产业扶贫】 丁家街道三五村累计建成高标准基本农田200公顷，儿菜基地100公顷，苗木基地60公顷。三合镇二郎村累计建成20公顷宜机化土地，茶叶基地133.33公顷，白茶基地20公顷，水果基地33.33公顷，花椒基地53.33公顷。正兴镇大面坡村累计建成蔬菜基地40公顷，蜜柚基地46.67公顷，苗木基地20公顷。为每户相对贫困户落实2 000元到户产业扶持资金，帮扶其发展生产，增收致富。

【贫困户动态调整】 评定国家级建卡贫困户，严格按照“四进七不进”的识别标准和“八步四公示”的规范流程，识别2017年度建卡贫困户446户1 220人。评定区级相对贫困户，将2015年度家庭年人均可支配收入低于4 250元，有劳动能力的农村居民纳入全区扶贫对象，由区自行扶持管理。识别相对贫困户1 117户、3 169人。

【社会扶贫】 全区低保兜底6 985人次，累计发放低保金153万元。投入471万元，为所有村卫生室完善设施设备配置。推进建卡贫困患病人员病情调查，全面掌握贫困户患病情况。落实贫困患者乡村医生签约服务，全区累计开展贫困患者签约服务1 196人，覆盖率100%。投入391万元，资助各级贫困学生5 000人次。参与结对帮扶的单位119个，累计开展贫困户结对帮扶1万户次，投入帮扶资金（含物资）119万元。

四进：具备下列条件之一可作为当年新增或返贫对象评定为贫困户：一是2016年农民家庭年人均纯收入低于国家扶贫标准的农户；二是因缺资金有子女无法完成九年制义务教育的农户；三是无房且自己无能修建的农户，或只有一套常住房且为尚未改造的危房，目前已经存在安全隐患自己却无力修建的农户；四是因家庭成员患重大疾病或长期慢性病等，扣除各类救助政策后，自付医疗费仍然很高，导致家庭处于国家扶贫标准以下的农户。

七不进：具备下列条件之一不能评定贫困户：一是2016年家庭年人均纯收入（可支配收入）高于当地平均水平的；二是2014年以来购房或修建新房，或高标准装修现有住房的（不含因灾重建、高山生态扶贫搬迁和国家统征拆迁房屋）；三是家庭拥有或使用汽（轿）车、船舶、工程机械及大型农机具的；四是家庭办有或投资企业，长期雇用他人从事生产经营的；五是家庭成员中有财政供养人员（含村干部）；六是举家外出一年及一年以上的家庭；七是其他明显不符合扶贫开发对象标准的情形。

八步四公示：第一步农户自愿申请，第二步村民小组民主评议 (第一次公示)，第三步村干部和驻村干部组织入户调查核实，第四步农户确认，第五步村级民主评议（第二次公示），第六步乡镇审核认定（对外公告），第七步信息录入更新，第八步数据比对清洗。

【医疗保障】 投入36.745万元，按照50元/人的标准，为贫困户购买扶贫小额意外伤害保险，全年累计发生赔付案例17起，赔付金额26.3万元。投入32.73万元，按照50元/人的标准，为贫困户购买大病医疗补充保险，全年累计发生赔付案例144起，赔付金额23.3万元。投入69.66万元，按照140元/人的标准，为贫困户购买城乡合作医疗保险。符合条件的贫困户全部优先纳入医疗救助，全年投入41万元，开展贫困户医疗救助1 250人次。

农业行政执法

【概况】 2016年，继续以保持“全国一流”的农业行政执法队伍为目标，执法大队在机构、人员等体制建设方面成效显著。广东省东莞市、肇庆市农业局，湖北省宜昌市执法机构等先后到璧山指导、交流学习，均给予好评。

【专项整治行动】 以“绿剑护农”行动和农产品

质量安全专项整治为主线，深入开展种子、农药、肥料、兽药、饲料各项专项整治行动。一是制定和完善《2016年璧山区农业执法大队农资打假实施方案》《2016年璧山区兽药安全专项整治实施方案》等方案,明确各项专项整治的目标、任务、要求。二是加强农资市场执法检查，出动执法人员2 698人次，检查街镇15个，门市（摊点）347个，生产企业7个。检查产品3 761个。

【质量抽检】 全年抽检种子样品8个，全部合格；农药样品37个，一个不合格；肥料样品4个，全部合格；兽药16个，4个不合格。

【违法案件查处】 全年查处案件19件，立案调查18件，其中种子1件，农药1件，兽药14件，农产品质量安全1件，渔政1件。查获违法物品1 581公斤，没收假劣产品1 564公斤，挽回经济损失141.9万元。

【高毒农药定点经营试点】 完善高毒农药购销备案制度，完善进销台账制度，建立高毒农药经营专柜制度，实行实名购买制度，实行公开承诺制度，使高毒农药使用可追溯。

【农业法制宣传】 全年在中国水产养殖网发表6篇信息，重庆农业农村信息网发表17篇信息，在重庆农业执法网发表26篇信息，重庆渔政信息网发表7篇信息，在璧山农业农村信息网发表42篇信息，璧山网3篇，《璧山报》5条，《璧山手机报》宣传5次。璧山电视台专题报道2次。

【生产纠纷调解】 全年接到投诉举报案件104件，其中涉及种子2件，涉及农药8件，肥料6件，兽药4件，渔政84件。协议赔偿0.3万元。

【渔业船舶“三证合一”换发工作】 换发渔业船舶证书26本、渔业船员证书31本，渔业船舶证书换发率100%、渔业船舶受检率100%，渔民持证上岗率100%，安全设施设备配备率100%。

惠农政策

【农业“三项补贴”政策】 2016年，按照国家要求将农作物良种补贴、种粮农民直接补贴和农资综合补贴三项补贴合并为“农业支持保护补贴”，政策目标调整为支持耕地地力保护和粮食适度规模经营。农业支持保护补贴资金工作于6月29日全部完成。

【一般农户补贴】 用于补贴给拥有耕地承包权的种地农民，以计税耕地面积为补贴依据，每亩补贴98元，直接补贴到户。对已作为畜牧养殖场使用的耕地、林地、成片粮田转为设施农业用地、非农业征（占）用耕地等改变用途的耕地，以及长年抛荒地、占补平衡中“补”的面积和质量达不到耕种条件的耕地等不再给予补贴。

【种粮大户补贴】 对相对集中成片承包耕地或租种耕地（包括代种撂荒地、新开垦未发包耕地）3.33公顷（含3.33公顷）以上，种植一季主要粮食作物，并独立承担风险、自负盈亏，统一生产经营管理，按当地基本种植技术要求规范耕种，独自享有产品处置权的自然人、法人、专业合作组织或其他组织补贴，每亩补贴230元。2016年，一般农户补贴130 369户，2.11万公顷，金额31 116 441.79元；种粮大户补贴23户，167.67公顷，金额578 450元，农业支持保护补贴130 392户，2.13万公顷，金额31 694 891.79元。

2015—2016 年璧山区农资综合补贴（农业支持保护补贴）对比表

表 3-5　　　　单位：户、元、公顷

<table>
<tr><td rowspan="3">年份</td><td colspan="6">农资综合补贴</td></tr>
<tr><td colspan="3">一般农户</td><td colspan="3">种粮大户</td></tr>
<tr><td>户数</td><td>面积</td><td>金额</td><td>户数</td><td>面积</td><td>金额</td></tr>
<tr><td>2015</td><td>133398</td><td>21814.7</td><td>25195986.36</td><td>33</td><td>236.68</td><td>736467.2</td></tr>
<tr><td rowspan="3">年份</td><td colspan="3" rowspan="2">良种补贴</td><td colspan="3">粮食直补</td></tr>
<tr><td colspan="3">一般农户</td></tr>
<tr><td>户数</td><td>面积</td><td>金额</td><td>户数</td><td>面积</td><td>金额</td></tr>
<tr><td>2015</td><td>128425</td><td>23030.7</td><td>4593443.28</td><td>133398</td><td>21814.7</td><td>654441.05</td></tr>
<tr><td rowspan="3">年份</td><td colspan="6">农业支持保护补贴</td></tr>
<tr><td colspan="3">一般农户</td><td colspan="3">种粮大户</td></tr>
<tr><td>户数</td><td>面积</td><td>金额</td><td>户数</td><td>面积</td><td>金额</td></tr>
<tr><td>2016</td><td>130369</td><td>21167.65</td><td>31116441.79</td><td>23</td><td>167.67</td><td>578450</td></tr>
</table>

（区农委）

延伸阅读 ▶▶

重庆秀湖公园正式成为“国家湿地公园”

1 月 12 日，重庆秀湖公园作为试点湿地公园通过验收，正式成为“国家湿地公园”，重庆市此次共有 2 家公园获此殊荣。这是璧山区所获的又一张国字号名片。

重庆秀湖国家湿地公园占地面积 433.14 公顷，包括两部分，一部分在凤湖仙山，属于保护保育区，在大路街道、七塘镇境内，包括大路街道高拱村、七塘镇盐店村、四合村的部分范围；另一部分属于科普宣教区及合理利用区，是以秀湖公园为主体的部分城市湿地（包括秀湖、御湖、东岳水库、养鱼水库）及御湖正常水位线以上 20 米的绿色缓冲带。

重庆秀湖国家湿地公园以自然的璧北河及其支流、森林沼泽、溪源湿地、山地湖泊、库塘、稻田、泉眼和人工渠系等湿地为主体景观，溪流幽深，深涧水秀，观赏性强，并辅以绿荫遍野的田园与人工湿地风光。秀丽的湿地风光与不事雕琢的自然景观融为一体；清新、灵秀、奇特、多样，蕴涵着动与静的妩媚神韵，园内自然景观与人文景观交融，湿地公园内集巴渝文化、农耕文化等人文景观资源于一体，形成了融多种风格文化景观为一体的旅游风光带，作为生态旅游载体的湿地景观资源丰富，类型多样，品位较高。同时云雾山脉湿地是璧山区北部区域的水源供应地，对保障璧北地区生态安全、水资源安全具有重要意义。而秀湖、御湖、东岳水库、养鱼水库，与云雾山脉湿地构成了全域湿地的基本框架。重庆秀湖国家湿地公园湿地生态系统保存较好，周边区域内植被得到良好保护，湿地生态系统与周边山地森林生态系统、城市生态系统有机融合，在维持区域生态环境质量中发挥着巨大的作用。重庆秀湖国家湿地公园作为海绵城市湿地工程，在城市湿地保护与建设方面取得了巨大的成就，为璧山区市民提供了重要的生态服务功能。

（连宏宇）

工　业

综　述

【概况】 2016年，璧山工业经济飞速发展，有工业企业1 951家，其中：采矿业14家，制造业1 915家，电力燃气及水生产和供应企业22家，规模工业企业320家，规模以上工业实现产值1 029.2亿元。规模企业中，以汽车摩托车及其零部件为主的装备制造业140家，实现产值515亿元；电子信息业62家，实现产值190亿元；食品医药9家，实现产值26.7亿元，制鞋业31家，实现产值138.7亿元，其他产业78家，实现产值158.8亿元。

【工业经济运行特点】 1.工业经济平稳增长。全区规上工业总产值首次迈上千亿级台阶，达到1 029.2亿元，增长12.5%，总量全市第八位；实现工业增加值267.4亿元，增长11.3%，总量全市第九位。工业增加值占GDP的比重达到62.4%，拉动GDP增长6.1个百分点，对经济增长贡献率到50.2%。工业投资达到377.7亿元，增长12.5%。实际利用内资达到296.6亿元，增长23.8%。

2.产业结构不断优化。规模以上工业企业达到320家，装备制造、电子信息、食品医药三大支柱产业达到211家，实现产值731.7亿元，同比增长12.8%，增速高于全区规模工业产值增速0.3个百分点，对全区规模工业总产值的贡献率达71.5%，支柱产业支撑工业经济的格局彰显。

3.对外开放越发活跃。以“3+3+N”招商引资新模式为引领，引进得润电子等工业项目47个，总体投资194亿元。新引进内资项目52个，引进资金405.7亿元。

4.技术创新取得新成绩。新增市级技术中心5家、市级研发中心3家、技术创新项目29个。企业技术中心达到34家（其中：国家级2家、市级32家），工业设计中心1家，企业研发中心7家；R&D经费支出达9.5亿元，占GDP的比重达2.25%。

5.工业集聚平台加速建设。重庆军民融合协同创新研究院、重庆军民融合产业发展联合会揭牌，中新合作项目陆续落地，国家级新型工业化示范基地、低碳工业园区建设有序开展，中国汽车（摩托车）零部件制造基地和中国西部鞋都通过复检。4家钢铁生产企业化解过剩产能全面完成并通过国家验收。

6.能源保障能力持续提高。按照保民生、保稳定、保重点，全力做好能源保障工作。全区用电总量22.9亿千瓦时，增长7.7%，其中：工业用电16.5亿千瓦时，增长3.5%；全区天然气7296万立方米，增长5.2%，其中工业用气2376万立方米，增长34.8%。

【工业经济发展举措】 主要工作举措：1.全力抓稳增长工作。一是坚定信心，对标落实工作。二是抓工业经济运行监测调控，贯彻落实渝府办发

得润电子生产线

（曾清龙　摄）

〔2016〕140号文件精神，助推工业企业“止跌回升”。三是全力推进化解过剩产能的后续相关工作。

2.全力抓重点项目建设。推进一批重点在建项目的建设，推进众泰汽车项目、得润电子、龙润三期、红宇精工（扩建）、蓝黛传动二期、青山公司二期等项目按期投产，形成新的经济增长点。

3.继续转变服务方式，优化企业发展环境。一是继续实施联系街镇和重点企业制度，及时了解和解决企业生产经营中的相关问题。二是抓好能源等要素保障，坚持保民生、保稳定、保重点，做到规模工业和重点项目不停电、不停气。三是抓好企业安全生产工作，强化企业安全生产主体责任，严格落实安全监管责任，确保全年安全目标实现。（区经济信息委）

智能制造产业

2016年11月，众泰汽车从签约到实现整车下线用时仅15个月，众泰汽车的投产意味着璧山从“零部件”到“整车生产”的完整汽车产业体系基本形成，更标志着“创新+资本=新动力”的经济新逻辑的“变现”。全年完成智能制造业规模以上产值475.9亿元，占“规上”工业产值52.73%。

信息技术产业

信息技术产业集中布局在高新区内（璧青公路以西、黛山大道以东、璧城永嘉大道以南、工业大道以北），设置6大功能区，即机构件区、中低端芯片产业区、元器件与电子材料区、应用电子产品产业区、软件及服务外包区、综合服务区。做精以液晶面板、汽车电子产业、智能仪器仪表、智能传感器、电子新材料等为主以重庆瑞润电子有限公司、精元（重庆）电脑有限公司、重庆大泰电子科技有限公司、重庆凯成科技有限公司、重庆市宇海模具有限公司等信息技术产业，全年完成信息技术产业“规上”产值186.2亿元，占“规上”工业产值20.63%。

生命健康产业

做大做强重庆统一企业有限公司、达能（重庆）食品饮料有限公司、有友食品重庆制造有限公司、重庆品正食品有限公司、重庆市轰茂食品有限公司等生命健康企业，全年生命健康产业实现“规上”工业产值24亿元，占“规上”工业产值2.66%。

技术创新及培训

组织清华班培训工作：一是清华班第八期到清华大学学习，于4月17日结业；二是清华班第九期招收学员56人，于6月30日在清华开课。

开展各项专题培训。结合企业需求举办劳动

2016年9月19日，田秀西线迁改工程施工现场

（张承刚　摄）

合同法、科技创新、进口设备管理及税收的减免政策、财务管理、供给侧改革、人力资源管理等各项专题培训班6个，参训人员700人次。

人才工作方面。及时了解企业的人才需求情况，为企业搭建人才交流平台。做好高层次人才引进和培养的奖励政策的兑现工作，按区委组织部文件要求对企业引进和培养的高层次人才110人兑现奖励资金60多万元。

着力抓好创新平台建设。精心组织市级技术中心认定的申报，2016年申报市级技术中心5家；市中小企业技研发中心3家。截至年底，全区有国家级技术中心2家，市级技术中心32家，重庆中心企业研发中心9家。

对技术创新专项资金的申报进行初审。按照《重庆市产业技术创新专项资金管理暂行办法》（渝财企〔2016〕21号）文件要求，与区财政局、区统计局形式审查和真实性审核31家企业申报项目39个，获市级产业创新资金355万元。

信息化建设

2016年，通过大力推进通信基础设施建设，璧山信息化建设从驻地网建设、光网城市建设及无线4G建设等方面落实和推进，重点加大基础网络建设改造力度。利用现有基础设施，推进网络统筹规划和共建共享，以满足全域景点信息的建设、管理、维护的需求。构建全面承载全域景点信息推广业务的网络基础设施。加快电信网络升级换代，推进城区光纤到户，扩大农村地区宽带网络覆盖范围。加快城区高速无线宽带网络建设，以“4G+WLAN热点”覆盖的方式打造“无线璧山”。年底，全区基本实现4G网络全覆盖，187个村（居）光纤全覆盖。新建4G宏基站780个，室内基站370个，无线局域网（WLAN）热点累计超过3 750个，基本覆盖商业密集区等公共区域；城市光纤宽带网络建设在全市率先启动，光纤到户覆盖超过10万家庭。云计算、物联网等新技术应用不断推广，互联网+中小企业服务平台扎实推进。

区政务信息化系统集约化搬迁稳步推进。区党政信息中心对全区的网站集中整合，采取租用空间的形式逐步将全区的政务信息系统搬迁至水土。

“智慧区县”试点项目获批。通过初评、答辩、复审等程序，申报中新合作“智慧区县”试点项目成功。

（区经济信息委）

交通 邮电

交 通

综 述

【概况】 2016年，公路运输是璧山的主要运输方式，承担着全区99%以上客货运输任务。璧山辖区内现有成渝、渝遂、渝蓉3条高速公路，其中成渝高速公路境内长22千米，开设青杠、丁家2个互通立交下道口；渝遂高速公路境内长18千米，开设璧山（保家）、大路2个互通立交下道口；渝蓉高速公路境内长15千米，开设璧山、福禄2个互通立交下道口。国道G244、G319线、省道S105、S106、S107、S444、S445、S446、S447线等干线公路过境璧山。璧山隧道建成通车，实现璧山与重庆主城的“无缝”对接；黛山大道通车里程达到23公里，串联3条高速公路和成渝高铁；璧山汽车南站建成投用，填补璧山无综合换乘枢纽空白；成渝高铁建成投用，改写璧山单一交通运输方式的历史；轻轨交通大学城至璧山段、九永高速开工建设；合璧津高速、渝遂高速公路扩能及支线、渝蓉高速接北环立交等项目正在开展前期工作。璧山与重庆主城已形成“多点融入，无缝对接”的交通格局。

公路交通。璧山公路总里程达到2 352千米（不含高速公路）。按行政等级划分，国道97千米、省道140千米、县道122千米、乡道144千米、村道1 838千米、专用公路11千米。按技术等级划分，高速公路55千米、一级公路39千米、二级公路156千米、三级公路39千米、四级公路830千米、等外级公路1 288千米。公路密度245千米/百平方千米、33千米/万人。实现“镇镇通沥青路，村村通水泥路”目标，乡通畅率100%，村通畅率100%，撤并村公路通达率100%。

水上交通。璧山有等外级航道112千米，水库渡口28个、渡船2艘、游船67艘。

道路运输。璧山有客运企业4家，有农村客运线路33条农客98辆，行政村通客车率达到100%；县际线路16条班车174辆；省际线路12条班车24辆；公交企业4家，公交线路26条公交车292辆、321标台，实现全区所有镇街公交全覆盖；出租企业4家，出租汽车300辆；货运车辆5 444辆21 154吨；汽车客运站23个（其中二级站2个、三级站2个、四级站10个、五级站9个）；维修业户553户；驾驶培训学校5所，教练车221辆；汽车租赁业户4户、租赁车28辆。完成道路客货运输周转量增速7.4%；规模以上交通运输业营运收入增速28.3%；教育业营业收入增速29.1%。

【农村公路建设】 完成110千米农村公路路面硬化改造工程，实施生命防护工程17.2千米。

2016年5月20日，农村公路危险路段系上“安全带”

（刘畅　摄）

【道路运输网络建设】 在2015年实现“镇镇通公交”的基础上，调整优化4条公交线路；新建公交站亭26个；更新投放66辆气电混合新能源公交车，公交线路里程达到424公里。同时，标准化改造农村客运道路6条，安装安全防护设施、修建错车道、完善交通标志标牌。落实农村客运车辆补贴政策，发放农村客运车辆燃油补贴456万元、燃气补贴245万元、营运补贴62万元，为农村客运车辆购买保险67万元，确保农村客运线路“开得起，留得住”。全区农村客运线路达到33条农客98辆，实现“村村通客车”目标。

【公路管理养护】 推进公路市场化养护，通过养护购买服务，部分解决养护缺员的问题。完善养护管理制度和考核办法，不断提升公路日常养护工作效率和质量，国省干线公路优良路率98.4%。实施国道319线及公墓公路19公里美化工程，培植花草约4万平方米，粉刷行道树4.2万株。实施生态公路建设，栽植公路行道树4.5万株，全区公路生态绿化率达到95%。加快推进璧山区公路应急服务中心建设，完成工程量的80%。铺设危险路段彩色防滑带1 800平方米。及时恢复水毁挡土墙1 600立方米、清理疏通涵洞、排水管沟16道、清理水毁塌方2 600立方米、整治危岩挂网1 300平方米。

【平安交通建设】 2016年2月，先行先试开展行业安全生产诚信管理试点工作。制定《璧山区公路建设工程质量安全诚信管理办法（试行）》《璧山区道路运输企业安全生产诚信管理办法（试行）》，倒逼施工单位落实安全主体责任。加强水上交通安全监督查检，严把船舶、船员审验关，形成横向到边，纵向到底的安全生产监管体系。全区运输企业和交通工程未发生1起死亡3人以上的责任事故；水上交通连续33年无死亡事故发生。坚持每周召开联席“矛排会”，及时掌握行业不稳定因素和苗头，化解矛盾，实现网约车“新政”和治超“新政”的平稳实施。承办人大建议、政协提案83件，办理的满意度和面商率均达到100%；按时办结信访件307件，办理满意度达到99%。

【交通行政执法】 查处各类道路运输违法违章行为1 891件，结案1 805件。其中，查扣非法营运车91辆（含三轮车），整改城区载客三轮车92辆次，外籍教练车在区违规培训14件。办理路政行政许可38件，许可正确率100%；查处一般程序路政案件261件，查处简易程序路政案件3 199件，结案率均在98%以上。严格执行治超“新政”，建立“一超四罚”工作机制，查处非法超限运输车辆3 387辆次，卸载车辆2 824辆次，卸货及转运6 306吨，超限率仅为0.37%。完成交通行政执法、行政许可、行政给予等259项行政权力事项的清理工作，加强复议诉讼应诉能力建设，交通系统办理的交通行政案件，无一起行政复议和诉讼败诉案件。

【交通科技与节能减排】 在工程建设上，严把项目设计关，力求保护耕地、环境和绿地，形成路与自然的和谐统一；在公交服务上，提倡绿色环保，将公交车和出租车的主色调定为绿色，实现车与城市和谐统一，并大力推行清洁能源和新能源交通工具，300 辆出租车和 152 辆公交车使用 CNG（天然气）清洁能源，2016 年 9 月 23 日，66 辆首批气电混合新能源公交车也“亮相”璧山；在节能减排上，严格执行营运车辆燃料消耗量限值标准，对区内不达标的营运车车辆和转入区的外地营运黄标车一律不办理营运手续。报废营运黄标车 63 辆、老旧出租车 66 辆、老旧公交车 59 辆、其他营运老旧车 57 辆。

璧山区交通概况表

表 3–6

公　路			
通车里程（千米）	总里程：2407		
	其中	高速公路	55
		一级公路	39
		二级公路	156
		三级公路	39
		四级公路	830
		等外公路	1288
公路密度	以国土面积计算（千米/百平方千米）		245
	以人口数量计算（千米/万人）		34
通达情况	通公路的乡镇 9（个）占乡镇 100（%）		
	通公路的村 137（个）占村 100（%）		
养护里程（千米）	总里程：1592		
	其中	国省道	237
		县道	122
好路率（%）	国省道		95
	县道		95
绿化里程（千米）	国省道		236
	县道		122
运站（个）	总数（个）：23		
	其中	一级站	
		二级站	2
		三级站	2
		四级及以下站	19
营运汽车	客车 588（辆）23758（座）		
	货车 5444（辆）21154（吨）		
公路运量	客运	运量（万人）	2443
		周转量（万人千米）	134691
	货运	运量（万吨）	2234
		周转量（万人千米）	219002

续表 3-6

地方重点建设项目	总数（个）：2		
	新开工（个）	路桥站（点）	1
	续　建（个）	路桥站（点）	1
	总投资（亿元）		26
	2015 年完成（亿元）		10
内河航运			
通航里程（公里）	总里程：112（为等外级航道）		
	其中	四级航道	0
		五级航道	0
		六级航道	0
		七级公路	0
港口（码头）	数量（个）：0		
	吞吐量	旅客吞吐量（万人）	0
		货物吞吐量（万吨）	0
营运船舶	客船 69（艘）1025（座）		
	货船　0　（艘）　0（万吨）		
水路运量	客运	运量（万人）	2.75
		周转量（万人公里）	5.41
	货运	运量（万吨）	0
		周转量（万吨公里）	0
地方重点建设项目	总数（个）：0		
	新开工（个）	航电枢纽	0
		港口码头	0
		航道渠化（整治）	0
	续　建（个）	航电枢纽	0
		港口码头	0
		航道渠化（整治）	0
	总投资（亿元）		0
	2016 年完成（亿元）		0
文明单位			
国家级	新建 0（个）保持 0（个）		
部　级	新建 0（个）保持 0（个）		
市　级	新建 0（个）保持 4（个）		
区（县）级	新建 0（个）保持 2（个）		

【交通行业文明建设】 通过在交通执法部门开展“雷锋式执法标兵”“雷锋式执法车”等创建活动，在公路行业开展文明路、所、站、班（组）等创建活动，促进作风转变，提高行业的文明程

度。截至2016年年底，璧山交通系统创建和保持全国、市、县级青年文明号10个，巾帼文明岗7个，市级、县级模范职工之家5个，县级文明单位创建率达到100%，交通行业保持县级和市交委级文明行业称号。

【轨道一号线大学城至璧山段建设】 轨道交通大学城至璧山段全长5.6公里，其中地下线3.5公里（包括1号隧道200米、2号隧道3 335米），高架线1.9公里、路基段0.2公里，设车站1座、维修厂1座。本工程与轨道交通1号线贯通运营。项目估算总投资25.87亿元，建设工期为3年，璧山区政府为本项目出资人，市轨道集团为代理业主。工程正处于土建工程施工阶段。缙云山隧道工程自2014年6月17日开工以来，截至2016年12月底，隧道工程累计完成掘进2 978米，其中1号隧道掘进200米，已贯通；2号隧道璧山方向已掘进1 760米，大学城方向已掘进1 018米，剩余557米。轨道高架、车站、维修厂等工程完成施工招标。

【九永高速璧山段建设】 九永高速线路全长约23公里，有2座隧道（缙云山隧道、云雾山隧道）、2座互通（来凤互通、三合互通）以及1个服务区（丁家服务区），双向六车道。璧山段征地153.07公顷，应拆迁农房368户、拆迁房屋5.29万平方米，征地农转非2 540人，住房安置约1 200人。工程于2015年10月进场施工，累计完成路基工程90%，桥涵工程60%，隧道工程累计掘进60%。合璧津高速已完成BOT招标，正在开展初设工作。渝遂高速支线项目进入可研阶段。

2016年2月18日，九永高速云雾山隧道施工现场

（曾清龙 摄）

【六旗大道建设】 轨道交通连接线即六旗大道，项目全长约2.2公里，东接国道319线三角滩段，途经璧城街道双龙村、新堰村和三角村，西接黛山大道。按一级公路兼城市主干路标准建设，路基宽度44米，双向八车道，设计时速60公里/小时，投资约1.5亿元。工程于2016年12月8日开工建设，计划与轨道交通大学城至璧山段同步投用。渝蓉高速接北环立交项目市政府已同意建设，市交委正在开展前期工作；省道107线璧山段升级改造工程于2016年11月开工建设；黛山大道南延至来凤段前期工作基本完成。（区交通局）

道路运输

【客运管理】 对拟开行的马坊至会兴、会兴至石院、石院至金龙（永川）、石院经梅江至福禄、丁家至三五、丁家至莲花等6条农村客运的道路实地查勘，经验收合格后开行农村客运车辆。调整璧山至两路口线路的途经地，报废更新8辆客运班车；报废更新璧山至龙洲湾线路客车14辆、丁家至重庆线路客车2辆、璧山至奉节线路客车1辆、璧山至江津线路客车6辆，并全部实行公司化自营。调整17条客运班线到高铁枢纽站始发或配载。

【公交车管理】 调整801、901、112路公交车运行至高铁站，并根据高铁的运行时间及班次适时调整公

交车的开行时间及班次；调整101路公交车，开行区间车，满足原蒲元场、新堰、大鹏及沿途市民出行需要；增加901路公交车3辆，解决901路公交客流高峰期的拥挤问题。对101~103、105~108、201~204等11条公交线路的经营许可，延续经营期限6年。9月将使用期限到期的59辆公交车报废，更新66辆车身长度大于10米的气电混合新能源公交车。建成并投入使用公交站亭（牌）26个，同时申报下一步建设300个公交站牌计划。办理公交IC卡29 147张，落实特殊群体免费或半价乘车财政补贴1 619万元，划拨普通卡刷卡资金1 903万元，落实公交首末站补贴400万元。

【出租车与汽车租赁管理】 规范出租汽车经营行为，严禁转包，坚持出租汽车月检和路面监管，每日更换座套，保持车辆清洁卫生，完善投诉处理，建立驾驶员退出制度。8月将使用年限到期的50辆出租汽车报废更新，10月订购年底到期的需更新的16辆出租汽车。根据网约车新政，清理网约车，逐步开展网约车驾驶员从业资格考试和网约车许可，清理出租汽车有偿使用费，对新政出台后已收取的有偿使用费上报区政府审批清退。规范汽车租赁管理，新增汽车租赁业户1家，对2015年已办理汽车租赁许可手续又在规定期限内达不到条件的4家业户下达整改通知书，对4家整改不合格的业户注销许可手续。

【货运管理】 针对货运行业运力结构老化，以及大型货运车辆过少等问题，实行宏观调控，引导货运市场向企业的专业化、集约化、规模化发展，全年新增规上货运企业12家。增加货运车辆418辆。按照“四不放过”原则处理危化品运输企业安全隐患，每月组织巡查1次，每季度检查1次，重点检查设施设备配备情况、罐体检测情况、监控设备安装及使用情况、从业人员持证情况。督导全区5家道路危险货物运输企业逐步实现公司化经营。

【维修市场管理】 检查维修业户440户次，查处违规经营15户，限期整改8户，整改验收合格8户；与52户一、二类维修企业签订2016年《安全生产目标责任书》；调解维修质量投诉纠纷2起。客运车辆二级维护备案850辆次；货运车辆二级维护备案3 800辆次；春运检测588辆次；类型等级评定和复核180辆次；新建立车辆技术管理电子档案700份。对220辆总质量大于3.5吨以上的新增（转籍）车辆进行燃油消耗量达标核查；对110辆总质量大于12吨的货车督促安装GPS。组织企业负责人安全业务工作以会代训280人次，各工种从业人员从业资格培训120人。

【从业资格管理】 全年组织危化品运输企业从业人员98人参加爆炸品、剧毒品道路运输从业人员从业资格培训；完成道路运输驾驶员继续教育培训考试1 344人次，合格1 277人；完成新增客货运输驾驶员从业资格培训1 466人次，合格1 046人；完成新增出租汽车驾驶员从业资格培训352人次，合格278人；完成公共汽车驾驶员从业资格考试139人、合格92人；完成道路运输驾驶员诚信考核4 108人次。全区驾校招收学员8 146人，培训合格学员8 088人，建立健全毕业学员档案。

【客运服务质量】 3月24日，召开全区客运服务质量提升年活动动员会，把2016年作为客运服务质量提升年，所有出租车、公交车、客运班车驾驶员支持并参与客运服务质量提升年活动，从业人员受教育面100%。客运车辆基本做到雨停即洗、随时保洁，车站做到场地清洁、停车规范、脏车不发班。严厉打击客运“乱象”，客运市场违法违章行为与上年同比下降20%左右、有责投诉下降26%左右。打造璧山至机场（“绿岛快巴”）精品线路，带动全行业服务质量提升。公交企业改变原有对驾驶员或责任人实行单一经济指标考核模式，城区148辆公交车实行公司化自营，变为全部由企业统一招聘驾驶员，对驾驶员实行安全服务质量综合考核，进一步提升服务质量。

【行风建设】 修订《职工管理考核办法（试行）》《临聘人员管理考核办法（试行）》《值班管理办法》《午餐管理办法》《职工考勤管理细则》《公务车管理制度》等制度，制订《重点岗位廉政风险点防控实施方案》，严格执行中央八项规定、“六条禁令”和单位的规章制度，实行预算公开，落实两个责任，全年无违法违纪行为发生。

（区交委）

延伸阅读 ▶▶

国家一级图书馆

“如果有天堂，天堂应该是图书馆的模样。”阿根廷作家博尔赫斯曾这样评价图书馆在城市中的文化坐标地位。

作为公共文化服务体系的重要组成部分，近年来，璧山区图书馆不断夯实软硬件基础，完善服务机制，逐年增加馆藏图书，努力打造信息化、人性化、专业化的公共图书馆，受到文化部评估定级专家组充分肯定，于2013年成功创建为国家（县级）一级图书馆，力争在2017年创建为国家（市级）一级图书馆。

四年跳两级荣膺“国家一级馆”称号。

2013年，文化部公布了第五次全国公共图书馆评估定级上等级图书馆名单，区图书馆榜上有名，首次荣膺“国家一级馆”称号。

区图书馆馆长杨正锋说，图书馆在2009年评估为国家（县级）三级图书馆，仅仅用了四年时间，就连跳两次，从国家（县级）三级图书馆正式跨入国家（县级）一级图书馆行列。图书馆现有馆藏文献19万册（件），其中电子资源3万册，年接待读者15万人次，外借图书19.5万册次。馆内实现了10兆网络带宽接入及无线网络全覆盖。全年开展讲座、展览、报告会等各种形式的读者活动75次，参与人数达1.8万人次。

2017年争创国家（市级）一级图书馆。

国家一级图书馆，是由文化部组织评估定级的国家级图书馆。

据悉，国家（市级）一级图书馆有以下必备条件：馆舍建筑面积应不低于1万平方米、阅览座位1000座以上，图书馆藏书36.5万册以上、文献借阅量30万册/年、每周开放68小时以上等等，“现代化技术装备、数据库建设、自动化网络建设”评估得分不低于80分。

“我们在2013年荣膺‘国家一级馆’称号，而国家一级图书馆又细分为省部级、市级、县级三类，由于我们在2014年撤县设区，因此要积极从国家（县级）一级图书馆争创为国家（市级）一级图书馆。”杨正锋介绍说。

（连宏宇）

邮　电

邮　政

【概况】 2016年，中邮璧山区分公司有邮政营业网点43处，其中城区网点10个，农村网点33个，全国邮政储蓄联网网点39个。自办汽车邮路3条，长度392公里,邮运车辆3辆。农村投递路线长度1 756公里，城市投递路线长度557公里。全年实现业务总收入9 815.96万元，同比增幅25.7%。

【邮政业务与服务】 为满足社会各界对邮政服务的新需要，璧山邮政不断拓宽服务领域，加强深层次开发，衍生出许多深受客户欢迎的业务品种，使服务种类更加丰富，服务质量逐步提高，服务水平不断提升。

农村电商：2016年建成“邮掌柜”125个，50个“掌柜”已叠加“便民代收、批销、代购、助农取款”等多项功能；完成线上“璧山邮乐馆”建设，并于6月底将50款产品上架试运行，组建39人“邮助手”队伍。

便民服务：开通大路、丁家、脂山路、文星路、青杠、景山路6个网点的“双税双代”业务，在提升服务民生能力的同时，进一步完善璧山邮政综合性便民的形象。

校园市场：重建璧山中学青少年邮局，主题邮局的建设和系列活动的开展均得到学校认可；与教委联合举办第二届“学生书（画）信”大赛，并延续第一届大赛的良好态势，参赛学生达到5万人。

文化传媒：开展《丙申年》生肖贺岁邮票首发活动；参与区政府、区图书馆组织的《全民阅读》活动；举办《璧山区第二届钱币博览会》；开发“源泉”“杏林春晓”“璧医苑”等系列刊物；首次触电会展项目，《重庆晨报》和市分公司联合主办的“2016汽车嘉年华（璧山站）活动”在璧山大宏鼎家居建材市场举行。

渠道建设：装修改造七塘、大兴、石院、青杠、红宇、同心网点6个，投放自助机具10台，新增移动展业设备2台；新建快递包裹社会揽投点10个，新增投递车辆2台，线上渠道本年度新增手机银行客户22 470户，新增个人网银5 344户，结存57 530户，电子银行交易替代率70.43%。

代理金融：以新“两个一策”深化开展代理金融网点转型工作。再次明确转型目标，根据相关转型达标要求开展新增新生路、大兴和七塘3个标转网点的转型导入，通过三方公司打造2个非标示范网点，利用模式复制推广8个非标标杆网点，以一带多的形式全面开展非标网点转型的全覆盖。用统一的标准，规范网点的服务模式，树立标志统一、外表美观、环境整洁、服务文明的邮政窗口形象，实现服务标准化和客户体验的一致性，让客户感受更加专业、精细、优质、贴心的服务。

品牌活动：将积分换礼、厅堂活动、院坝会、客联会、地推宣传进行常态化展开。各网点导入“万众创新”概念，纷纷以会员经济为主导，以创造节日为载体，将转转盘、抽红包、摸麻将、趣味套圈等短期活动向常态化会员活动方向发展。2016年全公司开展走访地推4 000次，会员日活动270场，VIP尊享客户活动18场，以“三农”、金融业务宣传为主的院坝会44场，端午、中秋等传统节日回馈为主题的客联会180场，参与客户数量达到2 400人次。

（中国邮政集团公司重庆市璧山区分公司）

电　信

2016年，全区电信情况：1.宽带网：FTTH覆盖住户数308 757，末级分光端口能力达172 672个。其中城市区域覆盖住户数206 626户，末级分光端口能力109 068个，覆盖率100%；农村区域覆盖住户数102 131户，末级分光端口能力63 604个；乡镇以上端到端覆盖率100%，行政村端到端覆盖率超过90%。光端口占比达80%以上，基本实现全光网，用户光接入能力达到100M。2.无线网：室外站新建83个，达到296个，室内分布新建13个，达到51个。4G覆盖率整体达到90%，基本实现全区覆盖。3.骨干网：扩容出口带宽80G，总出口带宽达到240G，本地链路全部实现10G上行改造，通过组播下移等技术，大幅提升网络高带宽、高流量承载能力。（中国电信璧山分公司）

移　动

【概况】　2016年，始终秉承“正德厚生，臻于至善”的核心价值观，坚持打造良好而巩固的客情关系，持续关注客户利益，建设以“客户认同”为目标的经营服务体系，深挖客户价值，在内部蓬勃开展围绕生产一线的各种劳动竞赛，调动员工积极性，使企业连续6年经营业绩保持在同类分公司前三，确保分公司的可持续健康发展。

【基站建设】　璧山移动坚持“网络质量是通信企业的生命线”的理念。截至年底，璧山移动基站总数量1 487个，其中2G基站465个（璧山主城211个、青杠片区94个、丁家83个、大路77个）。4G基站1 010个（璧山主城528个、青杠194个、丁家135个、大路153个）。全年累计完成基站建设510个。

【网络建设】　全年完成驻地网建设7万户，政企一网通建设4 700户；建设零星专线212条，完成46家集团单位264门固话开通工作，完成追加点位建设63条；完成无线城市WLAN热点2 780个AP的复查验收。（陈一骏）

联　通

【概况】　2016年，分公司宽带端口56 826个，城区及重点乡镇实现全光覆盖。建设完成1 200个基站。重点区域4G网络RSRP≥-100dBm的比例达到94.35%，实测上网速率超过50Mbps。

【网络信息安全】　严格按照工信部、通管局等行业主管部门要求，狠抓网络信息安全工作，致力落实用户业务实名制和用户信息保护，严打电信诈骗。截至年底，用户实名制比例100%，捣毁多个电信诈骗恶意呼叫窝点，销毁用于电信诈骗的各运营商电话卡600张。

璧山联通公司用户数据情况表

表 3–7　　　　单位：户

ARPU	用户数据	占比
0~30	72900	45%
30~50	27540	17%
50~80	29160	18%
80 以上	30780	19%
合计	160380	

（中国联通璧山分公司）

延伸阅读 ▶▶

国家一级图书馆（续）

蕴涵文化气息的新图书馆呼之欲出。

“新图书馆整体风格定位为简洁、温暖、蕴涵文化气息的现代主义，内部空间的造型以竹简为母题，干练的直线条通过不同的组合展现出统一而又富于变化的室内效果。目前，新图书馆的室内设计方案已通过，现目前正抓紧施工图纸的设计，一个新的具有文化气息的图书馆将带给大家不一样的感受。”杨正锋说。

据介绍，新的图书馆总体上分为城市公共图书馆和璧山中学图书馆两部分，一层主要为陈列展示区、读者服务区、总服务台及各阅览室空间，二层为璧山中学单独使用的图书馆，包含教师阅览室、学生阅览室、学校书库、自学区等，三层为对城市开放的开架报刊阅览室、开架图书阅览室等，四层为基藏书库、特藏书库及综合素质培训中心等，五层为会议室、行政办公及多功能厅。

有如此“高大上”的图书馆，那么创建国家（市级）一级图书馆还有没有问题呢？

国家（市级）一级图书馆几项硬性指标，如面积不低于1万平方米、阅览座位1000个以上、藏书36.5万册以上等，而新的图书馆部分硬件指标初步达标，如总面积2.6万余平方米、设计阅览座位1500个，设计藏书量80万册。

同时，新图书馆还将提供给读者上网查阅资料、数字体验、音频视频欣赏的电脑100台以上，每周将不少于68个小时的开放时间，一年开展各类讲座及读书活动75场以上。

杨正锋说，万事俱备只欠东风。由于文化部对全国公共图书馆评估定级为四年一次。因此，2017年，区图书馆将通过各方的共同努力，力争由国家（县级）一级图书馆创建为国家（市级）一级图书馆。（连宏宇）

城乡建设

城乡规划

【控规编制】 实现新一轮城区控规全覆盖。绿岛新区南部片区控制性详细规划修编、金剑山旅游休闲带控制性详细规划修改、御湖新区控规修改、重庆绿岛新区控规修改获区政府批准。

【专业专项规划编制】 《区域公共服务设施布局规划》《电动汽车充电基础设施布局规划》《停车设施规划》《美丽山水城市规划》《区域基础设施专项规划》《地下综合管网规划》《历史文化遗产保护规划》《区域河道岸线保护及利用规划》《璧山区“十三五”电信基础设施建设规划》《璧山区“十三五”水利发展规划》《区域物流布局规划》《璧山区加油站行业“十三五”发展规划》《应急避难场所规划》等13项专业专项规划获区政府批准。

【镇、村规划编制】 丁家街道、广普镇总规修编获区政府批准。组织完成73个行政村村域现状分析及规划指引的编制工作。

【城乡规划管理】 2016年，全区核发用地规划许可105.35万平方米，核发工程规划许可总建筑111.76万平方米，完成规划方案审批总建筑123万平方米，完成竣工规划核实总建筑360.11万平方米。全区立案查处违法建设案件189件，建筑面积3.47万平方米，拆除违法建筑0.37万平方米。开展违法建筑专项整治工作。在减少违法建筑“存量”方面，拟定《璧城、璧泉、青杠街道建成区违法建筑专项整治实施方案》，经区政府办印发实施，重点开展中心城区建成区违法建筑专项整治，清理违法建筑5 723宗，56.36万平方米；累计拆除和整改违法建筑5 546宗，53.32万平方米。在杜绝违法建筑“增量”方面，拟定《严控规划建设用地范围内新增违法建筑实施办法》，经区政府办印发实施。建立部门、镇街、村（居）、社（组）四级日常巡查管控机制，确保违法建筑早发现，早制止，早查处。2016年11月22日，住建部第六督查组组长、四川省住建厅副巡视员文技军等一行到璧山督查建成区违法建设治理工作情况。

【地下管线工作】 牵头会同各有关单位完成全区1 683.46公里的给水、排水、电力、燃气和通信地下管线探测普查，并通过重庆市测绘产品质量检验测试中心验收，建立地下管线管理平台系统并将全部数据整合入库，为璧山区科学制定和实施城乡规划提供有力的基础支撑。

【测绘工作】 实现城区大比例尺地形全覆盖。完成绿岛新区南部片区3平方公里1:500地形图测绘工作。完成八塘、青龙湖风景区等8个片区控制测量项目。

（区规划局）

城市建设

【重点工程建设】 1.生态停车场建设。2016年全区建成生态停车场11个，分别是文化艺术中心停车场（6 000平方米、249个车位）、伊顿幼儿园停车场（2 800平方米、80个车位）、检察院停车场（3 000平方米、120个车位）、人才公寓停车场（2 400平方米、48个车位）、区人民医院停车场（2万平方米、450个停车位）、高铁站前停车场（5 000平方米、70个车位）、漫水湾公园生态停车场（2 200平方米、45个车位）、狮子变电站停车场（6 000平方米126个车位）、天恒生态停车场（800平方米、20个车位）、泽荷花园停车场（1 000平方米、21个车位）、同景停车场（2 500平方米、98个车位），建设规模约51 700平方米，1 327个车位，总投资约3 600万元。

2.棚户区改造。2016年，全区实施城市棚户区改造2.94万平方米，涉及璧城街道面粉厂片区245户（2.94万平方米），其中住宅219户（1.83万平方米）。该项目完成征收补偿工作，完成市级140户目标考核任务。

3.“城中村”整治。2016年完成“城中村”整治项目22个，其中涉及南河丽景C组团、文风社区体育巷、天赐温泉山水间、老甘棠区家属院、璧铜路298号小区、大旺社区永恒房地产开发公司还建房小区、塘湾社区“红土地”坡地、文风社区泽和花园小区、两山秀苑小区等9个老旧小区项目。完成区政府4个老旧小区环境改造任务。

4.城市排水管网建设工作。2016年完成《璧山区十三五排水（雨水、污水）管网建设专项规划》《璧山区2016年排水管网建设计划》编制工作。全区启动雨水管网建设项目10个，完成雨水管建设13.24公里，启动污水管网建设项目10个，完成污水管建设19.15公里，合计完成总投资约6 019万元；启动璧山区排水管网信息平台的建设。

5.海绵城市试点建设。2015年年底，璧山区申报市级海绵城市建设试点城市以来，一是完成《璧山区海绵城市建设试点三年实施计划》《璧山区十三五海绵城市建设规划》《重庆市璧山区海绵城市专项规划（2016—2030）》；二是编制完成暴雨强度公式修编工作；三是完成海绵城市建设本底值调查工作；四是深入推进相关课题研究；五是启动海绵城市监测体系平台建设；六是发布11个海绵城市试点建设相关管理制度，明确部门职责、项目建设程序、工作机制；七是启动海绵城市建设项目21个，完成13个。

由区城乡建委实施的文化路老旧小区改造工程作为海绵城市建设试点项目于2016年底完成，该项目改造规模5 000平方米，项目总投资近150万元。

东林大道生态停车场一角

（张曦　摄）

【城市道路建设】 1.璧山虎峰隧道项目建设。璧山虎峰隧道穿越缙云山，东接九龙坡区高新大道，西接璧山规划主干道虎峰南路与璧青路相交，止于黛山大道。该项目建设将加快璧山融入主城，是打通主城产业辐射西部性价比最高的一条城市快速通道。该项目全长8.7公里（隧道长2.76公里），双向六车道，规划方案设计3个立交桥，1座跨河大桥。该项目总投资约32亿元，2016年完成方案设计研究工作。

2.璧城街道安居路北延伸段道路改造工程。工程于2016年年底开工建设，该道路工程长约360米，宽36米，双向6车道，计划总投资3 800万元。该道路是连接轻轨一号线璧山站前道路六旗大道的重要通道。

2016年8月24日，区城乡建委安监站检查建筑工地升降机现场

（张承刚　摄）

【建设审查与审批】　全年办理初步设计审批项目48个（其中初设备案项目8个,市政工程项目4个），建筑面积114.42万平方米，道路、桥梁等市政工程961米，总概算31.6亿万元（含道路、桥梁等市政工程），节能强制性标准执行率100%。办理施工图审查备案81件，126万平方米（施工图变更、幕墙工程、市政道路桥梁工程等未计入面积），节能强制性标准执行率100%。2016年，办理施工许可证75个，167万平方米，同比减少24%。其中房地产开发项目21个，115万平方米。办理竣工备案个数114个，314万平方米，增加35%，其中房地产开发竣工备案46个， 194万平方米。征收配套费1.797万元，减少51%。

【建设工程质量监管】　严格按照《房屋建筑和市政基础设施工程质量监督管理规定》等相关法律法规，围绕全区城乡建设工作会议部署要求，从建设工程开工开始依法开展质量监督管理工作。2016年度全区新建58个房建项目146.2万平方米，7个市政项目5 108万元；竣工117个房建项目321.7万平方米，9个市政项目18 592万元。在工程建设过程中，负责监管五方建设质量责任主体和质量检测等单位的工程质量行为，抽查主要建筑材料、建筑构配件的质量并抽测工程实体质量，对工程竣工验收的组织形式、程序等监督，实行建筑施工企业质量行为诚信评价工作，同时采取随机、飞行检查等不定期巡检巡查的检查方式对工程质量实施有效监督，确保建设工程处于有效监管。

【城乡建设纠纷调处】　2016年，收到并办理市、区信访办网上转办（信）件30件，群众来信来访125件次，区政府公开信箱投诉案件18件次。总办理信访件183件基本息访，未发生一例到京、到市非正常上访、集访事件。重点涉及房屋开发建设、质量投诉、建筑工伤纠纷、拖欠工程款、劳务纠纷等问题。市督办的房地产开发建设信访突出问题5个有2个（永禄小区、方月小区）结案；另3个（璧山绿城·上岛、璧山兴友农副产品综合市场、天正璧城中央工程信访矛盾）正在处置中。主要做法：一是成立信访纠纷调解领导小组，区建委班子每月专题分析研判信访矛盾形势，逐项目包案，全员行动，开展2次全覆盖调研。二是在元旦、春节、国庆等重要时节对全区所有在建项目分组管理，落实分管领导和科室负责，重点抓安全、质量、民工拖欠等问题的摸底排查和矛盾提前化解，并及时协调处置涉及资金短缺、内部配套设施不完善等问题。三是强化一企一案、逐项目重点矛盾评估预判、一事一案、特事特办、限时督办、遗留问题处理等措施。

村镇建设

【中心镇建设】　为完善中心镇基础设施，改善场镇风貌，按照重庆市城乡建委《关于做好 2016 年度市级中心镇建设项目申报工作的通知》要求，整合资金 1 000 万元，立足于“高标准、严要求、保质量、建精品”的指导思想,推进福禄镇河福路市政改造项目，大兴镇兴隆社区文化小公园以及大兴镇建新区征地拆迁安置房景观工程的建设，确保相关场镇提档升级，取得实效。福禄镇申报为市级特色小镇。

【农村危旧房改造】　2016 年，完成农村危房改造 1 339 户（其中 C 级 745 户，D 级 594 户），完成市级目标任务 500 户的 268%，完成年初目标任务 1200 户的 112%。贯彻落实《中共重庆市委、重庆市人民政府关于精准扶贫精准脱贫的实施意见》，改造危房建卡贫困户 244 户。全面推行补助资金拨付“一卡通”制度，直补到农户。统一制作农村危房改造政策明白卡发放到危改户手中，让危改户知晓危房改造相关政策。在保障危房改造进度的同时，狠抓危房改造质量监管，对危房改造的外观风貌、工序、面积、D 级危房改造的基本功能等作出明确的要求，切实加强施工现场监督，D 级危房完工后统一悬挂“农村 D 级危改户”标牌，广泛接受监督，提升危房改造的质量和效果。

2016 年 5 月 24 日，农村危房改造现场，工人正在施工

（曾清龙　摄）

【农民新村建设】　2016 年，区按照改善农村人居环境的总体目标任务，探索和推进改善农村人居环境建设工作。制定下发《重庆市璧山区人民政府办公室关于推进改善农村人居环境试点村建设的通知》（璧山府办发〔2016〕53 号）文件，确定 16 个村为改善农村人居环境示范村，建立整治清单，储备整治项目，制定整治任务，形成“4+12+119”梯次布局的整治体系，确定以田园美、村庄美、生活美为规划目标，通过完善基础设施建设、整治村容村貌环境、提升生态绿化水平、培育和谐文明新风、提升全区农村人居环境。在此基础之上成功申报市级人居环境示范片（璧山区金色郊园人居环境示范片）、3 个农民新村（美丽乡村）示范点（大路街道团坝村、来凤街道孙河村、正兴镇金堂村）以及 6 个绿色村庄（来凤街道三星村、河边镇复兴村、七塘镇将军村、正兴镇金堂村、三合镇二郎村、广普镇坪中村）。

勘察设计

【概况】　2016 年，完成璧山区多项重点建设工程的勘察设计任务，同时还在云南、贵州、四川等地承接多项建设工程设计业务。该公司还承担全区的多项排危鉴定工作，多次派出专业技术人员参与危险源鉴定、事故调查处理及应急抢险任务，保障人民群众生命财产安全。

【工程质量管理】 初步设计审查方面：2016年，璧山区初设审查48个项目（其中初设备案项目8个,市政工程项目4个），除备案项目外，其余工程均采用专家审查模式，大型工程采用专家现场上会审查模式。基本模式类型及审查流程如下：

1.基本模式：独立审批；

2.专家审查类别：大型工程组织专家审查会议（均为市建委专家库专家），中型及以下由建委组织具有相应执业资格的专家以邮件方式审查；

3.审查模式：专家评审会采用现场会议形式，在确定上会时间前3天将各专业电子图纸发给各位专家，现场会议一般持续1小时，当场提出问题（每周四组织专家审查会议）；

4.审批时间：审批时限为7个工作日，不包括专家审查时间及设计院修改图纸时间；

5.审查收费：每个专业收费为500元至1 000元，根据工程复杂程度收费。

施工图抽查方面：2014年至2016年，施工图备案设计质量抽查项目7个，审查违背强制性条文19条，发现并消除一批重大安全隐患，为建设单位节省大量投资。

【市场管理】 勘察设计行业挂靠现象依然存在且趋于隐蔽，难以杜绝，项目审批环节被挂靠人员均能到场、签章规范，但设计过程及项目验收均由挂靠人员完成。根据初设专家审查结果，按照市建委工作要求抽查施工图审查备案设计质量。

建筑工程管理

【概况】 2016年，有88家建筑企业资质。一级建筑工程施工总承包资质3家，一级建筑装修装饰专业承包1家；二级建筑工程施工总承包7家，二级建筑装修装饰专业承包5家，二级输变电专业承包资质1家；三级建筑工程施工总承包21家，三级专业承包企业19家；施工劳务资质27家；预拌商品混凝土企业4家。建筑行业从业人员2.36万人。总承包产值超亿元的企业8家，同比增加2家。有85家建筑企业换证并取得新的资质证书，按照新资质标准取缔9家，自动放弃换证企业5家。全年审批新办建筑企业资质3家、增项1家、上报市建委4家（其中申报为建筑工程三升二级2家，建筑装饰装修1家）。

【建筑科技教育】 严格贯彻执行市城乡建委“一、二、三、四、五、六、七号禁限通告”。采用发文、会议、培训、会谈等形式深度与企业交流，努力推广新技术、新材料。建成一批技术复杂、质量要求高的大型市政工程和大型公共建筑，高层建筑经历从无到有，轨道交通大学城至璧山延伸段也开始掘进，推动一大批新技术运用的常态化，如中空玻璃、高强钢筋、新型建筑保温材料、预拌混凝土、烧结页岩空心砖砌体等。施工企业在土石方、基础工程、吊装等施工过程中大量使用施工机械，且企业的施工机械设备的技术装备率和动力装备率逐年提高。计算机及信息技术在企业和工程项目上得到运用，将远程电子监管体系运用到大部分在建工程。全年，初审建造初始注册117人，变更注册39人，注销注册16人，重新注册5人，通过市建委审批，都在规定的时间内取得执业资格证书。6月，组织建筑行业技术工人培训班，培训362人，涉及钢筋工、抹灰工、混凝土工等36个工种。开展五大员继续教育2次，368人通过学习、考试，取得新的岗位证书。

【建筑节能建设】 能效测评单位工程212个（其中公建48个，居建164个），公建252 174.9平方米，居建1253 103.73平方米，能效测评合格率100%。发布《重庆市璧山区推进绿色建筑发展实施细则》，该细则的发布明确绿色建筑及高标准节能建筑的实施范围和要求，实现绿色建筑零的突破，全年绿色建筑项目8个，总建筑33万平方米，占民用建筑44%。

【建筑工程招投标管理】 全年参与会审招标文件126个，采取不报名和资格后审、投标保证金及工程款支付到中标人在璧山账户、网上银行收退投标保证金、设置评标干扰系数、拟派项目经理在建项目现场查询、制定招标文件规范文本、诚信体系考核、严格资质设置、加大违规行为惩处、落实行政监管部门标中和标后监管等，一定程度上遏制围标行为。

【工程监理】 工程监理企业在监理合同正式签订之日起15日内，到区城乡建委办理监理合同备案。手续监理合同备案工作通过全市统一的"重庆市建设工程招标投标系统"进行管理。区建委在监理合同备案过程中发现工程监理企业存在违法违规行为的，依法予以查处。办理监理合同备案项目41个。全年未发现违法行为。

【工程质量监督】 严格按照《房屋建筑和市政基础设施工程质量监督管理规定》等相关法律法规，围绕全区城乡建设工作会议部署要求，从建设工程开工开始依法开展质量监督管理工作。全区监督新建58个房建项目146.2万平方米，7个市政项目5 108万元；竣工117个房建项目321.7万平方米，9个市政项目18 592万元。

【建筑安全生产管理】 围绕"两防"这条主线，坚持把"打非治违"和"十项零容忍"作为规范施工作业行为的抓手，开展各类专项检查整治工作，牵引和促动施工现场安全管理的各项工作落实。全年新增建设工程安全报监项目64个，其中市政工程8个，隧道工程1个，房屋建筑144.5万平方米，总造价28.6亿元；安全竣工验收项目69个，涉及房屋建筑160.7万平方米，总造价35亿元。全年组织召开全区建筑安全生产专题会议12场次，制定转发安全文明施工规范指导类文件32份，举办安全生产专题教育21场，培训从业人员1.2万人次。开展各类专项检查和治理行动16次，排查并督促整改安全隐患1 978条，简易处罚186件，约谈15家企业，立案查处13件，收缴行政罚款42万元。全力突破"平安卡"管理制度中从业人员持卡、刷卡进场、管理人员指纹打卡等难点，推行以来累计办卡24 307张，其中补办平安卡91张，实现100%刷卡进场，全面实现在建工地"平安卡"全覆盖目标。全区在建受监工程项目全年发生生产安全事故1起，死亡1人。

【建筑材料质量检测】 保证建筑工程的材料质量是工程质量得以保证的根本。在工程质量监督管理的过程中重点对涉及工程主体结构安全、主要使用功能的工程材料监督管理及抽查抽测，以确保工程质量。所检测的建筑材料包括钢筋、水泥、混凝土、岩石、轻集料、粉煤灰、防水卷材及涂料、混凝土构件实体检测、建筑节能材料等。全年出具检测报告42 486份，不合格报告1 303份。在施工工程中，不定期地对现场材料监督抽查、抽测，以进一步保证建筑材料和建筑工程的质量。

【预拌砼行业】 严格按照《重庆市预拌商品混凝土管理站性规定》等相关法律法规，依法监督管理全区的预拌商品混凝土质量，制定预拌商品混凝土质量及安全文明生产监督方案，采取每季度质量巡查等动态监管的模式。4家企业通过资质认证，均为三级企业资质。监管内容主要包括对生产企业的资质、对原材料的质量验收和检验以及商品混凝土的质量检验，对试验室、仪器设备以及质量管理体系运行是否存在混凝土质量问题或发生混凝土质量事故等，同时结合使用单位的现场对比检查。

【工程档案】　指导198个工程项目档案，2 000人次，加强档案专项验收，全年专项验收工程97个，合格率100%。畅通城建档案接收渠道，馆藏档案门类齐全、结构合理。接收工程档案378个15 277卷，其中文字卷7 109卷，图纸卷7 843卷，光盘143张，照片182册，库藏75 629卷，提供利用工程档案269个工程807卷、626人次，著录工程378个项目15 277个工程级。分别于4月和7月业务培训全区城建档案资料员200人次。

【建筑中介服务】　全区建立国有建设工程招标代理机构名录库。要求入库的招标代理机构固定在璧山从业人员，并对库中的招标代理机构实行单个项目考核打分制度。对考核打分不及格的招标代理机构采取屏蔽措施。全年屏蔽不合格招标代理机构2个。（黄　成）

市政管理

【概况】　2016年，围绕全区“三区一美”总体部署，以问题为导向，以民生为导向，深入推进城市精细化管理，强化生态建设和市政基础设施改造，提升市政设施服务功能、环境卫生保洁水平、市容秩序监管效能、生态园林景区化内涵、景观灯饰保障效果，市政园林美誉度、满意度不断提高。

【市政基础设施维护管理】　不断加强市政设施精细化管护水平，提升基础设施承载能力。一是全年修补人行道23 579.58平方米，修补草油路面约9 699.18平方米，修补路沿石8 264.7米，维修混凝土C30路面12 101.8平方米，车运渣土约4 566车（小六轮车），确保路面平整、无明显坑槽、沉陷、碎裂，市政设施完好率达98%以上。二是更换自调式防沉降球墨铸铁防盗井盖200套、水箅子851套。三是疏浚清掏城区下水道22万米，新安装波纹管1 600米。四是加强下穿道整治工作，重点检查金剑路下穿道水泵状态，保证暴雨天气下穿道无堵塞。保持市政设施完好率达95%以上。五是城市道路开挖得到有效控制，全年办理市政道路挖掘审批28件，查处乱开挖道路行为2起，办理停车场设置许可10件，洗车场设置许可3件。

【环境卫生管理】　深入推进城区环境卫生精细化、机械化、常态化管理。一是成立9支快速保洁队，各配置一辆快速保洁电动车以及清扫工具，移动式快速保洁。二是购置环卫车辆19辆，其中为镇街配备道路自动化清扫作业车12辆；新增机动清漂船4艘，移动压缩箱体12个，果皮箱500个。三是新建改造标准化垃圾收集站16个，新建改造公厕8座。四是在千层岩停车场、高新区停车场、吉旺片区分别增设原水加水桩10个、井水加水桩5个、中水加水桩4个，便于环卫作业车辆集中取水。五是新建“环卫爱心驿站”10处，全区32处。六是采购印有璧山环卫的标志的夏季短袖套装、春秋季长袖套服、雨衣5 000

璧山区数字化城市管理监督指挥中心

（曾清龙　摄）

套。七是全面启动农村生活垃圾治理工作，城镇生活垃圾无害化处理率达到99%，全年处理垃圾119 191.3吨。八是开展环境保护督察专项行动，完成市政园林作业车辆中的黄标车清理工作、建设“环保通”软件信息平台、严查运渣车辆、消除垃圾清运车渗漏隐患。

【城市照明设施建设】 不断加强路灯灯饰功能照明，实现节能高效。一是实施路灯新建改造工程，持续推进“巷院光明”工程以及部分路段道路路灯改造工程，新建改造路灯800盏，其中LED绿色照明路灯155盏，主次干道装灯率100%。二是强化道路照明设施日常维护管理，全年维修路灯9 700盏，更换镇流器1 400个、钠灯3 000支，更换损坏节能灯、灯头2 000个，检修更换老化、被盗、损坏电缆1.5万米，确保全城14 400盏路灯设施常年完好率和亮灯率均达99%以上。三是进一步加强城区路灯杆、标志标牌、箱体等部分市政设施色彩的精细化管理，完成7 000根（块）各类标牌及杆子刷漆工作，颜色统一为深灰色色系。四是完成黛山大道、双星大道、东林大道、璧青路等路段7 500盏路灯灯杆编号工作，提升问题发现及时性，保障亮灯率和设施完好率。五是提升智能化管理水平，完善远程智能终端安装，扩大覆盖面，在璧玉广场、南河公园、秀湖水街等路段新安装路灯灯饰智能化控制终端设备40套，统一集中控制，城区远程智能化控制覆盖率85%。六是完成漫水湾公园、蜀望公园等106个休闲亭，养鱼还建房片区、南关五路片区、同景国际A组团1号楼等25幢楼宇及观水桥、状元桥、璧玉广场周边景观照明建设。七是继续实行市场化维护管理，落实维修责任，确保设施完好率和亮灯率均达98%以上。八是持续推进新建楼宇景观灯饰“三同时”，审批并验收灯饰建设项目44件。九是强化社会单位景观照明设施的监管，发放检修整改通知，并对整改情况检查督促，检修40幢。

【市政监察执法】 加强市容秩序常态化管理，提升市政管理执法水平。一是深化市容环境综合整治，加强对高铁站、名豪街、天怡街、上海城商业街等重点区域的管理。二是加大对占道经营、骑门摊、沿街散发小广告、手牌广告等影响市容秩序行为的管理力度。三是加大农贸集市早、中、晚时段出入口的管理，进一步促进集贸归市。四是加强对背街小巷的规范管理，让广大市民共享市容环境综合整治成果，实现“同城同质”。五是加大对公园的巡查监管力度，查处乱摆乱设、乱停乱放、乱刻乱画、乱挖乱占、乱堆乱放等“十乱”行为。六是查处城区违反市政园林法律法规的行为，查处各类案件483件。七是设立新型便民张贴栏，综合管控“牛皮癣”，在城区新建改造张贴栏260块。八是开展专项整治工作，整治城区露天烧烤、市容秩序乱点，取缔彩虹桥“科技一条街”、整治奥康乱搭乱建、牛角湾临时市场、杨家坡片区、机电校片区等以街为市秩序乱点30处。九是严格审批、规范管理户外广告，全年审批备案店招1 332块，拆除违规户外广告318块、店招牌145块。十是提升人员队伍素质，开展行政执法培训3期，培训300人次。

【数字化建设管理】 “智慧城管”工作新机制，实现智能化城市管理新突破。一是不断加强科学管理，探索亮点特色，增强监督管理力度，提高工作效率，全面提升城市管理水平。二是在全市率先引进环境噪音、土壤自动化监测系统，27个噪音监测点实现自动监控预警，5个土壤监控系统实现植被科学养护。三是启动璧山区城市园林绿化数字化管理信息系统建设，促进城市园林绿化管理和服务体系智能化。全年受理各类城市管理案件6 793件，立案6 609件，立案率97.3%，结案6 492件，结案率98.2%。

【垃圾处置费征收】 垃圾处置费征收工作循序渐进。定期召集收费人员接受相关法律法规、财务票据、礼仪等学习培训，以提升服务质量促进征收效率的提高。核对已收单位的垃圾量、梳理新增厂矿、商业网点，对拒缴的单位提起行政诉讼、积极与水厂、法院沟通协调，加大宣传力度，多措并举，确保征收工作按进度推进。全年征收垃圾处置费 1 649.87 万元。

【绿城建设】 先后实施城市森林工程、千种乡土植物进城工程，在全市率先全面实施城区“立体绿化”。过去五年，璧山城市公地绿地从 741 万平方米增加到 1 800 万平方米，城区绿化覆盖率达到 50%，人均公园绿地面积达到 28 平方米，城市植物品种从 1 200 种增加到 2 700 种。新建秀湖公园、漫水湾公园等 30 个公园，新建人民广场、迎恩广场等 20 个广场。在城市各个节点点缀休闲亭 90 个、古建筑塔廊 61 处，市民 15 分钟通勤半径可达公园广场，创建国家园林城市、国家城市湿地公园等 9 张国字号“绿色”名片。

【公园与广场建设】 建成投用嘉谷公园、野庐公园、漫水湾公园、甘棠公园、体育巷公园 5 个生态公园和乐成坝广场、文化艺术中心广场。截至 2016 年年底，全区拥有城市公园 30 个、休闲广场 20 个。有古建筑塔廊 61 处，有休闲亭 90 个，其中八角亭 59 个，四角亭 31 个。

乐成坝广场

（谢捷 摄）

【生态停车场建设】 2014 年以来，大力实施生态停车场建设，按照 1/3 绿地面积、2/3 停车面积的大致比例建设，既实现停车功能，又融入社区公园属性，还开敞城市公共空间。先后建成生态停车场 32 个，新增停车位 4 600 个，新增城市开敞空间 33.33 公顷，并全部免费对外开放。2016 年竣工投用成渝高铁站前广场生态停车场、同景生态停车场、漫水湾生态停车场、人才公寓生态停车场、狮子变电站生态停车场、天恒生态停车场、文化艺术中心生态停车场、伊顿幼儿园生态停车场、璧山区人民医院新院生态停车场、泽荷花园生态停车场、检察院生态停车场等 11 个，新增公共停车位 1 120 个。

【公共厕所建设】 2012 年，南河公园第一座标准化公厕投用起，截至 2016 年年底，全区新建标准化公厕 31 座，改造标准化公厕 35 座，彻底颠覆厕所“脏、乱、差、臭”的传统印象，成为璧山城市文明的新窗口，璧山“公厕革命”被央视《走遍中国》栏目作专题报道。将公厕建设纳入全区民生实事，2016 年新建改造公厕 8 座，并向镇街延伸，确保每个镇街均有 1 座以上标准公厕。

（区市政园林局）

园林绿化

【园林绿化建设】 2016 年，围绕“三区一美”总体战略，大力推进绿城建设，新增城市园林绿地面积 200 万平方米，建成区绿化覆盖率提高到 50%，人均公园绿地面积达到 28 平方米，相较 2015 年建成区绿化覆盖率上升 1%，人均公园绿地面积上升

沿河路

（曾清龙　摄）

11平方米。一是建成黛山大道（渝蓉高速至渝遂高速）和剑山路延伸段、沿河西路（聚金大道以南）等高新区和绿岛新区新建城市道路绿化。二是完成56个社会单位配套绿化项目建设，新增重庆大圆祥房地产开发有限公司“大圆祥·双星阳光”工程、秀湖鹭岛国际社区一期、展业·财富汇等附属绿地39万平方米。三是继续推进千种植物进城，新引进100种开花植物，全区城市植物品种达2 700种。四是绿地管护精细化。成立巡查组，及时巡查掌握和收集全区园林绿化工作情况和问题，交办相关责任人限期完成，提高工作效率，形成有效监督；深化推进市场化养护，完善市场化养护考核标准，纳入市场化养护的城市绿地面积增加到240万平方米；行道树栽植、组团式栽植及植物管护等方面严格按照行业规定、技术规范和《璧山区城市园林绿化栽植及管护技术要求》；与重庆市风景园林科学研究院就病虫害监测与防治、大树复壮、肥水管理、测土配方施肥等方面协作，提交《璧山区园林有害生物防控技术服务报告》7册，包括27篇园林病虫害预测预报以及大树复壮方案。全面防治城市园林绿地病虫害10次，针对性重点防治100次，施肥约150吨；补植乔灌木230万株，补植草坪7万平方米；灾害天气扶正树木500株，采用换残补缺方式于各重大节假日摆放鲜花150万盆；对公园重要节点栽植的名贵树、造型树采取综合管养，保证景观效果。完成造型植物、小乔木和全城1.7万株行道树的修枝整形工作；制定抗旱保苗工作方案，提前部署抗旱保苗工作。五是探索“绿化垃圾”生态处理循环利用方式，引进3台新型园林机械“树枝粉碎机”，用于处理城市绿化修剪产生的废弃树枝，转运废弃树枝80车次，生产生态有机土100吨。六是启动城区园林植物多样性调查，全面掌握城区植物的资源现状，有利于科学提供养护措施，强化植物资源管理，指导植物引进，保护绿化成果。七是加强节约型绿地建设与管理，有效控制建设成本。苗木栽植工程严格按照栽植规范，适度减小栽植密度，进一步提高苗木栽植质量，控制不易成活苗木供应，保证景观效果和苗木成活率；紧密结合城区绿地新建，统筹安排，科学调配，将现有绿地内过密苗木移植到新建绿地。新建的嘉谷公园、野庐公园、漫水湾公园、甘棠公园、体育巷公园等公园绿地，园中所有乔木及开花植物全部从城区原有绿地移植而来。全年移植过密乔木3 000株，灌木4万株，节约政府资金2 000万元；利用鲜草花基地和苗圃基地自主培育常用鲜草花和补植补栽所需苗木。八是严格建设项目配套绿化工程的审批。全年办理修剪、移植、砍伐城市树木、临时占用绿地审批62件，查处毁绿案件8件，办理建设单位审批手续28个。九是建成璧山区城市园林绿化数字化管理信息系统，区城市园林绿化管理和服务体系实现智能化。十是加强对各镇街的园林绿化业务指导和生态镇街创建绿化工作的督促和指导工作，帮助各镇街搞好城镇园林绿化建设管理。

【立体绿化建设】 按照区委、区政府安排部署，明确立体绿化作为全区2016年绿城建设和民生实事重点工作之一，延续2015年立体绿化推进经验，全年新增公共区域立体绿化65处，新增重要景观节点、参观路线立体绿化1 200户，建成5条立体绿化集中展示街区。

【苗圃建设】 建成投用占地2.67公顷的福禄苗圃基地。人民广场东支路苗圃和福禄苗圃自主培育常用鲜草花和补植补栽所需苗木。（区市政园林局）

重庆市璧山区公园、广场位置一览表

表3-8 单位：公顷

名称	地址	建成时间（年月）	面积	备注
南河公园	位于沿河西路双星大桥至永嘉大桥段璧南河景观带中	2010.01	7.33（水面2.00）	
观音塘湿地公园	位于璧山城区璧南河畔，东林大道东侧，银山路北侧	2011.09	41.53（水面13.33）	
秀湖公园	位于泉山路南侧，凝山路北侧，黛山大道东侧，剑山路西侧	2012.09	100.00（水面33.33）	
电视塔公园	位于城区中心公园路东侧	2008.05	8.00	
登云公园	位于原璧泉街道大岚村，黛山大道西侧，人民广场北侧，紧邻雪山路	2013.09	20.00	
瀚恩公园	位于景山路与319国道交界处	2013.07	4.00	
烈士陵园	位于璧城镇镇中凤凰山上，地处大成广场之后，与有几百年历史的古刹文庙毗连	1995	2.67	
玉山公园	位于观音塘湿地公园西南角，东林大道西侧，银山路南侧，紧邻台商工业园	2012	4.00	
南康公园	位于东林大道与银山路十字路口东南角，观音塘湿地公园对面，玉山公园旁	2015.11	4.00（水面1.33）	
青杠重医康复疗养中心公园	位于重庆市璧山区青杠街道青山路东侧重医一院青杠老年护养中心处	2012.02	7.67	
漫水湾公园	位于东山路以南，永嘉大道以北，晴山路以东，剑山路以西（原翻身水库）	2016.07	10.00	
东岳公园	位于新文化艺术中心以西，东岳公园广场以南，紧邻新检察院	（在建）	14.33	
牛角湾社区公园	位于双星大道以南，璧青路以西，双星大道与璧青路交界，璧山城区牛角湾部队医院处	2010.12	1.20	
星岛公园	位于璧青路东侧，紧邻璧青路与福康路交界处	2012.09	3.00	
上岛社区公园	位于璧山区璧青路东侧，紧邻绿城上岛	2011.04	3.00	
湖上公园	位于璧山区璧青路西侧，金剑路东侧，福顺大道北侧	2006	2.00（水面0.67）	
石堡公园	位于璧山区璧青路东侧，奥康大道与璧青路交界处以南	2012.05	1.00	
南关社区公园	红宇大道北侧，公园路西侧，红宇大道和公园路交界处	2013.11	1.33	

续表 3–8

名称	地址	建成时间（年月）	面积	备注
翠微公园	位于永嘉大道与雪山路十字路口东南角，毗邻碧桂园、鸥鹏御府，与东岳水库相接	2015.11	5.33（水面 0.67）	
村家公园	位于虎峰大道和黛山大道交会处西北角，紧临高铁站	2015.09	6.67	
龙珰山公园	位于虎峰大道与璧青路交界处	2017.01	7.33	
蜀望公园	位于永嘉大道与黛山大道十字路口西南角	2015.12	3.33	
余庆公园	位于东林大道末段，紧邻众泰新能源汽车生产基地	2015.12	2.67	
野庐公园	位于碧桂园南侧，紧邻黛山大道	2016.01	5.33（水面 0.05）	
嘉谷公园	位于沿河西路旁，铁山路与聚金大道之间	2016.01	1.33	
体育巷社区公园	位于文星路以南，金剑路以西，老体育馆与环保局之间空地	2016.09	0.67	
甘棠社区公园	位于北门部队与北门社区之间，紧邻璧铜路	2016.07	0.67	
秀湖汽车露营地公园	位于黛山大道以西，茅山路以南，秀湖鹭岛以北	在建	12.00	
双凤公园	位于双星大道延伸段与茅山路交界处旁，茅莱山居旁	在建	7.33（水面 2.67）	
御湖公园	位于御湖大桥旁	在建	40.00（水面 16.67）	
大成广场	位于璧山区东风路、中山南路、解放路之间	1998	2.67	
虹桥广场	位于解放路以东，彩虹桥以西	1998	1.33	
文体广场	位于金剑路以东，璧青路以西，双星大道以北，紧邻体育中心	2010.08	5.33	
人民广场	位于雪山路以东，黛山大道以西，双星大道以北	2012.09	10.00	
东岳公园广场	位于双星大道以南，新文化艺术中心以西，新检察院以东	在建	3.33	
璧玉广场	位于福顺大道以南，银山路以北，沿河东路南段以西，紧邻璧南河和观音塘湿地公园	2011.09	3.33	
南河公园广场	位于脂山路和沿河西路南段交界处	2010.01	1.33	
正南门广场	位于剑山路以西，紧邻南门唐城	2012.09	2.00	
迎恩广场	位于黛山大道以东，紧邻秀湖鹭岛	2012.09	2.00	
石泉广场	位于秀湖公园内，天子桥以西，放鱼池以东	2012.09	0.67	
水街入口广场	位于泉山路以南，黛山大道以东	2014.09	0.67	
梦园广场	位于金剑路以西，沿河东路南段以东，紧邻质监局	2008	2.00	
拱秀广场	位于凝山路、剑山路交界处	2012.09	1.00	
乐成坝广场	位于泉山路以南、剑山路以东，东林大道以西，紧邻秀湖公园	2016.07	0.68	
文化艺术中心广场	位于黛山大道与双星大道交会东南侧	2016.09	1.67	
服装城中心小广场	位于兴旺二路与兴旺一路交会处延兴旺二路西南 60 米	2006	0.13	
瀚恩公园广场	位于璧山区景山路与 319 国道交界处	2013.07	0.67	
璧南新中心广场	璧南	2016.01	0.33	
摩登时代广场	位于金剑路以西，沿河东路南段以东，福康路以北	2013.04	0.33	
文庙小广场	位于璧山区东风路以南、中山南路以北，紧邻大成广场	1998	0.13	

国土资源与环境保护

国土资源管理

【耕地保护】 2016年，市政府下达璧山区耕地保有量39 780公顷，实际完成耕地保有量43 650.25公顷，完成计划的109%；基本农田保护34 600公顷，实际划定基本农田34 635公顷，完成计划的100%，确保基本农田保护面积总量不减少。

完成城市周边永久基本农田核实举证，在市确定的103.53平方公里城市周边范围线内划定基本农田1 120.57公顷。

【土地规划和计划管理】 取得新增建设用地计划指标13宗，398公顷。因落实有关政策措施成效明显受到国务院表彰，获专项新增计划指标66.67公顷（市国土房管局匹配66.67公顷城镇建设用地空间）；创建全国国土资源节约集约模范（县）市，获奖励计划指标33.33公顷；积极推进“人地挂钩”，获市2013—2015年“人地挂钩”追加空间指标32.13公顷。

【高山生态扶贫工作】 通过市政府批准高山生态扶贫搬迁集中安置点8个，用地3.77公顷，计划搬迁安置总人数1 524人。

【土地征收】 取得市政府征地批复13宗，275.8公顷。新增建设用地357.4481公顷；取得征地批文20宗，436.4公顷。实施征地拆迁项目6个，520公顷，拆迁房屋1 575户，拆房284 058平方米，人员安置6 080人，住房安置5 266人，发放各项安置补偿金2亿元。

【征地拆迁政策】 2016年璧山区征地拆迁工作继续执行《璧山县人民政府关于印发璧山县征地补偿安置实施办法的通知》（璧山府发〔2009〕100号）、《璧山县人民政府关于调整征地补偿安置标准有关事项的通知》（璧山府发〔2013〕50号）、《璧山县人民政府办公室关于调整房屋搬迁过渡补助费标准的通知》（璧山府办发〔2013〕153号）等文件。土地补偿费标准：按征收土地总面积计算，一类地区（璧城街道、璧泉街道、青杠街道、来凤街道、丁家街道、大路街道）标准为每亩17 000元；二类地区（所有镇）标准为每亩16 000元。人员安置补助费标准：按转非安置的农业人口数计算，每个转非安置的农业人口的安置补助费标准为37 000元。住房安置过渡费标准：璧城街道和璧泉街道每人每月300元；青杠街道和来凤街道每人每月260元；其他镇街每人每月200元。

【土地整治】 加大土地整治力度，统筹规划、综合整治，不断优化城乡土地利用结构和布局，努力挖掘耕地后备资源，着力提高耕地质量建设，加大力度建设旱涝保收高标准农田，夯实农业现代化基础，促进经济社会持续健康发展。2016年实施土地整治项目29个，规模7 713.93公顷，预算总投资12 718.67万元。其中：完成11个市级投资稍加改造项目，实际投资 4 395.74 万元，建成高标准基本农田 3 617.2 公顷；实施区级土地整治项目 14 个，实施规模 4 096.71 公顷，预算投资 7 563.68 万元，其中 9 个已通过验收获新增耕地 311.53 公顷；实施 3 个贫困村土地整治项目已按期完成竣工决算，实际投资 293.24 万元；实施建设占用耕地耕作层土壤剥离利用试点项目已全面完工，预算投资 21.71 万元；开展“十三五”土地整治规划进展顺利。均全面完成各项目标任务。

【建设用地复垦】 实施农村建设用地复垦项目 14 个，规模 32.93 公顷；正在入库备案的复垦项目 6 个，规模约 12.10 公顷。通过农村建设用地复垦，为农户和农村集体经济组织带来财产性收入约 635 万元。

【土地储备】 截至 2016 年，累计在全区范围内储备土地 432.46 公顷，筹措组织储备整治资金 37 亿元，到位资金 36.83 亿元，支持璧山区高新区、绿岛新区、农业园区的经济建设；编制 2017 年土地储备整治计划、年度供应计划。放款、还款工作有序开展。2016 年累计放款 4.76 亿元，累计还款 11.29 亿元，为高新区、绿岛新区提供可供应土地 131.84 公顷。认真做好债券置换工作，全年债券置换债务 4.03 亿元，缓解偿债压力，优化债务结构，降低利息负担。

【土地供应与监管】 2016 年，璧山采取各种方法保障发展用地：积极争取上级支持，争取指标用于重大项目和基础设施用地，六旗山水乐园、九永高速（璧山段）工程等重点项目用地需求；主动购买地票 66.2 公顷，解决用地需求。

严格执行供地计划，提高供地门槛，全年供应土地 52 宗，208.7 公顷，其中划拨土地 9 宗，18.11 公顷，出让土地 43 宗，190.59 公顷，入库土地价款 76.32 亿元（含历年歉收），为全年任务 101.7%。

继续加大土地供后监管力度，清理处置闲置土地 4 宗，21.03 公顷。

【矿产资源管理】 继续开展矿产资源“打非治违”行动，取缔无证开采砂行为 4 起，立案查处越界开采行为 3 起。加强矿山开采巡查、矿山储量动态核查，规范矿产资源开采和监管活动。开展绿色矿山创建活动，有 8 家矿山对生态环境突出问题进行集中整治，有 4 家矿山对采矿场及周边进行绿化美化。

推进第三轮矿产资源规划编制，完成市级初审工作。

【执法监察】 坚持“预防为主、预防和查处相结合”的原则，严格按照市政府 282 号令要求，加强和部门、镇街执法联动工作体系，建立三级巡查网络，畅通违法举报渠道，实现土地房屋矿产资源动态巡查全覆盖。2016 年全区立案查处违法用地行为 101 宗（其中矿产资源违法案件 8 宗），占地 15.8 公顷，其中耕地 8.93 公顷。（江红英）

环境保护

【概况】 2016 年，坚持绿色发展理念，深入推进生态文明建设，环保法治、智慧环保、总量减排、环保“五大行动”等工作亮点纷呈，促进璧山经济社会协调发展和环境质量持续改善。

【环境监管网络】 区环境监察支队下设综合科、环境安全大队、环境稽查大队、璧南环境监察大队、璧北环境监察大队，按照“联动式执法、全方位覆盖、网格化定位”要求，将所辖区域划分为网格，定区域、定人员、定职责、定任务，镇（街）环保办及辖区内环境监察大队负责日常环境监管执法，将环境监管基本工作任务全面落实到具体人员，使网格内各重点排污单位、主要环境问题得到有效监管。严格执行环境执法“双随机”

2016年3月28日，璧南河实施五年来首次放水清淤、管网修复工程　（区环保局　供图）

制度，区环境监察支队抽查本辖区186家重点环境监管对象，指导镇街对一般环境监管对象抽查，检查率100%。环境执法人员在日常巡查监管和监测的同时承担着宣教任务，向企业主和村社群众普及环保知识。区环保局组织镇街分管领导、环保员开展生态文明制度建设以及大气污染防治知识专题培训，培训率达到100%。

【主要污染物总量减排】　实施95个减排项目，全面完成化学需氧量、氨氮、二氧化硫和氮氧化物总量减排目标任务。1.结构减排。完成重庆建研科之杰新材料公司、璧山区永盛水玻璃公司2台5蒸吨/时燃煤锅炉清洁能源改造。重庆市金山鑫泰包装（集团）有限公司璧山分公司、重庆东威包装材料有限公司停产，不外排污染物。2.工程减排。加强规模化畜禽养殖场污染防治，完成规模化畜禽养殖治理项目59个。3.管理减排。璧城污水处理厂等31个污水处理厂（站）污水处理量1 752.3万吨，超额完成任务量。冀东水泥璧山有限公司4 500吨/日熟料生产线脱硝设施稳定运行，脱硝效率60%。

【服务和优化经济发展】　1.环境准入机制。制定《重庆市璧山区环境保护局关于严格控制新建和技改项目的通知》（璧山环发〔2016〕53号），将造纸、电镀、金属冶炼等25种项目列入严控类，全区一律不得引进，将已建投产的水泥生产等8种项目列入限制类，管控污染源头。全年，审批新建项目170个，发放临时排污许可证111个，开展项目竣工验收168个。2.产业转型升级。2010年以来，累计关停工业企业580家，虽然一度损失近100亿元工业产值，但优美的生态环境，却吸引众泰汽车、得润电子等一批“强筋壮骨”项目纷至沓来，形成低污染、低能耗绿色产业链聚集，蓝黛传动、青山工业、红宇精工等一批本土企业转型升级，全社会研发投入占GDP比重达到2.2%，高新技术产业蓄势“唱主角”。

【生态环保法治】　健全环保行政执法与刑事司法联动机制，全年关闭污染企业21家，作出行政处罚案件152件，同比增长139.68%，罚没收入525万元，增长269.6%，办理限制生产和停产整治案件2件、查封扣押案件4件、按日计罚案件2件、移交公安机关行政拘留案件2件、移送涉嫌环境污染犯罪案件3件。

【中央环保督察问题整改】　创新工作方式，建立3个“半小时”快速反应机制、联合执法机制、信息反馈机制以及24小时联动应急响应机制，切实做到立说立行、立行立改。中央第五环保督察组进驻期间，收到转办案件33件，全部办结，责令整改企业15家，立案处罚13起，罚款金额102.4万元，约谈企业负责人23人。

【环境安全】　1.应急联动机制。建立环保、交通、水务、公安、消防、安监等部门应急救援队伍长效联动机制，形成“政府主导、部门联动、环保

2016年4月25日，青杠污水处理厂建成投运

（区环保局 供图）

对环境突发事件的实战水平。环境污染事故应急预案响应部门严格执行领导带班和24小时值班制度，坚持日报、周报、月报等相结合的信息报送方式，严格落实“五个第一”要求，妥善应对突发环境事件，将污染危害控制在最低限度。

【四清四治】 办理A类22家、B类32家、C类736家企业的环保审批手续，基本完成璧山区环保“四清四治”专项整治既定任务。

【环保物联网建设】 璧山在全市环保物联网试点工作基础上主动而为，升级实施智慧环保建设，探索“互

支撑、社会救援”的突发环境事件应急救援处置模式，不断加强社会化救援队伍以及应急处置专家队伍建设，由区环境监察支队负责应急受理、启动、组织协调现场调查处理等应急管理办公室的日常工作，形成集预防、监控、调查、处置、善后管理于一体的联防联控体系。

2.环保专项行动。开展“汛期环境安全”“环境安全大排查大整治大执法大督查”“重点行业环保专项执法检查”等环保专项行动，出动执法人员350人次，排查企业124家，发现风险隐患88个，均整改完成。责成风险等级相对较高的相关企业事业单位开展环境风险评估、治理环境安全隐患、制定应急预案并演练。全区33家企事业单位完成风险评估备案工作，21家企事业单位完成应急预案备案。有效处理群众环境投诉1 764件。

3.强化突发事件应急处置。10月27日，在重庆市璧山区大兴镇开展以重庆天志环保有限公司危险废物运输车在转运危险废物过程中，因交通事故侧翻引发有机废液（含苯、甲苯、二甲苯，具有挥发性的危险废物）泄漏污染造成大气和土壤污染为主题的突发环境事件应急演练，提高应

联网+环保”的深度融合，全面提升环境治理水平。1.上“数”。清理纸质文档、电子文档45万份，确定一、二、三产重点监管对象270个，在线监测60路、视频监控198路、工况监控141个、电子标签1 585个。新建水质监测点3个、扬尘监测点12个、负氧离子监测点2个，并将在线监测数据接入物联网系统。建立“一企一档”数据库4 729个。依托地理信息系统，标定污染源坐标点位1 939个、敏感点坐标点位874个，完成9家企业3D模型，构建一张拥有庞大数据支撑的多图层电子地图。2.上“网”。通过指挥调度和移动监管双系统无缝集成，环保指挥调度中心工作合理调派，做到“广纳来源、自动调度、规范处置、绩效评价”。环保指挥调度中心工作实现扁平化管理，环境监管人员由过去的31人扩充到200人，案件办理时限从60天压缩到平均小于8天，大大提高环境监管效率。3.上“智”。实现污染源和环境质量的动态管控、预测预警分析和快速响应，实现项目审批、环境监管、排污权交易、环境监测、排污许可证核发全过程信息协同，提升环境管理信息化水平。

【环保“五大行动”】 “蓝天行动”。一是控制燃煤及工业废气污染，划定璧城街道、璧泉街道、青杠街道、来凤街道27.8平方公里高污染燃料禁燃区。禁止城市建成区新建20蒸吨/小时及以下的燃煤锅炉。二是控制城市扬尘污染。接入12路扬尘在线监测数据，实现工地扬尘污染行为在线监测、自动报警。强化施工工地和道路扬尘管控责任落实，严格落实控尘八项措施，对全区所有混凝土生产企业实施治理。三是控制机动车排气污染。对33个加油加气站实施油气回收达标治理。实行黄标车限行及财政补贴政策，淘汰黄标车老旧车998辆，完成率111.9%。四是控制餐饮油烟污染，完成90家餐饮单位油烟治理。五是增强大气污染监管力度。启动大气环境质量限期达标规划编制工作，与江津区、永川区等周边区县建立环境保护联防联控机制。全年空气质量优良天数336天，达标率91.8%，空气中PM10、二氧化硫、二氧化氮、臭氧平均浓度分别为0.078毫克/立方米、0.018毫克/立方米、0.034毫克/立方米、0.048毫克/立方米。

正兴垃圾中转站

（区环保局　供图）

“碧水行动”。一是加强饮用水源保护。璧山区印发《重庆市璧山区人民政府关于印发重庆市璧山区水污染防治行动计划工作实施方案（2016年—2020年）的通知》（璧山府发〔2016〕20号），分解下达水污染防治工作目标任务，将环保目标任务分解到区级有关部门和镇街。完成21个新增饮用水水源地保护区标志标牌建设。区环境监测站每月对2个城区集中式饮用水源监测1次，每季度对全区38个乡镇集中式饮用水源地水质监测1次。城区集中式饮用水源地水质达标率100%，镇街集中式饮用水源地水质达标率97.4%。二是治理工业企业水污染。高新区污水处理设施及在线监测设施稳定运行。完成重庆精准印制板有限公司清洁生产审核。渝遂高速公路大路服务区完成污染治理设施建设，达到污水综合排放标准，成渝高速公路青杠服务区的污水已接入青杠污水处理厂管网。完成3家机动车清洗店的整治任务。完成39家医疗单位的医疗废物转移，实现集中规范化处置。三是加强次级河流水污染治理。推进环境污染第三方治理模式，28家污水处理厂（站）移交给市环投公司运营管理。启动次级河流水环境质量限期达标规划、饮用水源地水环境质量限期达标规划编制工作。建立河道清漂保洁长效机制。每季度对璧南河、璧北河、梅江河22个监测断面水质监测。全年，璧南河、璧北河出境断面水质达到Ⅳ类标准，梅江河出境断面水质达到Ⅲ类标准。

“宁静行动”。“风栖谷小区”创建2016年度市级安静居住小区，区人民医院家属院复查达标。完成达能食品饮料有限公司、创普实业有限公司的噪声限期整治工作。在中高考等特殊时段内强化噪声污染监管和查处力度。严格夜间施工许可审批。全年，办理夜间施工临时许可证77件，对屡教不改的企业实行限批制度并依法处罚。区域环境噪声、交通噪声监测结果平均值分别为54.4分贝、66.7分贝。功能区噪声达标率100%。

“绿地行动”。编制实施《重庆市璧山区“十三五”生态文明规划》，在全市率先开展生态保护红线方案编制，不断巩固加强自然保护区等生态功能区保护工作。

“田园行动”。贯彻落实畜禽养殖污染防治规划，按照“四清四治”要求，完成24家禁养区畜禽养殖场的关闭或搬迁，完成2.7万头存栏生猪当量污染治理设施工程。

【农村环境连片整治】 投入513万元实施28个行政村环境连片整治，采购240升垃圾桶4 430个，3T挂桶垃圾车13辆。2009年以来，璧山区累计投入1.1亿元实施131个行政村农村环境连片整治项目，覆盖率达86%。 （张锦云）

延伸阅读 ▶▶

璧山：一座感知和美触摸温暖的城市

璧山，是一座被山环绕的小城，也是一座处处散发着浓浓绿意的“深绿城市”。她与自然相融，从自然中生长出来，绿色森林、多彩鲜花随处可见，鸟语花香处处可闻。近年来，璧山大力实施“三区一美”发展战略，建设重庆城市发展新区的“生态宜居区”、“新型工业化示范区”、“统筹城乡先行区”，打造“和美璧山”。如今的璧山，已走出一条快速城市化与生态宜居相融共生的路径，她践行着人们对城市的期许，推窗见绿，望山见水。城市建设要尊重自然，也就是尊重天、尊重地、尊重水。

从中国人居环境范例奖到国家新型工业化示范基地、从国家水利风景区到全国生态保护与建设示范区，如今的璧山，有10多张国字号名片，如果单独拿出任何一张，都绝对是一个城市的荣耀，然而璧山，幸福的同时是拥有这十多张这样的王牌。

殊不知，这自豪的背后是璧山人咬住青山绿水不舍的果敢，是以民之所望、施政之所向为鞭策、还百姓宜文宜居宜人生活环境的信念支撑。近些年，璧山在城市建设中坚守尊重自然的道理，目标就是打造深绿城市。璧山施政者认为，让城市融入自然，才是深绿城市的内核，城市要望得见山、看得见水、留得住乡愁，绝不是简单地植树、造景，而是顺应自然规律，以绿为脉，把城市作为植物、山水、人居、生产等要素共存共荣的生态系统来打造。

商贸服务业

综　　述

2016年，全区社会消费品零售总额122.3亿元，同比增长14.8%。

【环秀湖商圈建设】 环秀湖商圈位于璧山绿岛新区核心区，环秀湖公园而建，占地300公顷，建筑450万平方米，其中商业150万平方米，建成60万平方米，年销售额达30亿元。商圈包含璧山CBD、秀湖商业体、南门唐城、金科秀湖天街、红星美凯龙渝西国际家居广场、同景商业街、秀湖鹭岛等项目。

璧山CBD占地56.67公顷，建筑160万平方米，其中商业体70万平方米，项目集5A写字楼、滨水商业秀水湾、五星级酒店、金融街和高端住宅社区于一体。滨水商业秀水湾商业10万平方米，一期建成4.5万平方米，签约迪士尼梦幻星城卡通主体商场、枫丹白露一站式婚庆等知名商家。

秀湖商业体为明清风貌仿古建筑群，位于秀湖公园内，建筑4.96万平方米，正南门打造1.2万平方米的渝西跨境商品直购体验城，商品涵盖跨境电子产品、日用百货、定制服饰、婴幼儿用品、时尚餐饮等，于8月运营，入驻商家20家；南门唐城为仿唐代风格建筑，位于秀湖公园旁，商业5.4万平方米，5月28日开街，入驻保利万和影院、儿童主题乐园、水中天老火锅等餐饮、娱乐企业100家，并于9月创建为集吃、喝、玩、乐、购为一体的市级特色夜市街区。

红星美凯龙·渝西国际广场占地7.33公顷，总建筑21万平方米，致力于打造家居全功能、家庭全业态、消费全时段、购物全体验的一站式家居主题购物中心，建成3、4号楼，商业3.9万平方米，内部装修完成60%。

秀湖鹭岛，占地33.33公顷，建筑60万平方米，其中商业10万平方米，签约打造的“千年重庆”巴渝文化旅游特色街，借鉴成都“宽窄巷子”模式，采用博物馆+商业街区的模式，将设置精品客栈区、高端餐饮区、演艺区、特色餐饮区、祠堂文化区、小吃民俗街区。

金科秀湖天街，占地约3.33公顷，其中商业2.3万平方米，该项目采用现代欧式经典建筑风格，是一个集休闲、餐饮、娱乐、零售、百货为一体的购物中心。工程完工在招商中，签约有圆缘园茶餐厅、紫荆酒楼等全国连锁商家。

同景国际城，占地近26.67公顷，建筑100万平方米，其中商业10万平方米，一期2万平方米商业设施面积已完工，二期8万平方米商业设施面积在建设中，截至年底，签约新世纪超市、北京幸福福泉双语幼儿园、海悦会高端健身等知名商家。

俊豪中央大街，占地4.67公顷，总建筑32万平方米，其中商业12.6万平方米，商业街主体建设基本完工，招商餐饮、娱乐企业60家，其中有大润发超市、上影影院、爱尚阳光体育会所、俏巴渝餐饮、孩子王母婴等。

【城乡商贸网络体系】　一是加快商圈及重点项目建设。提速环秀湖商圈集聚，助推璧山CBD等商贸重点项目建设；二是培育特色商业街区。建成南门唐城特色夜市街区，加强对红宇大道美食街、名豪商业步行街等商业街区的管理与培育；三是加强农村商贸流通体系建设。推动“万村千乡市场工程”建设成果与农村电商融合发展；四是推进社区商业设施建设。发展“一店多能”模式，搭建群众日常生活便利消费平台，新建社区便民商圈2个镇、级微型商圈3个、社区超市4个、农贸市场2个。

【商贸行业管理】　一是加强商贸行业政策研究和规划管理。以现代商贸理论为指导，根据国家商贸发展政策，结合区实际，建立健全统一、开放、竞争、有序的市场体系。二是严格市场运行与商品供求监测管理。三是强化商贸行业自律管理。业内企业自觉遵守国家法律法规，严格履行“守法经营、公平竞争”的准则，杜绝恶性竞争、商业欺诈、商业贿赂、假冒伪劣等不良行为。

（区商务局）

【广告管理】　新发展广告主体132户，广告主体总量达507户，净增长率32%。继续保持对虚假广告的高压严管态势，全年监测广告8 900条次，行政约谈5次，责令改正8条次，违法率控制在0.2%以内；开展城区流动车身广告专项整治，车身广告痼疾得到有效遏制。（区工商局）

零　售　业

2016年，全区批发和零售业商品销售总额实现273.1亿元，同比增长21.5%。

【大型商场】　渝西跨境商品直购体验城的经营主体是重庆帕萨庭娜网络科技有限公司，位于秀湖公园正南门，商业面积1.2万平方米，商品涵盖跨境电子产品、日用百货、定制服饰、婴幼儿用品、时尚餐饮等，于8月营业，入驻商家20家，全年销售额为1 450万元。

新世纪百货商场的经营主体是重庆商社新世纪百货连锁经营有限公司，商场位于重庆市璧山区向阳街196号，于2006年12月22日开业，经营面积11 957平方米，从业人员200人，2016年销售额为5 000万元。

重百璧山商场的经营主体是重庆百货大楼股份有限公司，位于璧山区璧城镇上海城C栋，紧邻名豪步行街、时代商都步行街,总营业面积1.9万平方米，有从业人员104人，2016年销售额为2.4亿元。

砂之船奥特莱斯的经营主体是砂之船（重庆）商业有限公司，项目位于璧泉街道牛角湾白杨路1号，于2014年1月18日试营业，营业面积7万平方米，从业人员1 000人，2016年销售额3亿元。

永辉超市时代商都店，位于文星路248号，营业面积4 800平方米，从业人员480人，2016年销售额1.6亿元；永辉超市金山水岸店位于洋河街101号，营业面积6 000平方米，从业人员280人，2016年销售额达到8 000万元。

摩登时代广场的经营主体是重庆捷正经贸有限责任公司。项目位于金剑路496号，于2013年10月开业，营业面积4万平方米，集娱乐、美食、休闲、购物于一体，2016年销售额8 200万元。

【专业市场】　1. 家具交易市场。全友家居专营店位于金剑路时代雅苑2楼（新体育中心旁），营业面积4 000平方米，从业人员12人；绿岛国际家居广场位于璧泉街道金剑路205号，营业面积2 800平方米，从业人员8人；金三角家具市场占地37万平方米，营业面积2.5万平方米，从业者180人；红星美凯龙渝西国际广场项目位于重庆市璧山区黛山大道555号，总建筑21万平方米，计划总投

建设中的红星美凯龙·渝西国际家居广场

（曾清龙　摄）

资10亿元，分三期进行施工建设。其中，一期开工建设4万平方米，包括3号、4号楼，3号、4号楼主体工程及外墙完成；二期工程“红星美凯龙旗舰店”，建筑3.2万立方米，完成地下工程建设，未开建的三期约10万平方米。

2. 建材市场。璧山区建材市场有商家890家，总经营面积7.5万平方米，经营方式以零售为主。大型的建材市场有光大建材市场、大宏鼎建材市场和瀛嘉天下家具建材城。璧山区大宏鼎家居建材市场由璧山大宏鼎商贸有限公司投资打造，位于璧青大道与福顺大道交会处，于2015年1月1日开业，项目经营面积4.5万平方米，拥有车位300个，汇集璧山高中端建材家居经营户200户，装饰公司10家；光大建材市场由璧山区富斯德物业管理有限公司负责经营管理，位于璧永路93-3号，营业面积7 000平方米，固定摊位360个；瀛嘉天下家居建材城面积近13万平方米，分为A、B、C 3个区域，其中A区为瀛嘉天下绿岛天地组团，约2.2万平方米；B区为瀛嘉天下帝逸城和水岸国际2个组团，总建筑约7万平方米；C区为南河郦景商业片区，入驻建材家居商家逾110家。

3. 家电交易市场。璧山经营家用电器的商家有45家，总经营面积1.2万平方米，主要分布在金剑路、金三角，经营方式为零售。主要的家电商家有苏宁电器、国美电器和重百电器。

苏宁电器位于璧城街道金剑路18号，营业面积3 000平方米，从业人员110人；国美电器位于文星路上海城A栋，营业面积2 229平方米，从业人员50人；重百电器位于文星路57号，营业面积4 166平方米，从业人员120人。

4. 璧山鲜活农产品中转站。璧山区鲜活农产品中转站（简称中转站），是公共财政全额投资建设的具有公益性、产业扶持性的蔬菜、水果批发市场，主要职能是解决城区存在的以路为市、交通拥堵等突出问题，为蔬、果生产基地提供一个对外交易平台和窗口。中转站设经营摊位106个，经营面积约6 000平方米，分为A.B.C.D 4个区，主要经营蔬菜和水果，A.B区为蔬菜批发经营，C区为水果批发，D区为蔬菜基地菜农直销的零担摊区。中转站自建成运行以来实行365天24小时营业，接纳固定蔬菜水果批发大户78户（其中水果经营户25户），每天接纳零散果蔬批发交易的经营户300户。

5. 奥康皮鞋交易市场。奥康皮鞋交易市场位于璧泉街道奥康大道8号，经营品种主要为鞋材制品。项目营业面积8万平方米，仓储面积2.5万平方米，固定摊位550个，从业人员1 500人，2016年销售额为5亿元。

2016年璧山区商贸流通零售额限上企业（表）

表3-9

单位详细名称	单位详细名称
重庆市璧山区锦瑞汽车销售有限公司	重庆渝众曦城汽车销售服务有限公司
重庆市王中王家具有限责任公司	重庆市威创塑胶机械有限公司
璧山县聚力商贸有限公司	重庆市璧山区盛圣商贸有限公司
璧山县家美门业有限公司	重庆诚易皮革材料贸易有限公司
重庆市亚桦墙商贸有限公司	重庆九天科贸发展有限责任公司
重庆市璧山区宏福建材有限公司	重庆瑞厚三丰汽车销售有限公司
重庆市璧山区曾氏建材有限公司	重庆加洲鞋业销售有限公司
璧山县润发橱柜有限公司	重庆盈保商贸有限公司
璧山县金玮装饰材料有限公司	重庆黛山商贸有限公司
重庆市璧山区光荣家具销售有限公司	重庆市璧山区亿牌橱柜有限公司
璧山县常乐家俬有限公司	重庆履行者贸易有限公司
重庆市璧山区洪兴家具销售有限公司	重庆福垚文化用品有限公司
璧山县有益建材有限公司	重庆煌都商贸有限公司
璧山县顺达百货有限责任公司	重庆邦度商贸有限公司
重庆市渝西家用电器有限公司	重庆市璧山区誉名商贸有限公司
重庆医药璧山医药有限责任公司	重庆正本商贸有限公司
重庆琪金林夏食品有限公司	重庆捷正经贸有限责任公司
重庆泰千科技有限公司	重庆众品商贸有限公司
重庆市璧山区斯卓电器销售有限公司	重庆旭友皓邦汽车销售有限公司
重庆广茂汽车销售有限公司	砂之船（重庆）商业有限公司
重庆市璧山区江楠汽车销售有限公司	重庆新迦禾酒业有限公司
重庆市璧山区佳婴商贸有限公司	重庆奥瑞汽车销售服务发展有限公司
重庆市金雷电器设备有限公司	重庆首道食品有限公司
重庆市璧山区新龙虎榜电器有限公司	重庆万友经济发展有限责任公司璧山分公司
重庆市璧山区永红家电有限公司	重庆百事达西豪汽车销售服务有限公司
重庆世豪气体有限公司	重庆双科医药有限公司
重庆市璧山区渝西酒类有限公司	重庆桐君阁丰合药业有限公司
重庆雷氏家电有限公司	重庆帕萨庭娜网络科技有限公司
重庆市璧山区教兴商贸有限责任公司	重庆艺游味境贸易有限公司
重庆君锐汽车销售有限责任公司	重庆北极贝海淘优品电子商务有限公司
重庆市璧元汽车销售有限公司	重庆格垒特贸易有限公司
重庆市梦影来科技发展有限公司	重庆市齐鸣长空贸易有限责任公司
重庆渝进药业有限公司	重庆妈氏商品有限公司
重庆成峰二次供水设备有限责任公司	重庆才杨商贸有限公司
重庆市东丰电脑有限公司	重庆昊宇服饰有限责任公司

续表 3-9

单位详细名称	单位详细名称
重庆恒渝贸易有限公司	重庆市璧山区胜学通讯器材有限责任公司
重庆鸿洋汽车销售服务有限公司	重庆市璧山县富誉蜂产品有限公司
重庆璧顺汽车咨询服务有限公司	璧山县青杠徐尚梅通讯器材有限公司
重庆市璧山区海鑫汽车服务有限公司	重庆市璧山区好帮手办公用品有限公司
重庆润谷商贸有限公司	重庆市璧山区美月家电销售有限公司
重庆奇丰汽车销售有限公司	重庆市璧山区付相愚五金经营部
重庆畅发汽车销售有限公司	璧山县新力装饰材料经营部
重庆锦尚汽车销售有限公司	重庆市璧山区全生装饰材料经营部
重庆市璧山区璧豪汽车销售有限公司	璧山县大路晓涛家电经营部
重庆市璧山区厚泽商贸经营部（普通合伙）	璧山县大路秦小波装饰材料经营部
重庆桐君阁惠中医药有限公司	重庆市璧溪燃油有限责任公司
重庆市金路康皮鞋有限公司	重庆市璧山区世会建材有限公司
重庆市璧山区大宏鼎商贸有限责任公司	重庆市欣琦服饰有限责任公司
重庆市璧山区佳禾电子商务有限公司	重庆市璧山区开秀商贸有限公司

（区商务局）

餐 饮 业

2016 年全区住宿和餐饮业营业收入实现 40.2 亿元，同比增长 18.8%。餐饮市场总营业面积 8 万平方米，规模以上商家有 635 家。

【特色餐饮】 璧山特色美食有大刀烧白、来凤鱼、水八碗、璧山财兔、璧山唐兔等；餐饮名店有大江龙餐饮、锦宏居大酒店、虹源大饭店等；形成规模的餐饮一条街有红宇大道美食街、远林美食街、东林大道美食街、瀛嘉天下美食街、沿河路冷酒一条街等。

【特色酒店】 天赐华汤森林温泉度假酒店，位于璧山区温泉路 8 号，是一家按国际五星级标准兴建的温泉度假酒店，集温泉养生、商务会议、住宿餐饮、旅游度假、休闲娱乐功能为一体的超大型、综合性森林温泉旅游度假中心；民生酒店位于璧山区青杠街道白云大道 978 号，是民生能源集团投资近 5 亿元打造的五星级国际度假酒店，集会议会展、餐饮娱乐、休闲度假、温泉养生等功能于一

大路街道青龙湖景区“松竹居”农家乐

（张承刚　摄）

体；海来汇景度假酒店位于璧山区来凤街道影视摄影基地内，酒店拥有上百亩的大型运动草坪、欧式教堂、景观温室大棚、林下养殖基地，重点打造以户外浪漫主题婚庆、高端本源养生、绿色餐饮及休闲观光旅游为主的养生度假、婚庆主题酒店；金都大酒店位于璧山区大东门桥天怡步行街10号，成立于2008年，是璧山最早的品质酒店。

【生态农家乐】 璧山生态农家乐主要聚集在青龙湖和水天池，林园宾馆是一家依附于青龙湖的四星级农家乐，集住宿、餐饮、会议、娱乐为一体，设施齐全，娱乐项目有游船、篝火晚会、KTV、棋牌、烧烤、采摘和垂钓；特色菜品有秘制腊猪蹄、烧烤全鸡全羊全兔等；赖豆花是水天池畔最早开设的农家乐，也是璧山第一家以做豆花闻名的农家乐，其豆花好吃得益于水天池的水好，泡豆、打磨、烧浆，都是用的山上的井水，因此吸引众多食客前来品尝。（区商务局）

供销合作组织

【概况】 2016年，贯彻落实区委《关于深化供销合作社综合改革的决定》（璧山委发〔2016〕12号）、区政府《关于印发重庆市璧山区深化供销合作社综合改革实施方案的通知》（璧山府办发〔2016〕112号）精神，全面推进供销社综合改革发展各项工作，销售总额达到18.49亿元，同比增长32%；实现利润771万元，增长23%；其他主要经济指标均有所增长。

【综合改革】 研究并制定《璧山区供销社综合改革意见稿及其实施方案》报批。区委、区政府领导高度重视、积极支持供销社综合改革。一是由区政府办牵头，区政府分管供销社工作的副区长程虎2次召开区政府有关部门参加的工作协调会议专题研究供销社综合改革工作。二是8月3日，区委区政府出台《关于深化全区供销合作社综合改革的意见》（璧山委发〔2016〕12号）；9月8日，区政府《关于印发重庆市璧山区供销合作社综合改革实施方案的通知》（璧山府办发〔2016〕112号），深入推进璧山区供销社综合改革工作。

【两社建设】 加强为农服务基层组织建设，全年新建农民合作社30个（其中股份合作社9个），规范发展群众得实惠、政府满意的、影响力和带动能力较强的示范合作社5个；发展农村综合服务社和社区综合服务中心15个，进一步完善为农服务功能。

【拓展为农服务】 一是区供销社属企业参股组建重庆供禾电子商务有限公司，搭建电商发展平台，推进工副食品、农资商品进村入户，全年打造电商村级店10个，农副产品等网上网下销售有新进展。二是区供销社牵头组建区农民合作社服务中心有限公司，为农民合作社和各类农业经营主体提供财务、政务、金融、业务、事务、农技、商务等服务工作，为区内35家农民合作社及涉农企业、家庭农场开展代账服务。三是区供销社所属企业参股40%组建重庆市荣亮农庄股份合作社，其流转耕地53.33公顷，促进全区烟花爆竹生产企业关闭转行升级，推进供给侧改革见实效。

（区供销社）

电子商务

【概况】 2016年，支持和鼓励电子商务发展，发展企业46户。立足电商监管优先，开展网上巡查850次，行政指导48人次，举办电子商务推广培训4次；继续推行网络亮照经营，发放提示书73份，电子标志13个，电子图标发放率90%；扎实开展电商行业专项整治，查办电商案件6件。

（区工商局）

截至年底，区电子商务经营主体数量390个，同比增长24%。其中有平台企业12个，企业网店

230个，个人网店148个。年销售额达到千万元的电商企业7家。有电子商务从业人员1 500人。全年，区电子商务交易额20亿元，增长28%，网络零售额3.5亿元，增长30%。

【电子商务集聚区】　围绕环秀湖商圈，布局渝西跨境商品直购体验城、红星美凯龙渝西国际广场智慧商城、璧山CBD电商创业园等3个电子商务集聚区，形成独具特色的跨境日用品直购、跨境美食体验、家居线上线下体验、创新创业为一体的环秀湖电子商务商圈，为全区居民“触电”提供独特的体验。

【电子商务进乡村】　引进“易田”“淘实惠”农村电商平台，同邮政、京东建成区级电子商务运营中心4个，电子商务服务点163个，形成区、镇、村三级服务网络，搭建“工业品下乡、农产品进城”双向流通网络，实现“农产品轻轻松松销全国，农民足不出户购全国”。

【电子商务人才培训】　把电子商务人才培训体系纳入全区人才培训体系建设。发挥璧山区电子商务协会的作用，规范促进璧山电子商务发展。依托电商协会成立重庆市璧山区中小微商贸流通企业服务中心，为全区中小微企业和孵化园提供技术服务和人才培训。开展《农村电商培训会》《淘实惠璧山一村一店培训会》《传统业与互联网产业融合发展暨培训会》《“互联网+新型现代农业”暨农产品电商培训研讨会》等6次大型培训活动，培训人数有800人。　（区商务局）

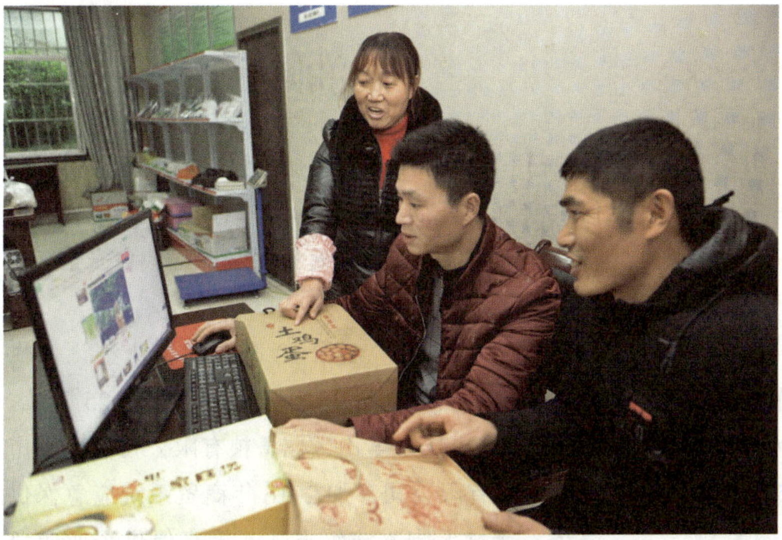

农村电商平台交易

（杨勇　摄）

盐　业

【概况】　2016年，全区食盐销售秩序稳定，食盐消费市场安全有序，食盐保供任务完成，食盐品种结构合理，食盐产品丰富。

【盐务管理】　加强对新增或已到期的“用盐证”资料审核和实地考察核实，对合格的实验用户发放食盐“用盐证”，发放用盐证298户。组织执法人员现场抽检全区102户重点食盐（食品加工企业、学校及企业单位食堂）客户的食盐购进、食用、库存等。加强食盐品种结构的调整。

【盐业市场管理】　开展消除碘缺乏病健康宣传教育活动。针对璧山食盐市场形势的变化，以市场管理工作为重点，在做好日常监管的同时，根据国家县级消除碘缺乏病考核验收领导小组的工作部署，配合相关部门，加大市场管理力度，集中安排市场检查，完成迎接国家县级消除碘缺乏病考核验收工作。

【主要经济指标】　全年销售各类盐品6 866.64吨，比上年1 674.54吨增销5 192.1吨。盐产品销售1 758万元，比上年441万元增销1 317万元；非盐商品销售4 129万元，比上年1 093万元增销3 036万元。商品销售5 887万元，比上年1 534

万元增加 4 353 万元。（姜　南）

特种商品流通

【概况】　2016 年，加强成品油、液化气、废旧物资回收、典当、租赁、拍卖、木材利用、旧货流通、散装水泥推广、二手车交易和报废汽车拆解等特种商品行业的监督管理工作，指导企业生产经营活动，提出行业管理要求和意见，协调解决企业生产经营中的困难和矛盾，督促企业严格执行国家相关法律法规，使区特种商品行业健康有序发展。

【成品油】　全区 40 家成品油加油站，其中，中石油璧山经营部 14 家;中石化 6 家；壳牌加油站 3 家；龙禹 3 家；民营加油站 12 家；其他企业 2 家。40 家成品油经营企业中，35 家经营状况良好；5 家因迁建或整改等原因暂停营业。全年成品油销售 13.8 万吨，其中汽油 7.32 万吨，柴油 6.49 万吨。

【液化石油气】　全区储气能力 275 吨，销售气量 962 吨。有液化石油气充装站 3 个，液化气经营户 79 家。

【再生资源】　全区备案的废旧物资回收企业或经营户 179 家，比上年增加 67 家。全年对全区废旧物资回收企业进行环保专项检查 6 次；组织再生资源行业协会、再生资源企业、二手车市场经营企业和 2 个汽车拆解企业开展环境保护专题会会议 4 次。

【报废汽车更新】　全年，全区报废汽车拆解企业 2 家，报废黄标车 394 辆，淘汰 317 辆，淘汰率 124.29%；报废老旧车 604 辆，淘汰 575 辆，淘汰率 105.04%。

【二手汽车】　璧山恒光二手车交易市场销售二手车 2 833 辆，比上年增加 2199 辆；交易额 6 596 万元，增加 5 341 万元。

【酒类管理】　进一步推行酒类流通备案登记制度和《酒类流通随附单》制度。全区酒类经营户 3 010 户，新增 154 户；发放《随附单》4 450 本，增加 2 000 本。

【散装水泥】　全年销售散装水泥 250.7 万吨，由于散装水泥的广泛推广和运用，全区从 2014 年以后就未收取散装水泥基金。

【典当行业】　3 月，按照市商委要求，对区典当企业——重庆裕隆典当有限责任公司进行年审，并对公司的典当业务情况开展调查与评估。经查，该公司严格执行收当、续当、赎当查验证件证照等典当行业制度，无非法吸存、发放高利贷等违规行为。由于市场经济等各方面的原因，全年典当业务开展不畅,公司业务只有 10 笔，上缴税金 0.49 万元，比上年业绩减少很多。全年新增典当企业 1 家，为重庆金竹典当有限公司，注册资本2 500 万元，从业人员 4 人，全年该公司业务笔数21 笔，上缴税金 7.61 万元。

粮油购销

【概况】　2016 年，全区加强粮油市场建设和应急保供演练，开展粮食收购、库存检查和专项整治行动，不断提升粮油管理水平和加强粮食安全。

【应急保供情况】　1.与 10 家保供企业签订保供协议，储备应急食品 25 万元、应急物资 25 万元。2.组织区内重庆市璧山区储备粮有限公司、重庆市琪金食品有限公司参加 2016 年商贸系统应急保供演练，通过无脚本演练方式，提高保供企业应急保供能力。3.按照每个街镇至少布局 1 个，中心街镇每3万人布局1个的原则，在全区布局粮食应急供应网点31个、应急加工企业1个。

【粮食市场情况】 全年开展粮食夏（秋）收购检查、粮食库存检查、“转圈粮”专项整治、粮食企业粉尘防爆专项整治和粮食“四无”检查评定等工作，粮食市场秩序良好。

【粮食安全情况】 截至年底，累积免费发放彩钢仓2.3万套，每套彩钢仓储粮1 000公斤。开展粮油科技周、世界粮食日等活动，累积发放宣传单1万份。

物 流 业

【概况】 璧山有物流公司37家，托运公司12家，在建的物流项目有普洛斯重庆璧山物流园、大路现代物流园、丰树璧山物流平台和璧山“企业天地”区域电商分拨中心。

【物流、快递、托运公司】 37家物流公司中提供一体服务的综合物流公司2家（重庆世开物流股份有限公司和重庆直通宏业物流中心有限公司），提供配送服务的快递公司9家（申通、顺丰等）和提供运输服务的货运物流公司26家。物流企业仓储约5.4万平方米，大部分物流企业仓储在100平方米至500平方米之间，少部分不足100平方米甚至没有仓储设施；全区现有货运车辆4 977辆，其中物流企业的车辆596辆，占全区货运车辆的12.2%，物流从业人员总数为714人，其中快递人员180人，运输人员500人，其他人员34人。

【物流项目建设】 普洛斯重庆璧山物流园位于璧泉街道双星大道8号（璧山高新区工业园内），由重庆普璧仓储设施有限公司投资建设。该项目总建设18.7万平方米，计划总投资2.83亿元，分两期进行施工建设，于2016年3月动工。一期工程占地11.7万平方米，建筑6.3万平方米，包括3栋单层钢结构物流仓库和1栋4层框架结构倒班宿舍楼及附属配套设备管理用房，于2016年12月完工并投入使用。

大路现代物流园位于重庆璧山渝遂高速公路大路道口片区，重庆大路物流有限公司投资建设。该项目总用地13.3万平方米，总投资约为5亿元，其中商业规划用地4.3万平方米；加油站规划用地0.5万平方米，仓储物流规划用地8.3万平方米。该项目进展顺利，于2016年12月22日举行开工仪式，各项建设工作逐步推进。

丰树璧山物流平台位于重庆市璧山区璧泉街道双星大道8号，由丰聚仓储（重庆）有限公司投资建设，该项目用地10万平方米，建设约6万平方米的高标准厂房及物流设施，总投资1.7亿元。项目顺利推进中。

璧山“企业天地”区域电商分拨中心，由重庆优地工业地产发展有限公司投资建设。该项目拟建建筑24万平方米，总投资5亿元，其中一期项目建筑约19万平方米，基本建成，正在业态培育，入驻企业10家。

2016 年璧山区物流（快递）公司统计一览表

表 3-10

企业名称	地址	联系人
重庆极速快递有限公司	璧山区璧渝路 461	曾　永
顺丰速递重庆有限公司璧泉街道速运管理部	璧山璧青北路 876 号	李　杰
重庆市璧山区同心易田电子商务有限公司	璧山区璧山街道建设路 303 附 22 号	吴　英
重庆和美运输有限公司		王　华
顺丰速递重庆有限公司	璧青北路 876 号	亢　洋
中国邮政速递物流股份有限公司璧山区分公司	重庆市璧山区文风路 27 号	罗丽玲
重庆金洪通快递有限公司	重庆市璧山区璧泉街道永嘉大道 106 号附 332 号	田　棕
重庆德邦物流	重庆市璧山区	胡名珊
宏升物流有限公司	璧山区青杠镇清明街	刘国伟
重庆璧山区万生物流有限公司	重庆市璧山区青杠街道缙云路 51 号	蔡万生
重庆利搏物流有限公司	金剑路 777 号	孙白罗
重庆安驰货运有限公司	金剑路 777 号	孙白罗
重庆民旭运输有限公司	福禄镇文丰路 55 号	钟宝伟
重庆余氏物流有限公司	璧山区丁家镇回龙路 38 号	余　林
重庆志颖运输有限公司	重庆市璧山区青杠街道新桥一街 121.123 号	龙贻美
重庆世开物流股份有限公司	重庆市璧山区福顺大道 22 号	冯光胜
重庆以得物流有限公司	重庆市璧山区璧城街道北门社区	徐德中
重庆市璧山区诚运物流有限公司	璧山区璧泉街道福顺大道 4 号	董其秀
重庆市山能物流有限公司	重庆市璧山区康宁路 7 号	程汝兴
重庆福尔时特国际物流有限公司		渝　辉
重庆三毛物流有限公司	重庆市璧山区璧城街道东林大道 6 号	余立松
重庆荣鼎物流有限公司	璧山区璧城南关三路 76 号	钱　荣
重庆双弘物流有限公司	璧山区金剑路 364 号附 1 号	柯长君
璧山区璧昆托运部	璧山区皮革小区 148 号	苏　总
重庆广泰兴物流有限公司	璧山区璧泉街道铜山路 86 号	谢宛静
重庆海晨运输有限公司	璧山区璧宁大道 1 号	孙　伟
重庆皇源货物运输有限公司	皮鞋城一街 121 号	蒋天华
重庆丰吉物流有限公司	重庆市璧山区璧泉街道文风路 6 号	申明光
重庆运红物流有限公司	璧山区璧泉街道金剑路 221 号 3 幢 12 号	李明红
北京京邦达贸易有限公司武侯公司	璧山区脂山路 1 号附 125 号	张　祥
璧山区韵达快递	璧山区康宁路 5 号	何　兵
璧山区申通快递有限公司	璧山区璧城街道双星大道 1 号	王丹丹
中通快递（信雅达）		谭　兵
重庆市荣昭物流璧山分公司	璧山区皮鞋城南一街 39 号	罗先辉
重庆市龙坪物流有限公司	璧山区丁家街道渝隆路 360 号	谭小龙
重庆信雅达快递服务有限公司丁家营业部	璧山区丁家街道惠民路 42 号附 19 号	彭观华

2016年年底璧山区托运公司一览表

表3-11

企业名称	地址	联系人
璧山县腾飞托运部	璧城皮革二区零幢8、9号门市	杨　伟
璧山县惠实货运服务部	璧城街道安居小区	夏荣华
璧山县璧城镇三新托运部	璧城皮革小区二路173号	陈永义
璧山县璧城街道南昆托运部	璧山县皮革二路159号	赵维明
重庆市璧山区泰达货运部	重庆市璧山区璧城街道皮革二区四路240号	叶云强
璧山县恒龙货运部	璧城皮鞋城三期	杨世菊
璧山县璧城远达托运部	璧山县璧城皮鞋城三路199号	李　明
璧山县璧城顺利泸州托运部	璧城皮革二区农贸市场处	吴南贞
重庆市璧山县长城货物托运部	璧城皮鞋城二区3路152号	张朝喜
璧山县璧城镇璧绵货物托运部	璧山县璧城街道璧渝路309号附13.14	王　彬
璧山县璧城街道南昆托运部	重庆市璧山县璧城街道皮革二路159号	赵维明
璧山县鸿渝托运部	重庆市璧山县璧城街道皮革小区塘湾街44号	张敬容

延伸阅读 ▶▶

璧山：一座感知和美触摸温暖的城市

璧山城区的建筑只有两种主色调：灰色和巧克力色。灰色古朴而不抢眼，巧克力色是土地的颜色。人工建筑，再美也美不过大自然，城市建设就是要回归大自然，不与自然争色。在城市改造、扩建也贯穿"绿色"思维，空间布局不做加法、摊大饼，减载、留白给城市腾出"呼吸空间"。针对老城区人口密度大、拥挤脏乱，不是大拆大建搞商业开发，而是逐步减载、疏解，小范围拆旧后，腾出空间增加绿地和公共设施。

与此同时，璧山在城市建设中，不是遇河填沟，而是遇水架桥，按照蓄、清、通、纳的原则建设活力水城。目前，城乡主次河道已建成桥梁30余座，桥梁与河道、路网的有机穿插，实现了水体间连通联动，让水在城里游。目前，璧山坚持每年新建或改造3座水库，城区水域面积占比达到14%。水不仅成为城市之景，也成为市民之乐。人们赏水、玩水，政府每年还向河湖中投入5万尾鱼，供人们免费垂钓。

然而，璧山最为灵动之处不仅在于山清水秀，更重要的是在于人与自然的和谐相处。为此，璧山着力于打造"步行生活圈+人生服务链"的模式；注重构建以公共服务资源均衡配置为基础的步行生活圈，使市民日常休闲、消费、医疗、子女教育等需求，在居家范围内得到满足。

对外经济贸易

【概况】 2016年，进出口总额完成13.54亿元，同比下降29.41%；实际利用外资12 837万美元，同比下降19.38%；服务外包执行额达1 036万美元；对外实际投资76万欧元。

【进出口贸易】 依托工业经济，做大外贸进出口。依托璧山工业产业基础，加大对外贸企业的扶持和服务力度，增强外贸进出口对区域经济增长的促进作用。依托新业态，实现外贸新突破。在做好传统外贸进出口的同时，不断拓展跨境电商、总部贸易等外贸新业态。璧山工业园区成功纳入重庆加工贸易梯度转移重点承接地示范园的重点支持区县。受全国、全市进出口持续下滑影响，璧山区进出口形势严峻。

【利用外资】 依托部门联动，抓好实际利用外资工作。以提高产业聚集度,完善产业链,培育新兴支柱产业的吸引外资思路和工作重点，大力引进清洁无污染、投入产出高、税收贡献大、建设投产快的优势企业。受全区无新引进重大外资项目、无存量外资项目可利用等影响，璧山区实际利用外资已进入“低谷期”。

【项目引进与落地】 新引进外资企业6家，全区外资企业达到61家。南门唐城商业街A区、天安城市综合体商业中心一期等重点外资项目建成投用；引进渝西跨境商品直购体验城，第一期已经试营业；通过大龙网“一带一路”跨境电商平台资源，对接璧山鞋企3家，加大璧山鞋业外贸进出口；美国六旗游乐项目、澳洲海上丝路跨境美食总部区项目、砂之船二期项目等重点外资项目签约。

【贸易便利化政策措施】 1.加大金融支持力度。一是引导银行业金融机构加大对外贸企业的信贷投入力度，尤其对有市场、有出口订单的中小外贸企业适当降低贷款门槛，提高贷款审批效率，及时提供信贷资金支持。二是鼓励银行开展出口退税账户托管贷款、贸易融资等涉外信贷产品创新。三是扩大担保融资。增加补贴适用的担保公司范围，为企业提供50%担保费补贴。

2.提供高效率的税收服务。一是加速政策兑现。按季兑现“11项外经贸促进政策”，减轻企业资金压力。二是落实包括西部大开发在内的各项促进对外贸易的税收优惠政策。为外来投资者特别是跨国公司和世界500强企业提供上门服务、跟踪服务等，满足他们的个性化需求。

3.提高行政审批效率。对办理对外贸易经营者备案登记、加工贸易业务审核等手续实行即到即办；对产品研发、技改资助按月审核拨付；对国际市场开拓的资助1个季度办理1次。

【服务贸易】 引进跨境电商企业入驻，利用O2O等电商模式，在为群众提供更多进口商品消费的同时做大商品进口。利用皮鞋等传统优势产品，让更多更好的璧山名特优产品利用跨境电商走出国门。加强服务外包政策宣传，鼓励璧山企业利用自身优势及技术，不断做大服务外包。全年服务外包执行额达 1 036 万美元（嘉陵外贸、大江、璧剑）。

【平台建设】 一是以国家高新区平台为主，在升级本土机械制造业的基础上，承接智能装备产业转移，智能装备规上工业 140 家；抢抓东部沿海地区产业转移契机，引入笔电配套产业，构筑信息技术产业集群，已有信息技术规上工业 62 家；引进龙头企业，扶持骨干企业上档升级，延长产业链，助推生命健康产业集群发展，2016 年有生命健康规上工业 9 家。二是以重庆绿岛新区为平台，以打造重庆郊区旅游优秀目的地为目标，全力在商贸流通、休闲旅游、房地产开发、科教文化等三产领域利用外资上取得更大突破。加快推进六旗游乐园、砂之船二期等重点项目建设工作。三是以璧山的优势产业、优势区位和各级优惠政策，抓住深圳等沿海发达地区贸易型公司向内地逐步转移契机，引进大型外贸公司、供应链企业落户璧山。四是利用“中新示范项目”的金融政策，鼓励区内公司在新加坡办理发债或贷款，拓展融资渠道的同时，实际利用外资额也将实现增长。

（区商务局）

延伸阅读 ▶▶

绿色生态更宜居 五年绘就深绿城

从高品质的湿地、山体公园，到高密度的道路、立体绿化，再到丰富的植物品种，夏日的璧山，处处绿树葱茏、植物繁茂、鸟语花香，让走进璧山的人们不禁感叹：这座城市就是一座大公园。

全市五大功能区域发展战略，赋予璧山重庆城市发展新区新定位，璧山成为了全市新型城镇化主战场，疏解主城及周边区域人口转移的重要承接地。近五年来，璧山借鉴国内外中小城市发展范例，倾力打造绿色、清新、生态、宜居的“深绿城市”，以生态宜居的环境，承接人口转移，推进新型城镇化。

公园星罗棋布城市遍植新绿

2012 年 9 月 28 日，占地 1500 亩，以看花为主题的秀湖公园正式开门迎客，这座位于新老城结合部的大体量生态、湿地公园，拉开了近五年来，璧山“秀美绿城”的建设序幕。

近五年来，璧山在城市里高质量推进湿地、山体公园建设，有 3 万余株植物 、3 公里登山步道的登云公园，道路旁巧借地形地貌打造的一座座微型公园等相继建成。

与此同时，璧山还坚持沿道路退让 10 到 40 米用于城市绿化，形成了一道道景观绿化长廊、河道绿化走廊。

五年时间，璧山已公园星罗棋布、城市遍植新绿。统计数据显示，五年来，璧山先后建成 30 多个城市公园、20 多个市民休闲广场，建成区绿地达到 1800 万平方米，人均公园绿地面积增加到 28 平方米，把整个城市变成了一座大公园。

旅　游　业

旅游景区与设施建设

【旅游规划】　围绕“三区一美”发展战略，为明确璧山旅游城市形象定位、发展方向、发展目标以及围绕目标开展的工作，年内制订《璧山区旅游总体规划》。

【旅游项目招商引资】　2016年完成招商引资山水主题小镇300亿元，7月签约。7月20日，全球最大的区域主题公园运营商——美国六旗娱乐集团携手山水文园集团与璧山区政府签署合作协议，建设“重庆山水主题小镇——六旗乐园”。市长黄奇帆、副市长陈绿平，美国六旗集团全球总裁兼首席执行官约翰·达菲、山水文园集团董事局主席李辙出席签约活动。

美国六旗主题乐园创立于1961年，是世界高空乐园及超大型娱乐项目第一品牌，与迪士尼乐园、环球影城并称世界三大超级主题乐园品牌。“重庆山水主题小镇——六旗乐园”将是中国西部首座国际主题乐园。项目以六旗主题乐园为核心，发展文化体验休闲带，主要包含六旗主题游乐（含水上游乐项目）、休闲娱乐、健康养生、度假酒店、体验式购物等多个板块。

【风景名胜区建设】　青龙湖景区内设景区管委会，区内规划建设、资源保护、旅游市场秩序、景容景貌、交通秩序、森林消防、治安以及旅游安全监管工作全面加强，整体秩序经反复整治日渐规范，旅游从业人员管理制度日臻完善。截至年底，青龙湖景区工作处于招商引资中。

【星级厕所建设】　顺应“大旅游时代”的到来，璧山在推进深绿型生态化城市建设的过程中，一直把“全域旅游”作为重大战略，促进旅游与三大产业、城市建设和文化传承的深度融合。自2010年9月建成全市首个由重庆市市政管理委员

秀湖公园内的标准化公厕

（张承刚　摄）

授牌的五星级公厕以来，累计建成同标准公厕17座（拟评AAA级旅游厕所）。2014年以来，将新建改造旅游厕所纳入全区重点民生实事，计划3年投资近3 000万元，按照“城区20分钟生态休闲步行圈至少1座旅游厕所，每个镇街至少1座旅游厕所”的要求，新建改造旅游厕所40座，引导社会单位开放32座，到2016年全区城区旅游厕所增至158座。2016年，向市旅游局、国家旅游局申报新建改造旅游厕所29座（拟评AAA级7座、AA级15座、A级7座），完工率100%。

旅游接待与出游

【概况】 2016年全区累计接待游客1 306.49万人次，同比增长3.6%，旅游总收入累计实现30.65亿元，增长4.5%。

【乡村旅游】 乡村旅游发展主要依托3大片区：1.璧北山水田园旅游片区。璧北依托青龙湖古老寨生态观光体验、大路任之健康城休闲养生、璧北蔬菜基地观光体验、八塘樱桃基地、凤湖仙山山水观光为主要资源基础，构建田园风情乡村旅游片区。

2.璧南生态园林休闲旅游片区。璧南依托渝西园林基地、广普登云峰、谢唯进故居景区为主要旅游资源，构建生态园林休闲旅游片区。

3.璧西生态果园体验旅游区。璧北依托大兴葡萄园基地、露德堂为主要资源基础，构建璧西乡村旅游采摘体验旅游区。

【旅游项目】 1.引爆项目建设。坚持个性化、特色化发展方向，引进大型项目，引爆璧山旅游。以大型主题游乐园的入驻为突破口，推动文化体验式商业集群、高端酒店会展集群、文化创意产业集群、健康养生产业集群和度假休闲产业集群联动发展，全面促进区域产业转型与升级。加快巴渝文化博物馆建设步伐，围绕“下里巴人”溯本源、聚情感、铸名片，建设重庆市巴渝文化产业示范基地，打造重庆城市新名片，讲述重庆人自己的“小城故事”。

2.“秀美绿城”项目建设。坚守“深绿”底色，全域布局，完善观音塘湿地公园、秀湖公园的功能，推进中药植物园、御湖旅游度假区、东岳旅游区、九洲花卉养老养生旅游区、青杠养老养生旅游区、大路养老养生旅游区、国家农业园区田园体验区、璧南花卉苗木体验区等“一园七区”建设，打造独具魅力的秀美绿城。推进产城融合，大力发展工业旅游。围绕“新型工业化示范区”战略，鼓励嘉陵集团、金冠汽车等企业发展旅游房车、山地摩托车等旅游装备制造业，推动集科普、博览、观光、购物和体验于一体的工业旅游示范点建设。

3.“活力水城”项目建设。坚持每年新建和改建2座以上水库，加快形成“一河三湖九湿地”框架。引进水上高尔夫、垂钓休闲等游乐项目，增强湿地生态系统的参与性、互动性与娱乐性。丰富状元桥、水街、秀水湾及人民广场音乐喷泉的灯光、水幕、音乐效果，打造城市形象新名片。到2016年年底，规划建设11座水库，城区水面比例提高到10%，人均水域面积10平方米，水网密度5公里/平方公里。

4.“文化古城”项目建设。注重历史遗存的形态、反映的文化形态和现代经营业态的有机融合，不断提升和拓展城市的历史文化内涵，把历史文化资源优势，加快转化为旅游发展优势。加快南门唐城、秀湖水街的商业业态培育，加快宽窄巷子、宋街、中西式婚庆中心项目选址及建设，加快文庙和东林寺扩建工程，完善露德堂旅游接待功能，收集、整理、修复璧山文物，建设璧山博物馆。

5.都市休闲购物项目建设。加快迪士尼梦幻星城、天线宝宝、未来世界体验中心、枫丹白露、韩国整形医院等新型业态的落地，改变传统的消费模式，释放璧山CBD的魅力。抓紧推进“砂之船奥特莱斯”二期工程建设，完善旅游功能。加强红星美凯龙渝西国际广场建设，打造“智慧商圈”样板。加大招商引资力度，形成差异化的都市购物体验，不断扩大旅游消费。

6.推进旅游配套设施建设。优化旅游公共服务体系，提升旅游接待能力及接待水平，把璧山建成成渝周边游的中转站。建设旅游公路200公里，加快高铁、地铁客运枢纽建设，建成运作规范、管理严格、服务细致的游客集散中心。加快特色酒店建设步伐。

【旅游线路】 升级打造以秀湖公园、观音塘湿地公园、御湖新区等为重点的城市生态旅游，以璧山CBD、奥特莱斯、红星美凯龙等为重点的都市休闲购物旅游，以文庙、南门唐城、翰林院、水街、东林寺为重点的古镇民俗风情旅游，以璧北蔬菜基地、璧南花卉苗木基地、璧西果木基地等为重点的乡村生态旅游。大力开发分时度假游、中医药健康游、度假养生游、科普教育游、主题节庆游，加快培育本地“一日游”“二日游”“多日游”精品线路。

旅游行业管理

【旅行社】 璧山境内有2家旅行社，重庆手拉手国际旅行社和重庆万国国际旅行社。

【旅游饭店（农家乐）】 境内1家四星级农家乐：璧山区青龙湖林园宾馆，多家3星级农家乐：璧山区银桂圆农业开发有限公司、璧山区情人谷山庄和璧山区青龙湖卧龙山庄等。

【旅游商品】 境内旅游资源丰富，商品种类齐全，其中包括：三业茶叶、微雕（潘启慧）、黑色养生食品（“七蕊黄花”、黑土豆、黑玉米、黑花生等）、竹木雕和葡萄酒等。

【旅游发展政策】 设立旅游发展专项资金，主要用于旅游开发建设、旅游产业提升、旅游市场促进、旅游产业培育等项目的扶持。在使用过程中，完善审批、支付的程序，强化各个环节的监督，发挥资金的引导和促进作用。

【旅游法治建设】 在节假日期间组织开展《中华人民共和国旅游法》社会宣传咨询周活动，集中力量开展旅游市场大检查工作，落实旅游综合协调机制、旅游市场联合监管机制、旅游投诉统一受理机制、建立和完善旅游安全保障机制、旅游公共服务机制、旅游规划编制评价机制以及旅游景区管理机制等作出明确要求。

【旅游行业管理】 通过规划、法律、政策，引导市场趋势，建立市场规则，进而协调、监督、维护市场秩序，以规范企业行为，维护旅游者的权益，为旅游产业快速、健康、持续发展树立良好形象，创造良好的经营环境。

【旅游人才队伍建设】 制定《璧山区旅游人才队伍建设实施纲要（2016—2020）》，落实旅游人才工作经费，引进旅游人才4名。

【旅游安全】 制定旅游安全工作计划，与各涉旅企业签订安全责任书，按照市旅游局统一安排按时、按质进行旅游安全检查，有计划，有总结。2016年全区未发生旅游安全责任事故。

【重点旅游项目建设】 1.（1）六旗乐园项目简介。重庆山水主题小镇——六旗乐园项目位于重庆市璧山区，总占地约333.33公顷，总投资额约300亿元，打造国内顶级、世界一流水平的兼具游乐、健康养生、时尚、低碳等元素的国民休闲旅游度假目的地，将小镇打造为世界知名城市。项目以六旗主题乐园为核心，发展文化体验休闲带。主要包含六旗主题游乐（含水上游乐项目）、休闲娱乐、健康养生、度假酒店、体验式购物等多个板块，多业态组合满足全家庭一站式娱乐新体验。项目建设周期约8年，一期（包含部分六旗主题乐园、酒店、商业、休闲娱乐等）建设周期约为48个月，一期水上乐园力争在2019年6月底之前开业。

（2）项目推进情况。2016年5月30日，签订《重庆山水主题小镇——六旗乐园项目合作框架协议》。2016年7月20日，签订《重庆山水主题小镇——六旗乐园项目合作协议书》。2016年8月9日，山水文园集团董事局主席李辙率集团高层到璧，磋商重庆山水主题小镇——六旗乐园规划设计方案。2016年11月28日，重庆山水主题小镇文化旅游发展有限公司组建成立，注册资金10亿元。2016年12月8日，项目配套设施璧山区六旗大道开工。六旗大道全长2.2公里，占地16.67公顷，东接国道319线三角滩段，西接黛山大道，并与轨道交通1号线璧山站、璧山汽车北站无缝连接。六旗大道按一级公路兼城市主干路标准建设，双向八车道，工程计划与轨道交通1号线（尖璧段）同步投用，计划工期1年。2016年12月10日，项目概念方案设计（城市设计）和控制性详细规划编制单位确定，完成5次概念方案设计汇报。

千年重庆效果图

（连宏宇　摄）

2.千年重庆旅游项目。重庆市璧山区的“千年重庆”巴渝文化旅游风景区，是重庆禹舜生态文化旅游发展有限公司积极响应璧山区委区政府提出的在“十三五”期间将旅游产业打造成为璧山“全域景区，支柱产业”的号召，倾力推出的集生态旅游、历史文化、人文故事、创意实践为一体的旅游风景区项目，具有大项目、大投资、大影响的特色。

“千年重庆”巴渝文化旅游风景区选址紧邻璧山区拟建的湿地公园，与已建成的秀湖国家级湿地公园、观音塘国家级湿地公园相互呼应，以历史发展为线索，结合巴渝历史文化遗存和传统民俗文化特色，重现重庆历史老照片和传统生活画面，打造重庆人民感受巴渝历史文化、体验巴渝传统民俗的休闲娱乐新目的地。该项目涵盖巴渝传统民居民俗展示用房、旅游综合服务中心及景区配套设施和环境综合整治区域。其中巴渝传统民居民俗展示用房，穿越南宋晚期的宋蒙战争时期至抗战时期，以宋至清的古代建筑时期，明清以来的中西建筑交互影响时期和民国时期的三个不同时期的“小青瓦”川西民居、重庆吊脚楼、客家碉楼、土家民居等具有巴渝特色文化的民居复建为主，并涵盖农耕文化、码头文化和市井文化等重庆独特的传统民俗文化的体验，“川江号子”“巴渝舞”“西兰卡普”织锦工艺等传统非物质文化遗产展示及摩崖石刻、汉代画像石棺等历史文化遗产的参观等项目；旅游综合服务中心包含“一站式”的游客接待中心、重庆特色旅游商品展示中心及巴渝特色文化节目、传统民俗节目展示中心等；景区配套设施建设和环境综合整治主要涵盖公共卫生间、旅游步道、景区供排水管网等基础配套设施和水体、景观等环境综合整治。

“千年重庆”巴渝文化旅游风景区总投资为5亿元，其中巴渝传统民居民俗展示展陈用房2.1万平方米，投资约35 200万元；旅游综合服务中心建筑约6 000平方米，投资约7 200万元；景区配套设施和环境综合整治投资约8 100万元，其中景区配套设施主要包含修建公共卫生间2个，旅游步道700米，景区供排水管网等，环境综合整治主要包含水体3 000平方米，景观1.5万平方米等。

为促进项目各项工作顺利推进，重庆普罗旺斯房地产开发有限责任公司作为唯一股东，于2015年11月9日成立重庆禹舜生态文化旅游发展有限公司，注册资本为2亿元，公司经营范围：古镇文化艺术打造、古镇文化推广、设计、制作、代理、发布国内外广告；房地产开发（凭相关资质执业）；房屋工程设计、旧楼拆迁、道路与土石方工程施工；文化艺术交流策划、会务服务、展示展览服务、企业形象策划、市场营销策划、图文制作与设计、旅游资源开发和经营管理，旅游宣传促销策划、旅游商品开发销售、旅游景区配套设施建设、景区游览服务、文化传播、园林绿化、盆景的培育及销售、观光农业开发、农作物的种植及销售、草坪、瓜果蔬菜农业产业化示范种植、食用农产品销售、花卉、农家乐观光旅游。

旅游节庆活动

【第七届大兴葡萄文化节】 6月24日，第七届重庆璧山葡萄采摘节在大兴镇莲生村葡萄广场举行。活动期间开展趣味葡萄搬家对抗赛、特色葡萄品尝、扫二维码得精美礼品、特色农产品展示、“开心学堂”亲子采摘、车友会等活动。主办方根据各个葡萄园的特色举办农产品展销，游客自驾采摘等活动。此届采摘节历时2个月。

【第三届正兴文化蜜柚节】 12月18日，“2016正兴镇·卫寺蜜柚旅游文化节”开幕，吸引近千市民前来参观品尝，2.38公斤重的柚子王拍出10 888元高价，2家企业现场与蜜柚专业合作社签订120吨柚子订单。

【第二届云雾山樱桃采摘节】 4月15日，为期15天的璧山第二届“云雾山樱桃采摘节”在八塘镇拉开帷幕。“云雾山樱桃采摘节”由璧山区八塘凉水樱桃种植专业合作社、璧山区七塘梨檬樱桃种植股份合作社主办，主题是“品云雾山樱桃，采璧北绿色蔬菜”，旨在依托璧北国家农业科技园区成形的规模、良好的蔬菜品质、优美的田园风光，借助“云雾山樱桃红了”的时令鲜果采摘狂欢季，着力打造集休闲、观光、体验于一体的周末乡村旅游业。云雾山樱桃谷总占地200公顷，其核心区位于云雾山脚下的八塘镇凉水村和七塘镇四合村。该区域紧邻云雾山畔，依山傍水，土壤肥沃，降水充沛，昼夜温差大，具有种植樱桃得天独厚的自然优势。该地区已有近40年栽培樱桃的历史，素有“樱桃之村”的美誉，该地区普遍种植的红花樱桃具有皮乌、多汁、鲜甜的显著特点。2016年，核心区入社农户达1 800户，樱桃种植133.33公顷，年产量800吨，产值1 200万元。

2016年4月15日，第二届云雾山樱桃节开幕式现场

（曾清龙　摄）

旅游景区

【青龙湖国家森林公园】 青龙湖国家森林公园，位于璧山北部云雾山中，景区以青龙湖和2座宋代寨堡为中心，有12个主要景观和72个小景点。青龙湖风景区，2000年被重庆市政府评为市级风景名胜区，2002年被评为国家级森林公园。青龙戏水、九女出浴、群峰腾雾、观音坐莲等自然秀色，赤壁夕照、铁围晚霞、金坛虎啸、双狮鸣螺、古寨笑佛、五虎闹山等奇景使人流连忘返，被园林专家誉为“川东小九寨沟”。铁围寨断崖百丈，壁立千仞，被旅游行家赞为“川东小峨眉”。更令人称奇叫绝的是青龙湖“三宝”“三奇”“三绝”。“三宝”是青龙湖的3大特产：竹山玉笋、云雾绿茶、七蕊黄花；“三奇”是指青龙湖的3大奇观：青龙抬头、且听龙吟、双狮鸣螺；“三绝”是指青龙湖的双头蛇、树根龙、初春蒴鸥。青龙湖是重庆市近郊森林植被和水质保护最好的森林公园和风景名胜区。其景色以“翠、绿、幽、秀”著称。

【观音塘湿地公园（AAAA）】 观音塘湿地公园，占地40公顷，总投资2亿元，2014年被评为国家AAAA级景区。整个湿地公园以巴渝文化为背景，倾注“自然、文化与未来”的概念，兼具“以人为本、天人合一”的可持续发展理念，吸纳璧山深厚而丰富的历史文化内涵，融合建筑、娱乐设施和道路、水体、广场之间的整体构架，形成山、水、林完美结合的绿色生态湿地游览区。湿地公园内，有仿古建筑11栋，建筑凸显明清风格，亭台楼阁以璧山“古八景”命名。整个公园形成“亭台到处皆临水，楼阁虽多不碍山”的独特意境。公园的著名景点“状元桥”长120米，桥上的彩绘、雕塑等全为手工完成；廊桥仿照明清宫廷风格，雕梁画栋、飞檐翘角；廊桥两侧镌刻的36幅名家字画和诗词歌赋，均出自璧山历代书法大家和著名文人之手，体现璧山千年文化之精华。激光音乐喷泉占地面积21 000平方米，长200米、宽40米，最高水柱可喷至20层楼高（60米）。喷泉以动水型组合为主，泉水、音乐和灯光浑然一体，11种光影声效，造型各异。

【秀湖国家湿地公园】 秀湖公园，占地100公顷，其中水体33.33公顷，公园布局800种植物，其中开花植物300种，可实现365天，每天都有开花植物。公园以“现代景观素材与自然景观、人文景观”有机融合，即强烈的具有现代艺术构成形态的都市景观与柔和起伏的自然生态景观、悠久的历史人文景观相互结合，又互相形成对比。突出“生态、生活、生机”主题，是璧山“西花园”和城市“绿肺”。公园内有“五大主题”（即1.花之乐：以湿地花卉为主构成湿地花海，形成一个立体的花世界；2.乐之乐：以音乐为元素的主题广场，促进民众心灵交往的空间；3.林之乐：打造“城市中的深山”；4.石之乐：将整改的生肖文化、山石文化通过艺术的形式展示出来；5.水之乐：通过建造跌水让水动起来，使之成为秀湖精神场地的关键，秀湖公园里还建有重庆最高水柱灯光音乐喷泉。

（区商务局）

鸟瞰璧山秀湖国家湿地公园

（曾清龙　摄）

房地产业

房地产开发

2016年，璧山区对房地产开发投资额度减缓，完成投资80亿元（2015年完成85.8亿元），同比下降6.7%。全年，璧山区规划批准建设总规模85.92万平方米，下降64.16%，其中商住建设总规模29.64万平方米；建委新批准施工167万平方米，下降25%。其中商品房施工115万平方米，下降17%。璧山区商品房新开工94.3万平方米（2015年新开工面积113.5万平方米），下降16.92%，主要由璧锦、璧升、璧晖、云城两山、广安新鸿、普罗旺斯等开发企业投资建设。全区房地产市场发展开始回暖，总体呈触底上升趋势。引入房企与本地房企竞争增大，进而推动璧山区房地产开发品质上升和销售战略领域的创新突破。80后、90后的刚需，老房换新房的消费群体，对于高品质楼盘追求的高收入群体，主城区和邻近区县投资的群体，带来璧山区消费者格局的新变化。开发企业也在规划和物业服务等方面追求进一步提升，重庆璧升地产发展有限公司鸥鹏·御府项目被重庆市规划局评为重庆市区县规划设计实施二等奖；重庆中铁任之养老产业有限公司被《重庆日报》评为2016年度第六届房地产企业社会责任红榜“十大企业”。

2016年璧山区房地产开发企业部分指标表

表3–12

单位名称	施工面积（万平方米）	竣工面积（万平方米）
重庆璧升地产发展有限公司	15.56	2.93
重庆同景共好置地有限公司	11.95	9.15
重庆璧晖实业有限公司	22.93	22.93
重庆璧山县金科众玺置业有限公司	11.07	10.35
重庆璧锦地产发展有限公司	8.46	11.74
重庆市璧山碧桂园房地产开发有限公司	5.74	0
重庆云城两山投资开发有限公司	19.98	18.39
重庆普罗旺斯房地产开发有限责任公司	5.4	0
重庆奥康置业有限公司	4.63	0
重庆北翼房地产开发有限公司	4.67	0.7

续表 3-12

单位名称	施工面积（万平方米）	竣工面积（万平方米）
重庆金谷（集团）有限公司	3.24	0
重庆天正建设工程集团恒宝房地产开发有限公司	0	3.36
重庆卉森置业有限公司	13.99	7.22
重庆俊豪置业有限公司	10.65	0
重庆瀚恩物业发展有限公司	0	8.11
重庆秋实房地产开发有限责任公司	12.61	23.92
重庆友锦房地产开发有限公司	0	9.22
重庆鸿丽房地产开发有限公司	3.68	3.11
重庆市华村房地产开发有限公司	0	0.68
重庆得劲房地产开发有限公司	0	5.36
重庆市桓大建设集团房地产开发有限公司	0	2.02
重庆双旭置业有限公司	0	3.25
重庆市金剑房地产开发有限公司	0	0.11
重庆星瑞实业有限公司	8.1	0
重庆中铁任之养老产业有限公司	21.73	0
重庆展业房地产开发有限公司	0	5.08
合计	183.39	147.63

2016 年年底璧山区房地产开发企业名录

表 3-13

企业名称	所属区县	资质等级	注册资本（万元）	注册登记类型	法定代表人	办公地址
重庆乾丰房地产开发有限公司	璧山区	暂定	2000	重庆本地投资,股份合作，无	张荣	重庆市璧山区璧城街道东林大道 40 号附 15 号
重庆展业房地产开发有限公司	璧山区	二级	5000	重庆本地投资,股份有限公司，无	李林亮	重庆市璧山县璧城街道璧铜路 288 号
重庆吉厦房地产开发有限公司	璧山区	暂定	20000	重庆本地投资，私营有限责任公司，其他有限责任公司	吴友佳	重庆市璧山区青杠街道石河二街 17 号 4 单元 6-2
重庆坤罡房地产开发有限公司	璧山区	二级	10000	重庆本地投资，股份有限公司，无	陈卓	重庆市璧山区璧城街道红宇大道 22 号
重庆奥康置业有限公司	璧山区	二级	2108	重庆本地投资，私营有限责任公司，无	王振滔	重庆市璧山县璧城街道奥康大道 1 号
重庆市金剑房地产开发有限公司	璧山区	二级	2166	重庆本地投资,有限责任公司，无	尚正义	璧城镇向阳街开发公司综合楼

续表 3-13

企业名称	所属区县	资质等级	注册资本（万元）	注册登记类型	法定代表人	办公地址
重庆市坤昌房地产开发有限责任公司	璧山区	三级	800	重庆本地投资,其他有限责任公司，无	丁志明	重庆市璧山区璧城街道体育巷56号
重庆市璧山县永恒房地产开发有限公司	璧山区	二级	2000	重庆本地投资,私营股份有限公司，无	蒋卫兵	璧城街道中山南路181号
重庆中轩房地产开发有限公司	璧山区	二级	2000	重庆本地投资,私营有限责任公司，无	张伟	重庆市璧山县璧泉街道东林大道50号
重庆市瀛嘉房地产有限公司	璧山区	二级	2000	重庆本地投资，其他有限责任公司，无	艾科	重庆市璧山县璧城璧兴路67-1号
重庆雅瑞阁物业有限责任公司	璧山区	三级	2000	重庆本地投资，其他有限责任公司，无	苏宇平	璧山区璧城街道莲花街199号
重庆久桓地产（集团）有限公司	璧山区	三级	5800	重庆本地投资，私营有限责任公司，无	向军	璧山县璧城镇莲花街189-1号
重庆奥鹏房地产开发有限公司	璧山区	二级	3400	重庆本地投资，有限责任公司，无	曾顺华	璧山县璧城镇文星路47号
重庆市桓大建设集团房地产开发有限公司	璧山区	二级	2518	重庆本地投资，私营有限责任公司，无	刘静	璧山县璧城镇红宇大道16号
重庆吉旺房地产开发有限公司	璧山区	二级	3000	重庆本地投资，私营有限责任公司，无	邱吉	重庆市璧山县璧城北二环路
重庆瀚恩物业发展有限公司	璧山区	二级	5000	重庆本地投资，私营有限责任公司，无	刘章毅	重庆市璧山县璧城镇兴旺路9号
重庆市璧山区天佑房地产开发有限公司	璧山区	二级	5000	重庆本地投资，股份有限公司，无	艾泽兵	重庆市璧山区璧城街道璧青北路169号
重庆雅苑房地产开发有限公司	璧山区	三级	816	重庆本地投资，私营有限责任公司，无	陈友光	璧山县璧城街道东关东巷46-3号
重庆远林实业（集团）有限公司	璧山区	暂定	5000	重庆本地投资，其他有限责任公司，无	高红春	重庆市璧山区璧城街道远林一街6号附60号
重庆大圆祥房地产开发有限公司	璧山区	二级	5000	重庆本地投资，有限责任公司，私营独资	刘健	璧山县璧城街道金剑路219号1幢19号
重庆南都房地产开发有限公司	璧山区	三级	800	重庆本地投资，私营有限责任公司，无	王斌	重庆市璧山县璧城镇沿河东路南段39号
重庆市璧秀房地产开发有限公司	璧山区	三级	800	重庆本地投资，私营股份有限公司，无	叶秀	重庆市璧山区广场大厦20层
重庆利雅房地产开发有限公司	璧山区	暂定	7500	外商投资，中外合资经营，无	劳锦帮	重庆市璧山区青杠街道白云大道276号
重庆集虹房地产有限公司	璧山区	三级	800	重庆本地投资，其他有限责任公司，无	朱堂虹	重庆市璧山县璧城街道金剑路374附23号2-1

续表 3-13

企业名称	所属区县	资质等级	注册资本（万元）	注册登记类型	法定代表人	办公地址
重庆天正建设工程集团恒宝房地产开发有限公司	璧山区	二级	5000	重庆本地投资，私营有限责任公司，无	黄春成	重庆市璧山区璧城街道璧泉村 5 社
重庆市天池园林开发有限公司	璧山区	暂定	5000	重庆本地投资,私营有限责任公司，无	刘健	重庆市璧山区璧城街道天池村二社
重庆天赐金剑山温泉开发有限公司	璧山区	暂定	2000	重庆本地投资，有限责任公司，无	艾泽兵	重庆市璧山区璧城街道璧青北路 661 号
重庆春恒房地产开发有限公司	璧山区	三级	800	重庆本地投资，其他有限责任公司，无	赖发春	重庆市璧山区丁家街道渝隆路 759 号 1 幢 2–1
云居旅游发展有限公司	璧山区	二级	3000	重庆本地投资，其他有限责任公司，无	陈龙	重庆市璧山区青杠街道白云大道 978 号
重庆嘉陵房地产开发有限公司	璧山区	二级	2000	重庆本地投资，其他有限责任公司，无	陈卫东	重庆市璧山区璧城街道金剑路 229 号
重庆同景共好置地有限公司	璧山区	二级	30000	重庆本地投资,有限责任公司，无	袁军	重庆市璧山区奥康大道 1 号
重庆市璧山区金科众玺置业有限公司	璧山区	三级	3000	重庆本地投资，股份合作，无	喻林强	重庆市璧山区璧泉街道泉山路 9 号
重庆市聚天源房地产开发有限公司	璧山区	暂定	808	重庆本地投资，无，无	廖德元	重庆市璧山区璧城街道服装城 B–21–5 号 A 幢 5 号
重庆誉驰房地产开发有限公司	璧山区	暂定	800	重庆本地投资，有限责任公司，无	刘萍	重庆市璧山县璧城街道东林大道 5 号 2 幢 14 号门市
重庆鸿丽房地产开发有限公司	璧山区	暂定	1000	外地来渝投资，无，无	陈珠生	重庆市璧山区大路街道文曲街 115 号
重庆贵晟房地产开发有限公司	璧山区	暂定	1000	外地来渝投资，无，无	施伟强	重庆市璧山区璧泉街道华龙社区
重庆浩誉实业有限公司	璧山区	三级	2000	重庆本地投资，有限责任公司，无	全洪利	重庆市璧山区璧城街道金剑路 221 号
重庆璧升地产发展有限公司	璧山区	暂定	5000	重庆本地投资，无，无	郭春胜	重庆市璧山区璧泉街道双星大道 55 号
重庆卉森置业有限公司	璧山区	暂定	10500	重庆本地投资，有限责任公司，无	黄碧茹	重庆市璧山区璧城街道金剑路 1 幢 3 号
重庆启昌房地产开发有限公司	璧山区	暂定	3000	重庆本地投资，有限责任公司，无	刘清风	重庆市璧山区璧城街道璧兴路 67–1 号
重庆云城两山投资开发有限公司	璧山区	二级	8000	外地来渝投资，有限责任公司，无	戴宏亮	重庆市璧山区璧泉街道东林大道（璧山区规划展览馆内）

续表 3-13

企业名称	所属区县	资质等级	注册资本（万元）	注册登记类型	法定代表人	办公地址
重庆得劲房地产开发有限公司	璧山区	三级	2400	港澳台商投资，独资，有限责任公司	董凤涛	重庆市璧山区璧泉街道绿岛新区
重庆市凡庄房地产有限公司	璧山区	暂定	880	重庆本地投资，其他，无	徐树凡	重庆市璧山区璧城南关二路 75 号
重庆市璧山碧桂园房地产开发有限公司	璧山区	二级	30000	外商投资，有限责任公司	杨文杰	重庆市璧山区璧泉街道南河丽景小区脂山路 1 号 A3-3-6-1
重庆市华村房地产开发有限公司	璧山区	暂定	800	重庆本地投资，其他有限责任公司，有限责任公司	赵健西	重庆市璧山区璧城街道仙山路 8 号 1 幢
重庆俊豪置业有限公司	璧山区	暂定	5000	重庆本地投资，有限责任公司，法人独资	陈明	重庆市璧山区璧泉街道仙山路 7 号附 21 号 2-1、2-2
重庆正悦房地产开发有限公司	璧山区	暂定	800	重庆本地投资，有限责任公司，无	蒋和坤	重庆市璧山区正兴镇建兴路祥和花园 3 幢
重庆璧晖实业有限公司	璧山区	暂定	2000	重庆本地投资，有限责任公司，法人独资	陈明	重庆市璧山区璧泉街道仙山路 7 号附 21 号 2-1、2-2 号
重庆见山实业有限公司	璧山区	暂定	2000	重庆本地投资，法人独资，无	陈全斌	重庆市璧山区璧泉街道公园路 6 号 2 幢 6-7
重庆星瑞实业有限公司	璧山区	暂定	3000	重庆本地投资，有限责任公司，无	杨劲松	重庆市璧山区璧城街道沿河西路北段 14 号
重庆优地工业地产发展有限公司	璧山区	暂定	10000	重庆本地投资，无，无	李亮	重庆市璧山区璧泉街道东林大道 92 号 53 栋 5 层
重庆隆耀科技发展有限公司	璧山区	暂定	1000	重庆本地投资，有限责任公司，私营有限责任公司	张桂林	重庆市璧山区聚金大道
重庆普罗旺斯房地产开发有限责任公司	璧山区	暂定	5000	重庆本地投资，有限责任公司，无	王俊	重庆市璧山区璧泉街道福顺大道 9 号附 147、148、149、150 号
重庆禹舜生态文化旅游发展有限公司	璧山区	暂定	20000	重庆本地投资，有限责任公司，股份合作	王俊	重庆市璧山区璧泉街道福顺大道 9 号附 147、148、149、150 号
重庆中铁任之养老产业有限公司	璧山区	暂定	12000	重庆本地投资，有限责任公司，无	李能鹏	重庆市璧山区大路街道新房村字藏三社
重庆虎电房地产开发有限公司	璧山区	暂定	800		张军	重庆市璧山区高新技术产业开发区锡山路 1 号

房地产市场

【全区商品房交易】 2016年，全区商品房成交135.03万平方米，同比上升36.08%；交易金额58.79亿元，上升30.07%。其中：商品住宅122.67万平方米，上升37.91%，交易金额49.47亿元，上升38.15%，成交均价约4030元/平方米，上升约0.12%；非住宅约12.36万平方米，上升20.23%，交易金额9.32亿元，下降0.79%，成交均价约7 540元/平方米，下降约17.52%。

【二手房交易】 2016年，全区二手房交易68.2万平方米，上升9.52%，交易金额19.05亿元，上升32.11%。其中：住宅61.87万平方米，上升24.05%，交易金额14.16亿元，上升29.24%，成交均价约2290元/平方米，上升约4.28%；非住宅约6.33万平方米，下降48.89%，交易金额4.89亿元，上升41.26%，成交均价约7 730元/平方米，上升约176.5%。

【房屋租赁管理】 2016年，全区办理房屋租赁合同登记11件（2015年30件），下降63.33%，登记2171.98平方米（2015年3337.57平方米），下降34.92%。办理房屋租赁合同注销登记5件（2015年2件），上升150%，登记455.61平方米（2015年248.16平方米），上升83.59%。

【房地产中介】 2016年，区国土房管局联合工商局、发改委等相关职能部门对璧山区72家房地产中介机构专项执法大检查。办理中介机构备案登记的有10家，24人取得从业人员资格证书，发出整改通知书68份。同时，针对房地产中介机构，通过公布举报电话、公布中介机构备案名单、公布检查结果等方式加强宣传和监督管理。

【房地产市场调控】 2016年，璧山区按照“稳预期、扩需求、消存量、降成本、防风险”的工作思路调控房地产市场，通过市场调查，提出适当放宽预售条件；全面推进征地住房货币化安置政策；放宽二套房税费及贷款政策；合理控制公租房、定向经济适用房的建设量，支持刚性改善需求；进一步优化土地价格机制，调减商品房用地供应规模，统筹安排商品房建设总量、供应结构和区域布局等措施，调控效果明显。实际供应经营性用地4宗，减少75%，供应面积减少71%，建筑规模减小82%。全年批准预售商品房下降24.1%（其中住宅下降23.47%）。销售商品房上升36.08%（其中住宅上升37.91%）。去商品房库存约40万平方米（其中住宅减少库存约50万平方米），截至2016年年底，全区商品房总库存量约170万平方米（其中商品住宅约90万平方米）。

房地产管理

【房地产权籍登记及权属纠纷调解】 2016年，发放房地产权证33 496个，其中国有权证发放29 627个，集体权证发放3 869个。受理房地产业务90 914件，其中土地房屋初始登记4 488件，各类转移登记24 064件（其中涉及拆迁安置还房1 241件），各类变更登记4 943件。加大群众办证历史遗留问题的解决力度。全年解决各类历史遗留问题14件涉及500人。

【房地产市场监管】 联合相关职能部门开展房地产市场专项整治工作；严格执行房地产开发资质准入制度。对尚未取得房地产开发资质证书的开发企业严禁从事房地产开发，并严格按照资质等级进行房地产开发；严格执行商品房预售制度。对达不到商品房预售许可条件的房地产开发项目一律不办理商品房预售许可证。取得预售许可证后10天内，必须将取得预售许可证的商品住房一次性公开，整幢、全部对外销售；加强和规范商品房预售资金管理。商品房预售人应当从发放该

2016年璧山区房地产交易情况表

表3–14　　单位：元/平方米、万元

项目			指标
商品房	住宅	全区总件数（件）	12068
		其中城区件数（件）	11160
		全区交易面积（万平方米）	122.67
		其中城区交易面积（万平方米）	113.57
		全区交易金额	494666.29
		其中城区交易金额	469251.50
		全区建面均价	4030
		城区均价	4130
	商品住宅县外购房比例%		
	商品住宅县外购房比例%		
	非住宅	件数（件）	1994
		交易面积（万平方米）	12.36
		交易金额	93206.30
		均价	7540
存量房	住宅	件数	6238
		交易面积	61.87
		交易金额	141551.94
		均价	2290
	非住宅	件数（件）	460
		交易面积（万平方米）	6.33
		交易金额	48931.94
		均价	7730
预售许可	件数（件）		43
	套数	住宅（套）	7390
	面积	住宅（万平方米）	71.29
		非住宅（万平方米）	24.47

项目按揭贷款的银行中选择1家银行作为预售资金监管银行，并设立预售资金监管账户。1个商品房预售许可证只能设立1个预售资金监管账户。预售资金由预售资金监管银行代为收取。商品房预售资金由地房、建委、预售资金监管银行共同监管；加强房地产市场巡查、检查制度。每周巡查次数不低于2次，全年开展房地产市场检查不少于2次；加强房地产市场宣传。及时在公众信息网公布已取得商品房预售许可证的项目；严格执行商品房网上签约制度。督促开发企业售房后及时在重庆市不动产登记系统上进行网上签约。

【房屋住用安全】 2016年全区房屋安全鉴定：鉴定房屋233栋，建筑74 692.57平方米，其中：A级73栋、建筑50 362.59平方米；B级3栋、建筑5 895.6平方米；C级7栋、建筑1 534.82平方米；D 级 150 栋、建筑 16 899.56 平方米。

2016 年开展城镇老楼危楼安全隐患大排查、大整治活动，年末城镇 C、D 级危房 172 栋，建筑 30 820.37 平方米，其中：C 级 1 栋、建筑 413.44 平方米；D 级 171 栋、建筑 30 406.93 平方米。

【房屋征收管理】 2016 年，启动实施 1 个国有土地上房屋收购项目，涉及住户 1 户，房屋建筑 327.42 平方米，土地使用权 1 237 平方米。对农业园区和高新区范围内的 9 家拟收购房地产开展现场调查摸底、选择评估机构、测算补偿费用和与产权人初步协商等前期准备工作。会同来凤街道办事处和来凤中学对来凤中学 4 号楼危房进行拆除，拆除房屋建筑 1 880.16 平方米，住房 32 套。

【公积金管理】 发挥住房公积金政策性金融和资金撬动作用，及时调整贷款政策，2016 年发放贷款 3.96 亿元，增加 185.84%；公积金贷款覆盖楼盘 23 个，撬动 13.03 万平方米住房消费；提取公积金 2.49 亿元，78.10%用于住房消费。

【公共租赁住房建设、保障及管理】 2016 年，建成公共租赁住房 23.81 万平方米 4 335 套，在建公共租赁住房 51.19 万平方米 8 754 套（其中购买 0.24 万平方米 52 套廉租住房）；璧山高新区安置分配公共租赁住房 1 869 套，保障 3 900 人；发放廉租住房租赁补贴 152.49 万元，保障户 1 521 人；开展公共租赁住房年度复核 3 895 户。

【物业管理】 在全区入住 31 家物业服务企业中，开展“公开承诺、协商互助、和谐共处”小区物业服务活动，排查空调外机 5 066 个，及时消除安全隐患。协调处置“绿城上岛”“宏康浩宇”和“东都花园”“云湖西城”“渝西商场”等小区物业矛盾纠纷，维护小区和谐稳定；联合区消防支队对物业服务企业法人、部门经理，以及部分街道分管物业的领导 63 人，开展夏季消防安全培训工作。

2016 年，新增前期物业服务合同备案 21 宗，112.4 万平方米，房屋 11 525 套，累计前期物业服务合同备案 312 宗，1 225.03 万平方米，房屋 108 432 套；全年收集物业专项维修资金 6 228 万元，累计收取物业管理专项维修资金 29 062 万元，全年支取物业专项维修资金 283 万元，累计支取物业专项维修资金 1 268 万元。“鸥鹏·璧兰河一号”物业小区被重庆市国土房管局评为“2016 年度物业管理服务示范住宅小区”。

（区国土房管局）

延伸阅读 ▶▶

璧山：一座感知和美触摸温暖的城市

目前，璧山已基本建成 20 分钟步行半径生活圈，居民从社区出发，步行 20 分钟范围内会有一个休闲公园、一座高标准公厕，有购买生活必需品的小超市、提供简单医疗服务的社区卫生站等。致力于打造从人的出生到终老各个重要节点服务体系完备的一生之城璧山，它希望给人以便利，给人以温度，给人以归宿。每一个璧山人，在绿水青山的清爽气息中，感受着经济蓬勃发展的热情，也更感受着人与自然和谐共荣的美妙。

金 融 业

综 述

【概况】 2016年，全区贯彻落实中共十八大、十八届三中、四中、五中、六中全会及习近平总书记系列重要讲话精神，围绕全区工作大局，准确把握“三区一美”的发展战略，致力于做好金融业服务于重点项目、实体经济、“三农”发展、中小微企业等工作，引进金融机构，打造CBD金融街，为全区金融业发展构建健康的生态环境。

【金融机构】 全区有金融机构50家，其中：银行17家，保险公司19家（包括营销部2家），证券公司3家（包括2家营业部），基金公司2家，1个创业种子基金，小贷公司6家（不含2016年9月经市金融办批准注销1家营销部），担保公司2家（包括分公司1家）。

【本外币存贷款】 截至年底，区本外币各项存款余额426.7亿元，增长24.3%，本外币各项贷款余额298.6亿元，增长4.4%，存贷款余额之和增长15.3%，存贷比为70.0%。

【金融发展环境】 全区营造良好的金融发展环境。一是良好的政策引导。人民银行江津中心支行制定《2016年璧山区信贷投向指引》，引导信贷合理增长，重点支持璧山区构建绿色工业集群，2016年年末，璧山区三大支柱产业贷款余额65.06亿元，增长29.9%；璧山区2016年1月出台《璧山区政府投资基金管理暂行办法》，为政府投资基金的设立与管理提供政策引导。二是稳定的金融环境。在市金融办的统筹安排下，全区开展打击非法集资宣传、清理涉嫌非法集资广告、排查和打击非法集资行为见成效。全年召开打击非法金融工作会议14次，出台工作文件16个，开展打击非法集资宣传活动34次，各类宣讲69次，电视台、报纸等宣传媒体累计报道23次。截至年底，在璧山手机报上累计发出打击非法集资提示450条，受众人数9 000万人次。发放各类宣传资料15.8

2016年8月24日，区金融办“助保贷”和“银政通”业务咨询现场
（张承刚 摄）

万份，立非法集资案件2起。全年未出现系统性、区域性金融风险。三是集聚的发展趋势。璧山区主动对接，加大力度引进金融机构，并鼓励金融企业积极入驻CBD金融街，截至年底，西南证券、人保财险、中国人寿、三峡银行、重庆银行、建行、邮储银行、平安人寿、新华保险、区担保公司等多家金融机构有入驻意向，其中，西南证券和人保财险已与开发商签约，区担保公司已确定入驻。

【微企融资】 全区微企贷款余额4.03亿元，较年初增加3.61亿元。人民银行江津中心支行组织银行与微企协会签订合作协议，推广联保贷款，大力推行为微企“量身定制”的创业贷、扶业贷等创新产品；开展金融知识、政策进微企孵化园和高等职业院校，为微企提供政策支持；强化信贷导向评估，并配合地方政府落实好微企贷款增长考核以及财政奖励政策。江津银监分局通过强化监测、综合考评、走访调研、现场督导等方式引导银行机构增强服务小微企业的主动性和责任感，创新产品服务，规范服务收费，切实推进普惠金融发展。

【金融自助服务】 一是移动金融技术创新。工行二维码支付、中行“中银长城E闪付”、建行“龙支付”、交行“立码付”、农商行微信贷款业务等相继推出，农行璧山支行1户农村电商“E农管家”已签约完成。二是金融IC卡行业应用。璧山建行、璧山农商行分别完成1台自动售货机布放工作。璧山工行1所学校校园一卡通项目正在项目申请流程阶段。各行不断推进设立助农取款点，璧山农行在农村村居布放180台惠农通设备，璧山农商行在璧山区人民医院布放17台银医自助缴款设备。三是自助设备的改造完善。中国银行璧山支行对2个老网点实施整体装修和智能化改造，并在奥康工业园和新行政中心新增ATM自助设备。农行璧山支行实现自助银行9个、特约商户670户，安装智付通227台，助农取款服务全年取款笔数228笔，金额84 620元。工商银行璧山支行推进自助渠道建设，完成所有网点的智能化改造、投产工作，新增金科自助银行。建设银行璧山支行自助设备投入使用39台，新增自助银行3个和单体柜员机1台。招商银行璧山支行投入自助银行设备5台。

【农村金融定向补贴】 按照财政部和市财政局要求，璧山区筛查辖区内符合农村金融定向费用补贴的金融机构，由于重庆璧山工银村镇银行享受满3年的补贴，不再享受该补贴，全年全区无金融机构享受该项补贴。

银　行

【概况】 2016年，全区有银行类金融机构17家，其中2家为新入驻。其中，成都银行股份有限公司重庆璧山支行于2016年5月19日正式设立；招商银行璧山支行于2016年8月1日起，对招商银行璧山小微支行一并管理，相关数据及纳税统计在璧山区；华夏银行璧山支行批准筹建。

【银行消费者权益保护】 人民银行江津中心支行充分发挥辖区金融消费权益保护工作QQ群和微信群的作用，实际开展对商业银行的业务指导及管理。畅通投诉处理渠道，规范投诉处理流程，全年受理金融消费者投诉11起，均妥善解决。利用好“3·15”金融消费者权益日等重要节点，积极开展金融消费权益保护知识宣传，有效提升金融消费权益保护意识。建立金融知识宣讲团，深入璧山实验中学、各街道宣传“防范电信网络诈骗”等金融知识。

江津银监分局通过开展消费者权益保护工作年度考评，督导银行机构进一步完善消保工作机制建设；在银行网点公示三方投诉电话，确保信访投诉渠道畅通；督促银行积极推进理财产品销售和代销产品的销售专区建设和录音录像“双录”工作，进一步规范银行机构销售行为。大力推进银行网点服务语言标准化和服务流程标准化“双标准”工作，切实提升基础金融服务质量。严格信访核查并加大问题惩处力度，强化银行保护金融消费者权益意识；深入开展“金融知识进万家”宣传月等活动，增强金融消费者自主维权意识和风险防范意识。

【银行业发展措施】 贯彻落实《重庆市璧山区关于鼓励金融产业发展暂行办法》（璧山府发〔2015〕21号），出台《重庆市璧山区财政局重庆市璧山区金融工作办公室关于落实金融机构入驻金融街补助的通知》（璧财发〔2016〕140号），推动银行机构到璧山设立分支机构，加大对璧山信贷支持。

【银行风险监管】 江津分局建立5项机制，加强对璧山银行机构的风险监管，筑牢底线。一是区域风险牵头机制。确定璧山区域性风险监管牵头部门，负责区域金融风险的监测分析、防范化解及协调推动工作，并将信用风险、外部输入型风险、案防风险及流动性风险列为重点风险，锁定潜在风险较大的银行机构为重点机构，加大监管力度，实行重点盯防。二是驻点监管机制。通过每月定期派遣主监管员到璧山工银村镇银行实地办公，更为全面准确地掌握银行机构经营管理情况和风险状况，对存在问题进行总结分析，对风险苗头发出预警提示，进一步提升监管质效，切实加强法人机构监管。三是负面清单披露机制。针对非法集资案件频发的严峻形势，分局加强与璧山地方政府及金融办、公安局、法院等部门的沟通协调，及时收集并向各银行披露最新涉非信息，快速提示风险。并先后开展非法集资专项风险排查、涉非广告资讯信息清理、P2P网络借贷风险排查、打击治理电信网络新型违法犯罪等，发现风险苗头及时处理解决，有效隔离外部风险传染。四是不良贷款分析预警机制。通过定期收集分析银行不良数据，开展新增不良贷款及多头授信、超额授信排查工作，全面掌握银行贷款风险状况，制定化解对策。督促银行加强存量不良贷款清收以及核销处置力度，有效防范化解信用风险。五是案防长效机制。积极推进“员工行为管理深化年”活动，签订案防工作责任书，严格执行从业人员处罚信息登记制度，督导银行建立健全内控制度，加强员工教育，增强案防意识，促进案防内生动力建设，切实防范案件风险。全年，璧山银行业保持健康发展，总体风险可控，全年无重大风险和安全事件发生，保持零案件。

【中国银行璧山支行】 实现璧山区首笔“中新”项目海外直贷业务，贷款企业重庆市诚润机械有限公司，贷款额度340万美元，利率为3个月LIBOR+1.4%，期限为2年。

【农行璧山支行】 完成1.8亿元不良贷款的处置，不良率1.72%，比年初下降3.37个百分点。

【工商银行璧山支行】 创新服务方式，提供信用的小企业“结算信用贷”来全力扶持中小微企业发展。全年发放小微企业贷款（含票据）70 156万元。

【建设银行璧山支行】 力推“助保贷”项目，2016年发放5笔，贷款金额计1 410万元。创建“融汇达”外汇商城，搭建银企贸易融资通道，支行以此为平台为力耀科技办理贸易融资532万美元，节约利息支出100万元，2016年首次实现扭亏为盈。

【农商行璧山支行】 为支持实体经济发展创新推出税易贷、医保贷及增值贷等弱担保产品，缓解企业的资金压力。全年成功堵截电信诈骗案件8起，挽回客户经济损失近15万元，受到群众高度赞誉。

【成都银行重庆璧山支行】 2016年5月27日开业以来，大力推进业务拓展和产品宣传。公司业务方面，重点对涉政类、平台类客户营销。个金业务方面，重点推广天天得益、工资代发、信用卡、理财、国债等业务，努力打造个金客户群体。作为新设机构，支行开展宣传，主动与政府部门建立良好的合作关系，进璧山老干局、璧山工商局等地宣传；深入社区、重点住宅小区、工厂、学校以及周边商户发放产品宣传资料，辐射周边，扩大知名度和影响力。

【三峡银行璧山支行】 一是强化项目营销。公司业务方面，围绕璧山区委、区政府打造“三区一美”重点建设项目，开展营销工作取得成效。二是强化产品营销。小企业业务方面，以“小额抵押贷”和“房易贷”为抓手，在营业大厅放置宣传海报、张贴栏，定期走进周边商圈、社区、企业及学校，推进产品宣传。三是强化媒体宣传。围绕“财富存”“财富人生卡”“拆迁打单”等业务，支行通过电视台、《璧山报》《璧手机报》等媒体进行全方位宣传，品牌效应和社会品牌进一步凸显。四是做好现场宣传。全年，支行在主要街道和人口集聚区举行20次现场宣传，就老百姓关心的理财、反假币、反洗钱、非法集资等方面做现场讲解和宣传。

2016年重庆市璧山区银行基本情况一览表

表3-15　　单位：人

单位	地址	法人代表	期末职工人数
农发行璧山支行	璧山区双星大道36号	杨作华	25
中国银行璧山支行	重庆市璧山区璧城街道沿河西路北段77号	杨建华	74
农业银行璧山支行	重庆市璧山区璧泉街道文风路140号	曾庆平	207
工商银行璧山支行	重庆市璧山区璧城街道璧渝路2号	徐浩	71
建设银行璧山支行	重庆市璧山区璧城街道向阳街45号	向军	91
交通银行璧山支行	重庆市璧山区璧泉街道仙山路8号1幢2层附1号	曾咏梅	13
农商行璧山支行	重庆市璧山区璧城街道璧铜路4号	鲁明	377
重庆银行璧山支行	璧山区金剑路205号附3-5号	何知明	44
邮储银行璧山支行	璧山区璧泉街道文风路15号	罗彬	76
三峡银行璧山支行	重庆市璧山区金剑路266号	谢宝勇	20
重庆璧山工银村镇银行	重庆市璧山区奥康大道一号	郭保华	29
汉口银行璧山支行	璧山璧城街道双星大道32号	曾慧	15
招商银行璧山支行	重庆市璧山区璧城街道金剑路219号1幢2、3、4号和2-4号	张义雪	17
成都银行璧山支行	重庆市璧山区璧泉街道金剑路566号	王才均	15
浦发银行小微支行	重庆市璧山区璧泉街道仙山路7号附8号	胡淼	3

保　险

【概况】　2016年，全区有保险类金融机构19家，其中：财产保险公司8家，人寿保险公司11家。为加快璧山区现代保险服务业健康快速发展，各保险公司陆续开展一系列普惠性保险服务。开展自然灾害公众责任保险；开展机关事业单位交通工具驾乘意外伤害保险；年底全区财产保险收入为3.3亿元，同比增长19.0%，理赔支出1.5亿元，增长3.9%。人寿保险收入为4.0亿元下降2.5%，理赔及给付支出2.4亿元，增长37.8%。

2016年重庆市璧山区保险基本情况一览表

表3–16

单位	地址	法人代表	业务范围
中国人民财产保险股份有限公司璧山支公司	重庆市璧山区璧城街道向阳街208号	周永红	非寿险
中国太平洋财产保险股份有限公司璧山支公司	重庆市璧山区璧泉街道奥康大道一号	段毅	财产损失保险、责任保险、法定责任保险、信用保险、农业保险等
中国平安财产保险股份有限公司璧山支公司	璧山区璧城街道仙山路7号附7号3–2	何俊锐	企业财产损失保险、家庭财产损失保险、短期健康保险、意外伤害保险、建筑工程保险、安装工程保险、货物运输保险、机动车辆保险、船舶保险、能源保险、法定责任保险、一般责任保险、保证保险、信用保险、种植保险、养殖保险、代理国内外保险检验、理赔、追偿及其委托的其他有关事宜
永安财产保险股份有限公司璧山支公司	重庆市璧山区北二环119号4楼	何忠伟	机动车保险、企业财产保险、责任保险、家庭财产保险、工程保险、人身意外险等
安诚财产保险股份有限公司重庆分公司璧山支公司	重庆市璧山区璧城街道办事处文风路6号1层	胡大刚	财产损失保险、责任保险、信用保险和保证保险、短期健康保险和意外伤害险，上述业务的再保险业务，经中国保监会批准的其他业务
阳光财产保险股份有限公司重庆市璧山支公司	重庆市璧山区璧城街道奥康大道1号奥康大厦7楼	赵海廷	财产保险
中华联合财产保险股份有限公司重庆分公司璧山支公司	璧山区璧泉街道璧青北路792号2幢1–2/1–3	唐俊伦（负责人）	财产损失险、责任险、农险、保证险、意健险等
中国人寿财险璧山区支公司	重庆市璧山区璧泉街道东山路4号附41号2–1	邹顺政	财产损失保险、责任保险、信用保险和保证保险、短期健康保险和意外伤害保险
中国人寿保险股份有限公司重庆市璧山区支公司	重庆市璧山区璧城街道向阳街200号	马培培	人寿保险、健康保险、意外伤害保险等各类人身保险业务；人身保险的再保险业务；国家法律法规允许的或国务院批准德资金运用业务；各类人身保险服务、咨询和代理业务；经中国保险监督管理委员会批准的其他业务（在“中华人民共和国经营保险业务许可证”核定的有效期内从事经营）。

续表 3-16

单位	地址	法人代表	业务范围
中国人民人寿保险股份有限公司重庆市璧山区分公司	重庆市璧山区奥康大道1号奥康大厦2楼人保寿险	陈灿舫	人寿保险、健康保险和意外伤害保险等保险业务
中国平安人寿保险股份有限公司重庆市璧山支公司	重庆市璧山区璧城街道金剑路223号附7号	罗国庆	人寿保险、健康保险、健康保险等，经中国保监会批准的其他业务
泰康人寿保险股份有限公司重庆市璧山支公司	重庆市璧山区璧城街道东林大道璧秀苑栋第二层	张园亚	个人意外伤害保险、个人定期死亡保险、个人两全寿险、个人终身寿险、个人年金寿险、个人短期健康保险、个人长期健康保险、团体意外伤害保险、团体定期寿险、团体终身保险、团体年金保险、团体短期健康保险、团体长期健康保险以及经中国保险监督管理委员会批准的其他人身保险业务
太平洋寿险璧山支公司	璧山区璧城街道沿河西路32号	余江	人寿保险
幸福人寿保险股份有限公司璧山支公司	璧山区璧城街道安居小区24号地1幢1-202号	卢凤	人寿保险
富德生命人寿保险股份有限公司重庆市璧山支公司	重庆市璧山区璧泉街道金剑路209号（大圆祥双星阳光）附17号4-2	卢忠林	意外伤害保险，健康保险，人寿保险，年金保险已经经中国保险监督管理委员会批准的其他人身保险业务。
太平人寿璧山支公司	璧山区红宇大道19号	罗四维	个人意外伤害保险、个人定期死亡保险、个人两全寿险、个人终身寿险、个人年金保险、个人短、长期健康险、团体意外、定期、终身、年金、短长期健康保险
阳光人寿璧山支公司	重庆市璧山区璧城街道奥康大道1号7层	李红星	人寿保险、健康保险、意外伤害保险等各类人寿保险业务；经中国保监会批准的其他业务
新华人寿璧山营销部	璧山区璧城街道沿河西路北段32号第4层	陈善国	人寿保险，意外险，分红险，理财险，疾病险，医疗险养老险.保全，理赔，新契约，续期等服务
恒大人寿璧山营销部	重庆市璧山区璧青北路481号	暂无	暂无

证　　券

【概况】 2016年，全区有爱建证券璧山营业部、西南证券股份有限公司重庆璧山名豪街证券营业部、西南证券股份有限公司重庆第一分公司，其中西南证券重庆第一分公司于2016年1月15日正式成立。

【挂牌上市公司】 全区上市企业1家，为重庆蓝黛动力传动机械股份有限公司；“新三板”挂牌企业3家，分别是重庆兴渝涂料股份有限公司、重庆瑞普电气实业股份有限公司、重庆梦赛力士光电股份有限公司；重庆股份转让中心挂牌企业4家，即重庆金冠汽车制造股份有限公司、重庆国华模具制造有限公司、重庆华林自控仪表股份有限公司和重庆顺鑫印务有限公司。

区金融办推荐19家纳入重庆市拟上市企业储备库，其中瑞普电气被评定为重庆市2016年第二批拟上市重点培育企业。

2016年重庆市璧山区证券基本情况一览表

表3–17　　　　单位：万元

单位	地址	法人代表	业务范围	主要业务指标	备注
爱建证券璧山营业部	重庆市璧山区璧城街道金剑路139号附1号、139号附1号第二层	陆涛	证券经纪；证券投资咨询；融资融券；证券投资基金代销；代销金融产品（按许可证核定事项和期限从事经营活动）	营业收入：1 027万元 营业利润：255万元 缴税总额：23.6万元	
西南证券股份有限公司 重庆璧山名豪街证券营业部	重庆市璧山区璧城街道名豪街107号	赵亮	证券经纪；证券投资咨询；证券投资基金代销；融资融券；与证券交易、证券投资活动有关的财务顾问；代销金融产品；为期货公司提供中间介绍业务（按相关许可证核定事项和期限从事经营）	2016年年末，总开户数2222户，有效户1031户，客户总资产10 500万元，托管市值8 449.74万元，两融客户数为19户，两融余额为112.25万元	
西南证券重庆第一分公司	重庆市璧山区璧城街道名豪街107号	柯靓	证券经纪；证券投资咨询；与证券交易、证券投资活动有关的财务顾问；证券投资基金代销；代销金融产品；融资融券；中国证监会批准的其他业务	利润、市场份额、证券账户数、收入等，该公司为新设机构，相关指标暂未实现	

2016年重庆市璧山区上市公司一览表

表3–18

公司（企业）	地址	法人代表	业务范围	主要业务指标	备注
重庆蓝黛动力传动机械股份有限公司	璧山区璧泉街道剑山路100号	朱堂福	生产销售汽车齿轮、轴、变速器总成、摩托车齿轮、轴、汽车用精密铸件	116039万元	公司2016年度的财务数据仅为初步核算数据，已经公司内部审计部审计，未经会计师事务所审计，与年度报告中披露的最终数据可能存在差异
重庆瑞普电气实业股份有限公司	重庆市璧山区工业园区塘坊西四路	王云	生产、销售：电线电缆、漆包线、电磁线，货物进出口	主营业务收入26489万元，利润总额800万元，上缴税金456万元	

续表 3-18

公司（企业）	地址	法人代表	业务范围	主要业务指标	备注
重庆兴渝涂料股份有限公司	重庆市璧山区青杠清明工业园区	谢方奎	生产、销售：水性涂料（不含化学危险品）、胶水（不含化学危险品）。法律、法规禁止的项目不得经营；法律、法规限制的项目取得许可后方可经营	2016 年产值 4655 万元	估算数
重庆梦赛力士光电股份有限公司	重庆市璧山区来凤街道花园街	谢文以	生产销售：望远镜、光学、机械、电子产品及零部件，从事货物及技术的进出口业务	主营业务收入：5654（万元） 主营业务成本：5050（万元） 营业利润：605（万元） 综合收益总额：533（万元） (未公告，可能个别数据有变动)	
重庆世开物流股份有限公司	重庆市璧山区璧泉街道福顺大道 22 号	何钢	普通货运、货物专用运输（集装箱），大型物件运输（一），货物专用运输（冷藏保鲜）（以上经营范围按许可证核定范围和期限从事经营活动）。货运代理服务、国际货物运输代理;仓储（不含危险化学品），搬运、装卸服务；销售：化工原料、建材、机电产品、食品、日用品、农副产品;零售：卷烟、雪茄烟（以上依法须经批准的项目，经相关部门批准后可开展经营活动）。	2016 年总产值：2500.66 万元	

基　　金

【概况】　2016 年，全区基金有 3 支，分别是重庆两山火炬股权投资基金、重庆两山西证股权投资基金和重庆市璧山区创业种子投资基金。

担　　保

【概况】　2016 年，全区担保公司有 2 家。一是重庆市璧山县中小企业信用担保有限责任公司（以下简称县担保公司）于 2005 年 11 月 4 日注册成立，注册资本 5050 万元，后经整改后，于 2011 年 11 月 29 号取得由重庆市金融办颁发的“融资性担保机构经营许可证”。2016 年，公司按要求开始进行国有企业改制，按照“统一管理、政企分开、履行专责”的总体思路，实体化运作正有条不紊开展。二是重庆融和信用担保有限公司（以下简称融和担保公司）于 2009 年 7 月 7 日经重庆市工商行政管理局在重庆市北部新区注册登记，2010 年 3 月 10 日在璧山成立分公司。公司主要从事融资性担保业务及法律法规没有限制的其他担保业务，注册资本金壹亿元人民币（含2011年6月29日增资0.5亿元），并于2011年3月取得由重庆市金融办颁发的“融资性担保机构经营许可证”。2016年3月取得市金融办换发的经营许可证。

【担保公司运行】 县中小企业信用担保公司和重庆融和信用担保有限公司实收资本1.505亿元，2016年全区融资性担保公司在保余额较上年同期有所下降，全年新增担保贷款同比减少。县担保公司的担保业务比较集中，主要是为园区内的中小企业提供担保，且多为规模以上工业企业。融和担保公司的担保业务比较分散，皮鞋业、农业、机械加工业等行业都有。受经济金融形势影响，2016年辖区内担保公司的代偿余额较2016年有所增加。

【信用环境建设】 全区各部门认真贯彻落实《重庆市人民政府办公厅关于做好国家企业信用信息公示系统先行建设工作的通知》（渝府办发〔2016〕170号）文件精神，协调统一，做好企业信用信息的整合归集，并将逐步完善，集中公示。

2016年重庆市璧山区担保公司基本情况一览表

表3-19

公司名称	地址	法人代表	业务范围
璧山县中小企业信用担保有限责任公司	璧山县璧城街道金剑路221号	杨罡	为璧山区内中小企业贷款提供担保，不得从事金融业务及财政信用业务
重庆融和信用担保有限公司璧山分公司	重庆市璧山区金剑路566号附23号、附24号	熊开友	从事融资性担保及法律、法规没有限制的其他担保业务(在重庆市金融工作办公室批复事项内从事经营)

小额信贷

【概况】 2016年，璧山区内有小贷公司6家，分别是：重庆市璧山区金谷小额贷款有限责任公司开业，注册资本5 000万元；重庆市璧山区祥汇小额贷款有限责任公司开业，注册资本2亿元；重庆市璧山区联丰小额贷款股份有限公司开业，注册资本2亿元；重庆市璧山区隆胜小额贷款股份有限公司开业，注册资本2亿元；重庆市璧山区锦春小额贷款有限责任公司开业，注册资本2亿元；重庆市璧山区盈鑫小额贷款有限责任公司开业，注册资本2亿元。2016年9月，经市金融办同意，瀚华小额贷款公司璧山营销部注销。2016年无新增小贷公司。

【小贷公司发展情况】 区内6家小贷公司实收资本10.5亿元，2016年全年发放贷款较上年同期有所降低。

【贷款分布情况】 2016年，全区6家小贷公司贷款投向主要为“三农”、工业和其他行业，小贷公司的贷款对象主要为个体工商户及其他。

2016 年重庆市璧山区小贷公司基本情况一览表

表 3-20

公司名称	地址	法人代表（负责人）	业务范围	备注
重庆市璧山区金谷小额贷款有限责任公司	重庆市璧山区温泉路 8 号	仲维瑶	办理各项贷款、票据贴现和资产转让	
重庆市璧山区祥汇小额贷款有限责任公司	重庆市璧山县璧城街道金剑路 438 号	陈永寿	办理各项贷款、票据贴现和资产转让	
重庆市璧山区联丰小额贷款股份有限公司	重庆市璧山县璧泉街道金剑路 566 号 1 号楼 2 层 3 号	江朝义	办理各项贷款、票据贴现和资产转让	
重庆市璧山县隆胜小额贷款股份有限公司	重庆市璧山县璧泉街道金剑路 520 号	杨文书	办理各项贷款、票据贴现和资产转让	
重庆市璧山县锦春小额贷款有限责任公司	重庆市璧山县璧泉街道仙山路 8 号	陈寿明	办理各项贷款、票据贴现和资产转让	
重庆市璧山县盈鑫小额贷款有限责任公司	重庆市璧山县璧泉街道双星大道 32 号 3 幢 2-3	程汝友	办理各项贷款、票据贴现和资产转让	
瀚华小贷璧山营销部	重庆市璧山区璧泉街道金剑路 566 号 1 号楼 4 楼附 29 号	吴爽（负责人）	办理各项贷款（仅限于贷款营销和贷后管理，经营区域为璧山区）	2016 年 9 月经市金融办批准注销

延伸阅读 ▶▶

环境招商　妙手下活一盘好棋

7 月 20 日，全球最大的区域主题公园运营商——美国六旗娱乐集团携手山水文园集团与璧山区政府签署合作协议，建设“重庆山水主题小镇——六旗乐园”。

经济进入新常态，环境就是“气候”，资金就是“候鸟”，哪里环境好，资金、项目就往哪里飞。美国六旗乐园落户璧山，正是璧山“环境招商”的结果，反衬出璧山的环境优势，反衬出当地的生态文明建设成果。而这，就是璧山招商的优势，回报就是经济社会的迅猛发展和骄人的业绩。

璧山铁腕护绿精心呵护生态环境，不仅是为了给子孙后代留下宝贵的青山绿水，更是为发展下了一手好棋。

“环境招商”见证“生态文明建设自信”，深绿已经成为招商引资的过硬招牌。从过去的外出招商，到如今的众泰汽车、红星美凯龙、普洛斯物流园等知名大企业主动前来入驻，璧山生态环境治理的显著成效，成为招商引资的独特魅力。

“环境招商”还要营造廉洁高效的政务环境。企业引进来，作为政府部门，还要强化从“纸面”到“地面”的落实，用心、用情做好要素保障，努力营造良好的政策服务环境、法治环境、市场环境和人文环境，以“深度服务”换来最快的形象速度。

栽下梧桐树，引来金凤凰，“深绿璧山”已然成为招商的最大竞争力，“深度服务”成为携手合作的“强磁场”。“环境招商”，对招商引资工作而言是一个导向和引领，是对低层次、低水平招商引资的摒弃，更是对一种全新的高层次高水平招商引资模式的呼唤。

“环境招商”，璧山已经在新常态下，走“活”了招商引资工作的一盘好棋。（周海瑞）

财政　税务

财　政

【概况】　2016年，璧山辖区内财政收入累计完成149.8亿元，为年初预算的102.6%，同比增长4.1%，其中：国税21.3亿元（含出口退税4亿元），为年度预算的83.3%，减少5.3%；地税27.6亿元，为年度预算的117.5%，增长34.0%；财政104.9亿元，完成年度预算的103.1%，减少0.5%。

强化党风廉政建设，打造过硬财政队伍。一是强化财政系统党风廉政建设。落实党风廉政建设“两个责任”，学习贯彻中共十八届六中全会、市委四届十次全会精神，《中国共产党廉洁自律准则》和《中国共产党纪律处分条例》，严格落实中央“八项规定”精神，积极开展“三严三实”和“两学一做”专题学习教育。二是严肃财经纪律执行。切实增强财经人员依法理财意识，维护财经纪律的严肃性和约束力。三是完善财政内控制度。加强财政内部监督检查，通过以外查内，查内促外，推动内控制度的建立健全和完善。三是优化机关工作制度。全年实现财政系统内部无纸化办公全覆盖、完善24小时值班制度，严格落实限时办结、文明用语、爱卫创卫工作要求，优化服务环境，提升服务效能。四是提升财政队伍素质。发挥局领导班子示范带头作用，深入推进学习型机关建设。全面抓好全局机关、下属单位和街镇财政所财政干部职工财政改革政策、法规理论学习以及业务技能培训，狠抓区级部门财务人员新《中华人民共和国预算法》、财政改革和财经经理的专题培训。

【财政收入】　全区地方财政收入累计完成131.6亿元，为年度预算的101%，增长1.6%，按收入性质划分：一般公共预算收入56.2亿元，为年度预算的100%，增长13.7%，其中：税收收入27.5亿元，为年度预算的94.4%，增长11.5%；非税收入完成28.7亿元，为年度预算的106.1%，增长16%；政府性基金收入75.4亿元，为年度预算的101.8%，下降5.8%，其中国有土地使用权出让收入完成72.3亿元，为年度预算的102.1%，下降5.4%。

【财政支出】　全年璧山地方财政支出累计完成158.3亿元，为年度预算的98.5%，增长5.7%。其中：一般公共预算支出78.7亿元，为年度预算的97%，增长9.7%；政府性基金预算支出79.6亿元，为年度预算的100%，增长2.1%。区本级（不包括街道）地方财政支出累计151.5亿元，为年度预算的95.6%，增长6.2%。其中：一般公共预算支出72.7亿元，为年度预算的92.7%，增长11.6%；基金预算支出78.8亿元，为年度预算的98.5%，增长1.5%。

【国库收付】　完成292个行政事业单位的集中支付13.22万笔148.24亿元，比上年增加支付1.88万笔，增长17%，支付额增加109.14亿元，增长

2.79倍，其中：直接支付9.07万笔143.52亿元，增加支付3.38万笔，增长59%，支付额增加111.69亿元，增长3.5倍；授权支付4.15万笔4.72亿元，减少支付1.5万笔，减少27%，支付额减少2.55亿元，减少35%。完成现金收付1.32亿元，主要是璧城、璧泉、青杠街道用款；全年转入银行存款99.32亿元，全年转出银行存款99.99亿元，全年转账6.98万笔。全年完成非税收入140.88万元。全面完成39个集中核算单位的72套账的账务处理,实现资金管理、账务处理零差错。

【财税管理】 一是加强税收收入征管。完善收入目标责任制，层层分解财政收入工作目标。强化财税库银联系会议制度，加强税源预测分析，完善税收监控体系，加强对重点行业、重点领域、重点税种的跟踪管理。二是强化非税收入征管管理，建立规范的非税收入征管体系，采取措施，挖潜增收。“财政票据电子化暨非税收入收缴管理系统”正式上线。同时，配合相关部门加强对城市建设配套费和国有资产收益等收入的征管。三是盘活财政存量资金，继续抓好2年以上存量资金收回使用工作。建立财政存量资金定期清理机制，加强结转结余资金管理。全年盘活财政存量资金11.2亿元。四是配合区级部门抓好项目包装，注重对接市级部门，狠抓向上争取资金。抓好国家制定对经济下行的一系列政策机遇，加大国家专项建设基金等项目的资金争取力度。全年璧山区争取上级资金52.98亿元。其中，向上争取财政项目资金21.04亿元、国家专项建设基金31.94亿元。

【金融市场培育】 各方联动内引外联，支持金融健康发展。一是抓好金融产业培育，全年，各类金融机构达到50家。全年引进和新发展金融机构8家，招商银行、成都银行、西南证券重庆第一分公司正式开业，做大全区金融总量。金融业增加值占GDP的比重达到2.6%，金融机构存款余额达到426.7亿元，贷款余额达到298.6亿元，存贷比达到70%。二是加强与相关部门协调，积极推进金融机构入驻璧山CBD，年底确认入驻金融机构10家。三是发展新型金融，助推经济发展，设立创业种子投资基金3 000万元。搭建风险补偿平台，开展“助保贷”“银政通”业务。四是实施股权投资计划。坚持“创新+资本=新动力”经济逻辑，打造金融创新高地。帮助潜力企业争取国家专项建设基金17.4亿元。“两山西证”“两山火炬”2支股权投资基金投资众泰汽车等项目6.4亿元，实现瑞普电气、兴渝涂料、梦赛力士3家企业“新三板”挂牌，凯成科技等6家企业完成上市筹备。五是全面开展打击非法金融活动宣传，注重加大信息收集、清理排查、部门协同打击等工作力度，全区金融环境健康有序。

【政府债务管理】 完善债务管控机制，有效控制全区债务。一是统筹政府融资，推进项目建设。严格按照上级规定，加大政府融资力度。全区融入资金113.9亿元，通过举债，确保绿岛新区、工业园区、城市基础设施建设等重点项目顺利推进。二是制定国家专项基金管理办法，防范资金偿还风险。制定全区债务管理新“六条”，建立预警指标体系、偿债准备金制度和债务偿还保障机制，偿债能力明显增强。全年将债务限额控制在110.2亿元之内，确保将全区政府性债务控制在“绿色警戒线”以内。三是全力助推平台公司实体化，将政府融资平台公司按照“投、融、建、管”专业化、“借、用、还”一体化的经营管理模式，切实做大做强和严格管理融资平台公司。将区国有资产集中纳入城投公司、绿岛公司、两山公司、国隆公司管理，全年国有资产总量636亿元，比年初597亿元增加39亿元。

【落实民生实事】 继续坚持财政支出60%以上用于民生，积极筹措资金，落实区委、区政府确定民生实事“清单”的资金保障，努力增强人民群众幸福感。全年全区民生支出达到103.3亿元，占地方财政支出的65.3%。加强“三农”投入，全年支出28.7亿元。重点支持10万亩蔬菜基地、10万亩苗木基地和5万亩果木基地建设，促进农业适度规模化经营、农民专业合作社和家庭农场建设；进一步做好“一事一议”财政奖补、美丽乡村试点和精准扶贫工作。

【财税改革】 全力推进财税改革，不断提高理财水平。一是利用大平台“部门预算编制管理系统和项目库管理信息系统”编制部门预算，统一预算编制形式和编制口径，指导各部门单位编制三年滚动平衡预算。二是深化区国库集中支付制度改革工作，避免实拨资金；完善预算执行动态监控，对预算执行中的各种行为进行事前监督、事中监控和事后跟踪检查；同时，建立财税库银横向联网系统，实现财政、税务、金库数据共享。三是执行公务卡结算制度，全年报销比例达到93.2%，较上年增长47.6%。四是按市财政要求，全面推进预决算公开。五是协调税务部门完成“营改增”工作。六是完善和确定镇街分税制财政管理体制，切实强化街镇预算编制和预算执行，镇街最低财力保障线提高到2 000万元。七是完成党政机关公务用车制度改革。坚持公共资源“阳光交易”，完成交易金额450.9亿元，为政府增收节支10.9亿元。

着力推进供给侧改革，全力扩大有效投资。一是制定《重庆市璧山区钢铁行业化解过剩产能专项奖补资金管理操作细则》（璧山府办发〔2016〕124号），投入1.5亿元支持4家钢铁行业151.1万吨过剩产能全部退出，并通过区级、市级验收以及国务院督查，完成钢铁行业化解过剩产能工作。争取落实化解产能奖补资金，已直拨企业70%奖补资金，已安置职工657人。二是贯彻落实中小微企业扶持政策，严格执行财政资金直拨，严格办理时限。全年发展微型企业126户，安排微型企业创业扶持资金309.47万元；安排1 730.04万元，项目扶持补助中小企业120户，安排1 000万元建立中小微企业转贷应急周转金。

【财政监督】 强化财政监督职责，促进财政资金规范使用。一是加大政府性投资评审力度。严格履行财政对政府投资项目的评审职责，根据璧山府发〔2015〕27号文件规定，做到政府投资项目预算评审全覆盖，切实提高财政资金使用效益。加强对受托中介机构管理，提高评审质量。完成投资评审项目457个，送审金额16.98亿元，审减金额1.62亿元，审减率达到9.54%。二是加强政府采购及国有资产管理。严格执行政府采购预算和政府采购信息网上公示制度，稳步推进政府购买服务改革，继续配合区国资中心加强和规范行政事业单位国有资产公开处置、公开招租工作，推进行政事业单位国有资产处置网上审批。全年完成采购合同金额23 655万元，节约资金2 899万元，节约率8.91%。

【会计事务管理】 加强会计行业监督，推进财政资金绩效评价。一是加强会计行业监督。按照《中华人民共和国会计法》规定，开展企事业单位会计信息质量检查。加强对会计代理记账机构的审批、管理和指导，开展全区代理记账行业监督检查。二是推进财政资金预算绩效目标管理。优化确定评价财政资金项目，细化绩效评价指标体系，严格绩效评价操作程序，强化财政专项资金项目绩效评价工作，探索建立预算绩效目标与项目绩效挂钩机制，构建与预算编制、执行、监督有机结合的预算绩效管理体系，着力预算支出责任与效率，提高财政资金使用效益。 （肖　蕾）

国家税务

【概况】 2016年，坚持“为国聚财，为民收税”的宗旨，围绕“服务科学发展、共建和谐税收”工作主题，全面落实重庆市国家税务局22条强管促收措施，完成组织收入任务。

开展“两学一做”学习教育，坚定党员干部理想信念，激发干事创业新活力。先后组织开展讲党课13次、党组中心组学习8次、支部学习96次、专题学习讨论24次。以学促改，践行承诺之志。始终坚持问题导向，狠抓问题整改落实，全体党员围绕“党性差距在哪里”开展党性大讨论2次，撰写党性分析材料136篇，每名党员都制定问题整改清单。围绕“看见思想的光亮”主题，开展“亮身份、亮职责、亮承诺”和“承诺践诺评诺”活动，统一制作《看见思想的光亮 捍卫承诺的尊严》展示牌，主动接受群众监督；组建“营改增”党员突击队、党员先锋队，充分发挥党员先锋模范作用，打赢营改增攻坚战。

2016年11月7日，国税12366电子税务局运行

（张曦　摄）

【税收收入】 2016年，重庆市璧山区国家税务局组织入库税收收入21.33亿元，比上年增收6.09亿元，增长39.98%（扣除营改增，原口径增长22.59%），完成区政府下达调整计划的100.4%，完成市局下达调整计划的102.57%。坚决贯彻组织收入原则，切实做到应收尽收，应抵尽抵，应退尽退，严格落实出口退税、西部大开发、支持小微企业发展等税收优惠政策，坚决不收“过头税”。全年办理出口退税4.17亿元，办理各项减免退税及汇算清缴退税等1 594万元，落实各项税收优惠政策减免税金5.33亿元。

【税收征管】 全面推开“营改增”，打赢开好票、报好税、分析好、改进好“四场战役”，顺利实现改革平稳落地、征管有序衔接、社会反映良好、试点行业总体税负“只减不增”的预期目标。自全面推开“营改增”试点以来，四大行业征收税收2.65亿元，比地税同期征收营业税减收1.26亿元，下降32.24%（其中，建安服务业减收5183万元、下降41.64%；房地产业减收3242万元、下降22.98%；金融业减收1948万元、下降32.64%；生活服务业及其他现代服务业减收2237万元、下降33.94%）。“营改增”在降低税收成本、优化产业结构等方面效应明显，为全区经济发展培育新动能、涵养新税源发挥积极作用。

【税务稽查】 以稽查体制机制改革为核心，以稽查信息化建设为手段，以稽查制度建设为支撑，以稽查干部队伍建设为保障，完善稽查治理体系，提升稽查治理能力，推动稽查现代化建设。全年检查涉税纳税人76户（其中立案查处35户），查补税款、滞纳金及罚款4 010万元。

【纳税服务】 作为全市国税系统10个深化国税、地税征管体制改革示范单位之一，携手区地税局，紧抓改革新机遇，在深入推进共建实体办税服务厅、互相委托代征、互派干部挂职锻炼等改革任务的基础上，联合区地税局进一步打造集政策服务、办税服务、信息管理、信用评价、权益维护“五大功能”于一体的“璧山区税收服务中心”，持续加注联合服务的品牌价值。开设12个国地税“一窗通办”窗口，共同设立征管资料电子采集岗，建立24小时自助办税室和自助办税区。“一窗通办”窗口被重庆市总工会授予“工人先锋号”荣誉称号。同时，进一步强化税警合作，设立“区公安局派驻地税局、国税局联络机制办公室”；进一步深化税银合作，与全区15家银行签订“征信互认 银税互动”合作协议，探索构建税银联合信用激励惩戒格局；进一步拓展税邮合作，新增4个邮政代开网点，全面推行普通发票邮政代开服务。在2016年重庆市国家税务局组织开展的纳税人满意度调查中，位列全市第8位。

2016年璧山区国税部门组织收入情况表

表3-21　　单位：元

总收入	2133429075.92
增值税	1552439809.49
消费税	79093940.37
企业所得税	388015665.30
个人所得税	3091.75
车购税	113876569.01
计划（万元）	212500
为计划%	100.40
上年入库数（万元）	152410
比上年±额（万元）	60933
比上年增减%	39.98

（黄小琦）

地方税务

【概况】　2016年，贯彻落实市局和区委、区政府决策部署，全年累计税费收入39.94亿元，打好营改增、金税三期（以下简称“金三”）软件换版升级“两大攻坚战”，稳中求进地推动依法治税、纳税服务、征管体制改革、队伍建设等各方面工作。

先后获“全国文明单位”“工人先锋号”“全市地税系统第八轮党建工作先进单位”“重庆市地税系统先进领导班子”等集体荣誉，连续3年被评为全市地税系统“绩效管理优秀等次单位”。68人次获“优秀公务员”“先进个人”“优秀共产党员”“优秀党务工作者”。

【税收收入】　全年累计组织税费收入39.94亿元，增收3.87亿元，其中税收收入26.38亿元，增收3.38亿元。社会保险费征收12.24亿元，征缴率达99.31%。其他非税收入1.32亿元。

税收特点及分析。税收特点：税收增长与经济数据匹配。税收和地方生产总值的增速均在逐年下降，税收的增速一直高于地方生产总值的增速，但二者增速趋于接近，税收弹性系数也逐年趋于合理。税收总体增长，增长月份有差异。从单月增长看，同口径下只有1月、2月和9月税收增幅和全年增幅14.7%相近，其他月份均呈现较高的偏离程度。从税收结构看，一次性收入比例较大。从税收收入结构层面，把税收分为营业税收入、常规性收入和一次性收入（不含营业税），分别为50 809万元、161 967万元和51 000万元，一次性税收占比接近20%，而常规性税收占总收入的62%。

税收分析：税种表现分化较大。城镇土地使用税、企业所得税、资源税分别同比下降3.9%、18.9%、16.4%。契税、个人所得税分别增长29%、36.5%。其他税种各有贡献，受托代征增值税入库2 635万元，房产税和城建税分别增长23.2%和12.7%，土地增值税、耕地占用税和印花税均有不同程度增长。行业表现冷热不均。租赁和商务服务业、房地产业、制造业、建筑业、公共社会组织、金融业六大行业合计贡献税收收入的94.1%，其他13个行业仅贡献5.9%。其中，房地产业受房地产企业利润下滑和土地增值税预征率调低等因素影响，税收同比下降1.4%，税收占比从23.0%降到20.6%；金融业受连带影响，仅增长1.5%，税收占比从4.2%降到3.9%；制造行业发展迅猛，由于部分企业前期固定资产抵扣基本结束、国地税加大征管力度、招商引资项目投产等原因，带动制造业税收增长23.4%。

【税收法治】 开展风险点自查，主动查找和化解各类风险。税收交叉执法督察工作获片区第1名。贯彻落实各项优惠政策，全年累计减免税款3.59亿元，受惠纳税人达13.68万户次。举办“税案说法”沙龙，丰富法治教育形式，积极创建“法治税务示范基地”。主动应对涉税行政诉讼，2起行政诉讼案件，一审法院已裁定驳回原告诉讼请求。

【税种管理】 开展营业税专项清理行动，累计清理税款3.39亿元，其中营业税1.68亿元。开展“四大专项行动”，对所得税、土地增值税、欠税和房产土地税进行全面清理，累计清理税款3 547万元。夯实所得税管理基础，企业所得税汇算清缴率达到100%，核定征收户数同比下降1.3%；个人所得税全员全额明细申报率达到129.29%，覆盖率达到85.81%；年所得12万元以上高收入群体个人所得税申报受理2 084人，完成率106.76%，补税111.95万元。

【税收征管】 强化基础管理，及时清理缴销地税发票，逐户核销外管证，开展国地税档案号比对和非正常户、“僵尸”企业清理，积极推进“五证合一”“两证整合”，修正完善纳税人涉税基础信息。推进风险管理，全年扫描风险纳税人21 600户次，开展风险应对413户，评估入库税款8 510万元。大力追缴欠税，下达追欠目标任务，督促企业入库欠税1.2亿元。主动争取房管、工商等部门支持，全年累计收集各部门涉税信息28类16 000条。与区邮政局、国税局达成委托代征协议，启用“四方协议书”，加强零散税收管理。启动税警、税银合作，成立“区公安局派驻地税局联络机制办公室”，与全区15家银行签订“征信互认银税互动”合作框架协议。

【税务稽查】 全年稽查检查和辅导自查57户，查补收入4 803万元。其中：立案进场查处24户，查补税款2 724万元（补税百万元以上的重大案件4个，补税2 429万元，占立案查补总额的90%；补税千万元重大案件1个，补税1 990万元），立案查补税收收入同比增长1倍。

【纳税服务】 结合“便民办税春风行动”、税收宣传月等活动，不断优化纳税服务。强化政策服务，开展对纳税人的政策咨询、辅导培训、税收宣传等工作；强化办税服务，通过实体办税厅、电子税务局、24小时自助办税室等提供便捷化服务；强化信息采集，设立电子征管资料采集岗，完善《征管资料采集管理办法》，自5月启用起，已累计采集电子征管资料14 200份；强化纳税人权益维护，设立维权服务号、制定满意度调查工作方案，将纳税人需求、投诉处理、涉税信息查询等职责归口管理；强化信用管税，开展对纳税人的信用评价，2016年评定单位纳税人4 094户，其中A级纳税人47户，D级116户；自然人2 073人，其中D级自然人2 073人。

【规模企业税收服务与管理】 实行班子成员组织收入分工包片、联系重点企业和税务所制度，深入企业开展政策宣传和纳税辅导，了解企业经营现状，切实解决企业遇到的涉税问题。按照“总局—市局—区局—税务所”四级监控体系，将占税收收入比例71%的120户重点企业纳入重点监控，较上年增加30户。加强税收分析，从经济运行、政策效应、税收共治等6个方面分析税源状况，不断提高管理质量。

【电子税务管理】 大力推广电子税务局的应用，截至2016年年底，电子税务局已注册4 381户，其中单位纳税人2 486户，并设立41812366-2号进行办税服务及运维。设立以电子税务局应用为主的自助办税服务区，导税人员全程指导服务，引导培养纳税人自助办税意识，从根本上减轻窗口压力，降低纳税成本，提高纳税人满意度。

【征管体制改革】 对“营改增”纳税人逐户核实清理各项数据，按期移交6 158户。全面推进“国地税征管改革示范试点”建设，试行“同评共查”，联合开展重点税源纳税评估、税收调查和专项检查，打击发票违法犯罪活动。实施“同准同罚”，统一七大行业的企业所得税应税所得率和21项处罚标准。联合建设纳税服务中心，开通“璧山税务”微信公众号、“41812366”纳税服务号。制定《自然人税收信用管理办法》和《评分细则》，探索建立自然人税收信用评价体系，促进自然人税收管理。 （区地税局）

延伸阅读▶▶

城乡统筹：描绘“美丽中国”的璧山画卷

一座城市就像一幅画，城镇和农村构成画的主体。城市要美，城镇必须美，农村也要美，共同美才能相得益彰，画卷才能和谐自然。如何让农村变美，璧山决策者的思路非常清晰，那就是建成重庆“城市发展新区”的统筹城乡先行区，全区各镇街按照“四个功能区”划分定位，走符合自身特色的发展道路，同时大力发展道口经济，加快农业现代化进程。经过这几年的实践历程，如今，欣欣向荣的工业经济，如火如荼的项目建设,不断延伸的乡村公路，造型别致的农民新居，亮点频现的特色产业……，璧山在城乡统筹发展之路上阔步前行，使全区城乡面貌焕然一新。

走差异化、特色化发展之路，实现错位发展、齐头并进，有利于优化资源配置、提升整体效能，经过几年不断探索，璧山提出科学划分功能区域、明确镇街功能定位、促进镇街差异化发展思路，成为促进城乡一体化发展的有力举措。因此，璧山在“三区一美”战略中提出建设重庆“城市发展新区”的统筹城乡先行区，将全区各镇街科学划分为“四个功能区”，即：璧中城市区、璧北生态区、璧南生态区和璧西生态区。

同时，为保障每个功能区战略目标的实现，璧山还通过优化“四个功能区”资源配置，研究制定差异化发展政策，完善分类考核指标体系和权重，引导镇街找准定位。

这样的财政保障体制，解除了偏远镇街发展的后顾之忧，充分激活全区各镇街发展活力和创造力，增强镇街发展内生动力，引导镇街找准定位，走出一条符合自身特点的科学发展道路。几年时间里，在全区“四个功能区”战略格局下，各镇街大力实施城乡统筹，以“小音符”呼应区委“主旋律”。

——“璧中城市区”主攻方向是建设生态城市、发展新型工业和现代服务业，打造重庆大都市的“最宜居区”。

——“璧北生态区”保护生态，建成“重庆现代农业示范区”和“国家农业科技园区”，打造重庆“金色郊区”。

——“璧南生态区”围绕城乡统筹、涵养生态、提供生态产品、乡村旅游、小城镇建设开展工作。

——“璧西生态区”保护生态，坚持“点上开发、面上保护”。

固定资产投资与管理

【概况】 2016年完成《“十二五”规划纲要》实施效果评估，编制完成《“十三五”规划纲要》。做好创新驱动发展战略、统筹城乡、户籍制度改革、新型城镇化等工作。年初，作为全国贯彻落实党中央、国务院重大决策部署和有关政策措施成效较明显的20个地区之一，受国务院通报表扬。

贯彻市政府2016年全市重大项目投资调度会精神，坚持和巩固区委提出的“问题导向、需求导向、项目导向”的执政方式，落实好区政府关于“加强项目统筹调度，改进项目协调督办方式”的工作要求，各类重点项目有序推进。落实“政府投资瘦身，社会投资扩容”思路，政府投资和社会投资的比例稳定在1:6。连续4年实施区级领导联系重点项目制度，区级领导累计联系重点项目371个次，完成投资约330亿元。

全年完成全社会固定资产投资718.8亿元，同比增长13.9%。分产业看，第一产业完成投资16.5亿元，下降15.8%；第二产业完成投资377.7亿元，增长12.5%；第三产业完成投资324.5亿元，增长17.8%。房地产开发投资80.0亿元，下降6.7%，商品房施工632.5万平方米，下降8.2%，其中，住宅施工460.1万平方米，下降8.3%，商品房销售199.1万平方米，增长15.0%。

【市级重点项目】 市高级重点项目为：轨道交通延长线尖顶坡至璧山段、光电传感系统与智能复合电缆项目、众泰新能源汽车生产项目、得润电子重庆工业园电子连接器生产项目、汽车转向器及电子系统开发项目、瑞普电线电缆生产项目 、有友食品产业园、璧山砂之船奥特莱斯二期、璧山红星美凯龙家居广场、璧山“千年重庆”巴渝文化旅游风景区 、重庆璧山国家农业科技园区、璧西5万亩果木基地建设、重庆·绿岛中心。

【区级重点项目】 区级重点项目为：乘用车漆后车身总成项目、璧山区水生态文明城市建设试点项目、重庆山水主题小镇—六旗乐园项目、市郊铁路 (轨道延长线) 尖顶坡至璧山段、天安·绿岛城市综合体、轨道交通换乘枢纽及连接线项目、重庆市护理职业学院、区中医院迁建、中铁任之健康城、御湖新区、特种电缆生产项目、大学城至璧山调水工程、璧山区河边生态旅游特色镇建设项目、红宇工业园、仓储物流项目、璧山区精神卫生中心建设、重庆市璧山区来龙小学御湖校区建设工程、区人民医院迁建、成渝扩能九龙坡至永川高速公路（璧山段)、连接器研发与产业基地建设项目、绿城建设工程、铜罐驿长江提水璧山供区工程、重庆西郊福寿园人文纪念公园、生态村、生态镇建设和农村环境连片整治、地派温泉度假酒店、凤凰小学建设项目、天赐华汤温泉度假酒店、璧山城市新区水厂工程、休闲食品生产项目、砂之船奥特莱斯国际旅游度假村、摩托车配件生产项目、电器设备制造项目、基业璧山企业天地项目、重庆水天池养老中心、包装材料生产项目、区图书馆（新馆）室内装饰工程、打印机配套材料生产项目、温泉变电站建设工程、

“千年重庆”巴渝文化旅游风景区、红星美凯龙渝西国际广场、重庆璧山度假村建设项目应指工程及公安业务用房建设、俊豪·中央大街项目和俊豪城项目、重庆凯成科技有限公司功能性膜及薄膜太阳能电池材料产业化项目、璧山高新区科技创新示范基地、璧山区千秋堰—盐井河—同心水库连通工程、璧山区城区供水工程改造项目、仓储物流项目、鸥鹏·御府及凤凰城、胶粘制品加工项目、汽车高强度螺栓项目、汽车摩托车零部件项目、农业机械设备制造项目、璧山职业教育中心改扩建工程、打印机包装生产项目、金科·中央公园城、通用机械配件加工项目、超高精度光纤光栅传感器项目、汽车内饰及工业劳保用品生产项目、汽车零部件生产项目、龙润汽车电动助力转向系统及电动转向控制系统项目、新型环保材料生产项目、高端印务生产项目、汽车转向器生产项目、定向经济适用房B区一期、起重机项目、原木家具生产项目、茅莱变电站建设工程、汽车精密冲压件生产项目、通用机械曲轴生产项目、秀湖月泉湾(秀湖鹭岛)、空调过滤系统及汽车零部件项目、汽摩配件生产项目。

【完工重点项目】 完工重点项目为：文化艺术中心建设工程、区人民医院迁建工程、茅莱变电站建设工程、农村电网改造升级工程2016年第一、二批中央预算内投资项目、重庆市护理职业学院、乘用车漆后车身总成项目、光电传感系统与智能复合电缆项目、汽车摩托车零部件项目、汽车零部件生产项目、汽车转向器生产项目、空调过滤系统及汽车零部件项目、休闲食品生产项目。

【新开工重点项目】 新开工重点项目为：重庆山水主题小镇—六旗乐园项目、轨道交通换乘枢纽及连接线项目、重庆西郊福寿园人文纪念公园、璧山区河边生态旅游特色镇建设项目、璧山区福禄镇福禄水城生态休闲旅游特色镇建设项目、地派温泉度假酒店、重庆市璧山区来龙小学御湖校区建设工程、凤凰小学建设项目、璧山区千秋堰—盐井河—同心水库连通工程、璧山区城区供水工程改造项目、大学城至璧山调水工程、璧山城市新区水厂工程、重庆璧山国家农业科技园区农村产业融合发展项目（一期）工程、璧山区城镇污水处理设施配套管网建设工程、璧山高新区科技创新示范基地、璧山国家高新区科教创新基地（一期）、秀湖公园城市停车场建设、农村电网改造升级工程（2016年），第一、二批中央预算内投资计划、红宇工业园、包装材料生产项目、打印机配套材料生产项目、重庆凯成科技有限公司功能性膜及薄膜太阳能电池材料产业化项目、胶粘制品加工项目、汽车高强度螺栓项目、通用机械配件加工项目、超高精度光纤光栅传感器项目、龙润汽车电动助力转向系统及电动转向控制系统项目、起重机项目、空调过滤系统及汽车零部件项目、汽摩配件生产项目、重庆金冠汽车制造股份有限公司个性化定制房车协同制造项目、得润电子重庆工业园电子连接器生产项目。

（区发展改革委）

2016年5月31日，璧山文化艺术中心投用

（连宏宇　摄）

经济监督管理

国有资产经营与管理

【国有资产管理】 2016年，加强全区各行政事业单位占有和使用的国有土地、房屋、林场、矿山、公园、广场、道路等国有资产的产权资料的动态管理。截至12月底，国资公司和城投公司所经营管理和接收的房产用地215.14万平方米，建筑80.13万平方米。全区实行的是产权统一管理为基础，所有权与使用权相分离的管理模式。产权单位做好资产的动态管理，及时做好产权的接收、整理归档、评估、上账下账等工作。资产使用单位落实资产管护措施，加强对房屋的安全检查，对可能出现的安全隐患问题及时上报并予以排除，确保资产安全。

【商业资产管理】 做好秀湖公园商业资产的管理工作，加强与建设单位和施工单位的联系，完善基础设施，引进国家一级资质的物管公司专业化管理商业资产。

【国企改革】 一是分类推进，整合重组区属国有企业。将全区26家区属国有企业按照“统一管理、政企分开”的原则整合成四大国有公司，并明确四大国有公司的职能定位和发展目标。二是建章立制，完善现代企业制度。研究出台区属国有企业重组实施意见、实体化运行有关问题的处理意见以及国企监督管理暂行办法、领导人员管理暂行办法、经营业绩考核与薪酬管理暂行办法等相关文件；明确4大国有公司的组织架构和董事会、监事会、经理层在国有企业经营决策、监督、管理中的权责关系，以及国有企业党组织的政治核心作用。三是规范薪酬，完善改革配套文件。按照市深化国有企业负责人薪酬制度改革领导小组的指导意见，修改完善区国有企业负责人薪酬制度改革实施意见。四是公开选拔，逐步配备国企领导班子和人员。根据核定的国企领导职数和人员总额，结合企业经营发展需求，按照规范化流程，截至年底已公开选拔区属国有企业正职负责人3名、副职负责

2016年12月19日，璧山区公车拍卖会现场

（曾清龙 摄）

人4名，公开招聘国有企业员工31名。五是深入调研，推进国有资产监管机构职能转变。抽调国资监管机构管理人员、专兼职财务人员组成区属国企改革工作调研小组，深入到四大国有公司及其所属子公司进行调研，摸清企业家底，掌握企业资产状况、盈利能力和人员架构，推进以管资本为主，重点管好国有资本布局、规范资本运作、提高资本回报、维护资本安全的监管职能转变。六是大胆探索，推进股权结构多元化改革。根据四大国有公司功能作用、发展定位，探索发展混合所有制经济，联合社会资本投资2亿元成立福寿园（公墓）公司、万达物流园、金惠森（文旅发展）公司等；引入建信资本股权融资2亿元、国开发展基金专项建设基金3亿元和浦发银行平滑基金25.65亿元；完成对众泰汽车、凯成科技等项目的股权投资6.3亿元，实现国有企业股权结构多元化。

（区国有资产管理中心）

【公共资源交易】 一是编印《公共资源交易法律法规选编》，收录国家、市、区涉及公共资源交易的政策法规26个，免费赠阅各镇街和副处级以上工作部门。二是成立区公共资源交易政策宣讲队，专题宣讲2场、400人。三是牵头起草《政府采购招标文件》（2016试行范本）、《政府采购竞争性谈判文件》（2016试行范本）、《政府采购询价通知书》（2016试行范本）等3个标准文本。四是在璧山公共资源交易网上新开发“比选项目”信息公开栏目，设置各街镇、部门登录窗口，由各街镇、部门自行在网上发布限额以下政府投资工程建设项目的比选信息。20万元以上100万元以下施工项目和10万元以上50万元以下勘察、设计、监理项目全部实行备案管理，必须采用竞争性比选方式确定承建单位。五是在区公共资源交易网上发布限额以下政府投资工程建设项目竞争性比选公告328个，比选结果比限额节约9.3%，交易项目“零”投诉。国有工程建设项目在交易结果公示期间“零”投诉，政府集中采购投诉5个，经处理回复未改变评标结果。入场交易项目公开交易率100%。入场交易的房屋市政类国有工程建设项目100%使用区《房屋建筑和市政工程标准施工招标文件》（试行范本）编制招标文件，100%使用评标干扰系数和诚信评价得分评标。凡是被行政监督部门处罚列入“黑名单”的企业，在限制参加区招投标活动的处罚期内，100%未参与璧山交易项目的投标。全年，完成各类交易项目460个，成交金额达57.97亿元，为区政府增收节支1.79亿元。其中，国有工程建设项目144个，成交金额24.42亿元，节约资金1.52亿元；政府采购项目204个，成交金额2.93亿元，节约资金0.21亿元；出让国有建设用地使用权47宗，成交金额30.49亿元；完成国有产权交易项目65宗，成交金额1336.71万元，较低价溢价620.83万元。

（蔡廷江）

【联交所】 为使国有资产得到最大程度的增值，联交所按照区委、区政府的要求以及联交总所的规定，严格遵守资产处置程序，通过网络、电视、报纸等多种方式披露信息充分，确保国有资产处置公开、公平、公正，充分发挥联交所这一国有资产的交易平台的作用。2016年1月至12月，处置国有资产标的42宗，交易额15.5亿元，增值0.074亿元。为提高国有资产利用价值，对全区的国有资产以公开招租的形式盘活，国有资产租赁到期的房屋及门市实行公开招租，成功处置招租标的66宗，交易额0.27亿元，增值0.062亿元。完成涉讼项目20宗，交易额0.34亿元。

【公车改革】 国资中心接收全区各个单位移交的取消车辆174辆，按照车改办的要求，对车辆进行评估、清洗、维修、整备，除调剂和报废后剩余的131辆车对外公开拍卖。12月18日，重庆市璧山区党政机关公车改革取消车辆拍卖会正式开拍。璧山区国有资产管理中心委托拍卖131辆，撤拍 1 辆，130 辆全部成交，起拍价 170.94 万元，成交价 546.90 万元，溢价率 219.94%。

【建设集团】 2016 年主要工作任务是：一是完成太阳堡公租房主体工程建设；二是完成 22.5 万平方米、3 401 套香江嘉园公租房附属工程建设；三是完成璧山区轨道换乘枢纽及连接道路工程定向经济适用房建设项目用地许可前期工作。

太阳堡公共租赁住房项目。位于璧泉街道虎峰一社，规划总用地 57 999.10 平方米，建设用地 42 536.03 平方米，总建筑 180 661.31 平方米，6 栋 33 层电梯楼，总套数 3 156 套，总投资 50 000 万元。2016 年年底，主体结构施工完毕，电梯安装工程已完成，室内装饰工程已公开招标，室外附属工程准备公开招标，正在办理相关手续。

香江嘉园公共租赁住房项目。位于璧城街道平二路，总建筑 22.5 万平方米，总套数 3 401 套，总投资 6.7 亿元。整个工程分为一、二两个标段：一标段建筑 96 876.6 平方米（1 404 套）；二标段建筑 128 812.34 平方米（1 997 套）。截至 2016 年底，已完成主体工程，并推进实施二次装修工程、附属工程。

轨道换乘枢纽及连接道路工程定向经济适用房建设项目。位于璧山区璧城街道港升还建房附近鸡冠石路旁，建设用地约 2.2 公顷。总投资估算 1.5 亿元，拟建总建筑 6.5 万平方米，住宅 49 094 平方米，住宅 716 套。截至 2016 年年底，已办理该项目勘界、立项、可研批复、环评通知、国有建设用地的土地预审。（区工程建设中心）

【两山公司】 2016 年，公司总资产 200.19 亿元，资产负债率为 27.87%。实现主营业务收入 9.03 亿元，融资到位 14.76 亿元，启动 20 亿元企业债券的发行工作，已通过国家发改委的初审。公司实体化进程加快，法人治理结构进一步完善，完成主体外部信用评级 AA 级，已申请批准享受西部大开发优惠政策。公司加强国有资产管理与经营，拥有土地 728.42 公顷，其中出让土地 224.81 公顷，储备土地 216.62 公顷，划拨林地 287 公顷；公租房及配套门市 34.43 万平方米，厂房及写字楼 36.14 万平方米；2016 年实现租金收入 2738 万元，比上年增加 898 万元，增长 48.8%。公司推进金融创新工作，创新股权投资方式，成立两支股权投资基金，投资入股重庆众泰汽车、凯成科技、轩恩教育等项目 6.37 亿元。同时，为完善区内基金投资产业链条，营造“双创”氛围，成立璧山区创业种子基金，基金规模 3 000 万元，首期出资 1 000 万元已到位。（曾　茜）

【绿岛公司】 公司注册资本 13.82 亿元，出资人为区财政局 12.86 亿元，占股 93.05%，2016 年中国农业发展银行增资 0.96 亿元，占股 6.95%；主要从事区政府授权负责绿岛新区的国有出让土地开发和经营、国有资产经营管理、基础设施建设和投融资等业务。公司设综合部、财务部、资产运营部、项目运营部等四个部门，现有企业员工 14 人，资产总额达到 175 亿元，资产负债率为 28.02%。

实体化改革。一是人员企业化，董事长（兼总经理）、副总经理由区委以企业人员身份配备到位，并市场化招录企业员工 10 名。二是规范董事会运行，制定《董事会议事规则》《总经理办公会议事规则》，对公司“三重一大”决策事项进行决策。三是完善企业管理制度，制订《公司财务内控管理制度》《员工考核管理试行办法》《考勤管理和请销假制度》等内部管理制度。四是探索“融、投、建、还”机制，起草的《璧山区区属国有企业投资项目政府回购管理暂行办法》经区政府第 70 次常务会议审议通过，并按此暂行办法与绿岛新区管委会签订 14.65 亿元的项目投资回购协议。

创新工作。根据璧山区建设资金的需求和政府债务管控相关规定，通过引入股权投资的方式实现融资到位资金 25.65 亿元。

对外投资。一是投资 0.3 亿元（占股 30%）与重庆金鸿博文化旅游发展有限公司共同组建重庆金惠森旅游发展有限公司，投资建设御湖新区精品酒店。二是投资 4 亿元收购秀湖公园正南门物业，配合区商务局引进渝西跨境商品直购体验城开门营业。 （绿岛公司）

【国隆公司】 重庆国隆农业科技发展有限公司(以下简称国隆公司）成立于 2015 年 7 月，属区属国有独资企业，主要从事重庆璧山国家农业科技示范园区的国有出让土地开发和经营、国有资产经营管理、基础设施建设、农业休闲旅游开发、所属范围内主要交通枢纽的道口经济开发和经营、投融资等业务。

2016 年公司的运营情况：国隆公司采取合资参股的方式促进国有资产保值增值。一是合作运营重庆西郊福寿园人文纪念公园项目。2016 年 3 月 8 日，国隆公司与上海福寿园实业发展有限公司合资成立重庆福寿园西苑实业有限公司，其中国隆公司出资 3920 万元，出资比例为 49%。该合资公司项目为建设殡仪馆和公墓（重庆西郊福寿园人文纪念公园项目），项目总体规划 103.33 公顷，分为殡仪馆、安乐水库库区及坝区、公墓建设三大板块，总投资约为 35 亿元。

二是参股运营重庆大路物流项目。2016 年 3 月 24 日，国隆公司与无锡市万达物流中心有限公司合资成立重庆大路物流有限公司，其中国隆公司出资 600 万元，出资比例为 30%。该合资公司项目为建设物流集散中心（大路现代物流园），规划用地约 13.47 公顷，建筑约为 13 万平方米，分为物流仓储（8.4 公顷）、商业设施（4.36 公顷）、加油加气站（0.66 公顷）三大板块，总投资约为 5 亿元。大路现代物流园区计划招商进驻物流企业 300 家，入驻 17 家物流公司，以此带动周边人员就业，促进大路道口片区运输业的发展，全面推进大路道口片区的经济发展。

三是承担园区基础设施建设。利用融资资金加快大路道口道路、管网等基础设施建设。2016 年完成大路道口片区 3、4 号道路建设。

国企管理：一是制定公司的各项规章制度及管理办法，建立健全企业董事会、监事会、股东会、职工代表大会等组织结构，进一步推进国隆公司实体化进程。二是做好在建项目的规划及管理，加强与下属两家合资公司的交流指导，确保在建项目能按时建设完成并投入经营，及早产生收益回报。三是与国家农业科技园区管委会做好协调沟通，全面完成园区的建设任务。四是紧跟市场潮流，结合产业实际情况，加大股权投资力度，做大做强企业，确保国有资产的保值增值。

（国家农业科技园区）

审　计

【概况】 2016 年，完成审计项目 135 个。其中，专项资金审计 6 个，预算执行审计 4 个（延伸审计 23 个部门），经济责任审计 11 个，政府建设项目投资审计 111 个。查出主要问题金额 1601 062 万元，其中违规金额 341 009 万元、管理不规范金额 1260 053 万元；审计处理处罚金额 353 735 万元，其中应上缴财政 341 101 万元、应归还原渠道资金 193 万元、应缴纳其他资金 22 万元、应调账处理金额 12 419 万元；审计发现非金额计量问题 68 个，损益（收支）不实 2 万元，审计期间整改金额 266 万元；审计促进整改落实有关问题资金 159 722 万元，其中增收节支 147 281 万元（上缴财政 147 088 万元、归还原渠道资金 193 万元）、缴纳其他资金 22 万元、调账处理金额 12 419 万元；审计后挽回（避免）损失 158 548 万元。移送司法机关 2 件（立案 1 件、提请批准逮捕 1 人）、纪检监察机关 1 件、有关部门处理事项 3 件（免职 1 人）。出具审计报告和专项审计调查报告 135 篇，下达审计决定书 126 份，出具会议纪要 14 期、审计专报 2 期、审计要情 5 期、审计建议书 3 份；提出审计建议 204 条，提交审计信息 139 篇，被批示、采用20篇。

【政策措施贯彻落实跟踪审计】 严格按照上级要求，重点审计对重庆市璧山区国土资源和房屋管理局、重庆市璧山区行政服务中心管理办公室、重庆市璧山区水务局、重庆市璧山区环境保护局、重庆市璧山区城乡建设委员会等5部门贯彻落实国家和地方重大政策措施情况。

审计发现重庆市璧山区国土房管局应收未收到期土地出让收入340 228万元、不符合规定收取征地管理费7万元、非住宅累计可售面积增加幅度大、集体土地征收货币化安置款偏低、分期缴纳土地出让价款措施执行不到位、房屋抵押登记费转嫁给购房者的问题等；重庆市璧山区不动产登记中心管理办公室不符合规定收取土地权属调查费14万元；重庆市璧山区人民政府尚有7个部门，涉及164项行政审批项目未进驻行政服务中心办理；重庆市璧山区环保局部分项目实施进度较慢、污水处理设施长期闲置或使用效果不佳的问题；重庆市璧山区城乡建设委员会房地产企业项目资本金缴存专户监管措施执行不到位、房地产企业开发项目资本金、预售资金首付款使用监管措施执行不到位等问题。

针对跟踪审计发现的问题，各单位及时整改落实，截至年末，重庆市璧山区国土房管局已整改收缴到期土地出让收入146 125万元，确保各项政策措施的贯彻和落实。

【财政预算执行审计】 依法开展2015年度重庆市璧山区本级财政预算执行和编制决算（草案）情况审计及区国土、发改委、环保等23个部门的预算执行情况审计，重点审计区本级财政预算执行和编制决算（草案）情况的预算执行、税收征管、政府融资债务等情况。查出主要问题金额1455 770万元，其中：预算编制批复不规范769 123万元、违规变更调整预算90 000万元、未按规定纳入预算管理296万元、未按规定征收缴纳收入341 543万元、违规改变项目计划和资金用途8万元、虚报冒领111万元、虚列支出2万元、扩大开支范围或提高开支标准列支10万元、决算草案编报不完整234 446万元、未按进度支付工程款14万元、违规收取费用32万元、账外资产103万元、其他20 082万元。通过审计，对璧山区本级财政预算执行情况作较为客观的评价，揭示区本级预算执行中存在的主要问题，提出合理化的建议。

【经济责任审计】 受区委组织部委托，组织开展11个单位14名党政领导干部任期经济责任审计工作，其中离任审计5名（福禄镇原党委书记谢玉红、原镇长彭长春、三合镇原党委书记张余，区发改委原主任、党组书记陈荣彬、璧山来凤中学校原校长代永亮），任中审计9名（河边镇党委书记彭开华、镇长唐应容、三合镇镇长范祥波、区经济和信息化委员会主任刘光中、区环境保护局局长张川、区人民医院院长朱堂棋、区司法局局长何中毅、区广播电视台台长胡玉华、区科学技术协会主席龙泽源）。审计查出主要问题金额6 659万元，其中：违规金额98万元、管理不规范金额6 561万元。促进增收节支91万元，其中上交财政资金79万元、归还资金原渠道12万元。提交审计报告11篇，提出审计建议44条，被采纳审计建议44条，审计报告获区政府主要领导签批11篇；发送区委、区政府审计要情2篇，向被审计单位或主管部门发出审计建议书5份，全部被采纳。

【政府投资项目审计】 全年完成政府投资审计项目111个，送审金额178 769万元，审定投资额166 873万元，审减金额11 896万元，综合审减率6.66%；移送有关部门处理2件，有关部门已落实处理2件，免职1人。建设单位在重庆市璧山区审计局入库的中介机构抽选并直接委托审核限额以下（100万元以下）的投资项目竣工结算180个，抽审部分报告的审计结果得到区政府领导批示4件。审计发现的主要问题：一是多计工程价款；二是结算送审不及时，送审资料不齐备；三是现场管理不规范、履行职责不到位；四是现场收方签证不实；五是交叉部位出现重复计算的现象或在不同的结算中重复计算的现象；六是材料使用质量的把控、甲供材事项的清晰不够；七是图纸不清；八是部分建设单位对结算送审审核力度不够。

【专项资金审计】　全年开展专项资金审计6个，分别为：2015年城镇保障性安居工程跟踪审计，2015年度扶贫资金管理使用情况审计，重庆市2014年至2015年卫生计生重点专项资金审计，重庆市璧山区农业委员会2015年度新型职业农民培育工程培训补助资金管理使用情况审计，重庆市璧山区农业综合开发办公室2015年度农业综合开发项目资金管理使用情况审计，重庆市璧山区农业委员会2015年度基层农技推广体系改革与建设补助资金审计。审计检查相关专项资金67 662万元，查出主要问题金额1 931万元，其中未按规定征收缴纳收入26万元、资金滞留闲置1 027万元、虚报冒领165万元、扩大开支范围或提高开支标准列支186万元、内部控制有重大缺陷1个、其他527万元。移送司法机关1件（立案1件、提请批准逮捕1人）、纪检监察机关1件、有关部门处理1件。

【信息化建设】　突出信息化建设的“三大保障制度”。一是区级制度保障。区政府出台《关于加强审计电子数据采集和报送工作的通知》（璧山府办发〔2016〕109号），明确审计电子数据定期报送机制，建立审计电子数据定期报送的“制度保障”。二是内部设施保障。加快数据存储和分析中心建设，配置企业级服务器1台、大容量数据存储专用硬盘20T、数据分析平台专用电脑6台，确保硬件设施在10年内不落后。加强与中软公司协调配合，按时完成财政联网审计软件安装与部署。三是信息人才保障。抽调计算机专业人员、业务骨干12人组成大数据分析小组，具体负责审计工作中数据的采集、整理和运用，组成大数据分析小组的“人才保障”。利用数据平台采集的“数据包”，在2016年的预算执行审计、经济责任审计、专项资金审计均采用大数据平台采集和筛查数据的方式，通过对数据逐个解析和导入AO系统来收集和筛选疑点，其中专项资金审计在充分利用大数据“挖掘”方式下，移送案件2件，提高审计工作效率，逐渐改变“审计老路”，加快向大数据分析、互联网+智慧化审计的方式转变。

加强信息化人才队伍建设。一是以老带新的“传帮带”，科室负责人签订“传帮带”责任书，明确在1年内培养新同志独立开展审计业务、3年内能担任审计组长。二是以“考试、考核结合”的“激励法”，将职称考试纳入审计专业化建设必选项，与考核奖惩相结合，一举实现高级审计师考试零突破，1人通过高级审计师考试，2人获中级审计师资格。三是“战训叠加”的“结合法”，选派业务骨干6名，新同志3名参加审计署在北京等地举办的各类培训，将培训作为提升人员素质的主要抓手。采取“轮岗制”，让办公室人员参与审计项目，安排投资审计人员到财务审计项目，多岗位锻炼干部，通过实战提高审计人员履职的能力。

【内部审计】　全区各部门、各企事业单位设内部审计机构32个，其中专职机构3个；配备内部审计人员64人，其中专职审计人员9人；完成审计项目20个，审计总金额11 780万元，促进增收节支145万元，提出的建议和意见被采纳71条。

（何泽兴）

统　计

【概况】　2016年，随着区经济社会快速发展，统计数据采集规模日益扩大，面对复杂环境，区统计局真抓实干、锐意进取，积极服务于“三区一美”发展战略，统计工作取得新成效。

【统计监测评价】 坚持以“谋在新处，干在实处”的工作态度与责任心，客观真实反映“三区一美”发展巨大成就，在经济下行压力仍然巨大的情况下，多数经济指标进入全市“第一梯队”，定格为看得见的经济“故事”。2016年，全区地区生产总值（GDP）完成428.4亿元，同比增长11.4%，其中：第一产业增加值27.2亿元，增长4.1%；第二产业增加值301.5亿元，增长12.0%；第三产业增加值99.7亿元，增长10.9%。固定资产投资完成718.8亿元，增长13.9%；社会消费品零售总额完成122.4亿元，增长14.8%；城乡居民人均可支配收入24 186元，增长10.9%；城镇化率提高1.82个百分点，达到54.26%。

【数据质量管理】 严格按照“四上”企业入库审批的要求，全力做实“四上”企业入库审批，把好入口关，建立“四上”入库审批“零报告”制度和新入库企业数据质量承诺制度。加大对指标逻辑性、匹配性的审核力度，保证统计数据的真实性，把好审核关。定期选择一定数量、不同层次的基层单位进行数据质量抽查，及时纠正数据填报误差。不断强化数据评估，修订完善数据质量控制办法，健全统计数据质量控制体系。对于上级统计部门查询的数据，各级统计人员深入企业一线，核准查清主要原因，把好数据查询关，保证统计数据的真实性。

【统计制度改革】 深入推进行业统计一套表工作，进一步明确行业统计人员和专业统计人员的具体职责，及时调整联网直报平台数据处理权限，按照“两审终审制”的原则，修订完善行业统计数据评估办法。严格按照国家和市局的要求，积极稳妥推进国民经济核算方法制度、“三新”统计调查制度、服务业调查制度等统计方法制度改革。有针对性的修改完善全区统计工作考核办法，加强部门统计工作的指导，不断提高全区统计工作管理水平。推进统计方法创新，做好各项常规统计专业数据的采集、审核、评估、上报等工作，采取有效措施，做到科学统计、应统尽统。

【统计优质服务】 始终坚持为党政机关和社会各界提供优质的统计信息服务。先后编印出版《统计公报》《统计年鉴》《领导干部手册》等统计资料，每月按时发布《璧山统计月报》，为领导和社会各界了解全区经济发展动态，发挥重要的统计参谋作用。全年发布各类统计工作信息、经济信息120篇，被区内媒体和区委办、区政府办等采用200篇次。撰写各类统计分析24篇。其中：《璧山区域文化建设与区域经济的关系研究》被市局评为优秀统计分析，《企业一套表条件下固定资产统计方法研究》被市统计局、市统计学会评为统计制度方法改革研究论文三等奖。

【统计法治建设】 坚持将恪守联网直报“四条红线”和统计普法渗透到各类统计业务培训中，不断提高企业统计人员依法统计意识。建立统计执法骨干队伍，突出行业重点，全面加强统计督导、执法检查等工作，日常指导检查100家企业或单位，指导企业建立统计制度、完善统计台账、资料档案管理等。不断加强统计执法力度，通过执法检查，对5家统计违法企业下达限期整改通知书，对1家统计违法企业给予警告、罚款的行政处罚，进一步优化全区依法治统的良好环境。

“四条红线”：1.坚持“先进库、再有数”，绝不自行修改名录库；2.坚持由企业独立报送真实的统计数据，绝不干预企业独立报送真实数据；3.坚持由企业自己上报联网直报数据，绝不代填代报企业数据；4.坚持由企业修改差错或补填不完整报表的原始数据，绝不自行修改企业任何数据。

【第三次全国农业普查】 自区政府三农普领导小组成立以来，区统计局牵头完成机构组建、配备人员、落实经费等。全区划分163个普查区，1 039个普查小区，选聘普查“两员”1 807名，分阶段开展27期综合业务培训，完成30个样方的农作物播种面积遥感测量野外调查。围绕“农业普查，福到农家”这一主题，借助平面媒体、电视媒体、网络媒体等，开展媒体宣传，印制三农普宣传挂历17万册，广泛宣传农业普查的重要意义。定期到镇街开展业务指导、工作督导等，为登记工作打下坚实的基础。（鲁兴华）

工商行政管理

【概况】 2016年，坚持以深化改革统领全局，围绕“315”（国际消费者权益日）总体要求和“三区一美”战略，发扬“敢为、能为、有为，亲商、清商、安商”精神，推进各项改革任务和重点工作。

【市场主体注册登记】 以方便群众办事、服务企业发展、助推市场繁荣为核心，严格落实“一次性告知”“首问首接负责”“限时办理”等制度，坚持“特事特办，平事稳办”，对重点招商引资项目开辟绿色通道，对简单登记事项实行“核审合一”，注册登记全面提速，企业登记当日办结率80%，3个工作日办结率100%。落实企业“五证合一”，个体工商户简易注销，“两证整合”等改革举措，不断营造便捷高效的准入环境，市场主体总量持续保持快速增长。全年新增市场主体7 458户，其中内资企业1 905户、外资企业7户、个体工商户5 477户、农民专业合作社69户；全区市场主体总量达到48 066户，较上年末增长18.37%。

【市场主体监督管理】 开展年报公示及抽查工作，内资企业、外资企业、农民专业合作社、个体工商户年报率分别达到89.15%、92.31%、98.72%、82.83%；完成1074户市场主体公示信息的定向和不定向检查，完成率100%。4月20日，国家工商总局到璧山调研“双随机”抽查（企业信息和执法人员的随机抽取、随机对应）工作，给予充分肯定。办理动产抵押登记118件，金额14.05亿元；拍卖备案13件，成交金额1.3亿元；办理合同格式条款备案8份，审查307条，收集点评29条；认领中介组织208户，认领分类准确率达98%以上；公示市级守重单位43户，其中微型企业4户。

【反垄断与反不正当竞争执法】 围绕全区经济社会发展中的突出问题、人民群众反映和关注的民生及热点问题，不断加大经检执法力度，立案调查违法经济案件65件，罚没金额300万元。建立和完善投资咨询类市场主体监管长效机制，消减投资咨询类市场主体76户。不断加大非法金融风险排查处置工作力度，开展联合检查10次，排查发现并依法移送涉嫌非法金融案件2件。创建“重庆市无传销区县”。

【消费者权益保护】 紧扣百姓消费热点，加大维权力度，构建“政府监管、企业自律、社会监督、消费者参与”的消费维权社会协同共治的新格局。围绕“新消费我做主”年主题，开展“3·15”系列宣传活动，接受消费者现场咨询200起，发放宣传资料2万份。开展红盾护农、成品油质量升级、红盾质量维权等专项整治，加强流通领域商品质量监督管理，抽查检验重点商品质量114组，不合格率19%。不断强化“12315”快速反应队伍和消费维权体系建设，新设立“12315”消费维权服务站5个，撤销4个不符合规范的“12315”消费维权服务站。全年受理消费者投诉举报503件，为消费者挽回经济损失456万元。

【信用体系建设】 继续落实全区社会信用体系建设联席会议制度，推动区政府出台《关于做好国家企业信用信息公示系统先行建设工作的通知》，促进全区企业信用体系建设。全年征集企业信用信息 8 000 条，累计 10.8 万条；发挥重庆市联合征信系统优势和作用，出具企业信用查询报告1 104 份。

【非公组织党建工作】 紧扣工商部门非公党建职能调整，与区委组织部、非公工委联合下发《关于发挥工商职能进一步深化全区非公组织党建工作的通知》，选派 21 名基层工商所党员干部挂职担任镇街非公联合支部副书记，配合做好非公党组织组建工作，查找隐形党员 46 名，协助建立非公经济党组织 10 个。指导“小个专”（小微企业、个体工商户、专业市场）党组织开展“两学一做”学习教育，深化“三亮”（亮身份、亮承诺、亮形象）活动，表彰“共产党员示范（明星）经营户”40 户。开展“双帮双培双带”，组织在职党员到社区报到 53 人次，实地走访慰问帮扶对象 3 次，投入帮扶资金 1.5 万元，完成精准扶贫工作任务。

【法治建设】 参加全市“学法用法示范单位（机关）”创建，组织参加普法考试，通过率 100%，获公职律师资格人员 1 名，获区委宣传部表彰的“最美法律志愿者” 1 名。抓好行政权力清理规范工作，清理行政审批 20 项、行政处罚 414 项、行政强制 5 项、行政检查 2 项、其他权力事项 17 项。推行行政执法“岗位责任制、评议考核制、责任追究制”，核审案件 62 件，纠正问题 316 条，提出修改、补证建议意见 187 条，案件核审率 100%。

【基础建设】 以“两学一做”学习教育为动力，深入贯彻落实中共十八届六中全会精神，推动全面从严治党向实处拓展、向基层延伸。落实《干部人事管理若干规定》，组织开展教育培训 42 次，参培 770 人次。坚持人、财、物向一线倾斜，大力推进基层规范化建设，创建 AAAA 级工商所 2 个，AAA 级工商所 2 个。（区工商局）

物价管理

2016 年，全区居民消费价格指数 101.5%，社会商品零售价格指数 101%，八大类商品和服务价格呈现“六涨两降”格局。一是加强定调价管理工作。核定正兴经会兴至丹凤农村客运票价和青柳阳光等 6 个小区公共租赁住房租金标准；重新核定区妇幼保健院特殊病房床位费收费标准。二是推进价格改革。城区居民阶梯水价政策从 2016 年 1 月 1 日起执行；城区居民阶梯气价调整完成各项准备工作，将于 2017 年 1 月 1 日起执行。自 2016 年 1 月 1 日起放开民用爆破器材流通价格、石油液化气价格、非居民自来水安装收费、非居民天然气安装收费均实行市场调节价。三是清费减负工作。通过涉企专项检查、教育收费交叉检查，严格执行国家明令收消、停征（停征国内植物检疫费）、免征，以及降低收费标准的行政事业性收费项目政策。行政事业收费和实行政府定价的经营服务性收费目录清单公示，并建立常态化公示制度。四是做好“12358”价格举报投诉工作。全年受理价格举报投诉 48 件，其中，政策咨询 3 件，价格投诉 45 件，办结 48 件，办结率 100%。五是做好价格认证工作，出各类刑事、行政价格鉴证结论书 284 件，涉案金额 23 348 万元。其中办结刑事案件 278 起，涉案金额 224.69 万元；行政案件（均为车损案件）6 件，涉案金额 8.79 万元。（区发展改革委）

就业管理

【概况】 2016 年，围绕民生实事，以问题为导向，创新工作方式，加强培训与引导，就业创业工作取得明显成效。完成各类培训 97 期、培训人数 4 607 人，完成民生实事目标任务 3 500 人的 131.62%。人力资源基础台账信息管理系统人员数据实现动态更新，录入 387 528 人。

【就业】 截至12月31日，全区累计实现城镇新就业30 255人，与上年同期相比增加6 719人，增长31.66%，完成目标任务18 000人的155.23%。城镇登记失业人员就业5 860人，增加1 063人，增长22.64%，完成目标任务3 900人的150.26%；就业困难人员就业1 803人，减少205人，降低10.21%，完成目标任务1 300人的138.69%。期末全区有城镇登记失业人员2 691人，其中女性1 463人，占比54.37%；期末城镇登记失业率为2.41%，控制在3%以内。回引市外农民工返乡就业创业2 409人，完成目标任务2 000人的120.45%。

【失业保险扩面征缴】 截至12月31日，参保职工83 154人，完成目标任务77 700人的107.02%，2016年新扩面14 577人，参保净增5 563人。由于缴费比例下调，截至12月31日，征收失业保险金2 186.23万元，完成征收计划2 100万元的104.11%。2016年，区就业局审核发放企业稳岗补贴987.35万元，支持企业户数338家，稳定职工30 258人。

【创业担保贷款】 截至12月31日，发放创业担保贷款735笔、贷款金额10 002万元，带动吸纳1 946人就业，完成民生实事发放贷款5 000万元任务的200%，同期收回贷款291笔，贷款回收率100%。2016年，召开3次由区就业局、区财政局、承贷银行参加的创业担保贷款工作联席会，按照中央、市的有关文件规定修订《璧山区创业担保贷款实施办法》，严格规范贷款操作程序，简化办事流程，缩短审批时限，为群众提供方便快捷的服务。

【招用工平台】 截至12月31日，区人力资源市场举办各类公共服务活动100场次，其中：春风行动、就业援助月、化解过剩产能等专项政策咨询及现场招聘会8场，为缓解区重点企业用工难举办众泰汽车、有友食品、宗申车辆等专场招聘会4场。进场招聘的企业400家，提供岗位19 872个（其中适合高校毕业生的岗位1 767个），为求职人员提供职业指导19 557人次，达成用工意向11 203人，在重庆就业网上发布用工信息3 480条，介绍成功4 274人次，缓解企业招工难的局面。

【信息产业配套企业招工】 采取签订“三方合作协议”、对重点信产配套企业进行动态管理、与企业人力资源系统实现对接等方式，为区内信产配套企业输送一线操作员工46 032人次，其中：重点配套企业30 056人次。审核发放招聘补贴1 194.27万元。

【就业援助】 重点做好就业援助月活动。按照市就业局统一安排，在全区组织开展以“就业帮扶、真情相助”为主题的就业援助月活动。通过做实宣传动员、登记认定、全面普查和岗位储备四项基础工作，实施岗位援助、服务援助和政策援助，切实帮助就业困难人员实现更高质量就业。活动期间，走访就业困难人员家庭248户；登记认定的未就业困难人员78人（其中：残疾就业困难人员1人）；组织专场招聘会10次，帮助67名就业困难人员实现就业，提供就业服务1 224人次。

【高校毕业生就业创业】 全区实名制登记的2016年应届离校未就业高校毕业生为211人，其中高校贫困毕业生2人，采取电话联系、上门走访、发放政策宣传资料等方式摸清全区高校毕业生的基本情况、就失业状况、服务需求等信息，了解到全区高校毕业生中除去出国、参军、升学、自愿不就业等情况，有就业意愿的高校毕业生155名，依托离校未就业高校毕业生就业创业定制服务计划，采取组织专场招聘会、职介推荐、职业培训、创业贷款等措施，帮助152名高校毕业生实现就业，就业率98.1%。高校贫困毕业生2人，就业率100%。定制服务计划登记总人数217人，服务率100%。

【农村劳务开发】 一是广泛宣传全区经济社会发展现状及良好的区位优势，以及返乡就业创业的有关优惠政策、返乡农民工就业创业的先进典型，并发布重点产业企业招聘信息。二是利用车站、广场等人群聚集场所，政务公开栏、电子屏幕等信息平台，采取召开返乡农民工座谈会、招聘会等形式，发布招工信息8 000条次，发放《春风卡》《致返乡农民工慰问信》《农民工服务手册》等宣传资料32 000份，悬挂宣传横幅28幅。三是于春节前举办1次100人参加的全区返乡农民工就业创业座谈会，各镇街也在春节前后分别举办1次有50人参加的返乡农民工座谈会，座谈会邀请已返乡就业创业的农民工“现身说法”，细算“亲情账”和“经济账”。全年，培训家服从业人员17期、598名，帮助学员在技能方面的提升，促进其就业。全年开展学员与家政公司求职用工双选会8次，有361人与企业达成意向性协议。578名农民工参加新市民培训，发放补贴32.36万元。通过新市民培训，努力推进全区农民工本人融入企业，子女融入学校，家庭融入社区，群体融入城镇，促进农民工与社会融合。全年，从事家庭服务业的17名优秀人员获全市“百优”家庭服务从业人员，璧山区大江龙餐饮文化有限公司董事长龙大江被重庆市人力社保局、重庆市总工会评选为第四届重庆市“十佳农民工返乡创业明星”。

（陈　鹏）

劳动管理

【概况】 2016年，立足“保民生、保稳定”的要求，深化收入分配制度改革，创建和谐劳动关系企业，加强工伤认定，开展劳动保障监督“两化”建设和劳动执法、维权，劳动维权向人性化迈进，维护全区经济社会和谐稳定。

【收入分配】 根据全市统一部署，全区收入分配制度改革工作全面深化，工资构成更加合理，收入分配更加科学。全区234个工资统发单位全部启用宏业工资管理系统，实现工资计算自动化、工资发放系统化、工资数据安全化。调整5 500名退休人员的养老待遇。调整机关事业单位工作人员基本工资标准，同时重新核定事业单位绩效工资总量，涉及公务员（参公人员）2 800多人，事业单位人员8 100多人，人均增资340元/月。调整587名人民警察警衔津贴，人民警察待遇显著提高。公车制度改革后，完成2 769人公务交通补贴的审批发放工作。完成全区农、林、水第一线科技人员固定1级薪级工资工作。全年审批退休人员266人，认定连续工龄266人，办理遗属生活困难补助35人。配合社保局做好全区养老保险实施工作的政策宣讲、业务培训、数据收集、工资核定等工作。根据市里统一部署，实现养老保险实施过程中全区工资数据与市社保金保数据的

2016年3月2日，璧山区“春风行动”求职现场

（刘畅　摄）

"中间库"数据互通连接。推进企业工资分配制度改革，指导签订集体劳动合同411户；工资集体协商367户；区域性集体75个；区域性工资协议75户；行业性集体劳动合同8个。上半年，调查金冠汽车、统一食品等54家用人单位的薪酬制度，对来风自来水厂的工资宏观调控结算批复，并做好2016年的工资宏观调控的计划。下半年对全区国有及国有控股企业工资宏观调控专项检查，完成全区区属国有企业负责人薪酬制度改革方案的拟定，并经区政府发文实施。

【劳动关系】 全区创建和谐劳动关系企业AAA级2个（重庆榄菊实业有限公司、重庆渝山水资源开发有限公司），AA级50个，A级101个，完成年初下达的创建计划。

【工伤认定】 办理工伤认定确认案件1 366件，其中，作出受理决定1 355件、不予受理决定4件，申请人主动撤销11件。在受理案件中，作出认定（视同）工伤决定1 332件，作出不予认定工伤决定18件。驳回1件。参与33人次职工伤亡重大事故现场处理和集访处理。

【劳动保障监察】 开展劳动保障监察"两网化"建设，建成网管中心，网格、人员、职责、制度、场地等均落实，建立区、街道（镇）、村(社区）三级劳动保障监察"网格"15个，四级劳动保障监察"网格"54个，全区动态保持54名劳动保障监察员（协管员）。设立调查询问室、调解处理室。开展各类专项检查：从2016年5月16日至8月30日书面审查劳务派遣单位及劳务派遣用工单位19个劳动用工情况。经审查，全部签订劳动合同并参加社会保险。6月20日至7月29日专项检查建筑、市政、交通、水利等工程建设领域和劳动密集型加工制造、餐饮服务等行业企业，此次检查涉及42家用人单位，劳动者762人，4家用人单位存在拖欠工资的行为，涉及金额10万元。责令这4家用人单位支付工资，向9家用人单位下达《劳动保障监察执法建议书》，要求依法整改。根据《重庆市璧山区人民政府关于开展皮革小区"三合一"场所专项整治的通告》（璧山府发〔2016〕27号）精神，10月27日起配合区消防、区安监等部门开展皮革小区"三合一"场所专项整治工作，推进工作较为顺利。全年开展宣传7场次，发放宣传资料3 000份，接受咨询800人次。检查各类企业、建筑工地460家，涉及劳动者8 381人，下发限期整改通知书127份，行政处罚5户，罚款4万元。受理投诉举报和信访案件453起，办结453起。

【劳动争议仲裁】 2016年，全区立案受理劳动人事争议案件1 819件，结案1 819件，结案率为100%。

（区人力社保局）

质量技术监督管理

【概况】 2016年，开展以"金冠工匠，人人争创"为主题的"质量月"活动，加强计量监督检查，完成农村综合改革标准化试点项目建设，深入开展认证认可"双提升"活动，清理、更新特种设备安全监管平台，加强重点建材、重点工程监管，实现网上对外办公。

【质量监督管理】 出台《贯彻落实质量发展纲要2016年行动计划工作方案》；建设质量培训基地；开展以"金冠工匠，人人争创"为主题的2016年"质量月"活动；6家企业7个产品获重庆名牌产品；区政府奖励2015年获评重庆名牌和知名产品企业28万元；请专家为200家企业开展"供给侧结构性改革""质量成本控制""供应链成本控制"等专题培训7期，启动嘉陵摩托和宗申摩托2家企业"供应链成本控制"试点工作，顾地塑胶电器公司2016年开展"质量成本控制"节约253万元；率先在全市开展消费品双随机监督抽查工作，抽取皮鞋企业426个批次，合格率92%；开展“质量月”活动和“我心中的质量”少儿绘画活动，选送60幅作品参赛，其中2幅作品获优秀奖。

【计量工作】 全面完成15个街镇卫生院、9个社区服务站、263个村卫生室1 283台件在用医用计量器具的免费检定；对3家电子汽车衡生产企业、3家电子计价秤销售门市、9家农贸市场使用的806台电子计价秤开展监督检查；联合一分院对35家加油站在用250只加油枪的检定情况开展检查并建立档案。

【标准化管理】 全面完成农村综合改革标准化试点项目建设并通过国标委考核验收,搭建从区到部门到村的有机衔接的三级工作架构，制定3个层次10个标准；有序推进行政服务大厅标准化试点项目建设,与璧山行政服务大厅搭建工作机构，召开联席会议2次，到涪陵行政服务大厅调研、考察;开展皮鞋新标准宣贯，60家皮鞋生产企业参训；47家企业242个产品标准实行自我公开声明，公开率达到100%。

【认证认可】 深入开展认证认可“双提升”活动，坚持每月对机动车安检机构开展巡查；对10家检测机构开展专项巡查，检查报告500份，发现无内审方案等30条一般不符合项；为确保检验报告数据准确性，以疾控中心为试点，确定6个关键控制点，不断提升获证实验室认证公信度；对14家获CCC认证的生产企业开展全面巡查，立案查处未持续保持认证条件的生产企业1家。

【特种设备安全监察】 清理、更新特种设备安全监管平台管理数据；审核上报风险信息236条；争取区政府印发特种设备事故应急预案；组织渝山水资源公司开展液氯泄漏事故应急演练；帮扶1家企业申报标杆锅炉房建设;立案特种设备案件32件;联合镇街开展特种设备安全知识培训8期，培训人员500人次；开展“特种设备安全知识进实验小学、电梯安全知识进同景小区”等宣传活动;2016年出动安全监察人员565人次，巡查特种设备生产、使用单位318家次，下达指令书85份，发现安全隐患206条，整改到位198条。

【执法能力建设】 突出对学生用品、建材产品等重点产品的监管和重点工程、重点项目建材质量把关。立案查处99件，查获伪劣产品货值56万元，为消费者挽回经济损失600万元，接转“12365”办件76件，办结76件；不断加强依法行政各项规范化管理，无行政复议、诉讼案件。

【质监改革】 拨出专项资金，配置专项网络和终端设备，全面实现“网上办理”，更加方便、快捷地服务群众。办理特种设备使用登记873台(件)，行政许可37件，办理时限在法定时限上提高50%以上。

（区质监局）

食品药品监督管理

【概况】 2016年，全面实施食品药品网格化监管，建立辖区服务对象数据库，加强食药监管所基础设施建设和人员培训，启动网上审批改革工作和新版食品生产许可证发放和换证工作，加强重点领域专项检查和对药械、保健食品、化妆品的跟踪检查、监测及专项整治，确保辖区无较大以上食品药品安全事故发生，完成年度各项目标任务。

【食品药品网格化监管】 为落实创新监管，有效履行监管职责，构建食品药品安全社会共治格局，全面实施网格化监管，建立辖区服务对象数据库，印发《璧山区食品药品安全网格化监管实施方案》，区、镇（街道）、村（社区）按行政区域建立全覆盖的三级网格化监管体系，各镇街组成区级（一级）网格，各村、社区组成镇街级（二级）网格，各居、组组成村、社区级（三级）网格。从镇街主要领导、分管领导、责任人到网格长、副网格长、网格管理员、协管员、网格责任干部层层明确管理人员职责。各社区（村）以组、片为单位划分若干小网格，实行“三定”（定人、定岗、定责），网格监管干部均按网格开展监管工作。其他以协管员为主要力量的网格管理人员在协助执法、隐患排查、信息报告、宣传引导等方面发挥作用。

【食药监管所建设】 区食品药品监管体制改革后，整合区卫生、质监、工商和食药监职能，落实基层监管机构建设，15个镇街全部设立食品药品监管机构，任命食品药品监管所（办）负责人，配齐监管人员，对监管人员进行法律法规培训考试合格后，办理执法证件，各村社配备187名食品药品监督管理协管员。同时，不断加大监管所设施设备建设投入，配发办公设备、执法服装、执法装备等，在各监管所办公地点设置安装标志标牌和户外指示牌，统一对外形象，方便办事群众。15个食品药品监管机构全部建立食品检测快速检验室。

【行政许可】 网上审批改革工作启动，网上审批流转613件。全年受理食品销售许可2 402起，发放许可证2 373张，延续263家，变更141家，注销1388家。发放食品生产经营活动备案证608张。其中“食品流通许可证”新办699家，注销1 125家；“餐饮服务许可证”新办713家；延续175家，变更141家，注销261家；“食品经营许可证”新办961家，变更5家，换证88家，注销2家。“药品经营许可证”零售新办21家，变更95家。三类医疗器械经营许可新办5家，变更4家。二类医疗器械备案新办20家，变更8家。全部在法定期限内提前办结。

【食品药品安全宣传教育】 加强培训教育持续提高人员素质，对全区1 611名新配备的食品安全管理人员培训，对4 800家食品生产销售主体的负责人、质量负责人落实主体责任教育，对全区100名监督执法人员开展“两证合一”许可制度改革及落实“两项制度”业务培训。选派89人次参加国家局、市局组织的法律法规和业务知识培训。完成824人药械从业人员继教培训，完成药品上岗证培训125人。开展“食品安全宣传周”“安全用药月”等食品药品安全知识宣传活动67场次，发放宣传资料4.5万份，接受群众咨询2 800人次。

【食品安全监管】 启动新版食品生产许可证发放和换证工作，重点监管大型连锁超市等，餐饮量化分级评定率达到96%。针对学校食品安全的特殊要求，重点开展对学校食堂、幼儿园食堂以及学校超市、周边副食店、餐饮单位专项检查，对存在问题的立即下达《责令整改通知书》。开展高考、中考等重要保障21场次，保障1.18万人次就餐安全。在食品生产加工、流通和餐饮环节，先后开展小灶酒、豆制品、肉制品、食用油、婴幼儿配方乳粉、食用农产品、火锅底料等专项整治28次，对违法企业实施惩处。完成食品监督抽检886批次，药品监督抽检121批次，对不合格批次进行后处理。

【药械、保健食品、化妆品监管】 全年按计划对125家药品经营企业跟踪检查，完成药品采样121批次，医疗器械12批次，保健食品市抽20批次，化妆品57批次。加强不良反应监测，上报药品不良反应492例，医疗器械不良事件186例，药物滥用监测307例。完成药械、保化经营使用单位日常监管751家次，下达《执法意见书》78份，责令整改124家次；立案32起，销毁货值金额3万元的过期失效药品。检查美容美发场所345家，发现涉嫌违法违规产品143件，货值金额15 428元，处罚案件8件。开展“复方磷酸可待因口服溶液专项检查”“医疗器械冷链专项检查”“无菌和植入类医疗器械监管”等专项整治26个。

【作风建设】 分局注重领导班子建设，强化主体责任落实，把监管工作与党风廉政建设同部署、同落实、同检查、同考核，班子成员既抓分管业务又抓业务范围的党风廉政建设，自觉维护内部团结，敢于面对风险，勇于承担责任，在“重大决策、人事任免、突发事件处置、大额资金使用”和涉及干部职工切身利益等问题上，坚持集体研究、集体决策，严格落实一把手末位表态制。3月，区人大执法检查组对分局贯彻实施《中华人民共和国食品安全法》的情况执法检查，民调食品安全满意率96.8%，对分局的监管工作给予肯定。8月，区政协对分局民主评议提出监管队伍能力建设有待进一步提高、农村家宴“一条龙”管理亟待进一步规范等意见。9月，区政协对这些意见整改情况回访，对落实整改情况给予满意的评价。

（饶志军）

烟草专卖管理

【概况】 截至2016年12月，有从业人员77人，其中大专及以上学历69人，占比89.61%；中级以上职业技能资格证书53人，占比68.8%；中级以上专业技术职称6人，占比7.8%。在党建方面，现有党支部1个、党小组3个，共产党员31名。全年认真开展“两学一做”学习教育活动，切实发挥党员先锋模范作用，强化反腐倡廉建设。2016年卷烟销售总量25 574箱，含税销售收入6.16亿元，实现税利11 642.89万元。

【市场监管】 全年查处各类涉烟违法案件143件，案值56.09万元。查获假烟和走私烟492.9条，案值11.12万元。截至2016年年底全区有效客户2 868户，年度新增办理458起、不予许可15起、注销502起。且全年无1例涉烟行政复议或行政诉讼。

【烟草打假】 一是加大专项整治力度。实施《元旦春节卷烟市场整治专项行动方案》和《查处名烟名酒店和异常客户方案》，对边界市场、主干运输渠道、娱乐场所、名烟名酒店等实施重点监管；“五一”前后开展市场专项整治，梳理出涵盖中心商圈、车站码头及夜市，大型广场、酒店、公园及游乐场所等重点区域的“旅游季重点监管客户名单”44户，并对名单客户拉网式排查；开展辖区卷烟市场打假打私“利剑”专项行动，推进严堵严查严控严打模式，深挖物流信息，针对辖区内快递、物流形成严查监管的高压态势，并与区公安、食药监、邮政、物流站点等形成利剑联合行动组。二是加大市场检查和联防联守力度。持续推进“5+2”“白+黑”工作模式常态化，充分利用时间差，每月安排稽查队员开展夜间巡查、周末检查，开展节前突击检查，市场监管无死角；按照全市系统要求，每月与近邻单位开展联防联守交叉检查，同步打击涉烟违法犯罪，互相学习先进经验和办案方法，共同提高市场净化率。三是深化队伍建设。开展多形式培训，包括许可证后续监管、延期、互联网+办案机制等，提升业务能力和综合素质；顺应法治建设和简政放权态势，裁撤政务大厅，实现精简机构、转作风提效能。四是加强证照管理。全区有效客户2 843户，全年新增办理428起、不予许可14起、注销483起。且全年无一例涉烟行政复议或行政诉讼。

【许可证改革】 在行政审批方面，继续执行2015年6月1日开始的烟草专卖零售许可的相关政策。即放宽办证条件（在办理新办和延续事项时，取消要求申请人提供银行存款证明的规定；在办理延续事项时，零售许可证持证人为经营场所产权人的，不再要求其提供经营场所产权证明；在办理延续、变更事项时，取消要求申请人提供工商营业执照的规定；放宽经营场所认定条件等）、简化审批流程（新办零售许可证实地核查中，取消要求最近零售户签字和绘制现场勘察示意图的规定；新办申请审核审批中，取消法制监督部门合法性审查环节；在办理延续、变更申请和补办、停业、恢复营业、歇业等管理类事项时，受理、审查、决定、送达等环节合并为审办环节等）、缩短办理时限（新办申请应当在15个工作日内作出许可决定,不得延长；准予延续和办理变更、管理类事项应当当场即时办结；因市政规划等政府行为，零售许可变更需求较大的，可采取集中受理、上门服务的方式办理；推进专卖信息化建设，建设网上政务大厅，实现申请材料网上提交、审批进度随时可查）等举措，进一步提高审批效率和服务水平，方便群众服务群众。事前公示办证条件，事后公开办证结果，实行“阳光审批”，营造公平竞争市场环境。9月，裁撤政务大厅，保留案件办理的职能职责，将人员编制转入专卖科，进一步精简机构，提高效率。

【品牌培育】 一是实施“五天均衡拜访”，强化基础服务。构建“每天有销售、上午走市场、下午跟订单、晚上补遗漏”工作常态机制。二是细化责任分解。将月度计划分解到片区和个人，跟踪任务进度到天到人，每天下午4点前公布当天销售动态和“四率”情况，坚持网订成功率低于90%不下班的工作机制。三是有效实施货源投放。用“稍紧平衡、调整状态”破解当前卷烟销售困局，加强货源投放精确和精准度，找准地产烟、细支烟、盈利烟的销售“提量点”。四是认真推进“五个一”营销策略。充分运用品牌宣传策略，通过工商联动、“三进”、美食节和一街一镇促销等方式提升渝产品牌的市场销量。五是充分调动客户“蓄水池”功能。通过40场客户培训会、表彰会、运动会等多种“接地气”方式，加强客户帮扶和“一对一”经营指导，传递公司营销思路，努力发挥社会库存“蓄水池”功能，加大对僵尸症客户的激活力度，完善客户良好关系。

全年累计卷烟销售25 574箱，同比下降6.41%；实现销售收入含税7.2亿元，增加0.1%；实现单箱销售收入含税2.82万元，增长6.96%。人均消费量达到8.82条。一、二类烟分别增加4.9%、5.8%，三、四、五类烟分别减少9.7%、13.8%、6.3%。

【文化建设】 坚持“三诚”服务文化与机关治理、“两学一做”学习教育活动同部署同落实同开展。一是安全、精益管理、规范管理与财务审计运行良好，2016全年无一起重大安全责任事故发生；QC课题在客户信息数据采集效率和质量方面有显著提升；公开招标项目12项、特殊项目4项、合计实施金额106.66万元，公开招标项目比和金额比均100%；完成中央巡视烟草问题专项整改、全市系统国有资产专项检查、专项巡视整改“回头看”自查、银行账户和存款专项治理及主要负责人任期经济责任审计，重点纠察招待费、违规补贴、小金库、福利费、物资采购等，自查问题对应整改；同时调整年度预算，厉行降本增效，削减费用。二是深化人才队伍建设，释放人才红利。适应卷烟营销新常态，不断优化绩效考核和人才配置，3月完成机关9名人员调岗专销一线，9月实施政务大厅裁撤，季度召开绩效委员会开展绩效诊断。完善人事机制建设，修订与职工切身利益相关的人事规章制度，鼓励员工参加职业技能鉴定、职称评定和继续教育，开展丰富多彩的企业文化活动，增强员工的凝聚力和向心力。

【党建工作】 一是从严从实开展党建工作。严格落实“两学一做”学习教育，党组会集中学习8次，党小组集中学习8次，专题研讨3次，班子成员上党课3次，邀请专家作专题讲座1次。开展“两学一做”党员批评与自我批评对照检查组织生活会及党员民主测评等，同时抓好组织关系排查，完善党费补缴核算与收缴上报。二是落实党风廉政建设责任制，组织签订“贯彻中央八项规定，坚决杜绝节日腐败”四风承诺书，与新进员工签订“明示与承诺书”，落实中央八项规定“回头看”自查自纠。落实专项巡视整改，梳理问题24个、任务49条，完成整改任务44条，5条在持续整改中。

【公益活动】 资助乡村建设，全年对口支援帮扶璧山区七塘镇七兴社区便民服务中心建设2万元，支援七塘镇盐店村党支部建设和党员教育设施改善建设5 000元，捐赠广普镇场镇建设1万元，所有对乡镇政府捐款均用于公益事业。资助贫困村民和贫困客户，春节慰问璧泉街道、养鱼社区困难居民10户4 920元，健龙镇玉林村10户3 000元，困难零售客户8户6 368元；对璧山区健龙镇玉林村10户结亲村民脱贫帮扶支出5000元；年末对养鱼社区贫困户物品捐赠2 000元；对玉林村贫困村民捐赠3 000元。资助教育事业，向璧山区三合镇三合小学进行捐资助学支出2万元。资助地方部门建设，向璧山区警察协会捐赠2万元。资助社会公共事业，参加义务献血活动，献血1 200毫升。 （王婷）

安全生产监督管理

【概况】 2016年，全区安监工作紧抓坚决防控较大及以上事故这个核心目标，坚持加强领导、强化责任，严格执法，以安全生产标准化和专项整治为重点，以打非治违和大排查大整治为主线，以供给侧改革为契机不断优化安全生产基本面，扎实开展系列安全生产工作，全面完成市政府下达的各项重点任务。各类安全生产事故起数和死亡人数分别同比下降18.2%和28%，未发生较大及以上事故，实现连续11年安全生产死亡事故起数、人数双下降，全年矿山、危险化学品、烟花爆竹、消防、水上交通、农机、渔业船舶、民爆物品等行业领域实现“零”死亡，安全生产形势持续稳定好转，促进全区经济社会安全发展。

【安全责任体系建设】 “党政同责、一岗双责”安全生产责任制进一步细化。出台《关于进一步完善“党政同责、一岗双责”安全生产责任体系的意见》等系列文件，明确安全监管责任模糊领域的责任甄别办法，规范安全生产履职痕迹记录，完善安全生产责任体系，《中国安全生产报》对此专题报道宣传。区政府对安全生产工作实施单独考核，在全区综合考核中继续将安全生产作为全区基础保障工作考核指标的重要内容并实施“一票否决”，夯实安全生产责任。同时区领导率先垂范，主动履职，区委书记吴道藩和区长章勇武分别专题检查调研安全生产工作4次和6次，区委常委会和区政府常务会分别研究部署安全生产工作6次和7次。

【安全生产标准化建设】 将安全标准化建设作为提升企业安全水平，督促企业落实安全生产主体责任的主要抓手。全区所有危险化学品生产和经营企业、非煤矿山企业以及65家工贸企业通过安全生产标准化验收。全区纳入全市调查摸底统计的309家企业全部开展用人单位职业卫生基础建设工作，所有单位均通过考评验收，总体合格率达100%。代表重庆市接受国家安监总局对2015年度职业病危害防治评估获“优秀”通报表彰。

【安全监管（执法）】 全区投入36万元面向社会购买安全技术服务，对全区矿山、危化、重点工贸企业全面实施安全执法检查“三部曲”工作，专家参与诊断检查130次，有效解决安全生产执法检查过程中“找不准问题、下不了狠手、收不到实效”的问题。开展危险化学品和烟花爆竹专项整治，查处各类非法案件13起，收缴非法经营储存危险化学品49.2吨，没收非法烟花爆竹262件，罚款11.3万元。

【安全文化素质建设】 全区开展“安全生产月”“11·2道路交通安全”、职业卫生宣传周、“11·9

消防安全”等宣传活动和安全知识“十进活动”、安全生产知识竞赛、“安全在我心中”书法美术比赛等安全生产宣传工作。其中，仅安全生产“十进”活动就投入专项资金6万元，印制安全知识手册3万本发放到居民手中，印制安全宣传公益宣传画1 000幅张贴在建筑围挡、小区张贴栏等。全面落实安全培训与业务工作“五同时”的要求，将安全生产培训工作纳入年初的全区安全生产重点任务统一安排部署。全年培训安全生产监管人员300次，危化品主要负责人和安全管理人员安全培训、非煤矿山主要负责人和安全管理人员安全培训、工贸企业主要负责人和安全管理人员安全职业卫生培训，培训各类企业管理人员420人。组织特种作业人员考试8批30期，1 100人参加并通过特种作业人员考试。2016年正兴、三合、广普三个镇实施市级安全社区建设，璧城街道、七塘镇通过市级安全社区复评达标验收。

【重点行业专项整治】 除按全市统一要求开展道路交通、建筑施工、矿山、消防、特种设备、粉尘防暴、危旧房屋、玻璃幕墙、渣土堆场等行业领域专项整治等专项整治外，区长章勇武亲自挂帅开展皮革小区消防安全隐患整治工作，对皮革小区241家“三合一”场所专项整治。区政府安委会自行开展涉矿企业专项整治，查封拆除非法砖瓦窑作坊16座。开展高处作业吊篮、附着式升降脚手架、模板支撑体系等一系列建筑施工专项治理行动排查并督促整改安全隐患1 978条，约谈企业15家、处罚199件、罚款42万元。在商贸流通、文化娱乐、车站码头等人员密集场所开展常态化的安全隐患排查整治工作，实施消防改造工程，新建市政消火栓200个、改造11个，完成老旧居住建筑消防设施改造。开展城镇燃气安全隐患专项整治，8处城镇燃气隐患全部整改完毕并通过市级验收销号。154个农村道路交通劝导队（站）完成规范化建设和运行，补齐接长农村道路交通安全的短板。公路防护栏实现应装尽装，交通安全基础设施不断完善。客车、校车、半挂牵引车以及总质量12吨以上的载货汽车实现GPS监控全覆盖，建立超速超载源头治理机制。全区道路交通安全软、硬件同步改善，实现道路交通安全形势好转，并被市政府安委会作为经验推广。

【安全生产应急管理】 区安全生产应急指挥中心成立3支应急管理队伍，在区内聘请危化和矿山专家成立应急指挥队伍，通过和企业共建的方式成立2支各10人的矿山和危化应急救援战斗队伍，形成统一指挥、反应灵活、协调有序、运转高效的安全生产应急队伍。10月25日，区政府安全生产委员会主办，区政府应急办、区安监局、区经济信息委承办的重庆市璧山区2016年燃气管网泄漏突发事件应急演练。通过演练，提高应对城市管网泄露突发事件的应急反应能力和处置能力，完善城市管网泄露应急救援处置中各职能部门协调配合机制，检验璧山区制订的城市管网泄露突发事件应急预案的实用性和操作性。

【供给侧结构改革】 关闭煤矿4家（即重庆市璧山区恒星煤业有限公司万隆煤矿、重庆市璧山区新颖煤业有限公司福禄煤矿、重庆市璧山区金丰煤业有限公司三合煤矿、重庆璧山红旗煤焦有限责任公司），化解煤炭产能20万吨，成为全市第二个整体退出煤矿行业的产煤区县；关闭烟花爆竹生产企业1家（即：重庆市荣亮烟花爆竹有限责任公司），成为全市最早、转型最快整体退出烟花爆竹生产行业的区县；整顿关闭金属非金属小矿山7座（即：重庆市浸河矿产有限责任公司、重庆市文钜机械有限公司、璧山县于华黏土矿厂，重庆市金满瑞矿业有限公司、重庆市璧山元兴研砖厂、璧山县青杠镇沙坡砖厂、璧山县利烁矿业有限公司）；全区继续主动关闭小危化生产企业2家（即：重庆亚特高级润滑油有限公司、璧山区大路渝西黏合剂厂）。

【安全诚信体系建设】 全区创新主要岗位人员信用评价体系，促进安全防范关口前移。探索一套以制约关键人员为核心，将事后追责措施变成事前预防措施，管住参与安全生产活动的关键少数，符合璧山实际的安全生产诚信体系框架。并在建筑、交通、危化、矿山等高危行业试行，对26名计6分的人员约谈并通报其所在企业，对2名计满12分的人员实施限制执业措施。在行业内重塑“安全责任，重于泰山”的理念，进一步提升安全意识，社会各界反响热烈。《中国安全生产报》头版及凤凰网等媒体对此报道，市安监局也在内部宣传。

（彭永胜）

延伸阅读▶▶

璧山区颁发第一本“不动产权证书”

2016年1月4日 区国土房管局颁发璧山第一本《不动产权证书》，启动不动产统一登记工作。原依法颁发的“国有土地使用证”“房地产权证”“林权证”等证书与证明继续有效。不动产登记机构按照“不变不换”的原则，权利不变，簿证不更换，只在权利人依法办理变更登记、转移登记等登记时，逐步将原有房地产权证更换为新的不动产登记簿证。

璧山区首座换乘枢纽与高铁站同步投入使用

2016年1月7日 璧山区首座换乘枢纽与高铁站同步投入使用。该换乘枢纽占地6.67公顷，按交通运输部部颁一级汽车站标准建设，可提供长途班线、城市公交、出租车、自驾车等多种换乘方式。

重庆秀湖公园成为国家湿地公园

2016年1月12日 国家林业局通知，重庆秀湖公园作为试点湿地公园通过验收，成为“国家湿地公园”。重庆秀湖国家湿地公园占地433.14公顷，包括两部分，一部分在凤湖仙山，属于保护保育区，在大路街道、七塘镇境内，包括大路街道高拱村、七塘镇盐店村、四合村的部分范围；另一部分属于科普宣教区及合理利用区，是以秀湖公园为主体的部分城市湿地（包括秀湖、御湖、东岳水库、养鱼水库）及御湖正常水位线以上20米的绿色缓冲带。

非公有制经济

民营企业

【概况】 2016年，新登记私营企业1 917户，注册资本（出资金额）859 564万元，带动就业23 694人。全区私营企业累计11 096户，注册资本（出资金额）3093 356万元，带动就业139 672人。

个体工商户

【概况】 2016年，新登记个体工商户5 994户，资金数额35 145万元，从业人员11 462人；本期注销3840户，其中城镇3 649户。全区个体工商户累计35 372户，资金数额148 106万元，从业人员59 820人；其中，城镇个体工商户31 651户，资金数额130 537万元，带动就业52 865人。

微型企业

【概况】 2016年，贯彻全市微型企业发展监管工作会议精神，全面落实微企发展扶持政策，不断激发“大众创业、万众创新”活力。全年新发展微企680户，带动就业3 600人。

【服务机制建立】 采取多种方式，走进社区、走进农村、走进高校，大力宣传微企发展扶持政策，举办各类宣传活动12次，发放宣传资料6 000份，现场接待咨询1 000人次。组织15户微企参加第十九届中国（重庆）国际投资暨全球采购会，重庆市泰千科技有限公司在第二届微型企业创业大赛中，获评“十大微企成长之星”。

【财税金融帮扶】 为84户微企兑现创业补助资金214万元，16户后续扶持补助资金14.2万元。积极协调金融办、就业局、微企发展参与银行，为微型企业发放贷款45笔500万元，缓解企业融资困难。区财政、税务等部门，为47户微企兑现税收奖励53.5万元。

【微型企业监管】 在全市工商系统率先组织开展微企发展监管自查自纠工作，止付2户微企创业补助6.4万元，收回38户涉嫌骗取套取的财政补助资金113万元，863户微企被纳入停歇业库。

（区工商局）

私营企业登记管理情况统计表

表 3－22

行业代码	行业分类	机器编号	期末实有 合计 户数（户）	其中：分支机构（个）	投资者人数（人）	雇工人数（人）	注册资本（出资金额）（万元）	其中：城镇 户数（户）	投资者人数（人）	雇工人数（人）	注册资本（出资金额）（万元）
甲	乙	丙	1	2	3	4	5	6	7	8	9
	合　计	1	11096	471	18946	120726	3093355.95	8207	14406	89292	2694346.939
A	农、林、牧、渔业	2	2294	28	3395	24959	216641.89	520	979	5658	122310.39
05	农、林、牧、渔服务业	3	55	2	91	598	22046	27	43	294	14355
B	采矿业	4	27	6	51	294	4035	5	15	54	1638
11	开采辅助活动	5	1	0	4	11	3	0	0	0	0
C	制造业	6	3020	55	5918	32858	931343.25	2317	4501	25209	753069.34
43	金属制品、机械和设备修理业	7	11	0	18	120	5375	10	16	109	5355
D	电力、热力、燃气及水生产和供应业	8	9	1	17	98	2583	4	6	44	2010
E	建筑业	9	366	30	651	3982	207519.4	343	622	3732	197778.4
F	批发和零售业	10	2678	119	4357	29137	367160.97	2484	4050	27026	351210.37
G	交通运输、仓储和邮政业	11	203	28	331	2209	96363.9	191	312	2078	71109.5
H	住宿和餐饮业	12	364	16	560	3960	23404.3	339	524	3688	20102.3
I	信息传输、软件和信息技术服务业	13	335	16	512	3645	67445.1	317	484	3449	64120
J	金融业	14	34	10	100	370	134445.19	31	92	337	123145.19
K	房地产业	15	262	49	448	2851	204494	258	440	2807	181394
L	租赁和商务服务业	16	682	60	1252	7420	325206.8	647	1168	7039	322341.8
M	科学研究和技术服务业	17	85	10	173	925	43752.989	75	150	816	35982.989
N	水利、环境和公共设施管理业	18	76	6	155	827	48474	57	111	620	30967
O	居民服务、修理和其他服务业	19	451	33	693	4907	330154	419	635	4559	328321
P	教育	20	30	0	45	326	1160.46	30	45	326	1160.46
Q	卫生和社会工作	21	22	1	53	239	16610	20	48	218	15450
R	文化、体育和娱乐业	22	158	3	235	1719	72561.7	150	224	1632	72236.2
	其他	23	0	0	0	0	0	0	0	0	0
	补充资料：	24	①吊销后本期注销 5 户，其中城镇 3 户。②吊销后本期注销								
		25	①期末实有私营企业集团 2 户。②期末实有私营企业集团								
		26	①期末实有注册资本 100—500 万元 1919 户，500—1000 万元 557 户，1000 万元—1 亿元 545 户，亿元以上 46 户。②期末实有注册资本 100—500 万元								

续表 3－22

行业代码	行业分类	机器编号	其中:本期登记 户数(户)	其中:本期登记 投资者人数(人)	其中:本期登记 雇工人数(人)	其中:本期登记 注册资本(出资金额)(万元)	独资企业 户数(户)	独资企业 其中:分支机构(个)	独资企业 投资者人数(人)	独资企业 雇工人数(人)	独资企业 注册资本(出资金额)(万元)
甲	乙	丙	10	11	12	13	14	15	16	17	18
	合计	1	1917	2838	20856	859564.00	2598	13	2585	28265	36701.83
A	农、林、牧、渔业	2	391	529	4254	46420	1189	0	1189	12936	15542.5
05	农、林、牧、渔服务业	3	22	34	239	9045	6	0	6	65	380
B	采矿业	4	3	6	33	1203	0	0	0	0	0
11	开采辅助活动	5	0	0	0	0	0	0	0	0	0
C	制造业	6	325	574	3536	89501.46	398	8	390	4330	7331.53
43	金属制品、机械和设备修理业	7	3	3	33	55	1	0	1	11	15
D	电力、热力、燃气及水生产和供应业	8	1	3	11	260	1	0	1	11	30
E	建筑业	9	77	116	838	42673	5	0	5	54	50
F	批发和零售业	10	540	775	5875	67358.78	572	4	568	6223	4952.1
G	交通运输、仓储和邮政业	11	75	117	816	71579.8	6	0	6	65	84.5
H	住宿和餐饮业	12	42	59	457	3168	116	0	116	1262	1119.5
I	信息传输、软件和信息技术服务业	13	71	112	772	34988	106	0	106	1153	1944.1
J	金融业	14	7	1	76	10	0	0	0	0	0
K	房地产业	15	43	48	468	3444	0	0	0	0	0
L	租赁和商务服务业	16	103	160	1121	129597	34	0	34	370	698.6
M	科学研究和技术服务业	17	22	38	239	26545	3	1	2	33	55
N	水利、环境和公共设施管理业	18	9	17	98	2320	0	0	0	0	0
O	居民服务、修理和其他服务业	19	130	164	1414	301351.8	98	0	98	1066	1163
P	教育	20	16	23	174	736.46	6	0	6	65	85
Q	卫生和社会工作	21	5	8	54	3955	10	0	10	109	1990
R	文化、体育和娱乐业	22	57	88	620	34452.7	54	0	54	588	1656
	其他	23	0	0	0	0	0	0	0	0	0

续表 3－22

行业代码	行业分类	机器编号	合伙企业										
			小　计						普通合伙企业				
			户数（户）	其中：分支机构（个）	合伙人数（人）	雇工人数（人）	认缴出资金额（万元）	实缴出资金额（万元）	户数（户）	合伙人数（人）	雇工人数（人）	认缴出资金额（万元）	实缴出资金额（万元）
甲	乙	丙	19	20	21	22	23	24	25	26	27	28	29
	合　计	1	756	0	1574	8225	414704.09	414704.09	752	1552	8181	18859.09	18859.09
A	农、林、牧、渔业	2	165	0	332	1795	2175	2175	165	332	1795	2175	2175
05	农、林、牧、渔服务业	3	1	0	2	11	10	10	1	2	11	10	10
B	采矿业	4	2	0	5	22	13	13	2	5	22	13	13
11	开采辅助活动	5	0	0	0	0	0	0	0	0	0	0	0
C	制造业	6	189	0	385	2056	2465.39	2465.39	189	385	2056	2465.39	2465.39
43	金属制品、机械和设备修理业	7	0	0	0	0	0	0	0	0	0	0	0
D	电力、热力、燃气及水生产和供应业	8	1	0	2	11	250	250	1	2	11	250	250
E	建筑业	9	8	0	16	87	80	80	8	16	87	80	80
F	批发和零售业	10	237	0	488	2579	3191.6	3191.6	236	474	2568	2445.6	2446.6
G	交通运输、仓储和邮政业	11	5	0	11	54	453	453	5	11	54	453	453
H	住宿和餐饮业	12	58	0	116	631	577	577	58	116	631	577	577
I	信息传输、软件和信息技术服务业	13	5	0	10	54	45	45	5	10	54	45	45
J	金融业	14	0	0	0	0	0	0	0	0	0	0	0
K	房地产业	15	0	0	0	0	0	0	0	0	0	0	0
L	租赁和商务服务业	16	23	0	66	250	110336.1	110336.1	21	61	228	236.1	236.1
M	科学研究和技术服务业	17	4	0	10	44	40	40	4	10	44	40	40
N	水利、环境和公共设施管理业	18	1	0	2	11	300	300	1	2	11	300	300
O	居民服务、修理和其他服务业	19	50	0	109	544	285483	285483	49	106	533	483	483
P	教育	20	1	0	2	11	10	10	1	2	11	10	10
Q	卫生和社会工作	21	6	0	18	65	9280	9280	6	18	65	9280	9280
R	文化、体育和娱乐业	22	1	0	2	11	5	5	1	2	11	5	5
	其他	23	0	0	0	0	0	0	0	0	0	0	0

续表 3－22

行业代码	行业分类	机器编号	合伙企业										
			特殊的普通合伙企业					有限合伙企业					
			户数（户）	合伙人数（人）	雇工人数（人）	认缴出资金额（万元）	实缴出资金额（万元）	户数（户）	有限合伙人（个）	普通合伙人数（人）	雇工人数（人）	认缴出资金额（万元）	实缴出资金额（万元）
甲	乙	丙	30	31	32	33	34	35	36	37	38	39	40
合计	1	0	0	0	0	0	4	5	17	44	395845	395845	
A	农、林、牧、渔业	2	0	0	0	0	0	0	0	0	0	0	0
05	农、林、牧、渔服务业	3	0	0	0	0	0	0	0	0	0	0	0
B	采矿业	4	0	0	0	0	0	0	0	0	0	0	0
11	开采辅助活动	5	0	0	0	0	0	0	0	0	0	0	0
C	制造业	6	0	0	0	0	0	0	0	0	0	0	0
43	金属制品、机械和设备修理业	7	0	0	0	0	0	0	0	0	0	0	0
D	电力、热力、燃气及水生产和供应业	8	0	0	0	0	0	0	0	0	0	0	0
E	建筑业	9	0	0	0	0	0	0	0	0	0	0	0
F	批发和零售业	10	0	0	0	0	0	1	0	14	11	745	745
G	交通运输、仓储和邮政业	11	0	0	0	0	0	0	0	0	0	0	0
H	住宿和餐饮业	12	0	0	0	0	0	0	0	0	0	0	0
I	信息传输、软件和信息技术服务业	13	0	0	0	0	0	0	0	0	0	0	0
J	金融业	14	0	0	0	0	0	0	0	0	0	0	0
K	房地产业	15	0	0	0	0	0	0	0	0	0	0	0
L	租赁和商务服务业	16	0	0	0	0	0	2	3	2	22	110100	110100
M	科学研究和技术服务业	17	0	0	0	0	0	0	0	0	0	0	0
N	水利、环境和公共设施管理业	18	0	0	0	0	0	0	0	0	0	0	0
O	居民服务、修理和其他服务业	19	0	0	0	0	0	1	2	1	11	285000	285000
P	教育	20	0	0	0	0	0	0	0	0	0	0	0
Q	卫生和社会工作	21	0	0	0	0	0	0	0	0	0	0	0
R	文化、体育和娱乐业	22	0	0	0	0	0	0	0	0	0	0	0
	其他	23	0	0	0	0	0	0	0	0	0	0	0

续表 3－22

行业代码	行业分类	机器编号	有限责任公司													
			小计						其中:自然人独资				其中:法人独资			
			户数（户）	其中：分公司（家）	投资者人数（人）	雇工人数（人）	注册资本（万元）	实收资本（万元）	户数（户）	投资者人数（人）	雇工人数（人）	注册资本（万元）	户数（户）	投资者人数（人）	雇工人数（人）	注册资本（万元）
甲	乙	丙	41	42	43	44	45	46	47	48	49	50	51	52	53	54
合计		1	7719	449	14623	83983	2530736.229	785678.94	1625	1604	17680	259055.28	124	92	1351	182145.26
A	农、林、牧、渔业	2	938	28	1857	10205	191924.39	53197	182	182	1980	32580	6	6	65	22320
05	农、林、牧、渔服务业	3	48	2	83	522	21656	1700	18	18	196	5835	0	0	0	0
B	采矿业	4	25	6	46	272	4022	1930	0	0	0	0	2	2	22	1536
11	开采辅助活动	5	1	0	4	11	3	3	0	0	0	0	0	0	0	0
C	制造业	6	2426	46	5035	26395	867442.53	266730.26	360	358	3917	56226.68	32	31	348	45176.26
43	金属制品、机械和设备修理业	7	10	0	17	109	5360	0	5	5	54	290	0	0	0	0
D	电力、热力、燃气及水生产和供应业	8	7	1	14	76	2303	1243	0	0	0	0	0	0	0	0
E	建筑业	9	352	29	630	3830	207389.4	72074.5	82	82	892	33918	6	3	65	4680
F	批发和零售业	10	1868	114	3301	20324	359017.27	74595.4	509	500	5538	57410.8	19	11	207	9443
G	交通运输、仓储和邮政业	11	191	28	304	2078	91826.4	5929.6	48	48	522	20019.8	10	3	109	130
H	住宿和餐饮业	12	190	16	328	2067	21707.8	12976	44	44	479	2371	1	1	11	260
I	信息传输、软件和信息技术服务业	13	223	16	394	2426	64956	5485	65	62	707	10257	4	3	44	20200
J	金融业	14	30	8	80	326	94445.19	70578	2	2	22	60	2	0	22	0
K	房地产业	15	262	49	448	2851	204494	160633	42	41	457	17967	15	13	163	32000
L	租赁和商务服务业	16	621	57	1149	6756	213562.1	19734	116	114	1262	9225.5	7	7	76	7830
M	科学研究和技术服务业	17	77	9	157	838	38657.989	3439.18	15	15	163	4460	2	2	22	17000
N	水利、环境和公共设施管理业	18	74	5	153	805	48174	29739	6	6	65	3425	3	3	33	290
O	居民服务、修理和其他服务业	19	303	33	486	3297	43508	6585	103	99	1121	5395	12	5	131	6200
P	教育	20	23	0	37	250	1065.46	0	11	11	120	313	0	0	0	0
Q	卫生和社会工作	21	6	1	25	65	5340	0	1	1	11	2680	0	0	0	0
R	文化、体育和娱乐业	22	103	3	179	1121	70900.7	810	39	39	424	2746.5	3	2	33	15080
	其他	23	0	0	0	0	0	0	0	0	0	0	0	0	0	0

续表 3－22

行业代码	行业分类	机器编号	股份有限公司						本期注销		
			户数（户）	其中：分支机构（个）	投资者人数（人）	雇工人数（人）	注册资本（万元）	实收资本（万元）	户数（户）	其中：城镇	注册资本（出资金额）（万元）
甲	乙	丙	55	56	57	58	59	60	61	62	63
	合计	1	23	9	164	252	111213.8	79881	475	401	53566.8
A	农、林、牧、渔业	2	2	0	17	22	7000	0	49	11	1989.5
05	农、林、牧、渔服务业	3	0	0	0	0	0	0	2	1	13
B	采矿业	4	0	0	0	0	0	0	3	1	5466
11	开采辅助活动	5	0	0	0	0	0	0	0	0	0
C	制造业	6	7	1	108	76	54103.8	36271	100	75	7826.8
43	金属制品、机械和设备修理业	7	0	0	0	0	0	0	0	0	0
D	电力、热力、燃气及水生产和供应业	8	0	0	0	0	0	0	1	0	36
E	建筑业	9	1	1	0	11	0	0	14	14	3070
F	批发和零售业	10	1	1	0	11	0	0	148	144	6768
G	交通运输、仓储和邮政业	11	1	0	10	11	4000	3000	4	3	350
H	住宿和餐饮业	12	0	0	0	0	0	0	26	25	312
I	信息传输、软件和信息技术服务业	13	1	0	2	11	500	0	21	20	845.7
J	金融业	14	4	2	20	44	40000	40000	7	7	2750
K	房地产业	15	0	0	0	0	0	0	18	18	8746
L	租赁和商务服务业	16	4	3	3	44	610	610	54	53	13456
M	科学研究和技术服务业	17	1	0	4	11	5000	0	4	4	1320
N	水利、环境和公共设施管理业	18	1	1	0	11	0	0	0	0	0
O	居民服务、修理和其他服务业	19	0	0	0	0	0	0	12	12	250.8
P	教育	20	0	0	0	0	0	0	4	4	23
Q	卫生和社会工作	21	0	0	0	0	0	0	0	0	0
R	文化、体育和娱乐业	22	0	0	0	0	0	0	10	10	357
	其他	23	0	0	0	0	0	0	0	0	0

个体工商户情况统计表

表 3-23

行业代码	行业分类	机器编号	期末实有						其中：本期登记			本期注销（户）	
			合计			其中：城镇							
			户数（户）	从业人员（人）	资金数额（人）	户数（户）	从业人员（人）	资金数额（人）	户数（户）	从业人员（人）	资金数额（人）	合计	其中：城镇
甲	乙	丙	1	2	3	4	5	6	7	8	9	10	11
合计		1	35372	59820	148106.11	31651	52865	130536.56	5994	11462	35144.98	3840	3649
A	农、林、牧、渔业	2	553	1286	9718.6	197	378	2759.8	108	309	2158	38	11
05	农、林、牧、渔服务业	3	25	27	60.9	21	23	52.7	1	1	2	2	2
B	采矿业	4	12	37	34.6	6	12	20.5	0	0	0	0	0
11	开采辅助活动	5	6	11	12.1	4	8	11	0	0	0	0	0
C	制造业	6	3577	11640	16336.46	2950	9400	13493.47	476	1517	3255	270	238
43	金属制品、机械和设备修理业	7	8	27	40	6	19	34	2	10	10	1	1
D	电力、热力、燃气及水生产和供应业	8	3	4	161.5	1	2	100	0	0	0	0	0
E	建筑业	9	19	49	188.6	17	45	175.6	2	3	4	3	3
F	批发和零售业	10	22264	29691	82650.68	20253	27153	77758.08	3171	5138	17348.05	2270	2172
G	交通运输、仓储和邮政业	11	349	508	1269.31	213	349	916.13	182	249	783.93	16	10
H	住宿和餐饮业	12	4092	8812	18784.16	3855	8278	17593.85	1395	2944	7429.5	808	789
I	信息传输、软件和信息技术服务业	13	129	168	333.2	113	147	313	27	41	118.5	7	7
J	金融业	14	1	3	10	1	3	10	1	3	10	0	0
K	房地产业	15	6	14	14	6	14	14	0	0	0	0	0
L	租赁和商务服务业	16	918	1484	7156.05	844	1347	6389.45	69	129	874	69	65
M	科学研究和技术服务业	17	53	100	175.03	52	99	174.83	1	3	3	4	4
N	水利、环境和公共设施管理业	18	0	0	0	0	0	0	0	0	0	0	0
O	居民服务、修理和其他服务业	19	3079	5034	9520.47	2841	4712	9130.9	525	1038	2768	322	317
P	教育	20	7	25	24	7	25	24	0	0	0	1	1
Q	卫生和社会工作	21	156	344	868.7	148	333	820.7	12	24	144	6	6
R	文化、体育和娱乐业	22	154	621	860.75	147	568	842.25	25	64	249	26	26
	其他	23	0	0	0	0	0	0	0	0	0	0	0

（区工商局）

政　治

中国共产党璧山区委员会

【中共重庆市璧山区第十四次代表大会】 12月26日至28日，中共重庆市璧山区第十四次代表大会在璧城街道召开。出席会议的党代表共299名。其中，各级领导干部党员代表184名，占61.5%；专业技术人员党员代表71名，占23.7%；先进模范人物党员代表35名，占11.7%；解放军和武警部队党员代表9名，占3%。妇女党员代表97名，占32.4%。少数民族党员代表10名，占3.3%。50岁以下（含50岁）党员代表217名，占72.6%。大学（专）以上文化的党员代表282名，占94.3%；中学（含高中、中专、初中）文化的党员代表17名，占5.7%。会议有来宾37名，列席人员87名。会议主要议程5项：1.听取和审查中共重庆市璧山区第十三届委员会的工作报告。2.审查中共重庆市璧山区第十三届纪律检查委员会的工作报告。3.选举中共重庆市璧山区第十四届委员会。4.选举中共重庆市璧山区第十四届纪律检查委员会。5.选举璧山区出席重庆市第五次党代会代表。大会批准区第十三届纪律检查委员会的工作报告。大会通过《关于中共重庆市璧山区第十三届委员会报告的决议》和《关于区十三届纪律检查委员会工作报告的决议》。大会以无记名投票方式选举产生第十四届区委。第十四届区委委员36名：万容（女）、万永生、朱朝阳、向邦俊、刘晋、刘兆奎、刘全模、刘廷忠、李丹（女，满族）、李长征、李金泉、吴道藩、何平、余祖明、张川、张忠、张玉平、张树金、张献强（土家族）、陈强、陈宏宇、陈荣彬、罗志军、郑发利、孟卫红（女）、胡正好、柯真碧（女）、侯咏梅（女）、敖斌、钱蜀光、黄文杰、章勇武、彭禄友、董奕锋、程虎、谭良宽；候补委员8名：张余、唐应容（女）、蒋杭航（女）、舒俊、莫珣、徐继东、田中、秦俊才。会议选举璧山区出席重庆市第五次党代会的代表8名：万容（女）、杨松、吴道藩、曹廷孝、章勇武、傅静（女）、谭良宽、黎朝燕（女）。

【中共重庆市璧山区第十三届委员会第六次全体会议】 9月21日，中共重庆市璧山区第十三届委员会第六次全体会议在璧城街道召开。会议由区委书记吴道藩主持，32名区委委员、5名候补委员参加会议。区委组织部部长万容就《关于召开中国共产党重庆市璧山区第十四次代表大会的决议（草案）》有关问题作说明。与会人员就《决议（草案）》讨论并发表意见。《决议》决定，中国共产党重庆市璧山区第十四次代表大会定于2016年12月在璧城街道召开。大会的主要议程是：听取和审查中共重庆市璧山区第十三届委员会的工作报告，审查中共重庆市璧山区纪律检查委员会的工作报告，审查党代表提案办理情况的报告，选举中共重庆市璧山区第十四届委员会，选举中共重庆市璧山区纪律检查委员会，选举璧山区出席重庆市第五次党代会的代表。

区第十三届委员会第六次全体会议现场

（谢捷　摄）

【中共重庆市璧山区第十三届委员会第七次全体会议】　12月14日，中共重庆市璧山区第十三届委员会第七次全体会议在璧城街道召开。会议由区委书记吴道藩主持，33名区委委员、6名候补委员参加会议。全会讨论并通过《中共重庆市璧山区第十三届委员会工作报告（审议稿）》和《中共重庆市璧山区第十三届纪律检查委员会工作报告（审议稿）》，决定将两个报告提请中共重庆市璧山区第十四次代表大会审议；酝酿产生十四届区委、区纪委候选人预备人选名单；投票确定11名璧山区出席市第五次党代会代表候选人预备人选；审定42名党的十九大代表推荐人选。会议审议通过《中共重庆市璧山区委十三届七次全会决议》。全会决定，中国共产党重庆市璧山区第十四次代表大会定于2016年12月25日至28日在璧城街道召开。

【中共重庆市璧山区第十四届委员会第一次全体会议】　12月28日，中共重庆市璧山区第十四届委员会第一次全体会议在璧泉街道召开。会议由区委书记吴道藩主持，市委派出的区县换届督导组成员、市委组织部综合干部处副调研员余鑫莅临会议，新当选的36名区委委员、8名候补委员参加会议。会议选举产生中共重庆市璧山区第十四届委员会常务委员会委员10名：吴道藩、章勇武、何平、李金泉、张献强、朱朝阳、刘晋、万容、李丹、黄文杰。选举吴道藩为区委书记，章勇武、何平为区委副书记。会议表决通过中国共产党重庆市璧山区第十四届纪律检查委员会第一次全体会议选举结果。

【常委会会议】　2016年，十三届区委召开区委常委会会议28次，分别是第76次至第103次。十四届区委召开区委常委会会议1次。研究主要议题：第76次审议《重庆市璧山区国民经济和社会发展第十三个五年规划（2016—2020年）纲要（草案）》《璧山区重点旅游项目扶持政策暂行办法》等。第77次审议《区委常委会“三严三实”专题教育整改方案》等。第79次通报《市委办公厅、市政府办公厅关于印发〈璧山高新技术产业开发区管理委员会机构编制方案〉的通知》等。第80次审议《重庆市璧山区拟上市重点培育企业财政扶持暂行办法》《关于加强社会组织党的建设工作的实施意见》等。第81次审议《重庆市璧山区党风廉政建设责任追究“十必问”暂行办法》《重庆市璧山区党风廉政建设抓早抓小“十必谈”暂行办法》、璧山区群团改革“1+3”实施方案和“四化”问题梳理清单、《璧山区2016年全面深化改革工作要点》《璧山区2016年全面依法治区工作要点》《璧山区党委（党工委）、党组意识形态工作责任制实施细则》等。第83次审议《在全体党员中开展“两学一做”学习教育实施方案》等。第85次审议《关于〈加强区镇人大工作和建设的意见〉的请示》《关于提请审定海绵城市建设相关事宜的请示》等。第86次审议《重庆山水主题小镇——六旗乐园项目合作协议》等。第87次审议《璧山区推进供给侧结构性改革工作方案》等。第91次审议《关于召开中国共产党重庆市璧山区第十四次代表大会有关工作的意见》等。第93次审议《关于加强区纪委派驻机构建设的实施意见》等。第98次传达学习市委四届十次全会精神等。第103次传达中共中央办公厅《关于印发〈党委（党组）网络意识形态工作责任制实施细则〉的通知》精神等。十四届区委第1次常委会会议，研究区委常委分工等。

【经济建设】　适应国内外经济形势新变化，加快形成新的经济发展方式，把推动发展的立足点转到提高质量和效益上来，着力激发各类市场主体发展新活力，着力增强创新驱动发展新动力，着力构建现代产业发展新体系，着力培育开放型经济发展新优势，不断增强长期发展后劲。重点推进“智能装备、信息技术、生命健康”三大主导产业聚集发展，高新区完成规上工业产值890亿元，增长18.7%，全社会研发投入占GDP比重达到2.2%，高新技术产业产值占比达到43.5%。中新合作智慧区试点获批，首辆“璧山造”众泰新能源汽车实现整车下线，高新区作为科技部科技服务业区域试点单位纳入重庆国家自主创新示范区建设范围，组建重庆军民融合协同创新研究院，建成投用科技创新示范基地，“璧山创智工场”被命名国家级众创空间。注重“以商招商”“口碑招商”“以小引大”和“以大带小”，通过“品牌聚集”和“链条补缺”促进产业集聚，新增一大批高新技术企业、科技型企业。深化投融资体制改革，争取国家专项建设基金31.9亿元，实现瑞普电气、兴渝涂料、梦赛力士3家企业“新三板”挂牌，凯成科技等6家企业完成上市筹备。道口经济发展接续推进，大路物流园项目开工建设，中铁任之健康城主体完工。特色效益农业进发生机，璧北10万亩蔬菜基地、璧南10万亩苗木基地、璧西10万亩水果基地加快建设。申报国家新型城镇化综合试点地区，引进培育数十家农业龙头企业、专业合作社，新增重庆名牌农产品5个。现代服务业释放活力，美国“六旗乐园”项目全力推进，“环秀湖商圈”“裸心”酒店、“千年重庆”巴渝文化旅游区、俊豪购物广场等项目提速建设，南门唐城创建市级特色夜市街区。

【政治建设】　注重发挥总揽全局、协调各方的职能作用，坚持加强党的领导和发扬民主、依法办事有机结合，进一步改革和完善党的领导方式和执政方式。深化落实《关于加强和改进人大工作的意见》和《关于加强和改进人民政协工作的意见》，支持区人大常委会的依法监督和区政协的民主监督。不断巩固和发展爱国统一战线，执行民族宗教政策，出台《中共重庆市璧山区委关于进一步加强统一战线工作的意见》，2016年，区委常委、人大常委会主任、政协主席、党员副区长与100名党外代表人士联谊交友，组织民主党派和无党派人士、宗教界人士等培训270人次，开展政党协商、专题协商等7次，接待台胞、华侨等280人次。进一步发挥工会、共青团、妇联等群团的桥梁纽带作用。切实加强对武装工作的领导，抓好预备役队伍建设，加强军民共建工作，深入开展全民国防教育，支持国防建设。全面推进依法治区，打造法治文化长廊（广场）15个、法治文化苑15个、法治文化大院（楼宇）50个，开展各类主题法治宣传活动200场次、发放宣传资料20万份；推进政府机构、职能、权限、程序、责任法定化，推行政府权力清单制度，依法公开各级行政机关职能、管理依据和权力运行流程，做到“行政权力进清单、清单之外无权力”，向全社会“晒权”；构建开放、动态、透明、便民的阳光司法机制，推进审判、检务、警务、狱务公开，依法及时公开执法司法依据、程序、流程、结果和生效法律文书，落实司法听证、旁听庭审、公开审查、公开答复等司法公开举措。以法治方式推进平安共创、矛盾共调、治安共管、社区共治、成果共享的平安建设机制创新，群众安全感指数达到96.44%，连续4年稳步提升。

【文化建设】 深化文化体制改革，解放和发展文化生产力，发扬学术民主、艺术民主，开创文化创造活力持续迸发、社会文化生活更加丰富多彩、人民基本文化权益得到更好保障、人民思想道德素质和科学文化素质全面提高、文化影响力不断增强的新局面。2016年，完成“十三五”文化发展规划编制，出台《文学艺术成果资助管理暂行办法》《文艺创作与人才培养规划》等文件。“千年重庆”“六旗乐园”等重大文化旅游项目落户璧山。建成仿古建筑5.7万平方米、仿古亭廊14处，新开工1.6万平方米。征集石水缸、石磨等民俗用品519件，巧妙点缀在广场、公园等人流密集场所，为城市植入人文元素，再现璧山人文精神和民俗风情。精品文艺不断涌现，《璧山鼓韵》获重庆市第七届乡村文艺会演音乐类一等奖，原创歌曲《小而美》连续数周位居“全球华语音乐榜中榜”冠军，《城市底色》获第三届原创歌曲大赛表演金奖，长篇科幻小说《终极失控》、书法创作项目《重庆诗歌地图·璧山听鸟》获市级重点文艺项目资助。文化物联网对街镇覆盖率100%、开展配送活动240次，为15个街镇文化服务中心、187个村（社区）配送音响205个、书柜270个。投入200万元，组织民间文艺团队25支，编排节目230个，完成流动文化进基层演出600场，农村电影公益放映工程1 894场，观众60万人。

【社会建设】 坚持全区“一盘棋”，按照“四个功能区”划分，突出项目和政策引导，加快推进镇街发展差异化、资源最优化和整体功能最大化。全面巩固扶贫脱贫成果，设立相对贫困户识别标准，落实产业扶持资金，帮助脱贫户稳步增收，为脱贫户和相对贫困户购买保险，解决因病因灾返贫问题。加大财政转移支付，镇街最低财力达到2 000万元，镇街活力进一步增强。坚持“政府投资瘦身，社会投资扩容”，政府投资和社会投资比例始终保持在1:6。坚持政府债务≤GDP的30%、债务余额≤财政收入、资产负债率≤30%“三道防线”控制负债，政府债务绿色可控。坚持经济发展不欠社会协调发展的账，将财政支出的60%以上用于保障和改善民生，接续实施“25件民生实事”，累计建设38个生态停车场，新增免费停车位2万个，建成城市公园30个、休闲广场20个、星级公厕31座。集中建设“三级服务中心”，实现群工系统全覆盖，力促基层组织回归服务百姓的本质。强化社会保障兜底，实现各类社会保险全覆盖，发放高龄老人营养补贴1 278.3万元、失独家庭特别关爱金744万元。推进平安建设，创建矛盾纠纷联调机制，不断延伸“网格化”管理，社会安全事件应急联动指挥系统建成投用。探索建立安全生产诚信体系，关闭辖区内所有煤矿及烟花爆竹生产企业，安全生产基本面持续改善，全年未发生较大及以上安全生产事故。城市宜居水平不断提升，人民医院新院、文化艺术中心、重庆护理职业学院等功能性项目建成投用，九永高速璧山段、轨道交通璧山延伸段、六旗大道、合璧津高速、渝蓉高速连接北环立交等重大交通基础工程加快推进，新能源汽车充电桩建设迅速铺开，城区重点公共区域免费无线网络实现全覆盖。“人生链条”服务体系日趋完善，区人民医院与重医一院合作办医、璧山中学与重庆一中联盟办学、实验小学与巴蜀小学合作办学纵深推进，中医院新院、重庆西郊福寿园人文纪念公园开工建设。

【生态文明建设】 围绕建成重庆“最佳人居环境”，加快建设生态宜居区。创建国家级生态镇街12个、市级生态文明建设示范镇街1个、市级生态村（社区）61个，获全市首批生态文明建设示范区命名。建成区公共绿地完成1 800万平方米、立体绿化20万平方米，人均公园绿地面积达到28

平方米，植物品种丰富到2 700种。坚持财政转移支付与生态环保挂钩机制，将生态创建纳入年度考核，聚焦大气污染防治、饮用水源保护、环保突出问题查处整改等，开展专项督查8次，其中中央环保督察迎检自查3次。投入1 934.6万元实施智慧环保系统，实现项目审批、环境监管、环境监测、排污许可证核发全过程信息协同，建立“一企一档”数据库4 729个，实现污染源和环境质量动态管控、预测预警分析和快速响应。2016年，关闭污染企业21家，实施行政处罚152件。累计投入5.97亿元，新建（改造）生活污水处理厂（站）43座、一级配套管网41公里，污水集中处理率达85%以上，中水回用率达到50%。投入2 568万元，对璧南河城区段实施放水清淤、管网修复；规范化整治886家监管企业污水排放口和2 503家餐饮油水。安排专项资金20万元实施璧南河城区段“以渔治藻”生态工程，投放白鲢、花鲢等优选鱼类苗种100万尾；投入500万元实施水生态修复项目，在观音塘湿地公园构建“沉水植物—底栖动物—鱼类—微生物”完整水生态系统。新建标准化垃圾收集站16个，配备清洗车12辆，农村垃圾收集率达到85%，城镇生活垃圾无害化处理率达到100%。城区、镇街集中式饮用水源地水质达标率分别为100%、97.4%。璧南河、璧北河出境断面水质达到Ⅳ类标准，梅江河出境断面水质达到Ⅲ类标准。实施28个行政村农村环境连片整治、覆盖率86%。

【党的建设】 多维度推进党的建设，奏响党风政风持续向好主旋律。深入开展“两学一做”学习教育，全区1 000个党组织、2.9万名党员参与。把党的领导贯穿换届工作全过程，严格落实中央“九严禁”换届纪律，完成三级换届工作。深入贯彻落实中央“八项规定”精神和市委实施意见，全区单位行政预算“零增长”，“三公”经费持续下降，查处侵害群众利益不正之风和腐败问题43件、处理66人。推行区级部门主要领导不直接分管“人事、财务、工程建设项目、政府采购、行政审批”制度，深化行政审批制度改革，清理减少行政审批事项342项。严格按照干部选拔任用工作政策法规规定的原则、条件、程序和纪律选拔干部，对照中共中央总书记习近平“二十字”好干部标准和市委“五看”要求选人用人，提拔区管领导干部71人，平级交流干部217人，暂停任用干部9人；统筹消化超职数配备的978名科级以上干部及党政分设等遗留问题，实现“零超配”“零违规”。将落实“两个责任”纳入全区年度综合考核，开展谈话提醒党员领导干部383名，对落实“两个责任”不力的党组织和党员领导干部进行问责，并对其中6起典型问题在全区通报曝光。保持惩治腐败高压态势，坚持有案必查、有腐必惩，全年立案99件、处分101人。对镇街、区级部门开展深度巡察，发现主要问题137个，及时分类移交和反馈。找准意识形态工作着力点和切入点，出台“1+5”配套文件，掌握宣传舆论主导权。 （屈超刚　李　茂）

中共璧山区委及其办公室重要文件目录表

表 4-1

发布文号	文件名称	发布机关
关于进一步加强统一战线工作的意见	璧山委发〔2016〕1 号	区委
关于对区十三届四次党代会报告和 2016 年政府工作报告主要任务进行责任分解的通知	璧山委发〔2016〕5 号	区委 区政府
关于做好镇领导班子换届工作的通知	璧山委发〔2016〕7 号	区委
关于开展巡察工作的实施意见	璧山委发〔2016〕8 号	区委
关于纪念建党 95 周年评选表扬工作的决定	璧山委发〔2016〕10 号	区委
关于转发《中共重庆市璧山区人大常委会党组关于加强区镇人大工作和建设的意见》的通知	璧山委发〔2016〕11 号	区委
关于深化全区供销合作社综合改革的意见	璧山委发〔2016〕12 号	区委 区政府
关于中国共产党重庆市璧山区第十四次代表大会代表选举工作的通知	璧山委发〔2016〕15 号	区委
关于做好党的十九大代表推荐提名和重庆市第五次党代会代表选举工作的通知	璧山委发〔2016〕16 号	区委
关于进一步规范干部任免程序的通知	璧山委发〔2016〕17 号	区委
关于召开中国共产党重庆市璧山区第十四次代表大会的通知	璧山委发〔2016〕18 号	区委
印发《关于落实全面两孩政策改革完善计划生育服务管理的实施意见》的通知	璧山委发〔2016〕19 号	区委 区政府
关于区委领导分工的通知	璧山委发〔2016〕20 号	区委
关于印发重庆市璧山区区属国有企业领导人员管理暂行办法的通知	璧山委办发〔2016〕1 号	区委办公室 区政府办公室
关于落实区委常委、人大常委会主任、政协主席、区政府党员副区长与党外代表人士交朋友制度的通知	璧山委办发〔2016〕2 号	区委办公室 区政府办公室
关于印发中共重庆市璧山区委常委会“三严三实”专题教育整改方案的通知	璧山委办发〔2016〕4 号	区委办公室 区政府办公室
关于进一步深化干部接访下访群众工作的通知	璧山委办发〔2016〕7 号	区委办公室 区政府办公室
印发中共重庆市璧山区委关于干部管理权限的规定的通知	璧山委办发〔2016〕8 号	区委办公室
关于认真学习贯彻十八届中央纪委六次全会和中共重庆市纪委四届六次全会精神的通知	璧山委办发〔2016〕9 号	区委办公室
关于做好区政协 2016 年度重点提案、跟踪提案办理工作的通知	璧山委办发〔2016〕12 号	区委办公室 区人大办公室 区政府办公室 区政协办公室
关于做好区十六届人大八次会议代表建议和区政协九届六次会议提案办理工作的通知	璧山委办发〔2016〕13 号	区委办公室 区人大办公室区政府办公室 区政协办公室
关于印发重庆市璧山区区领导和区级部门 2016 年党风廉政建设和反腐败分工责任制的通知	璧山委办发〔2016〕14 号	区委办公室 区政府办公室
印发关于加强社会组织党的建设工作的实施意见的通知	璧山委办发〔2016〕15 号	区委办公室

续表 4-1

发布文号	文件名称	发布机关
关于印发中共璧山高新技术产业开发区工作委员会、璧山高新技术产业开发区管理委员会主要职责内设机构和人员编制规定的通知	璧山委办发〔2016〕16 号	区委办公室　区政府办公室
关于印发璧城、璧泉、青杠街道建成区违法建筑专项整治实施方案的通知	璧山委办发〔2016〕18 号	区委办公室　区政府办公室
关于开展区十三届四次党代会报告和 2016 年政府工作报告分解任务“对账”督查的通知	璧山委办发〔2016〕19 号	区委办公室　区政府办公室
关于印发重庆市璧山区党风廉政建设责任追究“十必问”暂行办法的通知	璧山委办发〔2016〕20 号	区委办公室
关于印发璧山区党委（党工委）、党组意识形态工作责任制实施细则的通知	璧山委办发〔2016〕21 号	区委办公室　区政府办公室
印发关于在全区党员中开展“学党章党规、学系列讲话，做合格党员”学习教育实施方案的通知	璧山委办发〔2016〕22 号	区委办公室
关于印发璧山区 2016 年全面深化改革工作要点和璧山区 2016 年全面依法治区工作要点的通知	璧山委办发〔2016〕23 号	区委办公室
关于印发 2016 年璧山城区立体绿化实施方案的通知	璧山委办发〔2016〕24 号	区委办公室　区政府办公室
关于印发重庆市璧山区群团改革实施方案重庆市璧山区总工会专项改革方案共青团重庆市璧山区委专项改革方案重庆市璧山区妇联专项改革方案的通知	璧山委办发〔2016〕28 号	区委办公室
关于印发 2016 年民生实事工作目标任务的通知	璧山委办发〔2016〕30 号	区委办公室　区政府办公室
关于印发重庆市璧山区党政机关公务用车制度改革实施方案的通知	璧山委办发〔2016〕32 号	区委办公室　区政府办公室
印发关于深入推进农村社区建设试点工作的实施意见的通知	璧山委办发〔2016〕33 号	区委办公室　区政府办公室
关于推行村（社区）干部及直系亲属享受惠农惠民政策“十公开”制度的通知	璧山委办发〔2016〕34 号	区委办公室
关于建立疑难复杂信访事项导入法律程序工作机制的实施意见（试行）	璧山委办发〔2016〕35 号	区委办公室　区政府办公室
关于认真做好全区村（社区）“两委”换届工作的通知	璧山委办发〔2016〕37 号	区委办公室　区政府办公室
关于印发进一步营造全面依法治区浓厚氛围的工作方案的通知	璧山委办发〔2016〕40 号	区委办公室
关于印发《2016 年党风廉政建设“两个责任”清单》的通知	璧山委办发〔2016〕45 号	区委办公室
关于公布 2016 年区级领导联系重点项目名单的通知	璧山委办发〔2016〕46 号	区委办公室　区政府办公室
关于深入学习贯彻习近平总书记在庆祝中国共产党成立 95 周年大会上重要讲话精神的通知	璧山委办发〔2016〕47 号	区委办公室
关于印发《重庆市璧山区全面深化改革和全面依法治区督察工作办法（试行）》的通知	璧山委办发〔2016〕49 号	区委办公室
关于印发《重庆市璧山区贯彻〈党政领导干部保密工作责任制规定〉的实施细则》的通知	璧山委办发〔2016〕50 号	区委办公室　区政府办公室
关于进一步加强紧急信息报告工作的通知	璧山委办发〔2016〕51 号	区委办公室　区政府办公室

续表 4–1

发布文号	文件名称	发布机关
关于学习贯彻《中国共产党问责条例》的通知	璧山委办发〔2016〕52 号	区委办公室
关于进一步完善“党政同责、一岗双责”安全生产责任体系的意见	璧山委办发〔2016〕54 号	区委办公室　区政府办公室
关于印发《重庆市璧山区 2016 年度生态文明建设工作任务》的通知	璧山委办发〔2016〕55 号	区委办公室　区政府办公室
关于印发《重庆市璧山区镇村两级换届选举突发事件应急预案》的通知	璧山委办发〔2016〕56 号	区委办公室
印发关于加强和改进新形势下档案工作的实施意见的通知	璧山委办发〔2016〕57 号	区委办公室　区政府办公室
关于印发《关于完善法律援助制度的实施方案》的通知	璧山委办发〔2016〕58 号	区委办公室　区政府办公室
关于印发《璧山区推进供给侧结构性改革工作方案》的通知	璧山委办发〔2016〕60 号	区委办公室　区政府办公室
关于印发《重庆市璧山区工商业联合会专项改革方案》等 7 个专项改革方案的通知	璧山委办发〔2016〕61 号	区委办公室
关于开展脱贫成果巩固专项督查的通知	璧山委办发〔2016〕62 号	区委办公室　区政府办公室
关于印发《重庆市璧山区深化行业协会商会与行政机关脱钩工作方案》的通知	璧山委办发〔2016〕63 号	区委办公室　区政府办公室
关于印发《进一步加强全区意识形态工作的实施细则》的通知	璧山委办发〔2016〕64 号	区委办公室
印发《关于加强区纪委派驻机构建设的实施意见》的通知	璧山委办发〔2016〕66 号	区委办公室
关于认真学习贯彻《关于防止干部“带病提拔”的意见》的通知	璧山委办发〔2016〕67 号	区委办公室
关于认真学习宣传党的十八届六次全会精神的通知	璧山委办发〔2016〕69 号	区委办公室
关于印发《关于构建“谁执法谁普法”普法格局的实施方案》的通知	璧山委办发〔2016〕71 号	区委办公室　区政府办公室
关于印发重庆市璧山区区管国有企业负责人薪酬制度改革实施意见的通知	璧山委办发〔2016〕72 号	区委办公室　区政府办公室

（杨　成）

纪检　监察

【概况】　2016 年，严格落实中央和市委的决策部署，切实担负起全面从严治党主体责任，区委常委会多次听取工作汇报，专题研究部署重大问题。各级党组织认真落实党风廉政建设主体责任，纪检监察组织忠诚履行党章赋予职责，全区党风廉政建设和反腐败工作取得新成效。

区纪委监察局增设巡察工作室，内设部室 11 个，机关干部职工 31 名，其中行政人员 28 名，机关后勤服务人员 3 名，监督执纪人数占机关总人数的 83.33%。下设事业单位重庆市璧山区纪检监察信息中心更名为重庆市璧山区巡察事务中心，有工作人员 9 名，其中新进事业人员 5 名。

强化教育管理，提升干部素质。区纪委常委会开展“两学一做”学习教育，制定整改措施 18 条，整改问题 8 个；坚持开门听取意见，经常开展批评和自我批评；坚持民主集中制，严格执行区纪委常委会工作规则和会议规则；密切联系群众，委局领导轮流接访群众 18 人次，包案处理疑难信访问题 10 件。纪委书记约谈班子成员、部室主要负责人 45 人次。制定《璧山区纪检监察干部监督工作制度》等，加强对纪检监察干部的监督管理，102 名同志向区纪委报告个人有关事项，130 人次离渝报备。出台《镇街、部门纪检组织季度工作报账制度》，69个镇街、部门纪检组织向区纪委常委会现场报账，对报账情况开展质询、评议和排名，约谈排名靠后的13个纪检组织并督促整改存在的问题。建立“每周一课”制度，组织委局机关领导、部室负责人走上讲台领学、解读党章党纪党规，讲解业务知识，提升干部业务素质。

【区十四届纪律检查委员会第一次全体会议】 12月28下午，中共重庆市璧山区第十四次代表大会选举产生的区十四届纪律检查委员会召开第一次全体会议。会议由李金泉主持，全体区纪委委员出席会议。会议选举产生新一届中共重庆市璧山区纪律检查委员会常务委员会委员、书记、副书记，并经区委十四届一次全会通过。李金泉当选区纪委书记，刘廷忠、陈洪涛、陈文当选区纪委副书记。

【区纪委常委会】 全年，璧山区纪委召开纪委常委会23次，审定7个制度文件，传达学习中央、市委重要会议精神。3月25日，审定《重庆市璧山区党风廉政建设责任追究“十必问”暂行办法》《璧山区党风廉政建设抓早抓小“十必谈”暂行办法》；5月16日，审定《中共重庆市璧山区纪委谈话、函询实施办法》；10月25日，研究区纪委派驻纪检组问题。

【纪检体制改革】 坚持按照“三转”（转职能、转方式、转作风）要求，规范区纪委监察局参与议事协调机构，区纪委监察局牵头或参与议事协调机构和联席会议12个。制定《璧山区关于纪检组织（机构）进一步深化“三转”聚焦主业的实施意见》。推进区纪委派驻机构改革。区委出台《关于加强区纪委派驻机构建设的实施意见》，向55个区一级党和国家机关派驻18个纪检组，实现派驻监督全覆盖，对派驻机构建设的机构设置、职责权限、工作关系、管理保障、组织领导等6个方面明确总体要求。首批派驻纪检干部24名走上岗位。

【“两个责任”】 协助区委制定《2016年党风廉政建设“两个责任”清单》，细化区委主体责任11项、区委书记主体责任9项、区委班子成员责任7项，明确区纪委班子监督责任21项、纪委书记监督责任11项。建立履行主体责任工作台账，定期统计分析党委（工委、党组）书记、班子成员履责情况，并在部分街道试行领导干部履行主体责任全程纪实，对履责情况实行留痕管理。实行镇街、区级部门党组织书记履行主体责任半年述责制度，督促15个镇街、50个区级部门党组织书记书面述责，并对述责情况开展对账核查和民主评议，责成排名靠后的15个部门、镇街整改落实。制定《重庆市璧山区党风廉政建设责任追究“十必问”暂行办法》，明晰十种问责情形及问责方式、对象。加大“一案双查”和责任倒查力度，对管党治党主体责任缺失、监督责任缺位、“四风”和腐败问题多发频发的单位领导班子和领导干部，综合运用批评教育、诫勉谈话、通报批评、组织处理、纪律处分等方式，既追究主体责任、监督责任，又追究领导责任和党组织的责任。全区有3个党组织和36名党员领导干部被问责。区纪委通报7起责任追究的典型问题。

【巡察工作】 6月，成立区委巡察工作领导小组，下设办公室在区纪委，新设巡察工作室和巡察事务中心，具体负责巡察工作的综合协调、制度建设、日常事务等工作。制定《关于开展巡察工作的实施意见》《巡察工作问题线索管理规定》《反馈意见暂行规定》等10项制度，确保巡察工作规范化。制定《璧山区巡察工作流程》，规范巡察工作程序。坚持问题导向，聚焦党的领导弱化、党的建设缺失、全面从严治党不力等问题开展巡察。派出3个巡察组，巡察单位6个，发现问题137个，向被巡察单位反馈问题113个，向有关单位移交问题线索24条，提出整改意见建议33条。

2016年3月31日，区纪委在清明节前严查公车私用

（曾清龙　摄）

种情形就要及时给予谈话提醒。全区纪检监察组织通过函询、诫勉谈话、批评教育等方式处理383人，占78.3%；给予党纪轻处分和组织调整65人，占13.3%；给予党纪重处分和重大职务调整24人，占4.9%；严重违纪涉嫌违法立案审查17人，占3.5%。《中国纪检监察报》对璧山区实践第一种形态，早教育、早提醒、早纠正的经验做法进行深度报道。坚持有案必查，有腐必惩。全区纪检监察组织受理群众信访举报391件，处置问题线索168件，立案102件，给予党纪政纪处分104人，移送司法机关4人。完善制度机制，改进执纪审查。深入推进中央纪委信访举报工作联系点建设，探索"笔录式回复""满意度回访"等方式提升办件质量。制定《重大典型案件"双报告两会三书"实施办法》，明确6类案件实施"双报告两会三书"制度，发挥典型案件的治本功能。建立党员干部受行政处罚线索移送机制，相关部门向区纪委移送案件线索71条，给予党纪政纪处分50人次。开展重复信访举报专项治理工作，集中复查重复信访举报问题41件，化解33件。集中回访中共十八大以来受处分人员200名。

【纪律审查】　加大对违反中央八项规定精神的监督检查力度，开展督查200次，查处违反中央八项规定精神问题17起，给予党纪政纪处分9人、组织处理18人，全部实名通报曝光。突出群众身边的"关键少数"，先行先试村（社区）干部及其直系亲属享受惠农惠民政策"十公开"制度，全区4 487名村（社区）干部及其亲属享受惠农惠民政策情况向群众公开并接受监督，处理5起公开不实问题。定期梳理问题线索，对涉及的23条问题线索集中交办督办。加强"零报告、零查处、零通报"督查，约谈镇街纪（工）委书记12人次。紧盯脱贫攻坚、惠农惠民、农村集体"三资"管理、救灾救助等领域侵害群众利益的不正之风和腐败问题开展监督检查，发现问题线索131条，查处突出问题43个，处理党员干部66人，通报曝光典型问题42起，问责17起，查实干扰破坏选举问题1件。实践运用"四种形态"，保持惩治腐败高压态势。坚持抓早抓小，紧盯苗头性、倾向性问题，制定《重庆市璧山区党风廉政建设"十必谈"暂行办法》，规定区管干部出现"在专项检查、作风督查中发现有违纪违规苗头"等10

【党风廉政宣传教育】　强化宣传教育，筑牢党员思想防线。抓好党章和党内政治生活若干准则、廉洁自律准则、党内监督条例、巡视工作条例、党纪处分条例、问责条例等学习宣传，邀请市纪委领导作专题辅导，区纪委常委会领导班子成员带头宣讲21场次，各级各部门举办专题报告会70场次。组织区管领导干部、纪检组织负责人、普通党员代表开展4轮党纪党规知识闭卷考试，督促各单位开展测试200次，实现在职党员全覆盖。加强警示教育，编印《党员干部警示录》3期3万册，组织观看《永远在路上》《打铁还需自身硬》

《镜鉴》《警钟》专题片2 100人次，提高教育的针对性和有效性。开通“璧山清风”微信公众号，关注人数1万人，综合排名位列全市第一。《中国纪检监察报》《重庆日报》、重庆电视台、风正巴渝网和微信平台等媒体宣传报道区党风廉政建设的经验做法118次。（区纪委）

组织工作

【概况】 2016年，围绕全面从严治党的新思想、新部署、新要求，切实增强“四个意识”（政治意识、大局意识、核心意识、看齐意识），特别是核心意识和看齐意识，在服务大局中明确政治站位，在聚焦主业中把握职责定位，在稳中求进中主动作为，各项工作取得新进步，为深入推进“三区一美”战略提供组织保证。同时，持续加强自身建设，带头开展“两学一做”学习教育，带头严肃组织生活，坚持组织工作重点任务对账，狠抓机关党风廉政建设，打造模范、效率、清廉组工。按照“开口能讲、提笔能写、遇事能干”思路提升组工干部综合素质，常态开展组工讲坛、季度述职，全年编写《璧山组工》4期，被《重庆组工信息》采用21条、《重庆组工参考》采用主条2条，《重庆日报》《重庆行政》等多家纸媒、网站发出璧山组工“好声音”。

【“两学一做”学习教育】 一是立足“真”学。区委中心组、常委会在自学基础上，围绕“三个专题”开展中心组集中学习研讨15次，讲授党课75人次；区管领导参加支部学习1 053人次、讲授党课750人次；各级党组织书记、党务工作人员讲授党课1 655人次。二是立足“深”查，结合“七个不”梳理问题1 100条；以电话问询、实地督导等方式，对全区1 080个党组织学习教育情况开展“回头看”；采用述职评议、述职述廉等方式查摆班子和自身存在的问题。三是立足“实”改，开展民主生活会、专题组织生活会和民主评议党员，制定整改清单，明确整改时限，区委成立7个督导组，督导会议开展、整改落实等；挂单整治未按期换届党组织8个，持续推进整顿转化后进基层党组织12个。四是立足“实”做，通过落实党员到社区报到、“创先争优”“先锋工程”、承诺践诺等制度，开展“三个一”（牢记一个宗旨：全心全意，执政为民；学习一种方法：打破砂锅，治标治本；彰显一种自律：修身廉政，以德为政）、“三到位”（在思想意识上要到位，在实际行动中要到位，在纪录要求上要到位）、“两个十五分钟”等活动，引导“四个领域”党员，发挥中坚骨干作用。五是立足“活”用，利用“12371”党建平台，开展500场“1+N”（积极利用现有平台，创新方式整合支部内党课资源。运用重庆市12371党建信息平台开展“共享党课”，采用“线上发布、线下参与”方式，探索建立“1+N”党组织共享党课活动，即一个党组织提前两天发布讲课预告，若干其他党组织党员报名听课。截止目前，共开展共享党课500余场次，受众5000余人次）共享党课，受众党员5 000名；利用群工系统开展“两学一做”（学习共产党党章常规，学习贯彻习近平总书记系列重要讲话精神，做合格党员）、“四公开”（党务公开、政务公开、司法公开和各领域办事公开）等活动。

【干部管理】 选人用人。一是发挥党委领导和把关作用。贯彻落实中央、市委关于做好换届工作的有关会议、文件精神，配合市委组织部做好区级领导班子换届考察考核工作。在市纪委、市委组织部的指导下，制定区委、区纪委换届人事安排方案。配合相关部门做好区人大常委会、区政协换届人事安排方案。研究制定镇领导班子换届文件，并专题部署。结合区级领导班子换届和镇换届工作，统筹做好区级部门领导班子的调整工作。完善换届工作责任机制，落实组织部门的考察责任。加强镇领导班子换届选举督促指导，统筹做好部分区级群团组织换届工作。二是改进干部选拔任用方式。全覆盖开展领导班子回访调研，提前综合分析研判。改进民主推荐方式，采取先个别谈话推荐后会议推荐方式全额定向推荐，推荐结果作为确定考察对象重要参考。注重考察干部政治品质、道德品行、工作实绩、党建履职、勤政廉政等情况，采用谈心谈话、民主测评、实地考察等方式考准考实干部。坚持从严把关，对考察对象的干部档案必审、个人有关事项报告必核、纪检监察机关意见必听、信访举报必查，坚决防止“带病提名”、“带病提拔”。三是选优配强领导班子。贯彻《干部任用条例》，坚持“二十字”好干部标准和“五看”要求，睁大眼睛“赛场识马”，为全区改革发展稳定提供坚强组织保障。结合“三级换届”工作进程及工作需要，全年调整区管领导干部571人次。其中，提拔70人，非领导职务晋升和职级晋升64人，平级交流217人，挂兼职调整43人，转正73人，因身体健康、违纪、晋升职务职级、退休等原因免职104人。统筹消化超职数配备的978名科级以上干部及党政分设等遗留问题，完成“三超两乱”整治，实现“零超配”“零违规”。

干部监督考核。一是加强换届风气监督。发放“一片一书”等宣传资料2.7万份，组织观看《警钟》《镜鉴》累计2.5万人次，会同璧山电视台录制关于严肃换届纪律专题访谈节目，在《璧山报》开设“换届风气监督宣传栏”，连续刊载换届纪律规定18期，利用“12371”手机短信平台向全区党员发送换届纪律短信20条，“璧山党员教育”微信公众号推送换届纪律要求17条。成立5个换届风气巡回督导组，开展三轮换届督导，“12380”举报电话24小时全天值守，印发《重庆市璧山区镇村两级换届选举突发事件应急预案》。二是加强日常监督。严格领导干部个人有关事项报告制度。抽查核实474名干部，其中随机抽查75名，重点抽查399名，有13名领导干部因未如实报告或隐瞒不报受到组织处理，其中9名在选拔任用中被“放下”，4名被诫勉谈话；严格提醒函询诫勉等监督措施，提醒6人，函询116人，诫勉4人，确定14名为经济责任审计对象，新增、撤销、更改因私出国（境）登记备案178人；严格选任监督检查。印发《关于认真学习贯彻〈关于防止干部“带病提拔”的意见〉的通知》，开展“带病提拔”倒查工作，清理出1名科级干部倒查对象。三是年度考核。2015年度考核中33个领导班子被评为好班子，131名领导干部被评为优秀等次，调整优化2016年考核体系。

干部教育。一是创新党性教育。组织学员开展党性分析活动，深入基层一线实岗锻炼。二是丰富培训方式。深化行动学习法，专题小班教学，推行3个1/3（课堂教学、现场教学、体验实践各占1/3）的培训模式，开展结构化研讨教学方式，开设旁听职务犯罪案件开庭审理课程，组织学员到贫困村社、留守儿童家庭、信访接待大厅等顶岗体验。三是物化资政成果。在主体班中引进“论文答辩”机制，形成资政报告，建立学员返岗后长效化的跟踪了解机制。四是高标准推进“产城融合”现场教学基地建设，分5个类别建成8个区级现场教学点。“产城融合”现场教学在全市作经验交流。全年完成市委党校主体班调训32人次，其他市级部门调训365人次，举办主体班10期，培训各级领导干部375人次，举办专题班73期，培训各级领导干部7 683人次。干部参加网络学院学习合格率100%，平均学分居全市前列。

【人才管理】 坚持党管人才原则，以政策导向、需求导向、问题导向为引领，深度推进重点人才项目，优化人才发展环境。一是人才工作政策体系不断完善。修订《璧山区专利资助办法》，鼓励璧山辖区内单位和个人发明创造，加快知识产权强区建设。制定《璧山区创业种子投资基金管理办法（试行）》，设立创业种子投资专项基金，用于支持创业团队和不超过3年的种子期创新性小微企业建设。二是重点人才项目持续做实。精心组织“产业人才集聚计划”“高层次创新创业人才集聚计划”“机关事业单位引进高层次人才素质提升工程”等重点人才项目，申报重庆市技术创新项目17个，组织璧山区首届创新创业大赛，举办青年干部培训班和引进高层次人才素质提升专题轮训班（第一期）。持续实施“千人引才计划”。截至2016年12月，全区引进培养高层次人才1 310人。其中，机关事业单位1 064人，企业246人；全职引进532人，柔性引进177人，自主培养601人；博士36人，硕士781人，高职称、高技能493人。三是人才发展平台建设切实加强。全区建成国家级众创空间2个、市级众创空间4个和市级孵化器1个，引进和培育科技企业25家、团队28个、中介服务机构4个；新申报高新技术企业44家和中小企业技术研发中心6家，新建成市级技术研发中心5家，博士后科研工作站1个，新增1企业纳入大学生实训基地试点单位4家，西南证券等19家金融机构入驻璧山CBD金融街创业大厦。

【基层党建】 一是立足便民利民，打造高效便捷的服务平台。区、镇街、村（社区）三级服务中心202个规范化，村（社区）配齐“电脑、电话、打印机、复印机、照相机、指纹机”等设施设备。“群工系统”全覆盖，构建上下联动解决群众问题机制，2 300名村社干部、网格长配用“群工系统”终端，累计受理群众反映事项19 267件，办结率99.5%，满意率99.3%。统筹区属部门、镇街、村三级力量，利用农商行、邮储银行、淘宝、京东、同心易田商务等平台资源，推进“便民超市、电子商务、金融网点”进村，覆盖率84.4%。二是着力强基固本，树立大抓基层的鲜明导向。推动落实党员组织关系转接、“三会一课”、组织生活、党费收缴、党籍和档案管理、民主评议和不合格党员处置等工作。开展“四个专项排查”，“复联”党员核实表现后纳入正常管理，依规处理违纪违法未受处理的党员，结合改制撤销未按期换届的广电网络璧山分公司党组织，完成党费清理工作。落实书记讲党课制度。安排专项经费27.9万元，落实镇街领导干部包村开展党员冬训工作。继续推行“互联网+”党建，深入推进“党员微信课堂”“党员远程教育终端课堂”“党员QQ课堂”等，全年利用视频互动系统开展自主教学4次。拍摄《让理想信念带你飞翔》等教学课件8部，其中获二等奖、三等奖各1部。调整理顺区人力社保系统、国土房管系统组织隶属关系。开展建党95周年评选表彰工作。继续深入开展党代会常任制试点工作，召开重庆市璧山区第十四次党代会，加强对镇党代会年会制的指导。平稳有序推进村级换届。选出新一届村（社区）专职干部1002人，48名挂职本土人才选入村“两委”、125名本土人才聘为村专职干部，进一步优化专职干部年龄、文化结构。建立实行村（社区）专职干部管理等制度，促进履职透明公正。分级全覆盖轮训村（社区）专职干部，提升整体素质。全面落实抓乡强村，在镇街设立党群办，配备专职党群干事和村（社区）党建指导员。全面落实村（社区）服务群众工作经费（每年6万元至11万元）和专职干部基本补贴、养老保险缴费补贴、离任一次性生活补助。三是注重群众参与，全面提高基层党建科学化水平。以群众满意为出发点和落脚点，补齐短板，提升基层党建工作质效。排查整顿后进基层党组织12个，巩固2014年、2015年度28个后进基层党组织整顿成效。接续落实贫困村“五个全覆盖”，加强“第一书记”、驻村工作队管理，识别相对贫困户1 117户、3 169人，有效助推精准脱贫。常态化开展部门结对包建村社、在职党员到社区报到等工作。摸排登记“三留守人员”2 984人，推动镇、村两级干部全覆盖结对帮扶。坚持随机督查基层党建，采用明察暗访、抽问群众等方式掌握工作落实和群众评价情况。严格执行基层党建“联述联评联考”制度，做深做细“双述双评”工作，邀请“两代表一委员”和党员群众代表对镇街、区级部门党（工）委和村(社区）党组织履职情况进行测评，将基层党建纳入年度综合考核，测评结果、民调结果作为党建考核的重要依据。

【非公党建】 一是台资企业（以下简称台企）党建成为全国样本。依托“党群一体化”开展台企“同心·共建”系列主题活动，创建区级“双强双带”示范党组织2个。璧山台企党建经验做法被中组部作为全国非公党建地方样本宣传推广。二是建成投用园区党群服务中心3个。开展“订单式服务”帮助非公企业快速解决经营难题。整合各部门力量，让优势资源在党群中心聚焦，实现“周周有沙龙、月月有活动”，打造党员职工的“温暖之家”。三是做好社会组织党建工作。成立3个社会组织行业党委，理顺行业协会商会脱钩后的党建管理体制。在律师行业、民办医院、民办学校、行业协会商会4个领域分类打造行业特色党建。依托党群服务中心孵化各类社会组织20个。四是着力“聘培管励”，打造一支专业化的非公组织专职党建指导员队伍。五是强力推进其他重点工作。全年新建非公组织党组织30个，非公企业和社会组织党组织覆盖率分别达到86.4%、85.4%，组建率均达到100%；全区近300个非公党建网站实现“月月有更新”；命名表彰“共产党员示范（明星）经营户”40户；开展“双强双带”活动，常态实施“新三会一课”和“先锋工程”。（张 莹）

2016年4月13日，区委组织部现场听取非公企业党建品牌打造工作汇报

（璧山报社 供图）

【关心下一代工作】 2016年，全区创建区级“五好”基层关工委313个，占已建关工委组织357个的87.7%，实现80%以上的创建目标。区关工委、区教委，璧城、璧泉、青杠、丁家等11个关工委被重庆市关工委授牌为“五好”基层关工委。全年，区关工委撰写调研报告40篇。

青少年思想道德建设：全年紧扣“两史”（党史、国史）主题教育，结合“爱学习、爱劳动、爱祖国”和红军长征胜利80周年，先后作“学党史国史，听党话、跟党走”主题教育报告、革命传统教育报告。清明节期间，分别在璧山革命烈士陵园、黄蜀澄烈士墓、亚洲中学遗址、国际反法西斯战士广普谢唯进故居，开展“缅怀革命先烈，继承革命遗志，听党话，跟党走”主题教育活动18场，13 200名师生受到教育。组织开展中国文明网网上祭英烈签名活动，2万名学生参加。利用秋季开学第一课，组织“学长征精神、做红色传人”报告会或主题班会。

“中华魂”主题教育活动：开展《遵纪守法、从我做起》“中华魂”主题教育读书征文、演讲活动。订购读本60 205册，8万名青少年学生和教师参加。310名选手获等次奖，280名教师获指导奖。推荐参加市级征文演讲比赛的54人中，10人获一等奖，21人获二等奖，23人获三等奖，52名教师获市级优秀辅导员奖。区关工委获全市“中华魂”读书活动优秀组织奖，区关工委读书活动指导团副团长、教委李常玉获市优秀组织者奖。

参与社会治理：一是法治教育。

申请创建“零犯罪”学校21所，聘请“五老”和志愿者法治宣讲员72人，开展各种形式的法治宣讲教育活动近200场次，受教育师生16万人次。特邀重庆市警务110宣传车到马坊、丁家、璧山职教中心等28所学校开展法治宣传教育，受教育师生28 600人次。专题培训法制副校长68名。开展“关爱明天、普法先行”老少书画大赛，评选区级等次奖20幅，推荐参加市级评选的12幅作品中，老年组获优秀奖2幅，少儿组获二等奖2幅，获三等奖1幅，获优秀奖1幅。联合区政法委、公安、检察、法院、教委在学校开展法治宣传教育103场，受教育师生达6.7万人次，二是净化社会文化环境。全年集中或分地区对120多家网吧开展“净网”巡查320次，劝导未成年人150人，现场提出安全隐患、卫生脏乱等改进意见110次。联合区教委在青杠、璧泉初中，正则中学、金剑小学等7所学校，开展“爱·成长”为主题的“2016年心理健康教育宣传月体验活动”，5000名师生观看亲子教育视频。 三是帮扶困境青少年。在“六一”儿童节和“冬日阳光·温暖你我”活动中，为正兴、丁家、云坪小学37名贫困学生送去10 000元的学习用具，棉衣、冬鞋等急需用品。联合区教委、民政等部门，动员各级妇女干部和爱心志愿者为187名特困儿童开展“情暖童心、相伴成长”结对关爱帮扶活动。据统计，各镇街、部门关工委开展节日慰问、资助贫困学生700人次，结对帮扶关爱“五失”青少年560人，为留守儿童聘任“代理家长”900名。区关工委名誉主任胡朝木，积极倡议区关工委设立《璧山区老同志扶持特困生基金》，捐赠10万元，作为全区第一笔特困生扶持基金。

“讲政治、育新人、学科技，奔小康”主题教育活动：一是承办市“优质葡萄种植技术及营销策略”培训。二是培训职业农民。区关工委科技服务指导团先后到福禄、八塘、正兴，丁家4个镇街的8个村和2个社区，开展种养殖业技术指导及农村电商网络知识培训，受训农民达1 915人次。为河边、福禄、正兴3所初级中学的24个班、1209名师生开展食品卫生安全知识宣传。

宣传工作

【概况】 2016年，全区宣传思想文化工作贯彻落实全市宣传思想文化工作会议精神，以《市委宣传思想工作领导小组2016工作要点》为纲领，超前谋划，努力作为，取得新成绩。

【新闻宣传】 完成新闻外宣和政务外宣活动近600次，设置网络宣传专题10个。央视、《人民日报》等中央权威主流媒体宣传璧山43次，创造央媒上稿最高成绩。其中，央视《新闻联播》2次以单条的形式聚焦璧山；《真诚沟通》《走遍中国》等品牌栏目首次聚焦璧山；中央人民广播电台《新闻纵横》报道璧山法院工作；《光明日报》连续3次头版报道璧山生态建设工作；《新华社内参选编》首次刊载璧山区宣教工作；《瞭望东方周刊》刊发璧山长篇通讯；《香港大公报》等境外媒体均给予璧山深度关注；在《重庆新闻联播》《重庆日报》等市级主流媒体上稿1 050条。此外，有效策划“环保志愿者郑渝军”“央视新闻联播聚焦重庆璧山”等主题外宣，在全国各大媒体累积发稿1000篇。参与“全国百家网络媒体总编看重庆”活动走进璧山，“海外侨胞故乡行——走进重庆璧山”等活动。《璧山手机报》免费受赠用户达到20万，“和美璧山”微信公众号关注量39 196人，“和美璧山”APP累计81 009次下载量。推动璧山网、璧山政府网、微博、微信、客户端深度融合。

【理论武装】 璧山区委中心组集中学习12次，深入学习中共十八届六中全会精神3次；创新与武汉市江夏区委中心组联组学习。区委中心组成员在《重庆宣传》《重庆学习论坛》等市级刊物发表文章13篇。市委宣讲团成员、市社科联党组书记杨清明、市财政局副局长祝轻舟到璧山宣讲十八届六中全会和市委四届九次全会。打造“民嘴”到“名嘴”工程，培育40人的理论宣讲微联盟。青杠街道“好声音”宣讲队获市级理论宣讲集体，典型经验在《重庆宣传》第10期刊登，璧城街道唐永平获市级理论宣讲先进个人。十三届区委常委会第75次、81次、87次、88次、103次常委会专题部署意识形态。区委印发《璧山区党委(党工委、党组）意识形态工作责任制实施细则》《进一步加强全区意识形态工作的实施细则》，区委宣传部印发《关于进一步加强报告会、研讨会、讲座、论坛等活动申报审批的通知》。10月19日—20日，全市意识形态工作培训会在璧召开，璧山做交流发言。区委常委、宣传部部长刘晋7月、11月2次到全国宣传干部培训学院作网络意识形态工作讲课。

2016年12月21日，中共十八届六中全会精神宣讲现场

（刘畅　摄）

【思想政治】　全区各镇街各部门依托40个梦想课堂宣传思想文化阵地，举办梦想公开课堂、梦想社区课堂、梦想流动课堂、梦想沙龙等活动500场。重点围绕纪念中国共产党成立95周年、纪念红军长征胜利80周年，举行献礼建党95周年大型话剧演出《又到满山红叶时》、纪念红军长征胜利80周年暨少先队建队67周年主题等大型纪念活动。为推动核心价值观在基层落地生根，广泛开展“10·1”璧山区千万市民升国旗、“11·29”璧山区家风润万家、“12·4”璧山区志愿服务季·千万市民学法律等梦想社区·幸福家园主题日活动。重视发挥道德模范的引领和感召作用，全年选树和培育重庆绿色年度人物郑渝军、感动重庆月度人物邹洪梅、刘华、代青等典型人物。

【文化建设】　出台《文学艺术成果资助管理暂行办法》《文艺创作与人才培养规划》等文件扶持重点项目。建立区级文艺创作基地3个。在重庆美术馆举办纪念百年巨匠吕凤子130周年诞辰全国名家书画作品邀请展，书法展《重庆诗歌地图·璧山听鸟》在央视书画频道播出，举办长篇历史小说《大宋状元冯时行》作品研讨会。原创歌曲《小而美》连续数周位居“全球华语音乐榜中榜”冠军，长篇科幻小说《终极失控》、书法作品《重庆诗歌地图·璧山听鸟》获市级重点文艺资助项目。《璧山鼓韵》获全市第七届乡村文艺会演获音乐类一等奖，《城市底色》获第三届原创歌曲大赛表演金奖。举办传统节庆文化活动20场；举办“中国梦·巴渝风”主题文化活动14场；开展“深入生活·扎根人民”文化进基层演出60场。充分挖掘本土历史文化资源，整理璧山历史故事，融入新建街区，东岳公园等璧山城市建设，倾力打造“文化古城”。　（王婷婷）

统一战线工作

【概况】　2016年，以凝聚人心、服务发展为核心，贯彻落实中央、市委和区委关于统战工作的重要决策部署，着力增进政治共识，维护社会和谐稳定，引导全区统一战线成员为区“三区一美”建设做出贡献。

【思想政治引导】 全面贯彻落实中央统战工作条例和市委实施意见，制定下发区委《关于进一步加强统一战线工作的意见》及《重点工作清单》。会同社会主义学院联合举办民主党派和知联会成员、宗教界人士、非公经济人士和非公出资人培训班，邀请高校、市委党校教授和市委统战部、市民宗委、市经信委的领导以及区委领导为培训班授课，全年培训党外代表人士270人。平时通过季度学习会、情况通报会、观摩学习等加强党外代表人士学习的思想政治引导和政策理论学习；组织中秋“三胞”亲（眷）属座谈会等针对专门群体的交流活动，了解统战对象的思想情况。按照中央和市委要求，在中青班、新引进高层次人才班、新录用公务员班、社区干部班等班次上讲授统战政策和知识。

【民主党派工作】 4月，成立民进璧山支部，至此全区有民盟、民建、民进、农工党、致公党等5个民主党派组织，多党合作架构初步成型。支持民主党派组织发展，全年新发展成员20人，至2016年年底，有民革、民盟、民建、民进、农工党、致公党、九三学社、台盟等8个民主党派成员230人。全年民主党派集体提案16件、个人提案建议和提案43件、社情民意52件。民主党派和无党派人士积极参与扶贫帮困、送医送文化下乡等社会服务，提供项目、捐款捐物折合人民币40万元。受到民主党派市级组织表彰的先进个人13人。

【党外代表人士工作】 完成区政协第十届委员的换届工作，新一届政协委员240名，安排235名，其中非中共委员146名。政协常委47名，其中主席会议成员9名，常委38名。完成区十三届人大党外代表推荐工作，依法选举出党外代表67名，占代表总数的27.9%，党外区人大常委会委员7名，占常委会委员总数的30.4%。完成区工商联第十一届换届，如期完成区知联会第二届换届。全年就经济社会发展、重大人事安排、党风廉政建设等开展通报、政党协商等活动7次，联谊交友党外人士100人次 。1名区管副职党外领导干部到市挂职基地学习锻炼。举办党外代表人士座谈会5次、统一战线活动4次。全区副处级以上实职党外干部23名，其中副厅级4名，正处级2名。

【非公有制经济领域统战】 全区非公经济户数达到46 561户，其中私营企业11 856户，个体工商户34 103户。全年非公经济增加值323.9亿元，同比增长11.6%，占全区经济总量的75.6%。完成区工商联（总商会）换届。选举产生第十一届执行委员会委员113名，常务委员会委员52名、主席（会长）1名、副主席（副会长）19名、总商会副会长6名、秘书长1名。开展以守法诚信为重点的理想信念教育实践活动，举办“诚信经营、依法治企”专题讲座。组织开展学习习近平总书记系列讲话、习近平总书记在工商联委员联组会上的讲话等重要精神。成立璧山区总商会青年委员会，加强对年轻一代非公有制经济人士的教育引导。组织非公经济人士开展调查研究，提交议案、提案、社情民意、建议意见等40件。在区政协大会上作题为《助推我区中小企业融入资本市场的思考》的发言。搭建维权服务平台，主动与区法院建立民营企业商事纠纷诉调对接机制，成立民营企业商事纠纷调解中心，开展维权服务，为会员企业协调解决生产经营困难问题10件次。全区非公经济人士积极参与社会公益活动，累计捐款捐物100万元。

【对台侨务工作】 全年，共台湾元智大学、“中华寻根之旅”活动营（2批）等280人次到璧山考察洽谈。利用“渝洽会”、重庆·台湾周活动，邀

2016 年 9 月 25 日，“海外侨胞故乡行—走进重庆”活动到壁山参观考察经济社会发展新成就

（壁山报社　供图）

请台湾考察团、协会到璧山考察，大力宣传、推介璧山。不断完善领导干部联系台资企业、建立联席办公、现场办公等工作制度，深入企业生产一线现场，为统一企业、大茂伟瑞柯等台资企业解决在发展过程中遇到的矛盾和问题。慰问台侨眷属 100 人次，协调相关部门为 2 名在璧山台胞子女办理就近入学，为 6 个赴台商贸团队办理赴台审批手续。完善涉及侨台的应急预案，依据《中华人民共和国宪法》《中华人民共和国归侨侨眷权益保护法》等有关涉港澳台侨的法律法规和政策，以及《璧山区突发公共事件总体应急预案》等有关建立应急预案和机制的文件，修订 2011 年制订的《璧山县涉及港澳台侨突发社会事件预防与处置工作方案》，健全处理涉港澳台侨突发社会事件应急机制，切实提高涉侨台相关部门的安全意识和应对突发事件能力。

【民族宗教事务工作】　一是成立民族团结进步模范单位创建领导小组，制定实施方案，决定在三合镇高山村和璧城街道蒲元初中开展创建工作。二是于 9 月 24 日至 30 日开展民族团结进步宣传周活动。利用区电视台、《璧山报》、璧山网等媒体宣传好的经验和典型。在三合镇高山村组织开展“守望相助促团结、科学发展共奋进”民族团结进步宣传主题现场活动半天，发放宣传资料 5 000 份。在蒲元初中开展民俗文化宣传教育，教育汉族学生尊重少数民族学生的风俗习惯，不得歧视少数民族学生等。三是向市民宗委争取少数民族发展资金 22 万元，用于三合镇高山村村级公共服务中心少数民族活动室的修建，向市民宗委争取民俗文化宣传经费 15 万元用于蒲元初中少数民族文化墙建设，完成高山村和蒲元初中的民族团结进步模范单位的创建工作。四是区委常委会专题传达学习全国宗教工作会议精神和国家领导人重要讲话精神，并对区下一步的宗教工作作出全面安排部署。研究贯彻落实具体措施，民宗侨办领导深入 10 个场所向信众宣传学习全国宗教工作会议精神。五是在 6 月分动员部署、学习宣传、总结验收 3 个阶段开展以“国法与教规的关系”为主题的宗教政策法规学习月活动。区民宗侨务办组织相关工作人员、宗教团体负责人、宗教活动场所成员集中学习、座谈，以“三区一美建设、宗教如何作为”为主题开展座谈学习。开展“国法与教规的关系”主题研讨活动。各镇街、宗教团体和宗教活动场所有计划地组织信教群众开展学习，并制作相应的宣传栏、宣传标语、开办板报、发放学习宣传资料、广播电视媒体等形式，对信教群众普法教育，宣传政策法规等。六是严格按照宗教事务条例管理宗教事务。对各宗教场所的大型活动严格执行申报审批制度；协助华佗寺、天主教来凤活动点、基督教万盛花园活动点的管理小组换届；加强宗教场所的制度建设，督促各场所建立健全各项制度，加强财务的监管，严格财务审批；加强场所的安全管理、安全检查，年内无安全事故发生。　（唐　波）

人事工作

【概况】 2016年，坚持改革统揽、依法行政，深化作风建设，主动适应经济发展新常态，围绕全区“三区一美”战略，以“民生为本、人才优先”为工作主线，着力解决人民群众最关心、最迫切、最现实的利益问题，人力社保工作得到全面发展。

【公务员队伍建设】 严格贯彻实施《中华人民共和国公务员法》，进一步完善公务员管理制度。按照管理权限，做好选拔任用、职务任免、年度考核、奖励表彰、公务员调任等工作。

【人才队伍建设】 组织区内企事业单位参加各类人才交流和智力引进活动，面向社会组织公开（考核）招聘事业单位工作人员11批次（包含2015年招聘西藏籍高校毕业生、2015年下半年考核招聘急需紧缺高层次人才、2015年4季度公开招聘事业单位工作人员、招聘2015年服务期满“三支一扶”大学生），公开考核招聘105名事业单位工作人员，其中硕士研究生或副高级职称高层次人才101名，急需紧缺本科毕业生4名；公开招聘事业单位工作人员81名，其中硕士研究生1名，本科毕业生79名，专科毕业生1名。

6月前面向社会招录公务员13名（含5名大学生干部），其中5名研究生，8名本科生，6月后面向社会招录公务员5名（正在办理录用手续），其中4名研究生，1名本科生。8月至11月，分4批次常态化开展科技非领导职务晋升工作，晋升科级非领导职务432人（晋升副主任科员75人，晋升主任科员357人）。

组织事业单位新聘人员、中级专业技术人员、副高级专家、事业单位负责人等培训7批次504人次。组织企事业单位专业技术人员共需科目培训，参训人员7 353人次。组织公务员（含参公人员）参加“互联网+”公需科目培训；依托行政学校开展培训班3期，培训初任公务员44人，科级非领导职务44人，内设机构负责人50人。

梳理辖区内大型高新企业，主动衔接、鼓励其申报设立博士后工作站，经市人力资源和社会保障局审批，同意在重庆市璧山区人民医院设立博士后科研工作站。鼓励和引导企业参加各类引才引智活动，为企业引进和培养高层次人才提供政策支持，按规定兑现高层次人才优惠政策。

加强对青山技校以及民办职业学校的日常管理工作。开展资助学生查验，技工院校招生宣传月等活动。配合完成《为你喝彩》第四季节目录制工作，推荐冯志刚、龙大江等13人参加重庆卫视《为你喝彩》栏目录制。推荐重医一院青杠老年养护中心童立纺等6人参加重庆市首届健康养老行业职业技能大赛。截至12月，职业技能鉴定3 549人，获职业证书3 432人。其中农民工初次职业技能鉴定2 095人。向市人社局推荐高技能人才鉴定260人，获高级工以上证书242人。机关事业单位技术工人等级（岗位）考核办公室经区编委批准挂牌于区人社局就业促进与职业能力建设科。截至12月，鉴定考核机关事业单位工勤人员26人，其中：高级技师1人、技师6人，高级工13人，中级工5人，初级工1人。

（区人力社保局）

机构编制工作

【概况】 2016年，围绕全面深化改革和全区“三区一美”战略，继续深化行政体制改革，持续推进政府职能转变，优化事业单位机构编制结构，积极推进行政审批制度改革，稳步推进事业单位分类改革，严格控制和优化机构编制，为全区经济社会发展提供体制机制保障。

【推进政府职能转变】 推进群团改革，完成区总工会、团区委、区妇联等10个单位群团体制改革涉及的机构编制工作。加强区、镇街两级规划管理机构设置，并完善其职责，构建纵向到底、横向到边的规划管理体制。根据璧山高新区升级为国家高新区的有关要求，完成高新区及其下属事业单位创新服务中心管理体制调整工作。完成法院、检察院、审计局机构编制垂直管理改革工作。设立区卫生计生监督执法局，进一步完善卫生计生监督执法体系。围绕人生链条从出生、入学、就业、居住、看病、养老等各个重要节点，加强公共服务职能，在城区新设小学校2所，为区中小学校、区人民医院、区保健院等增加事业编制79名。

【事业单位机构编制结构优化】 严格落实控编减编，优化事业单位机构编制结构，截至2016年底，璧山区行政事业机构由2012年年底的375个调整优化为340个，净减机构35个，事业编制核减收回364名。其中：撤销整合事业单位3个，即撤销区盐井河水库水利工程管理处、区卫生和计划生育药具管理服务站，将区旅游发展中心和区工程建设中心整合设置为新的区旅游发展中心，净减事业编制50名，收回的事业编制由区编委统筹管理。

【行政审批服务与改革】 一是7月，根据工作需要，报编办审批同意后，将原服务群众工作科与基层指导科合并为基层指导科，单独设立行政审批改革工作科。二是入驻中心窗口部门22个，受理各类审批事项353 397件，税费征收40.45亿元。服务群众工作信息系统累计受理群众反映事项8 696件，办结8 687件，办结率99.9%，群众满意率99.6%，较上年同期有大幅度提高。三是全面完成行政审批事项清理，加强行政审批事项动态管理。四是清理规范行政许可事项349项，编制“两单一图一表”，取消或调整区级非行政许可审批事项48项，结合璧山区2014年已经公布的《重庆市璧山区行政审批项目目录》，修订完善并向社会公布《璧山区2016年区级行政审批事项目录》。五是推进行政审批中介服务清理规范工作。清理规范区级行政审批中介服务事项32项。六是积极推进网上行政审批改革，及时完成与市网上行政审批平台对接，网上行政审批工作进入常态化管理。七是按照市委、市政府的要求，区网上行政审批改革工作于1月启动。2月底前完成对全区行政审批和服务事项要素的审核。经审核，全区有393项行政审批事项和299项服务事项。其中，行政许可事项326项、非行政许可事项67项；线上办理事项14项，线下办理事项307项。按照市政府要求，全区326项行政许可事项全部通过测试，并于3月31日纳入市网审平台运行。截至年底，网上行政审批工作已进入常态化管理，各部门均有管理员专门负责处理网上群众的咨询投诉，负责督促各部门及时受理申办事项。经半年的运行，线上办理事项增至75项，线下办理事项251项。截至12月，受理项目210项，受理事项73 168件。八是推进新行政服务中心建设。该中心位于璧山高新区太阳堡标准厂房处,包括1号楼和6号楼，2幢10层，总面积26 648平方米，含行政服务中心、公共资源交易中心、就业培训及人才市场、社保局等，入驻部门38个，入驻项目487项，入驻率达到85%。完成装修设计。

（徐　杰　钟汶洁　蔡廷江）

政策调研工作

【概况】 2016年，做好市委巡视组反馈意见整改相关资料档案整理等工作。参与全区重要文件的起草、完善和审查工作等，起草、审查和完善《璧山区群团改革实施方案》以及群团专项改革方案10个，《进一步加强城市规划建设管理工作实施意见重点任务责任分工方案》《关于加强社会治安防控体系建设的实施意见》等重要文稿，完成区委主要领导、分管领导交办工作20件，多次得到区委主要领导、分管领导肯定。牵头起草《2016年全面依法治区工作要点》《璧山区全面深化改革和全面依法治区督察工作办法（试行）》《进一步营造全面依法治区浓厚氛围工作方案》等文件。筹备召开区委全面推进依法治区领导小组会议、领导小组办公室与各专项小组联络员会议4次，协调推进全面依法治区工作。组织上报有关全面推进依法治区情况、党政主要负责人履行法治建设第一责任人情况、营造依法治区浓厚氛围、违法行政行为投诉举报处理情况等材料。推进依法治区教育宣传，开展书面和实地督察3次。做好和市委法治办及有关工作部门的衔接和区委法治办日常工作，及时整理相关资料并健全归档，营造良好的全面依法治区浓厚氛围。

【调研成果】 在调研工作中，围绕“三区一美”发展战略，紧扣区委中心工作的开展，制定重点调研课题，主动深入基层，发动和协调各方面力量有针对性地开展调查研究，借助《调研与思考》和《信息参考》刊物平台，为领导科学决策提供参考依据。全年编印《信息参考》12期，撰写《调研与思考》6期，得到区委、区政府领导肯定。

【对外宣传】 对接市委研究室，对外宣传璧山。与市委研究室加强沟通联系，结合璧山实际深入调研，组织撰写总结2篇和推广璧山工作亮点的调研文章，被市委内部刊物《新重庆》杂志刊载，在全市范围内宣传推介璧山工作。对接市委研究室到璧山开展专题调研3次，为市委决策提供帮助服务。热情接待并协调来自区外相关兄弟单位和市外相关省市考察团到璧山开展调研工作，宣传和推介璧山的经验及做法，受到到璧考察单位各级领导的肯定。（区委研究室）

党　校
（行政学校和社会主义学院）

【概况】 2016年,区委高度重视党校工作，全国、全市党校工作会后，召开区委常委会，专题研究党校工作，在师资队伍、经费投入、机制建设等方面给予大力支持。区委书记吴道藩，常务副区长、区行政学校校长何平等多次到党校调研指导，区级领导到党校上课35人次。党校工作在全市党校重点工作推进会上作专题交流发言,璧山区“产城融合现场教学基地”建、管、用经验得到市委组织部肯定,成为全市创新干部培训和对外宣传的一个窗口。

【干部培训】 坚持“党校姓党”，始终把党性教育放在第一位，在常规班全面推行党性教育系统化，在专题班推行部分模块党性教育。按照理论教育不少于总课时50%的比例，围绕马克思列宁主义经典著作、中国特色社会主义理论、习近平总书记系列重要讲话、中央和市委重大决策部署、党史党建、改革发展形势等方面的内容，在主体班中开设《毛泽东哲学思想研究》《习总书记“七一”讲话精神解读》《党风廉政建设》等专题20个，并邀请市委党校、市内外高校、市级部门、区内各级领导为学员解读政策背景、透析文件精神。坚持把传统教育作为党性教育的必修课，根据不同班次的需要分别组织学员到红岩联线、杨闇公纪念馆、聂荣臻纪念馆、渝北党性教育实训基地以及区内的璧山烈士陵园、广普镇谢唯进故居、黄蜀澄烈士墓等基地接受革命传统教育。全年举办主体班次34期，培训学员2105人次。举办常规班10个，培训387人次。举办专题班9个，培训454人次。举办“其他班次”15个，培训1 264人次。

【科研咨政】 以《资政参考》形式上报科研课题小组、教师调研文章或建言建议60篇，获区领导肯定性签批40篇，其中4篇获区委、区人大、区政府、区政协主要领导签批。承担区级课题，大力开展科研合作。获区科委软科学课题立项并如期完成3个；承担区政府重点课题2个，一般课题2个；承担区人大重点课题1个，一般课题1个；获区委组织部和共青团组织的“青年建言献策活动”征文奖3篇；参与区委宣传部、社科联理论研讨征文活动，获奖3篇，其中一等奖1篇；与区残联开展科研合作，共同调研，主撰完成市残联立项课题2个；与机关党工委共同完成调研课题1个。参加党校系统和上级部门科研活动。完成2015年立项重点2个和一般课题结题2个；向市委党校申报2016年校级课题7个，获批重点课题1个、一般课题2个；参加市党校系统、川渝蓉党校系统理论研讨会、市行政管理学会2016年年会，入选并获奖理论文章4篇；参加市公务员局关于公务员激励机制研讨征文活动，报送理论文章《我市表彰奖励工作存在的问题浅析》。

【产城融合现场教学基地】 璧山区“产城融合现场教学基地”自2014年9月成立至2016年年底，接待中央党校、全国省市委党校、市内各区县党校主体班126批次，培训人数6 390人。2016年，璧山产城融合现场教学基地除本校主体班外，接待市外党校、市委党校和市内兄弟党校主体班54个，培训人数2 679人次。新建区级现场教学基地8个，其中经济建设类3个、传统教育类1个、基层党建类4个。接待主体班15期，培训1 200人次。

【党校信息化教学】 以市委组织部、市委党校视频会议系统举办“重庆学习论坛周末讲堂”8期，学习贯彻中共十八届六中全会精神专题培训1期，市委党校研究生开学典礼等，完成会议音频视频联调、联试保障和培训10期，全年未出现系统前端故障、晚开机试线等情况，视频系统培训人员1 046人次。 （陈昌洪）

机关党建工作

【概况】 2016年，报经区委批准，撤销3个机关总支和14个支部，新建17个支部，调整1个机关党委和26个支部组织隶属关系，更名4个支部。工委下辖机关党组织172个，其中机关党委5个，机关总支12个，支部155个；管理党员2512名。全年有4名共产党员、4名党务工作者、2个基层党组织获区委表彰。

【学习教育】 以“一张图纸干、一把标尺量、一系列活动推”为着力点，深入开展“学党章党规、学系列讲话，做合格党员”学习教育。按区委“1+5”（1:区委关于“两学一做”的总体方案，5:在机关、学校、社区、非公、国企分领域开展“两学一做”教育）工作方案要求，指导机关开展“两学一做”学习教育。组织督导组成员5名，定点监测单位4个、下沉指导单位15个、包片联系单位79个，对55名党支部书记进行党的“十八大”学习内容，20个问题的抽问督查。培训党务干部180人次，轮训党员220人次；组织机关党组织书记76名到红岩干部党性教育基地开展“弘扬红岩精神，坚定理想信念”教育。打造质监局、行政服务中心、党校、司法局、公共资源交易中心等示范单位。开展以“党规党纪印我心”为主题的微党课评选巡讲活动，评出最佳课件6件，优秀课件8件，开展巡讲3场；选送2名区直机关党组织书记参加全区书记讲党课比赛，均获二等奖。举办“长征—信仰的力量”和“供给侧结构性改革”两场专题报告会。与区纪委机关联合举办“铭记党规党纪·共创和美璧山”“两学一做”知识竞赛，赛出一等奖1名、二等奖2名、三等奖3名、优胜奖3名、优秀组织奖1名。在基层党组织中开展拍摄一张党员全家福、讲一个我的入党故事、举办一次集体政治生日“三个一”活动，强化党员身份意识。组织在职党员到社区开展工作，2 063名机关在职党员到社区认领岗位，与751户群众结成对子，为群众解决问题927个。

【组织建设】 制作党员发展PPT，指导基层党组织严格按照发展党员的“十六字”方针和流程，

2016年5月2日，“两学一做”知识竞赛现场

（谢捷　摄）

严把审核、审查和审批关，确保新发展党员质量。与区委组织部联合举办党员发展对象培训班2期，培训220人；新发展党员17名，转正预备党员18名。开展党员组织关系集中排查，理清党员组织关系；清查基层党组织172个换届情况；指导85个基层党组织按程序换届；任免党组织书记12名；对2 450份机关党员的档案逐个逐项核查，整改；核查2008年4月以来的党费收缴情况，并对照党费交纳标准，足额补缴党费。开展“最佳主题党日”评选活动，评选出最佳主题党日活动3场，优秀主题党日活动5场。机关党组织开展“三会一课”2 139次，其中党员领导干部参加双重组织生活1 733人次，查摆出党员干部存在的问题和不足1 247条，制定整改意见1 523条；党组织书记上党课461次；66名机关党组织书记向工委述职；2 400名党员参加民主评议；配合区纪委查处违法违纪党员18名；慰问困难党员167名；为101名50年党龄的老党员颁发纪念章；选举区党代表30名；打造基层党建示范点2个。推行“三条短信”送祝福，“四必访”送温暖，“七个一”助成长活动。遴选聘任17名机关党建特约研究员，深入机关基层党组织实地调研30次、发放调查问卷200份、走访党员500人次，撰写机关党建专题调研报告17篇、相关论文38篇。

【作风建设】　组织党员学习《关于新形势下党内政治生活的若干准则》和《中国共产党党内监督条例》等，制定《2016年党风廉政建设要点》《党风廉政建设责任追究暂行办法》《党风廉政建设抓早抓小暂行办法》和《2016年党风廉政建设“两个责任”清单》等文件，严格按区委《关于落实党风廉政建设党委主体责任和纪委监督责任的实施意见》和《落实全面从严治党责任实施意见（试行）》要求，履行全面从严治党主体责任，主要负责人“第一责任人”，责任领导班子其他成员“一岗双责”。全年专题研究党风廉政建设4次，举办专题讲座2期，约谈班子成员2人，监督检查4次，听取专题汇报1次，上廉政党课2次。

（王　杰）

老干部工作

【概况】　2016年，全区离休干部去世5名，区级干部有退休3名、去世1名。年底实有离休和区级退休干部77名，其中离休干部37名（含代管离休干部3名）、区级退休干部40名。处级退休干部新增48名，去世2名，年底实有处级退休干部312名。

【老干部政治和生活待遇】　1月15日，区委、区政府召开老干部迎春座谈会，全体区委常委、区人大常委会主任、区政协主席和全区所有离休干部、区级退休干部、级退休干部代表及各单位老干部工作分管领导参加。区委书记吴道藩作重要讲话，区长章勇武主持会议。8月4日，召开“经济社会情况通报会”，区委书记吴道藩向全区离退休干部通报上半年全区社会经济发展情况；全年在元旦、春节等8个重要节日，慰问老干部、困难遗属730人次，发放各种慰问金51万元。探望生日、生病住院老干部40人次，使用经费1.7万元。日常走访和重点走访老干部124人次，接待来访老干部80人次，对易地安置的1位离休干部走访慰问。全年帮扶离退休干部及困难遗属14人次，解决困难帮扶资金6.3万元。给离休干部和区级退休干部赠订《中国老年》《老同志生活》，为老干部阅览室订阅多种报纸杂志，并按规定发放74人书报费3.7万元。5月，在区人民医院集中为70名离休干部和区级退休干部健康检查。年底发放离休干部、区级退休干部健康休养费19.25万元。

【处级退休干部管理】 全年，处级退休干部有110人参加门球队、舞蹈队、合唱团、二胡队、腰鼓队等经常性活动、680人次参加情况通报会、座谈会、就近参观等活动。年底为区属部门的处级退休干部发放健康休养费36.43万元。

【老干部活动】 组织老干部参加在合川区、璧山区分别举办的渝西片区四届九次、十次老干部门球赛；重庆市“庆祝中国共产党成立95周年暨纪念红军长征胜利80周年”离退休干部书画、摄影大赛；在荣昌区举办的重庆市2016年“金秋敬老”垂钓比赛。分批次组织全区的离休干部、区级退休干部和处级退休干部就近参观，11月27日至28日，由璧山区承办的重庆市渝西片区四届十次老干部门球赛，在区老体协门球场举行，重庆市老干部休养所、江津区、永川区、綦江区、大足区、合川区、铜梁区、潼南区、荣昌区、璧山区等10个单位，11支老干部门球队参加。区委常委、组织部部长万容及各参赛单位老干部工作部门的领导参加本次比赛的相关活动，并为获奖门球队颁奖。 （胡 涛）

党史工作

【概况】 2016年，完成《中国共产党重庆历史大事记·璧山卷》《璧山撤县设区纪实》和《璧山水生态建设的探索与实践》编纂工作。加强“三会一课”“三严三实”教育，开展“四讲四有”主题活动，取得工作实效。

【征集史料】 坚持开门办史，不断积累各种素材，从不同对象、不同类别、不同层次多角度征集党史资料。以纪念抗战胜利为主题，结合璧山作为抗战时期陪都迁建区和卫戍区的时况，重点围绕山西人民出版社《国家记忆》一书中关于璧山抗战时期的珍贵图片，挖掘璧山特色资料。3月至5月开展抗战期间“9·13”中日璧山空战坠机遗址寻证，并对坠落在璧山境内的13架战机精准定位，丰富抗战史料。

【宣传教育】 以党员领导干部和青少年为重点对象，以纪念红军长征胜利80周年为重点，不断深化党史育人工作。围绕区委中心工作，撰写《弘扬抗战文化，促进璧山经济社会发展》《党史宣传教育工作中存在的问题及对策》等文章。9月29日，与区委宣传部、区文明办、青杠街道党工委、青杠街道办事处在青杠街道大子社区联合举办以梦想社区幸福家园为主题的纪念红军长征胜利80周年活动，达到忆长征史、颂长征魂、筑中国梦宣传教育目的。 （徐德万）

督查工作

【概况】 2016年，开展各类专项督查100次，编发《督查报告》34期，《督查月报》9期，《督查专报》9期，《督查通报》10期，实事求是反馈督查情况，为区委、区政府领导科学决策发挥良好的参谋助手作用。

【督查机制建设】 一是领导重视与支持，构建有力班子。成立以区委副书记为组长，区纪委书记、区委组织部部长、区委宣传部部长为副组长的督查工作领导小组，并严格按照《关于加强和改进督促检查工作的实施意见》《璧山区督促检查工作实施办法（试行）》文件精神开展督促检查工作。二是与区级相关职能部门配合与协作，在开展全区性督查工作时主动邀请其参加，形成互动的大督查格局。三是强化自身建设，筑牢督查工作根基。室领导班子成员学习党章、党的十八大，十八届四中、五中、六中全会精神和习总书记一系列重要讲话精神及党规党纪。坚持每半月组织全体干部职工集中开展政治学习和业务学习，不断提高干部的思想政治素养和业务水平。四是找准调研课题，深入基层、深入群众，把领导最关注、群众最关心、社会最敏感的问题纳入督查调研范畴，为领导科学决策提供参考。

【督查宣传】 一是落实专人负责收集整理全区贯彻执行中央八项规定精神和市委实施意见情况，市委四届七次、八次全会目标任务分解贯彻落实情况，市委市政府考核指标重大决策部署落实工作情况、25件民生实事推进情况等，按照坚持程序、确保质量的要求，及时准确上报市委督查室。二是参与市委督查室组织开展的督查工作。参与市委、市政府对璧山区防洪、地质灾害等安全工作督查、群团改革工作督查、国务院第三次大督查和环境保护大督查等相关工作。市委督查室主任冉红云亲临璧山指导督查工作。

【专项督查】 一是坚持“干部对账”，促进重大决策落实。牵头拟定《关于开展区十三届四次党代会报告和2016年政府工作报告分解任务“对账”督查的通知》（璧山委办发〔2016〕19号），每季度专项督查。二是围绕民生问题开展专项督查。配合区委办、区政府办等专项督查25件民生实事开展情况。三是开展脱贫成果巩固督查。通过查阅档案资料、随机入户走访、召开群众座谈会等形式，对全区15个镇街开展脱贫成果巩固督查，2015年脱贫户基本实现稳定脱贫，绝大部分脱贫户有稳定收入来源，脱贫户对全区扶贫工作表示认可。2016年相对贫困户识别、评定程序规范，群众对评定对象基本表示认可。四是做好区医院迁建项目建设进展情况的专项督查。五是对区领导交办的重要工作专项督查。对区领导交办的“非法采石场整治”“渝蓉高速沿线彩钢棚和户外广告整治工作”“涉企减负30条政策贯彻落实情况”“已关闭煤矿安全隐患”“景山路以北环境整治工作”“五个安全隐患点防汛减灾工作开展情况”“创建国家卫生区”“拆违、立体绿化”“圣诞节期间维稳工作”“芋荷、塘湾小河沟整治”“废旧轮胎行业专项整治”“重庆浩辉建材有限公司违规复产问题”“皮革小区消防安全隐患整治”等10项工作开展督查。 （谷　雨）

保密工作

【概况】 2016年，保密工作纳入区属工作部门和镇街年度考核指标，制定《机关、单位保密工作年度考核扣减分清单》，明确具体扣减分事项，与全区经济社会发展事项同部署、同检查、同考核。增加保密工作经费，完善保密装备配备，提高保密管理水平，改善保密工作环境。进一步细化落实全区各级领导干部在保密工作中的责任，规范保密工作机构设置，明确保密委员会（保密领导小组）具体职能职责。加强保密要害部门（部位）的保密管理，涉密人员的教育管理，涉密载体的保密管理，对涉密信息传播的保密管理，对重大涉密活动和党委换届期间的保密管理，进一步落实工作制度，确保充分履行职责。开展保密自查自评工作，督促指导各单位、各部门落实保密监管主体责任，深入排查突出问题和薄弱环节，切实增强保密意识、真正掌握保密常识。

【保密宣传教育】 组织订阅“保密观”微信号，通过网站、电话、QQ群、短信、挂图展板等多种形式告知“保密观”的订阅方法，组织干部职工踊跃订阅，组织征订《保密工作》《保密科学技术》杂志和其他保密宣传教育资料，宣传新《中华人民共和国保守国家秘密法》等法律知识。组织参加2016年全国保密技术交流大会暨博览会，了解当前保密科技领域的最新技术和动态。组织区级单位分管领导和保密人员参加保密宣传培训会，将保密法律法规及相关知识作为区委中心组学习的重要内容，并纳入各级干部教育培训内容中。开展涉密人员上岗签订保密承诺书和离岗、离职时签订离岗、离职保密承诺书工作。

【保密督查检查】 开展高考、成人高考、中考等保密督查，确保全区中高考无一例考试泄密事件发生，抽调技术骨干开展保密工作自查自评督查，重点围绕中央市委文件管理、涉密计算机使用管理、非涉密计算机使用管理、移动存储介质使用管理、相关制度建设、保密承诺书签订等。

（杨兴勇）

信访工作

【概况】 2016年，璧山区群众到国家信访局、市和区信访办信访1 397件次、2 866人次，同比件次上升31.9%、人次上升1.9%。其中：国家信访局信访132件次、148人次，同比件次、人次分别上升61%、80%（其中来信增幅160%）；市信访办信访318件次、466人次，同比件次、人次分别上升26.7%、25.2%（其中网上投诉增幅为84%）。区信访办信访947件次、2 252人次，同比件次上升30.4%、人次下降4.5%（其中到区网上投诉增幅为879%）。群众集访85批次、1 221人次，同比批次、人次分别下降13%、20.4%。其中群众到国家信访局集访2批次、13人次（去年同期为零）；到市集访8批次、119人次，同比批次下降50%、人次上升9.1%。群众到区信访办集访75批次、1 089人次，同比批次、人次分别下降8.5%、23.5%。收到信访复查复核申请31件，作出复查意见18件，复查告知书3件，调解10件；征集人民建议64件，收集社情民意75条，上报10条。

【“走进矛盾、破解难题”主题活动】 在全区范围内继续开展以集中化解突出信访案件为主要内容的“走进矛盾、破解难题”主题活动，坚持区级领导包案制度，梳理和交办一批突出信访案件。全年，市交办信访积案化解10件，区交办信访积案18件，区级领导包案30件，化解率均为100%。

【干部下访】 全年，镇街和区级部门领导干部走访群众3987件次，22041人次，投入1578万元，收到问题3120个，解决问题2980件，惠及群众2.5万人。

【网上信访】 依托网上信息系统，全区15个镇街、187个村（社区）设置网上信访代理点，发放《网上信访代理宣传手册》2万册，全年网上代理236件，参评率93%，满意率100%。

【社会稳定风险评估】 将重大决策社会稳定风险评估纳入各级党委决策程序，加强稳评工作的督查、考核和责任追究，重点监督评估区政府工作报告中确定的重大事项，量化考核各镇街和相关职能部门的评估项目。全年，开展社会稳定风险评估29项，准予实施29项。

【区级领导定期公开接待】 区级领导每周一、周三轮流在区信访办公开接待群众，适时公开接访区级领导干部和时间安排表。全年，区级领导干部公开接待群众360批次、1232人次，按期办结率 100%。

【矛盾纠纷排查调处】 坚持区信访办每月、各镇街和部门每半月、各村（社区）每周开展一次的矛盾纠纷排查机制。全年，全区排查出重点矛盾纠纷 53 件，化解 48 件，化解率达到 90%。

【“3+N”专项治理】 成立由区委副书记任组长的璧山区“3+N”信访突出问题专项治理领导小组，定期召开专题工作会议，研究解决存在的突出问题，部署落实下一步工作措施，全区小区物业管理、房地产开发、非法集资等领域的问题进一步减少。

2016 年 4 月 29 日，璧山区首次举行新任命人员向宪法宣誓仪式 （李玲　摄）

【“三无”镇街创建活动】 以“无进京越级上访、集体上访、缠访闹访，无因信访问题引发的极端恶性事件或群体性事件，无因信访问题引发的舆论负面炒作”为任务，结合区实际，细化创建方案，加强工作保障和具体指导，丁家街道、广普镇、健龙镇、福禄镇、三合镇创建“三无”镇街。

（徐世超）

重庆市璧山区人大常委会

【概况】 2016 年，依法履行重大事项决定权、监督权和人事任免权，筹办人代会会议 1 次，主任会议 13 次、常委会会议 10 次，作出决议、决定 12 项；听取和审议议题 45 项，开展检查 6 次，工作评议 2 次，视察 10 次，调研 7 次，调查 8 次；对区政府规范性文件备案审查 14 件；受理人民群众来信来访来电 105 件次，其中转办交办的 21 件，重点督办 7 件；接收代表建议 147 件，除 15 件转工作参考外，其余均按规定全部按时办理答复，办理情况对外公开率 87.9%。

【区第十六届人大第八次会议】 1 月 18 日至 1 月 21 日在璧山区正则中学体育馆举行。会议听取和审查区人民政府区长章勇武所作的政府工作报告、区人大常委会主任薛方梅所作的区人大常委会工作报告、区人民法院院长陈宏宇所作的法院工作报告、区人民检察院检察长孟卫红所作的检察院工作报告；审查和批准璧山区国民经济和社会发展第十三个五年规划纲要（草案）的报告；审查璧山区 2015 年国民经济和社会发展计划执行情况与 2016 年国民经济和社会发展计划（草案）的报告，批准璧山区 2016 年国民经济和社会发展计划；审查璧山区 2015 年财政预算执行情况和 2016 年财政预算（草案）的报告，批准 2015 年区本级财政预算。

【人大决定、决议】 先后作出关于批准 2015 年区本级决算的决议、关于补选重庆市璧山区第十六届人民代表大会代表的决定、关于设立区镇两级人民代表大会代表选举工作机构的决定、关于分配区第十七届人民代表大会代表名额的决定、关于调整 2016 年区本级及街道一般公共预算政府性基金预算的决定等重大决议、决定。

【人事任免】 办理人事任免171人次，其中决定任命、任命146人次，决定免去、免去25人次。组织任命人员向《中华人民共和国宪法》宣誓32人次。

【重要事项审议】 先后听取和审议《重庆市璧山区关于2015年总决算（草案）的报告》《重庆市璧山区2015年度区本级预算执行和其他财政收支的审计工作报告》《重庆市璧山区2016年国民经济和社会发展计划上半年执行情况的报告》《重庆市璧山区2016年上半年财政预算执行情况的报告》《关于提请审议调整2016年区本级财政收支预算的议案》《关于提请审议设立区镇两级人民代表大会换届选举工作机构的议案》。

【人大监督工作】 调查全区公共文化服务体系建设情况、全区科普基础设施建设情况、璧西果木基地建设情况、全区农村扶贫脱贫工作开展情况、2015年本级财政决算（草案）执行情况、2016本级财政预算（草案）、2016年财政预算上半年的执行情况、2016年区国民经济和社会发展计划上半年的执行情况；视察“九永”高速建设进展及“合璧津”高速前期工作、城区违章建筑拆除情况、区公共资源交易中心工作、区公安局派出所建设管理工作、区人民检察院惩治和预防职务犯罪工作、区人民法院主审法官办案责任制改革情况、三合茶叶基地建设、精神病卫生工作、重庆璧山国家农业科技园区工作、璧山高新区建设发展情况；检查《中华人民共和国水污染防治法》《中华人民共和国环境保护法》《中华人民共和国食品安全法》《重庆市城乡居民最低生活保障条例》《重庆市法律援助条例》《重庆市森林防火条例》贯彻实施情况；评议区城乡建委、区教委本届以来的工作。

【人大代表工作】 补选市人大代表2人，区人大代表3人，办理区人大代表辞职2人、代表关系变动1人；组织开展市人大代表璧山联系组集中活动4次；组织代表列席区人大常委会会议23人次，参加区人大常委会调研、检查等监督活动215人次；开展“主任接待日”活动4次，接待代表107人次；组织各级代表列席全区重大会议，参与重大决策，参加行风、政风、警风监督和其他重要活动170人次；指导各街镇代表小组开展闭会期间集中活动60次，参与代表1 200人次。

【人大调研工作】 调研轨道交通尖璧段隧道建设及站前片区规划建设情况、煤矿及烟花爆竹企业关闭及安全监管情况、全区旅游业规划发展情况、法治政府建设的情况、区国有资产经营管理情况、区镇人大换届选举工作、《重庆市信访条例》修订调研工作。

【换届选举工作】 开展新一届区镇两级人大换届工作，出台《关于做好区镇人民代表大会换届选举工作的意见》，设立区镇人大代表选举委员会及其办公室，通过各种形式深入发动选民参选，营造风清气正、依法选举的良好氛围，选民登记率由上届的71.28%提高到73.08%，参选率由77.64%提高到78.36%。12月4日，全区90个选区设置选举会场407个、投票站6个和流动票箱7个，依法选举产生区第十七届人大代表242名，镇人大代表545名。 （区人大办）

重庆市璧山区人民政府

【区政府十五届七次全体会议】 2016年12月19日召开。会议审议并原则通过《2017年重庆市璧山区政府工作报告（审议稿）》，决定提交区十七届人大一次会议审议。

【区政府常务会议】 2016年，区政府召开14次常务会议（第58次至第71次）审议并原则通过有关事项决议100余项。主要涉及8个方面：一

区人大常委会2016年重要文件目录

表4–2

发布文号		文件名称
字	号	
2016	2	关于接受朱堂禄、杨志勇辞职的决定
2016	3	关于许可对区第十六届人大代表王东依法采取刑事强制措施的决定
2016	5	关于任免徐安绪等五名同志职务的通知
2016	6	关于决定任免杨文良等七名同志职务的通知
2016	7	关于免去罗辑同志职务的通知
2016	8	关于任命安德星、汤文英同志职务的通知
2016	9	关于接受刘家洪辞去重庆市璧山区第十六届人民代表大会代表职务的决定
2016	10	关于补选重庆市璧山区第十六届人民代表大会代表的决定
2016	13	关于贯彻实施《中华人民共和国食品安全法》情况的审议意见
2016	14	关于检查贯彻实施《重庆市森林防火条例》情况的审议意见
2016	16	关于我区贯彻实施《中华人民共和国水污染防治法》情况的审议意见
2016	17	关于接受王东辞去重庆市璧山区第十六届人民代表大会代表职务的决定
2016	18	关于任命蒋道军同志职务的通知
2016	19	关于免去雷飞荣等二名同志职务的通知
2016	21	关于转送《璧山区人大常委会调查组关于璧西果木基地建设情况的调查报告》的通知
2016	23	关于我区贯彻实施《重庆市城乡居民最低生活保障条例》情况的审议意见
2016	24	关于我区贯彻实施《重庆市法律援助条例》情况的审议意见
2016	25	关于决定候咏梅等5名同志职务的通知
2016	26	关于补选刘桂平为重庆市第四届人民代表大会代表的报告
2016	27	关于评议区教委本届以来工作情况的意见
2016	29	关于批准2015年区本级决算的决议
2016	30	关于任免王万书、林华伟2名同志职务的通知
2016	31	关于接受林华伟辞去重庆市璧山区第十六届人大常委会委员职务的决定
2016	32	关于印发《重庆市璧山区人大常委会法制工作委员会关于视察区人民检察院惩治和预防职务犯罪工作情况的报告》的通知
2016	33	关于贯彻实施《中华人民共和国环境保护法》情况的审议意见
2016	34	关于审议全区扶贫脱贫工作的意见
2016	35	关于决定任免杨勇、刘光中二同志职务的通知
2016	36	关于任免赖华、万成二同志职务的通知
2016	38	关于设立区镇两级人民代表大会代表选举工作机构的决定
2016	39	关于任命区镇选举委员会组成人员职务的通知
2016	41	关于审议批准2015年区本级决算的意见
2016	44	关于审议我区2016年国民经济和社会发展计划上半年执行情况的意见
2016	45	关于审议我区2016年上半年财政预算执行情况的意见

续表 4–2

发布文号		文件名称
字	号	
2016	46	关于任免李世强等十九名同志职务的通知
2016	48	关于任免任玉海等十三名同志职务的通知
2016	49	关于任免张远明等八十八名同志职务的通知
2016	50	关于印发《重庆市璧山区人大常委会法制工作委员会关于视察区人民法院主审法官办案责任制改革情况的报告》的通知
2016	51	关于举行重庆市璧山区第十七届人民代表大会第一次会议的决定
2016	52	关于补选陈强为重庆市第四届人民代表大会代表的报告
2016	53	关于评议区城乡建委本届以来工作情况的意见
2016	54	关于调整 2016 年区本级及街道一般公共预算政府性基金预算的决定
2016	55	关于初步审查 2016 年预算执行情况和 2017 年预算（草案）的意见

是经济发展方面，审议通过《2016 年“三区一美”政府投资重点项目拟投入资金表》《璧山区重点旅游项目扶持政策暂行办法》《区财政局关于审定 2016 年度向上争取资金任务的请示》《区交委关于审定加快发展璧山区规上运输企业实施方案的请示》《中共重庆市璧山区委重庆市璧山区人民政府关于对区十三届四次党代会报告和 2016 年政府工作报告主要任务进行责任分解的通知》《区商务局关于加快重庆山水主题小镇—六旗乐园项目有关问题的请示》《重庆市璧山区区属国有企业投资项目政府回购管理暂行办法》等。二是改革开放方面，审议通过《高新区管委会关于完善和推进股权投资有关问题的请示》《璧山区高中教育改革质量考核办法》《重庆市璧山区气象事业双重财务管理体制方案》《区国资中心关于区属国有企业实体化运行相关问题处理意见的请示》《关于深化全区供销合作社综合改革的意见》《璧山区推进供给侧结构性改革工作方案》《重庆市璧山区国有林场改革实施方案》《区财政局关于提请审定重庆市璧山区人民政府关于调整镇街分税制财政管理体制的请示》等。三是城乡统筹和区域发展方面，审议通过《璧山区 2016—2018 年山坪塘整治工程实施意见》《区交委关于农村公路路基、路面工程整体实施的请示》《区交委关于逐步推行国省县道公路市场化养护的请示》《两山公司关于实施璧山区莲花片区城镇化建设项目相关事项的请示》《高新区管委会关于璧山区两山丽苑经济适用房项目优化 BPO 投融资建设模式有关问题的请示》《正兴镇关于区生活垃圾填埋场防护区迁建户采取置房补助安置的紧急请示》等。四是城乡规划与建设方面，审议通过《璧泉街道区商务局关于璧泉街道牛角湾社区 8 组征地拆迁的请示》《区国土房管局关于收回重庆展业房地产开发有限公司部分国有建设用地有关事宜的请示》《区市政园林局关于推进 2016 年度璧山城区立体绿化的请示》《璧城、璧泉街道建成区违法建筑专项整治实施方案》《关于推进海绵城市建设相关事宜的请示》《璧山区海绵城市建设试点三年实施计划》《关于进一步加强我区控制性详细规划修改管理工作的通知》等。五是社会事业和民生保障方面，审议通过《绿岛新区管委会关于继续履行 77136 部队靶场军用地转让合同及共建协议的请示》《区财政局关于生活垃圾填埋场渗沥液处理厂运营经费有关事项的请示》《上海福寿园实业发展有限公司战略合作协议》《养老产业发展意见》《敬老院建设及管理办法》

《区综治办区卫生计生委区公安局区财政局区民政局区残联关于实施以奖代补政策落实严重精神障碍患者监护费责任有关事项的请示》《2016年25件民生实事工作目标任务》《区公安局关于增加辅警数量提高待遇标准的请示》等。六是生态文明和环境保护方面，审议通过《关于严格控制新建和技改项目的通知》《重庆市璧山区人民政府水污染防治行动计划工作实施方案》《高新区管委会关于确定废水集中处理厂正式运营单位的请示》《对重庆市军耀化工产品有限公司实施关闭有关情况的请示》《区水务局关于对我区饮用水源水库水质进行保护采取行动的有关方案和通告进行审定的请示》等。七是安全生产方面，审议通过《区安监局、璧泉街道关于重庆荣亮烟花爆竹有限公司实施关闭有关情况的请示》《区安监局关于对璧山县大路煤业有限公司万隆煤矿和璧山县璧城煤业公司福禄煤矿提前关闭增加奖补资金的请示》《关于进一步完善“党政同责、一岗双责”安全生产责任体系的意见》《区安监局关于三合煤矿红旗煤矿关闭相关问题的请示》《皮革小区消防安全隐患整治工作方案》《璧山区火灾事故应急预案》等。八是政府自身建设方面，审议通过《重庆市璧山区党政机关公务用车制度改革实施方案》《2016年区级领导联系重点项目表》《2016年度区属部门和镇街考核指标相关事宜》等。

【“十三五”规划】 编制《重庆市璧山区国民经济和社会发展第十三个五年规划（2016–2020年）纲要》过程中，与国家、全市《“十三五”规划纲要》的指导思想、指标体系、重点任务的对接贯彻，按照“创新、协调、绿色、开放、共享”“五大发展”理念分类，设置32项指标，提出“十三五”期间地区生产总值增长11%，城乡居民人均收入增长11%；按照“五大发展”理念、“三区一美”战略要求，制定“建设生态宜居区”“建设新型工业化示范区”“建设统筹城乡先行区”等重点目标任务。《纲要》于2016年1月21日由区十六届人大八次会议审议批准。

【电子政务】 一是抓细节，实现文不过夜、事不隔周。确保工作流程和工作承诺执行到位，做到“当日事当日毕”。全年印制发布区政府、区政府办公室正式文件755个，同比下降17.4%；运转处理上下级来文4 835件（其中：上级公文1 330件，区内请示1 903件、财政请示1 602件）；发送领导批示抄告单1 501个。二是促效率，实现公文运转网格化。党政内网办公系统在3月底在区政府办公室内部试运行，4月实现全区镇街、部门互联互通，实现网上收发公文、抄告领导批示、收发会议通知等功能。

2016年11月7日，区政府召开第70次常务会议

（连宏宇　摄）

【政务督查】 始终坚持“为政之要，贵在务实，重在落实”的工作要求。一是跟踪落实领导决策事项。全年督办落实领导决策事项70件，形成情况调查报告23份，督办“状元居农民新村自来水水质差影响日常生活”“弃渣堵塞河道存在安全隐患”“钢碳厂污染严重影响周边居民生活”等

一系列群众关心关注的难点问题。二是加强网络留言的甄别和筛选工作。2016 年受理网络留言 124 件，比上年同期减少 47%，其内容主要涉及道路交通、规划建设、教育医疗卫生、社会保障、水电气通信、环境卫生、城市管理、服务质量等各个方面，回复率100%。三是重视提案建议回复工作。132 件代表建议（含“主任接待日”代表建议）和 154 件政协提案（含闭会期间提案）均在规定时限内办理答复完毕，限时办复率 100%。

【应急管理】 一是初步建成风险管理体系。该体系做到涵盖各区域、各行业、各部门、各单位，完成风险信息 6 000 条。二是开展应急指挥培训演练。修订区级预案 11 个，开展区级 3 次综合应急演练和专项演练，行业部门应急演练 300 次。三是突出警报台建设。新增电声警报 12 台，实现镇街全覆盖。四是加强防空地下室的建设和管理。制定《璧山区人防工程编制规划》，审批民用建筑防空地下室 1.8 万平方米，开工建设 3.1 万平方米。五是推进基层应急管理规范化建设。完成 4 个镇、46 个示范点规划建设，实现基层全覆盖，提前 1 年全面完成建设任务。六是加强“两个平台”建设。投入 100 万元，联通区民防应急指挥平台与成员单位、镇街平台；投入近 50 万元，研发“应急处突一键通”手机 APP，实现功能集合。

【便民电话】 2016 年，抓好市（区）长公开电话（信箱）办理工作，全年办理市长公开信箱 1 609 件，公开电话（信箱）45 件。一是制定《关于进一步加强和改进市（区）长公开电话（信箱）办理有关工作的通知》，将公开电话（信箱）工作纳入区委、区政府对各镇街和部门年度综合考核内容。二是切实落实工作责任制，强化领导责任，实行“一把手”负责制；强化联络员责任制，切实履行上情下达、下情上传、横向联系的职责。三是加强督办，真正为群众解决问题办实事。对群众反映的热点、难点问题，加强跟踪督办，确保群众反映的问题得到落实和解决。

【信息调研】 2016 年，围绕全区重点中心工作，稳妥做好编辑《政务信息》刊物工作。全年上报市政府办公厅信息 226 条，采用 87 条，得分578 分，居全市 38 个区县第 8 位。其中，采用政务工作交流 1 条，专报信息 9 条，市政府约稿“上报国办信息”35 条，简况信息 38 条，专报信息获市领导及秘书长批示 8 条。编辑《政务信息》53 期，采用区级部门及镇街信息 506 条，其中，采用部门信息339 条，镇街信息 167 条。

重要文件目录

表 4–3

发布文号	文件名称
璧山府发〔2016〕1 号	关于认真做好 2015 年退役士兵接收安置工作的通知
璧山府发〔2016〕14 号	关于印发重庆市九龙坡至永川高速公路（成渝高速公路扩能）璧山段工程项目征收部分集体土地补偿安置方案的通知
璧山府办发〔2016〕11 号	关于印发重庆市璧山区 2016 年春节期间燃放烟花爆竹安全管理工作方案的通知
璧山府办发〔2016〕21 号	关于印发璧山区重点旅游项目扶持政策暂行办法的通知
璧山府办发〔2016〕26 号	关于印发 2016 年全社会固定资产投资计划的通知
璧山府办发〔2016〕30 号	关于加强职业卫生监督管理工作的通知
璧山府办发〔2016〕44 号	关于印发重庆市璧山区敬老院达标建设及规范管理实施办法的通知
璧山府办发〔2016〕45 号	关于做好 2016 年应急预案修编和应急演练工作的通知

续表 4-3

发布文号	文件名称
璧山府办发〔2016〕59 号	关于下达 2016 年就业创业工作目标任务的通知
璧山府办发〔2016〕72 号	关于下达 2016 年农村公路建设计划的通知
璧山府办发〔2016〕75 号	关于做好汛期强降雨天气应对工作的通知
璧山府发〔2016〕24 号	关于印发璧山区 2016 年深入推进简政放权放管结合优化服务改革工作方案的通知
璧山府发〔2016〕26 号	关于公布璧山区国有建设用地使用权基准地价和土地级别的通知
璧山府办发〔2016〕86 号	关于推进海绵城市建设的通知
璧山府办发〔2016〕92 号	关于印发重庆市璧山区农业项目财政补助资金股权化改革方案的通知
璧山府办发〔2016〕125 号	关于清理区政府规范性文件的通知
璧山府发〔2016〕35 号	关于认真做好 2016 年退役士兵接收安置工作的通知
璧山府办发〔2016〕133 号	关于印发《重庆市璧山区迎接中央环境保护督察工作实施方案》的通知
璧山府办发〔2016〕136 号	关于印发《璧山区贯彻落实加强长江黄金水道环境污染防控治理指导意见任务分工》的通知
璧山府办发〔2016〕149 号	关于做好机关事业单位养老保险制度改革工作的通知
璧山府发〔2016〕37 号	关于禁止在饮用水源水库进行垂钓、炸鱼、毒鱼、电鱼、偷捕水产品、游泳等污染水体行为的通告
璧山府办发〔2016〕152 号	关于印发 2016—2020 年度水资源管理“三条红线”控制指标的通知
璧山府办发〔2016〕153 号	关于印发《重庆市璧山区旅游突发事件应急预案》的通知
璧山府办发〔2016〕155 号	关于印发璧山区进一步深化农村土地承包经营权确权登记颁证工作实施方案的通知
璧山府发〔2016〕38 号	关于废止和继续施行一批区政府规范性文件的决定

（区政府办）

重庆市璧山区政协委员会

【概况】 2016 年，深化实施“委员传递正能量”履职实践活动，开展助力“绿色清新、创新开放、协调平衡、共建共享”助力活动 4 个，深入推进精准扶贫、精准脱贫工作。开展主席接待委员日、走访委员活动，全年主席会议成员走访接待委员 300 人次，走访率 100%。开展“提高政协协商能力，增强政协协商实效”主题理论研究，论文《加强人民政协履职能力建设路径探究》获市政协理论研究优秀论文一等奖。加强政协宣传工作，全年在各级媒体发表稿件 400 篇，其中，在《重庆政协报》刊发 23 篇，《人民政协报》刊发 4 篇，获市政协宣传通联工作先进集体一等奖。全年编印《文史通讯》4 期，刊发文史资料 21 篇，征编《记忆与钩沉·璧山文史资料第二十八辑》，选录文史资料 71 篇（件），配合市政协编辑出版《秀美璧山·重庆旅游文史丛书璧山卷》。举办“和美璧山·重庆市政协书画摄影系列展之三十三”，受到市政协主席徐敬业等领导的肯定。全年接待市政协到璧山考察 4 批次，市内外党政代表团或政协到璧山考察学习 19 批次。

【政协九届六次全会】 1 月 17 日至 20 日，中国人民政治协商会议重庆市璧山区第九届委员会第六次会议在正则中学体育馆召开。听取并审议区政协第九届委员会常务委员会工作报告及提案工作报告；听取并协商讨论政府工作报告及其他工作报告。

重点提案协商会议现场

（连宏宇 摄）

【常委会议】 全年召开常委会4次，分别对璧山经济运行情况、区重点项目推进情况、区人民法院和区人民检察院工作情况、区政协九届六次会议提案办理情况、十届区政协界别设置及委员名单进行协商，专项评议2016年民生实事推进工作，民主评议区经济信息委工作，审议通过九届六次会议提案审查情况的报告，审议决定有关人事任免事项及十届一次会议有关事项。

【政治协商】 搭建协商民主平台、指导基层协商民主活动，推进全会协商、常委会协商、专题协商、对口协商和提案办理协商等。召开全委会，对“十三五”规划、政府工作报告、法检两院工作报告进行协商，提出23条协商意见转送区委区政府及法检两院。以全区中心工作为重点，深入贯彻“五大发展理念”，围绕区委“三区一美”战略部署，先后对全区大众创业万众创新、企业运行、高新区建设等20项专题开展多层次协商，为全区“十三五”规划实施和全区改革发展谋良策、谏诤言。

【民主监督】 广泛开展民主监督活动，努力增进百姓福祉。7月至9月，对区经济信息委开展民主评议，提出3个方面5条意见建议，并对上年民主评议的食药监局进行回访。9月，专项评议民生实事推进情况，针对3个方面的问题提出意见建议。11月，对区公安局的提案办理工作进行民主评议。全年收到提案268件，经审查立案交办162件，筛选7件重点提案、6件跟踪提案，交由区委、区政府和区政协领导督办，并邀请界别委员、群众代表参与协商办理。全年收到社情民意信息204条，编印《社情民意专刊》54期，有10期得到区领导批示或部门回复。

【参政议政】 发挥智力密集优势，提高参政议政实效。先后组织委员就生态宜居区建设、乡土文化资源与乡村文化建设、“海绵城市”建设试点等8项专题开展调研，提出意见建议30条；就文化古城建设、御湖新区建设、高新区建设、民营医院发展等8项工作开展视察，提出意见建议30条。主席带领常委会班子成员先后对15个镇街工作开展调研视察。11月，组织全体政协委员分6个团，围绕24个全区经济社会重点项目开展年终视察，为区政协十届一次全会参政议政作准备。九届六次会议期间编印大会发言材料46篇，为改革发展建言献策。

区政协重要文件目录

表 4–4

发布文号	文件名称
璧协〔2016〕2 号	关于罗庆利等 8 名同志职务任免的通知
璧协〔2016〕3 号	关于张元毅等 16 名同志职务任免的通知
璧协〔2016〕4 号	关于《区政协九届六次会议关于“十三五”规划纲要（草案）的协商意见》的函
璧协〔2016〕5 号	关于侯咏梅等 3 名同志免职的通知
璧协〔2016〕6 号	关于《区政协九届六次会议关于政府工作报告的协商意见》的函
璧协〔2016〕7 号	关于《区政协九届六次会议关于法院工作报告的协商意见》的函
璧协〔2016〕8 号	关于《区政协九届六次会议关于检察院工作报告的协商意见》的函
璧协〔2016〕9 号	关于印发《政协重庆市璧山区委员会 2016 年工作要点》的通知
璧协〔2016〕10 号	关于印发《2016 年区政协协商计划》的通知
璧协〔2016〕11 号	关于《供给侧结构性改革推进情况的专题协商意见》的函
璧协〔2016〕12 号	关于《我区贯彻落实 2016 年“中央 1 号文件”情况的专题协商意见》的函
璧协〔2016〕13 号	关于杨代财同志免职的通知
璧协〔2016〕14 号	关于对重庆市食品药品监督管理局璧山区分局民主评议情况的回访报告
璧协〔2016〕15 号	骆成勇同志职务调整的通知
璧协〔2016〕16 号	关于撤销卓阳同志九届区政协委员的决定
璧协〔2016〕17 号	关于 2016 年民生实事的评议意见的函
璧协〔2016〕18 号	关于民主评议区经济信息委的报告
璧协〔2016〕19 号	关于转送《关于生态宜居区建设的调研报告》的函
璧协办〔2016〕6 号	关于印发《重庆市璧山区镇街、部门政协工作考核办法》的通知
璧协办〔2016〕11 号	关于跟踪督办《加快定向经济适用房建设，保证社会和谐稳定》提案协商意见的函
璧协办〔2016〕17 号	关于加强和改进政协宣传工作的意见
璧协办〔2016〕19 号	关于印发《区政协关于组织外出学习考察活动的管理意见》的通知
璧协办〔2016〕20 号	关于印发《2016 年开展“委员传递正能量”履职实践活动方案》的通知
璧协办〔2016〕20 号	关于印发《2016 年开展“委员传递正能量”履职实践活动方案》的通知
璧协办〔2016〕21 号	关于印发《建立区政协联系群众制度的方案》的通知
璧协办〔2016〕16 号	关于印发《区政协反映社情民意信息工作的意见》的通知
璧协办〔2016〕26 号	关于转送区政协社会和法制委《关于我区残疾人事业发展情况的调研报告》的函
璧协办〔2016〕27 号	关于转送区政协农业委《关于我区水库管理工作的视察报告》的函
璧协办〔2016〕28 号	关于转送区政协科教文卫体委员会《关于我区民营医疗机构情况的视察报告》的函
璧协办〔2016〕29 号	关于转送区政协科教文卫体委员会《关于 2016 年城区小学划片招生的协商意见》的函
璧协办〔2016〕30 号	转送区政协人口资源环境建设委员会《关于〈璧山区“十三五”电动汽车充换电基础设施发展规划〉的专题协商意见》的函
璧协办〔2016〕35 号	关于转送区政协经济委员会《关于视察高新区建设情况的报告》的
璧协办〔2016〕36 号	关于转送区政协科教文卫体委员会《关于推进大众创业万众创新工作的调研报告》的函

续表 4-4

发布文号	文件名称
璧协办〔2016〕37 号	关于印发向邦俊主席《在区政协九届二十五次常委会上的讲话》的通知
璧协办〔2016〕41 号	关于转送区政协农业委员会《关于我区供销社工作情况的调研报告》的函
璧协办〔2016〕42 号	关于印发《区政协关于开展生态宜居区建设专题调研的工作方案》的通知
璧协办〔2016〕45 号	关于印发《区政协“助推中小企业融入资本市场行动”工作方案》的通知
璧协办〔2016〕46 号	关于转送区政协学习及文史委员会《关于乡土文化资源与乡村文化建设的调研报告》的函
璧协办〔2016〕47 号	关于转送区政协人口资源环境建设委员会《关于璧山区海绵城市建设（试点）的调研报告》的函
璧协办〔2016〕48 号	关于印发向邦俊主席《在区政协九届二十六次常委会上的讲话》的通知
璧协办〔2016〕51 号	关于转送区政协社会和法制委员会《关于行政诉讼及应诉工作情况的视察报告》的函
璧协办〔2016〕52 号	关于转关区政协人口资源环境建设委员会《关于御湖新区建设的视察报告》的函
璧协办〔2016〕53 号	关于转送区政协社会和法制委员会《关于重庆西郊福寿园人文纪念公园建设情况的视察报告》的函

（区政协）

延伸阅读 ▶▶

城乡统筹：描绘“美丽中国”的璧山画卷

这几年间，随着一条条道路的建设和建成通车，璧山同重庆主城、成都间的“同城效应”进一步扩大。站在成渝经济区和重庆“城市发展新区”的高度，璧山的区位优势也进一步凸显。为此，璧山抓住区位优势，大力发展“道口经济”，为区域经济注入了新的活力。

据介绍，目前，各道口所涉及的镇街均把开发利用道口资源提上重要议事日程，积极跟进，抓紧做好现有项目的落地，以“龙头”项目引导产业向道口集聚，成就“经济高地”。

——万家欢农业股份有限公司将在大路建设集农产品加工、交易、冷链物流配送于一体的产地型国际农贸城项目，与双福国际农贸城错位发展。

——占地 220 亩的重庆大路现代物流园在大路街道开建，建成后将成为重庆市第一家综合货运市场的集聚地，将是以公路运输、货物中转、配送、仓储为主的物流运输综合园区。

——位于大路街道的中铁任之健康城项目目前建设顺利推进，建成后将成为涵盖“医疗康复、生活护理、养老养生、文化娱乐、生态农业”等功能为一体的现代大型居家养老社区。

——河边镇按照“园林式公墓”标准建设“重庆西郊人文公园”，培育其成为带动发展的“造血项目”；加快王家沟水库建设，发挥生态环境的魅力，吸引项目入驻。

——占地 1600 亩，覆盖福禄、河边两个镇的裸心酒店，建成后将成为重庆又一高端生态旅游度假区。

——坐落于璧山国家高新区的普洛斯重庆璧山物流园，目前正在加紧建设，是西南地区的又一个现代化大型仓储物流建设项目，建成后将填补我区没有大型现代商贸物流企业的空白，吸引更多优秀大型企业入驻。

——青杠街道、来凤街道两地，正筹划以重医附一院青杠老年护养中心为核心，整合来凤花卉苗木影视拍摄基地、翰林山庄等现有资源，打造翰林庄养生文化村项目。

民主党派和工商联

民主党派

民盟璧山支部

【概况】 2016年，支部有盟员58人。1篇材料在区政协九届六次会议上交流发言，1条社情民意被民盟中央采用。获民盟重庆市委先进集体3项、先进个人3个。

【参政议政】 向区政协提交《对我区高中教育发展的建议》等集体提案5件、《关于大力发展现代物流业的建议》等大会发言材料3篇。《关于大力发展现代物流业的建议》在区政协全会上作大会交流发言。向民盟重庆市委报送社情民意信息3条，其中，《死亡一次性抚恤金发放标准应大体一致》社情民意信息被民盟中央采用，《建议成立独立的第三方机构对医疗机构实施的临床新技术新项目进行科学的评审》被民盟重庆市委采用；向区政协反映社情民意信息3条，2条被编入区政协《社情民意》专刊送相关区领导或相关部门。

【社会服务】 盟员到六塘小学开展爱心助学活动，与生活困难的5名学生结成帮扶对子，送去1.2万元帮扶资金和学习用具。

【组织建设】 全年新发展盟员5人（调走1人，至年底有盟员58人）。2人被选举为民盟重庆市第五次代表大会代表。在新一届区人大、区政协中，有区人大代表1人、区政协委员11人。

民建璧山支部

【概况】 2016年，支部有会员78名，支委成员7人，下设支部小组3个。支部连续5年被民建重庆市委评为会务工作一等奖。

【参政议政】 向重庆市政协提交提案4篇，均被采纳。申报民建市委一般课题3个，均被市委会立项，完成1个；向市民建提交社情民意30件，采纳8件。向区政协提交集体提案5件，立案3件，做意见转送2件；会员提交提案32件，立案18件，做意见转送9件，销案5件；提交社情民意24件，采纳3件。

【社会服务】 初步统计年内捐款242 240元，用于支持教育、精准扶贫、救助危难等；会员们自发地向贫困山区和贫困人群捐物200件，价值1.5万元；会员企业举办各种培训173场，培训人次9 247人，安置就业1400人。

【组织建设】 全年考察发展新会员5名。9月送出会员赖华参加在复旦大学开办的民建重庆市委骨干会员培训。强化队伍建设，开展领导班子民主测评工作。向民建区县研讨大会提交研讨文章1篇，向市民建、区政协、区统战部上报各种新闻信息 30 篇，扩大支部影响力。

民进璧山支部

【概况】 2016 年 4 月 21 日，中国民主促进会重庆市委会直属璧山支部正式在璧山成立。至年底有会员 19 人，其中女性会员 5 人，以教育界别为主。区级以上个人表彰 3 人 6 项，会员发表市级及以上期刊 3 篇。

【参政议政】 结合璧山区委的工作重心，围绕人民群众关心的重点、热点、难点问题，把璧山经济和社会各项事业的发展作为参政议政的工作重点，科学的参政议政。提交区政协提案 5 篇、社情民意 1 篇、大会发言 1 篇。

【社会活动】 组织会员开展消防社会调研考察、参观党派陈列馆、考察会员的自办老年公寓，组织为青杠中学捐赠图书 2 万元。

【组织建设】 年底有会员 19 人，全年考察入会积极分子 8 名。组织会员集中学习 2 次，学习中共中央、市委、区委和民进重庆市委有关会议精神。组织会员参加民进市委、璧山区政协、区委组织部、区委统战部的专题培训 25 人次。

农工党璧山支部

【概况】 中国农工民主党（简称农工党），是以医药卫生、人口资源和生态环境领域高中级知识分子为主、具有政治联盟特点、致力于建设中国特色社会主义事业的政党，是同中国共产党通力合作的参政党。中国农工民主党重庆市璧山区支部委员会成立于 2014 年 12 月 31 日，截至 2016 年12 月 31 日，全区有农工党党员 33 名。

【参政议政】 全年提交政协提案 10 条，政协大会发言材料 2 篇，完成农工党重庆市委的专题调研 2 个，其中获三等奖 1 个，完成农工党中央理论研究调研一项，获二等奖。常爱书的建议获重庆市副市长谭家玲的批示。

【社会活动】 组织党员开展到敬老院义诊、捐资助学等社会服务活动，全年开展义诊活动 1 次，捐款捐物近 1 万元。

【组织建设】 2016 年新发展党员 5 名，党员总数达到 33 人。其中，1 名当选为璧山区第十七届人大代表、有 10 名党员成为政协璧山区第十届委员，5 名党员当选为政协璧山区第十届常务委员会委员。

致公党璧山支部

【概况】 2016 年，支部有党员 38 人。支部 1 篇调研材料作为致公党重庆市委集体提案。1 篇材料在区政协九届六次会议作大会发言。区级以上集体表彰 1 项、个人表彰 1 人。

【参政议政】 支部向致公党重庆市委提交集体提案 3 篇，其中，《我市开展精准扶贫中存在的问题及建议》经致公党重庆市委论证后入围，作为致公市党重庆市委集体提案。支部向区政协提交提案 3 篇，均立案。支部和区侨联共同打造的《凸显“水城”优势 推动璧山全域旅游发展》在区政协九届六次会议作大会发言。支部人大代表提交建议 3 篇。支部政协委员提交提案 10 篇，8 篇立案，另外提交社情民意 7 篇。

【社会服务】 支部联合区侨联搞好社会公益活动，看望敬老院的老人，为他们送去棉背心 500 件、冬衣 1000 件。全年分 5 批为致公党酉阳县支部送去价值近 10 万元的助听器。

【联络联谊】 9 月，致公党北碚区委一行到璧山开展关于高标准基本农田建设改革建议的专题调研。10月，广东肇庆致公总支和肇庆国家高新区代表团到璧山调研考察。10月底，致公党广东省委会课题组赴重庆璧山区重医一院青杠老年养护中心调研养老产业。全年通过党派成员介绍，接待招商引资考察团7批次。

【组织建设】 开展理论、业务知识学习；支部班子成员继续做好党员回访工作，及时了解党员的工作、思想等情况，遇到困难或问题，进行沟通和疏导；每个季度，都开展1—2次支部活动，重要的活动还邀请区委分管领导出席会议。3月，组织支部女党员参加致公党重庆市委组织的庆祝“三八”国际劳动妇女节健康讲座活动。5月至6月，支部主委刘华参加致公党中央组织的骨干党员培训班学习。7月，部分党员参加致公党市委新党员培训。9月，支委会成员参加致公党市委新一届区级组织干部培训会。10月，部分新党员参加统战部民主党派及知联会成员培训班学习。 （唐　波）

工商联

【概况】 2016年，把握“两个健康”主题，密切结合非公经济实际，深入开展以守法诚信为重点的理想信念教育实践活动，深入调查研究、积极建言献策，大力提升服务质效，凝聚力不断增强、影响力不断提升。

【非公有制经济发展】 全区非公经济户数达到46 561户，同比增长4.9%。其中私营企业11 856户，增长18.71%；个体工商户34 103户，增长17.45%。非公经济增加值323.9亿元，增长11.6%，占全区经济总量的75.6%。非公工业企业总产值1 100.93亿元，增长13.2 %。

【非公有制经济人士教育引导】 开展以守法诚信为重点的理想信念教育实践活动，举办“诚信经营、依法治企”专题讲座。组织开展学习习总书记系列讲话、习总书记在工商联委员联组会上的讲话等重要精神。成立璧山区总商会青年委员会，加强对年轻一代非公有制经济人士的教育引导。全区非公经济人士积极参与社会公益活动，累计捐款捐物100万元。

【参政议政】 组织非公经济人士开展调查研究，提交议案、提案、社情民意、建议意见等40件。在区政协大会上作题为《助推我区中小企业融入资本市场的思考》的发言。先后组织开展新常态下政府职能部门如何走进企业助推发展、制造业民营企业发展状况调查等多项调研，形成调研报告，为区领导和相关部门提供参考。

【优化服务方式】 搭建非公经济人士与区级领导的沟通对接平台，进一步贯彻执行区级领导联系非公企业及代表人士工作制度。组织引导参加商贸活动，引导各行业商会利用重大节假日开展促销活动，活跃行业消费市场。推进内引外联工作，主动发挥在招商引资新模式中的“N”作用。组织民营企业参加市工商联组织到波兰、俄罗斯的经贸交流出访活动。搭建维权服务平台，主动与区法院建立民营企业商事纠纷诉调对接机制，成立民营企业商事纠纷调解中心，并积极开展维权服务，为会员企业协调解决生产经营困难问题10余件次。组织50名非公经济人士到新桥医院参加健康体检。

【组织建设】 完成区工商联（总商会）换届。选举产生第十一届执行委员会委员113名，常务委员会委员52名、主席（会长）1名、副主席（副会长）19名、总商会副会长6名、秘书长1名。稳妥发展会员队伍，年底会员总数2 275个，比2015年年底增长7.9%。新成立电子商务商会、总商会青年委员会，至年底有7个行业商会，镇街商会15个，实现镇街商会全覆盖。加强非公企业党建工作，新建工商联商协会党委、鞋业商会党总支和鞋业联合党支部。

社会团体

璧山区总工会

【概况】 2016年，区总工会有在职员工11人，其中挂职1人。基层有1个高新区总工会，9个镇工会联合会，6个街道总工会和11个部门工会联合会。

【职工合法权益维护】 一是建立健全劳动关系三方协商机制，全区所有镇、街道、园区建立协调劳动关系三方机制，并完善定期协商、临时协商、情况通报、劳动关系预警、重大问题协调处置等相关制度。二是增强法律援助力度。聘请专业律师为广大职工提供法律咨询、法律援助服务。2016年，为89名困难职工免费提供法律援助，挽回经济损失100万元；依托群团活动中心设立信访接待窗口和律师法律服务窗口，开展“千名律师进企业服务职工在基层”活动。三是深入推进厂务公开、民主管理工作，继续开展集体合同和工资专项集体合同的签订工作，全区合同签订率分别达92%以上。

【帮困扶贫】 一是开展“六节”送温暖。依托“六节”对全区建档困难职工进行走访慰问。全年，走访慰问困难职工1820人次，发放慰问金36.7万元。二是开展“爱心”帮扶。组建“爱心理发队”“爱心医疗队”“爱心保健队”等志愿服务队，到镇街、高新区提供爱心服务；到敬老院提供保健按摩和养生知识讲解。联建“爱心学校”“爱心药房”“爱心超市”“爱心医院”等。三是开展女职工“关爱行动”。节日慰问困难女职工1 500人次，发放慰问金15万元；慰问女农民工71名，发放慰问金3.55万元；慰问患病特困女职工10名，发放慰问金2万元，并逐户走访；组织1万名女职工参加免费“两癌”筛查；为91名单亲困难女职工购买“两癌”保险，各基层工会也根据实际情况为女职工购买“两癌”保险。继续开展“健康伴我行”女职工健康促进活动，为女职工提供健康保健知识宣传10次，讲座2次，为800名女职工提供常规体检。四是开展精准扶贫精准脱贫活动。深入10户贫困户家中了解其生活状况，通过生产技能培训、发放慰问物资等方式，力求帮助贫困户提升生活水平、生活质量。五是转变救助方式，注重造血帮扶。依托群团服务中心（站）和各个镇街总工会（工会联合会）举办育婴师、养老护理等培训班，免费培训900人并全部推荐就业。

【组织建设】 区总工会选举1名挂职和3名兼职副主席，聘请7名社会化工作者，明确镇街工会主席由分管企业的领导兼任，配备专职工会副主席，并设置群团工作综合岗位1~3个。新增设业务部2个，改设街道（高新区）总工会7个和镇（部门）工会联合会17个。采取‘单独建和区域性覆盖’相结合的模式规范组建工会，在全区非公企业开展“新领域集中建会”专项行动和“农民工入会集中行动”。全区总体建会率和入会率90%以上。按照“中心+站+点”的思路，形成1+4+26+N服务网络，实现区域性服务职工全覆盖。各群团服务站为职工提供政策咨询、困难救助、法律援助、文化娱乐等各项服务。加强“掌上工会”建设，拓宽工会服务渠道。推出微信公众号“璧山职工之家”，建立完善璧山区总工会子网站、“璧山群团之家”网站和非公企业QQ群，实现线上交流与线下服务有效互动。

2016年5月4日，璧山区共青团新团员入团暨超龄团员退团仪式活动

（璧山报社　供图）

【服务经济】 全区各级工会广泛开展一系列劳动技能竞赛、职工技术创新活动，创建“劳模创新工作室”。创建区级劳模创新工作室6家。依托6家“劳模创新工作室”开展技师带徒、技术比武、岗位练兵等活动，累计创新攻关项目165项，实现经济效益8.3亿元，培训技能人才2 683人次，技能提升678人次，评选出优秀创新班组、优秀创新能手、最佳金点子各5个。加强劳模管理、服务和宣传工作。走访调查全区53名省部级以上劳模，按时足额发放专项补助金及体检卡，组织26名劳模外出休养。

共青团璧山区委

【概况】 2016年，全面启动共青团改革工作，完成“团支部上网行动”建设和“支部书记民主测评”工作，推进“建立开放共享活动机制”，加强“璧山共青团”微信公众号建设，开展“学长征精神、做红色传人”爱国主义教育活动，深化“团干部+社工+志愿者”工作模式，建立璧山区12355青少年服务台。

【共青团改革】 5月19日，璧山下发群团改革方案（璧山委办发〔2016〕28号）。5月20日，璧山区委召开“璧山区群团改革工作会”。基础性改革内容：一是团区委机关内设机构。7月13日，区委办印发《共青团重庆市璧山区委员会机关机构编制方案》。内设机构新增设青少年发展服务部（正科级）。新增加挂职副书记1名，兼职副书记3名，挂职书记助理2名，形成专兼挂有机结合、广泛联系各界青年的团区委领导班子。区青少年活动中心与区职工帮扶中心、区妇女儿童活动中心联合，调整设置为区群团活动中心。二是镇街团组织建设。多数镇街团（工）委书记由同级党政领导班子成员兼任，同时配备专职副书记。创新开展“理清家底、明晰建制”工作。15个镇街清理出“空壳”团支部100个，登记造册团支部258个，录入4 214名团员信息。在全市率先建立镇街基层团建完整数据库。三是学校团组织建设。明确1名区教委副主任兼职担任团区委副书记，新设立教育团工委，“团教”合力显著增强。四是团组织覆盖率。新成立共青团璧山区建设委员会等机关团组织。新成立创创帮团支部、西瓜科技团支部等“新领域”团组织8个。五是拓展工作网络。构建全区青年创新创业工作网、青少年校外教育工作网、青年运动社团工作网、青年志愿服务工作网、“校地共建”工作网、新媒体工作网、青年智库工作网等工作网络。六是团员先进性建设。新发展团员控制在2 269名以内，比上年压缩近一半。对新团员严格编号、分配到校，全区团青比得到有效控制，下降至12.1%。组织开展入团离团、入队离队仪式教育。七是打造基层服务站点。联合区非公工委及其他群团组织，新建3个示范性群团活动站点。牵头开展各类活动30场次。

【团支部网上行动】 完成团市委三大重点改革举措之一“团支部上网行动”。早启动、早谋划、早落实，先试点、后铺开，提前1个月完成团市委工作任务。全区8 979名团员青年在网上组织起来，团区委机关、镇街部门团组织、基层团干团员和青年代表，通过“互联网+”距离更近、联系更紧。

【团支部书记民主测评】 完成团市委三大重点改革举措之二“支部书记民主测评”。总结“有效动员难、规范实施难、逗硬测评难”三大问题，以“精干架构、层层发动、持续细查”的方式予以攻克。成为全市第一批完成任务的5个区县之一。

【建立开放共享活动机制】 创造性推进团市委三大重点改革举措之三“建立开放共享活动机制”。“五四”青年节在全市率先探索“青年点单、活动外包”。公开征集各界方案19份，7 000人通过网络提意见、做评判，青年代表32人“会审”评定中标方案。《重庆日报》、重庆电视台、《重庆新闻联播》栏目等10家市级媒体做深度报道。全年筹集资金30万元，采用开放共享模式，交给社会承办9个活动项目。

【网络新媒体工作】 用网建网抢占网络高地，新媒体工作成为全市标杆。“璧山共青团”微信公众号综合影响力年末持续3周全市夺冠，全年稳居前列。同期在全国地市级团组织排位中立定前36位。原创栏目《璧中为你读诗》《来中读史——品味身边的历史》45期，阅读量4.2万次、点赞4 517次、留言322条。《璧山姑娘》《璧山人，君从何处来》等广泛流传，团市委微博、知名艺人转发点赞。全市率先推出共青团原创表情包“璧山小青青”。“网上共青团·璧山青年之声”累计访问232万人次。4.0版本成为团中央试点，派员参加北京发布会、井冈山提质会等全国性会议。西藏、甘肃等多地主动与璧山区交流经验。3.0版本在全市每月通报中稳居前列，第四季度持续位于前两位，12月排第一。成立重庆市首家“青年影院”，被确定为全市青年信用体系建设示范点。

【服务中心工作】 通过网络平台推出原创作品34部，寻觅发掘璧山历史故事、彰显沉淀中的历史记忆，辐射2.4万人次。开展暗含“文化古城”要素的线上线下活动8次，辐射6 000人次。采用开放共享模式，运用新媒体手段，共青团全年打造精品立体绿化39户，完成区委交办任务的390%，6 087人次参与“青年立体绿化达人”评选活动，聚合百名青年立体绿化爱好者组成“青年立体绿化之家”。

【少先队建设】 开展“学长征精神、做红色传人”等爱国主义教育活动。深化少先队改革工作，创新开展璧山区少先队“十佳”评选活动。推荐实验小学合唱团演绎璧山原创作品参加全国展播活动。

【青年志愿服务】 全区注册志愿者总数22 868人，总服务时长32 594小时。建立城乡社区市民学校202个，整合大学城22所高校共青团资源，深化“团干部+社工+志愿者”工作模式，全年服务群众7 000人次。组建“山茶花青年扶贫志愿服务队”，筹集帮扶物资近20万元。

【维护青少年权益】 建立璧山区“12355”青少年服务台。开展“冬日阳光·温暖你我”新春关爱活动，为全区500名困境儿童实现新年心愿。开展进城务工人员亲子运动会8场次，400个家庭参与活动。开展“平安希望奖学金”“希望工程·圆梦行动”“英才公益计划”等爱心助学项目，资助品学兼优贫困中小学生39名，捐助4.4万元。

（共青团璧山区委）

璧山区妇女联合会

【概况】 2016年，全区有15个镇街妇联（下辖135个村妇代会，51个社区妇委会），17个区直属机关妇委会。辖区妇女群众31.44万人，占辖区人口的49%。十届区政协妇联界别小组有政协委员8名。

【农村妇女工作】 深化“巾帼促农”行动，创建培育“巾帼现代农业科技示范基地”“三八绿色工程”等妇字号农业，引导农村妇女发展特色农业，培育“巾帼家庭农场”15个，打造“巾帼家庭农场示范点”6个。创新“妇联组织+公司+农户”的项目化运作模式，以“产业推动精准到家庭”“项目帮扶精准到家庭”“困难救助精准到家庭”“技能培训精准到家庭”“结对服务精准到家庭”五大精准到家庭为抓手，送政策、送岗位、送技能、送服务等各类活动13场次,受益群众达万人次。正兴镇湾塘村“大地之爱·母亲水窖”项目完工投入试用，并通过市级验收。

【城市妇女工作】 深化“巾帼建功”活动，组织发动全区各级巾帼文明岗组依托“党建带妇建”，根据各岗组工作特点，开展“巾帼建功展风采、规范发展谱新篇”主题活动，丰富“巾帼文明岗”的创建内涵，并及时利用“和美璧山”“微璧山”等官方微信，宣传“巾帼建功”“巾帼文明”“巾帼维权”和“巾帼关爱”等各项活动，在妇联组织与广大妇女群众之间建立起新的宣传平台。全年复查验收合格区级“巾帼文明岗”102个、市级“巾帼文明岗”30个、国家级“巾帼文明岗”5个。

【妇女儿童权益维护】 利用三八维权周、“六一”儿童节、“6·26”禁毒日、“12·4”法治宣传日等时节，广泛宣传男女平等基本国策、未成年人保护法、预防和制止家庭暴力条例等法律法规知识，开展打击拐卖、关爱妇女儿童的街头宣传和律师现场维权活动，发放宣传资料10万份，解答法律咨询100人次。建立妇女信访代理员制度，为近100名来访反映婚姻家庭纠纷的妇女姐妹纾解疑难。

【妇女参政议政】 2016年11月30日，举办重庆市璧山第十四次妇女代表大会。璧山区妇联十四届执委由上一届的13名增加到37名，并按照群团改革“兼挂职成员不少于50%”的要求，选举产生副主席5名，包括专职副主席1名、挂职副主席1名、兼职副主席3名。全区15个镇街完成换届工作，各镇街党政领导班子中的女性领导兼任镇街妇联主席，并设专职副主席1名，每个镇街配备25名以上妇联执委。全区137个行政村妇代会全部改建为村妇联，执委由原来的3人增加到15人。全区186个村（社区）妇女联合会组织组建率达到100%。

【妇联扶贫助困】 开展以“助学、助残、助贫、助孤”为主题的关爱困难妇女儿童活动，大力实施“迎春送温暖”“母亲邮包”“母亲水窖”“母亲健康快车”“三留守关爱”等扶贫济困项目。开展“春蕾圆梦行动”，全年筹集5万元帮助35名贫困女高中生、女大学生圆学业梦。为庞安珍等46名“两癌”贫困母亲分别争取每人1万元“两癌”救助金。开展“情暖童心·相伴成长”困境儿童关爱帮扶活动，对全区186名困境儿童实行“1+1+N”（即1个困境儿童+1个爱心妈妈+N个志愿者）结对帮扶模式，强化“爱心父母”、

"六个一"职责，为困境儿童提供亲情关爱。广泛动员社会力量参与，建立健全覆盖城乡、上下联动、协同配合的困境儿童保障工作体系。承办重庆市2016年"恒爱行动"启动仪式，发动爱心志愿者为困境儿童、特殊儿童编织爱心毛衣500件。

【家庭美德建设】 以家风建设为重点，创新家庭文明建设，大力推进党政机关清廉家风建设等重点工作。推进寻找"最美家庭"，评选"最孝顺媳妇""最美女工"活动及"好家风好家训"宣传展示活动，征集"好家风好家训"1 000条，把家庭建设作为培育社会主义核心价值观的重要载体，凝聚建设"和美璧山"思想力量。推选的陈汝学家庭、罗远惠家庭等2个家庭被市委宣传部、市文明办、市妇联授予"重庆最美家庭"，陈凤家庭、陈小敬家庭、郭晓莉家庭等3个家庭被授予"重庆最美家庭"提名奖。组织开展"最美家庭阳台（庭院）"评选展示和"绿满家园"家庭阳台绿化美化实践活动，万名妇女千个家庭参与活动。指导全区各镇街186个村（社区）开展"平安家庭示范户""平安家庭示范村（社区）"创建活动，全年创建区级"平安家庭示范户"100户，"平安家庭示范村（社区）"15个。

2016年3月4日，区妇联在大成广场开展"三八"维权活动

（周海瑞 摄）

【家庭教育】 优化家庭教育指导服务。全区186个村、社区和63所中小学、幼儿园家长学校家庭教育指导服务站（点）全覆盖。开展农村院坝家教知识讲座300场，编印《重庆市家庭教育促进条例宣传页》《暑期留守儿童"六记"与"六忌"》《家教知识指导手册》等宣传资料30万份，家庭教育指导覆盖面达95%以上。配合重庆市家教流动讲师团开展"重庆市家教流动校百场家教进万家"活动，得到璧山广大家长的广泛欢迎。

（石 谊）

璧山区科学技术协会

【概况】 2016年，全区有所属团体86个，其中：街镇科协（群团办）15个、区级部门科协21个、市级工业园区科协1个、区级企业科协16个、学协会16个、农技协17个；全区187个村居均建有村居科普小组并设兼职科普员；有科技示范户3 300户；有市级科普示范街镇6个、市级科普示范社区4个、市级科普示范村2个、市级青少年科技工作室2个；区级科普示范单位44个；全区15个街镇均有科普活动站，80%以上村居设科普工作站，标准化社区科普活动室5个。全区科普组织网络建设基本完善。重庆市璧山区德康现代家庭农场养殖协会获中国科协和国家财政部联合表彰基层科普行动计划项目先进集体。

【全国科普示范区建成】 2014年11月，璧山区启动全国科普示范区（2016—2020年）创建工作。2015年10月，全国科普示范区创建工作检查组对璧山全国科普示范区创建工作进行检查验收。2016年2月，中国科协以科协发普字〔2016〕8号文件，正式命名璧山区为"全国科普示范区(2016—2020年)"。

【科协系统改革】 9月，璧山区委办公室以璧山委办发〔2016〕61号文件下达《关于印发〈重庆市璧山区工商业联合会专项改革方案〉等7个专项改革方案的通知》，璧山区科协系统改革全面启动。璧山区科协有序推进27项改革措施落地。12月底，完成15项，正在推进的7项，需持续推进的5项。

【科普活动】 完成全年企业科技信息推送服务工作，更新维护科普画廊和科普挂牌，组织开展全区青少年科技辅导员培训活动和全区青少年科技创新大赛、科技模型大赛、机器人比赛、小小实验家、高校科学营等青少年科技教育活动，开展“全国科普日”“三下乡”“科技活动周”“四进社区”等大型主题科普活动和食品安全、消防安全、低碳节能、防震减灾等专题科普活动。11个社区科普大学教学点开展教学活动，新建区医院、区中医院、区妇幼保健院和璧山中学科普之窗。重点开展“百计进百村”、迎新春、重庆市科协科普大篷车进校园巡展活动走进璧山中学、暑期机器人科普教育进社区、福禄镇启动全国科普日、中国流动科技馆科普宣传活动走进璧山、中国科协会员日等系列活动。在璧山正则中学体育馆开展为期1月的科普宣传活动。12月，区委宣传部、区科委、区财政局、区教委、区科协、区社科联联合命名璧山区喜观昆虫王国科普教育基地、重庆市璧山区医学教育培训基地、重庆璧山农耕文化科普基地为璧山区科普基地。建成璧泉街道华龙社区标准化社区科普活动室。

【科普宣传】 全区举办各类科普宣传活动110场次，参与活动的科技工作者2 000人次，受益群众30万人次，印发科普环保手袋、各种实用技术资料、科普书籍、光盘、挂图等资料百种，200万份，技术咨询10万人次。 （赵 容）

璧山区社会科学界联合会

【概况】 2016年，围绕璧山“三区一美”战略行动，创新工作方式，取得成效，被市社科联评为社科普及先进单位。全年积极参与群团改革，着力解决“机关化、行政化、贵族化、娱乐化”等问题。配合群团改革办公室制定《重庆市璧山区社会科学界联合会专项改革方案》。根据新的要求重新制订《重庆市璧山区社会科学界联合会机关机构编制方案》（璧山委办〔2016〕80号文件）。

2016年5月13日，璧山区科技活动周启动仪式现场
（张承刚 摄）

【社科普及】 继续举办璧山社科大讲坛活动。市社科联党组书记、专职副主席杨清明等领导、专家莅临指导工作。在梦想课堂活动中继续开展社科知识普及优质课评选工作。全年收到申报50个，评出优质课15个。

【社科研究】 组织开展璧山宣传与社科课题申报工作。结合璧山经济社会发展实际，经广泛地征求意见，确定重点研究课题，供全区机关、企事业单位进行选题并组织课题申报。收到课题申报 47 个，经过评选，选出 10 个优秀课题，分获一、二、三等奖。并召开理论研讨会，获奖者交流研究成果和心得。

【社科管理】 对全区的社科社团进行调查摸底。对管理不明确、活动开展不规范等社科社团进行梳理，重新明确社科联管理的社科社团。加强对社科社团的党建指导工作。协助区委组织部、区非公工委做好重庆市璧山区历史文化研究会、璧山区环境保护产业协会的党组织建设。

（区社科联）

璧山区归侨侨眷联合会

【概况】 2016 年，全区有新老归侨 5 人，侨眷属 6025 人；在外华侨华人 780 人，分布与全球20 个国家和地区，其中博士、硕士 35 人。有基层侨联片区分会 4 个，留学生家长联谊会 1 个。编撰的《璧山县归侨侨眷联合会志（1979—2012）》获市第二届区县地方志优秀成果一等奖；4 月 29 日，赴重庆工商大学在“六方”侨联工作经验交流会期间，与工商大学侨联签订战略合作协议；7 月 29 日，组织侨联委员、侨界政协委员、机关支部党员到歌乐山参观渣滓洞、白公馆，接受革命传统教育，并向死难归侨侨眷革命烈士敬献鲜花；8 月 16 日，区侨联微信公众号正式开通；10 月，精心制作的剪纸艺术宣传品《璧山小城故事》面世。

【联络联谊】 坚持在重要节假日为海外华侨华人发祝福邮件，保持与华侨华人的交流与沟通，通报璧山经济社会发展情况。7 月 26 日，区长章勇武、区政协主席向邦俊会见回乡探亲的旅美华侨万大庆博士；9 月 13 日，举办中秋茶话座谈会，区眷属联谊会成员代表、致公党璧山支部党员代表、侨界政协委员 60 人参加座谈活动；9 月 25 日，协办“海外侨胞故乡行——走进重庆”璧山行活动，来自美国、加拿大、澳大利亚等 13 个国家和地区的 25 位重庆籍侨胞参观考察璧山区经济社会发展新成就；10 月 31 日，与山东省枣庄市侨联缔结友好侨联组织；11 月 4 日，赴江西省吉安市学习交流并缔结友好侨联组织；11 月 7 日，接待沈阳市侨联一行到璧山考察交流。

【助推发展】 5 月 17 日，陪同台商——元勋国际股份有限公司 CEO 吴志贤先生考察璧山的投资环境；11 月 14 日，组织承办美国“一带一路”总商会到璧山对接招商引资工作。

【参政议政】 “两会”期间，侨联界别提交集体提案 2 件，个人提案 12 件，社情民意 10 件。其中 8 件提案被交办，2 件社情民意被采纳。

【为侨服务】 2 月 18 日，区委常委、统战部部长刘启海到重庆博张机电设备有限公司，现场为侨资企业解决难题；3 月 9 日，区委常委、统战部部长刘启海带领侨联相关负责人，到重庆固美包装有限公司走访调研；4 月 12 日，市政协副主席、市侨联主席张玲一行到璧山调研侨企助推发展；7 月 21 日至 22 日，区侨联慰问重庆博张机电设备有限公司等多家侨企的一线职工；8 月，联系山东省潍坊市侨联，请其协助联系当地律师为重庆市璧山爱华机械有限公司维权；12 月 5 日，参加区委法建办组织的“12·4”法治宣传日活动，在大成广场发放侨法宣传资料。

【社会公益】 和光大建材爱心联盟组织开展爱心活动 2 次，11 名贫困学生得到价值 3.5 万元的爱心捐赠；4 月 16 日至 19 日，陪同著名儿童文学作家、诗人雪野到逸夫小学、文风小学与老师和孩子们交流，指导儿童诗阅读、写作与教学；5 月 18 日，前往正兴镇朝阳村，为精准扶贫对象送去价值 5 000 元的鸡苗 200 只；5 月 25 日，带着礼物和爱心来到广普小学，为孩子们送去“六一”节慰问，实现他们的微梦想；11 月底 12 月初，开

展“冬日暖阳 暖身更暖心”系列活动，为贫困群众送去爱心冬衣，总计送出夹克棉衣1 000件，蚕丝背心500件。（区侨联）

璧山区红十字会

【概况】 2016年，弘扬“人道、博爱、奉献”的红十字精神，履行红十字工作职责，大力宣传遗体和人体器官捐献工作，全年采集造血干细胞血样223份，登记器官志愿捐献者4名。完成三合镇石龙桥村10户贫困户精准脱贫目标。

【红十字宣传】 一是为基层红十字会分别订购50份《中国红十字报》和《博爱》月刊。二是制作造血干细胞捐献、遗体器官捐献、“两儿”救助、“四类”人员救助、秋季病预防等折页资料各500份，布置展架10个。三是多次进各社区、乡镇宣传《红十字会法》《红十字标志使用办法》《重庆市实施〈红十字会法〉办法》和《重庆市遗体捐献条例》等。

【公民无偿献血】 为进一步贯彻落实公民无偿献血制度，确保医疗临床用血的需要和安全，根据《中华人民共和国献血法》《重庆市献血条例》。区红十字会与区献血办配合，每周二派专人参与献血工作。

【资金募集】 全年，募捐棉被100床、资金1 880万元。基金从1支扩大到3支（璧山区救助基金、璧山区人民医院医疗救助基金、璧山同济医疗救助基金）。3支基金发挥的作用明显，一是筹集350万元救助血透病人206人次；贫困白内障患者324人；其他患者1 744人。二是筹集1 530万元用于璧山区医院建设。

【卫生救护进校园】 为全面普及应急救护知识，进一步提高在校师生防灾避险和自救互救的能力，根据重庆市红十字会的统一部署，璧山区红十字会组织开展“2016年红十字应急救护培训进校园活动”。培训初高中生2 072名。

【救助工作】 按渝委医发〔2015〕51号文件精神对“四类”人员实施疾病住院救助67人、148 575.36元；救助儿童先天性心脏病、儿童白血病患者4人次，其中有3人次受助金额98 000元；救助贫困小学生20名，贫困孤儿10名，贫困户12户，救助金额21 000元。

【红十字会志愿服务队成立】 7月22日，成立璧山区红十字会志愿服务队（以下简称服务队），由张震宇担任队长。服务队下设办公室在区红十字会办公室，由红十字会办公室主任兼任具体负责人。截至年底，全区招募志愿者35名。

【“博爱送万家”活动】 为培育和践行社会主义核心价值观，大力弘扬“人道、博爱、奉献”的红十字精神，开展“红十字会博爱送万家”慰问活动。接收重庆市红十字会“温暖包”120个。春节期间，福禄镇分发“温暖包”50个，七塘镇和八塘镇各分发“温暖包”35个。（区红十字会）

璧山区计划生育协会

【概况】 2016年，全区有253个基层组织，会员总数达14.1万人（其中：镇街协会15个、村居计生协186个，企业协会47个、流出人口同乡计生协会5个），会员小组2 720个、会员中心户6 215个，有会员之家198个，各镇街都建立人口学校、有协会工作阵地，253个基层协会有协会标识牌。

在全区群团改革工作中，区委重新为区计生协会机关编制进行“三定”，为协会机关新增编制2名，增加2名领导班子成员，其中：会长1名（由区领导兼任），专职副会长1名，增加1名机

2016 年 3 月 25 日，市计生协会长陈万志（前排中）、市计生协常务副会长张志坚（前排左三）出席璧山区 2016 年计生协会工作会

（区计生协会　供图）

关工作人员。同时，政府还采取购买服务方式为协会增加工作人员 1 名。

【生育关怀行动】 围绕“生育关怀”主题，不断完善利益导向机制，创新服务载体，拓展服务领域，丰富生育关怀内容。一是区生育关怀资金筹、管、用机制健全。全年，区财政总计支出生育关怀基金 130 万元。其中：帮扶救助独生子女死亡家庭 57 户，救助资金 127 万元；春节走访慰问计生特殊家庭 845 户，全区送去慰问品（金）近 30 万元。2010 年 10 月至 2016 年 12 月支持生育关怀金 666.89 万元。其中：帮扶救助独生子女死亡家庭 258 户，救助资金 602 万元；节日走访慰问 184 户，慰问金额 6.08 万元；伤残关怀 9 户，慰问金 5.7 万元；困难计生专干 7 人，救助资金 3.4 万元；独生子女及父母患重大疾病关怀 81 人，救助资金 4.82 万元。二是建立实施计划生育特殊家庭联系人制度。对全区 845 户、1 315 人建立“3+X”结对帮扶联系人制度（特别是对全区计生失独家庭开展“六个一”关怀行动，即：①建立一户一档信息档案；②每户发放一张亲情连心卡；③每户指定一名签约医生；④每两个月开展 次亲情联系；⑤每年开展一次健康管理服务；⑥每年至少一次走访慰问）。截至年底，纳入行动中的“失独”家庭，82%接受过家政服务，67%接受过精神慰藉，42%接受过医疗帮扶，26%接受过应急帮助。这项活动的开展，弥补计生特殊家庭的孤寂，帮助他们走出阴影、排忧解难、重拾生活信心。此举措得到计划生育特殊家庭的广泛认可，中国计生协《人生》杂志在上年 3 月 28 日全文刊载全区的具体做法。同时，此项工作在市卫计委采取“第三方平台”抽查中，璧山区名列全市第 6 位。三是开展“生育关怀—计生特殊（困难）家庭保险行动”。计生特殊（困难）家庭住院护理和意外伤害两大保险。四是发挥生育关怀联谊会会员作用。每年足额划拨联谊会会员每人每年活动经费 1 000 元。

【生育宣传倡导】 以镇街计生协会为依托开展行之有效的宣传倡导服务活动。动员全区计生会员，关注“中国计划生育协会”微信公众号。充分利用新媒体平台，了解中国计生协工作信息，扩大中国计生协社会影响，交流各地工作经验，为广大群众提供健康知识服务，普及生殖健康知识，宣传新型生育观念；开展“计生协会大家谈”理

2016 年度璧山区开展计生保险服务理赔情况表

表 4–5

年度	险种	参保户数	参保人数	保费	保费总额	理赔人次	理赔金额	理赔率
2016 年度	住院护理保险	1120	1739	177.5 元/人	30.87 万元	346	52.80 万元	171%
	意外伤害保险	2480	5934	100 元/户	24.80 万元	21	14.06 万元	56.69%

论征文活动。活动中，收到理论征文34篇，评选出一、二、三等奖10名，组织奖3个，并在计生协会工作会上进行表彰；组织参加全国“全面二孩”文艺作品征集活动。组织区书法家协会、美术家协会、摄影家协会、作家协会等爱好者和广大会员参加全国“二孩来了，你准备好了吗”文艺作品制作，收到会员原创作品32件，22件作品刊载于中国计生协网络列表中。2016年全区计生协系统在中国计生协主办的《工作通讯》和《人生》杂志、《中国人口报》《重庆计生协会之窗》《家》《璧山报》、璧山网等媒体发表稿件30篇。

【流动人口服务管理】 在璧泉街道金冠（集团）汽车制造股份有限公司，开展重庆市2016年流动人口计生协示范点项目创建工作，探索“一盘棋”机制建设，推动流动人口基本公共服务均等化工作。采取走进车间、集中宣传、举办讲座、健康体检和育龄妇女“两癌”筛查、精准扶贫和协助企业子女就近入学等活动。（曹 勇）

延伸阅读▶▶

国家级生态保护与建设示范区：实现“生态”与“经济”双赢

到湿地公园散步，去秀湖公园赏花，在南河公园晨练……公园，已经成为我区市民生活中的一部分。

其实璧山的美，不需刻意到公园去寻找。近年来，我区遵循“深绿城市”轨迹，不断雕琢新区、老城，修饰城区、乡村，一栋栋自然色的房屋隐藏在丛丛绿树之中，清澈的璧南河蜿蜒穿城而过，大大小小的绿地公园镶嵌在城市的每个角落。

“深绿城市”的自然延伸

近年来，璧山区建设“深绿城市”，让市民“望得见山、看得见水”，把城市作为植物、山水、人居、生产等要素共存共荣的生态系统来打造。

环境保护是底线，让城市融入自然，才是“深绿城市”的内核。这正与国家组织推进生态保护与建设示范区实施工作的理念不谋而合，也在我区生态建设中得到生动实践。

坚持沿道路退让10至40米用于城市绿化；2400余种花果植物进城，吸引候鸟长期驻留；生态停车场绿树环抱，点缀城市绿景……我区生态建设的“创举”不胜枚举，有效保护了全区良好的生态环境。

生活在此的市民感受到了生态宜居的环境，我区正在打造的“深绿城市”也向着国家级生态保护与建设示范区自然延伸。

成功列入国家级生态保护与建设示范区

2015年，基于在生态建设中取得的具有示范效应的一系列成就，璧山区决定向水利部申报国家级生态保护与建设示范区，并组织设计单位编制了《重庆市璧山区生态保护与建设示范区建设方案》。

该《方案》明确我区生态保护与建设示范区建设分三个阶段进行。即：实施阶段（2013—2014）、全面推进阶段（2015—2016年）、巩固提升阶段（2017—2020年）。

2015年4月23日，国家发改委、水利部、环境保护部等11个部委联合发文，将璧山确定为“国家级生态保护与建设示范区”。

我区将重点围绕生态经济体系、生态管理体系、生态环境体系、生态人居体系、生态文化体系和能力支撑体系建设等领域，重点开展8大类、119项工程、涉及资金达129亿元的生态保护与建设工程，充分发挥国家级生态保护与建设示范区的引领和示范作用。

生态环境与发展环境同步改善

获批一年多的时间，“绿色清新”为我区生态建设赋予更多内涵，绿色已成为璧山的城市底色。

我区的生态建设，不仅是花草树木、公园广场的一处处“涌现”，不仅是生态环境的改善和城市功能的完善，更多的还是良好的生态环境为璧山带来的发展资本和发展动力。

众泰汽车、普洛斯物流园等知名企业主动入驻，六旗乐园落户璧山，正是我区生态环境持续改善的“经济成果”，诠释着“环境就是资源，就是资本，就是生产力”。

如今，我区以国家级生态保护与建设示范区为载体，全面推进生态环境建设，让“生态宜居”成为璧山一张叫得响的名片，实现经济发展环境和生态环境同步改善的双赢。

（周海瑞）

法 治

政法委及综治办

【概况】 2016年，围绕“管控风险、服务发展、强化治理”谋思路、添举措、抓推进，各项工作取得新成效，确保全区社会大局的持续稳定。完成全国“两会”、G20峰会、市委主要领导到璧山视察等重要安保任务50起，妥善处置各类群体性事件161件，重要节点、重点领域、重点区域、重点人群管控“井然有序”，群众安全感达到96.44%，同比上升0.61个百分点，名列全市第8位，连续4年稳步提升，得到市委和区委的充分肯定。

【社会治理】 建成控告申诉接待大厅，增设远程视频接待室，方便群众表达诉求。设立群众工作QQ群，接受群众法律咨询和犯罪举报，并按时办结、及时回复。在流动人口集中区域设立社区民警联系牌，全面实行“一站式”办证和上门服务，延伸流管触角。实行“繁简分流办案”“白+黑、5+1”工作模式和政法部门班子成员带头办案等措施，不断提高办案质效。全年全区受理案件16 833件，上升29.26%，审结13 509件，上升30.93%。深化立案登记制改革，当场立案率达到99.8%。开展司法救助，为239名案件当事人缓减免诉讼费85.13万元。

【社会矛盾纠纷化解】 结合“走进矛盾、破解难题”主题活动，每月召开群众工作联席会议，实行多方“联合会诊”，合力化解信访积案。市交办的10件信访积案化解率100%；区交办的18件信访积案化解率100%；区领导包案的30件信访积案化解率100%。做实干部下访，镇街、部门领导干部走访群众3 987件次，2.2万人次，投入1578万元，解决问题2 980个，惠及群众3.5万人。呈现出“三个下降、二个向好”的良好局面。“三个下降”即：到区集访批次下降10.5%、人次下降25.3%；到市集访批次下降46.7%、人次下降6.2%；到市进京越级访下降51.1%。“两个向好”即：信访结构进一步优化，信访秩序明显规范，完成各敏感节点信访维稳任务。

【公共安全体系建设】 开展食品药品隐患排查和监督执法，完成6支乡镇专职消防队和90个微型消防站建设。健全“群测群防员、片区负责人、驻守地质队员、地环站“四重”网格化地质灾害防治管理体系，发现、防治地质灾害隐患点88个，未造成任何人员伤亡和财产损失。全区全年发生生产安全事故15起、死亡15人，事故起数、死亡人数同比分别减少6起、9人，占市政府下达控制指标75%，各重要节点实现安全生产“零”死亡目标，火灾事故起数下降46%，未发生较大及以上地质灾害和食品安全事故以及药品安全事件。

【服务经济发展】 在民商事案件的审判中贯彻

“调解优先，调判结合”的原则，民商事案件的调解率达到30.96%，撤诉率26.26%。完善执行征信、查控、惩戒、监督、保障五大体系。多家中央和市级主流媒体报道璧山区执行工作机制建设和成效。推行出入境网上预约办理“绿色通道”，简化办证手续，缩短办证时间，建立境外人员住店或居留证件超期预警机制，提升辖区涉外企业服务水平。建立消防与重点企业“点对点”联系制度及消防、高新区、绿岛新区联席会议制度，主动上门服务重点项目。

【基层基础工作】 “应指工程”完成外场建设，建成高清视频监控1 223个，新增背街小巷和农村主要路口高清视频监控探头449个，农村地区刑事案件发案下降21%。开发建成应用城市车辆卡口数据自动比对分析研判系统。整合专兼职巡逻队伍187支，专兼职巡逻队员1 558名，专门巡逻车100辆，坚持打造“新春治安大巡逻”专项活动品牌，构建起全天候、立体化的社会治安巡逻防控网。以夯实“三基”建设为重点，公、检、法办公“硬件”不断上档升级，基层综治力量持续充实，“2+N”联调工作获市委、市政府领导肯定。

【平安建设】 围绕“管控风险、服务发展、强化治理”的要求谋思路、添举措、抓推进，在经济高速发展的情况下，以较少的治理资源，取得较好的治理效果。全年，全区群众安全感达到96.44%，上升0.61个百分点，名列全市第8位，连续4年稳步提升。 （区委政法委）

法治政府建设

【概况】 2016年，贯彻落实中共中央、国务院《法治政府建设实施纲要（2015—2020年）》精神，按照市委、市政府《重庆市法治政府建设实施方案（2016—2020年）》要求，深入推进依法行政，加快法治政府建设，为“三区一美”建设提供有力的制度支撑和法治保障。

【规范性文件审查】 执行《重庆市行政规范性文件管理办法》，严格落实合法性审查制度和备案审查制度，维护法制统一。制发规范性文件19件，均在提请政府常务会审议前进行合法性审查，并在发布后及时报市政府法制办及区人大常委会备案审查。全面清理2016年9月30日前制发的行政规范性文件128件，经清理，继续施行85件，需修改11件，废止（失效）32件，清理结果经区政府审定后向社会公布。

【行政处罚案卷评查】 10月，按照《重庆市行政处罚案卷评查标准（试行）》的要求，评查区级行政执法单位27个、镇街15个的行政处罚案卷，12个优秀单位获优秀，同时要求各单位对照存在的问题，及时整改，促进全区行政处罚案卷质量的提高。

【双随机一公开】 全面推开“双随机一公开”工作。指导具备行政检查权的30个部门建立“双随机一公开”工作制度，出台“一单两库一细则”，随机抽查事项为各部门市场监管行政检查事项的70%以上、其他行政检查事项的50%以上。

【行政执法人员管理】 在全区范围内开展行政执法主体资格清理审核公示和行政执法人员专项清理工作，清理确定全区具有行政执法主体资格的单位41个；保留具有重庆市执法证件人员1 295名，国务院部委颁发执法证件人员296名，收回转岗等未具体从事执法工作的执法证件193个，确保行政执法人员均为在编在岗人员。

【招标文件会审】 全年，修订完善工程项目招标文件范本、采购项目公开招标文件范本、采购项目竞争性谈判文件范本、采购项目询价文件范本。参与审查政府投资项目招标文件会审（含工程招标文件和政府采购文件）291 件，其中：医疗项目 42 件；教育项目 28 件；绿城、水城建设项目 53 件；农村环境整治、污染治理等生态环境建设项目 24 件；保障性住房建设项目 14 件；道路建设项目 51 件；其他政府投资项目 79 件。

【政府合同审查】 区政府修订完善招商引资合同范本。区政府法制办审查六旗乐园项目《投资合同》、重庆西郊福寿园项目《投资合同》、“中欧智慧能源产业园”项目《战略合作协议》等区政府合同 65 件，其中：高新区《工业项目投资合同》42 件、农业园区《投资合同》14 件、其他合同 9 件。

【行政执法文书审查】 审查区政府行政执法文书 308 件，其中：强制拆除违法建筑案件 92 户 276 件执法文书；强制拆除在建违法建筑 29 户 29 件执法文书；关闭违法企业 1 家 3 件执法文书。

【行政权力清单与责任清单编制】 持续开展部门、街镇行政权力清理和权责清单编制工作。经过全面清理审查，确定 37 个区级部门行政权力 4577 项，其中行政许可 349 项、行政处罚 3 248 项、行政征收 46 项、行政强制 169 项、行政确认 93 项、行政裁决 6 项、行政给付 37 项、行政奖励 49 项、行政检查 130 项、其他权力事项 450 项。街道办事处行政权力 72 项，镇人民政府行政权力 206 项。经区政府常务会审议通过后在区政府门户网站向社会公布。

【行政复议与应诉】 畅通行政复议受理渠道，完善行政复议接待工作，做到应受尽受。全年接收行政复议申请 33 件，不予受理 10 件，受理 23 件，维持 15 件，撤销 2 件，终止 3 件，驳回 2 件，确认违法 1 件。加强应诉管理工作，印发《重庆市璧山区人民政府办公室关于加强和改进行政应诉工作的实施意见》，明确被诉行政行为承办机关或机构的行政应诉责任。全年，以区政府为被告的行政诉讼案件 23 件（其中一审 14 件，二审 8 件，再审 1 件），以区政府为被申请人的行政复议案件 2 件。

【征地补偿安置协调】 按照《重庆市征地补偿安置协调裁决办法》要求，明确区政府法制办为协调机关。全年，收到征地补偿安置争议协调申请 54 件，按时限全部办结。

【仲裁推广】 区政府投资合同、工业项目招商引资合同约定以仲裁方式解决纠纷 27 份，涉及金额 172.25 亿元，涉及金额比上年增加 43.1%。全区仲裁推广工作得到重庆仲裁委员会、市政府法制办的肯定，全年，区政府法制办被重庆仲裁委员会、市政府法制办评为仲裁法律制度宣传推广工作一等奖。

（法制办）

公 安

【概况】 2016 年，以公安改革和“四项建设”为牵引，以“渝安 1 号”为主线，完成各项工作任务。情报信息支队在全市情报业务技能比武竞赛中获团体一等奖，指挥中心在全市警务指挥实战技能比武决赛中获团体二等奖，国保支队在全市国保系统大比武中获团体优胜奖。群众安全感、满意度、执法公信力三项指标稳中有升。

【110 接处警服务】 璧山 110 接警 133 307 起，同比上升 1.9%，有效警情 85 490 起，上升 4.23%。其中刑事警情 1 735 起，下降 4.8%；治安警情 6 935 起，下降 3.6%；求助类 13 917 起，上升 13.8%。群众回访满意度 98.2%，全年 8 万起警情处理实现“零投诉”。

【打击刑事犯罪】 破获各类刑事案件 1 613 起、上升 11.32%，其中破八类案件 65 起、下降

2016年3月2日，重庆市璧山区公安局召开2016年公安工作会议现场

（陈富春　摄）

克、半成品14.24公斤。

【开展“渝安1号”行动】　2月至10月，在全市组织开展的“渝安1号”打击整治专项行动期间，起诉主要犯罪450人，其中起诉“盗扒骗”犯罪116人，起诉“盗扒骗”团伙13个，行政拘留扒窃人员21人；破案1477件，其中破“盗扒骗”案件362件，破系列案件13件；起诉公共场所聚众斗殴团伙12个，行政拘留133人；起诉涉枪犯罪4人，行政处罚涉枪涉爆22人；7个AB类乱点地区整治后全部摘牌。

7.14%，侵财案件1156起、上升21.81%，占刑事案件破案总量的71.67%。全年起诉犯罪嫌疑人606人、上升3.95%，其中主要犯罪起诉463人、增长率（与前3年同期平均数相比）为2.66%，五类侵财起诉292人、上升12.31%。打掉伍某某恶势力团伙1个，追究涉黑涉恶成员刑事责任44人。

【打击经济犯罪】　2016年，璧山区公安局受理经济犯罪案件56起、上升3.7%，立案51件、上升2%，破案47起、同比持平，抓获犯罪嫌疑人53人、上升3.92%，起诉15人、上升7.14%，挽回经济损失3 000万元、上升4.83%。全年侦办公安部大要案件5起并成功破获3起，破部督案件1起，发起集群战役2起，参战集群战役2起，捣毁制假窝点3个，查获涉假仓储窝点3个，打击售假销售网络4处。

【打击涉毒犯罪】　破获涉毒案件63件，移送起诉45人，行政拘留291人，责令社区戒毒103人，强制隔离戒毒155人，缴获毒品3.34公斤，破获公安部部督案件1件。查获丁家街道走马村二组王某非法制毒案，当场缴获冰毒成品481.81

【社会治安防控体系建设】　以“五张网”建设为骨架的社会治安防控体系建设全面完成，建成高清公共视频监控镜头1 223个，指导各镇街自建高清视频监控镜头2 163个，指导全区610家机关企事业单位新建高清视频监控镜头1 500个，向周边公共区域辐射。43名禁毒专职社工全部配备培训到位，加强对吸毒人员的管控能力。31支专职巡逻队、10支警企联勤联动巡逻队和30人反扒专业队，24小时开展巡逻防控，全年可防性案件发案961件，下降11.9%。全区42家重点单位全部设置内部保卫机构、配备专兼职保卫人员82人，158所学校配备专职保卫人员368人，学校、国防、军工、银行、电力等单位治安防范建设基本达到国家行业标准。

【人口管理】　加强人口管理，全区户籍人口643 525人、人口户数253 608户、户籍人口城镇化率52.06%，暂住人口193 440人、新增流动人口71 798人，出租房屋31 000户、新增3 859户。强化重点人口动态管控，获取线索143条，破案139起。开展户口清理整顿工作，核查清理疑似重复户口2 602人，注销重复户口172人，清理18岁以上无照片人员2 335人，核查疑似虚假“出生医学证明”735张，注销使用虚假证明材料入户人员13人，清理身份证重号39对，核查清理相似人像917人，解决各类无户口人员1 706人。推进门楼牌清理整顿工作，编制门楼号牌192 466块，安装门楼号牌72 225块。

【出入境管理】 受理出入境证件19 782件、增长13.36%，签发出入境证件26 520件、减少0.18%，报备核查法定不批准出境人员910人、减少3.91%，核查境外人员临时住宿登记信息2 095条、减少13.82%，新增国家工作人员报备41人、撤销63人、修改报备信息48条。全区有涉外企业53家、常住境外人员191人。截至年底，出入境管理支队连续39个月服务满意率达100%。

【行业场所管理】 共列管特种行业场所586家、娱乐场所101家，全部落实A、B、C分级管控措施。检查行业场所800家次，查处旅馆不实名登记案件112件，通过旅馆业抓获逃犯17人，抓获违法犯罪嫌疑人员526人，治安处罚54人，追究刑事责任4人，取缔无证照旅馆1家。查处废旧回收业不实名登记案件29件，下达责令整改通知书114份，查处赌博游戏室12家，收缴赌博机181台。

【危爆化物品管理】 严厉打击涉枪涉爆违法犯罪，收缴非法枪支24支，行政处罚21人，缉枪治爆专项行动全市并列第一。强化25家危爆化单位安防措施，组织安全隐患排查800家次，发现安全隐患60起，发放隐患整改通知书55份、停业整顿5家次，监管安全使用炸药1 650吨、雷管65万发、液氯73.5吨、三正丁胺52公斤、工业硝酸60吨，协助有关职能部门平稳关停全部小煤矿4家和地下采矿场1家（石膏）。

【道路交通管理】 璧山区机动车保有量16.7万辆，驾驶员保有量16.8万人，驾驶员以每年12%的速度增长，机动车5年内翻1番。全年璧山区公安局查处各类交通违法行为15.6万起，行政拘留72人，追究刑事责任146人，亡人交通肇事逃逸案件侦破率100%。办理车驾管业务6.9万起，开展大中型客货车驾驶人审验4 275次。建成派出所公巡队15个，完成虎峰路与璧青路交会点、东林大道与文星路交会点等27个城区重要交通节点改造任务，规范运行农村交通劝导队158个、交通劝导站73个，全国多个省市到璧山参观学习，公安部交管局调研后给予肯定。全年农村道路交通事故下降36%，农村道路交通管理工作全市排名第一。

【环境安全保护】 加强环境污染、生态破坏等违法犯罪行为的查处力度,开展为期1年的环境保护联合执法行动，全面排查整治环境污染隐患16起，查证市公安局总队和群众举报投诉件12件，刑事案件立案6件，破案3件，起诉环境污染案件2件，打击4人。并对造成生态环境损害的责任者严格实行赔偿制度，严格追究行政、刑事责任，被告人出资修复生态2起。

【公安信息化建设】 研发“城市车辆卡口数据自动比对系统”“BS二手物品交易信息管控超市”“社区警务信息互动平台”和“城市泛卡口”等信息化作战小平台，以此抓获犯罪嫌疑人和带破案件数占到全年打击破案总量的一半以上。

【基础设施建设】 完成新公安业务技术用房主体工程建设，指挥大厅调试完毕。新建健龙派出所和福禄派出所，改建丁家派出所和来凤派出所。看守所改扩建工程进入“三通一平”阶段。区禁毒康复中心建设进入装修价格审核阶段。全年基础设施建设经费8 174.14万元。

【执法规范化建设】 抓执法规范化建设，改建、迁建执法办案场所4个。制定《重大复杂行政案件集体决定办法》《严禁指定警务文员和协勤等人员在案件中作为见证人》《进一步规范案件调解工作规定》等制度，研发新涉案财物管理系统，利用信息化手段强制规范涉案财物管理流程。严格执行“三级五关”案件审核制度，强化监督，每月开展执法质量检查，每月评出最差案件和最优案件。围绕现场接处警规范、基层公安执法热点难点问题及应对、刑事案件证据收集要求等专题，开展法制大讲堂5期，组织法制员培训4期、到办案单位点对点法制培训13次、组织办案民警旁听庭审650人次，承办2016年渝西片区基本级执法资格等级考试，清理落实行政执法审批事项44项。

【侦破弘凯购房诈骗案】 璧山区先后发生以中介公司为平台，签订房屋买卖合同骗取群众房屋用于抵押贷款的诈骗案，涉及受害群众40户100人。璧山区公安局抽调30名精干警力成立专案组，第一时间冻结涉案银行账户15个、扣押现金600万元、查封房产108套，辗转多地走访调查100人，抓捕犯罪嫌疑人15人，移送起诉3人，47套房产全部发还至受害群众手中，及时有效稳定人心，避免群体性事件发生，该案在全市1 700件经侦案件中被评选为十大精品案例。

【侦破严某某被害案】 1月15日，李某某向璧山区公安局璧泉派出所报警称其子严某某与儿媳感情不和，失去联系。接警派出所按照一般失踪案件查找月余未果，2月26日，区公安局对警情研判后启动命案侦查机制，集约刑侦、技侦、网安、情报信息等部门开展合成作战，4月21日锁定并抓获犯罪嫌疑人荣某某（男，25岁，璧山区璧城镇人）。荣某某如实供述因三角感情纠纷伙同姜某（男，22岁，璧山区大路街道人）于1月12日故意杀害严某某并埋弃的犯罪事实，4月22日，同案犯姜某被抓获归案。当日，在荣某某和姜某现场指认下，侦查员在璧山区三角村内槽山半山坡隐蔽处找到被害人尸体。

【侦破毒品部督目标案】 2月1日，璧山区公安局破获公安部2014-521胡某某团伙贩卖毒品案，抓获15名犯罪嫌疑人，其中云南籍8人、湖北籍3人、璧山籍4人，累计缴获毒品11.43公斤、运输毒品车辆3辆、自制手枪2把。 （区公安局）

检　察

【概况】 2016年，贯彻落实区委和上级检察机关的工作要求，深化认识强化责任，全面履行检察职能，切实维护公共安全，依法批准逮捕各类刑事犯罪案件202件259人，提起公诉478件581人。始终把严重暴力犯罪和“两抢一盗”等多发、易发性犯罪作为打击重点，批准逮捕故意杀人、放火、爆炸、强奸、绑架等严重暴力犯罪案件24件25人，提起公诉41件61人；批准逮捕抢劫、抢夺、盗窃等多发性犯罪案件121件152人，提起公诉220件279人；批准逮捕“黄赌毒”等易发性犯罪案件30件49人、提起公诉34件38人。积极投入“渝安1号”打击整治专项行动，在保障案件质量的前提下，全方位着力、满负荷推进、多维度拓展，确保整治行动取得实效。

【刑事犯罪和经济犯罪查办】 受理各类刑事案件533件641人（不含上年结存案件11件20人），与上年同期相比，件数增加12件，人数减少25人；件数增加2.3%，人数减少3.75%（其中公安机关移送审查起诉521件627人，与上年同比件数增加4.83%，人数减少3.54%；自侦部门移送审查起诉12件14人，件数减少33.3%、人数减少30%）。经审查，依法提起公诉503件614人，件数增加4.36%、人数增加0.16%（其中自侦案件提起公诉4件7人，移送他院8件8人）。决定不起诉12件17人（其中存疑不诉5人，绝对不诉3

人，相对不诉9人），不起诉率为2.25%，不起诉准确率为100%。移送单位撤回5件8人，移送他院14件21人。审结率为97%，案件公开率为96.1%。出庭支持公诉492件592人，适用简易程序413件497人，收到法院判决516件602人。

2016年3月2日，检察官用手语为聋哑儿童讲解法律知识

（谢捷　摄）

【经济犯罪查办】 面对涉众型经济犯罪频发的势头和互联网金融风险逐年上升的趋势，公诉部门主动加强对该类犯罪的研判和打击力度，积极参与防范和处置涉众型经济犯罪、互联网金融风险专项整治工作。召开专项讨论会，正确区分金融创新与利用互联网实施经济犯罪的界限，起诉非法吸收公众存款、集资诈骗犯罪、传销犯罪3件7人，配合有关部门加强预防宣传、追赃挽损、信访稳控等工作。突出打击涉及非法集资、金融骗贷及合同诈骗等违法犯罪，起诉2件4人。有效遏制住金融诈骗类犯罪的蔓延势头，服务经济发展大局。

【职务犯罪查办和预防】 立案查办职务犯罪案件17件18人，其中贪污贿赂案件14件15人（贪污案件2件2人，受贿案件5件5人，行贿案件4件4人，单位行贿案件2件2人，受贿、挪用公款双罪名案件1件2人），渎职侵权案件3件3人（帮助犯罪分子逃避处罚案件1件1人，帮助犯罪分子逃避处罚、受贿双罪名案件2件2人），大案14件15人，大案率88.23%，要案3件3人，要案率16.67%。已侦查终结16件17人，提起公诉13件14人（含积案4件4人），撤案1件1人（为2015年积案），作出有罪判决16件19人（含积案13件15人）。通过查办职务犯罪案件，为国家挽回经济损失300万元。

2016年，区人民检察院不断完善预防措施，多层次、多方位地开展预防工作，全年开展行贿档案查询523次；举办预防讲座11次，其中党校2次（璧城、青杠、来凤街道和正兴、八塘镇换届涉农预防，食药监、烟草、渝容高速及执法、中铁项目部、电力局、党校村居书记、主任培训班等预防讲座），组织警示教育7次（帮助商旅委、信访办、农行、疾控中心、绿岛新区管委会、区党校、区建委联系参观渝西教育基地和监狱），开展“预防进乡村”“法治进基层”等规模宣传3次，发放《换届选举暨惠农扶贫领域职务犯罪预防法制宣传读本》等各类宣传资料3万份。开展国税和区医院班子预防约谈2次，开展食药监共建、换届、涉农扶贫、“预防乡村行”、服务非公经济等专项预防活动5项，开展预防调查4项，案例分析2次，发出预防检察建议2份，撰写信息6篇，被市人民检察院采用3篇，微信供稿2次。惩治和预防年度综合报告评比获重庆市“十佳”。年内首次协同区委组织部通过全区党员电教系统直播“换届选举暨惠农扶贫领域职务犯罪预防法制讲座”并纳入区党员电教年度考核，做到预防宣传全覆盖。

【诉讼监督】 侦查活动监督：建议公安机关撤销案件5件5人，追诉漏犯、漏罪17人次，发出纠违通知书3份。公诉科进一步加大对公安机关移送起诉案件证据的审查力度，不偏信，不枉纵,对3起案件启动非法证据排除程序，并得到市人民检察院认定的非法证据排除案件2例,追诉漏犯漏罪有15人次获认定。

审判监督：公诉科开展对裁判错误、程序违法、量刑畸轻畸重等问题的监督力度，促进司法公正。全年向上级院提出抗诉线索2件，但未被采用。盗窃、诈骗、故意伤害等15个罪名量刑建议工作，法院采纳率在95%以上。

【信访案件处理】 控申部门受理群众来信来访312件次。其中受理举报26件，属院管辖的举报线索10件，转有关部门处理16件；受理控告类信访案件99件，属院管辖的45件，转有关部门处理54件；受理其他民事申诉26件；办理刑事申诉案件4件，其中审查结案2件，经立案复查后维持原处理决定2件；办理控告检察机关侦查行为违法案件4件，经立案复查后支持控告人的请求。接受群众法律咨询153件次；受理璧南检察室转交案件6件，全年无涉检越级访和进京访发生。

【接受监督】 自觉接受人大监督。切实贯彻落实人大及其常委会的决策和要求，配合人大常委会组织的专项调研和执法检查。及时向人大常委会报告全市检察长会议精神、司法责任制改革等重大检察工作部署，争取监督和支持。主动向区人大及常委会报告重要工作，邀请人大代表参加重要活动。梳理区“两会”代表提出的意见建议，逐一对照整改落实。接受政协民主监督和社会监督。邀请政协委员视察、评议检察工作，上门走访听取意见和建议。认真贯彻最高检《关于全面推进检务公开工作的意见》，加强案件信息公开系统建设，案件信息公开率96%。强化“互联网+检务公开”思维模式，开通微信、微博和新闻客户端。邀请人大代表、政协委员、人民监督员等参加赵某某故意伤害案的公开审查、参与信访接待、出席“检察开放日”活动54人次。 （陈丽丽）

法　院

【概况】 2016年，受理各类案件17 509件，结案16 077件，同比分别上升24.51%、29.42%，结案率91.82%。涉案标的36.58亿元，上升99.35%。一审判决案件改判发回重审率0.25%，生效案件改判发回重审率为零，评定瑕疵案件22件，瑕疵率0.14%。法官人均结案176.67件，增长25.16%。

【刑事审判】 受理刑事案件550件677人，审结541件664人，收案上升10.89%，结案上升20.49%。审结故意伤害、强奸、抢劫等严重暴力犯罪及诈骗、盗窃等多发性侵财犯罪案件308件399人。审结涉众型经济犯罪、电信犯罪案件7件。审结贪污贿赂、挪用公款等职务犯罪案件10件，判处罪犯11人。

【民事审判】 受理民事案件3 015件，审结2 804

2016年11月29日，CCTV-2报道璧山法院工作成效
（张承刚　摄）

件，与2015年基本持平。审结离婚、赡养、继承等家事纠纷案件1 164件；审结道路交通事故、医疗损害、产品责任等侵权责任纠纷案件562件；审结物业合同纠纷案件527件。通过诉前调解和诉讼调解结案1 857件，调撤率66.23%。

【商事审判】 受理商事案件6 177件，审结5 537件，分别上升10.03%、18.26%；其中，审结民间借贷、保险、票据等金融纠纷案件1 250件。成立破产案件合议庭，裁定宣告破产2件；立案审查破产清算案件5件，其中裁定不予受理3件，裁定准予撤回申请2件。

【行政审判】 受理行政诉讼案件150件，审结130件；判决行政机关败诉20件，败诉率15.38%。审结非诉行政审查案件624件，裁定准予执行566件。以撤诉方式结案25件，撤诉率19.23%。针对在审判实务中发现的问题，向行政机关发出司法建议12份。

【执行工作】 受理执行实施类案件5 867件，增长96.95%；申请标的14.79亿元，增长110.4%；执结5 326件，增长52.43%；执结标的6.88亿元，增长86.45%。建立民事财产保全中心,受理保全案件804件。对超过5 800件案件集约查询，查询身份、财产信息近3万次。公安机关协助查找被执行人13人，促进执结11件，兑现标的127万元。将1 535名“老赖”纳入失信被执行人名单库曝光，对失信者的银行贷款、高消费等方面实施信用惩戒。严厉打击拒执违法犯罪，拘留15人次，追究刑事责任15人次。11月，央视《新闻联播》《人民日报》等6家中央主流媒体（栏目）专题报道区人民法院执行工作机制及取得的成效。

【司法改革】 推进司法责任制改革，制定《案件质量责任追究办法》，合理划分各类审判组织的办案职责。推进人员分类改革，确认首批员额内法官49名。完善多元化纠纷解决机制建设，分流案件928件，占同期民商事案件结案数的11.13%。从7月1日起试行律师调查令制度，全年发出律师调查令37份。

【审判监督】 加强与人大代表、政协委员的联系，办理人大代表、政协委员提出的意见建议24条。全年邀请人大代表、政协委员座谈交流、旁听庭审、评议案件、现场监督执法活动等56人次。依法办理检察建议6件。办理“院长邮箱”邮件132件。建立新闻发布例会制度，召开涉及司法改革、重大案件审理等内容的新闻发布会3次。在互联网公开各类裁判文书6 247篇，开展庭审网络直播13次，通过官方网站、微博发布各类司法信息325篇。

【典型案例】 李某某与蔡某某、唐某某、重庆长途汽车运输有限公司璧山分公司、中国平安财产保险股份有限公司永川支公司机动车交通事故责任纠纷案基本案情：

2015年7月18日上午8时50分许，蔡某某驾驶客车在重庆市璧山区璧渝路长城汽车运输公司璧泉小学车站上下乘客时,原告李某某上下车搬运物品时被关闭的车门夹住左脚致其摔倒在车外受伤。经重庆市璧山区公安局交巡警支队认定蔡某某违反《中华人民共和国道路交通安全法实施条例》第六十二条之规定，承担此次事故的全部责任，李某某无责任。李某某受伤后被送往重庆市璧山区人民医院住院治疗。住院25天，用去医疗费38 136.4元。经鉴定：1.李某某左侧内、外踝骨骨折伤残等级为十级；2.李某某后续医疗费为8 000元人民币，原告用去鉴定费1 400元。因赔偿事宜协商未果，原告诉至法院请求判令被告蔡某某、重长司璧山分公司赔偿原告医疗费、残疾赔偿金等90 417元，被告平安财保永川支公司在交强险和商业保险限额内承担赔偿责任。

裁判结果：依照《中华人民共和国侵权责任

法》第六条第一款、第十六条、第二十二条，《最高人民法院关于审理道路交通损害赔偿案件适用法律若干问题的解释》第十六条之规定，判决如下：

一、被告中国平安财产保险股份有限公司永川支公司于本判决生效后10日内支付原告李某某因交通事故产生的医疗费、精神抚慰金、伤残赔偿金等损失66 437.88元；

二、驳回原告李某某的其他诉讼请求。

裁判理由：本院认为，公民享有生命健康权，公民、法人由于过错侵害他人财产、人身的应当承担民事赔偿责任。本次交通事故双方争议的主要焦点为原告是车上乘客还是第三者，原告的误工损失应否得到支持?

关于原告是车上乘客还是第三者。原告携带物品上车，已将部分物品搬运上车，又下车准备搬运剩余物品上车时，司机关门启动车辆。被车门夹住左脚后摔倒在地，从原告受伤部位及摔倒在车外的位置看，原告在被车门夹住左脚的瞬间，人体大部分是处于门外位置，应该认定为第三者。

对于误工损失，原告提供的误工证明和工资发放表，可以证实，事故发生前原告在重庆市坤达建筑工程有限公司从事保卫工作，月薪3 500元。在被告未提出相反证据予以证实的情况下，原告的误工费应予支持。

璧山区公安局交通巡逻警察大队认定被告蔡某某负事故全部责任，原告李某某无责任。因被告蔡某某是被告重长司璧山分公司雇请的驾驶员，其履行职务行为致他人受害应由被告重长司璧山分公司承担。事故车辆渝C66553号车在被告平安财保永川支公司投保交强险和15万元的商业三者险（未购买不计免赔），故原告李某某的各项损失依法应先由被告平安财保永川支公司在交强险和商业三者险内支付，不足部分由被告重长司璧山分公司承担赔偿责任。对于被告重长司璧山分公司辩称的，其与被告唐某某签订有《营运客车经济责任考核书》，根据双方约定，原告的损失应由被告唐某某承担的意见，本院认为该《营运客车经济责任考核书》是双方内部约定，在被告重长司璧山分公司承担责任后可依该《营运客车经济责任考核书》另行解决。

（区法院）

司法行政

【概况】 2016年，全区司法行政工作获全市区县司法局综合目标考核优秀等次和“社会治理优秀单位”。综合目标考核位居全市第7名。由区委政法委统筹、区公安局和区司法局共同推进的“2+N”联调机制在全市推广。

【人民调解】 一是健全网络强基础。以镇街调解组织为骨干，村（社区）调解组织为基础，企事业单位和专业性、行业性调解组织为延伸，进一步建立完善点、线、面相结合的人民调解组织网络体系。二是探索创新强机制。与相关部门协调联系，建立完善人民调解与行政调解、司法调解联动的工作体系。在区委政法委的统筹领导下，

专职调解员在青杠派出所“2+N”联调室办公

（连宏宇　摄）

与区公安局协同推进“2+N”联调机制。加强协调对接，在区人民法院及璧北、璧南法庭建立调解室。优选10名政治素质强、业务精湛的律师每周三随区领导接访，每周四参加区信访值班。三是源头治理强作用。驻派出所调解室调解案件1 567件，调解成功率97.1%。驻区法院调解室调解案件767件。各级调解组织主动介入劳资、医疗、交通等领域，妥善处理医患纠纷17件，排查出矛盾纠纷385件，受理人民调解案件9 568件，调解成功9 438件，调解成功率98.6%，涉及当事人21 084人，涉及金额9 278.3万元。

【社区矫正和安置帮教】 一是运用先进技术促管理。作为全市4个新版重庆市社区矫正信息管理系统运行的试点单位之一，运用大数据及人脸识别技术强化社区服刑人员管理走在全市前列。二是疏导帮扶促自新。开展心理辅导，强化心理干预。加强困难救助，过渡安置社区服刑人员28名、刑满释放人员214名。三是严格执法促规范。吸毒筛查137人次，处理1人；警告处罚14人次，治安处罚1人，收监执行1人。在册社区矫正人员219人，矫正期间重新犯罪率0.14%，低于全市0.18%、全国0.2%的平均水平；衔接刑满释放人员694人，在册帮教率100%，高于全市0.7个百分点；重新犯罪率0.72%，低于中央综治委2%的管控目标。

【法律普及】 一是完成“六五”任务，开展“七五”工作，“谁执法谁普法”责任制建立，普法主体责任落实，责任清单全覆盖。全市民主法治示范村（社区）7个。二是干部法治理论考试方式变为网上考试，新提任领导干部法治理论考试参考率和合格率均100%。组织180名领导干部参加行政诉讼和刑事诉讼案件的审判旁听。开展干部专题班培训6期，培训干部3 000人次。三是开展各类主题法治宣传和咨询活动200场次。《百姓法律讲堂》定期播出，以案释法深入开展。开设“梦想课堂”法治宣讲培训，参训人员6万人次。启动法治电影进村居活动，观看群众4 000人次。

【律师法律服务】 全区有重庆竞豪、弘平、山立、言诚、奥嘉斯、理博、柯成、康通、鼎圣(璧山)、景誉律师事务所10家，有璧城、璧泉、大路、丁家法律服务所4家；有社会律师75名、援助律师6名、公职律师26名，基层法律服务工作者29名；全区提前1年完成全面小康社会每万人律师比，并超出23.6%。全年，全区律师和基层法律服务工作者办理民商事案件1 182件、刑事案件33件、行政案件82件，非诉讼案件195件，调解、仲裁90件；提出法律意见建议100条，协助村居调解民间纠纷142件。其中，全区法律工作者为351家单位担任法律顾问，挽回经济损失9 237万元。开展中小企业法律体检活动，提出合理化建议298条。

【司法鉴定】 全区有重庆市璧山司法鉴定所1家，工作人员4名。全年办理司法鉴定案件658件，采信率100%，连续9年“零投诉”“零信访”。

【司法考试】 开展法律职业资格证持有人备案和司法考试政策宣传，解答咨询150人次，取得法律职业资格证书备案30人。

【公证】 服务全区重点项目，现场监督公证河边镇经适房分房241套，为九永高速贯穿全区涉及的镇街办理证据保全公证。心系群众急难，为1999年4月以前公民私自捡养的不符合收养条件的弃婴办理抚养事实公证。与重庆银行、三峡银行、邮政银行等多家银行合作，对银行贷款合同办理赋予强制执行效力债权文书公证。全年，办理公证案件4 814件，其中民事公证4 415件，经济公证113件，涉港澳台公证31件，涉外公证255件，未出现一件错证、假证，合格率达100%。

【法律援助】 参与处理绿城上岛、龙溪煤矿职工保险等重大信访事项。为千秋堰水库过程结算等提供专业法律意见。全年，受理法律援助案件596件，其中民事508件，刑事85件，行政3件；结案543件，受援人数603人，为受援人挽回经济损失1 069.68万元，其中为农民工挽回损失461.96万元。

【司法所建设】 来凤司法所建成全市规范化司法所的标杆。开展司法助理员及临聘人员业务培训4次，参训率100%。主动为基层党委政府政务决策、行政执法等提供法律服务。全年各司法所参与调解疑难、复杂民间纠纷15件，代表基层政府处理纠纷4件，参与处理社会矛盾纠纷35件，为基层政府提供法律建议3条。

【典型司法案例】 2015年12月28日，璧山区广普镇村民刘某在车间搬抬货物时右足被货物压伤，后经医院诊断为：右足拇趾和第二趾近侧完全离断伤。事故发生后，用人单位支付全部医疗费用。由于刘某年满67周岁，达到国家法定退休年龄，用人单位没有给刘某缴纳社会保险，发生事故后，双方对事故性质及赔偿标准发生较大争议。2016年2月23日，双方当事人一起急匆匆地到璧山区广普镇人民调解委员会要求调解，双方争议的焦点为刘某所受事故伤害是否认定为工伤。针对争议焦点，经调解员走访调查了解，刘某是农村居民，以前在家务农，几年前开始在丁家街道开电动三轮车，后经人介绍到现用人单位做杂工，没有享受国家养老保险待遇。调解人员向双方明法析理，做大量解释工作：《中华人民共和国宪法》规定，中华人民共和国公民有劳动的权利和义务，劳动权作为公民的基本权利，我国每一个公民都应享有，对公民权利的剥夺和限制，必须由法律、法规明确规定。《中华人民共和国劳动法》中仅规定禁止雇佣16周岁以下的未成年人，而未规定禁止用人单位聘用超过法定退休年龄的劳动者。这表明对于公民行使劳动权利和履行劳动义务的年龄下限作出禁止性规定，而法律没有对劳动者的年龄上限进行限制，只要公民年满16周岁直至死亡，都具有行使劳动的权利。国家关于劳动者法定退休年龄的规定，是对公民履行劳动义务责任的解除，而不是对公民劳动权利的剥夺。根据最高人民法院行政审判庭关于超过法定退休年龄的进城务工农民因工伤亡的司法解释精神，刘某所受事故伤害应当认定为工伤。最后，双方在调解人员的劝导下达成赔偿协议，由用人单位一次性解决刘某工伤保险待遇6万元。 （区司法局）

仲　裁

【概况】 2016年，以提升办案质量、和谐劳动关系、普及劳动法律法规3个方面为切入点，以目标任务为主线，维护当事人的合法权益，协调劳动关系和促进社会稳定。

【案件办理质量】 加大劳动人事仲裁受案力度，维护用人单位与劳动者的合法权益，杜绝有案不立现象，提高办案质量和效率，确保公正执法。使法定时效内结案率达100%，年末结案率达98%以上，重大案件当年结案。围绕案件处理质量和效率，改进办案方式，规范办案程序，完善仲裁体制。

【劳动争议纠纷】 受理1 819件劳动仲裁案件，涉及农民工案件1 109件，涉案金额超过亿元。其中调解案件数达1 214件，调解率达66.7%，终局裁决175件。较上年相比，劳动争议纠纷案件数量有所减少，但单个案件的诉讼请求增多，诉讼金额增长。

（区人力社保局）

民兵与民防

民兵预备役

【概况】 2016年，贯彻落实军委国防动员部、警备区党委扩大会议精神，以新形势下的强军目标为指引，围绕璧山“三区一美”战略行动，进一步优化结构，调整布局，理顺关系，规范建设管理，使民兵组织建设适应实战化和快速动员要求，按照“编为战、建为用”的思路，不断加强民兵应急队伍建设，进一步打牢后备力量力量建设组织基础，全面提高应急动员能力。

【思想政治建设】 利用民兵整组的有利时机，从组织、思想、作风等方面整顿民兵。一是把整组工作与国防教育相结合。利用宣传栏、标语等，在民兵预备役人员中深入开展以核心价值观、形势政策、国防法规、职能使命等为主要内容的政治教育。大力宣传民兵工作典型的先进事迹，进一步强化全民国防观念，为民兵工作营造良好的社会氛围。二是把整组工作与加强基层建设相结合。按照《璧山区民兵基层规范化实施细则》要求，进一步规范基层连（营）建设，健全档案资料，落实规章制度。配合镇街党委、政府配强民兵干部，确保民兵营长进入村（居）两委。

【战备训练】 着眼提高民兵应对多种安全威胁、完成多样化军事任务能力，抓好重点建设型队伍建设。突出抓应急救援力量建设。按照“着眼现实需要、瞄准任务可能、便于发挥作用的原则”，在巩固应急维稳分队建设的基础上，把民兵应急专业救援分队建设摆在突出位置。采取向上级请领和购买相结合的方法，配齐民兵应急维稳分队的基本器材。在每个镇街组建30人的民兵应急分队，储备遂行多样化军事任务的骨干力量。围绕军事基础、维稳防暴、森林防火、抗洪抢险、地灾救援等实用科目，组织专武干部、民兵应急分队和专业技术分队集训，与消防、武警、防洪等部门开展实战化综合联合演练。

【规范管理】 一是优化结构布局。按照“应急队伍总体平衡、支援队伍局部倾斜、储备队伍区域集中”的原则，调整结构布局，改进编组模式，提升民兵快速动员和遂行任务能力。应急队伍在编组模式上，根据任务需求，以排或分队形式实行“模块化”编组，模块中专业技术人员在相关行业系统编组，其他配属保障人员可在镇街、社区选编，定人定岗定装，编组结构细化到详细的专业和技术岗位，尽可能确保每个应急模块能够具备独立完成任务能力。支援队伍根据所担负的职能任务和辖区资源优势，信托企业、大专院校、产业园区，调整布局结构，向产业集群、专业技术人才聚集中心转移。突出抓军工维修、通信保障、通信技术、战时运输等战时支前队伍建设。

二是突出新型经济组织民兵建设。针对当前工业园区、开发区、非公企业等新型经济组织发展迅猛、人员相对集中、专业技术力量潜力丰富的实际，组织调查摸底，及时弄清新型经济组织的基本情况，探索在新型经济组织中组建民兵队伍的方法路子。重点向建有党组织、集团（公司）化经营、生产经营稳定的大型民营企业拓展。打破户籍地限制，将工作、生活在本地，且签订有3年以上用工合同的人员纳入编组范围，编入应急、支援队伍；对合同期限较短、工作地可能变动的人员编入储备队伍。突出专业编组，在符合编组条件的情况下，与军事专业对口的地方专业技术人员、产业工人和专业技术退伍士兵全部纳入支援队伍编组，技术含量不高的普通工人和非技术类退伍士兵纳入应急队伍、储备队伍编组。

三是规范队伍管理。完善民兵管理规定，落实民兵定期联系、外出登记、跟踪管理、请销假等制度，建立人武部统管、编兵单位主管、相关部门协管的管理机制。确定各类民兵队伍职能，民兵支援队伍、储备队伍也可担负应急值班分队，赋予应急值班任务。加强民兵应急值班分队的动态管理，做到随缺随补，保持人员在位率。进一步完善民兵检查考评机制，研究民兵队伍常态管理考评的办法，规范民兵信息数据采集，试行基干民兵证制度，适时组织军地联考联评、民兵集结点验等活动，依据各单位上报的整组花名册，随机抽点队伍，查看基干民兵证，民兵到点率纳入检查考评范围。

四是理顺队伍关系。承担预备役部队、人防、交通和其他国防动员专业保障队伍整组任务的单位，与年度民兵整组一并进行，统一部署，共同组织，同步实施。统筹安排辖区基干民兵、预备役部队、人防、交通和国防动员系统其他专业保障队伍的编组，防止民兵、预备役和国防动员专业保障队伍交叉编组、重复编组，确保一兵一保。

（区人武部）

民　防

【概况】　重庆市璧山区民防办公室（简称璧山区民防办）隶属于璧山区人民政府和璧山人民武装部领导。璧山区民防办前身是璧山县人民防空办公室，成立于2001年。2010年，在机构编制调整中，改为璧山县民防办公室。2012成立民防应急指挥信息保障中心。2014年7月，璧山县民防办公室改为重庆市璧山区民防办公室。

【信息化建设】　2016年，区指挥中心视频会议系统能实现与绝大多数市级部门、各区县会议终端、镇街、区级20个部门、指挥车、公安局监控系统音视频互联互通。指挥中心设备运行良好，各项工作指标正常，承办全市应急管理等各类会议100场。统计镇街和部门视频点名规范化，实行2周1次点名机制。完成全区人防资产资源的普查上报工作，对全区内各镇街地理信息、重要经济目标数据、人防基础实力数据及全区人防警报、人防工程、重要目标、防护预案。

【人防指挥设施建设】　2016年，全区新建警报7台，全区警报覆盖率100%。于6月5日警报试鸣放工作。璧山区和渝中区在丁家街道建设1个能容纳30 000人的疏散基地，同时，在河边镇建设1个能容纳5 000人的疏散基地，制作疏散标志牌3 500张。新建两防一体化社区5个：璧城街道城中社区、来凤街道西街社区、正兴镇文华社区、三合镇平安社区、健龙镇肖家嘴社区。全区有9个两防一体化社区，1个市级示范社区，总投入93万。完成璧山区、渝中区、巴南区、开州区、石柱县跨区域拉练，拉练距离2 000公里。电台执勤50次，网上训练50次，点名镇街50次。

【为民服务】　全年受理审批件40件，办结40件，办结率100%。审批过程中：对不涉及减免交纳人防工程易地建设费审批，当场办结；对一般报批事项，审批时间压缩50%；审批事项进入网上行政审批大厅。

【人防工程建设】 城区有防空洞4处，其中3处被封闭，1处被利用（作为存放水果的仓库）。全区防空地下室有7处。其中，结合民用新建防空地下室6处分别为行政中心1号、2号楼、金科第五期、金科中央公园城同景国际D组团、金色池塘、中鸥·璧河名都，公共人防工程1处即市民广场。经市级验收的有中央公园城、行政中心1号楼、2号楼、市民广场，其余项目经人防施工图备案。其中，由政府投资新建的行政中心1号、2号楼、市民广场防空地下室为甲类核六级常六级二等人员掩蔽所，平时作为地下车库使用可提供1 700个停车位，战时作为人员掩蔽工程使用可为4 000人提供掩蔽场所。

【人防宣传】 一是充分利用“5·12防灾减灾日”“6·5”防空警报试鸣日、国防宣传周、“12·4”法治宣传日等，深入开展民防宣传活动。全年发放防空、防灾应急手册1 000本，宣传单5 000份。二是向全区初级中学免费发放《人民防空》教材6 000本，全区6 000名初一学生接受人防知识教育。三是及时向市民防网站报送全区人防工作动态和进展情况等。（区民防办）

延伸阅读▶▶

区位+环境+人才=核心竞争力：优势叠加带来发展乘数效应

短短数年，璧山为何会从“有区位无地位”变为中国的“小而美”?

答案就在这个公式之中——区位+环境+人才=核心竞争力。

通过这个看似简单的公式，璧山人将区位、环境、人才三者进行优势叠加，从而产生乘数效应，极大地提升了核心竞争力，为发展注入了澎湃的动力。

打破交通瓶颈激活区位优势

璧山与主城仅一山之隔，地理位置绝佳，但过去由于交通网络的不完善，导致出现了“有区位无地位”尴尬境地。

2010年9月28日，璧山隧道的通车，极大地拉近了璧山同主城区的空间和时间距离，同时也开启了璧山构筑外联内畅交通格局的大幕。近年来，伴随着渝遂高速、渝蓉高速、成渝高铁等的相继通车，九永高速、轨道交通1号线大学城至璧山段等的顺利推进，璧山的区位优势更加凸显。在内部交通路网建设中，一条宽阔大气的黛山大道，打通了南北交通大动脉。而持续推进的农村公路、生产便道建设，则是为发展现代农业打下坚实基础。

同时，璧山还借力高速、高铁、轨道交通为璧山带来的10个道口，积极发展道口经济，从而抢得“先发优势”，将区位优势转化为经济优势，激发区域活力。

打造优良环境形成要素洼地

“环境就是资源，就是资本，就是生产力。”近年来，在璧山的发展实践中，这句话不断得到证明。

从璧南河综合治理开始，璧山就走上了一条“绿色崛起”的道路。保持对污染企业零容忍，主动放弃了100亿元的工业产值，换来了1000亿元的低污染、低能耗工业产值，实现了产业的转型升级。

璧山打造绿城、水城、古城，让山在城中留、水在城中游、文在城中延，将整个城市变为了一个承载千年文脉、处处鸟语花香的大公园。同时，打造“一生之城”所营造的宜居环境，更是让璧山的吸引力倍增。

通过优良环境的打造，璧山正逐渐成为要素集聚和投资兴业“洼地”。

文化与信息传播

综　述

【概况】　璧山公共文化设施齐全，机构设施较齐全，城区建有公共图书馆、文化馆、文物管理所，街镇、村（社区）建成文化服务中心15个、农家书屋137个、社区文化活动室52个。全区有文艺协会（社团）16个，个体演艺公司3个；有市级非物质文化遗产名录7个、区级非物质文化遗产名录42个，市级文物保护单位5处、区级文物保护单位89处。

2016年，完成文化体育“十三五”规划编制工作，草拟加快构建现代公共文化服务体系的相应政策，改善城乡公共文化服务条件，提高公共文化服务供给能力，让群众能够更好地共享文化发展成果。探索文化与旅游相结合的发展方式，促进全区全域景区城市建设。挖掘本土特色文化，推动文化创作，把握正确导向，弘扬社会主义核心价值观，引导全区群众向往和追求真善美，为璧山协调发展凝聚向心力。

【文化事业】　加大文化设施建设力度。文化艺术中心建成投用。10月文化馆搬入新馆，进行基层设施设备建设，馆内设有数字体验厅、辅导培训室、多媒体教室、多功能厅、观演厅、艺术创作室、音乐排练厅、舞蹈排练厅、资料档案室、艺术展览厅、娱乐活动厅、非遗陈列厅、琴房等开放空间13个。区文化馆新馆建有数字化文化馆，包括线上文化馆和线下体验馆，同时，还建有文化馆网站，具备信息发布、艺术欣赏（含视频点播）、网上培训、活动开展、咨询指导等5项功能。文化物联网，对街镇覆盖率100%，开展配送活动240次。璧山区图书馆完成数字图书馆推广工程硬件建设、验收工作，并将相关设备（DLIBS业务系统、图书馆门户网站等）部署到本馆业务工作之中。完成全区广播电视直播卫星“户户通”工程第二批1 450户安装任务。镇街综合文化站建设提档升级。为全区135个行政村配送书柜270个，为15个街镇文化服务中心、185个村（社区）配送音响205个。免费开放率100%。

【文化产业】　贯彻国务院、重庆市行政审批改革制度，落实国发〔2014〕10号文件精神，推动文化创意和设计服务与相关产业快速融合，做好文化企业审批和年审换证服务工作，促进文化产业全面发展。2016年，新增文化企业44家（其中：网吧20家，歌舞娱乐场所1家、电子游戏游艺室3家、艺术表演团体1家、出版物5家、印刷企业12家、电影院2家）。文化产业占GDP的4.25%。做好璧山区文化市场安全检查与排查工作，定期组织检查，加强文化市场执法与管理，确保文化市场健康有序。全面开展政府序列外机关软件正版化工作，提高版权保护意识。

【印刷出版监管】　印刷出版业的稳步健康发展，资产总值78 722万元，总产值95 680万元，利润总额 5 579 万元，税收总额 7 456 万元,从业人员 2 891 人。年初，利用年度核验工作会，对印刷出版企业从业人员进行法律法规培训；年末，印刷出版物市场有印刷企业 225 家，并对其年检换证。其中从事包装装潢 103 家，从事其他印刷品 35 家，复（打）印 72 家、内部资料出版企业 2 家，制版及注册资本上千万的印刷包装出版企业 13 家。做好印刷企业安全生产工作，与印刷企业签订《安全责任书》，坚持重大节假日开展安全大检查。建立完善举报、公告等制度，每月会同行政执法大队对印刷出版物市场检查；开展“扫黄打非·固边 2016”集中行动和专项治理，重点强化以查堵政治性非法出版物和反动宣传品为“扫黄打非”工作核心内容的整治力度，专项行动期间，对出版物市场反复清扫，全面清缴非法出版物。加强农家书屋管理，定期进行考核。按 2016 年年终按考核等次，拨付全区 142 个书屋管理资金 39.54 万元。全年为 142 个农家书屋配送图书、刊物、音像制品 9 656 册 (套)，价值约 26.54 万元。

（区文化委）

2016 年 11 月 23 日，钟亚华感恩家乡演唱会现场

（连宏宇　摄）

文学　艺术

【概况】　2016 年，根据《中共中央关于加强和改进党的群团工作的意见》和《中共重庆市委关于繁荣发展社会主义文艺的实施意见》等文件精神，结合璧山实际，推进文联改革，发挥文联引领作用，让文艺更好地服务于人民。

【文艺活动】　做好 4 个结合，让文艺更好地服务于人民。一是文艺活动与传统节庆结合。参与春节系列文艺展演、庆祝“三八”国际妇女节文艺演出、“五一”节送文化到社区、梦园中秋音乐会、庆“六一”儿童节文艺会演等与传统节庆相结合的文化活动 20 场，安排文艺演出协会演出歌舞、器乐、戏剧、曲艺、小品、杂技、魔术等节目 50 个，演员人数 200 人，累计时长 1 700 分钟，累计观看人数 15 000 人。举办以“中国梦·巴渝风”为主题的文化活动 14 场，推出《城市底色》《春到璧南河》《璧山隧道》等文艺节目，重点展现璧山新风貌和新变化。二是文艺活动与服务基层结合。开展“深入生活、扎根人民”2016 年“音乐与城市”文艺家进基层交流演出活动 17 场、“奉献人民·放歌巴渝”重庆市璧山区 2016 年流动文化进基层演出活动 20 场、“中国梦·巴渝风”重庆市璧山区 2016 年流动文化进基层演出活动 15 场、“和美璧山·精彩放歌”重庆市璧山区 2016 年流动文化进基层演出活动 15 场。三是文艺活动与宣传教育相结合。参与举办“小城故事会”，在市民中挑选“身边人”组成“百姓名嘴文艺宣讲队”，让群众自己上“故事会讲台”通过故事、小品、三句半等文艺作品讲述“身边事”，用文艺的形式围绕政策理论、核心价值观、中国梦、历史文化、文明礼仪、技能培训、生活常识等主题开展宣讲活动 30 场。四是文艺活动与文化交流相结合。鼓励各文艺家协会开展市内外文艺交流，与区外文艺团队开展学者互访、互派艺术家创作采风，举办学术研讨会开展学术交流，先后开展交流活动12场次。

【文艺展览】 7月3日至10日，由中国美协、重庆市委宣传部、重庆市文联主办，璧山区委宣传部、璧山区文联承办的“纪念吕凤子先生130周年诞辰全国名家”书画作品邀请展在重庆美术馆举行。区书法家协会、区摄影家协会于2月8日至2月23日，在区文庙广场举办“美丽璧山”2016迎春书法摄影展，展出《护林》《秀湖雪景》《高铁站边的虎峰大道》《晨曦中的电力工人》等80幅优秀书法摄影作品，集中展示璧山“三区一美”建设中涌现出的好人好事好景，吸引近7 000人现场观摩。

【文艺创作成果】 着眼高起点、高水准、面向全区，推出一批思想性、艺术性、观赏性俱佳的精品力作，全力打造一批有影响力的文艺精品。全年创作歌曲12首，其中《花先笑》《花知道》《难得想起他》等6首歌曲，摄制为MV并在璧山电视台主流网络媒体播出。以“尊师重道”为主题的璧山原创音乐《难得想起他》9月10日首登中国教育电视台开始为期一周的全国展播，当天央视一套节目《晚间新闻》也将这首歌作为教师节当天新闻的背景音乐播出。同时也在中央电视台新媒体“1号线上”向全国推送，新媒体点播量突破4 000万次，开创璧山区“音乐与城市营销”工作的新高度和新纪录。区书法家协会胡正好的《重庆诗歌地图书法集》、区作家协会吴信才的长篇科幻小说《终极失控》先后获市文联2016年度重点文艺作品资助。胡正好《重庆诗歌地图·璧山听鸟》书法展登陆央视书画频道。

2016年9月9日，原创音乐《难得想起他》首登重庆卫视

（罗君　摄）

【文艺系统获奖】 组织参加重庆市第七届乡村文艺会演，《璧山鼓韵》获重庆市第七届乡村文艺会演音乐类一等奖；在重庆市第三届原创歌曲大赛上，《城市底色》获表演金奖、创作十佳奖；组织参加重庆市第五届戏剧曲艺大赛，《武林中人》获小品类二等奖；璧山原创歌曲《小而美》夺得《全球华语流行音乐金曲榜》54期视频榜和55期电台榜双料冠军；刘大川、刘远森的楹联作品在“把楹联写在党旗上”“诗词飞扬党旗飘”——“百诗百联颂党恩”楹联、诗词征集活动中分别获一、二等奖。胡正好书法作品《宣和书谱》册页入展全国第十一届书法篆刻展并获获奖提名。

（区文联）

文　物

【概况】 2016年，全区境内登记造册不可移动文物936处（含古遗址、古墓葬、古建筑、石窟寺及石刻、近现代重要史迹及代表性建筑），其中，重庆市级文物保护单位5处，区级文物保护单位89处。文管所馆藏文物800件套（含东汉画像石棺、铜器、瓷器、陶器、古钱币、木器、动植物化石等），其中国家二级文物13件，国家三级文物49件。

【文物保护】 完成全区94处市、区

2016年4月5日，丁家街道铜瓦村400年古墓考古现场
（周海瑞　摄）

级文物保护单位安全目标责任书的签订和安防、消防巡查督察工作，重点对三合大佛寺碑刻、大竹林王家宅、丁家回龙湾谢氏民居以及正兴梁家石室墓等，进行安全专项整治工作。协助重庆市文化遗产研究院，对“九永高速公路丁家段”丁家街道铜瓦村宋、明墓群，龙安村钱家坡、皂角坡明墓，以及“璧山福寿园公墓”工程考古清理发掘工作，出土器物50件。5月18日，“5·18”国际博物馆日暨文化遗产宣传月活动在文庙启动，吕凤子纪念馆免费开放参观，展出有关《中华人民共和国文物法》的内容、璧山区第一次全国可移动文物普查和文物保护工作的展板8块，同时向市民发放文物保护宣传手册和《中华人民共和国文物法》宣传资料，并开展民间古玩交流展示。完成《重庆文物志》璧山卷的编写修改工作，开展对大路谭家祠堂、饶家新房和八塘后湾老院子等未核定公布为文物保护单位的房屋类古建筑的挂牌保护工作。市级文物保护单位林家祠堂维修项目进入招标程序。开展对市级文物保护单位文庙大成殿和露德堂的防白蚁整治工作。

【非物质文化遗产保护】　加强非遗理论研究，配合政协学习及文史委员会收集整理出版《璧山文史资料》第27辑《璧山非物质文化选》。收集非遗项目10项，材料完备报区政府批准后公布。项目有：《璧山罗板鸭秘制工艺》《打铁匠工艺》《丹凤老白干酿制工艺》《荷叶》《金钱板》《评书》《杂酒酿制工艺》《璧玉翠芽传统制作工艺》《罗门拳术》《嗨子劲气功》等10个。非遗项目传承发展取得突破，《璧山鼓韵》获重庆市第七届乡村文艺会演一等奖，成为璧山一项传统文化品牌，任光中表演荷叶《陶母退鱼》获重庆市戏剧曲艺比赛三等奖。全力挖掘打造《大傩舞》，筹备申报国家级非物质文化遗产项目。

【第一次全国可移动文物普查】　全面完成璧山区第一次可移动文物普查工作的信息采集登陆和整理，2016年10月14日，此项工作通过市普查办的验收。
（区文化委）

档案　地方志

【概况】　2016年，区档案局根据《加强和改进新形势下档案工作的实施意见》《全国地方志事业发展规划纲要（2015—2020年）》《全国地方志信息化发展规划（2016—2020年）》和《全国信息方志与数字方志建设工程实施方案》的精神，完成年初确定的各项目标任务，实现“十三五”档案、地方志事业的良好开局。

依法推进档案工作标准化、规范化与制度化。制定完善《璧山区档案馆档案进馆标准（试行）》办法，进一步规范全区档案进馆标准化；同月与区委组织部、区民政局联合印发关于进一步加强村（社区）档案规范管理工作的通知，切实规范全区村、社区档案工作；与区民政局联合转发市档案局、市民政局《关于国家档案局、民政部〈城

2016 年 4 月 15 日，《重庆市志·政府志（1986—2015）》编修工作会在璧山召开

（璧山报社　供图）

市社区档案管理办法〉的通知》的通知，规范社区档案管理工作。5 月至 12 月，检查与指导 22 家立档单位的档案管理工作，并主动与区车改办联合印发关于做好全区公务用车制度改革档案工作的通知，进一步推进各立档单位档案管理工作的规范化与制度化。

依法推进地方志工作法治化。依照《地方志书质量规定》《地方志书审查验收的要求》等，结合本区地方志工作实际和发展的需要，修订完善行业性、专业性、领域性规章制度，如评稿会制度、志书验收制度、资料报送制度和《街镇志质量规定》；制定《2017—2019 年部门志编纂规划》。以上共同构成本区地方志工作法治化、制度化建设的基础条件，加强与志书承修街镇和部门的联系、督促和指导，不断推动地方志工作的法治化发展。

【档案馆建设】 对区档案馆 5 个库房封装式熏蒸消毒杀虫；安装七氟丙烷灭火装置 5 个；购置 11 台除湿机、15 个温湿度记录仪；购置 UPS 电源 1 组；换服务大厅防盗门 1 套；组织干部职工和保安人员消防培训。

【档案资源建设】 根据《重庆市档案收集管理办法》，接收区民政局婚姻登记处、总工会、水务局等 12 个单位的档案 36 887 件；征集社会个人捐赠照片 5 张、书籍 10 本；收集清代县志仿真 2 本，光盘 1 张；收集资料 42 本。并收集璧山有关的历史文献 50 卷（《清一统志·四川卷》《(道光) 重庆府志》、冯时行《缙云文集》《重庆民居》《战时司法纪要》《重庆市志》）等。

【档案信息化建设】 制定区国家综合档案馆馆藏档案数字化规划，现馆藏档案数字化率达到 90%。全年，完成馆藏档案数字化，录入条目 399 998 条，扫描 772 834 页。

【档案安全保护】 检查和指导辖区内的数字化服务企业，抽检璧山中学、璧泉街道的档案数字化外包工作，强化档案数字化外包工作中档案实体安全和信息安全；印发关于加强汛期档案安全保管的紧急通知，转发重庆市档案局转发《国家档案局关于哈尔滨市公安局档案被盗案件的通报》的通知。

【档案开放鉴定】 完成华西实验区民国档案开放鉴定 9 993 条，开放鉴定档案 7 210 条，向市档案局报批规范的延期开放档案文件级目录 2 523 条，涉密档案 9 998 条。

【档案利用服务】 接待查档群众 12 831 人次、利用档案 17 982 件，拓展档案分布式查询网点 2 个（区社保局、区医院），档案查询服务零投诉。协助重庆历史名人馆在璧山区开展为期一周的《巴山渝水人中杰——重庆历史名人图片巡展》；在西南大学举办《晏阳初——乡村建设重庆乐章》历史档案展。11 月 19 日至 20 日，区档案馆应邀参

2016 年 2 月 2 日，市志办主任周焕强（右一）、副主任夏小平（左二）检查指导璧山区地方志工作

（区档案局　供图）

作和组织读者活动，开展基层图书馆（室）、基层服务点、农家书屋业务培训与辅导，并加强服务网络、数字文化工程建设与管理。

有藏书 20 万册，年购书经费 50 万元。设有办公室、图书借阅室（少儿借阅室）、报刊借阅室、电子阅览室（多媒体借阅室）、采编室、地方文献室、工具书室、多功能厅、视障阅览室、书库等，有成人阅览坐席 220 座，少儿阅览坐席 60 座。

实现门户网站、共享工程平台、图书集成管理系统的整合，馆藏数字资源总量近 12TB，其中共享工程 6GB，综合视频 5TB，地方文献 60GB，电子图书 30GB 等，馆藏书目数字化 15 万条，数字化率达 75%以上，其中，地方文献数字化书目 2 102 条。

加第四届中国乡村文明发展论坛（北京国家行政学院会议中心），承办《晏阳初乡村建设的重庆乐章——中华平民教育促进会华西安实验区历史档案展》系列巡展活动。

【地方志工作】　完成第三轮《璧山县志（2006—2014)》初稿（第一阶段）编纂与验收，计 220 万字；完成《民国续修璧山县志稿》礼俗、人物、职官 3 部点校，计 30 万字。稳步推进部门志工作。完成街道志 1 部、部门志 2 部，计 120 万字，指导评审纲目 6 部。积极推进《璧山年鉴》编辑工作。围绕“五大发展理念”和“三区一美”实施战略的新情况，适当调整年鉴框架，形成具有璧山特色综合年鉴体例，全书 68.8 万字，9 月公开出版。继续向“两会”期间的人大代表、政协委员赠书。并按时完成区政府交办的《重庆年鉴》（2016 年卷）和《重庆经济年鉴》（2016 年卷）璧山区部分的组稿，计 3 万字。（区档案局）

公共文化设施

【图书馆】　2016 年，开展形式多样的读者服务工

图书馆建设。璧山区图书馆新馆坐落于璧泉街道双星大道，建筑面积 25 100 平方米，主要设有期刊阅览室、老年阅览室、视障阅览室、亲子活动室、少儿阅览室、图书借阅室、特藏书库、会议室和多功能厅等功能室 15 个，2013 年被文化部评为国家（县级）一级图书馆。2016 年 12 月完成新图书馆装修方案设计、施工图纸设计、消防审核、编制预算、图纸审核等前期工作。负一层电容量增容、财政审核、招标工作在开展中。

丰富公共文化服务内容，实行服务免费开放（全周 60 小时，周六、周日等法定节假日不闭馆），实施“一卡通”通借通还借阅，接待读者 16 万人次，借阅图书期刊 19.3 万册次。拓展服务范围，开展送书活动 13 次，为外借点更换、赠送 7 350 册图书。

数字文化。完成中央专项资金 120 万元“公共数字文化硬件平台搭建”的建设工作。参与市图书馆举办的数字文化相关集中培训 10 人次、文化干部网络培训 10 场 75 人次。组织镇街文化干部参加数字文化培训学习达 40 人次。

读书活动。围绕“建设书香璧山·共享书香生活”的主题，以“传播知识，引领阅读”为宗旨，深入推进全民阅读，开展形式创新，内容丰富的读书活动：

创新阅读方式，树立品牌活动。承办和主办全区域范围的主题活动2次（“4·23”世界读书日和精彩暑假·特色少儿活动），举办涵盖读书沙龙、亲子阅读、绘本表演、征文比赛和少儿作文书画等内容的讲座培训42次，展览9场，全民阅读推广活动19次，并完成4期《港澳台报刊文摘》的执行编辑工作。

2016年9月21日，渝西片区2016年文化馆联盟全民艺术及成果戏剧曲艺专场汇报演出现场

（周海瑞　摄）

拓展阅读渠道，促进全民阅读常态化。开设新书推荐专栏，馆内馆外、线上线下推荐宣传新书好书；传递爱心图书，向偏远学校赠书，利用节假日对农民工朋友、福利院老人送书慰问；在新华书店举办“您选书，我买单”读者选书活动2次；配合“文化三下乡”“梦想驿站”等惠民活动的实施，开展流动送书、宣传展览等服务；助捐乡镇农家大院学习室书籍和视听光盘，以丰富当地村民精神文化生活。

因地制宜推进总分馆制建设。稳步推进“一卡通”借阅服务，确定青杠、丁家、大兴、正兴、台商工业园区、茉莉咖啡厅、璧泉和南关社区8个分馆，以台商工业园区为试点，策划实施读书活动5次，包括讲座、展览、猜灯谜和送春联等。继续探索各部门、各单位职工书屋“共建共享”的合作模式，实现全区范围内图书“通借通还”。

【文化馆】 2016年9月，璧山区文化馆迁入新馆，新馆坐落在璧山区双星大道璧山区文化艺术中心A区，新馆面积7 800平方米，内设有数字体验厅、辅导培训室、多媒体教室、多功能厅、观演厅、艺术创作室、音乐排练厅、舞蹈排练厅、资料档案室、艺术展览厅、娱乐活动厅、非遗陈列厅、琴房等开放空间13个，对公众免费开放。老馆位于璧山区璧城街道解放路31号，改造后作为老城区分馆对外开放。

全馆现有编制14人；在岗12人。其中，副高级职称2人、中级职称3人、初级职称6人；行政管理人员0人；工勤人员1人。馆下设办公室、活动部、辅导培训创作室、非遗办公室等。

文艺工作。举办2016璧山区春节联欢晚会；参加重庆市第七届乡村文艺会演，《璧山鼓韵》获音乐类一等奖，《连萧闹丰年》获舞蹈类三等奖，璧山区文化委获组织工作奖；组织大型文化活动10次，有璧山区青少年艺术选拔赛、璧山区文化馆免费开放汇报演出、璧山区2016春节联欢晚会、春节系列活动（初一、初二、元宵三场，政府举办全民艺术普及）、第三届重庆市原创歌曲大奖赛（政府举办全民艺术普及）、残疾人才艺大赛、政府采购文艺团体节目选拔赛、2016璧山区国庆交响乐音乐会等。参与政府采购送文艺下基层演出60场。在璧山区文化馆举行签约仪式，成立渝西文化馆联盟，并组织参加渝西片区文化馆联盟全民艺术普及巡回演出10场（戏剧曲艺专场），参加交流研讨会3次。

文艺创作：组织承办重庆市第三届原创歌曲大赛，邓毅词曲、高渝、董阳等演唱的《城市底色》获表演金奖、创作十佳奖，《为什么》获表演三等奖，璧山区文化委获组织工作奖；参加重庆市第五届戏剧曲艺大赛，《武林中人》获小品二等奖、《陶母退鱼》获曲艺类三等奖。

免费开放培训。馆内常设数字文化网上展示、数字文化线下体验、青少年舞蹈培训、坝坝舞培训、青年合唱团、老年合唱团、青年管乐团、鼓乐团、老年民乐团、少儿娱乐学习、非遗陈列、艺术展览、老年曲艺培训、少儿美术培训、成人摄影培训等服务项目15个。

全年举办培训班62期，培训人数1936人次，其中面向全区文化站（室）业务人员3期，学校未成年人10期，企业及未来务工人员6期，老年培训16期，下基层辅导培训27期。

建立基层文化活动基地8个，示范点7个，其中农村和社区各1个，未成年人3个，外来务工人员1个，长年开展辅导培训活动。

组织大型展览6次，重庆市廉政漫画展、《璧山记忆》李世成摄影展、璧山非遗展、少儿美术展、璧山区廉政宣传展、重庆市烙画艺术展，组织讲座6次。

建有数字文化服务，建有文化馆网站，具备信息发布、艺术欣赏（含视频点播）、网上培训、活动开展、咨询指导等5项功能，原创信息更新量15条/月，宽带接入80兆，全馆提供无线WIFI，新馆建有数字化文化馆，包括线上文化馆和线下体验馆，全方位展示全区文化和文化馆工作。

开展文化物联网培训配送，对街镇覆盖率100%，开展配送活动240次。

文化市场

【概况】 2016年，不断探索文化市场管理新模式，指导行业自律组织履行自律职责和社会责任，增强行业凝聚力，避免恶性竞争，在印刷、网吧、游戏等行业取得明显效果。全区文化市场全年无影响政治文化稳定及安全责任事故发生。在全区31个执法单位案卷评比中名列前茅，无一例行政复议和行政诉讼案件。

【文化市场管理】 以文化市场安全为核心，切实加强以政治文化安全、消防安全、治安安全为重点的市场安全监管工作；以开展“扫黄打非”六大专项行动和各大专项整治行动为“主抓手”，做好“扫黄打非”和文化市场监管工作，规范文化市场秩序。加强日常巡查监管工作，以巡查为基础。严格日常巡查频率，按照“双随机”工作要求，加大日常巡查监管工作力度。抓执法能力建设，以办案为核心。顺应新常态，不断拓展执法监管领域，提高执法办案水平。建立健全部门联动应急处置机制，积极协作，通力配合，努力形成“严防严管，群防群控”的工作格局。调动和发挥行业协会自律组织的作用，教育、规范、引导文化经营业主切实履行好企业主体责任和社会责任。

【文化执法】 按照“扫黄打非”和文化市场管理工作部署，结合全区实际制定全年执法工作实施方案，以确保市场监管的全覆盖和检查频率。全年出动375人次，检查文化市场经营场所1 131家次，检查校园周边289家次，组织并参与“扫黄打非”等联合专项执法行动30场，查缴非法出版物87件，收缴抽奖“刮刮卡”和有害“口袋本”图书2 980份，立案查处违法违规经营场所17家，黑网吧移送工商1件，办结案件17件。无一例行政复议和行政诉讼案件。

【文化培训】 以开展“两学一做”为载体，抓政治思想教育和队伍建设，切实增强执法人员的政治意识、大局意识、核心意识、看齐意识以及执法意识、责任意识和服务意识，没有出现粗暴执法、以权谋私、徇私枉法等现象。制定“例会学习”“学法日”等制度，采取自学、互学、集中学习、外派学习等多种形式，抓业务技能的提升。组织镇（街）文化服务中心工作人员进行业务知识技能培训，提升基层监管人员素质。

【新华书店】 2016年，坚持“务实求发展，创新争一流”的经营理念和“识大体、顾大局、敬业奉献，竭诚服务；开拓创新，积极进取；相互支持，团结协作”的新华精神，全心全意为人民服务。

经营书籍种类包括社会学科、文化教育、文学艺术、科学技术、少儿读物、大中专教材、中小学课本、图片、报纸杂志等30 000个种类；其中经典书目有《简．爱》《童年》《母亲》《红楼梦》《西游记》《三国演义》《水浒传》《中国共产党历史》等。分别在春、秋季开学前，送教材书籍到各中小学校，保证全区学校“课前到书、人手一册”。将“名家进校园”活动纳入区委推动“全民阅读”计划，12月10日，首次举行由区委宣传部主办的“曹文轩阅读讲座签售”活动。全年实现销售收入2 795万元。

【电影院】 2016年，璧山有电影院5家，其中国有1家。

璧山电影院集中组织放映《红小鬼齐步走》《人生不能重来》《老百姓是天》等廉政教育影片。全年放映电影3500多场，观众6万多人次。电影收入达到170万元。影院在街镇设立13个放映队，财政拨款30多万负责全区农村惠民电影放映及中小学爱国主义教育片的放映工作。全年农村惠民电影放映1812场、学生爱国主义教育片放映1 700场，社区放映230场。

璧山摩登时代横店影城位于璧山区金剑路496号摩登时代广场3楼，影院占地面积1 500平方米，影院由2个大厅3个中厅1个小厅组成，6个厅均为数字放映设备，1号厅、2号厅、5号厅、6号厅均为3D厅。1号、3号厅各有90座；2号厅有85座；4号厅有52座；5号厅有147座；6号厅有139座。全年影院全年放映场数14340场，观影人数20多万人次，票房收入570多万元。

璧山中影星美VIP影城位于璧山区白羊路9号砂之船奥特莱斯C区三楼，影院占地面积3 300平方米。影院由1个D-MAX厅，3个大厅，4个小厅，1个VIP厅组成。 9个厅均为数字放映设备， 1号厅128座，2号厅83座，3号厅257座，4号厅70座，5号厅108座，6号厅84座，7号厅162座，8号厅50座，VIP厅52座。全年放映16425场，观影人次13.8万，票房收入467.4万元。

保利万和国际影城璧山南门店位于璧山区璧泉街道泉山路369号（秀湖公园正对面），影院占地面积3 546平方米，影院由1个K-MAX厅1个VIP厅6个中厅组成，8个在均为数字放映设备，均为3D厅。1号厅有134座、2号厅有127座、3号厅有156座、4号厅有125座，5号在有115座、6号厅有130座、VIP厅有79座、K-MAX厅有300座。2016年10月18号开业以来，2016年度影院放映2 132场，观影人数2万人次，票房收入57万元。

文化活动

【概况】 2016年，以“中国梦·巴渝风”为主题，以丰富群众精神文化生活为目的，积极开展政府购买公共文化服务工作，扎实推进民生实事惠民工程，完成流动文化进基层演出600场，总投入资金136.5万元，组织文艺团队26支，演出节目260个，观众35万人次。

【节日文化活动】 开展“中国梦·巴渝风”2016年“庆元旦”暨重庆市璧山区第二届青少年艺术之星评选活动、“中国梦·巴渝风”2016年春节联欢晚会、“中国梦·巴渝风”2016年迎春摄影展、“中国梦·巴渝风”2016年春节系文艺展演（璧泉街道专场）、“中国梦·巴渝风”2016年春节系文艺展演（职工专场）、“中国梦·巴渝风”2016年春节系文艺展演（综艺专场）、“中国梦·巴渝风”2016年元宵文艺晚会（璧城街道专场）、区教育系统庆“六一”儿童节文艺会演等。（区文化委）

广播电视

【新闻宣传】 2016年，按照“唱响主旋律，传播正能量”要求，编播《璧山新闻》199期，播出新闻稿件2 420件。围绕“习总书记视察重庆讲话”“供给侧结构性改革”“群团改革进行时”“脱贫攻坚”“民生实事”等大型主题新闻策划，拍摄、制作播出大量接地气、有深度的新闻稿件。先后推出《新春记者基层行》《升区两周年》《高新区成立一周年》《聚焦·928》等系列报道，大力宣传全区经济社会发展取得的显著成就，重点报道促进就业、扶贫解困、社会保障、医疗卫生、百姓安居、生态环境等民生工程的有力举措、特色经验和工作成效。全年，在《重庆新闻联播》上稿132条，在央视《新闻联播》《焦点访谈》《第一时间》《朝闻天下》等栏目上稿7条，10月19日，中央一套《新闻联播》栏目以单条形式播发《重庆：创新融资方式·助力实体经济》的稿件，12月30日，反映璧山推进户籍制度改革的报道《从农民到市民，从漂泊到安居》在央视《焦点访谈》栏目中播出。

【专题栏目】 策划拍摄制作MV《花知道》《花先笑》《秀湖曲》《难得想起他》《秀水湾的姑娘》。其中《难得想起他》在教师节期间登陆重庆卫视黄金时段播出2天，中国教育电视台、中央电视台法语频道相继播出该MV时间长达一周，央视一套节目《晚间新闻》也选用这首歌作为教师节新闻的背景音乐。央视新媒体平台“1号线上”等多家官方微博同步推出该MV。MV推送36小时统计，网络视频点击量就达到1 800万次，重庆卫视、《重庆日报》等多家全市主流媒体以视频、图片、文字等多种形式予以转发。少儿节目《家有宝贝》突破固有模式，形式不断创新，获国家广电总局2015年度优秀少儿电视栏目“鼓励奖”。地方特色节目《舌尖上的璧山》，助推美食产业发展。有《记录》《诗意璧山》《金色田野》《绿岛家园》《新闻周刊》等多个自办栏目。精编制作的引进栏目有《知音人间》《记者再报告》《女人故事》《小峰说法》。纪录片《天路—我的新藏线》获全国优秀纪录片一等奖。

【广播宣传】 2016年，璧山人民广播电台完成广播《璧山新闻》的录播205期，专题节目《三农直通车》编辑、录制播出80期，完成引进节目《养生大讲堂》《爱家小贴士》的编辑制作各300期，编辑制作《大家说法》《音乐双双飞》各80期。

【标准化建设】 璧山广播电视台自2013年起开始实施标准化建设工作，2016年2月18日通过标准化验收，达到“三级广播电视台”建设标准。新台址邀请中国广播电影电视设计研究院设计，各功能用房按照一级台标准打造。新台址施工图设计及技术方案均按一级台标准进行设计。

（区广播电视台）

广电网络

【概况】 2016年，秉持“永争一流，永不服输，永远服务”的企业精神，把握发展机遇，备战三网融合，创新转型发展，璧山广电事业取得新的业绩。累计安装直播卫星电视地面设施6 600套，解决约2万农村群众收看电视节目问题。全年经营业绩持续增长，营业收入比上年增长6.38%。

【基础设施建设】 建成完善有线广播电视信息传输服务体系和无线广播电视信息发射系统、上联市网总前端最大400G带宽的DWDM密集波分骨干网、MSTP城域网以及县域PTN环网和覆盖全区所有街道、乡镇的HFC有线电视接入网，形成

“有线为主、无线为辅、卫星补点”的网络覆盖格局，综合覆盖率达到100%。

【有线电视节目】 建成标清数字电视129套、高清数字电视46套、数字音频广播10套等基本服务，全频道电视节目时移回看，海量、高清、3D、4K互动视频点播服务和互联网宽带接入服务，以及教育、财经、娱乐、报纸、音乐、支付、商城、游戏、彩票等综合信息服务，让传统的“看电视”转变为“用电视”，提升百姓信息化生活的品质，丰富其精神文化生活。

【数字电视转换推广项目】 集中公司整体战力，采用城区扫楼促销、场镇赶集促销、农村院坝促销等多种营销推广形式，积极部署职能新终端和推进农村光纤到户技术改造项目，推进数字电视转换工作，全面推进广电宽带业务拓展。累计部署数字电视终端3万户。

【营销渠道优化建设项目】 以积极激励实体营业渠道为基础，以大力扩充直销团队渠道为支撑，以强化建设社区店铺渠道为重点，以全面构建集客营销渠道为抓手，以有效激活营维融合渠道为保障，切实优化营销渠道，支撑关键业务的推广和服务。全年，完成农村用户勘察，重点关注城镇新终端发放占比和宽带推广占比，开展家电整合营销活动，巩固自有实体营业渠道的产量和产值。

【双向优化技改项目】 以“数通设备扩容”为关键，以“网络联调排噪”和“线路迁改抢修”为重点，大力推进网络双向优化技改项目。全年完成CMTS和IPQAM等数通设备的调试扩容，完成机房FTTH设备的安装调试，完成850个光站、300个回传通道的噪声排查作业，完成180次线路迁改实地勘察，完成140次线路迁改抢修作业，建立网络安全隐患等级管理台账，提高网络传输质量，支撑城区农村宽带业务发展。

【公共文化服务建设项目】 承担企业社会责任，主动参与公共文化服务，完成“全域重庆·清新璧山”项目和“直播卫星户户通”安装项目。积极服务于璧山城市营销需求，发挥重庆有线云端平台和高清互动终端接收覆盖的优势，引入“全域发布，全域接收”的电视服务模式，完成“全域重庆·清新璧山”视窗的建设运营，实现璧山视讯信息的跨域传播，成为璧山区对内对外宣传的新视窗。主动承接直播卫星“户户通”安装项目，安装直播卫星电视地面设施6 600套，解决约2万农村群众观看电视节目问题。

（重庆广电璧山分公司）

《璧山报》

【概况】 2016年，《璧山报》出版146期，刊登各类稿件（含新闻图片）5 200篇约500万字，完成年度宣传目标任务，被重庆市文化委评为“优秀区县报”。

【新闻宣传】 根据璧山经济社会发展重点，重点策划“撤县设区两周年特别报道”“‘三区一美’·劲写新篇”“聚焦零部件工程”“走进国字号名片”等10个系列宣传报道。根据璧山经济社会发展进程，开设“办好重点民生实事”“量化百姓获得感的民生账本”“一生之城、幸福节点”“聚力扶贫攻坚，推进城乡统筹”“来了就是璧山人”“凡人凡事”等一批系列报道和专题栏目。全年刊发深度报道近100个，记者调查类专版18个，各类专题版15个，特别关注专版7个。视界（图片）专版17个，新闻故事专版9个，受到读者广泛好评。全年在《重庆日报》《重庆日报农村版》等媒体发表稿件234篇，其中在《重庆日报城区版》刊登稿件148条，《重庆日报农村版》刊登稿件86篇。

【媒体融合发展】 应对新兴媒体的冲击和影响，

拓展宣传渠道和宣传形式，探索媒体融合发展之路，把传统纸媒向数字化、网络化发展。创新改版《璧山手机报》，创办璧山报微信，更新《璧山报数字报》，全年编辑发送手机报、微信各252期。璧山报微信单条最高点击阅读量超过5万。拓宽宣传渠道，与《重庆日报》深度合作，在《重庆日报》官方网站开辟璧山专版网页，吸引更多读者关注璧山。报社所属媒体阅读形式既有纸质，又可以在电脑、手机上浏览，表现手法也不仅限于传统的文字图片，还可以制作和传播音频视频以及H5产品。（璧山报社）

2016年4月11日，全市舆情工作会在璧山召开

（连宏宇　摄）

党政信息中心

【概况】　2016年，把握正确的舆论导向，创新宣传形式，加强内容建设，切实为改革发展凝聚正能量，发出好声音，营造好氛围。通过规范网站刊播行为，健全网站安全高效运行机制，努力建设网络、电视、报刊、政务四位一体综合性网络宣传平台，形成集政府网、新闻网、政务微博、微信、APP于一体的网络媒体矩阵。全年开设网络主题宣传栏目20个，开展“百名网络主编看璧山”“我是家乡代言人”等网络主题宣传活动3次。

【创新发展】　舆情管控经验全国推广。7月22日、11月18日，璧山“四个集中创新基层舆情工作新机制”经验做法分别在全国基层宣传思想文化工作创新研讨培训班、中宣部第三期市（地、州、盟）党委宣传部副部长培训班上作经验授课，并作为全国网络工作优秀案例编印。其做法还被中宣部《每日要情》、中央网信办《网信动态》等专题或摘要刊载。8月10日、11月11日，市委常委、宣传部部长燕平相继对上述工作给予肯定。全年到璧山学习考察舆情管控工作的中央、省(市)、区（县）级宣传、网信部门10家。4月11日，市委宣传部、市委网信办在璧山召开全市舆情信息工作会，会上璧山作交流发言。构建信息化集群矩阵。完成机房总体布局，建成区数据中心，实现全区信息资源统一数据存储、整合和共享。建成璧山区OA系统（办公自动化系统），实现全区镇街、部门无纸化办公。建成“门户+微+端”“重庆·璧山”集群矩阵，实现“两屏合一”“一网打尽”平台架构雏形构筑。

【网络安全监督与管理】　实施“五进”活动，即进广场、进网点、进网吧、进机房、进养老院，加强网络安全宣传。开展网络专项治理工作20次。排查关键信息基础设施网络安全，14家党政机关服务器集约式高效率入驻中心机房。实施区数据中心机房周边环境安防整改。开展网站集群等级保护测评和风险评估。（区党政信息中心）

社会事业

教　　育

综　　述

【概况】　2016年，制定全区教育事业发展“十三五”规划；重庆一中与璧山中学联盟办学、巴蜀小学与实验小学合作办学的品牌效应和社会效应立体呈现；新加坡伊顿幼儿园建成招生；建成璧山职教中心学生宿舍和培训大楼；城区御湖小学和凤凰小学开建；完成3所学校宿舍建设；改善53所义务教育薄弱学校基本办学条件；继续实施义务教育阶段学生营养餐全覆盖；41所学校参与“学·教·练”三段式课程改革；150名学校管理者参加“跟岗名校”培训；高考重点本科上线人首次突破800人。

全区有各级各类学校203所，较2015年增加6所，增长3%；在校学生88 495人，较2015年增加1053人，增长1.2%；有教职工6 038人，较2015年增加127人，增长2.1%。全区学校占地185.17万平方米，增加9.9万平方米，增长5.7%；校舍建筑98.9万平方米，增加3.08万平方米，增长3.2%。总支出124 239万元，增加9 411万元，增长8.2%。

2016年4月6日，重庆市教委主任周旭（前排右三）率队到璧山区专题调研学校卫生工作　　（区教委　供稿图）

全区教育系统专业技术岗位：有正高级职称3人，副高级职称669人，中级职称2 378人，助理级职称1 303人，员级3人。

区教育系统有基层党组织（24个直属党组织）80个，党员2 251人（直属党组织党员1 005名）。有工会会员6 038人，有工会组织67个。区总工会慰问困难教职工297人次，发放慰问金77 300元，区教育工委、教委慰问困难教职工82人次，发放慰问金34 400元。

2016 年璧山区教育事业情况表

表 8-1

单位：所、人

	学校数	毕业生数	招生数	在校生数	教职工数	
					计	其中专任教师
总计	203	25 977	24 103	88 495	6 038	5 242
中等职业教育	2	1 068	1 065	2 694	145	116
普通高中	3	3 787	3 785	10 831	802	719
普通初中	18	5 481	5 555	16 617	1 322	1 306
普通小学	41	5 772	6 236	39 185	2 181	2 172
特殊教育	1	9	10	108	30	28
学前教育	138	9 860	7 452	19 060	1 558	901

注：此表数据包含民办教育，数据来源于《2016—2017 年学年初璧山区教育事业统计综合报表》

2016 年璧山区办学条件情况表

表 8- 2

单位：万平方米

	占地面积	校舍面积		运动场地面积	固定资产值（万元）		图书（万册）		教学用计算机（台）
		计	其中教学行政用房		计	其中教学仪器设备值	计	其中电子图书	
总计	185.17	98.90	55.90	53.70	86 213	11 784	162.87	28.85	9 911
中职教育	11.67	7.24	4.91	3.33	2 732	1 240	7.80	0.19	801
普通高中	47.29	33.37	13.38	11.21	16 934	2 252	45.42	7.30	1 794
普通初中	27.83	12.84	7.60	10.26	29 399	2 152	32.00	7.30	1 856
普通小学	78.14	31.20	19.35	22.07	33 560	5 211	62.55	7.30	5 101
特殊教育	0.84	0.86	0.18	0.17	220	39	0.05	0.01	35
学前教育	19.40	13.39	10.48	6.66	3 368	890	15.05	6.75	324

注：此表数据包含民办教育，数据来源于《2016—2017 年学年初璧山区教育事业统计综合报表》

2016 年璧山区教育经费与办学水平情况

表 8-3

单位：万元、年

类别	数量	类别	数量
教育经费总收入	122 814	每万人口在园幼儿数	296 人
其中：国家财政性教育经费	111 474	每万人口在校小学生数	609 人
社会捐、集资办学经费		每万人口在校初中生数	258 人
事业收入	11 270	每万人口在校高中阶段学生数	168 人

续表 8-3

类别	数量	类别	数量
教育经费总支出	124 239	学前三年毛入园率	88.2%
其中：事业性经费支出	110 523	小学适龄人口入学率	100%
基本建设投资项目支出	13 716	初中适龄人口入学率	100%
财政预算内教育经费支出占财政支出的比例	10.76	高中阶段教育入学率	97.1%
政府教育财政拨款的增长与财政经常性收入的增长比例	2.15	小学毕业生升入初中比例	100%
小学生均预算内教育事业费	7 048	初中毕业生升入高中阶段教育比例	97.05%
初中生均预算内教育事业费	8 453	教育人口占总人口的比例	15.35%
普通高中生均预算内教育事业费	12 398	人均受教育年限	11.6 年
中等职业学校生均预算内教育事业费	6 085		
小学生均预算内公用经费	2 779		
初中生均预算内公用经费	3 409		
普通高中生均预算内公用经费	4 745		
中等职业学校生均预算内公用经费	2 672		

注：此表数据包含民办教育，数据来源于《2016 年全国教育经费统计报表》

【"人生链条""教育"服务体系建设】 新建民办幼儿园 4 所：青杠萌星幼儿园，绿岛新区幼儿园、璧城爱诺锦绣幼儿园、璧泉七色光幼儿园。伊顿国际学前教育基地首次招生 35 人。

御湖小学和凤凰小学建设主体工程完成。凤凰小学：9 月动工，地处璧山区国家高新技术产业开发区核心区，项目总投资 7 153 万元，规划用地 3.29 万平方米，建设用地 2.69 万平方米，总建筑 2.16 万平方米，能容纳 2 400 名学生就学。御湖小学：9 月开工，位于茅山路与双星大道交会处，项目总投资 1.18 亿元，建设用地 3.35 万平方米，总建筑 4.43 万平方米，学校办学规模 48 个班，能容纳学生 2 160 人就学。

璧山中学联盟重庆一中，互派教师顶岗示范（各 8 人），分批次到一中跟岗学习（24 人），共享教学计划和各类试题，各备课组结对共同研讨教学并签订学科带头人培养协议（12 人）。

璧山实验小学与重庆市巴蜀小学开展合作办学，改革创新学校文化、管理架构、课程建设、评价改革、师资培训等方面。是年，实验小学到巴蜀小学学习的管理干部和教师 26 人；巴蜀小学来实验小学指导的管理干部和教师 14 人；实验小学"青白为人，文雅为志"校训及校训背后的故事在央视《朝闻天下》栏目报道。

凤凰小学施工现场

（区教委　供图）

【"十三五"规划】 6月，区教委制定印发《重庆市璧山区教育事业发展"十三五"规划》。指导思想：全面贯彻党的十八大和习近平总书记系列重要讲话精神，践行"四个全面"战略布局，坚持党的教育方针和立德树人根本任务，把握教育公平和质量提升主题，全面深化教育领域综合改革，以主城区教育为标准，扩大优质教育资源，形成有利于学生、有利于学校、有利于教育、有利于社会的教育体制机制，为建设"一生之城"提供更为强大的智力支持、人才支撑、知识贡献和文化引领。

重点做好四件大事，即优质发展义务教育，打造优质教育品牌，全面提升办学品质，大力发展职业教育。

发展理念：办好每一所学校，面向每一个学生。

总体目标：实施"三区一美"战略行动和建设"一生之城"两大战略契机，努力推动璧山实现城乡教育统筹发展。到2020年，教育发展全面融入主城，实现教育现代化。完全普及学前三年教育，高水平巩固提高九年义务教育，全面普及高中阶段教育，职业技术教育成果显著。全区各级各类学校全面完成标准化建设目标。

【学校基础设施】 全区学校占地185.17万平方米，生均占地20.92平方米，校舍建筑98.9万平方米，生均校舍11.17平方米。投资1.152亿元，进行学校修缮、新扩建：学校修缮79 271平方米，投入资金1 500万元；改造农村教师周转房2 030平方米，投入资金290万元；新扩建48 966平方米，投入资金8 230万元（其中新建来龙御湖小学44 300平方米，投入资金7 590万元；蒲元小学综合楼建设1562平方米，投入资金220万元；青山小学校新建综合楼2 100平方米，投入资金300万元；河边小学校扩建学生食堂1 004平方米，投入资金120万元）。启动职教中心实训楼建设工程，建设用地25 061平方米。

【教师队伍】 下发《关于开展超编学校教师分流工作的通知》，制定《区内学校教师调动办法（修订）》，出台《重庆市璧山区教育委员会关于印发〈重庆市璧山区乡村教师重大疾病救助办法（试行）〉的通知》；发布《重庆市璧山区教育委员会关于实施乡村学校教师学历提高奖励的通知》。

招聘新教师87名，面向全国选调优秀教师11名。中小学支教33人。96名镇街超编学校教师分流到镇街缺编小学，45名城区超编学校教师和部分镇街教师交流到城区缺编学校，涉及中小学校51所。

新提拔任用领导干部：副校级14人，正校级3人，机关科室负责人1名。领导干部免职11人，交流调整13人。完成撤县设区后27名中层干部和5人校级干部的重新任命。完成41名试用期满校级干部的考察及正式任用工作。

25名中小学校级干部和中层干部参加市级各类培训，81名中小学干部、142名中小学骨干教师赴市外名校跟岗实践，92名中小学教师参加国培计划培训，1 200名教师完成现代教育技术能力提升培训和考核任务，124名教师参加转岗教师培训，86名新教师参加岗前培训。教师培训经费投入849万元。

教育系统69个事业单位重新进行岗位设置。首次进行教师职称教学水平考评，新评正高级2人，副高级47人，一级28人。启动乡村教师支持计划：发放乡村学校从教30年荣誉证书50份。组建曲建华名校长工作室和刘君朝名师工作室，遴选工作室学员10名。

【教育督导评估】 区教委督查组2个，每月对学校常规管理、规范办学行为开展督查。学校督导工作室每月对学校随访督导1次以上，专项督导或综合督导学校每学年2次以上。

完善学校督导评估暨绩效考核制度。1月，印发《璧山区义务教育学校督导评估暨绩效考核方案（修订）》《璧山区义务教育学校教师绩效考核

璧山区城北小学创客空间

（区教委　供图）

育经费用于农村学校和薄弱学校改造逐年提高。公共财政教育支出投入资金12.42亿元（区财政投入9.76亿元），新建学校2所；改扩建学校9所；新增：学生座位6 500个，校舍51 201平方米，体育运动场馆1.2万平方米，实验室、功能室2间，图书30 490册，计算机745台，818万元教学仪器设备。新补充教师98人（其中音体美科学信息教师29人），交流校长教师348人（其中音体美科学信息教师86人）。

切实解决农民工子女入学问题。对城区务工子女，区教委根据实际居住地，按照相对就近的原则统筹安排到大鹏小学、狮子小学、蒲元小学、河边小学、来龙小学、正则中学C区、蒲元初中、河边初中五所小学和三所初中学校就读；其他街镇的中小学根据实际情况接收务工子女和返乡农民工子女入学。是年，全区解决进城务工人员随迁子女入学4 709人，其中学前教育2 113人、小学2 040人、初中556人。

2016年，璧山区获全国义务教育发展基本均衡区。重庆市20个区县到璧山考察学习义务教育均衡发展的做法和经验。

资金分配指导意见（修订）》，进一步细化制定评估考核指标体系。9月，印发《关于义务教育学校督导评估暨绩效考核方案的通知》，加大对后进教师的惩戒力度，教学质量低下教师年度考核直接确定为“基本合格”或者“不合格”。

实施“1+5”改革，城区5所小学一、二年级考核重心向学生综合评价改革、教师课堂教学方式转变转移；调整各类别学校教育教学质量各项目考核分值；新设城区6所小学项目合作奖；调整学校类别划分，小学由四个类别调整为五个。

6月，评估考核全区学校及校长（书记）年度履职情况，考核结果与绩效资金分配挂钩，学校、校长的考核得分和绩效资金体现差别。10月，开展30%优秀单位考核，区教科所、璧山实验小学等19个单位获表彰奖励。

【均衡教育】　实施科教兴区和人才强区战略，强化城乡统筹，促进配置均衡。建立起包含人大审议、政协监督、专家评估、社会评价的义务教育均衡发展监督机制。

区财政性教育经费向薄弱学校倾斜，新增教

【法治、德育教育】　开展“弘扬雷锋精神·公民志愿行动”主题志愿服务活动，开展“微笑满璧山”主题教育活动，“三礼”教育（见面礼、就餐礼、出行礼）成常态。向全区学校发放毒品预防教育读本1280册。全区各校设置固定法治宣传橱窗，滚动播放法治宣传内容。各校每期邀请法制副校长到校做专题法制报告1次以上。区关工委法制报告团、思想道德报告团到校作专题报告20次。“110”警务宣传车到28所学校进行巡回法治宣传。

4月，万名师生到烈士陵园参加清明节扫墓，

2万名师生登录中国文明网参加清明祭英烈网上“签名、鲜花、寄语”活动。5月，各校以主题班会、演讲、悬挂宣传标语等形式开展反邪教舆论宣传活动。是月，区教委、区公安局禁毒支队联合开展“毒品预防教育示范学校”创建工作，璧山职业教育中心等7所学校被评为“璧山区毒品预防教育示范学校”。6月，各校以征文、主题班队会形式开展“珍爱生命，远离毒品”主题活动。10月，区教委、区关工委、区司法局、综治办、宣传部联合开展“零犯罪学校”创建评审工作，璧山实验小学等21所学校被评为“零犯罪学校”。11月，区政法委、区委法建办、区教委、团区委、区关工委在全区学校联合开展法治宣传教育活动，内容为“反对校园暴力、加强自我保护意识”。

区教委、区法建办联合开展“学宪法，讲宪法”演讲比赛，62所学校参加。区教委组织“学法我争先，守法我自觉”书画比赛和手抄报比赛，收到各类作品500份。教师参加重庆市“关爱明天，普法先行”老少书画比赛，5人获奖；参加重庆市法治教育优质课赛课活动，3人获奖。学生参加“中华魂（遵纪守法 从我做起）”主题教育读书活动，征文获奖41人，演讲获奖13人；参加重庆市组织的“五好小公民（老师您好·我的好老师）”主题教育读书征文和演讲比赛，征文获国家级奖163人；重庆市组队参加全国禁毒知识竞赛决赛，区职教中心学生张艳获全国“最佳人气选手”（全国10名）。

评选表彰优秀学生志愿者15名，优秀教师志愿者15名，雷锋式班集体15个，学雷锋先进集体10个。

【体育、艺术工作】 各中小学的体育场地设施免费向社会开放，为市民参加体育健身活动提供便利条件。建立健全学校艺术教育评价制度，开展学校艺术教育工作自评：项目包括艺术课程、艺术活动、艺术教师、条件保障、特色发展以及学生艺术素质测评等，在教育城域网上公示，结果纳入校长考核内容。对中小学音乐教师、高中体育教师进行专业技能发展培训。对各校体育教研组长进行学校体育工作评估、校园足球工作评估和《国家学生体质健康标准》测试数据上报实践操作培训。

5月，区教委组队参加重庆市中小学生艺术活动月，合唱《树籽仔歌》《青春飞翔》《回忆》，行进管乐《勇往直前》获一等奖；张玉霞、裴小玲获优秀指挥奖；龙奕铮获优秀伴奏奖；高渝、王晓玲、吴敏获音乐类个人一等奖；王波、曹苏萍获美术类个人一等奖；区教委获优秀组织奖。6月，璧山区教育文化艺术交流暨“六一”国际儿童节庆祝活动在新落成的区文化艺术中心举行，演出围绕“一生之城·幸福成长”的主题，以“吟、唱、诵、学、舞、画”为主要形式展开。11月，璧山区教育系统首届主持人大赛在北街小学进行，比赛以“梦想舞台，秀我风采”为主题，48名学生和27名青年教师进入决赛，12名选手获一等奖。

开展璧山区中小学生田径、篮球、足球、乒

2016年6月1日，璧山区教育文化艺术交流暨“六一”国际儿童节庆祝活动在新落成的区文化艺术中心隆重举行

（区教委　供图）

乒球、羽毛球、跳踢、啦啦操、举重等赛事活动。参加重庆市中学生田径比赛，获区组高中组团体总分第六名。参加重庆市小学生篮球比赛，璧山实验小学获男子组第1名，青杠实验小学获女子组第6名。璧山中学参加重庆市肯德基3人制篮球比赛，获初中组第2名。城北小学、来凤中学校足球队参加重庆市校园足球片区赛，获小学男、女组和高中女子组第2名，并代表璧山参加重庆市校园足球总决赛。参加重庆市阳光大课间体育活动评比，金剑小学获二等奖；来凤中学获三等奖。参加重庆市第五届市运动会，璧山区获青少年丙组田径比赛团体总分第1名，罗永琳获少年甲组女子200米第1名，谭兴声获少年丙组100米、200米第1名。

全国农村学校艺术教育实验县课题《农村学生课外艺术活动的实践与研究》结题。七塘小学、青杠实验小学被命名为国家级校园足球特色学校。

【科技教育】 举办璧山区第十二届青少年科技模型大赛，参赛选手372名。33名同学分别获“闪电”橡筋动力模型飞机留空计时赛竞赛一、二、三等奖；34名同学分别获“登月者”太阳能动力模型车直线竞速赛一、二、三等奖；28名同学分别获体感飞行器技巧赛一、二、三等奖；29名同学分别获结构模型一、二、三等奖；38名同学分别获空气压缩动力车一、二、三等奖；50名同学分别获飞机留空赛一、二、三等奖；84名教师分别获指导教师一、二、三等奖；14所学校获团体一、二、三等奖。

9月，举办青少年科技模型大赛和少年儿童“争当小实验家”科学体验活动科技辅导教师培训班，参培教师60名。11月，62所学校学生到正则中学体育馆参观重庆市流动科技馆。12月，组织学生参加重庆市科技模型大赛，获一等奖3个、二等奖12个、三等奖21个。

【教育装备与信息化】 投入724.7万元，升级改造正则中学等50所学校班班通投影机390台，配置璧山实验小学等16所学校教师办公电脑778台。投入84.6万元，建设来凤中学、城北小学创客空间。投入18.7万元，新增青杠初中、壁泉小学六大功能室设施设备。投入19万元，建设青杠初中、丁家初中地理实验室。市级薄改资金投入361.135万元，区级配套363.6万元，完成2016年“改薄”工程任务。

4月，市“薄改”绩效评价专家组对璧山区2014年—2015年“改薄”项目现场评估，验收合格。5月，璧山中学启动智慧校园建设工作，完成智慧校园整体方案的制定及部分子系统建设。11月，组织教师参加在北京举行的第二十届全国教育教学信息化现场决赛，3件作品获全国一等奖，5件作品获二等奖，2件作品获三等奖。12月，组织教师参加全国“一师一优课、一课一名师”活动，58件作品获部级“优课”。

区教委组织信息技术应用能力提升工程项目培训，1 207名教师参培，全部合格。

【师德师风】 制定下发《2016年党风廉政建设和反腐败工作分工包项责任制》《教育系统党风廉政建设责任清单》《教育系统“两个责任”配套制度》《治理教育领域不正之风工作方案》《教育系统内部审计制度》《关于加强基建维修项目廉政风险防控办法》等文件。向各学校转发中央、市区违反八项规定精神及发生在群众身边“四风”和腐败问题典型案例的通报25次。学习总书记习近平关于反腐败重要论述等专著33次。85名学校党政负责人与教委签订党风廉政建设责任书。5 242名教师与学校签订师德师风承诺书。

开展《中国共产党廉洁自律准则》和《中国共产党纪律处分条例》专题宣讲14次，1 890名党员干部接受教育。240名党员干部进行党纪法规知识测试，测试成绩纳入单位和个人考核。区教委领导班子成员个别约谈副职领导7人次，集体约谈学校书记、校长87人次，个别约谈科室负责人33人次，对重点岗位人员提醒谈话16人次，对岗位变动和新提拔领导干部任前谈话41人次。

审计和检查15所中小学校的财务，其中：校长离任审计5所，学校财务检查10所。财务审计检查没有发现违法乱纪问题。

受理师德师风信访件26件，其中：区纪委交办7件，市教委交办2件，区府办交办1件，自办件16件，办结率100%。按要求上报问题线索3件，移送案件线索1件。

【教育资助】 学前教育资助困难儿童1 868人次，金额201.74万元。义务教育学校寄宿制学生2 849人次获生活费资助金176万元。普通高中困难学生245名减免学费20.09万元，5 773人次享受国家助学金571万元。中职学生学费资助8 630人次，金额319.92万元；住宿费资助662人次，金额14.13万元；生活费资助1 386人次，金额61.1万元。67名家庭经济困难大学新生获“你上学，我送行”路费4万元。32名大学新生获“泛海助学行动”资助金16万元。6名大学新生获“金秋圆梦”资助金1.8万元。60名高中品学兼优家庭经济困难学生获“滋惠计划”资助12万元。

秋季学期起，提高就读普通高中和中职的建卡贫困户子女国家助学金资助标准为每生每年3000元；免除普通高中困难学生、在校就读的农村建档立卡家庭经济困难学生、城乡低保家庭学生、城乡非建档立卡家庭经济困难残疾学生、城乡特困救助供养学生、福利机构集中供养及社会散居孤儿学费。

【语言文字】 4月，举办“书法名家进校园”活动。9月，全区61所中小学开展第十九届全国推广普通话宣传周活动，主题：说普通话，写规范字，用文明语，做文明人。是月，重庆市2016年秋期书法教研工作会暨重庆市书法教育达人提名展在河边小学校举行，全市各区县中小学书法学科专（兼）职教研员、部分书法艺术学校领导、书法教研组组长和书法骨干教师150人参加活动，璧山区各学校利用视频教研系统在学校观摩现场会视频。10月，全区校园开展“啄木鸟”行动，规范汉字的书写。是月，全区校园开展“中华经典诵写讲”活动，区教委在璧山实验小学举行中华优秀传统文化诵读展示。11月，青杠实验小学邀请中国中小学素质教育研究中心艺术教育专业委员会委员洪军到校指导书法艺术。

【卫生保健】 4月，市医学专家、健康教育专家和市中小学健康教育优质课获得者到璧山区开展卫生保健专题讲座和现场示范教学活动。8月，大路中学、正兴初中等5所学校厕所改造完成；丁家小学、青杠实验小学等5所学校食堂改造完成；石院小学、中兴小学等10所学校教室灯光照明改造完成；青山小学、璧泉小学等39所学校增配可调式课桌椅1.2万套；七塘初中、大兴小学等22所学校增配51台终端直饮水设备。9月，区教委下发《关于进一步加强学校食堂管理工作的通知》，就学校食堂的采购管理、从业人员聘用及考核等作规定。9月至11月，区教委对全区学校的食品卫生安全工作拉网式检查。10月，重庆市中小学幼儿园校园环境卫生管理现场推进会在璧山区召开，国家督学张荣、市教委副巡视员徐剑锋、璧山区委常委何平、朱朝阳等领导出席会议。

全年，健康体检64所学校65 705名学生。

【安稳工作】 1月至12月，滚动开展各类“打非治违”活动：查处涉生交通违法行为4起；整改安全防护设施5处，增设标志25处，施划标线3500米；排查校车行驶线路119条，取消3条；检查学校食堂、超市及学校周边餐馆副食品店299家，发现存在问题或风险隐患50家，排查整改隐患50起；查扣不合格食品15公斤，立案查处3件；查处消防违法行为72起，排查整改消防安全隐患53起，惩处占用、堵塞消防车通道违法行为13起；排查各类校园周边文化经营场所98家、店摊136家，收缴非法音像制品、“口袋本”图书和其他非法读物有害卡片2980件；排查生产经营通信电子产品单位23家、周边出租房屋45所、治安复杂场所12家；清理收缴校园管制刀具19把。

开展系列教育系统安全演练活动：4月，在丁家红黄蓝幼儿园开展“校车安全运行及事故应急处置演练活动”；5月，在正兴小学开展“地震逃生应急疏散演练及科普周宣传活动”；11月，在大路永佳幼儿园开展“校车安全运行及事故应急处置演练活动”；12月在文峰小学开展“火灾逃生应急疏散演练活动”。

办理信访件136件，其中：重庆市信访信息系统办理19件，公开信箱76件，群众来电来访41人次，信访件办结率100%，按期办结率100%，优质办结率95%。区教育系统识别、登记、审核、评估各类风险146条，风险等级全部为“一般”，并全部备案，评估率和审核备案率均为100%。

5月，区教委承办全市学校安全稳定工作现场会，重庆市各区县教委分管领导和璧山区71名校长、教管中心主任参会。会上发放《重庆市璧山区中小学幼儿园安全稳定工作资料汇编》，《汇编》规范54项学校安全稳定工作管理制度，明确52类不同岗位教职员工的安全稳定工作职责，规范18项日常安全稳定工作流程、22类突发事件应急处理流程和72项安全稳定工作记录台账。

2016年，投入300万元，排查整改消防、交通、校舍等各类安全隐患。区教育系统无任何涉校涉生安全责任事故和重大安全事故发生，无任何群访、集访发生。

【心理健康教育】 4月，区教委与区关工委在青杠初中举行以“爱·成长”为主题的宣传活动启动仪式，在区内璧山中学、来凤中学等7所学校开展系列宣传活动。5月，来凤中学心理健康教师罗柳到北京参加全国中小学心理健康教育研讨会，并执教《心的旅程》，获特等奖。11月至12月，开展璧山区心理健康教育课堂教学展示活动，16名教师参加区级竞赛，推荐3名教师参加市级竞赛。

5名具备心理咨询从业资格的专业教师，在区心理健康教育中心轮流值班，为全区学生及家长提供咨询服务，对学校心理健康教育工作进行指导。区教委每月安排专职心理健康教师到台商工业园区，为工人们做心理健康咨询服务。区内15个街镇安排专兼职心理健康教师，作为计划生育特殊家庭联系人，为失去独生子女等特殊家庭人员提供心理咨询服务。璧山中学、来凤中学申报创建重庆市心理健康教育特色学校。投入50万元为来凤中学、大路中学、职教中心、正则中学、璧泉初中建置心理咨询室。

基础教育

【学前教育】 新审批民办园4所，全区有幼儿园138所。按办园性质分：公办园和学校附设幼儿园42所，民办园96所。按办园等级分：市一级园9所，二级园54所，三级园66所，未定级园9所。在园幼儿19 060人，其中，公办园和学校附设幼儿园6 248人，民办园12 812人；城区入园幼儿9 857人，其余街镇入园幼儿9 203人。学前一年毛入园率99.2%，学前三年毛入园率88.2%。

普惠性园81所，占比率57.9%，区域覆盖率100%，发放公用补助经费500.64万元。享受学前资助幼儿1 868人次，发放资助经费201.74万元。

修订下发《重庆市璧山区普惠性幼儿园管理办法》《重庆市璧山区学前教育机构年检暨等级审核实施办法》。学前中心教研组开展片区教研活动20次。区域课题研究2项：“璧山区农村幼儿园区域性体育活动研究”结题，“幼小课程与教学衔接的实践研究”在研。

1月，能力提升培训全区幼儿园教师。4月，组队参加重庆市幼儿园活动区创设与实施竞赛，获市级一等奖。5月，组织幼儿园活动区创设与实施区级竞赛，评出活动区现场设计一等奖1名，二等奖2名；活动区实施一等奖4名，二等奖6名。6月，开展规范小学附设幼儿园独立设置与管理专项整治工作。12月，开展璧山区第三届幼儿园青年教师教学技能展示活动，评出一等奖5名，二等奖9名。

【义务教育】 全区有单设小学41所，教学班869个，在校学生39 185人，在职教职工2 181人。小学适龄儿童入学率100%，三类残疾儿童入学率95.1%，外来务工子女入学率100%。普通初中18所，九年一贯制学校1所，特殊教育学校1所。全区普通初中初三毕业生5 481人，初一年级招生5 555人，初中在校学生16 617人，比上年增加121人。初中入学率、巩固率分别为100%和99.6%。初中毕业生升入高中阶段比例97.1%。

【高中教育】 全区3所普通高中（完全中学）在校生10 831人，比上年增加217人，毕业生3 787人，比上年减少95人，招生3 785人，比上年增加228人。全区高中发展促进计划继续推进，璧山中学的普通高中语文课程创新基地建设项目申报成功、3个研究课题获立项，璧山中学与来凤中学的4个精品选修课程通过审批。重庆一中与璧山中学联盟办学深入推进，在行政管理、教育教学、科研教改等方面实现对接，两校定期开展教改科研活动。

高考：报名人数3 775人。普通文理类3 744人，其中本科3 419人，专科325人；高职对口类31人，其中本科30人，专科1人；录取3 354人。本科1 675人，其中重点本科596人，一般本科1 079人；专科1 679人。有8人进入北清港国内外一流名校，45人被排名前10的国内综合名校录取。

【特殊教育】 下发《重庆市璧山区教育委员会关于加强义务教育阶段残疾儿童随班就读工作的通知》。全区适龄残疾儿童少年入学率由81%提高到86%。对无法到校接受教育的重度残疾儿童，均建立档案。生均公用经费每年每生6 000元，纳入财政预算。中央和市级专项补助经费投入297万元，区财政补助45万元，用于校舍维修和改造。

有教职工28人，其中研究生2人，本科12人，专科14人，特殊教育专业教师9人；在校学生人数128人，智障生80人，聋生48人。

完成培智中年级《劳动技能》教材编写，为培智班的孩子制定个别化教育计划。区特殊教育学校与区职教中心联合开办聋生职教爱心班。组建语言、动作、心理、艺术四个康复训练小组，对学生进行针对性的训练。在启智部试点推行一人一案。

区特殊教育学校聘请西南大学的大学生教智障孩子吹奏葫芦丝，外聘重庆市残疾人艺术团聋人艺术骨干廖晶为学校舞蹈队的孩子授课。迪恩英语培训中心的教师义务为区特殊教育学校学生上英语课，中国移动璧山分公司、奥特莱斯和山城志愿者协会，为孩子们送衣服、学习用品。学校加入澳大利亚籍华人魏基成“天籁列车”行动，获捐赠助听器59台，价值48万元。狮子会志愿者组织捐赠电子轮椅3部，价值3万元。重庆邦扬文化传播有限公司义务为学校安装可视监控报警系统。

4名特教教师赴北京海淀培智中心学校跟岗学习1个月。23名特教教师参加国培、市培和重庆市片区教研活动，1名特教教师参加江津艺术治疗种子教师培训。

一个国家级研究课题结题。市级课题《自闭症儿童语言康复训练之个案研究》和区级课题《绘本教育促进智障儿童语言发展的行动研究》立项。加入市教科院牵头的“聋人语言使用情况调查及有效教学模式的构建”课题研究。

区特殊教育学校图书阅览室被中国残疾人福利基金会授予“积善·爱心书屋”称号。全国13个省市残联福利基金会秘书长参观调研区特殊教育学校。重庆北部新区星光学校200多名教职工分三批到区特殊教育学校参观学习，两校间达成长期交流合作意向。

学生舞蹈《梦想高飞》获第七届全国特殊教育学校文艺会演比赛市级一等奖、全国三等奖。教师论文获国家级奖3人次，市级奖14人次，区级奖13人次。参加重庆市首届特殊教育优质课大赛，2名教师获一等奖。

【教育科研】 全区教育科研立项课题61个：申报重庆市“十三五”教育科学规划2016年度课题，立项23个（其中重点课题8个），与北碚区并列全市第一，实验小学、正则中学、璧山中学、璧泉初中等学校课题立项有重大突破；申报市教委“2016年重庆市普通高中教育教学改革研究课题”，璧山中学立项3个；学校申报区级课题，立项35个。8项市级课题、12项区级课题结题。

【新课程改革】 3月，区教委课改办成立。是月，制定《璧山区深化义务教育课程改革三年规划》：提出“133”发展目标（即秉承一个宗旨，追求三个愿景，实现三大目标）和“56”行动计划、六项主要行动。12月，华南师范大学授牌璧山区教科所“网络研修与培训资源建设基地”。

建立“宜生德育”课程体系：遵循生命成长规律和教育规律，以“整合思想”设计课程体系，以“家国情怀”选择课程内容，以“行动育德”落根课程实施，培育学生在文化修养、社会参与、自主发展等方面的核心素养，整体建构覆盖小学到高中各学段的区域“宜生德育”课程。课题“基于核心素养的‘宜生德育’课题建设与实施研究”为重庆市教育领域综合改革试点项目。是年，以“视频看现场”和德育教研经验形式，“三礼”教育市级交流2次。

2016年12月21日，在文风小学召开璧山区课程改革现场会
（区教委　供图）

“学教练”课堂改革：以生长课堂为中心点，探索学科素养，打造高效课堂；坚持“每月晒2场，1月1主题，人人有获得”原则，提供“学教练”课堂范式（19所学校承担18次现场会，文风和东关合开一场）；教研员每周三天蹲点、督学每月督查，学校建立推门听课机制。

在全市基础教育中率先推行课程改革项目制管理，立项54个。各项目呈现“巧借外力，自主发力，项目融合，共同生长”的局面。开展“1+5”（璧山实验小学牵头，带领另外5所城区学校）项目合作，合作校在牵头学校的指导下，完善课程体系。

以互联网+微行动为创新点，引进全国微课程第一人李玉平与深圳龙岗教师进修学校的雷斌微课程开发团队，合力形成导师团队，进行微课程设计与开发培训师培训，历时半年，集中培训、小组合作研修4次。学员参加全国微课大赛，2人获一等奖。

与全国10省市近100位课改专家建立经常性联系，邀请来自北京、上海、南京和重庆等地著名专家、学者、名师莅璧讲学50人次。

【重庆市璧山中学】 有在校生7 869人，150个教学班，在职教职工552人。新招学生2 728人，毕业学生1 993人。招录教师41人。

新增《德育处职员结果考核办法

及考核细则》《学生社团指导老师考核办法》《课外活动指导、组织考核补助办法》。修订《学生对教师满意度调查的方案》《新绩效考核方案》《新课改年级的考核方案》等。建立非高考、中考学科和选修课质量评价体系。采用定性和定量结合方式，综合评价一线教师。创建“璧山中学德育论坛”，每个月开展1次。以传承中华传统文化为德育纲要，分初中、高中六个年级制定细化的方案和校本教材。

与一中联盟办学纵深推进：高三各备课组赴垫江参加由一中联盟八校的高考研讨会；一中高三数学组到校参与集体教研；两校新一届高三各备课组结对；高二、三年级期中、末考试试卷共享。牵手上海名校，协助课改，将“学、教、练”模式全面渗透进课堂教学。

2月，推出《璧中为你读诗》活动，全年推出20期精品栏目。7月—12月，接待上海、北京教育专家100人次，安排专家讲座、专家示范课、实操培训等。9月，编辑《璧山中学新课程改革实操手册》，拟定《璧山中学课程改革推进相关意见》。10月，启动智慧校园建设，完成部分招标任务。

承办璧山区教研活动、各类赛课活20次。申报市级改革课题3项，市级规划课题4项，璧山区课改项目5项。54名教师到上海市东中学学习新课程改革。22名教师到上海市古美中学学习智慧校园。1名教师到北京、12人赴南京跟岗基地学习，27人次到重庆市接受市级骨干培训，663人次参加璧山区级各类培训。教师获赛课、征文大赛等国家级表彰17人次、市级特等奖7人、一等奖的33人，区级一等奖27人。

高考：重点本科上线665人，比上年增长10.5%；本科上线1 373人，本科上线率73.7%。

【重庆市璧山来凤中学】 有在校生5532人，98个教学班，在职教职工403人。新招学生2065，毕业学生1619。新招录教师6人。新增《来凤中学课堂秩序专项督查方案》。修订《来凤中学候课管理制度》《新绩效考核方案》《职称评聘考核方案》等。建立非高考、中考学科和选修课质量评价体系。采用定性和定量结合方式，综合评价一线教师。

学校围绕教委“学·教·练”指导原，提出“至善”课堂的课改理念。要求教师要“一师一特色课堂”，学生要有“一生一兴趣爱好”。在高一年级开设选修走班课程，学生除学习必修和选修外，还可以选取两门校本选修。

8月，学生参加重庆市五运会，获金牌7枚，银牌7枚，铜牌9枚，获团体总分第四名。10月，参加重庆市校园足球片区赛，获高中女子组亚军，初中女子组第七名。11月，参加璧山区中小学生田径运动会，获高中组团体第二名，初中甲组团体第三名。是月，参加璧山区中小学生跳踢比赛，获花样跳绳第一名，团体第二名。师生在赛课、征文大赛等活动中获国家级表彰5人、市级表彰20人，区级一等奖22人。

高考：重本上线157人，本科上线486人。600分以上6人。

【重庆市璧山大路中学】 学校有45个教学班，学生2 590人，教职工185人。新招录硕士研究生教师3名。学生毕业796人。投入721.25万元，建成初中部学生食堂公寓楼工程，建筑4 880平方米。

把握“四种形态”，从严治党，校长及中层干部对分管领域人员进行每月廉政约谈。组织老师参加各类培训：125名教师参加专业发展全员培训；5名教师参加新教师培训；开展各类教学教研活动：校级公开课47节；组内教师研讨课830节；与保家中学结成“手拉手”学校，两校开展教研活动5次。

教师在各级教育杂志上发表文章17篇。学生在《读写舫》《中学生导报》等市级以上报刊发表文章15篇。68篇教师论文和课件在市级县级评奖中获奖。39名教师在区说课、基本功比赛活动中获奖。2名教师微课在第二十届全国教育教学信息化大赛中，获全国二等奖。校园电视节目《大道之魂》获市级二等奖。在“一师一优课、一课一名师”活动中，获重庆市一等奖2堂、二等奖8堂。师生在“传递正能量”“五好小公民”等竞赛活动中，获国家级奖1人，市级奖3人，区级奖6人。

5月，学生参加重庆市校园集体舞比赛，获中学组二等奖。学生参加重庆市合唱比赛，获二等奖。7月，学生参加重庆市第五届中学生举重比赛，刘毅获男子甲组94公斤级季军，陈鉴梅获女子甲组74公斤级季军。7月，学生参加重庆市第五届运动会跆拳道比赛，蔡乐获42公斤级亚军。

高考：重点上线26人，本科以上63人，加上4月春季高考录取298人，合计上线488人，上线率90%。

中等职业教育

【概况】 2016年，有招生资质的中等职业技术学校2所：市重点中职学校璧山职业教育中心，民办职业学校青山工业技工学校。学校教职工154人，其中市级骨干教师9名、区级骨干教师8名、区名师2名、专任教师102人、双师型教师48人。在校生3183人，新注册学生1289人。开设数控应用技术、电子应用技术、旅游服务与管理等专业8个。

【基础能力建设】 新征地6.33公顷，区财政划拨6 223万元用于支付土地出让金。投入1 000万元，修建教学楼宿舍楼7 500平方米。市级奖补资金320万元用于改善现有教学楼条件，190万元用于2栋教学楼和宿舍楼的维修改造；130万元用于校区的供电改造工程。战略性新兴产业发展专项资金90万元，用于职业技能培训和鉴定系统建设。教育统筹经费安排300万元，用于规划设计、围墙修建等工作费用。农业发展银行基金3 100万元，用于实训区土石方平场工程。投入资金100万元，新购教学用机床设备5台。

获批第三批“重庆市中等职业教育改革发展示范学校”建设项目学校；投入300万元用于学校示范校建设、师资培训、文化建设、设施设备购置等，改善学校办学条件和办学水平。学校申办第三批外国政府贷款备选项目（中职德促贷款2 000万欧元），该项目通过国家发改委、财政部审批，正迎接德方专家评审。

【服务经济发展】 围绕璧山电子信息、装备制造、医药食品三大支柱产业，优化调整开设专业，服务璧山区域经济发展，满足璧山医药食品、商贸旅游等新兴产业发展需要。探索“园校互动、产教融合”办学模式，校企双方共建共享实作场地。采取“订单培养”“工学交替”等校企合作模式，打造校企合作平台，实现“厂校互动”。与璧山工业园区企业开展工学交替的生产性实训，向园区企业提供人力支撑。与重庆展运有限公司、重庆青山工业有限责任公司、重庆红宇精密工业有限责任公司等40家企业建立共建机制，在专业设置、课程开发、人员互派等方面实现共建共享。通过校企合作“按需定制”，解决企业急需专业人才和学校人才培养把握不准市场需求难题。

是年，中职毕业生1 206人，1 243名学生（含历年重新就业学生）就业，就业率97%，对口就业率约80%。用人单位对学校毕业生的满意度95%。

【重庆市璧山职业教育中心】 学校占地11公顷。学校教职工109人，在校生2695人。是重庆市重点中等职业学校，第三批“重庆市中等职业教育改革发展示范学校”建设项目学校，为重庆市职业教育学会第二届理事会常务理事单位、重庆市创新教育学会副会长单位、全国第五届和谐校园先进学校、重庆市平安校园。8月。璧山区教师进修校从璧山职业教育中心分离独立设置。

有智能制造部和旅游部两大专业部，开设专

业有数控技术应用、旅游服务与管理等专业7个，其中旅游服务与管理和数控技术应用为学校特色专业。同时，采用“订单式”培养模式，加强校企合作，共同搭建人才对接平台，并将企业培训引入到课堂教学过程中来，学校与璧山工业园区内38家企业建立共建机制，共建校外实训基地12个。

学校重视教师技能水平的培养和提高，制定专业教师发展规划，全力打造教师队伍。教师参加国培3人次，市培及其他校外培训90人次。教师参加比赛获区级及以上奖项255人次，2名学生参加第十三届全国中小学信息技术创新与实践活动选拔赛高中组漫画创作赛，获市级一等奖。

2016年，毕业生1 032人，就业率97%，部分专业对口就业率70%。25名中职学生参加高职单招考试，其中24人升入高职院校。学生参加重庆市第九届中等职业学校职业技能大赛，5名学生获市赛二等奖，23名学生获市赛三等奖。

【重庆市青山工业技工学校】 学校位于青杠街道，占地4.2公顷（其中自有产权2.67公顷、租赁1.53公顷），有教职工45人，在校生488人。开设机械制造技术应用、数控技术应用2个专业。有实习工厂16 150平方米，学校设备达162台，设备资产3 500万元。

与重庆速腾机械制造有限公司深度合作，实行一套“领导班子，两块牌子”，探索“校企结合、工学结合、产权结合”的办学模式。速腾公司实现销售收入7 700万元，利润300万元，上缴国家税金450万元。校企合作特色：学生一年级在本校第一实训基地实习，主要是数控技术应用教材的课题实作、钳工、检验。二年级优秀学生可选择在第二实训基地即速腾公司实习精加工汽车零部件，接触企业标准厂房生产，体会感受企业管理的详细过程，为学生顶岗实习制造生产出合格产品打基础。

校级和中层干部参加市人社局主办的管理能力提升培训，17名教师到重庆荣昌益民技工学校对口参观学习交流。教师朱宁、马廷轩参加重庆市教师组技能大赛，分别获市级二等奖和三等奖。

174名毕业生分别到重庆青山工业有限公司、重庆瑞通实业有限公司、重庆三青机械制造有限公司、重庆速腾机械制造有限公司等16个合作企业就业，就业率98%，稳定率95%，专业对口率98%。

高等教育

【概况】 2016年，璧山区有招生资质的高等职业院校2所，市属重庆机电职业技术学院和重庆护理职业学院。有教职工600人，高级教师100人，专任教师350人，双师型教师219人，在籍学生9 183人。开设有机械设计与制造、模具设计与制造、汽车制造与装配技术等40个专业，其中市级骨干高职院校重点建设专业4个。

【重庆市机电职业技术学院】 重庆机电职业技术学院是面向全国招生的全日制普通高等职业技术院校,重庆市骨干高职院校，重庆市大学生新生军训“自训”试点院校。位于璧山璧青大道1001号，学院占地66.67公顷，建筑24万平方米，固定资产7亿元，其中教学仪器设备5 790万元，馆藏图书65.15万册。全年教育经费总收入1.03亿元，总支出8 946万元。图文信息中心建成使用、教职工宿舍主体工程完工。

学院有教职工507人，其中专任教师327人，具有副高以上职称98人，双师型教师204人，兼职教师290人。有全日制在册学生8 440人，开设机电工程类、车辆工程类、建筑工程类、经济管理类、艺术设计类五大专业群37个专科专业。物联网技术专业、工业机器人技术专业和电子商务专业首次招生。成立士官生学院，扩大试点范围和规模，实现与4个军警种的合作，在校士官生突破1 000人。

是年，学院以升本和骨干高职院校建设为龙

头，加强师资队伍建设，深化教学改革创新，促进内涵发展。一是新建21个实训室，扩建、改建12个实训室。引进教学和教学管理人员55人。全院开展职业资格培训鉴定3 621人次，获证2 777人次。全年组织216人次参加各类教师培训，培训经费80万元。举办各类培训24期，培训人数1 000人。二是加强校企合作，与90家企业签订校企合作协议，建设校外实训基地70个；与20家企业，共同开办定向培养班28个，邀请组织201家企业，到校召开47场毕业生就业双选会。三是加强专业建设和课程建设，推动教改科研工作。申报立项市级教改课题6项，评审结题市级教改课题9项；申报立项市级专业资源库建设项目2项，建成市级网络精品课程4门。撰写出版4部《教学改革成果专著》，成功申报创建市科委"众创空间"、市教委"重庆市高校众创空间"各1个，获创建资金70万元。

机电专业学生参加各类职业技能大赛，获国家级奖14项；省级奖68项，获奖层次和获奖总数居全市民办高职第一。

毕业生2 311名，就业率98.1%，家庭经济困难毕业生就业率97.82%。完成2014级首届士官生的入伍工作，199名士官生输送到部队。

【重庆护理职业学院】 3月，经重庆市人民政府批准设立（教育部代码：14576），由重庆医科大学附属第一医院全额出资举办，是实施全日制专科高等学历教育的民办非营利高等职业院校，全市首所面向西部以培养养老服务和健康服务人才为主的高职院校。学院利用重庆医科大学附属第一医院及青杠老年护养中心的医疗、养护、教学等资源，突出"院校"结合的办学特色，探索"医养教"深度融合的模式，打造"医养教"深度融合平台。

学院开设护理、助产和康复治疗技术3个专科专业，在校学生743人，教职员工93人，专任教师23人。占地1.92万平方米；校舍建筑5.83万平方米。全校教育经费总收入330.65万元，总支出344.8万元。

全年，学院申报6项科研课题。

【自学考试】 2016年，璧山区高等教育自学考试分别于1月、4月、10月举行，有2 051人次报考，报考科数4 623科。毕业生人数28人，其中本科24人，专科4人。

【成人高考】 2016年，璧山区成人高考报名人数5 067人，再创历史最高水平。高中起点4 829人，其中文科855人，理科3974人；专升本238人。录取新生4 501人。

【研究生考试】 12月，璧山区首次承办全国硕士研究生入学考试，1 723人报名参加。

成人教育

全区辖6个街道，9个镇，187个社区、行政村。职业教育培训机构：乡镇级成人学校15所，村居级成人学校192所，有成人学校专职干部73人，其中专职教师52人。市教委、教科院专项划拨社区经费15万元，用于成教、老年功能性扫盲等工作。

开展形式多样的扫盲工作。根据社区老年人的多样化需求，1月至12月主要在来凤、丁家、璧泉、大兴开展老年人扫盲工作，包括安全用电、计算机使用、健康知识等日常生活、基础知识层面、直观化的培训。完成55岁—75岁老年人学习需求300份有效问卷调查，为社区工作、特别是老年教育工作的开展提供依据。

进行多种技能培训工作。全区各街镇开展各类实用技术培训、岗前培训和阳光培训：1月至6月在青杠来凤片区开展花圃苗木栽种技术培训，4月至12月大兴丹凤正兴片区开展葡萄、柚子栽培技术培训，5月至6月在大路七塘片区开展黄花、蔬菜种养植技术培训，7月至12月在丁家片区开展花圃苗木、脐橙种植技术等。全年开展70场次讲座、培训，4000多人次参加培训。

开展全区社区教育学习活动。9月至11月，以“推动全民终身学习，加快学习型社会建设”为主题，开展百姓学习之星、特色课程、摄影大赛、微课等社区教育活动。

2016年璧山区录入重点大学学生名单

表8–4

姓名	录取院校	录取专业
许双双	上海交通大学	公共管理类（行政管理）
任津雨	中国人民大学	财政学类
黄云莹	北京交通大学	文科试验班类（语言与传播）
彭涛	北京航空航天大学	飞行器质量与可靠性
吴宜非	北京航空航天大学	材料类
王建桥	北京科技大学	材料科学与工程
李雪昊	北京科技大学	计算机科学与技术
张泽林	北方工业大学	计算机类
舒杨洋	北方工业大学	经济与贸易类
胡迅	北京林业大学	林学类
杨芙鑫	北京中医药大学	护理学（对外交流方向）
朱佳欣	北京第二外国语学院	法学
曾梓晋	中央财经大学	金融学（互联网金融）
黄渝岚	中央民族大学	生物科学类
洪菱	中国政法大学	工商管理
方鹏程	北京信息科技大学	电子信息工程
龚国强	中国矿业大学(北京)	机械工程
张思捷	首都经济贸易大学	会计学（注册会计师专门化）
肖宗林	北京工商大学	应用化学
薛苏洪	北京建筑大学	建筑学（大师实验班）
代世运	中国民航大学	通信工程
王瑁	中国民航大学	通信工程
王可馨	中国民航大学	通信工程
程鸿馨	天津医科大学	康复治疗学
黄沾	石家庄铁道大学	工商管理类
甘宇寒	石家庄铁道大学	应用物理学
周峒莉	石家庄铁道大学	物流管理
雷贵林	石家庄铁道大学	材料类
冉相辰	中北大学	武器发射工程

续表 8-4

姓名	录取院校	录取专业
龙灵巧	太原理工大学	思想政治教育
陈红	太原理工大学	信息与计算科学
李雪枫	太原理工大学	金属材料工程
彭雪	东北大学	机械类（含机械工程、过程装备与控制工程、车辆工程、工业设计）
刘资余	东北大学	矿业类
左长财	吉林大学	电子科学与技术
孙庆	吉林大学	电子信息科学与技术
戴张棋	吉林大学	生物医学工程（再生医学）
黄晓彤	吉林大学	临床医学（5+3）
杨茂林	吉林大学	临床医学
黄磊	吉林大学	信息与计算科学
邓鑫	吉林大学	临床医学
程雪原	吉林大学	会计学
曹杰	吉林大学	机械工程
符世林	吉林大学	机械工程
赵德浩	吉林大学	机械工程
谭诗凡	长春理工大学	信息管理与信息系统
邓斯	哈尔滨工程大学	计算机科学与技术
王旭	东北石油大学	地质学
余勃成	东北农业大学	能源动力类（工学Ⅱ）
胡雪莲	东北农业大学	环境科学与工程类
郑培渝	哈尔滨医科大学	麻醉学
张霞	黑龙江中医药大学	药学
余祭淋	黑龙江中医药大学	药学
凌新	华东理工大学	自动化
柯贤瑜	东华大学	环境科学与工程类
曾灵拙	东华大学	理科试验班
石瑀	华东政法大学	法学（国际经济法）
廖璐瑶	上海政法学院	法学（涉外卓越法律人才培养试点班）
黄少聪	上海政法学院	知识产权
周涛	南京航空航天大学	机械工程
郑小花	南京理工大学	经济学类（国际经济与贸易、金融学）
朱俊同	南京理工大学	电气类（电气工程及其自动化、智能电网信息工程）
管悦竹	南京理工大学	应用统计学
唐杰	中国矿业大学	能源与动力工程
夏世权	中国矿业大学	地质类（地质工程，资源勘查工程，地球物理学，水文与水资源工程）

续表 8-4

姓名	录取院校	录取专业
朱鑫	河海大学	工业设计（常州校区）
邹公艺	河海大学	港口航道与海岸工程
郑伊	江南大学	机械工程
秦宇洁	江苏大学	会计学
邹杨	江苏大学	材料成型及控制工程
林馨	南京财经大学	食品科学与工程
江友	南京财经大学	质量管理工程
段金伶	南京师范大学	文化产业管理
涂良琼	扬州大学	信息管理与信息系统
王晨	浙江大学	医学试验班（八年制）
张皓钧	杭州电子科技大学	会计学（按会计学类招生，含会计学、财务管理、审计学）
何蕾	杭州电子科技大学	电子信息类
汪洁	浙江工业大学	计算机类
刘芮希	浙江工商大学	会计学（含会计学、财务管理、审计学、ACCA）
陈伟庆	安徽大学	通信工程
叶俊	福建农林大学	园艺
雷春生	华东交通大学	机械设计制造及其自动化
吴双霜	江西师范大学	应用心理学
叶宝琴	江西师范大学	应用化学
贺宁	南昌大学	物流管理
卓大春	山东大学	生物科学类（青岛校区）
胡贵	中国石油大学（华东）	工程管理
曾跃	中国石油大学（华东）	化学
蒲勇光	济南大学	生物技术
徐红梅	青岛大学	汉语言文学
杨鑫	青岛大学	会计学
安婉霞	郑州大学	教育学
王雨	郑州大学	轨道交通信号与控制
吴俐霖	郑州大学	工程管理
黄皓渝	河南大学	会计学（注册会计师方向）
代鹏	武汉大学	临床医学（八年）
孙浩钦	中国地质大学（武汉）	地质学（基地班）
陈斌杰	湖北工业大学	机械类
王春洪	华中农业大学	生物工程
潘杭	湖北大学	化学类（化学、应用化学、化学生物学）
殷铭洁	武汉科技大学	金属材料工程

续表 8–4

姓名	录取院校	录取专业
许嵩沛	华中科技大学	机械设计制造及其自动化
徐万颜	华中科技大学	通信工程
罗清明	华中科技大学	软件工程
熊发浩	武汉理工大学	材料成型及控制工程
李晓椿	湘潭大学	广告学
张玲兰	湘潭大学	汉语言文学
邱鹏	湖南大学	土木类（包含土木工程、工程管理）
杨青林	湖南大学	通信工程
程吉琳	南华大学	土木工程
陈龙	南华大学	道路桥梁与渡河工程
彭登林	南华大学	安全工程
邓喆	中南大学	药学
余航	长沙理工大学	会计学
朱娅铭	长沙理工大学	通信工程
钟魏	湖南科技大学	物联网工程
陈俊杞	中山大学	数学类（含数学与应用数学、信息与计算科学专业）
朱桃宏	中山大学	交通工程
石佳	中山大学	环境科学与工程类（含环境科学、环境工程专业）
张铌	广东外语外贸大学	经济学类 (经济学、经济统计学、税收学、财政学、国际经济与贸易
刘育沁	广东外语外贸大学	法学（法律、国际经济法、民商法、知识产权法 4 方向）
彭桂英	海南大学	外国语言文学类（英语、商务英语）
尹狄	重庆大学	电子科学与技术
王前胜	重庆大学	车辆工程
钟源岑	重庆大学	软件工程
张盼	重庆大学	给排水科学与工程
洪菊	重庆大学	财务管理
罗浩诚	重庆大学	土木工程
胡满	重庆大学	车辆工程
蓝平	重庆大学	机械设计制造及其自动化
徐久铭	重庆大学	机械设计制造及其自动化
魏来	重庆大学	电气工程及其自动化
王一力	重庆大学	工程造价
肖娅男	重庆大学	电气工程及其自动化
李登科	重庆大学	建筑环境与能源应用工程
张艳	重庆大学	通信工程
严艺	重庆大学	自动化

续表 8-4

姓名	录取院校	录取专业
陈卓	重庆大学	车辆工程
罗秀枫	重庆大学	软件工程
凌季涵	重庆大学	化学工程与工艺
李俊男	重庆大学	测控技术与仪器
梁鑫瑜	重庆大学	软件工程
罗春梅	重庆大学	材料科学与工程
金文哲	重庆大学	软件工程
曾茂	重庆大学	信息管理与信息系统
彭柏皓	重庆大学	自动化
胡星	重庆邮电大学	电子信息类（通信信息类）
张怀艺	重庆邮电大学	电子信息类（通信信息类）
许冠杰	重庆邮电大学	计算机类（计算机与智能科学类）
罗艺	重庆邮电大学	电子信息类（通信信息类）
张钰滨	重庆邮电大学	电子信息类（通信信息类）
吕雪	重庆邮电大学	计算机类（计算机与智能科学类）
肖萌	重庆邮电大学	法学类
刘砾婷	重庆邮电大学	外国语言文学类（英语类）
谢杨州	重庆邮电大学	电子信息类（通信信息类）
杨锦	重庆邮电大学	信息管理与信息系统
袁昊	重庆邮电大学	自动化类（自动化与电气工程类）
孙啸天	重庆邮电大学	电子信息类（电子工程类）
杨乾铖	重庆邮电大学	机械类（先进制造类）
秦麒麟	重庆邮电大学	自动化类（自动化与电气工程类）
谢治杨	重庆邮电大学	电子信息类（集成电路工程类）
刘梓涵	重庆邮电大学	电子信息类（电子工程类）
邓可嘉	重庆邮电大学	电子信息类（电子工程类）
刘阳	重庆邮电大学	机械类（先进制造类）
王涛	重庆邮电大学	电子信息类（电子工程类）
姜燕	重庆邮电大学	数学类（数理科学与信息技术类）
何凯杰	重庆邮电大学	生物医学工程
张孝源	重庆邮电大学	机械类（先进制造类）
邱卓	重庆邮电大学	机械类（先进制造类）
周川瑜	重庆邮电大学	信息管理与信息系统
徐瑞昀	重庆邮电大学	工商管理类
刘星	重庆邮电大学	自动化类（自动化与电气工程类）
王俨铨	重庆邮电大学	自动化类（自动化与电气工程类）

续表 8-4

姓名	录取院校	录取专业
杜金	重庆邮电大学	生物医学工程
徐鹏	重庆邮电大学	自动化类（自动化与电气工程类）
董珏琪	重庆邮电大学	计算机类（计算机与智能科学类）
吴远杰	重庆邮电大学	机械类（先进制造类）
伍宁	重庆邮电大学	电子信息类（电子工程类）
陶思远	重庆邮电大学	电子信息类（通信信息类）
陈俊涛	重庆邮电大学	电子信息类（通信信息类）
曾维豪	重庆邮电大学	机械类（先进制造类）
周雷	重庆邮电大学	电子信息类（电子工程类）
伍健锋	重庆邮电大学	电子信息类（通信信息类）
陈姜龙	重庆邮电大学	电子信息类（集成电路工程类）
段婷婷	重庆邮电大学	工商管理类
罗浩	重庆交通大学	土木类
印伟	重庆交通大学	交通运输类
邓洋	重庆交通大学	土木类
徐粤多	重庆交通大学	土木类
邓洋	重庆交通大学	土木类
陈迅	重庆交通大学	水利类
滕竟	重庆交通大学	工商管理类
王浩	重庆交通大学	土木类
李富军	重庆交通大学	土木类
戴双璘	重庆交通大学	测绘工程
唐吉	重庆交通大学	水利类
彭丹	重庆交通大学	交通运输类
谢佳杨	重庆交通大学	机械类
刘峻麟	重庆交通大学	地质工程
韩磊	重庆交通大学	地质工程
王鑫	重庆交通大学	船舶与海洋工程
邓何	重庆交通大学	地质工程
张皓然	重庆交通大学	机械类
罗方超	重庆交通大学	交通运输类
刘学林	重庆交通大学	土木类
刘韬	重庆交通大学	土木类
周世华	重庆交通大学	机械类
王世凌	重庆交通大学	电子信息类
谢爱玲	重庆交通大学	土木类

续表 8-4

姓名	录取院校	录取专业
兰俊	重庆交通大学	电气工程及其自动化
罗长沙	重庆交通大学	电气工程及其自动化
吴俊蓉	重庆交通大学	工商管理类
谢宇航	重庆交通大学	工商管理类
刘绪程	重庆交通大学	材料类
赵林	重庆交通大学	土木类
李国宇	重庆交通大学	土木类
李悦	重庆交通大学	物流管理
罗美均	重庆交通大学	水利类
蒋承奇	重庆交通大学	工商管理类
戴天旭	重庆交通大学	交通运输类
梁铁军	重庆交通大学	能源与动力工程
沈茜	重庆交通大学	电子信息类
李长金	重庆交通大学	材料类
赵杉	重庆交通大学	管理科学与工程类
仇礼钧	重庆交通大学	管理科学与工程类
曾雨	重庆交通大学	机械类
徐婷婷	重庆交通大学	管理科学与工程类
叶鹏	重庆交通大学	机械类
郭栋	重庆交通大学	能源与动力工程
邓光宗	重庆交通大学	工程力学
蒋光麟	重庆交通大学	能源与动力工程
陈瑞	重庆交通大学	测绘工程
余际沛	重庆交通大学	工程力学
凯万林	重庆交通大学	工程力学
张英	西南大学	植物保护
马清心	重庆医科大学	临床医学
郑薪汝	重庆医科大学	临床医学
周翠	重庆医科大学	临床医学
喻潇	重庆医科大学	临床医学
宋念竹	重庆医科大学	临床医学
王瑶	重庆医科大学	临床医学
邓洪沛	重庆医科大学	临床医学
蒋闰杰	重庆医科大学	儿科学
陈超	重庆医科大学	临床医学
李林翰	重庆医科大学	临床医学

续表 8-4

姓名	录取院校	录取专业
肖祖鹏	重庆医科大学	临床医学
罗帅	西南大学	制药工程
段超	西南大学	纺织类
陈相宏	西南大学	制药工程
龙依黎	西南大学	社会工作
姜松	西南大学	农业经济管理类（农林经济管理）
杨文明	西南大学	电子信息类
王琳琳	西南大学	文化产业管理
石晓玲	西南大学	新闻学
刘昌宗	西南大学	农业经济管理类（农林经济管理）
廖珠玲	西南大学	食品质量与安全
吴纯模	西南大学	电气工程及其自动化
杨力瑗	西南大学	德语
李洪	西南大学	电子商务
唐亚星	西南大学	风景园林
廖许均	西南大学	英语
谭川	西南大学	生物工程
张涛	西南大学	电子信息类
黄巧	西南大学	环境科学与工程类
罗文强	西南大学	机械类
陶霜	重庆师范大学	汉语言文学（师范类）
汪志宇	重庆师范大学	英语（师范类）
王娅兰	重庆师范大学	英语（师范类）
万钟	重庆师范大学	教育学（师范类）
万雪	重庆师范大学	新闻学
潘圳余	重庆师范大学	历史学（师范类）
黄文静	重庆师范大学	汉语言文学（师范类）
胡鑫	重庆师范大学	化学（师范类）
巫晨雍	重庆师范大学	化学（师范类）
欧红利	重庆师范大学	教育学（师范类）
周江侠	重庆师范大学	数学与应用数学（师范类）
魏萍	重庆师范大学	教育学（师范类）
王思佳	重庆师范大学	数学与应用数学（师范类）
刘利	重庆师范大学	英语（师范类）
田星	重庆师范大学	英语（师范类）
王睿	重庆师范大学	历史学（师范类）

续表 8-4

姓名	录取院校	录取专业
朱城	重庆师范大学	英语 (师范类)
汪嘉嘉	四川外国语大学	商务英语
陈廷峰	四川外国语大学	英语
王婧涵	四川外国语大学	英语
罗洁琳	四川外国语大学	商务英语
邓钰荣	四川外国语大学	英语
孙美琪	四川外国语大学	商务英语
李云菊	四川外国语大学	英语
彭丽洁	西南政法大学	工商管理类
万佳倩	西南政法大学	法学
瞿瑞禾	西南政法大学	法学
张瑜	西南政法大学	法学
丁琪欣	西南政法大学	法学
万文星	西南政法大学	法学
李林峰	西南政法大学	英语
冷雪	西南政法大学	英语
张世钳	西南政法大学	英语
简蕊	西南政法大学	新闻传播学类
詹晓楠	西南政法大学	行政管理
汪铃	西南政法大学	经济学类
周敏	西南政法大学	经济学类
谢林	西南政法大学	工商管理类
傅玉	西南政法大学	行政管理
赵艺琳	西南政法大学	经济学类
周洁	西南政法大学	经济学类
糜滨	西南政法大学	工商管理类
王香港	西南政法大学	政治学与行政学
万林	西南政法大学	工商管理类
吴程程	西南政法大学	新闻传播学类
谢芳婷	西南政法大学	工商管理类
雷小宇	西南政法大学	英语
罗显秋	西南政法大学	法学
刘燕	重庆理工大学	经济学类（经济学、金融学、国际经济与贸易）
徐伟	重庆理工大学	机械类（机械设计制造及其自动化、机械电子工程）
冉健君	重庆理工大学	电子信息类（电子信息科学与技术、光电信息科学与工程）
罗杰	重庆理工大学	能源与动力工程

续表 8-4

姓名	录取院校	录取专业
蒋先宏	重庆理工大学	材料类
张梦琴	重庆理工大学	材料类
汪学静	重庆理工大学	材料类
胡晟琪	重庆理工大学	工商管理类（工商管理、市场营销、物流管理）
范嘉验	重庆理工大学	工商管理类（工商管理、市场营销、物流管理）
罗莉越	重庆理工大学	经济学类（经济学、金融学、国际经济与贸易）
何佳权	重庆理工大学	计算机类（含物联网工程、网络工程、计算机科学与技术）
唐亮	重庆理工大学	车辆工程
徐婷婷	重庆理工大学	人力资源管理
陈俊	重庆理工大学	经济学类（经济学、金融学、国际经济与贸易）
张大均	重庆理工大学	车辆工程
陈浩然	重庆理工大学	计算机类（含物联网工程、网络工程、计算机科学与技术）
周林秋	重庆理工大学	软件工程
伍梓樟	重庆理工大学	计算机类（含物联网工程、网络工程、计算机科学与技术）
胡缘	重庆理工大学	电子信息类（电子信息科学与技术、光电信息科学与工程）
刘鑫宇	重庆理工大学	计算机类（含物联网工程、网络工程、计算机科学与技术）
陈思迁	重庆理工大学	材料类
陈吉	重庆理工大学	电气类
彭耀莹	重庆理工大学	电气类
李行	重庆理工大学	电子信息类（电子信息科学与技术、光电信息科学与工程）
胡涛	重庆理工大学	汽车服务工程
吴杉杉	重庆理工大学	机械类（机械设计制造及其自动化、机械电子工程）
李秀峰	重庆理工大学	电子信息类（电子信息科学与技术、光电信息科学与工程）
陈磊	重庆理工大学	材料类
杜锋	重庆理工大学	电子信息类（电子信息科学与技术、光电信息科学与工程）
冯春莲	重庆理工大学	电气类
刘俊	重庆理工大学	机械类（机械设计制造及其自动化、机械电子工程）
白世豪	重庆理工大学	机械类（机械设计制造及其自动化、机械电子工程）
郑宜康	重庆理工大学	车辆工程
陈红	重庆理工大学	人力资源管理
谭友淋	重庆理工大学	经济学类（经济学、金融学、国际经济与贸易）
苏泓杰	重庆理工大学	电气类
闵佳	重庆理工大学	审计学
万晓涵	重庆理工大学	审计学
徐泽俊	重庆理工大学	能源与动力工程
周瑞哲	重庆理工大学	计算机类（含物联网工程、网络工程、计算机科学与技术）

续表 8-4

姓名	录取院校	录取专业
曾梦莹	重庆理工大学	材料类
陈桥	重庆理工大学	材料类
何隆	重庆理工大学	电子信息类（电子信息科学与技术、光电信息科学与工程）
林强	重庆理工大学	软件工程
陈冠宇	重庆理工大学	电气类
胡朝政	重庆理工大学	材料类
陈英明	重庆理工大学	车辆工程
孙晓异	重庆理工大学	材料类
陈法宏	重庆理工大学	能源与动力工程
唐亚兰	重庆理工大学	会计学
刘孝林	重庆理工大学	软件工程
李情	重庆理工大学	材料类
何雪	重庆理工大学	计算机类（含物联网工程、网络工程、计算机科学与技术）
钱正全	重庆理工大学	计算机类（含物联网工程、网络工程、计算机科学与技术）
王红	重庆理工大学	材料类
邱乾	重庆理工大学	工商管理类（工商管理、市场营销、物流管理）
彭园果	重庆理工大学	工商管理类（工商管理、市场营销、物流管理）
汤蕊	重庆工商大学	会计学
王莹	重庆工商大学	税收学
胡洁	重庆工商大学	工程管理
周慧琳	重庆工商大学	会计学
余鹭	重庆工商大学	会计学
杨笛	重庆工商大学	会计学
李爱莲	重庆工商大学	会计学
林川	重庆工商大学	会计学
黄映川	重庆工商大学	工程管理
雷飞扬	重庆工商大学	保险学
夏世莲	重庆工商大学	工商管理
余思园	重庆工商大学	会计学
陈萍	重庆工商大学	会计学
陈华珠	重庆工商大学	贸易经济
唐婷婷	重庆工商大学	会展经济与管理
叶露	重庆工商大学	税收学
黄林玉	重庆工商大学	国际经济与贸易
秦蔓	重庆工商大学	保险学
钱岑	重庆工商大学	贸易经济

续表 8-4

姓名	录取院校	录取专业
李洪芳	重庆工商大学	金融学
段美君	重庆工商大学	税收学
唐斌	重庆工商大学	工程管理
徐泽橼	重庆工商大学	经济统计学
曾扬	重庆工商大学	金融学
曾倩	重庆工商大学	金融学
苏渝	重庆工商大学	市场营销
赵晨颖	重庆工商大学	国际商务
姜琴	重庆工商大学	工程管理
李兰	重庆工商大学	工程管理
黄秋月	重庆工商大学	工商管理
陶秘密	重庆工商大学	市场营销
周治名	重庆工商大学	经济学
沈媛媛	重庆工商大学	税收学
尚顺康	重庆工商大学	金融学
段李洋	重庆工商大学	金融学
甘宗源	重庆工商大学	市场营销
程玲	重庆工商大学	审计学
毛世蓝	重庆工商大学	会计学
任鑫	重庆工商大学	会计学
肖真艺	重庆工商大学	会计学
谢苗	重庆工商大学	物流管理
彭毓涵	重庆工商大学	国际经济与贸易
周辰霖	重庆工商大学	金融学
张茂林	重庆工商大学	工商管理类（中外合作办学）（会计学）
尹怀灿	重庆工商大学	工商管理类（中外合作办学）（会计学）
邹汶龙	西南大学	计算机类（中外合作办学）（软件工程专业）
王雨沛	西南大学（荣昌校区）	市场营销
卢丽洁	西南大学（荣昌校区）	市场营销
吴晨晨	西南大学（荣昌校区）	公共事业管理
徐澜	西南政法大学	法学类（中外合作办学）
李洁	西南交通大学	经济与贸易类
黄文峰	西南交通大学	土木工程
周洁	西南交通大学	材料类
熊长林	西南交通大学	安全工程（交通运输安全与信息技术）
李丹丹	西南交通大学	经济与贸易类

续表 8-4

姓名	录取院校	录取专业
廖红玲	西南交通大学	金融学类（茅以升学院）
张钰	西南交通大学	建筑学
梁原	西南交通大学	电子信息科学与技术
刘雪峰	西南交通大学	电气工程及其自动化（城轨交通电气化方向）
江昊昱	电子科技大学	光电信息科学与工程（含光通信与光电工程、信息显示与光电技术方向）
张永	电子科技大学	空间信息与数字技术
翁经杨	电子科技大学	信息安全
邓冬林	电子科技大学	电子信息工程（按大类招生）
邓港	西南石油大学	地质学
凌鑫	西南石油大学	工商管理
饶晓波	西南石油大学	电气工程及其自动化
朱模彬	成都理工大学	环境工程
朱虹屿	成都理工大学	材料科学与工程
张瑜	西南科技大学	电子信息工程
魏昭琪	西南科技大学	机械设计制造及其自动化
廖麒麟	西南科技大学	计算机科学与技术
罗廷松	西华大学	工程造价
鲍思琪	西华大学	工程管理
万袤	西华大学	计算机科学与技术
吴昕玥	四川农业大学	会展经济与管理
叶合柳	四川农业大学	酒店管理
邓婕	四川农业大学	信息管理与信息系统
彭媛媛	四川农业大学	英语
何研妍	四川农业大学	汉语言文学
蒋玉婷	四川农业大学	园林
罗家桂	四川农业大学	园林
戈雅琦	四川农业大学	动植物检疫
肖宗杰	四川农业大学	动植物检疫
简驿镔	四川农业大学	给排水科学与工程
王澜惜	四川农业大学	农业建筑环境与能源工程
吴健永	四川农业大学	设施农业科学与工程
张兰月	西南医科大学	中医学
万东南	西南医科大学	临床医学
陈庆洁	西南医科大学	临床医学
吴昌金	西南医科大学	临床医学
刘小杰	西南医科大学	临床医学

续表 8-4

姓名	录取院校	录取专业
刘顺莉	成都中医药大学	中医学
曾小倩	四川师范大学	网络与新媒体
陈奕林	四川师范大学	化学
张保明	四川大学	高分子材料与工程
曾伊玲	四川大学	医学技术类
王森	四川大学	工商管理类
官尚义	四川大学	材料类
郭泽华	四川大学	机械设计制造及其自动化
朱宇琳	四川大学	食品科学与工程
廖俊豪	四川大学	预防医学
周思毅	四川大学	物理学类
杨稀	四川大学	生物医学工程
张英	四川大学	机械设计制造及其自动化
万霖	四川大学	机械设计制造及其自动化
姜懿函	四川大学	材料成型及控制工程
曾佑一	四川大学	水利类
蒋睿卿	四川大学	英语
蒲圆章	四川大学	口腔医学技术
彭渝	四川大学	计算机类
舒铭杰	四川大学	微电子科学与工程
左文豪	四川大学	土木类
唐露	四川大学	医学技术类
潘文浩	四川大学	材料成型及控制工程
刘秋月	四川大学	机械设计制造及其自动化
刘远明	四川大学	制药工程
李佳芮	贵州大学	计算机类
郑婉婷	云南大学	英语
贺睿	西安电子科技大学	应用化学
张茂笛	西安电子科技大学	应用化学
颜晓铭	西安工业大学	测控技术与仪器
彭钏	西安石油大学	石油工程
刘媛媛	陕西科技大学	计算机类
钱玲	西北政法大学	劳动与社会保障
刘晋铭	西北农林科技大学	法学
刘凯	长安大学	机械类
欧阳鸿艳	长安大学	交通工程

续表 8–4

姓名	录取院校	录取专业
卢远胜	长安大学	交通工程
卢源婷	西北大学	化学类
方浩宇	新疆大学	经济学
万琴	石河子大学	政治学与行政学
王智民	石河子大学	给排水科学与工程
石佳	江苏科技大学	海洋工程类（中外合作办学）（中乌合作办学）
唐珑宸	电子科技大学（沙河校区）	电气类（中外合作办学）（电子信息工程）
舒晓	四川大学	护理学
刘根源	中国青年政治学院	财务管理
沈廷婷	中国青年政治学院	汉语言文学
吴法东	中国民航大学	飞行技术
杨璐	东北师范大学	经济学类
董治华	东北师范大学	工商管理类
廖晓益	东北师范大学	汉语言文学（非公费师范）
柯洁	空军航空大学	航空飞行与指挥
樊小倩	华侨大学	城市地下空间工程
欧阳婷姗	华侨大学	建筑学
仇浩	海军航空工程学院	军队指挥类（航空保障初级指挥军官（合训））（男）
封坤锐	暨南大学	翻译
郑楠	暨南大学	经济统计学（精算师）
刘家新	香港中文大学（深圳）	经济管理试验班（国际商务、经济学、市场营销、金融学、会计学）
魏雨珊	香港中文大学（深圳）	经济管理试验班（国际商务、经济学、市场营销、金融学、会计学）
龚明富	香港中文大学（深圳）	经济管理试验班（国际商务、经济学、市场营销、金融学、会计学）
谭茂林	香港中文大学（深圳）	经济管理试验班（国际商务、经济学、市场营销、金融学、会计学）
朱思怡	香港中文大学（深圳）	工科试验班（计算机科学与技术、新能源科学与工程、电子信息工程）
叶和东	重庆大学	电气工程及其自动化（国防生）
陈俍岐	重庆大学	计算机科学与技术（国防生）
王润	西南大学	汉语言文学（免费师范）
陈钰洁	西南大学	英语（免费师范）
伍徐婷	西南大学	英语（免费师范）
龚榆涵	西南大学	计算机科学与技术（免费师范）
邓成渝	西南大学	物理学（免费师范）
钟顺	西南大学	心理学（师范，非西藏生源定向西藏就业）
肖世鑫	西南大学	英语（免费师范）
郭嘉亮	四川外国语大学	意大利语
程俊	四川外国语大学	朝鲜语

续表 8–4

姓名	录取院校	录取专业
方旭	西南政法大学	侦查学
肖光鑫	西南政法大学	侦查学
彭宇	第三军医大学	临床医学（高原临床医师）（男）
廖游山	解放军后勤工程学院	军用油品工程（油料助理员）（男）
庞浩	中国民用航空飞行学院	飞行技术（运输机驾驶）
张豪	中国民用航空飞行学院	飞行技术（运输机驾驶）
张淅	陕西师范大学	数学与应用数学（师范类）
徐蜀栋	海军工程大学	军队指挥类（海军初级指挥军官（合训））（男）
王晓宇	西南大学	体育教育（免费师范）
叶冠男	成都体育学院	运动训练
王长生	贵州师范大学	运动训练
何自立	贵州师范大学	运动训练
龙江	贵州师范大学	运动训练
江柠	贵州师范大学	运动训练
袁铖	贵州师范大学	运动训练
陈铖	贵州师范大学	运动训练
胡顺	贵州师范大学	运动训练
殷航	贵州师范大学	运动训练
邹雨芹	首都师范大学	设计学类
胡露瑶	重庆邮电大学	设计学类（数字媒体艺术与动画类）
张栌爻	西南大学	服装与服饰设计
付天麟	西南大学	绘画
徐梦昆	重庆理工大学	产品设计
叶昌根	重庆工商大学	动画
胡天顺	重庆工商大学	环境设计
龙科宇	重庆工商大学	环境设计
周鹏	重庆邮电大学	广播电视编导
刘文雅	重庆师范大学	音乐学（教师教育）（师范类）
李嘉丽	重庆师范大学	音乐学（小学教师）（师范类）
苏梦	四川外国语大学	广播电视编导
封仁义	成都理工大学	戏剧影视文学
张冠华	四川音乐学院	戏剧影视文学
何孟凝	清华大学	设计学类
朱青青	东华大学	服装与服饰设计
吴佳莉	南京艺术学院	动画
王玉洁	广西艺术学院	表演（舞台影视表演）

续表 8-4

姓名	录取院校	录取专业
苏兰	四川美术学院	绘画
甘颖	四川美术学院	中国画
刘敢平	四川美术学院	绘画
王月	四川美术学院	戏剧影视美术设计
杨胜男	四川美术学院	艺术与科技
李紫萱	四川美术学院	艺术与科技
林媛	四川美术学院	艺术与科技
黄露莹	四川美术学院	公共艺术
王春丽	四川美术学院	服装与服饰设计
吴雨虹	四川美术学院	公共艺术
谭笑	四川美术学院	公共艺术
陈奕多	四川音乐学院	音乐表演（民乐）
翁纬杨	华中科技大学	信息安全
尹馨捍	重庆大学	建筑环境与能源应用工程
朱浩	西南政法大学	经济学类
陈忱	西南政法大学	法学
王杨阳	重庆邮电大学	电子信息类（通信信息类）
邓资袁	重庆邮电大学	自动化类（自动化与电气工程类）
薛莹莹	重庆交通大学	管理科学与工程类
李晓洁	重庆师范大学	物理学（师范类)
甘露	重庆师范大学	生物科学（师范类)
刘艳秋	四川外国语大学	商务英语
王洁	四川外国语大学	英语
谢甜甜	西南政法大学	哲学
钱敏	重庆理工大学	工商管理类（工商管理、市场营销、物流管理）
骆大满	重庆工商大学	工程管理
伍丽勤	重庆工商大学	财务管理

科学技术

综　述

【概况】　2016年，创新能力进一步增强，创新体系进一步完善，研发投入快速增加，科技成果、高新技术企业及产品迅速涌现。获批“科技部科技服务业试点单位”“璧山高新技术产业开发区(国家级)”，纳入重庆国家自主创新示范区核心建设范围。拥有国家级高新技术企业71家、市级企业技术中心42家、工程技术研究中心4家、生产力促进中心1家、科技企业孵化器2家、协同创新中心1家、众创空间7家（其中：国家级众创空间1个、科技部试点星创天地1个）。

2016年9月25日，市民体验智能家居服务机器人
（张承刚　摄）

【科技投入】　鼓励企业加大研发投入，指导企业健全研发制度并实行备案管理，帮助企业落实研发费用税前加计扣除政策，激励企业加大研发投入。R&D经费支出占GDP比重2.25%。

【科技项目】　出台科技创新政策，研究科技计划项目38项，安排科技计划项目专项资金总额1 430万元。

【科技成果】　支持企业开发新产品，创造并转化科技成果和参与技术交易。科技成果223件，申报高新技术产品258件，认定125件。

【科技创新】　激励企业开展科技创新活动，帮助达标企业在市科委网站“科技型企业管理系统”备案并争取相关政策支持。研究制定区培育或引进科技型企业的相关政策。引入服务机构帮助企业申报高新技术企业，对申报成功的企业进行奖励。培育科技型企业150家，新增高新技术企业41家。

【科技宣传】　加强科普宣传，利用“三下乡”、知识产权宣传周、科技活动周、全国科普日等契机，开展形式多样的科普活动，培养尊重创新、宽容失败的文化氛围。加强科普基地创建工作，制定《璧山区科普基地创建及管理暂行办法》，璧山区喜观昆虫王国科普教育基地、重庆市璧山区医学教育培训基地、重庆璧山农耕文化科普基地成功创建为区级科普基地。

科技平台建设

【“双创”活动】 大力培育科技企业孵化器、众创空间，提升服务能力。创业大厦、创业大道、创新体验中心建成投用，“双创”集聚区初步形成，打造佳迪达磁电创业谷、金色郊区星创天地五行智农星创天地、鑫智融汇、卓特众力等市级众创空间。“璧山创智工场”被命名为国家级众创空间。举办“首届璧山区创新创业大赛”。

【“1+10+N”研究院建设】 以军民融合战略发展研究院建设为核心，推进“1+10+N”研究院建设，先期成立重庆军民融合协同创新研究院，完成注册登记，碳纳米研究院、得润电子研究院等产业研究院加快建设。

【科技服务平台建设】 按照“开放共享，协同创新，市场运行”的原则，推动企业通过自主新建、合作共建等方式，建设重点实验室、工程技术研究中心、产业技术协同创新中心、企业技术中心等新型研发平台。牵头建设“璧山科技服务平台”，开发基于“互联网+科技服务”的线上软件系统，为区内企事业单位提供以技术交易为主的全方位科技服务。

【科技融资】 组建区创业种子投资基金决策机构——重庆市璧山区创业种子投资基金投资决策委员会。推动组建风险投资基金，建立总规模为 3 000 万元的创业种子投资基金，首期 1 000 万元到位。通过股权投资，债权融资等方式，支持高新技术企业和高成长性科技型企业成长壮大。

高新技术推广应用

【高新区科技创新示范基地】 2016 年，璧山高新区纳入重庆国家自主创新示范区核心建设区范围，成为科技部科技服务业区域试点单位。全年完成规上工业产值 902.5 亿元，增长 20.3%；完成工业增加值 237 亿元，增长 17.3%；完成固定资产投资 335 亿元，增长 25%；建成 16 平方公里；入园企业 940 家；规上工业企业 207 家；拥有国家级高新技术企业 71 家、国家级企业技术中心 2 家、国家级实验室 3 家、各类市级研发平台 53 家；组建重庆军民融合协同创新研究院。

【新能源汽车】 高新区为促进新能源产业发展，精心策划包装项目，积极向上对接争取资金，为众泰汽车、得润电子新能源汽车项目分别争取专项建设基金 1 亿元、3.9 亿元，推进优质项目市场化步伐；打造新能源汽车产业体系，依托众泰新能源整车生产项目，推进众泰汽车配套产业园建设，引进一批汽车核心零部件生产骨干企业、配套企业和研发机构，推动现有汽车产业链向上下游延伸；依托推进新能源汽车研究院建设计划，打造以“中国工程研究院”为核心的“1+10”产业研究院，众泰汽车研究院正在筹建，众泰公司与重庆大学签署战略合作协议；得润汽车研究院启动建设。

【创业种子基金】 与市科技金融服务中心合作，集聚一批市场化、社会化、专业化的科技服务机构，成立“创业种子投资引导基金”，对创新型小微企业和创业团队进行投资，基金规模为 3 000 万元，其中：重庆科技金融服务中心出资 1 200 万元，高新区管委会代表区政府出资 1 800 万元。基金管理机构为重庆两山产业投资有限公司。2016 年 8 月，基金首期出资 1 000 万元到位，《重庆市璧山区创业种子投资基金投资决策委员会议事规则》《重庆市璧山区创业种子投资基金管理办法（试行）》已出台。璧山区科委于6月举办创新创业大赛，选出重庆市科技小巨人优胜项目及首届璧山区创新创业大赛获奖企业（团队），比赛优胜者对争取种子基金投资表现出较高的积极性。

【科技创新示范基地】　创建创业大厦、创业大道、金融集聚区、产业创新升级体验中心四大功能板块于一体的创新示范基地，规划9万平方米，分别承担科技型企业孵化器、创新型企业孵化器、金融综合服务和科技水平集中展示等功能，打造综合型、开放型的创新创业生态圈。采取市场化管理运作模式，高新区管委会和区科委负责整体规划和业务指导，重庆众合创园企业孵化器公司负责建设和日常管理工作。创新示范基地入驻创客团队和企业59家，入驻金融机构20家，带动就业近1 000人；同时，通过举办创新创业大赛等，激发创造创新活力，扩大对外影响。

【璧山创智工场】　璧山·创智工场位于璧山CBD金融街9号，建筑6050平方米，成立于2015年10月，由重庆云城两山投资开发有限公司运营管理，2016年10月被科技部火炬中心评为第三批国家级众创空间。璧山·创智工场紧扣璧山主导产业和特色产业链条，构建集满足创新创业者需求的工作空间、网络空间、社交空间和资源共享空间于一体的综合型创新创业服务平台，形成完整的创新创业生态圈闭环，致力于为创新创业者提供全方位、一站式服务，为全国具有影响力的众创空间品牌。

【大学生实训基地建设】　2016年，高新区与重庆文理学院、重庆机电职业技术学院达成合作意向，至此，璧山高新区已与重庆大学、重庆理工大学、重庆科技学院等10所高校形成大学生实训基地合作。青山、嘉陵、红宇、蓝黛等25家企业申请为大学生实训基地。有5 000名大学生到30家企业参观实习、顶岗实训等。通过清华班、重大EMBA等，高新区企业选派超过100名企业老总或企业技术骨干到高校深造学习。全年召开专场招聘会2次，企业提供岗位7 000个，有300名大学生签订就业意向协议。

【品牌建设】　先后获“国家新型工业化示范基地”“中国汽车（摩托车）零部件制造基地”“加工贸易梯度转移重点承接地示范园”“国家低碳工业园区（试点）”等国字号名片，纳入重庆国家自主创新示范区核心建设区范围，成为科技部科技服务业区域试点单位。

2016年7月1日，璧山国家高新区创业创新示范基地投用
（周海瑞　摄）

【股权投资计划】　为扶持产业发展，在传统的奖励、补贴等资金扶持方式上，璧山高新区与西南证券等金融机构合作，共同组建“两山火炬股权投资基金”“两山西证股权投资基金”和“并购基金”，筹资30亿元，撬动社会资本100亿元参与。其中，“两山火炬股权投资基金”主要针对拟挂牌上市企业进行

投资，以扶持产业为主，不以营利为目的。两山西证股权投资基金”主要与西南证券对区外企业进行股权投资，在追求投资利益回报的同时，引入其产业落户璧山。“并购基金”主要与西南证券和私募基金合作，通过收购上市公司“壳资源”或参与企业“定增”，引进一批“龙头”项目。截至2016年年底，众泰汽车、凯成科技等企业6.37亿元。

（璧山高新区管委会）

气象事业

【概况】 2016年，境内气象灾害有：暴雪、暴雨、寒潮、低温、大风、阴雨和雾，其中危害最大的是暴雨，其次是寒潮、低温、大风、阴雨和雾。主要灾害是暴雨、强降温、严重连阴雨，其中暴雨较为突出。年内：平均温度18.8度，极端最高气温41.4度；年极最低气温-1.1度。年降水量1057.9毫米。雨日163天，大于50.0毫米雨日4天，一日最大降水量84.7毫米。年日照时数1112.4小时，距平百分率5.8%。1月23至24日出现历史罕见的降雪天气，程度为暴雪，其最大雪深为11厘米，雪量为14.8毫米。全年气象站出现一次特强降温天气1次、暴雨天气4次。严重连阴雨天气1次。雨量正常、温度偏高，日照略偏多，年内出现的强降温、暴雨以及连阴雨天气给全区的工农业生产和人民的生活带来一定影响。

【气象服务】 利用突发事件预警信息发布平台、村级气象服务站、手机信息、电视、显示屏、专题材料等方式开展一系列服务。

全年发布手机短信、电子显示屏、农村大喇叭、电视、报纸、《每日气象要讯》365期；《一周天气预报》52期；《重要天气预警信息》30条；人降作业信息38条；农业气象月报12期、旬报36期；农事活动关键期服务信息20条；雷电黄色预警信息18条；大雾橙色预警信息10条；雨情通报30期。在春节、国庆、高考、中考、“葡萄节”、“樱桃节”、重点项目开工典礼等活动中做好气象保障服务工作。气象服务工作主动、及时到位，多次受到有关上级领导和社会公众的好评。

【气象灾害防御联】 一是3月底召开全区气象工作会议，对全年气象防灾减灾工作重点任务做出安排部署。二是抓预警信息处置责任主体机制建设。区政府印发《璧山区突发事件预警信息发布平台管理办法》，明确预警信息接收、发布、传播的职责。三是以督察检查落实防灾减灾工作到边到底。5月底，区委区政府牵头会同有关部门，对15个镇街防灾减灾应急准备工作情况全面检查；四是全年牵头相关部门多次召开自然灾害趋势分析会，提高全区防范处置突发事件的预判能力。五是深入推进气象科普宣传进村入户工作。璧山区获“全国标准化现代农业气象服务区”、河边镇获国家级“标准化气象灾害防御镇”。截至2016年年底，全区有12个镇街获国家级“标准化气象灾害防御镇”。

【气象灾害预警信息平台建设】 一是抓部门平台延伸。新增安监、武警等11个部门分中心。二是抓业务能力提升。4月21日，组织全区11个部门、15个镇街突发平台工作人员进行业务培训。三是抓平台基础数据完善。新增璧山地理信息、人员密集场所、预警信息发布分级等内容，更新信息数据库名单6万个。四是抓部门数据共享。实现山洪监测数据、水位水文数据、地质灾害监测数据的接入，视频会商系统实现15个镇街、20个应急委成员单位的互联互通。五是抓平台运行管理。以通过与区应急办每月1次的平台运行工作通报和定期工作巡查相结合的方式，推动平台工作规范运行。六是平台应急保障作用凸显。对6月出现大范围的暴雨天气过程及进入汛期的雷雨天气的应急服务工作，精心部署，及时组织，密切监视。对暴雨天气过程，提前做出准确的预测，每1小时发布一次天气实况，保障气象应急服务及时有效。

【气象防灾减灾科普宣传】 在气象日、减灾日、科技周、科技日等节日期间开展防灾减灾知识宣传活动，发放宣传资料2万份，发放气象历书14.5万册，播放气象科普宣传片25场次，在15个镇街巡回开展气象知识讲座，设置展板等途径宣传气象知识。利用短信、预警信息发布平台、大喇叭、电子显示屏、等离子电视屏、气象局网站等途径宣传气象科普知识。

【人工影响天气】 新购置2套RYI6300火箭作业系统，增强区人影作业能力。全年作业39次，发射火箭弹106枚，人雨弹240发，全年增水量为460万立方米，增雨直接经济效益2000万元。促进空气质量提高，缓解旱情，保障工农业生产和生活用水。

地震事业

【概况】 2016年，继续推进地震监测预报，地震灾害预防，地震应急救援三大工作体系建设，切实增强防震减灾综合能力，防震减灾工作获市地震局考核优秀奖。

【地震监测预报】 修改完善《璧山区地震应急预案》，建立宏观观测上报制度，利用“三网一员”广泛宣传防震减灾法律法规和地震科普知识，开展新建地震台站勘选摸排工作，严格执行防震减灾联席会议制度，召开自然灾害趋势分析会商会议1次，提出防震减灾工作建议供区政府决策参考，发挥参谋助手作用。

【地震灾害防御】 制定灾情报送、先期处置等地震应急工作方案；检查全区15个镇街的地震应急物资、装备和专兼职队伍建设情况；制订《璧山区科委地震应急准备工作方案》，编写震后应急响应操作的“璧山区地震应急响应流程图”；落实1.2万元增添一批地震应急救援物资，落实2万元经费开展地震应急演练1次、地震应急救援队伍训练1次；制定队伍保障、物资与资金保障、避难场所保障等6项震后应急响应措施。

【防震减灾宣传教育】 全区关注“重庆地震信息服务微信公众号”覆盖率为0.25%；在“5·12”、邢台地震50周年、唐山地震40周年、科技活动周和“世界地球日”等重要时段，采取部门联动、媒体合作、现场咨询、专题讲座等多种方式，深入开展防震减灾宣传教育活动。举办地震知识讲座2次，发放宣传资料5.2万份，提高市民防震减灾意识和自救互救能力。 （区科委）

体　育

竞技体育

【概况】　围绕出席2016年重庆市第五届运动会等市级大型赛事，在全区12所中小学及体校训练点明确9个重点训练项目，有针对性地加强包括田径、篮球、摔跤、跆拳道、举重、体育舞蹈、武术套路、拳击（散打）、游泳等重点项目训练。2016年，在市级以上比赛中获金牌15枚、银牌11枚、铜牌12枚。

【出席市级（及以上）赛事】　全年出席全国第27届中老年篮球赛、中国巴彦淖尔全球华人篮球邀请赛、重庆市第五届运动会（以下简称市五运会）和重庆市青少年举重锦标赛、田径锦标赛、摔跤锦标赛、跆拳道锦标赛等市级以上赛事活动40次。其中，出席市五运会是全年重点（市五运会是重庆市规格最高、水平最高、规模最大的综合性运动会），7月5日起，区代表团参加重庆市第五届运动会（以下简称市五运会）部分单项比赛，9月19日，出席市五运会开幕式，之后，继续参加市五运会单项比赛，9月26日，参加市五运会闭幕式。区代表团出席市五运会获总分1 380.5分，夺取奖牌56枚，获14金15银27铜，破市纪录1项（其中，青少组获10金11银22铜，成年组获4金4银5铜），是璧山区在市（省）级运动会上获历史最佳成绩。6月10日至15日，出席全国第二十七届中老年篮球赛获冠军；8月18日至23日，组队参加2016“体彩杯”中国巴彦淖尔全球华人篮球邀请赛获冠军。

【体育人才培养】　区体校依托分布在有关中小学的重点项目训练点，分别在寒假、暑假期间，对田径、篮球、摔跤、跆拳道、举重运动员开展集训。选派5名田径运动员到南京师范大学附属扬子中学参加集训交流学习。四季度召开社会体育指导员培训会，新培训二级、三级社会体育指导员300名。继续开展运动员建卡注册工作，新注册建卡运动员80名。全年举办足球、田径、篮

2016年5月15日，璧山中小学生乒乓球比赛现场

（璧山报社　供图）

球、游泳教练员培训等4期。

【重庆市璧山区青少年体育学校】 重庆市璧山区青少年体育学校（以下简称区体校），是隶属于重庆市璧山区文化委员会的正科级事业单位，与重庆市璧山区体育场（馆）管理中心一套班子，两块牌子。区体校训练项目9个，包括田径、篮球、摔跤、跆拳道、举重、体育舞蹈、武术套路、拳击、散打等，训练点分别布局在全区12个中小学、1个协会、2个俱乐部。区体校坚持“选好苗子、着眼未来、打好基础、系统训练、积极提高”的业余训练原则，聘用本土学校教练员21人、沙坪坝区体校教练2人从事具体训练工作。区体校全年带队出席市级以上赛事活动40次。

璧山区体育训练项目布局表

表8-5

序号	学校项目	田径	摔跤	跆拳道	举重	篮球	游泳	武术	体育舞蹈	足球	教练员	备注
1	璧山中学	√				√					杨守兵　娄勇	
2	来凤中学	√	√							√	邹盛波　唐利　张中文	
3	大路中学			√	√						荣华　荣志胜	
4	正则中学		√					√			唐勇　周承健	
5	璧泉初中							√			陈渝　高江涛	
6	蒲元初中					√					张金万	
7	八塘初中				√						韩小江	
8	金剑小学	√								√	陶春　刘平	
9	实验小学					√					王健	
10	北街小学	√									李顺贵	
11	青杠实验小学	√									王勇	
12	城北小学	√								√	张勇　周昕	
13	游泳协会						√				张诚	
14	跆飞道馆			√							田基良	
15	舞蹈学校								√		杨刚	

群众体育

【概况】 2016年，设计和组织各类全民健身活动，引导和指导群众体育健身活动。广场健身操、健步走、篮球、乒乓球、柔力球、健身球操等健身活动深受群众欢迎，健身群众日益增多。常年参加体育锻炼人口比例45.5%。

【体育设施建设】 持续推进璧山区体育馆改造工程，体育馆屋顶修缮改造工程年底竣工。全年新建10条健身路径、8个社区健身点。

【全民健身服务体系建设】 区体育局按照社团管理的相关要求，对各单项体育协会进行审核、变更登记，并对各协会、俱乐部开展财务检查，加强指导，使体育社团工作更趋规范，形成以政府牵头，体育、教委、财政、工会、团委、妇联等部门单位协同建设的全民健身服务体系。全区有体育总会1个、单项体育协会14个、群体性体育

2016年5月5日，璧山区第四届职工篮球比赛开赛

（连宏宇　摄）

协会2个（老年体协、农民体协）和国家级体育俱乐部5个、市级体育俱乐部1个、街镇文化服务中心15个。

【社区体育及六类人群体育工作】　全年以“争做群众身边的好体育人”为民惠民行动为载体，组建20支“好体育人”志愿服务队，设立32个活动指导站点，引领社区及六类人群开展健身操舞、健步走、登山、太极拳、乒乓球、篮球、羽毛球等健身活动。全年针对老年人、妇女儿童、农民工、残疾人等不同群体，举办多样赛事50场次。年初，璧山区第一届老年人体育健康运动会在区体育馆举行。上半年，区体育局举办璧山区第四届“联交所杯”机关职工篮球、乒乓球比赛，联合区教委举办中小学生篮球、乒乓球比赛，来凤街道举行残疾人“趣味运动会”，青杠街道举办以“奔跑吧·姐妹”为主题的妇女趣味运动会。年中，区老体协举行中老年健身球操展示交流活动。下半年，区教委、区体育局联合举办中小学生田径、跳踢、足球比赛，七塘镇举办农民运动会，广普镇举办进城务工青年亲子运动会，区残联举办以“特殊奥运快乐融融”为主题的特奥运动会和残疾人趣味运动会。是年7月，区老体协对15个广场舞辅导站和个别社区派出的近100名教练员开展历时3天的培训。

【参加市级以上全民健身运动】　5月至10月，出席重庆市第五届全民健身运动会，参加足球、乒乓球、跳绳、自行车、象棋、羽毛球、钓鱼等7个项目比赛，其中，钓鱼比赛获团体第一。8月8日，出席重庆市全民健身日公开水域比赛。10月22日至26日，区老体协女子健身球队代表重庆市参加全国健身球操交流活动，获健身球操规定套路第1名、自编套路最佳编排等6个奖项。

【体育惠民行动】　开展体育场馆免费低收费开放和“争做群众身边的好体育人”为民惠民行动。区体育中心、体育馆每周开放90小时以上，全年开放335天，接待群众健身28万人次，举办公益体育赛事活动20次，举办体育讲座、展览5次，开展体育健身技能等培训5 000人次，开展国民体质监测服务5 000人，并经常在场馆内外开展篮球、乒乓球、羽毛球等健身锻炼指导。

知识产权

商标监督管理

【概况】 2016年，坚持把商标自愿培育与严格监管紧密结合起来，在严守工作纪律的同时，加大宣传，提高市场主体自愿注册意识，进一步增大注册商标总量和优质商标数量。

【商标培育】 以“3·15”国际消费者权益保护日和“4·26”知识产权日宣传活动为契机，通过发放资料、开展咨询、媒体报道等形式普及商标知识，提高商标意识。强化对高新技术、区域支柱、现代农业等方面的商标支持力度。全年新增注册商标501件，累计注册商标4 701件；新增认定（含续展）重庆市著名商标16件，著名商标总量37件。

【商标监管】 以驰名商标、著名商标、知名商标为重点，严厉打击商标侵权行为，查处各类商标违法案件17件。

【商标运用】 利用行政指导、行政提示、行政建议、行政告诫等手段，采取上门走访、组织座谈等形式，指导企业规范有效运用商标。全年开展使用提示48人次，注册建议56人次，发展辅导35人次。如实报送相关资料，大力支持重庆商标品牌云基地建设打造工作。 （冯　磊）

专利管理

【概况】 围绕国家知识产权试点城区建设，实施创新驱动发展战略，坚持“激励创造、有效运用、依法保护、科学管理”原则，突出“专利申请质量提升”主题，建立健全知识产权政策体系和保护机制，开展知识产权宣传培训工作，加大“双打”执法力度，引进知识产权代理机构，加大对知识产权工作经费投入，务实推动知识产权工作。2016年，全区开展专利工作的规模以上企业达到139家，占规模以上企业比例43%。全区发明专利授权232件，有效发明专利拥有量462件，同比增89.34%。全区万人发明专利拥有量6.37件，居全市第11位，居城市发展新区第一位。全年知识产权专项经费投入685.67万元，其中用于专利资助667.87万元，用于知识产权培训7.8万元。

【知识产权试点】 贯彻落实《璧山区国家知识产权试点城区工作方案》，出台《璧山区专利资助办法》，加大对授权发明专利的资助，对有效发明专利年费适当资助，对战略性新兴产业、支柱产业的龙头企业（重点企业）实施的围绕主导产品开展的专利分析预警、专利数据库建设、企业贯彻知识产权管理国家标准、海外知识产权维权、专利权质押融资等重点专利项目给予资助。全年，全区累计培育市级知识产权优势企业6家，市级知识产权试点企业41家。

【知识产权宣传培训】 加强政府序列外机关使用软件正版化工作。为纪念《中华人民共和国著作权法》颁布27周年，开展“保护知识产权”宣传系列活动。举行“保护知识产权”现场宣传咨询活动，发放宣传资料1 300份，接受群众咨询900人次。利用“4·26”知识产权宣传日、“知识产权宣传周”等重要时段，组织区级相关部门、各镇街通过知识产权专题讲座、现场咨询、宣传专栏、企业点对点培训、特刊、《璧山报》《璧山手机报》等多种形式广泛宣传知识产权法律法规和相关政策。邀请市知识产权局专家举办专题讲座1次，各镇街分管领导及工作人员、60家企业负责人近100人参加培训。邀请专利特派员深入镇街、企业开展知识产权宣传培训15场次，培训企业和街镇知识产权管理人员220人次。印发《中华人民共和国专利法》等知识产权相关文件、重庆市区县知识产权重点工作指引、企业知识产权管理规范及贯标工作流程等文件和资料近1万份，办知识产权特刊1期。

【知识产权代理公司】 全区引进市级代理机构4家，代理人员32人，加强对企业专利工作的指导。全区专利申请代理率81%。服务机构做到以申报专利为基础工作，开展专利分析、专利运用、维权咨询等综合性服务。

【“双打”执法】 牵头做好协调工作，开展打击侵权假冒和专利行政执法工作。受市知识产权局委托，在市知识产权局法律处的指导下办理专利侵权纠纷案件3件，获市局办案经费10 500元。

版权管理

【概况】 2016年，贯彻落实《关于实施知识产权战略创建保护知识产权模范城市意见》要求，切实加强版权管理，提升版权管理服务水平，加强印刷出版物等市场领域的版权监管，助推文化产业健康发展。

【版权执法】 以确保政治文化安全为主线，开展扫黄打非“固边”“清源”等专项行动。封堵查缴政治性非法出版物和反动宣传品，协调各相关部门对全区出版物市场、印刷复制企业、报刊摊点、网络、网吧、仓储物流企业等场所全面清查，封堵查缴违禁出版物，确保反动出版物在全区零传播。在春节、“两会”“七一”、国庆等重要时间节点，严厉打击印制、贩卖、经销政治性非法出版物的违法行为，彻底查缴非法宗教类、封建迷信和伪科学类出版物，进一步加大对出版物市场和网络环境的清查力度和频次，规范出版物市场秩序，确保全区政治文化安全。加强版权监管执法，查缴非法出版物387件，收缴抽奖“刮刮卡”和有害“口袋本”图书2 980份。

医疗卫生

综　　述

【概况】　全区现有各级各类医疗卫生计生机构523个。其中，政府举办医疗卫生计生单位21个，村卫生室311个，社区卫生服务站13个，民营医院16个，个体诊所144个，医务室13个，民营门诊部4个，部队医院1个。

全区医疗机构综合业务用房52.31万平方米，编制床位4 568张，医师1 759人，护士1 678人；每千人拥有床位数、医师数及护士数分别6.26张、2.41人和2.31人，达到或高于全国平均水平。

全区医疗机构有博士17人，硕士133人；1名博士成为全市26名中青年高端后备人才之一；引进学科带头人11名；1人获“重庆市自然科学奖一等奖”；累计建成国家级特色专科1个、市级重点专科2个、市级特色专科4个。

【医疗卫生体制改革】　自2014年区政府出台《重庆市璧山区人民政府关于印发重庆市璧山区深化区级公立医院综合改革实施方案的通知》（璧山府发〔2014〕73号）以来，成立由区政府主要负责人担任组长的医改领导小组，从八个方面稳步推进改革。一是全面实施公立医院药品零差率销售。2013年区人民医院、中医院率先实行药品零差率销售。二是控制公立医院医药费用不合理增加。各公立医院门诊、住院患者人均费用增幅不超过市卫计委下达指标，公立医院总收入增幅逐年下降，医疗服务收入占业务收入比重提升，患者自付费用占总医疗费用比重下降。三是按照《重庆市医疗机构管理条例》加快社会办医发展。2013年6月至2016年9月，新设置批准医疗机构58个，医院13个，门诊部5个，社区卫生服务站12个，诊所26个，卫生所2个。四是谋划分级诊疗，拟写工作方案，同步实施50个病种基层医疗机构首诊试点。五是启动区级医院与基层医疗机构医疗联合体建设。区人民医院、中医院已和5个街镇卫生院签订协议书。六是启动家庭医生签约服务。各镇街围绕基本公共卫生服务及基本医疗服务，为辖区居民开展乡村医生签约服务。2016年，全区累计签约81 955户，235 967人，签约覆盖率32.8%。七是完善实施单病种临床路径管理医疗保障，实施单病种收付费。八是采取“平台交易+带量采购”方式供应药品，实现区县联合体药品耗材集中采购，药品集中采购实行“两票制”，加强对辅助性、营养性等高价药品不合理使用的重点监控。

【公共卫生应急】　调整充实突发公共卫生事件应急工作领导小组，设置区卫生计生委应急办公室，负责全区医疗卫生单位突发公共卫生事件的行政决策，组织协调全区卫生应急工作正常开展。各医疗卫生单位均设立卫生应急办公室，并制定完善卫生应急相关工作制度。按照分类组队、常备不懈、平急结合的原则，组建由卫生医疗单位为主体的卫生应急管理专家组、医学救援专家组、疫情应急队伍和救灾防病应急队伍。截至2016年年底，全区建立20支专业卫生应急队伍，分别是区人民医院、区疾控中心、区中医院、区妇幼保健院、丁家医院和15个镇街卫生院。每个卫生应急队伍均制定卫生、应急装备仓库、管理、调配、维护、更新等日常管理制度。全区各医疗卫生单位储备各类应急物资金额80万元，基本满足处置突发公共卫生事件要求。全年开展多层次业务培训工作5次，参与人员300人次；组织开展应急实战演练活动20次。

【爱国卫生工作】 贯彻落实《国务院关于进一步加强新时期爱国卫生工作的意见》，加大国家卫生区、市级卫生镇、卫生单位创建力度。开展新一轮城乡环境整治行动，推进农村改厕工作，开展水质监测和科学预防病媒生物防治工作。深入推进创国家卫生区，2016年8月27日创建国家卫生区通过全国爱国爱卫办专家组的暗访。

【公立医疗机构】 全区有21家公立医疗机构。其中区级医疗卫生单位5家，即人民医院、中医院、妇幼保健院、疾控中心、卫生计生监督执法局；未定级医疗卫生单位1家：丁家医院。镇街卫生院15个（中心卫生院5个，镇街卫生院10个）：来凤街道中心卫生院、大路街道中心卫生院、正兴镇中心卫生院、八塘镇中心卫生院、大兴镇中心卫生院、璧城街道卫生院、璧泉街道卫生院、青杠街道卫生院、丁家街道卫生院、广普镇卫生院、河边镇卫生院、七塘镇卫生院、福禄镇卫生院、三合镇卫生院、健龙镇卫生院。

21家公立医疗单位业务用房16.8万平方米，有床位数2 993张，有医护人员2 069人。2016年业务收入83 914.2万元。

【民营医院】 全区有16家民营医院，其中综合医院10个、中医医院3个、中医肛肠医院1个、中西结合医院1个、精神病专科医院1个。分别是璧山佳康中医院、璧山西城医院、璧山协和医院、璧山青山医院、璧山众爱医院、璧山渝进恩康医院、璧山同济医院、璧山仁康医院、璧山璧青肛肠医院、璧山老城医院、璧山永和中医院、璧山博爱医院、璧山心宁医院、璧山聚沣医院、璧山璧南医院、璧山渝人中医院。16家民营医院有床位数1976个，有医护人员602人，副高级以上医师38人。2016年业务收入13 837.7万元。

【供血用血管理】 加强无偿献血管理，全年采集全血3 362人次，为临床提供全血10 U，红细胞5376 U，血浆3208 U，建稀有血型档案达32人次。制发《关于做好无偿献血纪念品发放和监管工作的通知》，实施委财务审计科、医政医管科、区血库三方监管；开展以“血液连接你我，分享生命捐献热血”为主题的第十三个“世界献血者日”宣传活动，发放宣传资料5 000份。按照国家卫生计生委要求，实施新版献血证书和执行核酸检测及软件系统升级（璧卫医〔2016〕42号）。

医疗基础设施建设

区财政每年切块预算750万元，用于基层医疗单位的设备购置更新、维护及房屋维修；2016年安排415万元用于偿还基层医疗机构债务（偿还比例33%）。15个街道社区卫生服务中心和镇卫生院标准化率100%；建成标准化村卫生室145个，实现每个行政村至少有1个标准化村卫生室的目标，完成40个撤并村卫生室的建设任务，撤并村卫生室均达到三室（药房、治疗室、诊断室）分开、标志统一的要求，已全部入驻。

【人民医院迁建工程】 2016年9月28日投资9.8亿元的人民医院迁建工程落成。人民医院新院占地10公顷，设置床位1 400张，总建筑18.32万平方米，工程总投资9.8亿元。其中，一标段医疗综合楼主楼地上17层、地下2层，14.65万平方米；

二标段行政后勤科研综合楼地上12层、地下2层，3.68万平方米，总建筑18.32万平方米。

【精神卫生中心建设工程】 占地实际用地1.81公顷，总建筑8147.18平方米，设置床位110张，总投资3500万元。已完成主体工程，正实施内部装修、环境改造等工作。

【中医院建设工程】 中医院主体工程改造项目于12月6日挂网招标，12月28日开标。

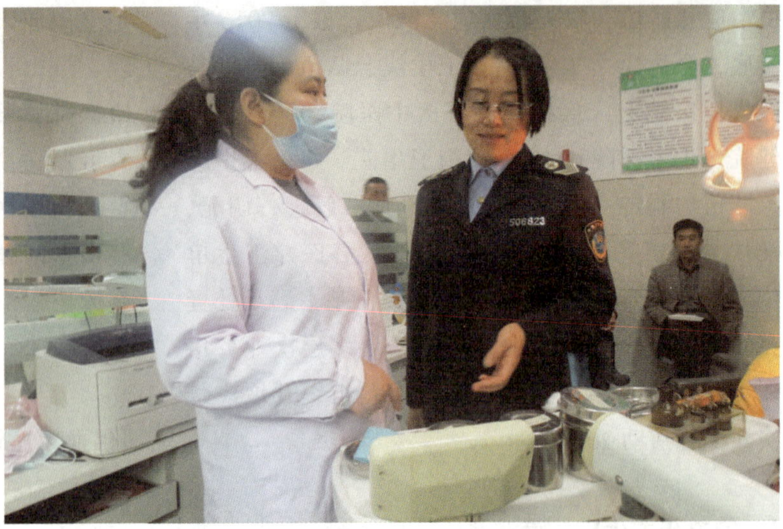

2016年3月9日，区卫生监督执法局开展医疗安全检查
（璧山报社 供图）

【中央投资项目】 全年争取到中央投资项目4个，即：区疾控中心食品风险监测项目，大路街道中心卫生院、丁家街道卫生院、区妇幼保健院业务用房改造项目。其中：区疾病控制中心食品安全风险监测体系建设项目于11月21日挂网招标、12月13日开标完成设备采购；丁家街道卫生院辅助设施建设已于11月15日动工；大路街道中心卫生院辅助设施建设项目11月9日公开招标流标，11月14日二次挂网招标，12月15日二次开标，12月20日全面动工；区妇幼保健院业务用房改造项目于7月完成1200平方米洁净手术室改造，主体工程改造于12月1日挂网招标，12月26日开标。

医政管理

【概况】 2016年，按照市卫生计生委医政医管工作要点和全市医改工作重点要求，扎实推进。坚持医疗质量管理为核心，持续提高医疗服务能力，加强医疗机构全行业监管，强化医疗安全管理，规范医疗纠纷及投诉调解处置，开展平安医院创建，加强农村卫生工作管理，加强医疗废物及排污管理。

【医院管理】 一是严格人员电子处方权准入管理。街镇卫生院医师、护士根据执业资格和职称落实准入电子账户相应处方权，其他人员规范账户准入管理。区级医院（含丁家医院）按照规定执行电子账户及处方权限准入，各民营医院基本实现医疗服务信息平台管理。二是加强街镇卫生院医疗服务监管。继续通过中联医疗服务信息平台加强电子病历监管，截至年度累计抽检1 100份电子病历，重点核查病历书写质量、核心制度落实、处方合理性、抗菌药物合理应用，抽查实行月通报制度。三是区级医院医疗质量自查与抽查相结合。因区级医院由于未接入服务器，医院每月自查后形成自查报告上报，医政医管科根据自查报告实行抽查。

【医疗市场整顿】 加强医疗市场监管力度，建立完善举报查处、日常监督、专项整治、案件查办等工作机制，规范医疗执业行为；严厉打击各种非法行医行为；严厉打击非法鉴定胎儿性别和选择性别的终止妊娠手术的行为；规范医疗广告发布；落实传染病防治措施及疫情上报制度；规范医疗废物处理管理等6大内容为监管重点。全年，受理各类医疗投诉36起，办理医疗类案件32宗，罚款金额4.8万元，没收非法所得0.26万元。

【医院财务管理】 加强医疗卫生单位财务管理和会计集中核算工作。不断调整和完善基层医疗单位会计集中核算中心的工作流程，继续推进实施设定岗位，流水式核算流程。健全审核、核算和监督各个环节，简化被核算单位办事流程，提高工作效率。加强卫生计生系统审计工作。迎接审计局组织的2013年至2015年卫生计生重点专项资金审计，对发现的问题及时整改落实；配合完成区人社局组织的镇街卫生院主要领导经济责任审计工作。

【医疗质量安全管理】 开展处方点评和病历评价，监管医疗质量安全。一是制订方案。由区纪委、区医保局牵头，医政医管科、监察室配合制订《临床合理用药专项检查的实施方案》（璧卫发〔2016〕73号），明确首批开展区级医院点评。二是邀请市级内科、外科、妇产科、儿科的医疗质量专家5名参与监管。三是处方抽取及病历调取。每个区级医院抽（调）取内科、外科、妇产科和儿科处方各100份、病历10份，抽（调）取后现场封存。四是开展点评。6月7日，现场开展区级医院的处方点评和病历评价。五是核查重大问题。7月，委监察室、办公室、医政医管科开展点评处方及重点问题的核查工作，重点核实专家评价意见中存在重大问题的用药、处方、病历书写问题，并形成核查意见。

此外，还开展民营医疗机构质量检查。对民营医院、门诊部、社区卫生服务站、诊所及街村卫生室的机构检查及医疗质量进行检查，重点对医疗文书书写、医疗废物管理、急救能力、合理用药情况、输液安全管理等方面进行检查，对检查中发现的问题现场指出并限期整改，提交检查意见书给被检机构，规定在1个月内完成整改后，提交相应佐证资料及图片经审查合格后再留档备案，截至年底累计完成监督检查医疗机构137个。

疾病预防控制

【概况】 2016年，继续坚持“预防为主，防治结合”的卫生工作方针全年传染病疫情形势平稳。无甲类传染病和重大传染病疫情发生，乙类传染病报告发病13种1 581例，报告年发病率为227.42/10万。推进免疫规划工作，八苗全程接种率98.2%。以创建“省级慢病综合防控示范区”为抓手，全面推进慢病防控工作，死因监测报告粗死亡率712.30/10万。

【免疫规划工作】 实施国家扩大免疫规划，扎实推进免疫规划工作，有序开展免疫规划疫苗接种，儿童建证率100%，建卡率99.1%，“八苗”全程接种率为98.2%，各疫苗接种率均超过目标任务；加强预防接种信息化管理，从4月1日起全面实行儿童预防接种个案信息化管理；对全区所有零岁至6岁儿童集中开展免疫规划疫苗查漏补种工作；开展儿童入学入托查验预防接种证工作，入学入托查验接种证补种完成率100%；加强疫苗针对传染病的监测和AEFI监测工作，对报告病例进行调查核实，确诊乙脑1例，无流脑确诊病例，报告AEFI病例40例，无严重AEFI病例发生；加强疫苗管理及冷链运转管理，开展脊髓灰质炎疫苗回收销毁转换认证工作，封存三价脊髓灰质炎减毒活疫苗1 788粒，销毁1 788粒；开展二类疫苗专项整治工作，科学推广二类疫苗接种，控制疫苗针对疾病的发生，全年无疫苗针对传染病暴发疫情发生。

【艾滋病防治】 推进全国第三轮艾滋病综合防治示范区工作，继续以示范区工作推进艾滋病防治工作，加强艾滋病综合防控，加强艾滋病防治知识宣传，提高人群防艾知识水平，加强自愿咨询与检测服务力度，最大限度地发现疫情，人群检测率9.5%；开展公安监管场所羁押人员HIV检测和高危人群干预，实施艾滋病抗病毒治疗“一站式服务”，加强对艾滋病感染者及病人随访管理。

【结核病防控工作】　加强病例的发现，发现活动性肺结核患者303例；筛查新涂阳密切接触者840人，筛查率100%，发现1例涂阴新患者；对发现的302例活动性肺结核患者进行HIV感染筛查，发现HIV阳性患者6人；痰培养筛查耐多药可疑肺结核患者11名，筛查率100%；可疑肺结核患者总体追踪到位率99.32%，肺结核患者全疗程系统管理率100%；开展高二学生结核病筛查，筛查率99.27%，发现肺结核患病学生3例，全部按规范相应处置。

【精神卫生工作】　建立完善由区综治办、卫生计生、公安、司法、财政、民政、人力社保、教育、残联等多部门参与的肇事肇祸等严重精神障碍患者服务管理联席会议制度；出台璧山区严重精神障碍患者服务管理“以奖代补”政策及救助标准，对每名危险评估3级及以上患者监护人每年奖励2400元，对住院患者的生活费补助由原来的每人每天3元提高到8元；在基本公共卫生服务补助经费中，按照每名患者320元的标准落实健康管理服务补助经费，开展患者健康体检、随访管理及家属护理教育等服务。各镇街政府按照属地管理原则，成立相应的组织机构，统筹落实辖区精神卫生工作，组建严重精神障碍患者“一对一联合服务管理小组”，开展患者服务管理工作。全年，全区累计检出并建档严重精神障碍患者3 300人，检出率5.3‰，健康管理3 020人，规范管理率75.93%，病情稳定率84.13%。

农村（社区）卫生

2016年，全区有村卫生室311个，社区卫生服务站13个。村卫生室和社区卫生服务站主要承担职能：一是承担、参与或协助开展基本公共卫生服务和重大公共卫生服务；二是利用适宜技术开展常见病、多发病的一般诊治；三是提供与其功能相适应的中医药服务；四是按规定实施国家基本药物制度；五是宣传政策、统计上报有关信息。

中医事业

【概况】　2016年，进一步巩固全国农村中医药工作先进单位创建成果，形成以区中医院中医特色专科和重点专科为核心，中医特色镇街卫生院为代表，均设置“中医馆”为基础，村卫生室基本中医药服务为网底的三级中医药服务网络，70%村卫生室配备基本的中医诊疗设备。区中医院与全区15个镇街卫生院签订中医适宜技术指导培训协议并基层医疗机构中医工作指导。不断提高基层中医药服务能力。

【培训工作】　利用国家中医药适宜技术平台开展中医适宜技术网络培训21次；继续深入开展区县级中医药师带徒工作，采取跟师学习、独立临床实践、理论学习的形式进行。考核第二年度继承人19名，完成师带徒工作学习任务。

【学科建设】　开展综合医院中医药示范单位的创建工作，区人民医院通过“2016年度全国综合医院中医药工作示范单位”评估工作。区妇幼保健院加强中医馆建设，开设中医妇科、中医儿科，全年引进中医妇科1人、中医儿科2人，推广中医医疗技术，进一步推动区中医药工作的开展。区中医院已有市级特色专科和重点专科各1个。市级中医药科研立项2个，区级中医药科研立项2个，中医适宜技术增至88项。

【服务效果】　深入开展中医参与健康管理，中医参与老年人和儿童的健康管理率均达40%以上。持续开展“中医药服务百姓健康推进活动”，出动中医医务人员32人次，发放中医宣传资料5 000份。

妇幼保健

【概况】 2016年，以区保健院为核心，镇街卫生院及村卫生室为基础，区级医疗机构为技术补充的妇幼卫生服务体系。各医疗保健机构均配备专（兼）职妇幼工作人员，完善基础妇幼设施设备，建立覆盖辖区医疗保健机构的妇幼信息平台。区卫计委强化管理职能，重点指标纳入目标考核。保健院作为全区妇幼工作的指导单位，开展业务培训及基层督导检查，推进基本公共卫生服务和重大妇幼卫生服务项目的实施。推进“两纲”工作，孕产妇死亡率及5岁以下儿童死亡率均达到目标。工作措施：一是区政府及区卫生计生委制定一系列措施，陆续出台《孕产妇及儿童保健服务管理细则》、《高危妊娠管理办法》、《新生儿疾病筛查管理办法》等文件，并由区财政出资免费开展婚检、孕前优生、唐氏筛查、新生儿听力筛查等工作。二是加大“产后访视”设施设备投入，提高访视率。三是加强“贫困残疾智障”育龄妇女管理，降低孕产妇死亡率。村社成立孕产妇救护队负责转运急诊孕产妇。四是开展托幼机构膳食营养监测管理，指导托幼机构制订科学合理、营养均衡的食谱，保证儿童营养。

【妇幼核心指标完成情况】 区妇幼保健院建成“重庆市级儿童早期发展示范基地”。全区住院分娩率100 %，高危孕产妇管理率100%。孕产妇系统管理率91.27%，死亡率14.68/10万。3岁以下儿童保健管理率90.48%，5岁以下儿童死亡率6.02‰，婴儿死亡率4.26‰，新生儿死亡率3.08‰，围产儿死亡率4.74‰，出生缺陷率6.46‰。新生儿疾病筛查率99.63%，听力筛查率95.14%。

卫生法治与监督

【概况】 2016年，协调新闻媒体进行宣传报道，全年在《璧山报》《璧山手机报》正面宣传8次。参加全区《中华人民共和国职业病防治法》宣传周活动，配合区安监局联合相关镇街、区人力社保局、区总工会等开展集中宣传，悬挂宣传横幅4幅，张贴、展览宣传图片80张，发放宣传材料18 000份，出动流动宣传车1台，接受群众现场咨询2 500人次。

组织人员参加全市初任卫生监督员培训、全市《重庆市医疗机构管理条例》释义培训、全市食品安全工作规范宣贯培训等。全年全区有卫生监督服务对象2 368家，监督覆盖率99.7%；开展监督检查2 798户次，人均监督户次132户。办结卫生行政处罚案件53起，罚款9.6万元，人均办案5.1件。

区级医疗卫生机构

【区人民医院】 2016年，区人民医院开放床位860张，年底在岗职工1 150人（含重医一院挂职3人）。其中卫生专业技术人员1 006人；技术职务正高27人、副高98人、中级225人；有博士17人（含在读5人）、硕士104人、本科583人。设置临床、医技科室45个。年门诊量595 503人次，较上年增长10.19%（其中门急诊555 966人次，较上年增长10.47%）；出院37 783人次，较上年增长3.51%；手术13 170台次，较上年增长14.28%。开展新技术新项目50项。

9月20日，与重庆医科大学附属第一医院签署《合作办医协议》，挂牌“重庆医科大学附属第一医院璧山医院”，合作期限五年。期内重医一院派出1人任挂职副院长，每年派出2-3人任挂职科主任。9月28日，区委、区政府在新医院举行“璧山区人民医院新院落成暨与重医一院合作办医

区人民医院新院

（郭昌禄　摄）

揭牌仪式”。新医院采用“一体化设计，集中式布局”。

多措并举推进“三甲”建设。建立和完善制度、职责、流程、预案1 000余个；对质量安全、就医环境、服务流程等全面整改，并通过强化培训演练、专家查找问题、内审追踪督改等措施促进持续改进，服务质量和水平不断提升。经自查自评，基本达到三级甲等综合医院标准。

“人才强院，科教兴院”成绩突出。新引进博士研究生6人、硕士研究生18人，引进正高1人；新晋正高4人，副高15人。于长青获“重庆市人民政府自然科学奖一等奖”，孙岚、于长青被重庆医科大学聘为兼职硕士研究生研究导师，陈国涛被市卫生计生委选拔为“第三批重庆市中青年医学高端后备人才”。获市卫生计生委科研立项5项、区科研立项26项；完成科研项目结题26项，科技成果登记26项；职工个人获发明专利2项；发表科研论文74篇，其中：SCI论著1篇，CSCD期刊4篇，统计源期刊14篇。

6月，获批设立重庆市“博士后科研工作站”。8月，泌尿外科获“重庆市第一批区域医学重点学科”建设项目；12月，肾脏内科、肿瘤科获“重庆市临床重点专科”建设项目。至此，已建成“重庆市医疗特色专科”2个（呼吸内科、妇产科）；有“重庆市医疗特色专科”建设项目2个（泌尿外科、眼科），“重庆市临床重点专科”建设项目4个（骨科、呼吸内科、肾病内科、肿瘤科）。

检验科连续4年荣获“重庆市临床检验室间质量评价十佳单位”，1人荣获“重庆五一劳动奖章”，院长被市医院协会评为“重庆市优秀院长”；2个家庭荣获全国“书香之家”；“曹廷容儿科创新工作室”被重庆市总工会命名为“重庆市女职工创新工作室”。

加强医院文化建设。根据医疗行业特点结合璧山地域特征，凝练出医院文化精髓“琢玉精神”，形成“厚德精医、知行合璧”院训、“做渝西高峰，创医疗典范”院景、“人民医院为人民”的办院宗旨和“生命唯一，健康至上”的核心价值观。

【区中医院】 区中医院有临床一级科室16个，二级科室8个，医技科室7个；编制床位299张，开放床位500张；医疗设备总值5 631万元 [其中万元以上医疗设备215台（件）]；固定资产8 738万元；医疗业务收入1.5亿元；有卫技人员358人，其中：医师162人，护士165人，高级职称19人，中级69人，初级230人，中医医师55人，硕士19人，璧山区名中医4人。

2016年，区中医院坚持以病人为中心，以安全质量求生存，以尽力解决“看病贵、看病难”为目标，着力于中医药特色服务能力建设，使核心指标得以顺利完成。一是实现年业务收入1.5亿元，同比增长17%；门急诊21.6万人次，增长8%；出入院1.35万人次与上年基本持平；二是骨伤科创建为市临床重点专科，重庆市卫生计生委科研课题2项、璧山区科研课题10项。

建立以HIS为核心的医院管理信息化系统、实验室信息系统（LIS）系统、医院办公（OA）系统、职业病健康体检系统、合理用药系统等，开展中医适宜技术远程培训系统。

完善医疗质量管理体系，修订并执行医疗、护理、药学、院感管理规章制度、医疗和护理质量控制实施方案、考核标准、考评办法等，逐步完善分级诊疗制度，完成医联体建设，家庭医生签约。

创新发展措施。一是突出中医专科特色优势和中医医疗保健服务新模式，形成中医肿瘤康复、中医妇科、中医旅游医疗的特色优势，实现差异化发展局面。二是选择重点科室汇聚人才、技术与资金等资源，集中开展该专业领域的中医、中西医结合多项先进技术与特色诊疗技术，重点建设中医肿瘤康复等专科，使之形成核心技术竞争力。三是在新院的建设中，引进先进的管理理念与管理方法，建立有效的激励机制，使医院的管理效率和质量全面提升。

【区妇幼保健院】 妇幼保健院占地2.59公顷，建筑4.1万平方米，业务用房2.8万平方米。现有人员编制135个。2016年年末职工239人，其中卫生专业技术197人，高级职称19人（其中正高3人，副高16人），硕士研究生10人。

妇幼保健院围绕妇女儿童着力打造孕产保健、儿童保健、妇女保健和计生服务“四大部”，设置办公室、医务（医保）科、护理部、保健部、财务科、总务（设备）科、计划生育服务科等7个职能科室，设置妇科、产科、儿科、新生儿科、中医科、妇保科、儿保科等临床科室以及药剂、检验、影像、病理等辅助科室。拥有层流手术室6间，层流产房6间和层流新生儿病房等一流设施。

2016年，根据区委、区政府的统一部署，相继完成与原生殖健康中心和原药具站的机构整合，挂牌“重庆市璧山区妇幼保健计划生育服务中心”。

2016年，全院秉承“病人第一、服务第一、质量第一、信誉第一”的服务宗旨，通过努力，获“两个效益”共赢的局面。一是经济效益再创高峰。全年总收入8 474.45万元，比上年同期增长16%；门诊179 986人次，增长12%；住院8 679人次，增长13%；住院床日45 311，增长13%。二是社会效益稳步上升。创建为2016年市级儿童早期发展示范基地（全市仅5家）；在重庆市临床检验中心开展的2016年度临床微生物学室间质评工作会上，获评重庆市妇幼保健院计生系统临床检验室间质量评价优秀单位；2016年新生儿代谢性疾病筛查工作获市级表彰。

2016年亮点工作：一是通过PCR实验室的技术审核，开展HPV分型及地中海贫血的基因检测新检验项目。二是拓展妇幼中医专业。三是开设助产士门诊，提高自然分娩率。四是增设儿童斜弱视诊疗项目。五是开设高危儿门诊、开展家庭养育规划咨询指导服务及健康厨房、开设亲子启蒙课程等一系列儿童保健项目。六是提供人流术后关爱服务。七是建立储血室，确保急诊急救。

人民生活

城镇居民的收入与消费

【城镇居民收入】 全区城镇常住居民人均可支配收入32 510元，居全市第9位，所在考核组12个区第1位；同比增长9.3%，增速居所在考核组12个区第1位，超过全市平均水平0.6个百分点。从居民的4项收入来看，工资性收入20 828元（占总收入的比重64.1%），家庭人均经营净收入3 824元，财产性收入3 392元，转移性收入4 466元；分别增长9.0%、9.2%、10.9%、9.6%。

【城镇常住居民生活消费支出】 全区城镇常住居民人均消费性支出19 507元，增长13.4%。其中食品烟酒支出7 032元，衣着支出1917元，居住支出3 177元，生活用品和服务支出1 386元，医疗保健支出925元，交通通信支出2 711元，文教娱乐支2 027元，其他杂项商品及服务支出332元；分别增长11.3%、13%、13%、16.2%、17.1%、12%、18.2%、26.7%。

农村居民的收入与消费

【农村居民收入】 2016年，全区农村常住居民人均可支配收入15 680元，增长10.2%，增幅高于全市平均水平0.3个百分点；绝对值居全市第7位。其中：农民人均工资性收入8 557元，人均家庭经营收入4 519元，转移性收入1973元，财产性收入631元，分别增长9%、11.1%、12.9%、11.7%。

【农村常住居民生活消费支出】 2016年，全区农村常住居民人均生活消费总支出11 486元，增长9.7%。农村居民消费结构中：食品4 212元，衣着658元，居住1 927元，生活用品及服务1 105元，医疗保健1 073元，交通通信1 501元，文化教育娱乐791元，其他219元。各类消费支出分别比上年增长2.6%、19.4%、14.4%、16%、16.4%、10.8%、11.4%、13.9%。

职工工资

2016年，区城镇非私营单位（不包括私营，个体）在岗职工年平均工资63 797元，同比增长6.4%。

按企业、事业、机关分，企业在岗职工年平均工资60 474元，增长4.2%；事业单位在岗职工年平均工资80 821元，增长13.3%；机关单位在岗职工年平均工资76 123元，增长20.9%。

按经济类型分，国有经济单位在岗职工年平均工资80 366元，增长14.2%；集体经济单位在岗职工年平均工资56 532元，增长20.7%；其他经济单位在岗职工年平均工资59 093元，增长3.9%。

按行业分，17个行业在岗职工年平均工资增长，其中增长较快的行业有文化体育和娱乐业在岗职工年平均工资 59 327 元，增长 32.8%；交通运输业在岗职工年平均工资 60 363 元，增长 20.3%；公共管理、社会保障和社会组织在岗职工年平均工资 75 397 元，增长 17.5%；卫生和社会工作在岗职工年平均工资 88 586 元，增长 17.1%；水利、环境和公共设施管理业在岗职工年平均工资 68 144 元，增长 16.3%。2 个行业在岗职工年平均工资下降，建筑业在岗职工年平均工资 51 980 元，下降 16.0%；信息传输、软件和信息技术服务业在岗职工年平均工资 60 048 元，下降 5.9%。

（区统计局）

延伸阅读 ▶▶

“璧山葡萄”入选中国果品区域公用品牌价值榜

10 月“璧山葡萄”因在传播力、品牌价值、消费者口碑、果实品质等方面表现突出，经第二届中国果品品牌组委会评审组评审，入选“2016 年中国果品区域公用品牌价值榜”，品牌价值经评估达到 4.89 亿元。

璧山区葡萄种植历史悠久，经过多年的引进栽培，目前适宜璧山种植的葡萄优良品种有近 40 个，包括醉金香、比昂扣、金手指、阳光玫瑰、高妻等品质好、口感佳的高端品种。2015 年全区种植规模已达 3.5 万亩，产量 4.5 万吨，产值 3.5 亿元。

近年来，璧山区通过葡萄采摘节的举办，大大提升了“璧山葡萄”的知名度，为“璧山葡萄”走向全国打下了基础，放大了品牌效应。璧山区先后被授予“重庆优质葡萄之乡”“中国优质葡萄之乡”“中国葡萄无公害科技创新示范区”“重庆市首批市级现代农业示范园区”等称号。

此外，璧山区的“蜜丽”葡萄已被评为“中华名果”，“比昂扣”葡萄在第十七届全国优质葡萄评比中获金奖，“蜜丽”葡萄在第十八届全国优质葡萄评比中获优质奖，“醉金香”“温克”获第十九届全国优质葡萄评比金奖，“美人指”获优质奖。

重庆璧山：从公厕“革命”到资本创新

在全国各地普遍进入中高速增长的经济新常态背景下，璧山经济高速增长显得颇为值得关注。

璧山“逆势”增长的秘诀何在?

关掉 100 亿元，换回 1000 亿元。

今天的璧山，吸引了诸多行业龙头企业落户，如普洛斯、得润电子、众泰汽车集团等。重庆 800 多家电子信息配套企业，近 1/3 落户在璧山。

时间回到 6 年前，这还是不可想象的。

彼时的璧山，遍布着各类小作坊，由此导致当地环境趋于恶化。璧山的主河流璧南河被污染得就像墨水池，村民们在河边养的鸭子自己都不敢吃。

脏乱无序的环境，不仅使本地人难以安心发展，也使得招商引资大受影响。

严峻的现实面前，璧山决定通过改革“断臂求生”。

2010 年，璧山下决心向污染宣战。近几年共关停了污染工业企业 500 多家，养殖场 1100 多个。

“2009 年我们的工业总产值 305 亿元，关闭的企业产值加起来就有一百多亿元，但是我们很坚定地迈出了这一步。”重庆市璧山区副区长黄文杰告诉《瞭望东方周刊》。之所以如此坚决，是因为，璧山认为，产业的升级，和环境的保护是相辅相成的。必须关停落后产能，打造优良的环境，才能吸引优质的项目前来投资。

璧山对于环境保护和经济发展的关系的定位，从黄文杰的身份可见一斑：他既负责工业发展和招商引资，也负责环境保护。

“这种把两个‘矛盾’部门归于一口的安排，在其他地方非常少见。”中央党校教授岳亮接受《瞭望东方周刊》采访时指出，“而这，正是破除部门利益藩篱，解决好发展与保护悖论至为重要的一步。”

改革的结果之一是，如今，璧山的规模以上工业年产值已经突破了 1000 亿元。

黄文杰表示，璧山的产业转型和升级在同步进行。现在，其三大主导产业为先进制造业、电子信息产业、大健康产业，同时，璧山还在大力发展互联网、新能源汽车、智能装备等战略性新兴产业。

随着项目的落地，产业人口聚集，璧山的人口流动由净流出转变为十多万净流入，建成区面积也由 2010 年的 10 多平方公里扩大为 40 多平方公里。

社会保障

社会保险

【概况】 2016年，紧扣市委民生工作“五个坚持”原则，立足“三区一美”战略行动，深入推进社保领域改革落地，完善体制机制，健全服务体系，全区职工养老、居民养老、职工医保、居民医保、工伤和生育保险参保人数分别达到13.09万人、27.71万人、9.01万人、57.47万人、8.09万人和6.66万人，分别完成年度任务的159.83%、99.95%、105.39%、104.13%、100.72%、107.20%；基金收入分别完成79 650.61万元（含超龄军人一次性趸缴，不含被征地农转非和272号文超龄人员一次性趸缴收入）、3 147.09万元，34 617.59万元、6 877.6万元（不含财政补助和利息收入）、2 728.13万元和1 168.53万元，完成市下达总征收任务112 503万元的113.94%，超收15 386.6万元。城乡养老、医疗保险参保率保持在95%以上，实现社会保险从制度全覆盖到人员基本全覆盖的转变。

【五险统征】 继续完善“五险统征”工作机制，扩大社会保险覆盖面。截至年末，全区参加养老、医疗、失业、工伤、生育保险的缴费单位分别为1 544户、1 899户、1 742户、2 126户、1 890户，比上年底分别新增88户、340户、329户、197户、183户，缴费人数分别为54 483人、67 186人、61 680人、74 132人、66 023人。

【城镇企业职工基本养老保险】 全力抓好城镇企业职工养老保险扩面工作。在继续深入抓好个体工商户、雇工、灵活就业人员参保续保工作的同时，重点开展安乐水库、青杠莲花片区、新堰村轨道交通换乘枢纽、丁家精神卫生中心、青杠莲花四五组等大型项目的征地农转非人员参加养老保险的工作，办理新征地农转非养老保险3825人，征收养老保险费10 087.55万元。6月20日全区全面启动超龄退役军人申报参保工作，受理申报1819人，符合条件1 800人，有1 749人开始领取养老待遇。办理襄渝铁路民工工龄认定808人。全年，城镇企业职工养老保险参保人数13.09万人，其中单位参保9.93人，个人参保3.15人。

【城乡居民基本养老保险】 进一步加大城乡居民养老保险扩面征缴力度，通过实行镇街目标责任制，以目标导向促扩面征收，全年目标任务全面完成。城乡居保参保人数27.71万人。

【机关事业单位养老保险】 全区在率先完成基础数据采集工作基础上，按照全市部署稳妥推进制度改革工作。补正维护2015年10月首次采集后的错误数据、退休人员工龄录入错误与待遇遗漏等数据。完成全区2015年9月至2016年12月，属期内各单位新增、减少，中人退休，退休（在职）死亡人员的数据采集、核验和导入数据库工作。对全区343个单位中的退休人员（含中人退休）的银行账户信息（社保卡银行账户信息）全面采集，按规定校验并导入市级数据库，为下步机关事业单位退休人员调待工作奠定基础。12月，根据全市机保改革总体安排，作为全市第二批试点五区县之一（第一批为16个市级部门）参加实收实支试点工作。

【养老金调整及发放】 城镇企业职工养老保险退休待遇连续12年上调，同时实现机关事业养老保险与城镇企业职工养老保险并轨后，退休人员养老待遇的同步调整，惠及全区5.18万领保人员，人均增长6.5%。全年，为全区企业退休职工、城乡居民14.18万人，发放养老待遇115 481.28万元。

【基金监管】 强化稽核检查，受理养老问题举报投诉10起，涉及企业13家，查处违纪企业13家，少报人数37人，少报漏报基数120.69万元，少缴养老保险费40.28万元，其中单位少缴30.62万元，个人少缴9.66万元，全部完成追缴工作。养老保险待遇资格核查全区累计采集指纹数据13.38万人，采集率92.81%，养老待遇资格认证9.85万人，认证率64.5%。

【社保降费】 积极推进供给侧结构性改革，落实社会保险降费政策，为企业“松绑减负”。一是从2016年5月1日起两年内，阶段性降低社会保险费率，城镇企业职工基本养老保险单位缴费比例从20%降至19%，城镇职工基本医疗保险单位缴费比例从8%降至7.5%，失业保险总费率从2%降至1%（其中，单位缴费、职工个人缴费各降0.5%）。截至2016年12月末，为全区企业降费4 479万元（其中养老保险1 963万元、医疗保险990万元、失业保险1526万元）。二是继续执行重点笔电企业、困难企业和小微企业社保降费政策，并将困难行业拓展至制造业、采矿业、建筑业、餐饮业、交通运输、房地产租赁等行业；对符合条件的重点笔电企业、困难企业其社保缴费工资基数低于上年社平工资60%的，最低可按1 500元/月·人标准核定；对符合条件的小微企业参加城镇企业职工基本养老保险，单位缴费部分按缴纳基数的20%调整为12%。截至2016年12月，新受理困难企业申报130户、小微企业申报194户，全区享受社会保险降费政策的重点笔电企业、困难企业、小微企业分别达到18户、496户、231户，涉及职工4万人，实际减负2.49亿元。

城乡居民合作医疗保险

【概况】 2016年，居民医保一档、二档个人参保缴费标准分别为110元、280元，各级财政补助为420元/人。全年参保人数为57.46万人，参保率100%，基金收入30 738.61万元（其中医保缴费6 877.6万元、财政补助23 835.91万元、利息收入25.1万元）。参保居民全年就医180.1万人次，其中特病门诊17.71万人次，住院98 304人次，统筹基金支出26 167万元，二级及以下定点医院政策范围内报销比例为69.46%。

【市级统筹】 全区居民医保于2012年12月1日加入市级统筹，所有定点医疗机构纳入联网运行并实现医疗费用的实时结算；2014年年底将全区161家村卫生室全面纳入医保联网并实时结算；同时持续推进居民社会保障卡制发工作，2016年年末累计发卡56.97万张，参保居民看病就医更加方便、费用报销更加及时。

【医保报销政策】 全区居民医保普通家庭门诊个人账户资金按80元/人·年包干使用；参保居民在一、二、三级医院住院报销起付线分别为100元、300元、800元，政策范围内医疗费用报销比例分别为80%、60%、40%（二档增加5%，未成年人在成年人基础上再提高5%）；住院报销年封顶线一、二档分别为8万元、12万元。纳入居民医保报销范围的特殊疾病26种，其中重大疾病13种，慢性病13种。全区开展居民医保基层医疗机构普通门诊费用统筹工作，参保人员在定点的基层医疗机构发生符合规定的普通门诊医疗费，居民医保基金每年按60%的比例，实行限额报销；报销限额为50元/人，统筹标准为30元/人。

【定点医疗机构管理】 新增定点诊所和药店51个、定点医院8个、社区卫生服务站3个、商业保险公司10个；纳入医保协议管理的定点医院、定点药房及诊所、社区卫生服务站、村卫生室分别为34家、365个、10个和217个。全年查处定点医疗机构34家，扣减违规费用56.05万元，协议处罚112.34万元。开展民营医院“医媒拉客”“优惠活动”专项治理，自4月活动开展以来，民营医院的职工和居民医保的住院人次由1 204人次下降到442人次，下降比例63.28%，报销金额由324.26万元下降到113.10万元，下降比例65.12%。

【大病保险】 城乡居民大病保险制度从2013年建立并全面实施。2016年度，起付标准调整为12 917元，符合享受城乡居民大病补偿的人数为2 362人，实际补偿49 346人次、补偿金额为1 288万元。

【单病种结算】 从2014年10月1日起，在区内5家二级医院正式执行首批确定的15个试点单病种结算，2015年试点单病种数量增加到50个。

社会福利

【概况】 2016年，全面推进养老服务业发展，扎实推进社区养老和社会养老，大力发展福彩和慈善事业，加强特困人员供养保障。

【社会福利】 养老服务业政策体系初步建立。出台《重庆市璧山区人民政府关于加快推进养老服务业发展的实施意见》（璧山府发〔2016〕15号）和《重庆市璧山区人民政府办公室关于印发重庆市璧山区敬老院达标建设及规范管理实施办法的通知》（璧山府办发〔2016〕44号），为全区养老产业发展和敬老院建设管理提供政策支持。

社区养老服务设施建设工作和敬老院达标升级工作纳入区委区府重点民生实事工作。建成6个社区养老服务站，提前一年完成市局下达的建成20个社区养老服务设施的建设任务。

敬老院达标升级工作分2年实施，其中2016年新建改建8个，即福禄镇敬老院、广普镇敬老院、璧城街道蒲元敬老院、来凤街道敬老院、健龙镇敬老院、三合镇敬老院、大兴镇敬老院、正兴镇石院敬老院。

【福利企业】 全区有福利企业10家。根据《重庆市民政局转发民政部关于做好取消福利企业资格认定事项有关工作的通知的通知》（渝民发〔2016〕72号）文件精神，民政局不再对福利企业资格认定。

【社会养老】 大力发展社会办养老事业。截至2016年年底审批建成社会办养老机构6个，床位1 118张，另6家筹建中。

【特困人员供养】 有农村五保对象3 241人，全年发放供养金1 961万元；城市三无人员2 119人，发放供养金1 393万元；孤儿、事实无人抚养困境儿童187人，发放基本生活补贴147万元；艾滋病儿童3人，发放生活补贴1.8万元。机构集中供养孤儿9人，发放基本生活费9.9万元。

【福彩和慈善】 销售福利彩票8 128万元（含中福在线1 207万元），增长4.5%，全年可提福彩公益金583.4万元。积极宣传《中华人民共和国慈善法》，全年慈善援助困难群众5名。

社会救助

【概况】 2016年，适应新形势新常态，围绕贯彻落实国务院《社会救助暂行办法》《市政府关于贯彻落实国务院〈社会救助暂行办法〉的实施意见》精神，着力加强社会救助体系建设，继续强化规范管理，创新工作运行机制，促进社会救助公平公正实施，切实保障城乡困难群众的基本生活，社会救助最后一道安全网作用得到发挥。全年社会救助工作以围绕精准着力，狠抓落实为要，促进政策优化为重点。

【城乡低保】 严格落实“1+8”的政策体系，规范低保申报、评议、审核、审批、公示等程序，突出救助家庭经济状况核查重点，严格执行“凡救必查、定期核查”制度。通过在职民政工作人员兼职、政府购买服务招聘等充实工作人员，建立区经济状况核查认定中心和15个镇（街道）经济状况核查站，提高城乡低保对象的准确率。城乡低保：纳入城乡低保76 366户次123 444人次，发放城乡低保金3281万元（其中城市低保年末12月保障2 489户3 596人，支出139万元，全年保障33 113户次48 147人次，发放城市低保金1 622万元；农村低保年末12月保障3 583户6 204人，支出161万元，全年保障43 253户次75 297人次，发放农村低保金1 659万元）。落实低保标准与扶贫标准“两线合一”，发挥“兜底”作用。635名贫困对象纳入农村低保，发放低保金120万元。

【医疗救助】 普通疾病住院救助标准年累计封顶线为6 000元。重大疾病医疗救助继续采取“病种”和“费用”相结合的方式，特殊病种救助对象前五类按70%，其他救助对象由按50%提高到60%的比例分别予以救助，年救助封顶线10万元，特殊病种以外的其他疾病，一次住院治疗费用超过3万元的，年救助封顶线为6万元。全年救助城乡困难群众135 300人次，支出医疗救助金2 200万元，年平均救助水平60%以上。将农村建档立卡因病致贫家庭重病患者纳入医疗救助对象范围，享受资助参保、普通疾病救助、重大疾病救助等医疗救助政策待遇。全区农村建档立卡贫困户933人继续纳入医疗救助。

【临时救助】 城乡困难群众因患危重疾病、遭遇车祸、溺水等人身意外伤害，在扣除各种医疗保险、医疗救助报销部分和其他社会帮困救助资金后，可申请个人负担符合报销部分的40%提高到50%的临时救助，年救助总额由7 000元提高到10 000元；对于因火灾等突发性意外事件，造成家庭经济财产重大损失，家庭基本生活难以维持的，救助总金额6 000元提高到8 000元；其他特殊原因，经各种救助帮扶措施后，家庭基本生活仍然难以维持的，可申请最高临时救助由4 000元提高到5 000元。2015年10月起，在15个镇街设立“社会救助”窗口，建立“一门受理、协同办理”机制。2016年救助困难群众1 256人，支出临时救助金460万元。

社会抚恤

【概况】 2016年，全面落实抚恤优待政策，切实保障优抚对象的合法权益，努力做好双拥共建工作，加强军政军民团结，进一步密切军政军工关系。

【优抚工作】 严格按照优抚政策规定，按月足额为6 227名重点抚恤优抚对象发放优抚金4 532万元。同时按市级标准兑现全县556户（含25户1—4级残疾军人）城乡义务兵家庭优待金，每人8 000元，各级财政分级负担优待金445万元。鼓励现役军人在部队建功立业。驻璧部队和入伍前为璧山户籍的现役军人，凡获中央军委、军队军区级单位授予荣誉称号的义务兵给予一次性奖励，全年发放奖励17.5万元。

落实优抚对象医疗救助、住房建设等抚恤优待政策。解“三难”措施落到实处。将在乡抚恤补助优抚对象（不含1级至6级残疾军人）除参加新农村合作医疗外，全部纳入城乡困难群众医疗救助范围，进行城乡医疗救助。还将符合条件的优抚对象纳入农村最低生活保障，真正实现优抚对象住有房、病能医、生活基本有保障。全年发放医疗补助金67万元；改造优抚对象6户危房，发放补助金15.7万元。加强对烈士纪念设施管理保护，打造高质量的青少年爱国主义教育基地。做好优抚管理系统数据库中所有享受国家定期抚恤补助待遇的各类对象核查工作，确保公平公正，从根本上防治死人享受优抚政策，全年核查4 500人。

【双拥共建】 加强对双拥工作的组织领导，制定下发《2016年璧山区双拥工作要点》《关于做好“八一”期间拥军优属拥政爱民工作的通知》，推动双拥工作制度化和规范化。各镇街、部门利用秋季征兵、机关职工大会等时机，采取多种形式，广泛开展国防双拥宣传教育。通过深入开展“爱心献功臣”“双拥在基层”活动，召开优抚对象座谈会、入户看望慰问优抚对象等多种途径，加强与优抚对象的情感交流，听取意见建议，针对性做好服务保障工作。解决家属区无天然气问题、安全防撞护栏松动等驻璧山部队训练执勤和工作、生活中的实际困难问题。区委、区政府本着节俭、精干、务实和秉承传统的原则，开展走访慰问活动。在春节、“八一”建军节，分别向到驻区人武部、77136部队、77146部队、61655部队、77126部队医院、78170部队、武警中队、区消防支队、预备役后勤保障旅物资营、区军休中心等单位慰问，赠送慰问金32万元。对辖区内的129名困难重点优抚对象发放节日慰问金和医疗补助30万元。双拥成员单位、各街镇、非公组织也开展形式多样的双拥慰问活动，进一步密切军政军民关系。

延伸阅读 ▶▶

区位+环境+人才=核心竞争力：优势叠加带来发展乘数效应

集聚优秀人才托起智慧高地

当今社会，人才已成为毋庸置疑的“第一资源”。

为此，璧山实施“三年千人引才计划”，采取硬性引进、柔性引进、自主培养等形式，引进和培养硕士研究生、副高级职称以上人才1035名。

出台鼓励企业引进和培养高层次人才的暂行办法，对规模以上工业企业引进和培养的高学历、高职称、高技能人才发放最高24000元的住房补贴或最高6000元的奖励补助。

利用紧邻大学城的区位优势，促进全区15家装备制造、电子信息、食品医药相关企业与重庆大学、重庆科技学院、西南大学等高校，共同打造大学生实训基地，接收在校大学生来璧实习……

如今的璧山，一批批饱学之才、实干之才、创新之才正在这片沃土生根、发芽、成长，共同托举起这片智慧高地。

区位优势让璧山能够更好地承接产业和人口的转移；环境的竞争力，不仅能够吸引外来投资，还能将人才、市场等生产要素留下；而人才，则成为了支撑经济社会长远发展的决定性力量。

三者优势叠加所带来的发展乘数效应，将推动璧山这列高速列车，在“十三五”的轨道上，保持加速度，跑出新篇章。

社会事务

基层政权和社区建设

【基层政权建设】 全区第十届村（居）委员会换届工作自2016年6月开展以来，截至10月20日，186个村（居，青山社区除外）完成换届选举任务，完成率100%，实现第十届村（居）委员会换届选举工作目标。135个村选出新一届村委会成员408人，其中主任、副主任各135人，委员138人，党员305人，女性192人，大学大专文化程度的93人。51个居委会选出新一届居民委员会成员233人，其中主任、副主任各51人，委员131人，党员147人，女性141人，大学大专文化程度138人。换届中，连任338人，占53%；新当选303人，占47%。

【社区建设】 城市社区建设现状。原有的49个社区居民委会调整为51个社区居民委员会。青杠街道青山社区属国有企业居民委员会，尚未移交地方政府管理。增加社区居委会2个分别是撤销璧泉街道鹰嘴村，设立鹰嘴居，撤销璧城街道大岚村，设立大岚居。新建七塘镇七兴社区便民服务中心，建筑816平方米，投入建设资金150万元，达到重庆市城市社区居民委员会建设标准和区社区便民服务中心区建设标准，检查验收合格。农村社区建设现状。根据《中共璧山区委办公室璧山区人民政府办公室〈印发关于深入推进农村社区建设试点工作的实施意见〉的通知》(璧山委办发〔2016〕33号) 文件要求，原则上每个镇街确定1个村开展农村社区试点工作 (另对没有村建制的璧泉街道不作安排)，有14个村开展农村社区试点，达到10%以上农村社区试点要求，做到试点的全覆盖。

民政事务管理

【婚姻收养登记管理】 与区档案局衔接，全部数字化扫描新中国成立以来所有入馆的婚姻收养档案，并将信息全部录入婚姻登记管理信息系统。全年办理结婚登记6 275对，离婚登记3 349对，补发婚姻登记证2 581对。办理收养登记32件，合格率、合法率均达到100%。

【区划地名】 2016年，璧山区行政区划未作调整。随着城区建成面积增加和各镇街场镇建成面积增加，标准化命名19条街、路。

【社会组织管理】 一是全区新登记社会组织27个，社会组织登记合格率100%；二是按照区委办区政府办《重庆市璧山区深化行业协会商会与行政机关脱钩工作方案》，在全区性行业协会商会中选择32家单位主管的61家全区性行业协会商会作为深化脱钩试点工作的对象；三是全区社会组织年检率达85%以上；四是依法注销名存实亡的社会组织4家。

【殡葬管理】 按照《重庆市璧山区机构编制委员会关于同意调整区殡仪馆机构编制事宜的批复》(璧编委〔2016〕33号)文件精神，重庆市璧山区殡仪馆更名为重庆市璧山区殡葬管理服务中心，机构类别由公益二类调整为公益一类，经费性质由财政部分补助调整为财政全额补助，核定事业编制14名（干部8名，工人6名），控制事业编制为8名（干部），核定编制实行“出一收一”，直至与控制编制数相等为止，核定负责人职数2名（1正1副）。全年火化遗体1 275具，火化率31%。全年免除城乡各类困难群众基本丧葬服务费122人16.45万元。

【社工人才培养】 全区170人参加上半年社会工作者职业水平考试，比上年全年报考人数增加5%。通过助理社会工作师、社会工作师合格人数49人（助理28人，社工师21人），增长88%。

【流浪乞讨人员管理】 全年救助各类人员500人次，协助区公安局对未能确认身份的66名滞留受助人员DNA数据采集，并开展滞留受助人员的寻亲服务工作。

【养老服务】 社区养老服务设施建设工作和敬老院达标升级工作纳入区委区政府重点民生实事工作。2016年建成社区养老服务站6个，分别是七塘镇金凤社区养老服务中心、来凤街道东街社区养老服务中心、大路街道接龙社区养老服务站、八塘镇一品社区养老服务站、三合镇金凤社区养老服务站、福禄镇福中社区养老服务站。提前1年完成市局下达的建成20个社区养老服务设施的建设任务。

（熊　茜）

【重点项目建设】 重庆西郊福寿园人文纪念公园是璧山建设“一生之城”的最后一环，也是关键一环。采取与上海福寿园国际集团合作的方式建设运营。上海福寿园国际集团成立于2003年，是一家在上海、重庆、合肥、济南、郑州、锦州、厦门、南昌8个城市拥有22个分公司的中国殡葬业旗舰集团，产业涵盖公墓、殡仪、殡葬设备等领域，是目前全国公墓行业首屈一指的品牌企业，并建成中国首座人文纪念公园。

2016年2月17日，经前期多轮协商及谈判，上海福寿园国际集团与璧山区人民政府签订《战略合作协议》《合作协议》；2016年3月8日，国隆公司与上海福寿园国际集团合资成立重庆福寿园西苑实业有限公司，并决定由合资公司重庆福寿园西苑实业有限公司建设运营重庆西郊福寿园人文纪念公园项目。

重庆西郊福寿园人文纪念公园总体规划103.33公顷，分为殡仪馆、安乐水库库区及坝区、公墓建设三大板块，总投资约35亿元。首期采取BOT模式进行开发建设，主要建设内容包括人文纪念公园入口区块、守灵及配套服务区、殡仪服务区、主环路贯通、公益性示范墓区、经营性示范墓区、1 700个配套车位。首期计划投资10亿元，并将按照国家一级殡仪馆标准建设占地2.67公顷的殡仪馆1座，同时按照国家一级公墓标准建设公益性公墓3.93公顷。

重庆西郊福寿园人文纪念公园于2016年6月30日举行开工仪式，各项工程建设工作正在开展。

残　疾　人

【概况】 根据第二次全国残疾人抽样调查结果显示璧山区现有残疾人36 905名，占全区总人口的6.05%。其中视力残疾6 362人，占17.24%；听力残疾6 709人，占18.18%；言语残疾720人，占1.95%；肢体残疾12 548人，占34%；智力残疾2 964人，占8.03%；精神残疾3 572人，占9.68%；多重残疾4 030人，占10.9%。截至2016年12月31日，累计办理残疾人证16 351个，办证率44%。其中，发放第二代残疾人证1 004个，注销残疾证733名。

2016 年 3 月 2 日，医务人员为老人义诊现场

（璧山报社　供图）

【残疾人康复】　永和中医院、大兴镇卫生院、八塘镇卫生院为市级标准化社区康复站，获补助康复器材经费 15 万元。邀请第三方中介机构评估、辖区内的康复站（室）42 个，整改、完善名存实亡的康复站（室）。

2016 年，全面实施居家康复工作。制发《关于开展 2016 年残疾人居家康复工作的意见》（璧残联发〔2016〕13 号），全年 2 636 名残疾人获居家康复服务，3 891 人获康复医疗服务，3 134 人获康复训练指导，3 468 人获心理咨询，3 939 人获知识普及，1 652 人获用品用具服务，2 376 人获转介服务，3 923 人获上门服务，603 人获无障碍设施改造。

救助智力儿童 35 名，脑瘫儿童 25 名，孤独症儿童 35 名。1 873 名持证精神障碍患者获免费服药救助，148 人次残疾人得到住院救助。验配助听器 240 台，其他辅具 320 件。完成白内障复明任务 851 例，其中免费的 511 例。

启动残疾人精准康复工作。区残联牵头起草《重庆璧山区 2016—2020 年残疾人精准康复服务行动方案》。11 月 18 日，在区特殊教育学校成立残疾人家长学校，培训残疾人家长 140 名。

【残疾人就业】　1 月，开展区级“就业援助月”活动，20 名残疾人与区内 5 家福利企业达成就业意向；3 月，区残联与市残疾人就业指导综合服务中心联合市内 17 家企业共同举办一场残疾人专场招聘会，50 名残疾人与市内企业达成就业意向。向福利企业推荐就业，21 名残疾人找到适合的工作岗位。落实培训补助资金 33.54 万元，安排 189 名残疾人参加盲人按摩、肢残人电脑、家电维修、电工、家政服务、焊工、厨师等项目培训。职业能力评估残疾人 20 名。全年，新增就业 127 名，录入率 100%。修改和完善残疾人个体从业、残疾人创办微型企业、加工业等优惠政策。龙氏盲人按摩、孙氏盲人按摩、康宁盲人按摩、唐氏盲人按摩、洪霞盲人按摩店 5 家机构获 2000 元至 4000 元不等的扶持资金。组织 1 名盲人医疗按摩人员和 17 名盲人保健按摩人员参加盲人按摩继续教育培训。落实残疾人就业保障金征收管理办法，加大对征管工作培训。征收残保金 1343 万元，超额完成全年征收任务。

【残疾人扶贫】　区残联在 15 个街镇针对农村残疾人实用技术培训的需求，组织开展 8 期蔬菜、樱桃、柚子、葡萄、沃柑等培训和 3 期养羊、养兔项目培训，培训残疾人 390 名。对 2015 年 439 名建档立卡贫困户开展回访调查工作。对 2016 年返贫或新增 213 户相对困难残疾人家庭，落实资金 20 万元，助其脱贫致富。全年慰问和帮扶残疾人建卡贫困户 38 人。11 月，区残联协同区城乡建委、区督查室、财政局，检查验收危房改造户残疾人 240 户。

【残疾人社会保障】　有 2 409 名残疾人参加城乡低保。1320 名残疾人获其他救助。16 916 名持证残疾人参加城乡基本医疗保险。573名残疾人获托养照顾。继续做好贫困残疾人生活补贴、重度残疾人护理补贴工作。2016年1至3季度，发放贫困残疾人生活补贴8 444人次，发放金额126.13万元；发放重度残疾人护理补贴17 806人次，发放金额280.81万元。

【残疾人教育】 对全区38名已入学学前残疾儿童、258名义务教育阶段残疾儿童、28名高中及中职、26名学前教育阶段未入学残疾人儿童和76名义务教育较短未入学残疾人儿童开展调查，为制定残疾儿童接受教育相关政策提供依据。对4名残疾大学生给予1.8万元的一次性入学救助。20名残疾大学生获4万元的生活救助。57名残疾人家庭子女大学生获15万元一次性入学资助，继续落实特殊教育学校学校生活补助。给予区特殊教育学校就读的125名残疾儿童12.5万元的生活补助。

【残疾人文化活动】 在全国爱耳日、自闭症日、全国爱眼日、特奥日、残疾人健身周等重大节日，举办相应的活动，丰富残疾人的精神文化生活。第26次“全国助残日”期间，12位残疾人才艺大赛的优秀选手为区福利中心孤残儿童和孤寡老人送上精彩的节目。同时慰问全区孤残儿童200名。4月，举办重庆市残疾人才艺大赛璧山区选拔赛，选拔出14件作品参加市级决赛。张波、陈云刚在市级决赛中分获表演组、工艺美术组三等奖。10月，在全市残疾人田径运动会上，璧山区8名选手获1金1银4铜。

【残疾人权益保护】 11月，在正兴镇卫寺村举办以“法在身边，助残有方”为主题的残疾人法制宣传活动，邀请法律专家以案说法、现场咨询等形式，为残疾人普及法律援助知识。12月2日，各街镇举办此类残疾人法制宣传活动15场，培养残疾人法制宣传联络员，帮助残疾人依法维护自身的合法权益。为72名残疾人机动轮椅车车主发放燃油补贴1.87万元；为7名残疾人发放C5驾照补贴0.7万元；为5名残疾人新申办路桥减免；21名残疾人每人享受2 300元的路桥减免优惠。通过残疾人本人申请，无障碍公司入户规划、政府招标等程序，无障碍改造残疾人家庭161户。

【残疾人基础建设】 全区297名调查队员和质量监测员对16 135名持证残疾人基本服务状况和需求信息数据动态更新，完成全部调查数据的复查、录入和上报工作，为区各项残疾人工作奠定坚实基础。与区委党校联合开展发挥残疾人专职委员作用的思考和农村残疾人精准扶贫的对策和建议的调研，形成调研报告上报市残联。专门协会以各种节日为契机，开展活动8次，其中肢体残疾人协会以“大众创业，万众创新”为主题开展慰问特困肢残人家庭、种养殖大户分享创业经验等活动。在大路街道成立肢残协会小组，为辖区内肢体残疾人服务。全区212名残疾人专职委员和7名专门协会主席参加网上培训工作，培训合格率100%。

【残疾人意外保险】 扩大意外伤害险受益面，16 423名持证残疾人均获每年30元的意外伤害险，保险的最高理赔金额2万元。

【志愿者助残工作】 全区助残志愿者实名制登记2 438名。青杠等街镇开展以志愿者赶场、“青春美、劳动美”等志愿者助残活动15次，帮助谭继模等14名残疾人家庭解决生产和生活中存在的困难。在全国助残日，联合区文明办开展志愿服务季活动，青年志愿者走进区社会福利院，带领孤残儿童参观秀湖公园。 （唐　萍）

复退军人

【复退军人安置】 2016年，全区接收退役士兵267人，其中农村退役士兵87人，城镇退役士兵

180人（其中"四类人员"1人，安排工作1人，选择入伍时安置政策3人，安置工作3人）。安置退役士兵4人。

【退役士兵自主就业】 自主就业退役士兵退出现役时，除部队发给一次性退役金外，由区政府发给其一次性经济补助金。自主就业一次性经济补助金按每服役1年不低于9 000元标准发放。退役士兵领取的一次性退役金和一次性经济补助按照国家规定免征个人所得税。办理自主就业263人，发放一次性经济补偿金和生活补助费909.9万元。

【退役士兵职业教育和技能培训】 结合本区实际情况，开展退役士兵职业教育和技能培训工作，全年参加职业教育和技能培训参加职业技能培训253人，支出职业教育和技能培训费34.76万元。

【退役人员创办微型企业】 区民政部门及时了解退役士兵思想状况，并大力宣传参加教育培训的退役士兵创业的成功经验和典型事迹，引导退役士兵进一步转变观念，树立走自主就业之路的信心和勇气，全年，3名退役士兵创办微型企业。

【军休干部安置】 全年接收安置1名军休干部，完成市局下达的接收安置任务。

老　年　人

【概况】 2016年，全区60岁以上老年人口14.5万人，占总人口的22.6%；65岁以上老年人口7.2万人，占总人口的11%；80岁以上高龄老人1.88万人，占老年人口的13%；全年打卡发放80岁以上高龄老人营养补贴1 278.2万元。

【敬老基础设施建设】 建设社区养老服务设施6个和敬老院达标8个。6个社区养老服务站为：福禄镇福中社区，七塘镇金凤社区，八塘镇一品社区，来凤街道东街社区，三合镇平安社区，大路街道接龙社区；8个敬老院达标建设单位为：新建的福禄镇敬老院，广普镇敬老院，改建的来凤街道敬老院，正兴镇石院敬老院，大兴镇中心敬老院，璧城街道蒲元敬老院，健龙镇敬老院，改扩建三合敬老院。

【敬老月活动】 10月，组织开展以"敬老爱老，全民行动"为主题的"敬老月"活动。结合纪念中国共产党成立95周年和中国工农红军长征胜利80周年主题宣传教育活动，开展庆祝演出、书画摄影等文体活动。在"老年节"，联合媒体资源，以和谐为目标，引导社会公民自觉履行法定义务、社会责任、家庭责任，营造敬老光荣、和谐美好的孝亲敬老 社会氛围。

【百岁老人名录】 全区2016年年底健在的百岁老人有58位。

1.罗朝贵，女，102岁，璧山区八塘镇五龙村6组；

2.伍登碧，女，104岁，璧山区八塘镇敢英村6组；

3.杨万芳，女，101岁，璧山区璧城街道大塘

百岁老人封大清向所有参加寿宴的人道谢

（璧山报社　供图）

村4组；

4.覃先才，女，100岁，璧山区璧城街道璧渝路115号3栋3单元1-1；

5.龙大玉，女，100岁，璧山区璧城街道马家桥村1组；

6.马世芬，女，100岁，璧山区璧城街道芋荷村4组；

7.张术华，女，110岁，璧山区璧泉街道牛角湾社区2组；

8.赵锡云，男，102岁，璧山区璧泉街道观音村5组；

9.连雅容，女，107岁，璧山区璧泉街道团堡村6组；

10.钟永清，女，101岁，璧山区璧泉街道红宇大道8号13幢1单元；

11.封大清，男，101岁，璧山区璧泉街道养鱼村6组；

12.张友德，女，100岁，璧山区璧泉街道养鱼村4组；

13.张廷华，女，100岁，璧山区璧泉街道大岚村6组；

14.刘素芳，女，102岁，璧山区大路街道福里村2组；

15.李顺清，女，102岁，璧山区大路街道福里村5组；

16.王锡珍，女，103岁，璧山区大路街道高拱村5组；

17.鲁国义，男，101岁，璧山区大路街道北街500号附101号；

18.曾昌碧，女，101岁，璧山区大兴镇朝元村1组；

19.黄廷海，男，100岁，璧山区大兴镇船形村2组；

20.林月清，女，100岁，璧山区大兴镇高桥村3组；

21.汪祥玉，女，102岁，璧山区大兴镇均田村5组；

22.梅喻氏，女，100岁，璧山区大兴镇莲生村2组；

23.李明智，女，101岁，璧山区大兴镇联盟村2组；

24.冯大珍，女，104岁，璧山区大兴镇茅莱村1组；

25.周德明，女，101岁，璧山区大兴镇狮子村1组；

26.叶祖秀，女，102岁，璧山区丁家街道三五村3组；

27.祝树芳，女，101岁，璧山区丁家街道长五村4组；

28.罗忠碧，女，100岁，璧山区丁家街道大岚坳村2组；

29.刘光玉，女，100岁，璧山区丁家街道天灯村1组；

30.周敞碧，女，101岁，璧山区福禄镇斑竹村6组；

31.邓永芳，女，101岁，璧山区广普镇白鹤村2组；

32.陈东碧，女，100岁，璧山区广普镇金龙村8组；

33.何世荣，女，101岁，璧山区广普镇坪中村6组；

34.唐德超，女，104岁，璧山区河边镇同心村9组；

35.曾洪氏，女，100岁，璧山区健龙镇寨子村4组；

36.刘发惠，女，100岁，璧山区健龙镇玉林村2组；

37.邓兴光，男，101岁，璧山区健龙镇鱼洞村2组；

38.马亶会，女，100岁，璧山区健龙镇肖家嘴社区；

39.孙代书，女，101岁，璧山区来凤街道普新村7组；

40.邹开清，女，100岁，璧山区来凤街道登凤村6组；

41.沈炳臣，男，105岁，璧山区来凤街道人民路75号；

42.余树清，男，103岁，璧山区来凤街道安乐村1组；

43.刘荣成，女，102岁，璧山区来凤街道安乐村4组；

44.熊代芳，女，104岁，璧山区七塘镇四合村2组；

45.谢惠芳，女，100岁，璧山区七塘镇跃进村5组；

46.邱玉清，女，102岁，璧山区青杠街道缙云一街1号4单元3-1；

47.陈文玉，女，102岁，璧山区青杠街道棕树村2组；

48.柯全洲，男，100岁，璧山区青杠街道塘坊居17组；

49.吴昌国，女，100岁，璧山区青杠街道莲花村2组；

50.张声德，女，100岁，璧山区青杠街道大字街附一街1号3单元2-1；

51.张德辉，男，100岁，璧山区青杠街道大森村4组；

52.徐大伦，男，101岁，璧山区三合镇龙凤村2组；

53.余大明，女，101岁，璧山区三合镇二郎村2组；

54.徐显福，女，100岁，璧山区三合镇新场村3组；

55.潘光明，女，101岁，璧山区正兴镇河堰村5组；

56.曹登云，女，101岁，璧山区正兴镇金堂3组；

57.张荣中，男，101岁，璧山区正兴镇金堂6组；

58.龙恩福，女，101岁，璧山区正兴镇沙塝村4组。

（民政局）

人口和计划生育

【概况】 2016年，以深化改革和服务民生为主线，加快推动计划生育工作方式转变，完善计划生育目标管理责任制，健全各级各部门齐抓共管的工作格局，稳妥有序实施全面两孩政策，促进人口长期均衡发展，全区人口和计划生育工作整体水平不断提高。全年政策生育率98.9%，出生人口性别比为106.3，各项业务指标均达到市里要求，无计划生育特殊家庭到市进京上访事件发生，便民服务网上审批工作在市卫生计生委召开的会上作先进交流发言。

【人口出生和死亡】 全年常住出生人口8 156人，同比增加1 409人；二孩率46.3%上升7.1个百分点；死亡5 002人，增加529人，人口自然增长率4.7‰，上升1.5个千分点。

【人口计生公共决策统筹机制】 成立重庆市璧山区计划生育工作领导小组，出台《重庆市璧山区计划生育工作领导小组及成员单位职责的通知》《重庆市璧山区计划生育目标管理责任制实施方案的通知》等相关文件。区政府与镇政府、街道办事处签订《重庆市璧山区2016年度计划生育目标管理责任书》。

【计生奖扶政策】 全区严格兑现奖扶特扶政策，审批确认符合国家奖扶对象18 499人，新增3 076人，全年发放奖励扶助金2 211万元；审批确认符合国家特扶对象1090人，新增181人，全年发放特别扶助金655万元。计划生育奖励扶助审批及时率94.5%，较市考核指标高7.5个百分点。

重庆市璧山区审计局于7月至9月，审计重庆市璧山区2014—2015年度计划生育奖扶、特扶专项资金。审计过程中发现，死亡人员享受奖扶17人2.68万元，死亡人员享受特扶1人1.4万元。

独生子女父母领取养老金存折

（璧山报社　供图）

【“两非”管理】　建立健全打击“两非”（非医学需要的胎儿性别鉴定和非医学需要的人工终止妊娠行为）长效机制，区委督查室、卫生计生委、公安局、工商局、食药品监督局等部门坚持每年开展2次联合检查，重点检查医疗计生单位“两非”禁止标志张贴、B超管理制度、终止妊娠药品管理制度和B超室双人检查制度执行情况。全年违法生育案件累计立案207件，申请法院强制61件，申请强制执行金额316.44万元。

根据审计规定，璧山区卫生计生委追回死亡人员享受奖（特）扶资金4.08万元。

全面建立计生特殊家庭联系人制度，开展失独家庭“六个一”（即建立一户一档信息档案，每户发放一张亲情连心卡，每户指定一名签约医生，每两个月开展一次亲情联系，每年开展一次健康管理服务，每年至少一次走廊慰问）关怀行动，做好结对帮扶，为失独家庭发放就医连心卡，并在公立医疗机构开设就医绿色通道，投入30万元为他们购买意外保险，失独家庭乡村医生（家庭医生）签约覆盖率100%。全面开展“关爱女孩行动”，加大独女户倾斜力度，申报农村独生女高考加分166人。对32户农村独生女户，按每户多批30平方米的标准多批宅基地1 346平方米。

【计生信息化建设与应用】　加强人口采集，推行实有人口网格化管理，通过村（社区）自主采集、企业配备兼职信息员和部门协同采集，健全信息采集网络，提高实有人口统计质量；人口家庭信息系统全员人口信息覆盖率和准确率达98%以上。人口信息在城市规划、低保评定、审计、社保等领域得到广泛应用。

【流动人口服务管理】　全年坚持构建流动人口服务管理“一盘棋”工作机制，维护流动人口合法权益，同等享受市民化服务，建立流入人口健康档案79 411份，搞好流动人口信息协查和反馈工作，流动人口证件办理合格率100%，信息协查提交率和反馈率均达99%以上，完成全国卫生计生流动人口动态监测调查任务。

【人口计生数据及态势分析】　随着全面二孩政策的实施，全年常住出生人口8 156人，增加1 409人；二孩率46.3%上升7.1个百分点；人口自然增长率4.7‰，上升1.5个千分点。2016年全区政策生育率98.9%，上升8.1个百分点。出生性别比106.3趋于正常。　（区卫生计生委）

灾害事故

【气象灾害】　2016年主要灾害是暴雨、暴雪、强降温。其中暴雨较为突出。

1月23至24日全区出现历史罕见的降雪天气，程度为暴雪，其最大雪深为11厘米，雪量为14.8毫米。

6月29日傍晚至6月30日夜间，全区普降大雨到暴雨，最大降雨量达106.6毫米（大路），这次暴雨天气过程，累计8个镇街遭受不同程度的洪涝灾害，其中大路、七塘、八塘等镇街灾情尤为严重。据初步统计，受灾人口7 058人，疏散转移人口88人，1人死亡（意外），直接经济损失2 256.5万元。基础设施损失情况：1.房屋受损255间（倒塌房屋84间，严重损坏房屋79间，一般损坏房屋92间），经济损失100万元。2.道路塌方19处2 300立方米，乡村公路损毁46处16公里，交通设施损失160万元。农业损失情况：1.农作物受灾584公顷，其中成灾408公顷、绝收58公顷，农作物经济损失402万元；水产养殖经济损失4万元。

全年气象站出现暴雪天气1次，强降温天气1次，暴雨天气4次，严重连阴雨天气1次。雨量略偏多，温度偏高，日照略偏多，年内出现的强降温、暴雨、严重连阴雨等天气给全区的工农业生产和人民的生活带来一定影响。（区气象局）

【地质灾害防治】 建立由群测群防员、片区负责人、驻守地质队员、地矿监测站组成的“四重网格化”地质灾害防治监测预警体系，对辖区地质灾害隐患实施监测预警；修改完善地质灾害隐患点应急抢险单点预案88个；大力开展地质灾害应急演练，全年累计开展地质灾害综合演练、简易演练55次；投入140万元建成集预警预报、会商决策、综合协调与应急联动“四位一体”的地质灾害应急指挥系统，提高全区地质灾害应急处置能力。投入资金560万元工程治理璧城街道皮革小区不稳定边坡等地质灾害隐患点7个，搬迁避让大路街道大竹林，三合镇柏树林滑坡等7个隐患点18户38人。开展风险识别与评估，将每一个地质灾害隐患点纳入全市风险管理系统。

（江红英）

【道路交通事故】 全年璧山区公安局查处各类交通违法行为15.6万起，行政拘留72人，追究刑事责任146人，亡人交通肇事逃逸案件侦破率100%。

（区公安局）

机关事务管理

【公务接待】 完成安徽原省委书记（中央第5环保督察组组长）张宝顺等37名省部级和292名厅局级领导公务接待；完成美国六旗乐园项目签约、区人民医院新院落成等大型活动的筹办；完成越南中央委员会副主席陈青敏一行的外事接待以及区党代会、人代会、政协会议的筹备工作任务等。全年完成各类公务接待任务152批次，2 600人次，协助接待80批次，公务接待费用同比下降18.4%。8月，局公务接待经验上报市机关事务局交流。

【公务用车管理】 公车管理规范严格，公车改革平稳有序。严把公务车配置审批关口，不审批超标、超编公务车，不审批无资金预算和资金来源购置公务车，暂停审批一般公务用车的新购、更新，确保一般公务用车“零增长”。党政机关公务用车制度改革工作基本完成。严格按照中央和市公车改革精神，牵头完成全区党政机关公车改革方案制定、司勤人员安置、公务交通补贴发放、党政机关过渡性车辆服务中心组建等工作，确保全区车改工作的平稳过渡；完成取消车辆评估和处置工作，公开拍卖137辆并全部成交，整体溢价率217.22%；7月，在局组建跨部门公务用车服务平台，保留车辆30辆，半年安全规范出车1 748起，保障全区重要接待和重要公务出行用车；核定各单位保留车辆编制，印发保留车辆使用范围暂行规定、车辆租赁管理办法等规范性文件，完成保留车辆标志化管理等工作，规范车改后公务用车的管理和使用。

【公共机构节能】 公共机构节能亮点频现，新建

2016年12月19日，璧山区公务车拍卖现场

（曾清龙　摄）

建筑节能工作全市领先。青杠街道办事处、来凤中学被国家发展改革委、财政部、国家机关事务管理局命名“国家级节约型公共机构示范单位”；通过专项考核，区“十二五”时期公共机构节能工作获全市第三名；区公共服务中心作为全市新建建筑节能代表，接受国家机关事务管理局以及12个省市局代表的参观考察。全年，全区公共机构人均综合能耗下降2.06%，单位建筑面积能耗下降1.65%，人均水耗下降2.06%。全区公共机构节能工作连续5年位居全市前列。

【办公用房管理】　40家单位入驻行政中心，清理办公用房23处，28 367平方米（其中办公用房24 900平方米，附属用房3 467平米），对清理腾出的办公用房统筹调配18个部门。同时，对新调配的单位严格按规定核定办公用房面积，严禁超标准分配和使用办公用房，不得新购办公家具，除有特殊要求的业务用房外，其余办公用房室内外原则上均不再实施装修。

【后勤服务】　公开招标引进专业物业管理公司，负责行政中心、后勤服务中心大楼的会议服务、清洁保养、安全保卫、设施维护维修等，全年，公共服务中心物业管理满意度测评为98%。做好异地交流领导干部的食宿、日常保洁、安保、物品采购、设备维护修缮等后勤保障工作，不断调整服务方式、改进服务质量，为异地交流领导干部提供良好的服务。公开招标引进餐饮企业2家，分别管理机关食堂2个，形成竞争机制。为1 300名干部职工提供安全、健康、营养的膳食服务。通过区食药监局、用餐职工和食堂管委会成员单位综合测评，2家食堂满意度测评均达90%以上，并被区爱卫办授予“健康食堂”。

（机关事务管理局）

公用事业

自来水生产

【概况】 2016年，自来水供水量2 152.26万立方米（其中外购大学城清水112.75万立方米），新安装自来水用户2.6万户，实现产值12 253.44万元。

全年，渝山水资源开发有限公司继续保持和创建“重庆市精神文明单位”“重庆市城镇供水管理先进单位”“消费者信得过单位”“重庆市企业劳动保障守法诚信示范企业”“重庆市厂务公开先进单位”“重庆市劳动关系“AAA”级和谐企业》。

【优质服务】 一是城市供水。为确保供水安全，公司采取措施，做好设备改造维护、供水调度工作，在供水高峰期千层岩水厂超负荷的情况下，保证城区正常供水。二是供水服务。全年安装管道11公里，新增安装水表21 059户，全年维修各类爆管、管道漏损1 046处，完成“一户一表”改造8 601户，完成城区总表改“一户一表”的地下管道改造30公里。继续推行“一站式”服务，完善收费和服务所需的硬件设施，开通支付宝、银行代收水费业务，新增社区水费缴费点2个。建立公司网站和公众微信号，方便用户咨询，提高用户反映问题的处理效率。

2016年2月4日，区长章勇武（右二）检查千层岩水厂
（刘畅　摄）

【重点工程建设】 抓好工程建设。一是完成三江水库、盐井河水库技术预验收、市级水管单位达标；完成千层岩水厂扩建工程竣工验收。二是开工建设千秋堰—盐井河—同心水库—连通工程等5个基金项目，完成投资3 350万元。（李　红）

电力供应

【概况】 2016年，持续加大电力投入，统筹优化电网布局，主动践行民生责任，稳步提升综合服务水平，强化电力能源保障。全年完成售电量22.89亿千瓦时（不含趸售），同比增长7.65%；供电可靠率：城镇99.97%，农村99.85%；综合电压合

220千伏茅莱变电站彻夜投运

（供电公司　供图）

格率：城网99.998%,农网99.45%，累计完成固定资产投资：17 628.71万元。

【电网建设】　主动对接璧山城市发展规划，全力破解施工难题，按期投运220千伏茅莱输变电工程，110千伏温泉变电站完工，220千伏田家站重载“顽疾”得到根治。创造性探索线路迁改新思路，110千伏秀璧东线按期实现下地目标。全力争取7 100万元电网改造资金，完成18个变电站的直流在线监测改造，扩建变电站10千伏间隔36个，高新区内建成开闭所3座，实现110千伏变电站第二套通信设备的全覆盖。加快推进璧山新能源汽车示范区建设，促进区政府与重庆市电力公司加强战略合作，按期建成充电桩110个，众泰公司用电项目提前实现通电投运目标。深化配网标准化建设，按期完成农网工程改造任务73项，打造盐井村农网标准化示范片区，惠及居民46 800户，提前超额完成民生重点实事。

【服务重点工程建设】　落实“一证受理”“一站式服务”等工作要求，推进“互联网+业扩报装”新模式，主动服务普璧仓储等临时用电工程15个，完成大茂伟瑞柯、有友食品等企业正式用电工程130家。优化施工方案，加强物资保障，确保公安局、人民法院、文化艺术中心等重点项目建成投运。针对性制定差异化用电方案，按期实现污水处理厂等紧急工程的投运工作，完成加油站专变和璧青路公变紧急迁建。助推九永高速、完成高铁换乘枢纽等璧山大交通“格局”项目施工用电，按期投运天安“水秀”、秀湖“水街”等服务业“增值计划”项目，协调解决方月小区、兴友房地产、欧鹏御府等项目用电难题。建立经济适用房用电项目周通报机制，投运晶荷花园、塘坊经适房等项目4个，保障1 679户居民用电需求。

【居民用电提升工程】　开展“第三方监督促服务提升”活动，邀请行风监督员、客户代表参与服务质量评价，畅通服务问题和意见反馈渠道，定

众泰充电桩建设方案进行协商

（供电公司　供图）

低压线路改造

（供电公司　供图）

期披露问题整改落实情况，获“全国实施用户满意工程先进单位（服务类）”。深化政企联动机制，严格执行超高树竹修剪标准，有序实施112条线路、2 785个低压台区的树竹隐患排查清理工作，树竹故障率同比降低72%。开展核心商圈故障停电联合反事故演习，度夏期间实施夜间特巡、防洪防汛特巡及一般巡视118次，发现并消除隐患缺陷211处。深化运用低电压大数据智能化监控平台，实现全区3 839台配变运行异常情况实时监控，及早治理潜在低电压台区269个，保持低电压属实投诉和低电压台区存量“双零”，相关做法入选《国网配网运维管控数据治理典型案例》。

（国网重庆璧山供电公司）

天然气供应

【概况】　2016年，全区有储配站1座、无人站2座、管理户数156 462户，其中非居民用户2 523户，居民用户153 938户，CNG1户，管理燃气调压箱2 915台、调压柜112台、阀井239座，中压管网总长552公里，低压914公里。

全年累计供气量7 296万立方米，较上年增加360万立方米，同比增幅为5.2%，超额完成年度供气计划（7 000万立方米）296万立方米。新安装户数14 215户。

【燃气安全】　公司严格落实“党政同责、一岗双责、齐抓共管、失职追责”的要求，以问题为导向，通过召开办公会、经理办公会、安全生产例会及防重会22次部署落实。年初公司领导、科室站负责人、员工签订《二〇一六年度安全管理目标责任书》，层层压实安全管理责任，完成《安全管理制度汇编》的修订工作，顺利通过市级安全标准化（二级）企业复审，获消防“四个能力”建设达标A级单位，“落实企业主体责任达标A级单位”称号。

全年开展日常检查15次，专项检查3次，暗查4次，坚持每月检查和抽查燃气设施设备、站场、入户安检、特殊用气场所、工业客户等。组织开展“雨季三防”“G20峰会”“岁末年初”等重要特殊时段的安全专项活动。全年发出安全

区经信委开展安全检查

（曾清龙　摄）

检查通报12份，发现隐患126处，完成整改126处，整改率100%。发放《天然气客户安全用气须知》9 500份，发放《热水器正确安装使用》《安全用气温馨提示》卡通宣传画册231张，安装《楼栋式安全温馨提示牌》160块。

【重点工程项目建设】 1.完成众泰汽车、友友食品有限公司、港嘉机械制造公司等重点企业天然气安装工作和璧山区人民医院燃气安装工作。2.完成璧山凉亭关至水天池管线工程、璧山河边镇至成渝复线下道口（福禄）至福禄镇管线工程剩余管道铺设，均已竣工并投入使用。3.国家农业科技园区大路产业区管线工程随园区道路建设，完成PE250-1000米铺设。4.璧山御湖新区一期管线工程完成PE250-2000米，PE160-2000米铺设。5.完成璧山三合阀室自动化工程与调度中心SCADA系统建设。

【服务质量】 1.通过重庆燃气行业协会"双十佳"单位复查；2.申报市级文明单位复审；3.开展学习《企业文化读本》工作；4.组织宣贯《重庆燃气11533服务标准》、集团公司《关于进一步规范经营服务收费标准的通知》（渝燃气发〔2016〕35号）及居民阶梯气价宣传；5.出台《璧山公司关于加强行风建设、规范服务行为的实施意见》；6.拟定《义务监督员聘任制度》，确定义务监督员人选范围；7.开展"关爱空巢老人，看我燃气先锋"主题服务活动；8.结合区委、区政府要求，开展一对一结对扶贫工作；9.成立纪委，加强对内部违纪、违章的监督；10.密切关注舆论导向，及时回应用户诉求。

【燃气新举措】 安装环节，将安全宣传工作做在首位。在完成户内安装后，将相应的《天然气室内装修规范》《居民表后管道安装流程》《民用天然气必读》《天然气安全用气须知》等相关资料封装在透明文件袋中，挂于气表或管道等显眼处，以便用户在接房后第一时间了解到燃气相关安全知识及天然气户内装修注意事项，增加居民用气的安全知识，方便公司开展后续通气工作。

（璧山天然气公司）

镇 街

璧城街道

【概况】 璧城街道是全区政治、文化、商贸中心，东与沙坪坝接壤，南接璧泉街道，西连福禄镇和大兴镇，北通大路街道和河边镇。辖区面积 7 378 公顷，土地 3 501.62 公顷，其中：耕地 1 326 公顷，城镇规划区 1 600 公顷，城镇建成区 1 502 公顷。辖社区居委会 10 个，行政村 6 个。年末户籍人口 91 024 人（其中非农业人口 75 904 人），常住人口 163 894 人，基层党组织 63 个，党员 3 381 名。

交通区位优越，319 国道、渝蓉高速、黛山大道穿境而过。璧南河由北向南纵贯全境。基础设施齐全，电影院 1 个，公园 1 个，图书馆 1 个、文化站 2 个，敬老院 2 个、集贸市场 5 个，金融机构 21 个。医院、卫生院 5 个（含民营医院 4 个），执业（助理）医师 248 个，病床数 720 个。中小学校 8 所，在校学生 12 404 人，在职教师 733 人，幼儿园、托儿所 36 个。全年出生人口 1 441 人，符合政策生育率 98.6%。出生人口性别比 105.27。

2016 年，实现规模工业总产值 10.7 亿元，全社会固定资产投资 54.3 亿元，财政总收入 6.3 亿元，旅游业投资 11.5 亿元，农业总产值 2.04 亿元，农村常住居民可支配收入达到 17 131 元。

【党建工作】 围绕管党治党责任，抓工作落实。厘清从严治党责任清单 24 项，研究重点难点工作 11 项，解决重点难点问题 44 件，开展党建督查 11 次、印发通报 11 期，突出标准上从严、追责上逗硬。推进“两学一做”学习教育。研究印发并实施村（社区）、机关事业单位、学校（幼儿园）、非公组织等工作方案 4 个，严格按照“两学一做”学习计划开展专题学习教育。党工委书记带头讲党课 4 次，领导班子成员讲党课 34 人次。党政班子成员到基层调研 204 人次。坚持问题导向，查找问题 165 个，全部整改到位。培训基层党组织书记 132 人次。健全干部日常管理制度、考核办

2016 年 2 月 29 日，璧城街道知识竞赛现场

（周海瑞 摄）

法 11 个，举办各类培训班 23 期次、培训干部 1 465 人次。新发展党员 14 名，预备党员如期转正 18 名。组织机关事业单位在职党员 117 名到社区报到发挥作用。集中推进非公企业和社会组织“两个覆盖”。选派党建指导员 20 名对点指导非公组织开展示范点 24 个，建成区级“双强”示范党组织 3 个，街道级“双强”示范党组织 6 个。制定《党风廉政建设和反腐败工作责任制》《党政领导班子“一岗双责”责任清单》《党风廉政建设“两个责任”清单》，细化党政领导班子共同责任 11 项和班子成员主要责任 27 项，党政班子累计约谈 560 人次，坚持学教结合，编印《鉴戒》508 本，开展廉政文化宣讲 16 场次，制作廉政标语、展板 100 幅，组织参观廉政书画展 300 人次，发送廉政短信 6 000 人次。切实纠风治乱，紧盯节点反四风，狠刹“节日腐败”，落实“1+X+Y”督查工作模式，严查落实中央八项规定精神情况，推进“十公开”，详细公示村（社区）专职干部 344 名及其亲属享受的 10.13 万元情况，开展整治和查处侵害群众利益的不正之风和腐败问题专项整治行动，286 名干部开展自查自纠。突出执纪审查，坚持抓早抓小，出台《十必问《十必谈》暂行办法，约谈 420 人次，1 名社区党委书记因履行主体责任不力受到通报批评，畅通来电、来信、来访、网络“四位一体”的信访举报平台，收到网络信访举报 93 件，区纪委转交办信访件 9 件，办结 111 件，办结率 99%，立案审查 8 件，开除党籍 2 人，党内警告处分 5 人、党内严重警告处分 1 人。

【选举工作】 坚持早调研、早摸底、早培养、早排查、早预防“五早”，做好村（社区）“两委”换届谋划工作。2015 年年底就组建回访考察组，对村（社区）“两委”班子及专职干部的德、能、勤、绩、廉等有关方面的情况和不足回访考察，同时进一步完善其履历资料，核定“三龄两历”，建立农村本土人才信息库 28 人，培养和动态调整后备干部，开展重点村（社区）经济责任专项审计，编发换届选举的廉政教材《鉴戒》小册子 400 册。严把组织领导、宣传培训、政策程序、提名推荐、舆情监控“五关”，稳步推进换届工作。印发指导性文件 5 个，开展专题培训 3 次，发送宣传资料 3 000 份，在《重庆日报》等对此报道的同时，安排 9 名舆情信息员 24 小时关注各类相关信息。严格风气监督，确保换届风清气正。严格落实主体责任，细化监督措施 19 条，党工委与村（社区）党组织签订《严肃换届纪律责任书》，采用发送短信、开展警示教育和廉政谈话、组建宣讲队、公布举报电话、设置举报箱、设立谈心谈话室，畅通舆情渠道和举报平台等，加强换届纪律。完成全街道 16 个村（社区）党组织、村（居）民委员会换届选举工作。选举“两委”班子成员 103 人（党组织班子成员 80 人，村居委会班子成员 58 人），平均年龄 42.83 岁，其中大学专科及其以上 55 人，高中（中专）43 人，初中及其以下 5 人。村（社区）“两委”主要负责人 29 人，平均年龄为 46 岁，其中大学专科及其以上 21 人，高中（中专）7 人。

【经济发展】 粮食种植 1 334 公顷，粮食产量 6 853 吨。土地流转 976.8 公顷，规模经营 871.67 公顷。果树种植 575.67 公顷，产量 5 536 吨。蔬菜种植 823.73 公顷，产量 26 086 吨。家禽出栏 335 万只，肉兔出栏 25 万只。新增区级农业龙头企业 2 个，专业合作社 2 个，家庭农场 2 个，农民合作社达到 47 个。兑付农业支持保护补贴 8 475 户 1 157.08 公顷 170.09 万元，农机补贴 50 台，补贴 10.08 万元。整治来龙村、大塘村、龙井湾村山坪塘 23 口。管护电灌站 32 处，维修、改造电灌站 2 处，推广农业机具 56 台。巩固和发展工业规模企业 20 家，完成工业规模企业总产值 10.86 亿元。辖区企业申请专利 30 件，其中：发明专利 12 件、实用新型专利 18 件。授权专利 24 件，其中：发明专利 4 件，实用新型专利 15 件、外观专利 1

璧城街道来龙村硬化农村公路

（曾清龙　摄）

件。辖区中小企业355个，其中私营个体342个。完成全社会固定资产投资54.3亿元。限额以上单位55个，完成销售额30.73亿元，限上住餐营业收入2.54亿元。新增商贸限额以上单位7个。

【街村建设】 晶荷花园、芋荷花园绿化工程投入使用；完成晶荷花园定向经济适用房销售工作，安置拆迁群众1 855名；新建城丁路公厕、大旺桥公厕、鸡冠石路二合一公厕和垃圾台；硬化来龙小学至来龙水厂公路1公里；完成2公里四马路、来龙水厂路、红周路路面工程；完成城中社区与档案局连接道路、塘湾社区皮革二区农贸市场道路白改黑改造；投资40万元白改黑改造甘棠花园小区损毁道路2 000平方米；投资254万元消除塘湾红土地厂房旁地质滑坡安全隐患；建成大旺和塘湾社区健身点2个；完成蒲元敬老院升级改造。拆迁补偿轨道交通换乘枢纽及连接道路工程65.2公顷。完成御湖新区项目征地拆迁工作，农转非人员入保347人。实施新堰“六旗小镇”项目征地拆迁248.8公顷，拆除房屋830户。

【生态文明】 开展工业企业污水排放口规范化专项整治，完成企业验收183家，整治完毕涉污企业10家，整治达标养殖场22家；环保监测验收山坪塘40口、精养鱼池5口；餐饮单位油水分离器安装575家，关停拒不安装的餐饮单位21家。投资600万元清淤璧南河朱家桥至新大桥段，清除淤泥52 067.33立方米。管护公路绿化40.91公里、水系绿化10公里。打造芋荷小河沟“小桥流水”式风貌。完成东林大道至城丁路路口、小东门桥至文星桥沿河路两侧和大成广场周围路段的立体绿化任务。防尘化处理已征未用国有土地4.8万平方米。完成城中村和闲置地块绿化改造任务146万平方米。在黛山大道、319国道、109省道、108省道等公路沿线设置垃圾桶613个，村居聘请保洁员35人开展日常保洁。实施城丁路璧城段美化和璧城到天池栽植美人蕉靓化16公里。完成东林大道、璧青路、北二环路、鸡冠石路和大成广场周围主干道两侧的蓝色雨棚风貌改造。维修人行道、损毁的混凝土路面和草油路面等市政设施，更换污水井盖500个，水篦子300个。建立完善农村垃圾清运长效机制，农村垃圾定点清运率100%。购置“三乱”清洗车1台，聘请6人专职清洗背街小巷和楼道“牛皮癣”。清理城乡接合部和背街小巷大件垃圾、建筑垃圾和存量垃圾600多车，2 500吨。封闭垃圾通道141个，改造旱厕21处。建立辖区化粪池台账1 191口，安装警示牌950块，建设化粪池排气孔565口。投入150万元改造城区管网，完成塘湾社区、东关社区污水管网应急抢险工程、彩虹桥东岸截污干道应急抢险工程等80处。设片区组长6人，聘请环卫工人183名，投入压缩式垃圾车2辆、垃圾收集车3辆、高压冲洗车2辆和路面养护车3辆，并配备驾驶员12人，辅助工15人。

拆除轨道一号线、黛山大道沿线范围内违法建筑138户。建城区拆违涉及违法建筑1 988户，拆除324户，整改1 658户，整改建筑132 952平方米，拆除建筑18 720平方米，完成整治任务的99.7%。完成农村违法建筑整治工作，改造成渝复线、319沿线、城丁路、黛山大道沿线可视范围内的蓝色彩钢风貌约4万平方米。

【民生事务】 动态管理城乡低保，发放城镇低保金7 364户11 293人423.87万元。城乡居民养老保险参保率达到96%。城乡居民合作医疗保险参保率达到96%。办理新登记其他城镇登记失业人员660人，失业保险金发放276人，城镇登记失业率控制在3%以内。新增城镇就业6 624人，指导帮助失业人员再就业1 623人，新增农村劳动力转移128人，组织失业人员参加就业适应性培训178人，本区域农民工11 658人。办理社保补贴281万元，发放小额贷款1 500万元。“一对一”结对帮扶建卡贫困户87户，相对贫困户18户。入户走访400人次，解决实际问题120件。开展建筑工程“两防”专项行动、劳动密集型企业消防安全专项治理、危险化学品、烟花爆竹、非煤矿山和易燃易爆物品专项大检查等活动。全年排查安全隐患268条，全部完成整改。组织开展皮革小区消防安全隐患专项整治，涉及的241家，已搬迁180家，查封13家，关停48家。开展乡村道路交通安全路检路查工作，制作交通安全标志牌40块，查处违法交通行为750件。新增森林防火祭祀台8个，森林防火卡点4个，确保林业生态安全。构建立体式治安防控体系，专职巡逻队由80人增加到100人，全天24小时轮班不间断巡逻；配备巡逻车11辆，全天轮班不间断巡逻；城区5个社区划分126个网格单元，聘请网格长126名；治安管理特殊类人员275人，无一脱管、漏管。加大技防投入，安装视频监控摄像头310个，加上去年安装的234个摄像头，与公安局“应指工程”互补，实现城区视频监控全覆盖。从源头上控制信访增量，排查出重点案件25件、重点人员39名，逐一建立档案，落实“五位一体”的稳控措施。做好每周二“群众工作日”工作，全年受理群众来信来访96件，按时办结率100%。强化领导包案制，街道党政领导干部走访280人次，解决群众各类问题260件。村（社区）每月定期开展一次村（居）民开放日活动，矛盾纠纷化解率达98%以上。着力抓好“2+N”联调机制建设。建立街道调委会进驻璧城派出所调解室，聘请专职调解员3名，5月开展工作以来，截至12月底受理调解纠纷230件，义务提供信访、法律咨询370人次。 （廖益琴）

璧泉街道

【概况】 璧泉街道紧邻重庆主城西部，地处璧山城区中心位置，东接重庆大学城，西连大兴镇，南毗青杠街道，北临璧城街道。经璧山隧道连接主城，距离重庆大学城五分钟车程，交通便捷，区位优越。绿岛新区核心区、璧山高新技术产业开发区、金剑山休闲旅游区核心区和中央商务区都坐落在街道内。辖区环境深绿，拥有秀湖公园、观音塘湿地公园、璧南河公园、电视塔公园、蜀望公园、南关公园等生态公园26个，拥有南门唐城、天赐华汤温泉、人民广场、文体广场、体育中心等一大批休闲旅游场所。

街道辖区面积43平方公里，土地694.93公顷，耕地373.07公顷。辖社区居委会13个，居民小组127个。2016年年末户籍人口6.88万人，非农业人口6.28万人，常住人口13.46万人。有机关干部职工110人，社区干部129人，基层党组织51个，党员1 980名。辖区内中小学5个，在校学生12 155人，在职教师686人，公办幼儿园1个。有医疗卫生机构7个。全年常住出生人口1 764人，其中符合政策生育率98.8%。

2016年，街道工业总产值突破1 000亿元大关，达到1 133亿元，同比增长13%；全社区固定资产投资354亿元，增长16.4%。非公有制企业1 552个，从业人员12.73万人，总产值1007亿

壁泉街道治安巡逻

（陈富春　摄）

元。全年财政收入 14.15 亿元，增长 16.9%，其中工商税收 12.63 亿元，非税收入 1.52 亿元。农业总产值 5 100 万元，粮食总产量 2 824 万元。农村居民人均可支配收入17 130 元，增长 9.6%，城镇居民人均可支配收入 35 327 元，增长 9.7%。

【党建工作】　推进“两学一做”学习教育。制定“两学一做”学习教育 1+4 方案，每月开展“三会一课”集中学习 1—2 次，党政领导带头到社区开展调研约谈 27 人次，累计上党课 22 次。创新学习方式，通过互联网、送学上门、党课评比的方式，实现党员学习教育全覆盖，其中，辖区文风社区党委书记之党课《从“幸福”说开去》被纳入璧山党员干部现代远程教育互动教学课程。坚持问题导向，整改街道党建问题 8 条、基层党组织党建问题 95 条。集中排查党员组织关系，排查出失联党员 26 名，重新取得联系党员 17 名，全部纳入组织管理。组织辖区 51 个基层党组织全部按期换届。专项检查党费收缴，2008—2016 年计补缴党费 16.3 万元。整顿转化软弱涣散党组织 4 个，3 个非公党组织创建“双强双带”示范点，非公企业和社会组织实现“两个覆盖”，单建非公党组织 17 个，建立联合党支部 4 个。运用群工系统，2016 年受理群众反映事件 1426 件，办结 1417 件，办结率 99.3%。打造运用华龙、瀛嘉建材城党群服务中心 2 个。全面落实“两个责任”，制定“两个责任”清单，贯彻落实“十必问”“十必谈”“十公开”等制度，开展侵害群众利益的不正之风和腐败问题的专项整治活动。加强《中国共产党廉洁自律准则》《中国共产党纪律处分条例》的宣传学习，联系领导到社区讲党课 13 场次，涉及党员群众 780 人次，机关集中组织学习 3 次，支部自主学习 26 次。开展廉政风险排查，排查廉政风险岗位 63 个。贯彻落实监督执纪“四个常态”，全年就换届纪律问题约谈提醒社区干部 1 人 1 次，就毕业季严禁违规操办升学宴、谢师宴等问题约谈提醒学校负责人 4 人 1 次，对个人申报宴席事前约谈提醒 8 人 8 次。保持查案办案高压态势，全年收集问题线索 1 条，来信来访 6 件，其中区纪委信转字 3 件，信字 1 件，街道接访 2 件。全年查处案件 2 起，对当事人分别给予相应处理。

【选举工作】　8 月 17 日至 19 日，完成街道 13 个社区的换届选举，均成立纪委；9 月 25 日，完成街道 13 个社区居委会换届选举。10 月底，街道社区“两委”换届工作结束，社区“两委”成员 108 人，社区党组织、居委会各 65 人，交叉任职 22 人。两职干部平均年龄 46 岁，社区干部平均年龄 37.3 岁，社区干部大专及以上学历占 72 %。换届期间，成立社区“两委”换届工作小组 5 个、指导小组 13 个；开展社区党委换届专题培训 4 次，居委会换届专题培训 5 次；排查整顿 3 个重难点社区；集中观看学习“一片一书”138 人次，发放《换届纪律监督卡》和《换届纪律宣传读本》788 份，个人约谈 32 人次，签订《严肃换届纪律责任书》13份，《换届纪律承诺书》240份。达到换届选举“零上访”“零违纪”和“零违法”的目标。12月4日，街道开展璧山区第十七届人大代表换届选举。8个选举主会场、5个分会场、5个投票站同时启动，选举产生区人大代表23个。本届区人大代表换届选举登记选民人数53 911人，发出选票45 673张，收回选票44 543张，参选率84.89%。换届期间，开展换届选举动员会、选民登记培训、报表统计、候选人推荐等业务培训4次；悬挂宣传横幅38幅，张贴宣传标语1 000块、公告200处，发放宣传资料5万份，宣传车每天流动宣传2次，LED显示屏每天滚动宣传20次；完成选民登记审核5.3万个，向外出人员开具“选民资格证明”和向常住地登记人员户籍地开具《选民异地登记告知书》1万份；组织观看反腐警示片3次，群发严肃换届选举纪律短信2 000条。

【经济发展】 规模以上工业总值472亿元，增长17.5%；限上批发零售销售额81亿元，增长18.7%；限上住宿餐饮1.58亿元，增长33.5%；利用内资11.9亿元。指导辖区内31家小微企业申报小微企业资金，其中25家企业申请补助资金约370万元。实现农业总产值5 100万元，粮食总产量2 824万元，农林牧渔水利固定投入25 780万元，蔬菜产量5 800吨，家禽出栏数25万只，肉兔出栏数5万只。完成农业招商引资信息3条，引导农业项目1个投资500万元。发放农业支持保护补贴685户，补贴85.06公顷，补贴125 042.13元。退耕还林直补181户，143.41公顷，金额268 898.75元。核实农业机械购置补贴12台6 680元，受益农户11户。

【街村建设】 全年征地拆迁90.87公顷，拆迁有证房屋2.2万平方米，无证房屋1.7万平方米，发放拆迁补偿资3亿元；办理农民自建房屋产权证8.1万平方米；养鱼二社拆迁联建房基础设施升级整改、道路标线、外墙涂饰等工程全部竣工验收、审计。投入52万元硬化改造牛角湾、华龙、虎峰社区的人行便道8 900米。拆除违建11.8万平方米，整治改色乡村主干道蓝色彩钢棚2万平方米、南门唐城周边楼栋外立面3.2万平方米。改造“一户一表”6 056户。培育综合性超市2家。修建星级公厕1座、标准化垃圾收集站2座；管道疏通101处、修复井盖136处、修复水篦子199处、维修人行道板35处、维修道路路面31处、整治排水53处、新建化粪池1座；完善辖区内638口化粪池、19口生化池及100口粪便池台账及清掏档案，配备每个社区三合一气体检测仪1台，定期指标测试；投资90万元改造牛角湾社区石堡街、福兴街1 000米排污主管道，彻底解决该片区群众排污问题；着重整治开放式小区楼道内的各类乱张贴和乱涂写，城乡面貌焕然一新。

【生态文明】 实施2.5公里41栋楼的立体绿化，栽种苗木2 600盆。补栽补种3 000平方米地面绿化，协助建设生态停车场1个。完成还建房小区花坛空地绿化1 600平方米。开展裸露土地整治，土地播种绿化133.33公顷，土地覆盖绿色防尘网333.33公顷。投入300万元清理辖区璧南河段淤泥约2.4万立方米，打捞各类漂浮物近10吨。建立和完善农村生活垃圾收运体系，实现农村生活垃圾“收运到户”“日产日清”“无害化处理率100%”三大目标。完成3公里森林防火通道沿线补植速生桉；建立14人巡山守卡队伍强化护林巡查，对鹰嘴社区1.2公里农村公路和虎峰双狮社区的璧南河支流实行绿化长效管理。加强对工业企业环保分级监管，建立健全“一厂一册”档案企业54家；关闭污染企业2家；督促84家排污权有偿使用和排污许可证全覆盖工作；捣毁使用蜂窝煤或木柴的单位或个人42家次；调查摸底辖区内使用切削液、皂化液的机加工企业9家；整治工业排污口23家，立案查处3家。督促安装油水分离器餐饮单位943家。排查露天焚烧隐患地段64处，建立巡逻队伍13支，实施不间断巡查，全年开展巡查 2 084 次，发现并制止焚烧秸秆、杂物及垃圾行为 281 起。加强背街小巷杂物的清理，新增标准化张贴栏 200 块，清运垃圾 1 205 车；处理环保投诉 132 次，群众满意度达 95%以上。创国卫工作通过国家专家组的暗访验收。

2016 年 7 月 29 日，璧泉街道金牌调解员秦兴模（左二）接收锦旗　（陈进　摄）

【民生事务】　累计发放民政优抚金、优待金、城乡低保金、五保金等民政救助资金 562.3 万元；办理社保补贴 151 万元，就业补贴 29 人 8.9 万元，城镇登记失业率 2.64%；办理小额贷款 144 户 2 305 万元，带动就业 375 人；城乡居民养老保险参保率 95%。落实计划生育特殊家庭联系人制度，结对帮扶计划生育特殊家庭 81 户，免费体检 1 次，发放慰问金 7 万元；兑现各类计划生育奖励扶助资金 292.41 万元，受益群众 3 235 人；办理计划生育困难家庭意外伤害保险 236 户，保险 6 万元；开展“两实人口”清理，采集、录入、维护人口信息 2 万条；开展全国流动人口动态监测调查，完成抽样点 8 个，信息采集样本 883 个，随机抽样对象调查、审核与录入 160 个；落实“全面两孩”政策，发放宣传资料 6 000 份，制作宣传栏 16 块；在全区率先实现生育服务证办理全面下沉至社区，全年办理生育服务证 901 个，再生育服务证 33 个。落实原建卡贫困户 11 户 29 人和相对贫困户 3 户 11 人的帮扶政策,完成年度精准扶贫任务。构建“五张网”社会治安防控体系。加强社会治安巡逻，建立巡逻队伍 100 人，巡逻车辆 56 辆，全年协助抓获各类现行违法犯罪违法嫌疑人 151 名，抓获逃犯 3 人，追回被盗摩托车 38 辆、手机 24 部、自行车 2 辆、电脑 5 台，协助民警破获刑事案件 140 件，采取刑事强制措施 91 人，行政处罚违法人员 18 名。加强重点行业和重点人员治安防控，成立流动人口管理办公室，清理新增流动人口 40 109 人，人户分离 12 864 人，出租房屋 1 885 户，在市公安局抽查中牛角湾社区人房关联率 90%以上，在全市位于前列；落实以奖代补政策，与重性精神病人的监护人全部签订监护协议，逐一组成监护小组落实重性精神病人管控责任；建立禁毒工作领导小组，帮助吸毒人员解决生活困难 2 万元，帮助就业 9 人，10 月，通过市级戒毒示范点复评验收。强化社会面视频监控建设，实现城区内单体楼、居民聚居区视频监控全覆盖，高铁路段、农村主要路口视频监控全覆盖。社会治安持续好转，全年街道辖区刑事案件 1027 件，下降 9.91%。在全市率先探索 2+N 联合调解模式建立联合人民调解室，全年调解纠纷 1 017 件，调解成功 1 005 件，未调解成功的纠纷 12 件已移交相关部门处理，涉及人数 200 人，涉及金额 523 万元；此模式获市委常委、政法委书记刘学普等批示表扬，写入 2017 年市政府工作报告在全市推广。全年受理来信来访网上办理 46 件，社区网上信访代理 15 件；全部按要求办理，办结率、满意度均 100%。推进平安建设。加强建筑工地安全，全年检查建筑工地 461 次，排查整治安全隐患 118 起。加强农房管理及房屋使用用安全管理，排查安全隐患 12 处，均设立警示标志，危房搬迁 2 户。加强安全生产工作，全年排查生产经营单位 1 086 家，限期内完成隐患整改 297 起，整改率达到 99%；投入 20 万元高标准建立微型消防站 13 个，完善 24 小时消防预警体系，投入 70 万元安装室外消火栓 50 个，改造老旧居民楼消防设施 10 栋；完成烟花爆竹生产企业的转型退出工作，集中销毁易燃易爆半成品 30 吨；组织开展职业病防治评估企业 5 家，通过国家评估检查组验收。加强交通安全工作，全年道路交通安全隐患 3 处，整治率 100%；全年督查检查劝导站 42 次，劝导纠正各类交通违法违章行为 4 800 人次。加强食品安全，办理食品流通许可 518 份、餐饮服务许可 547 件，三小一家宴席备案 81 件。加强农林水领域安全，消除璧温泉水口林泉置业排洪道堵塞、璧南河双狮段堰体阻碍行洪、森林阻隔带杂草丛生影响防火效应等重大隐患 3 项。设立应急避难场所 17 处，建立防空示范社区 1 个，成立街道应急救援指挥部和社区应急救援志愿者队伍 13 支，储备冲锋舟、防爆器材、防火器材、应急通信等 100 万元的应急物资，累计开展应急救援培训、演练 30 次，完成调查评估突发事件风险管理 1 100 项，获市级应急管理示范街道。 （周钦焱）

青杠街道

【概况】 青杠街道位于重庆市主城区以西、璧山区璧泉街道以南，距重庆主城区 23 公里，距区行政中心 13 公里。辖区面积 46.45 平方公里，其中耕地 853.6 公顷，场镇规划 9.5 平方公里，建成区约 7 平方公里。辖村 6 个、社区 7 个，村（居）民小组 121 个，2016 年年末户籍人口41 235 人，其中非农业人口 30 527 人，辖区常住人口约 7 万人。

区位优势。成渝高速公路、国道 319 线、黛山大道等多条高等级公路穿境而过，成渝高铁璧山站设立在青杠。

基础设施。有 110 千伏和 220 千伏变电站各 1 座，日供气 8 万立方米天然气站 1 座，日供水 2 万吨水厂 1 座。村村通广播、文体活动中心和休闲健身广场等娱乐设施覆盖全街道。

工业发展。规上工业总产值完成 439.86 亿元，同比增加 18.6%；营业收入 430.99 亿元，增加 20.87%；利润总额 28.71 亿元，增长 25.58%。全社会固定资产投资 140.64 亿元，增长 18.2%。辖区内非公有制企业 635 个，从业人员 60 994 人，总产值 403.22 亿元。

农业发展。粮食总产量 5123 吨，蔬菜产量 10120 吨，水果 7 131 吨，水产 1 251 吨。投入1 200 万元改造农村公路路面 6 条 10.1 公里，投入 34.68 万元整治山坪塘 5 口，投入 3 万元清淤璧南河三溪桥河道，投入 1.5 万元改造璧南河棕树村支流上人行桥 1 座。投入 13 万元改造提灌站 3 处、70 千瓦。农业总产值 4 814 万元，增加 23.37%；农村常住居民人均可支配收入 16 318 元，增长10.9%。

财政收入结构。辖区财政总收入 6.02 亿元，增长 12.26%；税收收入 6 亿元，增长 15.63%。地方财政收入 0.74 亿元，减少 4.7%。

金融机构。中国银行、中国农业银行、中国工商银行、中国建设银行、重庆农村商业银行、

璧南河青杠段

（曾清龙 摄）

重庆银行、邮政储蓄银行7家银行在青杠设分支机构，各项存款余额22.76亿元，减少2.9%，其中居民储蓄存款余额21.04亿元，增长2.94%，贷款余额8.22亿元，减少5.08%。

民生保障。辖区有中小学校4所，其中青杠初中在校学生1 394人，在职教师116人；青杠实验小学在校学生2 510人，在职教师126人；中兴小学在校学生743人，在职教师38人；青山小学在校学生528人，在职教师26人。有医疗机构4所，其中，青杠街道公共卫生服务中心床位30张，专业医护人员45人；青山医院床位50张，专业医护人员45人；重庆医科大学附一院青杠老年护养中心床位522张，专业医护人员45人，护理员94人。常住含漏统人口出生率14.63‰，上升5.06‰；其中，符合政策生育966人，政策内生育率97.38%，比上年同期上升9.90%；死亡334人，死亡率4.93‰，自然增长率9.70‰。

民主法治建设。全年受理并办结群众来信来访70件，排查突出矛盾纠纷63件，累计化解15件。22名专职网格员实施网格化管理，46人组成的专职巡逻队和13支兼职巡逻队加强巡逻，增聘铁路护路队员5名，城区投入使用视频监控摄像头204个。集中开展“渝安1号”“平安企业创建”等专项行动，A类重点整治地区大字社区通过市政法委验收并摘牌。

文体活动。春节组织开展以“我们的中国梦·文化进万家”为主题的迎春送春联活动、迎春儿童书画展、元宵猜灯谜、元宵文艺演出等文化活动，在大字社区桓大国际小区，举办大型“好人家园聚.邻里喜过年”迎春三下乡志愿服务。端午节期间组织开展以“我们的中国梦·文化进万家”川剧专场文艺演出和以“粽情文化·墨香端午”为主题现场书法、制作粽子、扇面绘画、知识问答等活动，以独特的方式传承端午文化。组织开展流动文化服务进基层活动，全年文艺演出、送科普、送法治24场。组织参加区第一届老年人运动会，获团体第八名；组队参加区第四届“联交所杯”乒乓球比赛，男子团体获第一名，女子团体第四名；修缮辖区12个村社区40件套健身器材，塘坊社区、石河社区获市级健身点社区；组织农村公益电影放映活动88场次；实施广播电视直播卫星“户户通”工程，安装163户。在2016年文化免费开放考核中排名全区15个镇街中第一名，并获一级站馆。

【党建工作】 组织建设。开展“两学一做”学习教育，12个整改事项全部整改。制定村（社区）基层党建单项考核文件，修订完善《村（居）民小组长绩效考核办法》《村（社区）党组织党小组长绩效管理办法》。选聘村（社区）专职干部70名。制定驻村（社区）工作管理办法，采取“报名+点聘”的方式选拔驻村（社区）干部51名。受理群工系统反映事项568件，办结率和满意度100%。培训入党积极分子30名，择优发展预备党员14名。梁山村党总支书记李乾春参加区“两学一做”学习教育优秀党课现场观摩会，获全区二等奖，党课《树立看齐意识，争做合格党员》以院坝党课的形式参加市委组织部优秀党课的评选。《我的沙坡村、我们的杨书记》获全区第一届党员教育教学课件观摩交流活动一等奖。德康农牧党委被区委组织部、区委党校列为全区党员教育现场教学示范点，建党95周年表彰中，德康农牧党委被市委授予“重庆市先进基层党组织”。

党风廉政建设。在基层持续加强普纪工作、浓厚从严治党氛围，举办“学党章党规，守纪律规矩”知识竞赛和《中国共产党纪律处分条例》《中国共产党廉洁自律准则》专题考试，修订《青杠街道建设项目招投标管理办法》，逐一明确条件、程序、责任等关键问题。紧盯重要节点，强化监督检查，全年暗访12次。严肃查处群众身边的腐败问题，配合区纪委查处收取施工方好处费3人；因违规发放工作经费，纪律处分3人；因违规公款旅游，纪律处分1人；因违规出租集体房屋，责令党组织书面检讨1个。

精神文明建设。保持市、区级文明单位12个，保持市、区级文明村（社区）12个，保持“青年文明号”科室5个，保持“文明礼仪示范校”学校3所；双路社区居民韦多华获评市第46期孝老爱亲“身边好人”；街道社区社会保障服务所获评市人力资源和社会保障系统2016年度优质服务窗口。深化“银线援助”志愿服务行动，新建立完善村居志愿者工作站11个，辖区志愿者人数达到5 139人，志愿服务项目15个。在各媒体上稿1 100篇次，在市级及以上媒体上稿80篇次，其中在《重庆卫视》上稿7篇、《重庆日报》上稿21篇、《经济日报》上稿2篇；2月20日《经济日报》以《不离乡土进城来》为题对青杠城镇化建设新成效深入报道，5月1日由市委宣传部、华龙网牵头开展的《百家网络媒体总编看璧山》活动走进青杠重医护养心中采访，展示青杠良好形象。开展知识竞赛1场，“小城故事会”名嘴龙门阵5场，下基层宣讲5场，辖区3个“梦想课堂”累计开课60堂。

【选举工作】 7月初，根据各村（社区）实际情况，坚持按照基层干部选人用人“政治、能力、纪律”的3个标准，严守干部年龄、学历、职数红线，制定“1+2”换届选举工作方案（即《青杠街道村（社区）“两委”换届选举总方案》《青杠街道村（社区）党组织换届选举工作实施方案》和《青杠街道第十届村（居）民委员会选举工作实施方案》）和应急预案。7月30日按程序完成村社区妇联和街道妇联的换届选举工作，7名村（社区）妇联主席当选党组织委员，5名妇联主席当选村（居）委会委员，1名妇联副主席当选村委会委员。8月30日前按“两推一选”完成党组织委员、书记选举工作，选举产生48名党组织委员（含书记），平均年龄43岁，大专以上文化程度23人，占委员总数的47.9%。12名书记中11名继任，平均年龄46岁，大专以上文化程度6人，占50%。10月20日前全面完成村（居）委会委员换届选举工作，选举产生42名村（居）委会委员，平均年龄40岁，大专以上文化程度19人，占委员总数的45%。12月4日，在辖区选举产生区第十届人民代表大会代表16名。

【经济发展】 工业企业总数392家，从业人员58 535人；工业个体经营户715户，从业人员6 548人。新增6家亿元级产值企业，亿元级产值工业企业达到71家。组织60家企业参加国家、市、区级资金申报，山青、永达等6家企业申报获重庆市2016年民营经济发展资金，青山、瑞通公司申报获重庆市2016年工业振兴专项资金，谊展、平波公司等35家企业申报璧山区2015年小型企业发展扶持资金，帮助企业进一步做大做强。限额以上（零售年营业额500万元以上、批发年营业额2 000万元以上）的批发零售业9家，销售额47 430万元，增长22.5%，限额以上住宿餐饮业（年营业额200万元以上）11家，营业额21 146万元，增长20.6%。

青杠街道钟华机械制造有限公司一车间

（谢捷　摄）

【街村建设】 投入280万元完成璧南河城区段市民亲水平台，投入30万元建成二车站垃圾转运站，启动青杠生态公园建设，投入近100万元修枝整形城区绿化，补栽城区绿化带3万株、草皮3 000平方米、购置绿化植物800盆，完成交通要道立体绿化栽植，立体绿化景观效果初步显现。日处理2.5万吨的青杠污水处理厂建成投用，为改善璧南河水质添置“硬件”。

【生态文明】 投入35万元整治山坪塘5口，完成三溪桥河道清淤工作；整治璧南河青杠段河堤近8公里，新建翻板闸2座，建成污水处理配套管网及提升泵工程3 300米；建成并投用日处理2.5万吨的青杠污水处理厂。开展“四清四治”工作，完成企业环保验收审批手续243家，开展排污口整治和规范化建设39家，关停污染企业3家，现场验收餐饮业整改情况78家，利用环保物联网手机APP，实现日常巡查、投诉处理等常态化监管。严格落实污染源长效监管制度，坚持专人巡查七大类污染源，加强建筑施工工地监管，定期下发督查通报。制定下发《青杠街道2016年度生态创建工作考核办法》（青杠街委发〔2016〕58号），并纳入各村（社区）年度综合考核，严格奖惩逗硬，杜绝回潮反弹。投入130万元硬化光高路1.56公里；完成张贾路0.66公里路面工程、张登路0.6公里、肖登路2.5公里、吴廖路1.5公里改建的招投标工作，完成堰青路1.5公里、纸曾路3.3公里路面工程设计预算；完成米鹅路2公里公路美化工程，栽植美人蕉8 500株。

【民生事务】 社会救助工作全年发放2 472户、3 492人城乡低保金117.9万元，发放101人农村五保户补助49.7万元，发放79人城市三无人员补助45.7万元，发放8人孤儿及困境儿童补助5.8万元，发放1 183人80岁以上高龄老人营养补贴8.1万元，发放276人优抚对象补助248万元；发放临时救助和医疗救助76人次38.8万元。元旦春节期间为困难群众529人发放慰问金、慰问品价值11.7万元。举办2016年春季企业用工现场招聘会，帮助辖区企业招聘员工678人；35 202人参加城乡合作医疗保险，筹资金额408.8万元，参合率达到98%；发放就业再就业小额贷款55笔747万元；为167名“4050”（4050人员是指处于劳动年龄段中女40岁以上、男50岁以上的，本人就业愿望迫切、但因自身就业条件较差、技能单一等原因，难以在劳动力市场竞争就业的劳动者。）人员申报办理社会保险补贴70万元。解决华陵公司、国华模具公司等20起复杂劳资案件，累计为农民工追回拖欠工资约700万元。向各类计生奖扶对象870人发放奖励扶助金102.98万元；向特别扶助对象71人发放扶助金39.84万元；向中年丧子户31人发放关爱金33.18万元；向区扶助对象52人发放12.48万元。办理免交农村合作医疗对象1012人，涉及金额11.66万元。残疾人康复、教育、就业、扶贫工作。免费发放助视器15个、助听器16个、轮椅15辆、手摇三轮车1辆、助行器3个、坐便椅2个，防压疮坐垫1个；免费安装假肢残疾人2名、实施肢体矫治手术残疾人儿童3名；接受抢救性康复的免费训练0岁至6岁残疾儿童4名；享受免费服药精神病人100名。争取残疾人各类补助26.76万元，中兴村残疾人张波获市残联组织的才艺大赛表演艺术类三等奖。

【高新区青杠组团建设】 协助高新区完成新裕1、3组近66.67公顷征地拆迁任务，保障众泰汽车及配套产业园项目用地；办理中兴一期、杨柳安置区400户约4万平方米房屋产权；出让塘坊12组工业用地10公顷（虎峰大道与璧青路交会处、虎峰大道与成渝高铁之间）；塘坊定向经济适用房竣工收尾，清明定向经济适用房基础设施进入收尾阶段。

（青杠街道）

来凤街道

【概况】 来凤街道位于重庆市璧山区中南部，地处璧山“四个功能区”中的“璧中城市区”，东界重庆双福新区，南接健龙、丁家，西邻大兴、正兴，北靠青杠。境内有成渝高速公路、国道108线两条交通大动脉，在建的九永高速公路是主城入璧的新通道。区内“黛山大道”南段建设完成规划设计。

来凤街道全境辖区面积44.48平方公里，其中耕地1 365.07公顷，森林833.33公顷。场镇建成区约2平方公里，规划区总用地90.17公顷，其中规划城市建设用地84.37公顷，规划居住人口1.17万人。辖社区3个，行政村10个，村（居）民小组116个；辖党组织（含党小组）35个，党员1 481人。建成街道公共服务中心1个，300平方米，便民服务中心14个，6 670平方米。2016年年末户籍人口35 832人，其中农业人口17 158人，场镇人口18 674人。全年出生人口（常住人口）216人，符合政策生育215人，符合政策生育率99.5%。

来凤街道有中学1所，小学2所，高等职业学院1所,卫生院1所。来凤中学占地97 983平方米（约9.79公顷），校舍60 948平方米。有98个教学班，学生5 500人，教职工403人，专任教师390人，中高级教师274人，特级教师2名，市县学科带头人、骨干教师40人，市县级名师7人，研究生60人。学校获国家级“节约型公共机构示范单位”、中小学体育特色足球示范学校,第一批被命名为全国学校体育工作示范学校。来凤街道有来凤小学、鹿鸣小学校2所，其中来凤小学教职工75人，学生1 236人；鹿鸣小学教职工24人，学生310人。重医护理职业学院毗邻重医附一院青杠老年护养中心，占地20公顷，一期建筑10万平方米，教育教学及生活服务设施完善，功能齐全,开设护理、助产、康复治疗技术、老年保健与管理、社区康复5个专业，现有教职工97人，学生743人。来凤中心卫生院开设内、外、妇产科和医疗、护理部，占地0.8公顷，业务用房7 934平方米，在职职工75人，离退休职工52人，技术力量雄厚，本科学历10人，占12%，大专以上学历43人，占50%，副主任医师2人，副主任护师1人，主治医师14人，主管护师7人，主管检验师2人，主管药师1人，开放床位80张，实施电子病历、电子处方、电子发票等信息化管理，为90%的辖区内居民提供公共卫生服务。有金融机构3个，即农业银行来凤分理处、农村商业银行来凤分理处、邮政储蓄来凤营业所。

【党建工作】 聚焦学与做，提升党员整体素质。一是坚持精准施策“学”。开展集中学习讨论60次，287名党员参加党内法规知识测试，67名党员干部到九龙监狱接受廉政警示教育，20名非公支部党员走进重庆红岩革命纪念馆接受爱国爱党教育。党委主要负责人带头讲党课3次，其他班子成员讲党课23次，基层党组织书记讲党课74次。党工委举办党内法规知识竞赛1场、故事会2场，在“群工系统”和“12371”平台中发布学习内容300条，基层党组织开展演讲比赛、党乡村晚会，累计超过1000人次参与。建立支部QQ群、微信群30个，600名党员开展日常性推送学习和微讨论。二是突出务求实效“做”。设立“党员示范岗”，在征地拆迁、危房改造等重大项目推进中发挥党员表率作用。深入开展“找补强”，查摆整改民生问题5个。健全党费工作机制，269名党员补缴党费67 962.2元。推进党建促脱贫攻坚工作，精准扶贫49户，落实产业扶持资金9.8万元。非公支部落实党员优先录用、优先晋升等措施，激发党员主动性；3个示范非公支部履行社会责任，帮扶困难群众、捐资改善基础设施。

注重建与管，推进基层组织建设。一是换届选举全面完成。二是排查出失联党员1人，内容缺失党员档案500份，排查22名违纪违法党员处理情况，未发现没给予相应处理的问题。三是配备非公党建指导员1名，完成企业调查摸底52家，新查找到8名党员纳入联合支部管理，撤销非公支部2个，实现非公组织“两个覆盖”。四是开展作风纪律督查42次，专项督查16批次，廉政约谈和提醒约谈167人次。签订《严守换届纪律承诺书》143份，查核违反换届纪律及工作程序的信访举报3件，取消3名有违纪行为的村支两委候选人资格，责任追究落实党风廉政建设主体责任不力的村支部书记3名。

深化教与用，提升服务群众能力。一是对新一届两委干部集体谈话。二是做好离任和落选村（社区）干部思想工作，开展谈心谈话50次，开展个别回访30次。三是党政领导、村（社区）干部全部安装群工APP，累计受理事项1 348件，主要涉及民政救济、三农、社会保障、交通出行等民生问题。2016年受理事项478件，办结率100%，满意率100%。三星村龙厚华所反映土地复垦事项，协调相关部门予以解决，当事人已由“不满意”转为“满意”。

【选举工作】 根据全区统一安排和布置，街道于7月启动区党代表、人大代表、政协委员，村、社区换届选举工作。7月4日，成立换届选举工作领导小组和换届选举工作指导小组13个，分片区全程指导并参与换届选举工作。一是村、社区换届选举工作。针对“一推”、“二推”、“正式选举”等关键节点，街道相继召开6次班子会议研究,与13个村（社区）党组织签订严肃换届选举责任书。换届后，聘任村（社区）两委专职干部81人，10名本土大学生进入两委班子，大专以上文化程度比上届增加6人，达到25人，书记、主任平均年龄48岁，其他专职干部平均年龄43.62岁，文化水平和年龄结构进一步优化。二是人大代表选举工作。8月至9月为筹备阶段，9月至11月分阶段做好选民登记、候选人提名、选举大会相关工作。其间，召开换届选举工作指导小组会议4次，动员会2次，专门研究工作会4次，工作推进会3次，专题培训工作会4次；开展集中性全面督查工作2次；开展“摆摊”宣传2次。来凤街道街登记选民28 245人，登记率91.3%。推荐初步代表候选人16名，其中政党、人民团体提名11人，中共党员6人，占比55%，党团提名的女性5人，占比45%。经酝酿、讨论、协商，确定正式代表候选人14名。12月4日，5个选区，32个选举大会，按选区差额选举代表14名，参加选举大会投票选民24 966人，其中，直接到场投票12 123人，委托投票12 843人，参选率88.4%。三是政协委员换届工作。11月，街道按照相关要求和规定程序确定罗秀君、方平萍、黄光海、邱前远、邱玲、熊强等6人作为2016年区政协委员建议人员初步名单。经区换届领导小组审核认定，罗秀君、方平萍、黄光海、邱前远、邱玲等5人为2016年区政协委员。四是区党代表选举工作。通过无记名投票的方式，提出代表候选人21名的酝酿名单。与区委组织部沟通，按照多于代表名额22%的差额比例，最

2016年3月11日，区委常委、组织部部长万容（前排中）在来凤街道调研指导组织建设工作

（李晶　摄）

终确定代表候选人预备人选20名。11月22日，召开中国共产党重庆市璧山区来凤街道代表会议，直接采用候选人数多于应选人数的差额选举办法，选举产生来凤街道党工委出席中国共产党重庆市璧山区第十四次代表大会代表16名。其中各级领导干部10名，占62.5％；各类专业技术人员4名，占25％；劳动模范2名，占12.5％。女同志4名，占25%。50岁以下的14名，占87.5%；35岁以下的中青年2名，占12.5%。

【经济发展】 2016年，完成工业总产值16.7亿元、增长9.1%；规模工业总产值达到8.5亿元，全社会固定资产投资17.5亿元、增长4%；社会零售品销售总额3.63亿元、增长15%；新增内资企业4家，内资投资额2.21亿元，进出口额2 087.5万元。辖区财政总收入5 649万元，完成年度目标任务的114%，其中工商税收5147万元，完成年度目标任务的110%。街道企业达到410家，从业人员4722人，总产值11.8亿元。其中微型企业105家，规上企业11家，限上商贸企业6家，限上商贸企业产值19 847万元，增长27%。城乡居民人均收入可支配收入32 977元，农村居民人均纯收入15 500元，增长20%。农业总产值21 408万元，粮食总产量18 385吨，水果545.67公顷，产量7 104吨，蔬菜836公顷，产量达到27 192吨。新增土地流转6.67公顷，土地流转率52.2%，新发展专业合作社3个。加大农技推广力度，召开现场会5次，科技赶场5场，科技干部下乡245人次，发放技术资料7 200份,推广重庆市主推的水稻主导品种5个，玉米主导品种3个，示范推广水稻全程社会化服务1 127.47公顷。加强农业基础设施建设，改造电灌站2处，实施管网延伸改造，解决新七村6、7、8组人饮问题，整治山坪塘50口，整治安乐村、登凤村、四平村自流渠、提灌渠20公里，改造登凤村1、2、3级提灌站。争取国家投资88万元对街道特色效益农业种植公司、农民合作社、家庭农场等4户实施钢架大棚、喷灌设施等基础设施建设。争取国家投资24.6万元在普新村实施区级美丽乡村建设项目完成人行便道1公里、安装太阳能路灯45盏。以建设“千年生态古镇”为目标，突出“翰林庄养生文化村”主题，着力乡村旅游与休闲农业特色，形成翰林山庄、何氏百岁坊、大佛寺、婚纱摄影基地、玄黄合德生态养生城、雪域山庄和四季水果采摘基地等的特色旅游休闲场所。全街道市（区）级文物保护景点4处，旅游从业人数占本地就业总数的30%；大型酒店餐馆10家；开设宾馆等休闲场所6家；结合乡村旅游发展的休闲农业企业35家，占地666.67公顷。重庆玄黄合德农业开发有限公司，是重庆唯一、全国知名的特色生态养生旅游农业一张新的靓丽名片；重庆雪域餐饮文化有限公司以西藏农产品为特色，获2016年璧山区十佳美丽农庄。来凤街道凤影像摄影基地跻身全国十大婚纱摄影基地之一。基地内拥有罗马广场、欧洲田园小镇、地中海风情、韩式花海等众多异国主题园区，以及风情草场2.67公顷、360度环视海景、西部马场、奢华游艇、梦幻夜景等数十处特色景点。服务范围现已覆盖重庆、四川、贵州、湖北等多个省市和地区，被亚太华人婚纱摄影交流机构命名为“亚太婚纱摄影研发基地”。

【街村建设】 完善垃圾收运体系，垃圾无害化处理率100%。完成来凤污水处理厂、鹿鸣污水处理站及配套管网建设，污水收集处理率达到80%。综合整治农贸市场实现提档升级，规范经营行为，交通拥堵得到缓解。完成重医还建房基础设施建设、酒厂片区商品房快速推进。改造农村C、D级危房22户。硬化农村公路7.5公里，补栽香樟树2 300株。整治山坪塘50口，整治渠道20公里。开展环境综合治理工作，关闭污染企业3家，安乐、孙河、来凤、魁塘4个村建成市级全域旅游村。

【生态文明】 关停污染企业26家、违法用地企

新建的来凤再生水厂

（周海瑞　摄）

路交通指示标牌，争取交通执法权力，加大交通违章违法惩处力度。拉网式排查危爆物品、违禁物品100次，发现安全隐患20处，督促整改20处。加大治安巡逻力度，保持对各类违法犯罪严打高压态势，辖区刑事案件发案111件，下降37.3%，破案90件。强化信访稳定，加强领导干部接访下访工作，街道党政班子成员下访151人次，接访143件次，解决矛盾纠纷136件。主要领导阅批上级转办群众信访件54件，受理办结率100%。群工系统受理群众反映事项478件，办结率100%，满意和基本满意率达到100%。人大工委开展代表活动12次，收集社情民意20条，帮助解决问题16件，化解矛盾纠纷12起。街道、村（社区）两级调委会调解各类纠纷322件，调解320件。（郑媛媛）

业62家、养殖场9家、洗车场2家。重点整治企业28家、一般整治企业68家、养殖场整治16家、洗车场整治2家、山坪塘、水库、养鱼池整治24口。对辖区的大中型餐饮企业全部安装油水油烟治理设施。建设屠宰场生化池1家。改扩建农贸市场，使其规范整洁达标运行。建成S108线来凤段绿化长廊，投入2 500万元建成污水处理管网8 000米；完工“市政环卫基地”，将“垃圾平台”创造成“环卫文化”的全新概念。来凤街道获重庆市首批生态文明镇街。

【民生事务】　健全社会保障体系，投入20万元，建成东街社区养老服务中心。筹集本级财政资金9.8万元，精准帮扶困难群众脱贫49户。落实低保政策，全年纳入城乡低保5 028户次、8 388人次，发放低保金25.9万元。关爱弱势群体，发放各类救助资金230万元。无障碍改造残疾人居住环境20户，免费孕前优生检查计划怀孕夫妇157名。强化安全工作，构建食品药品安全“三级”监管网络，开展食品快速检测16批次，立案查处食品药品案件14件，及时取缔有传染病的奶牛场1个。落实安全生产“一岗双责”，规范烟花爆竹经营，深入开展非煤矿山专项整治。完善农村公

丁家街道

【概况】　丁家街道位于重庆市璧山区南部，地处成渝高速公路主干道，北距璧山城区26公里，东距重庆市区32公里，辖区面积8 515公顷，其中耕地3 180公顷。城区规划500公顷，建成区380公顷，辖行政村16个，社区3个，村（居）民小组142个，2016年年末户籍总人口66 583人，其中非农业人口25 289人，常住人口56 605人。

街道交通区位优势明显，成渝高速公路、渝隆路、丁广路、丁正路、丁健路和在建九永高速公路在此交会。基础设施齐全，辖区有医院2家、中小学7所、变电站2座、天然气站2个、水厂1个、污水处理站4个，境内拥有金融机构4家，营业网点9个，各项存款余额17.36亿元，贷款余额5.83亿元，居民储蓄存款余额15.9亿元。

2016年，全街道工业总产值474 836万元，其中规模工业企业（2 000万元以上）20家，工业

总产值31.8亿元；营业收入471 076万元；增加值12.68亿元；利润总额3.7亿元；工业固定资产投资98 350万元。辖区内非公有制企业136个，从业人员53 520人，总产值61.76亿元。全年财政收入0.89亿元，其中本级财政收入8 942万元，工商税收8 763万元。农业总产值54 340.17万元，同比增长17.82%；农村常住居民人均可支配收入16 451元，增长9.8%。医院2家，正式职工188人，临聘职工153人，实际开放床位逾763张。幼儿园8所，幼儿教师173人，在校幼儿2 287人，中学2所、小学5所，年底在校学生5 175人，在岗在编教师545人，其中初中在校学生1 304人，在岗在编教师118人。全街道出生人口711人，死亡518人，人口出生率11.78‰，死亡率8.59‰，自然增长率3.2‰。一孩出生288人，二孩出生386人，多孩出生37人。女孩出生350人，男孩出生361人，出生人口性别比96.95%。符合政策性出生684人，符合政策性生育率96.2%。

【党建工作】 落实全面从严治党。深入开展“两学一做”专题教育，提升党员队伍的思想认识、理论素养和业务能力，查找整改基层党组织、党员队伍和“四风”方面存在的突出问题。党工委书记带头到后进村讲党课4次，班子成员到联系支部讲党课17次，组织辖区党组织书记及机关全体党员开展专题测试和知识竞赛各1次。街道公共服务中心和走马村党支部列为党建示范点创建单位，盾之王实业有限公司支部创建为“双强示范点”。加强中央、市、区重要会议精神学习贯彻，参与配合区委宣传部下达的主题宣传任务，舆论引导无差错，无重大负面报道发生；同时，按进度完成各项宣传任务，市级媒体上稿30篇，《工作通报》《璧山报》《宣传文化动态》等报纸刊物采用260篇。推进学习型党组织建设工作，培育学习型党组织示范点。加强精神文明建设，开展“梦想课堂”活动12场；完成志愿者招募注册工作，在册志愿者6 328名，及时转办“966966”志愿服务热线转交的信息；继续做好文明单位创建和复查工作。

【选举工作】 根据全区统一安排和布置，街道于7月启动区党代表、人大代表、政协委员和村（社区）换届选举工作。7月11日，成立换届选举工作领导小组和换届选举工作指导小组，分片区全程指导并参与换届选举工作。

一是村、社区换届选举工作。针对“一推”“二推”“正式选举”等关键节点，街道党工委、办事处先后多次召开班子会议研究部署换届选举工作，与街道19个村（社区）签订严肃换届选举责任书，完成村（社区）换届选举任务。换届后，1个村书记、主任“一肩挑”；书记、主任大专以上文化占50%，比上一届高出5.3%；两委成员换届后平均年龄45岁比上一届小1岁，大专及以上文化程度比上一届高5%，达到“两升一降”（即文化程度和履职能力提升，平均年龄下降）的目的。

二是人大代表选举工作。8月至10月为筹备阶段，10月至12月分阶段做好选民登记、候选人提名、选举大会相关工作。其间，成立选举工作指导小组，制订《2016年丁家街道区人大代表换届选举工作实施方案》，多次召开换届选举工作指导小组会议、动员会、换届工作专题研究会、工作推进会、专题培训工作会等，开展集中性全面督查工作和全面宣传工作，营造依法选举氛围。丁家街道登记选民43 041人，登记率77.28%。推荐初步代表候选人32名，其中政党、人民团体提名24人，中共党员18人，党团提名的中共党员15人，占比62.75%，党团提名的女性7人，占比29.17%。经酝酿、讨论、协商，确定正式代表候选人32名。经8个选区，25个选举大会，依法按选区差额选举人大代表24名，参加选举大会投票选民34 756人，其中，直接到场投票19 276人，委托投票15 480人，参选率80.75%，完成选举任务。

三是政协委员换届工作。11月，按照相关要求和规定程序进行政协委员换届工作，经区换届领导小组审核认定，罗东、高道素、李家智、张子强、明文刚等5人为2016年区政协丁家委员小组委员。

四是区党代表选举工作。全街道提出57名代表候选人推荐提名名单，根据多数党组织和党员的意见，按照多于代表名额32%的差额比例提出候选人推荐人选20名。11月22日，在充分发扬民主、广泛酝酿讨论的基础上，直接采用候选人数多于应选人数的差额选举办法，选举产生丁家街道党工委出席中国共产党重庆市璧山区第十四次代表大会代表15名。其中各级领导干部8名，占53%；各类专业技术人员6名，占40%；先进模范1名，占7%。女同志6名，占40%。少数民族1名，占7%。35岁以下的中青年5名，占33%。

【经济发展】 全社会固定资产投资22.5亿元，其中：工业固定资产投资9.8亿元，基础设施建设3.1亿元，旅游6.16亿元，其他投资3.44亿元。城镇常住居民人均可支配收入32 510元，限上商贸法人达到1.5亿元。特色农业产业逐步壮大。一是蔬菜基地建设。以长五、高古、三五、龙安、新民5个村蔬菜基地为基础，发展常年蔬菜种植533公顷。蔬菜种植2 556公顷，蔬菜产量83 000.5吨，儿菜年种植76.4公顷。二是苗木基地建设。全街道苗木园林单位280家，其中国家一级园林企业2家、二级3家、三级4家；龙头企业10家（其中国家级1家、市级2家、区级7家），带动发展中介组织1 000家、苗木种植1万户，常年吸纳农民做工2万人，务工人均年收入1.6万元。截至年底，全街道苗木种植1 467公顷，其中，规模化种植1 000公顷，以绿化和乔木为主，品种400个，年产绿化苗木223万株，年销售收入2.4亿元。工业经济后劲不断增强。一是宣传各项优惠政策，协助企业争取资金扶持。为福胜、金诚、世鑫、创普、腾驭等数十家困难企业申报并调整社保保险缴费基数。协助大通、恒泰、金特锐、韦联等4家企业获小型工业企业扶持资金。二是关注规下工业发展动态，扩大规下企业的发展规模，将经济效益好增长速度快的企业发展为规模以上企业。规下企业韦联机械公司升为规上工业企业。商贸旅游发展凸显新格局。全力打造璧南商业第一街，15万平方米的璧南商业中心已见雏形。依托花卉苗木基地和历史文化底蕴，着力建设璧南花卉苗木生态区，倾力打造“立山寺—莲花坝”乡村旅游核心区建设。该项目委托西南大学规划设计学院所属的重庆时星园林景观设计有限公司，对立山寺—莲花坝区域开展休闲旅游整体设计，总体规划方案审定通过。6月对该项目可行性研究，形成可行性研究报告。7月该项目已进入国家发改委重大项目库备案。11月，莲花坝村、石垭村获重庆市首批市级全域旅游示范村创建单位。

丁家街道莲花坝村花木种植园

（刘畅　摄）

【街村建设】 完成编制丁家街道总体规划（2016—2030）和重庆市璧山丁家片区控制性详细规划的编制工作。投入580万元完成惠民路长931

米、宽32米的路面“白改黑”；投入40万元改造人行道板700平方米、修复场镇路面2 400平方米；投入7万元启动观堰公园沿河210米护栏建设；投入6万元实现再生水合理利用；投入70万元完成丁家街道场镇三级污水管网建设1 000米。排查摸底辖区违章搭建数量建立台账，由工作人员分片区定期巡查并上报，严格控制新增违法建筑。制定违法建筑实施方案并制定五年计划。

丁家街道环城路

（曾清龙 摄）

【生态文明】 生态环境明显改善。一是绿化改造。实施增林栽植13 500株，建成区公共绿地128 200平方米，人均公共绿地12.57平方米/人。二是环保工作。关停环境排污不达标的企业4家，处理环保投诉120起，清查辖区内不合格的餐饮行业240家，督促整改不符合养殖条件的养殖场1家。三是生态村创建工作。杨寺村、莲花坝村获市级生态村，辖区内生态村增至7个。环境综合整治成效显著。一是加强城镇环境建设。投入170万元建设四车位垃圾转运站1座和二车位垃圾转运站1座并完成周边附属工程。二是完善市政管理制度。全年出动执法车辆2 500次，出动人员6 000人次；实施简易程序处罚30件，取缔违章占道摊点45个，规范违章行为门店500多家，拆除不合要求的各类店招店牌260块，规范停车行为3 500台次。三是开展璧南河整治。关停位于璧南河支流、梅江河流域200米内的养猪场4家、200米外有粪污直排的2家，规模化养殖场整治工作通过验收，其粪污综合利用率达85%以上。

【民生事务】 狠抓社会事务。实施农村人饮工程5 373户16 351人受益。整治山坪塘82口，新建蓄水池4口，改造电灌站3处，新建排水沟3.6公里，新建泥结石道路6.3公里，人行便道7.8公里。改造C级危房237户，D级危房129户。继续帮扶221户，580名脱贫建卡贫困户达到“两不愁、三保障”，投入各类帮扶资金及产业扶持资金170万元。发放生活补助金2 400万元，民政救助6 800人次，日常救助、临时救助400人次60万元。发放救灾物资60万元，救助资金20万元。新增国家奖扶393人，特扶19人；申报独生子女死亡家庭生育关怀基金9户，21万元；完成孕前优生健康检查及随访194人。社会保障体系健全。申报社会保险补贴56.31万元，申领失业保险金34.24万元。申请再就业小额贷款62人，小额贷款839万元。累计发放低保就业补贴247人次，申报6.85万元。城镇新增就业人员3 115人，城乡劳动者城镇新就业3 178人。新增农村劳动力转移就业314人，新参保215人。处理劳资纠纷8宗，为24名工人追回拖欠工资20万元。按时保质的完成全民参保登记及人力资源基础台账建设工作。社会治安综合治理扎实有效。排查辖“邪教区法轮功”人员32名、“全能神”人员16人、“门徒会”人员7人、“中功”人员1人，全部落实巩固帮教措施；排查受理矛盾纠纷92件，调处成功91件。开展网上信访代理76件，信访事项及时受理率、按期办结率均100%；刑事案件发案255件，下降13.56%；接收刑释解教人员65人。聘请专职禁毒社工5名管理登记在册吸毒人员241

人，发放“禁毒”宣传资料、海报30 000份，接受群众现场咨询4 000人次，10月获市级社区戒毒社区康复示范点。（丁家街道）

大路街道

【概况】 大路街道位于璧山区北部，东邻沙坪坝，西接铜梁，南界河边、璧城，北连七塘。距璧山城区12公里，重庆大学城15公里，北碚区20公里，铜梁城区15公里。辖区116.22平方公里，耕地30.26平方公里，占辖区面积的26%。街道辖村14个、社区3个。城镇建成区2.8平方公里，规划区7.93平方公里，是“重庆商贸强镇”。

2016年，财政总收入11 601万元，同比增长11.5%，其中公共财政预算收入11 601万元，增长11.5%，工商税10 869万元，增长51%；工业总产值331 507万元，营业收入325 002万元，利润28 126万元；规模工业总产值180 379万元；固定资产投资215 325万元；限上法人批零销售额79 754万元，增长21.0%；限上法人住餐营业收入7 851万元，增长34.0%。辖区民营企业144个，从业人员7741人，总产值381 591万元。农业总产值39 922.74万元，增长31.4%；粮食总产量21 766.7吨，增长7.16%。农村常住居民人均可支配收入15 648元，增长10.7%；城镇居民人均可支配收入33 484元，增长9.2%；辖区有金融机构3家，网点7个。辖区有医院1个，执业医师13人、助理医师14人、护士8人；学校6所，其中中学2所、小学4所，在校学生5 507人，在职教师378人，幼儿园8个。年末，户籍人口62 164人，常住人口49 724人，其中非农业人口24 845万人，全年出生人口547人，符合政策生育率98.78%。

加强民族宗教场所的应急管理，与17个村（社区）及3个宗教开放场所签订《民宗工作责任书》，安全大检查开放场所3个，全年民宗工作稳定有序。开展党外代表人士工作，4名党外人士担任街道二级机构负责人，6名党外人士当选区十七届人大代表。

【党建工作】 抓基层组织建设，以“两学一做”学习教育实践活动为契机，开展学习教育知识竞赛和“新三会一课”制度。开展党员清理工作，摸排党员2 068名；清理党员档案1 818份；完成党员党费清缴工作，补交党费68 100.3元。开展贫困党员慰问活动，慰问困难党员57人次，发放慰问金19 900元。全街道群工系统受理群众反映事项807条，逐一回复办理，办理率达到100%；新发展党员11名，预备党员转正23名，新建非公党组织1个。抓干部管理，进一步加强作风建设，提升干部职工工作执行力，从上班纪律、工作落实、履职履责等方面明确，落实“干部对账”制度。

以“两学一做”、中共十八届六中全会、市委四届九次全会、习近平总书记系列重要讲话精神等为主题，组织中心组成员开展集中学习11场次；开展社科课题调研撰写，大路幼儿园汪春秀

2016年4月29日，大路街道团坝村“留守妇女”插秧比赛（连宏宇 摄）

撰写的《璧山幼教事业与人口、经济协调发展相关性研究》获2016年宣传与社科课题三等奖。严格落实意识形态责任制和属地管理制，与科室、村居签订《意识形态工作责任书》31份，全年意识形态领域无重大问题发生。开展志愿者服务活动73场次，招募志愿者6 200人；推荐身边好人，新房村老党员王万盛获评第54期“重庆好人”；选送《一个钱包的故事》《父亲的新坟》参加“小城故事会”暨家风润万家展示活动，分别获二等奖、三等奖。

抓党风廉政建设“两个责任”落实，与班子成员、科室负责人、村（社区）书记42人签订党风廉政建设责任书，实行党风廉政建设“对标”制度。开展“十公开”、深化整治和查处侵害群众利益的不正之风和腐败问题等专项行动。全年查处各类违纪党员4人，约谈干部62名，实现约谈提醒常态化。组织辖区党员、机关干部观看《准则》《条例》漫画展712人次，组建10个宣讲团宣讲21场次，组织学习《党员干部警示录》、典型案例6次，受教育党员1 000名。

【选举工作】 根据全区统一安排和布置，街道于7月启动区党代表、人大代表、政协委员，村、社区换届选举工作。7月5日，成立换届选举工作领导小组和换届选举工作指导小组17个，分片区全程指导并参与换届选举工作。一是村、社区换届选举工作。针对“一推”“二推”“正式选举”等关键节点，街道相继召开6次班子会议研究,与17个村（社区）党组织签订严肃换届选举责任书。换届后，2个村书记、主任“一肩挑”；书记、主任平均年龄47.6岁比上一届小1岁；高中以上文化程度的比上一届高出3.4%,达到“两升一降”(即文化程度和履职能力提升，平均年龄下降）的目的。二是人大代表选举工作。8月至10月为筹备阶段，10月至12月分阶段做好选民登记、候选人提名、选举大会相关工作。其间，召开换届选举工作指导小组会议4次，动员会2次，专门研究工作会2次，工作推进会2次，专题培训工作会4次；开展集中性全面督查工作2次；开展“摆摊”宣传2次，文艺队“游街”宣传5天。大路街道登记选民42 679人，登记率81.7%。推荐初步代表候选人32名，其中政党、人民团体提名22人，中共党员17人，党团提名的中共党员16人，占比72.73%，党团提名的女性6人，占比27.27%。经酝酿、讨论、协商，确定正式代表候选人30名。依法在选举日，经8个选区，43个选举大会，按选区差额选举代表总22名，参加选举大会投票选民37 364人，其中，直接到场投票18 284人，委托投票19 116人，参选率87.5%。三是政协委员换届工作。11月，街道按照相关要求和规定程序确定彭昱、江宗志、赵长友、曾亮、江朝猛、刘吉梅等6人作为2016年区政协委员建议人员初步名单。经区换届领导小组审核认定，彭昱、江宗志、赵长友、曾亮、江朝猛等5人为2016年区政协委员。四是区党代表选举工作。通过无记名投票的方式，提出代表候选人41名的酝酿名单。与区委组织部沟通，按照多于代表名额22%的差额比例，最终确定代表候选人预备人选19名。11月23日，召开中国共产党重庆市璧山区大路街道代表会议，直接采用候选人数多于应选人数的差额选举办法，选举产生大路街道党工委出席中国共产党重庆市璧山区第十四次代表大会代表15名。其中各级领导干部9名，占60%；各类专业技术人员4名，占26.7%；劳动模范2名，占13.3%。女同志6名，占40%。50岁以下的9名，占60%；35岁以下的中青年1名，占6.7%。

【经济发展】 加大招商引资力度，引进万达物流园，全年新入驻物流企业13家；加大对企业的服务，引导企业向环保、科技型方向发展，同时指导帮助11个企业申报民营发展专项资金200万元；协调企业业主争取国家专项基金，上报项目10个，获7 000万元资金支持；关闭、淘汰高能耗高污染企业24个。蔬菜基地拓展区取得新发

大路街道团坝村高标准基本农田建设项目

（曾清龙　摄）

展，累计投入1 500万元，其中社会投入1 310万元、政府投入190万元，新流转耕地20公顷，土地流转率42%，蔬菜种植2 000公顷，年产值2.1亿元，其中规模种植1 547.87公顷，集中度77.4%；新建6.7公顷以上示范片4个，形成七蕊黄花、黑色食品、大五星枇杷特色效益农业基地。实施升级提质和产业配套建设，着力打造“田园生活体验区”5个，新培育农业龙头企业1家；累计6家；新增专业合作社3个，累计41个。

【街村建设】 完成迎宾广场标准化公厕装修并投入使用，“金山角”片区房地产开发约20万平方米，金山商圈基本形成；完成三江水库和黛山大道拆迁定向经济适用房建设2.54万平方米并交付使用，270户拆迁群众入住新居；完成中铁任之健康城经济适用房主体工程建设。丰富居民文化生活，完成健身广场2 000平方米、多功能运动场900平方米，居民文化生活显著提高；启动综合文化服务中心、公共服务中心、璧北养护服务中心项目前期工作。增设垃圾设施（桶、箱体、果皮箱）1 000个，维修场镇路灯78盏，行道树修枝整形560株，整治破损道路300平方米，投资约55万元新修159.92平方米的接龙二车位垃圾收集站。全年清运垃圾约5 550吨，处理案件60件，清除牛皮癣、横幅等1 000份；更换水篦子、各类井盖20多处；出动1 000人次综合整治、清除辖区3个场镇车辆乱停乱放、乱摆摊设点、占道经营、乱张贴广告标语、乱吊挂物品、线路乱拉乱接、垃圾乱扔乱放等。

【生态文明】 一是实施大塘路沿线环境整治，新建人行道1 400米，安装太阳能路灯20盏，完成绿化栽植1万平方米，完善垃圾平台建设，配置垃圾收运设施；拆除违法建筑8 200平方米，整治彩钢棚建构筑物43万平方米。二是彻底清除福八路沿途废旧轮胎，全面清理、综合执街道86家废旧轮胎加工、收储、经营企业及个体工商户，迁出璧山境内胶粉厂16家。三是分类分批推进“三高”企业关闭工作，全年关闭污染企业24个，整治污染企业55个。四是长效监管巡查新关闭企业24个、采矿场15个、养殖场56个、洗车场8个、屠宰场2个、农贸市场4个。五是新建污水管网950米，整治260米，辖区基本实现污水收集全覆盖。六是完善城市垃圾清理、收运体系建设，垃圾收集率100%，无害化处理率98%。街道获市级生态示范街镇，3个村获市级“美丽乡村示范片”，获市级生态村6个村，获区级“美丽乡村”1个村。

【民生事务】 改善居民生活条件，改造C、D级危旧房40户、整治山坪塘48口；新增131户（345人）贫困对象审核上报工作；改造农村公路路基8.2公里。提高居民健康指数，孕前优生检查已婚育龄妇女102对，完成1 200对适龄妇女两癌筛查目标任务。提高社会保障水平，全年审核发放城乡低保、救助救济、独生子女一次性奖励、优抚金、80岁以上高龄老人营养补贴等扶贫救助资金1 000万元，惠及群众6 000人；辖区居民合作医疗、城乡居民养老保险参保率均保持在95%以上，劳动维权清欠农民工工资620万元，保障300名劳动者合法权益。就业适应性培训失业人员118名，全年城镇新增就业人员927人，城镇登记失业人员就业人数达250人，街道失业率有效控制在3%以内。举办大型群众性活动4场、开展流动文化下乡56场、计生卫生、交通安全、法治教育、科普教育等专题讲座5次；指导14个行政村完成农家书屋图书编码、上架、开架、阅览、资产管理等工作；举办4次大型体育活动及2场“好体育人”体育志愿者服务活动，新增“好体育人”体育志愿者20名，并对“好体育人”健身技能进行指导。主动对接，化解矛盾，办理上级转办件47件（其中信访部门转办件39件，市长公开电话、信箱转办件8件），较上年同期50件下降6%；办理本级接待的信访案件13件，较上年同期30件下降57%。多举措提高治安防控能力，在3个场镇安装视频监控系统145套，基本实现场镇街面等重要场所视频监控全覆盖；投入资金36万元在团坝、接龙、郭家、阳河、新房5个居民聚居区安装视频监控系统93套，实现居民聚居区视频监控全覆盖；组建守楼护院、法治宣传红袖标队伍（含保洁员）210人；重新筛选17个村（社区）162个网格员，更换网格员12名。基层平安创建持续推进，完成创建街道命名的平安村（社区）3个，区综治委命名的区级平安示范村（社区）3个；创建“平安家庭”2 030户，创建平安家庭示范村1个。全面落实安全生产“党政同责”“一岗双责”和企业主体责任、属地管理责任，建立闭环管理长效机制，提高安全监管能力。开展安全生产大排查大整治和各项专项行动，关闭煤矿2家，关闭危险化学品生产企业3家，开展经常性安全检查260次，全年安全形势总体稳定可控。

【中铁任之健康城】 中铁任之健康城是集医养康护、休闲度假、乡村旅游和生态农业于一体的新型居家养老生态活力大社区，是重庆市人民政府确定的重点涉老建设项目。该项目位于重庆市璧山区大路街道三担湖公园，距重庆主城核心区约30公里，半小时车程，项目规划有“医养康护、生活居住、生态农业、休闲旅游”四大板块。该项目由中铁十局集团有限公司、重庆任之投资有限公司以及国家开发银行投资修建，于2010年开工建设，项目总投资86亿元，2016年投入12亿元。该规划总建筑约150万立方米，总占地266.7公顷，其中包括建设用地66.7公顷，公园式的生态农业园133.3公顷和原生态三担湖近66.7公顷。该项目主体工程于2015年第三季度正式开工建设，开工约22.2万立方米，包含项目体验区(含健康管理中心、样板房区）2.8万立方米、项目一期18.4万立方米（产品类型为洋房公寓、20层高层颐养公寓）。截至2016年年底，完成项目体验区(健康管理中心）和样板区约3.8万平方米的主体、室外工程及负一楼营销中心、健身运动中心、一楼养老服务体验馆、二楼营养膳食中心以及样板房的室内精装修，10月投入试运行；完成项目一期工程约18.3万平方米的颐老中心和老年公寓主体工程70%。2106年9月20日，“三担湖公园”被璧山区旅游景区质量等级评定委员会评定为国家“AA”级风景区，正按国家AAAA级旅游景区的标准完善。10月21日，“重庆中铁任之养老产业有限公司”所属子公司“重庆中铁任之农业发展有限公司”被重庆市农业委员会评为“重庆市无公害农产品产地”。12月29日，“重庆中铁任之养老产业有限公司”获2016年度第六届房地产企业社会责任红榜“十大责任企业”。

（大路街道）

正兴镇

【概况】 正兴镇位于璧山区西南部，西界永川区金龙镇，南接璧山区丁家街道、东接来凤街道、北接大兴镇，距区主城23公里、距G85渝昆高速（成渝）丁家出口6公里，成渝城际铁路客运专线穿境而过。

全镇辖区面积75平方公里，耕地24.67平方公里，场镇规划3平方公里，建成区0.91平方公里。全镇辖12个村，村民小组84个；社区2个，居民小组5个。辖党组织21个，党员1 411人。建成镇公共服务中心1个，300平方米，便民服务中心14个，6 670平方米。2016年年末，户籍人口40 865人，其中非农业人口9 442人，场镇人口9 505人，常住人口28 739人。

辖区有卫生院1家，自来水厂1座、污水处理厂（站）3座、文化站1个，敬老院2个，集贸市场3个；金融机构3家，营业网点5个；各项存款余额8.12亿元，增长10.36%；居民储蓄存款余额8.06亿元，同比增长13.12%；各项贷款余额7818万元，增长2.42%。有学校3所，幼儿园4所。其中，初级中学校1所，在职教师43人，在校学生509人；小学2所，在职教师87人，在校学生1466人。全年出生人口333人，死亡355人，人口出生率8.17‰，自然增长率-0.54‰，符合政策性出生330人，符合政策生育率99.1%。辖区企业146个，从业人员5860人；其中非公有制企业142个，从业人员5 842人。企业总产值14.91亿元，其中非公有制企业14.67亿元。农、林、牧、渔业总产3亿元；粮食总产量17 076吨，农业总产值1.68亿元。2016年，辖区财政总收入1 701万元，其中工商税收1 597万元；一般公共预算收入422.27万元。工业总产值6.04亿元，减少49.24%；营业收入3.89亿元，减少66.75%；实现增加值1.55亿元，减少54.41%；实现利润总额5 620万元；完成工业固定资产投资7 000万元，增长16.7%。城镇居民可支配收入31 716元，农村居民可支配收入15 313元。

正兴镇获“全国重点镇”“重庆市卫生镇”“重庆市第二批特色景观旅游名镇”。

【党建工作】 加强党的组织建设。开展“学习中国共产党党章党规、学习贯彻习近平总书记系列重要讲话精神、做合格党员”学习教育，突出“政治意识、大局意识、核心意识、看齐意识”；全年查找并整改问题73条，挂单整顿转化换届难点村党组织4个；落实意识形态工作责任；群工系统运行良好，受理事项613件，办结率100%，满意率99.8%。全面排查完善党员组织关系信息；完成违纪违法未受处理党员排查并给予相应处分；完成党费专项检查；完成非公组织党员查找并全部纳入非公联合支部管理；按期换届党组织21个；全年新发展党员9名，组织开展党员干部培训5 800人次。完成镇村两级换届，产生新一届村（居）两委干部73名，区、镇党代表114名，区、镇人大代表84名。落实党风廉政建设责任，镇党委和镇纪委约谈各级干部492人次；组织集中警示教育120次；镇纪委立案3件，给予开除

正兴公园全景

（张承刚　摄）

党籍处分1人，党内警告处分3人；中共正兴镇太和社区委员会获评璧山区先进基层党组织，刘发勇、廖晓丹获评璧山区优秀共产党员，罗泽洪、徐达海获评璧山区优秀党务工作者。

【选举工作】 根据全区统一安排和布置，正兴镇于7月启动区党代表、人大代表、政协委员，村、社区换届选举工作。7月6日，成立换届选举工作领导小组和换届选举工作组7个、指导小组14个，分片区全程指导并参与换届选举工作。一是村、社区换届选举工作。针对"一推""二推""正式选举"等关键节点，正兴镇相继召开5次班子会议研究，与14个村（社区）党组织签订严肃换届选举责任书。书记、主任平均年龄47.6岁，比上一届小1岁；高中以上文化程度的比上一届高出3.4%，达到"两升一降"（即文化程度和履职能力提升，平均年龄下降）的目的。二是人大代表选举工作。8月至9月为准备工作阶段，9月至11月分阶段做好选民登记、候选人提名，12月至1月为投票选举和召开人代会相关工作。其间，召开换届选举工作指导小组会议4次，动员会1次，专门研究工作会5次，工作推进会2次，专题培训工作会2次；开展集中性全面督查工作4次；开展"摆摊"宣传2次。正兴镇登记选民22 323人，登记率64.5%。推荐区代表初步候选人22名，其中政党、人民团体提名22人，中共党员12人，党团提名的中共党员9人，占比40.9%，党团提名的女性2人，占比9.09%。经酝酿、讨论、协商，确定正式代表候选人22名。12月4日，6个选区，29个选举大会，选举代表16名，参加选举大会投票选民22 323人，其中，直接到场投票11 529人，委托投票2 222人，参选率61.6%，完成选举任务。三是政协委员换届工作。11月，正兴镇按照相关要求和规定程序确定马安利、郑兵、李泽贵、叶太刚、万仁红5人作为区政协委员建议人员初步名单。经区换届领导小组审核认定，马安利、郑兵、李泽贵、叶太刚、万仁红5人为区政协第十届委员会委员。四是区党代表选举工作。通过无记名投票的方式，提出代表候选人20名的酝酿名单。与区委组织部沟通，按照多于代表名额22%的差额比例，最终确定区党代表候选人预备人选14名。11月17日召开中国共产党正兴镇第十八次代表大会，直接采取候选人数多于应选人数的差额选举办法，选举产生正兴镇党委出席中国共产党重庆市璧山区第十四次代表大会代表11名。其中各级领导干部7名，占63.6%；各类专业技术人员2名，占18.2%；先进模范2名，占18.2%。女同志6名，占54.5%；具有大专以上文化程度的10名，占90.9%；少数民族0名，占0%；35岁以下的中青年2名，占18.2%。11月17日，召开中国共产党重庆市璧山区正兴镇第十八次代表大会，选举产生中共正兴镇第十八届委员会和中共正兴镇纪律检查委员会：党委书记黄佑强，党委副书记肖祖海、马安利，党委委员熊文、赵学玲、李正伦、梁勇、李祖兵、叶宝利、朱静、郑兵；纪委书记赵学玲，纪委副书记李洪川，纪委委员邓盛伦、龙贻梅、廖晓丹、孙林、向豪。12月4日，举行区镇两级人大代表选举。12月15—16日，第十八届人民代表大会第一次会议在正兴镇人民政府召开，会议选举产生正兴镇人大主席、镇长、副镇长：人大主席熊文，镇长肖祖海，副镇长梁勇、叶宝利、李祖兵、程健。

【经济发展】 镇内有规模以上企业2家，普通工业企业38家，其中28家为实木家具加工企业；注册有建材租赁企业300家，经营遍布全国各地，为正兴镇纳税超过240万元。新发展蔬菜基地66.67公顷，累计200公顷；蜜柚种植700公顷；新发展草皮33公顷，达到450公顷；建立粮油综合高产示范基地400公顷，其中核心区40公顷。新修人行便道和生产便道39公里，新修和改扩建泥结石路5公里，大中型水库移民工程新修硬化村社公路480米，新修硬化扶贫公路3.5公里；整治小二型水库4座；整治山坪塘115口，新建山

2016年1月11日，正兴镇农民网售苗木

（陈富春　摄）

坪塘3口；完成16.2公顷高标准农田建设；新建沟带路500米，新建抗旱供水管道400米，整治排洪渠1 500米，整治璧南河大灌区3公里，整治梅江河堤3公里；新建抗旱应急供水管网6公里，新建电力提灌站2处，整治电力提灌站2处；修建森林防火通道3公里。

【镇村建设】　完成正兴消防站建设、石院敬老院改造项目，建成垃圾收集站2个；建成成渝高铁征地拆迁安置经济适用房、区生活垃圾处理场核心区征地拆迁安置经济适用房；硬化农村公路15.2公里，全镇农村公路硬化率达80%以上，对正兴场镇至露德堂景区的公路扩宽并完成路基平整；实施背街小巷基础设施改造，完成正兴幼儿园至糖厂路段、正兴场镇弯弯大楼路面硬化及人行道铺设；完成正兴场镇污水管网改造一期工程建设；休闲公园绿化补栽2 000平方米，场镇面貌进一步改善。

【生态文明】　一是开展污染源整治。对2010年以来关停、整治的污染源拉网式彻底清查和整改；在农村主要聚居地及主要道路旁设置垃圾箱31个，垃圾桶757个，配置垃圾收运车3辆，组建44人的农村兼职清扫保洁队伍，建成“村（社区）收集—政府定时定点清运”的农村垃圾收运模式；油水污染源专项整治餐饮店54家，规范化专项整治污水排放口涉水工业企业3家；停业整改木材加工厂28家；大力整治农村地区秸秆焚烧行为。二是美化人居环境。修建3个生态公园——正兴公园、金堂公园、曙光公园；封山育林33公顷，栽植绿化植物3.3万株；新安装太阳能路灯45盏；金堂村获“重庆市美丽宜居村庄”。三是开展环境综合整治。实施天河自来水厂改扩建，解决3.6万农村人口安全饮水问题，实现农村自来水全覆盖；改造C级危房12户、D级危房73户。

【民生事务】　一是社会保障。城乡居民养老保险参保率99%；城镇新增就业人员400人，城镇登记失业人员就业96人，城镇就业困难人员就业19人，城镇登记失业率低于3%；农民工创业就业120人，新增创业人数300人，发放再就业小额担保贷款840万元。全年发放抚恤金325.35万元，优待金41.67万元，临时救助金13.90万元；发放60岁退役士兵生活补助26.89万元，发放80岁老龄人员高龄补贴90.58万元；发放三无人员、五保人员和困境儿童生活补贴255.05万元。二是精准扶贫。190户建卡贫困户越过脱贫标准线，各村全部达到整村脱贫标准。三是教育事业。完成2016年度义务教育的各项目标任务，保证适龄儿童按时入学，注重师资队伍建设，教育质量不断提高。四是文化工作。组织文化进村活动48场，举办“文化进万家”文艺演出2场，“广播村村响”工程广播通响率达95%以上。五是医疗服务。大力促进基本公共卫生服务均等化，为全镇4.3万人建立城乡居民医疗保险基础信息档案，城乡居民合作医疗参保率95%，慢病筛查95%，60岁老人健康服务率95%，残疾人康复服务率100%，儿童计划免疫“五苗”接种率100%。六是计生工作。落实计划生育政策，征收社会抚养费9件13.81万元，新增计划生育奖励扶助288人，新增计划生育特别扶助12人。七是食品药品安全管理。实施网格化监管，全覆盖监督检查监管对象251家，查处食品安全违法案件14件。（正兴镇）

大兴镇

【概况】 大兴镇地处璧山区中西部，距城区6公里，是重庆绿岛新区的重要组成部分，是“全国科普示范基地”“全国标准化级气象灾害防御镇”“重庆市首批市级现代农业示范园区”“市级中心镇”“市级卫生镇”“市级生态镇”“璧山商贸五强乡镇”。

大兴镇辖区面积100.14平方公里，辖兴隆、油田2个社区，长隆、狮子、双柏、龙飞、万民、高桥、朝元、船形、石鼻、平安、独耳、山王、茅莱、联盟、莲生、均田、符家17个行政村。

2016年年末，全镇总人口57 791人，其中非农业人口7 837人，常住人口38 334人；土地9 274.63公顷，其中耕地4 799.50公顷，场镇规划239公顷；中小学6所，在校人数2171人，在职教师184人；民营企业77家，从业人员4 118人。

2016年，由市农科院和区农委联合打造的都市果业研发中心落户镇船形村。举办第七届璧山葡萄采摘节，吸引区内外游客超过10万人次，实现群众增收5 000万元。

【党建工作】 加强党委自身建设。进一步完善中心组学习制度，及时调整党政领导班子成员的分工，明确和落实责任。不断规范和完善书记办公会、党委会和党政办公会等议事决策制度和程序，坚持重大事项民主决策，增进班子团结。“逗硬”开展“两学一做”。加大对各支部督导力度，查找领导班子和村（社区）“两委”班子问题90个，全部完成整改。推进基层党建重点任务，排查清理全镇1 700名党员党组织关系和35个党支部党费收缴情况，及时足额补缴党费。深化干部管理。村（社区）“两委”换届后及时组织开展村（社区）干部培训，不断提升工作能力和水平。推进群团改革，选优配强群团负责人3名，落实党群工作办公室人员6名。规范运行群工系统，录入事项924件，办结率和满意率99.8%和100%。加强党风廉政建设。强化两个责任，细化责任清单，建立述责述廉制度，班子成员向党委述责述廉2次，34个基层党组织围绕全面从严治党责任向党委述职。加强廉政教育，中心组学习党风廉政专题2次，班子成员到联系党组织上廉政党课20次，机关干部学习文件精神、典型案例通报等13次。加强作风建设，贯彻落实中央八项规定精神和市委实施意见，严肃查处违反中央八项规定精神行为1起，给予1名党员纪律处分。惩治小微腐败，严肃查处侵害群众利益的腐败问

大兴镇葡萄基地核心区

（曾清龙 摄）

题2起，给予3名党员纪律处分。扎紧制度笼子，制定“十必问”“十必谈”2个暂行办法，坚持用制度管权、按制度办事、靠制度管人。

【选举工作】 根据全区统一安排和布置，全镇于7月启动区党代表、人大代表、政协委员，村、社区换届选举工作。7月8日，成立换届选举工作领导小组、换届选举工作筹备组、宣传组、监督组及3个指导组,分片区全程指导并参与换届选举工作。一是村、社区换届选举工作。针对“一推”“二推”“正式选举”等关键节点，相继召开5次班子会议研究换届选举工作，签订责任书。换届后，各村、社区书记、主任平均年龄46.34岁，与上一届基本持平；高中以上文化程度达到76.31%，比上一届高出2.63%。二是人大代表选举工作。8月至10月为筹备阶段，10月至12月分阶段做好选民登记、候选人提名、选举大会相关工作。其间，召开换届选举工作指导小组会议4次，动员会2次，专门研究工作会2次，工作推进会4次，专题培训工作会4次；开展集中性全面督查工作4次；开展“摆摊”宣传5次，发放宣传资料3万份，镇人大联合镇纪委深入19个村居开展换届选举纪律宣讲会20次，调研走访100人次，收集群众反映意见建议65条，通过村村通广播早中晚滚动播放，大力宣传。大兴镇登记选民28 583人，登记率58%。推荐初步代表候选人29名，其中政党、人民团体提名21人，代表10人以上联合提名8人，其中中共党员19名、占比65.5%女性14名，占比48.2%。经酝酿、讨论、协商，确定正式代表候选人29名。12月4日，8个选区，37个选举大会会场，按选区差额选举代表21名，投票选民19 233人，其中，直接到场投票10 984人，委托投票8 249人，参选率67.3%，完成选举任务。三是政协委员换届工作。11月，镇按照相关要求和规定程序确定黎端、雷华、何继良、巫波、王青等5人作为区第十届政协委员建议人员初步名单。经区换届领导小组审核认定，黎端、雷华、何继良、巫波、王青等5人为区第十届政协委员。四是区党代表选举工作。通过无记名投票的方式，提出代表候选人23名的酝酿名单。与区委组织部沟通，按照多于代表名额22%的差额比例，最终确定代表候选人预备人选21名。11月18日，召开会议，直接采用候选人数多于应选人数的差额选举办法，选举产生出席中国共产党重庆市璧山区第十四次代表大会代表17名。其中各级领导干部12名，占71%；各类专业技术人员3名，占18%；各方面现今模范人物2名，占11%。女同志5名，占29%。少数民族1名，占6%。50岁以下的中青年15名，占88%。

11月18日，召开中国共产党重庆市璧山区大兴镇第十六次代表大会，选举产生中共大兴镇第十六届委员会和中共大兴镇纪律检查委员会：党委书记袁道国，党委副书记向勇、黎端，党委委员杨万洪、龙贻坤、姚敏、雷华、易军、张钢、陶亚兰；纪委书记杨万洪，纪委副书记甘洪兵，纪委委员陈熙强、肖明浩、廖小洪、张维、钱敏。12月4日，举行区镇两级人大代表选举。12月16日，召开重庆市璧山区大兴镇第十八届人民代表

车辆行驶在大兴镇乡村公路上

（张承刚　摄）

大会第一次会议，会议选举产生大兴镇人大主席、镇长、副镇长：人大主席李荣宝，镇长向勇，副镇长姚敏、易军、张钢、万亚东。

【经济发展】 各项经济指标稳中有进。全镇工农业总产值12.73亿元，其中，工业总产值8.6亿元，农业总产值4.13亿元；社会消费品零售总额7 200万元，增长8.15%元；粮食耕作3 694.13公顷，总产量2.265万吨；财政总收入2 212万元，其中，工商税收2 048万元。群众幸福感稳步提升。全镇农村居民人均可支配收入15 765元，增长10.43%，城镇居民人均可支配收入3.3万元，增长19.85%；金融机构10家，城乡居民储蓄存款余额11.43亿元。

【镇村建设】 完成大兴场镇总体规划修编和17个村规划编制工作；稳步推进中心镇项目的实施。基础设施不断完善，整治山坪塘100口，改造电力提灌站10座，整修大灌区渠道36公里；投入152万元实施美丽乡村、一事一议项目。主导产业不断丰富，改良伏淡季水果106.67公顷，栽植晚熟柑橘333.33公顷。帮扶现有企业恢复活力，盘活工业土地，加强择商引资，完成企业闲置厂房招租7家；在璧山国家高新区的大力支持下，建新区2号商住地以2 730万元的价格挂牌出让。协调推进“梅江渔谷花坞”休闲度假区落地，挖掘朝元寺、茅莱仙境、璧山上龙等历史资源，筹划“茅莱山休闲文化公园”融入全区旅游重点规划项目，包装推介“云雾山民宿文化体验区”。落实三条农村公路改造计划9公里，路面硬化7.18公里；完成茅莱变电站进场道路建设。

【生态文明】 全面实施秸秆禁烧工作，保证全镇空气质量；高效率完成河流治理工作，推出“村居联动自治”代替“专人治理”模式；完成市场治理工作，开展专项执法整治39次，关停洗车场1家，整治违法建筑彩钢棚10万平方米。完成镇域硬化公路行道树栽种养护工作，成活率97%；绿化美化公路主干道36公里；投入50万元完成大兴场镇至环城路人行步道建设和绿化工作。完善农村硬化公路清扫保洁管理制度，垃圾清运量3 000吨；规范市场管理，整治占道经营、乱摆摊位行为；做好“四乱”（车辆乱停、垃圾乱堆、广告乱贴、摊位乱摆）整治工作，清理户外广告、牛皮癣、横幅等550处。新安装路灯32盏；完成梅江场镇路沿改造升级和梅江广场建设；新建梅江两车位垃圾压缩站和公厕，更新投放垃圾桶200个。

【民生事务】 新增城镇就业人员400人，完成农村劳动力培训367人，审批发放创业小额贷款400万元，开展就业“春风行动”，城镇人员登记失业率控制在2%以内；协助完成丹凤九年制学校改制，镇域教育教学质量稳步提升；完成CD级危房改造“十三五”规划编制，为38户贫困残疾人家庭申报残疾人危房改造资金57万元。城乡居民养老保险续保34 875人，参保率99.7%。城乡居民医疗保险累计参保53 311人，生存认证19 107人，认证率97%；对297户特殊困难家庭发放医疗临时救助15.78万元，对538户城乡低保户发放低保金264万元，对失能、高龄老年人发放养老服务补贴15.12万元，对312名优抚对象发放抚恤金280万元，对356名农村籍60岁以上退役士兵发放补助52.63万元，为2 076户计生奖扶对象按时发放扶助金340万元；开展精神病防治调查摸底工作，监护率95.7%。破获刑事案件82件，查处治安案件409件，行政处罚28人，全年可防性刑事案件立案68件，下降29.17%；投资36.46万元实施“天网”视频监控安装工程，新安装高清摄像头105个；继续实行乡场接访制度，群众满意率97.3%；开展食品药品安全检查单位及场所300家，办理食品流通许可证190个，餐饮服务许可证65个，三小（食品生产加工小作坊、食品销售摊贩和餐饮摊贩）一家宴备案34家，立案查处违法经营单位8家，罚款7.56万元。巩固精准扶贫成效，新增相对贫困户160户471人，编制产业帮扶方案152个，投入近32万元落实产业帮扶措施。（大兴镇）

七塘镇

【概况】 七塘镇位于璧山区北部，东接缙云山，毗邻北碚区歇马镇，西连云雾山，毗邻铜梁区蒲吕镇，南与大路街道接壤，北与八塘镇相连，璧北河贯穿七塘。全镇辖区面积57.48平方公里，辖村8个村民小组71个和居委会2个居民小组9个；总人口3.46万人，其中非农业人口0.51万人，场镇人口0.48万人，场镇常住人口0.35万人；全镇有耕地2 803.07公顷，人均耕地0.1公顷，城镇规划区3平方公里，城镇建成区0.414平方公里，城镇化率40.9%。

2016年，工农业总产值164 508万元，增长24.62%；增加值0.63亿元，增长19.45%；利润总额1亿元。工业固定资产投入91 073万元，增长14.5%。

辖区内有重庆市金盾橡胶制品有限公司、聚益橡胶制品有限公司、中阔机械制造有限公司等规模以上企业3家，建新防水涂料有限公司、重庆市宏升汽车配件有限公司、美日建材有限公司、驰恒橡胶制品有限公司、龙海机械制造有限公司、诚鼎机械制造有限责任公司等工业企业6家和皮鞋生产企业72家，从业人员2146人，总产值达到12.54亿元。镇财政总收入0.15亿元，其中本级财政收入315万元，比上年减少6.1%，其中税收收入1 218万元，非税收入241万元。辖区内有农村商业银行、邮政储蓄银行等金融机构4家，各项存款余额38 642万元，居民存款余额13 397万元，比上年分别增长9.34%和10.11%。农业总产值4.12亿元，比上年增长10.52%；农村居民人均可支配收入15 145元，比上年增长10.1%。

辖区内有中心卫生院1所，占地0.55公顷，总建筑1704.5平方米；有七塘中学、七塘小学、依凤九年制义务教育学校3所，民办幼儿园3所，教师132名，学生1 824人。全年出生人口数354人，符合政策生育率94.4%。

文化娱乐主要以农民健身工程为主的休闲健身广场为主，全镇6个；以镇文化服务中心为主体的阅览室、科教室和网吧全部免费对外开放，可同时容纳150人集中学习。以云雾后山特色水果种植带、蔬菜基地核心区为中心的休闲旅游、观光采摘于一体的乡村旅游，年接纳区外游客约4.5万人，观光农业名片效应正带动整个璧北。

【党建工作】 围绕管党治党责任，抓工作落实。厘清从严治党责任清单15项，抓实重点任务7项，开展党建督查10次、印发通报10期，突出标准上从严、追责上逗硬。推进“两学一做”学习教育。研究印发并实施全镇党员、村（社区）、机关事业单位、学校（幼儿园）、非公组织等工作方案5个，严格按照“两学一做”学习计划开展专题学习教育。党委书记带头讲党课3次，领导班子成员讲党课18人次。召开15次党委会议专题研究党建工作。坚持“院坝会”制度，收集意见建议156条，均处理。坚持问题导向，对基层组织、党员队伍以及“四风”等方面排查出的问题全部逐一整改落实。培训基层党组织书记80人次。新发展党员5名，预备党员如期转正11名。组织机关事业单位在职党员35名100%到社区报到发挥作用。集中推进非公企业和社会组织“两个覆盖”。选派党建指导员10名对点指导推进基层党建组织工作的开展，针对性地加强非公组织、机关、学校的党建工作。始终将党风廉政建设工作列入重要议事日程，把党风廉政建设作为党的建设和政权建设的重要内容，纳入领导班子、领导干部目标管理，与经济建设、政治建设、文化建设、社会建设以及生态文明建设和业务工作紧密结合，一起部署，一起落实，一起检查，一起考核。制定《党风廉政建设和反腐败分工责任制》

《党风廉政建设“两个责任”清单》，将主体责任细化为领导班子37项、主要领导29项及班子成员12项。经常性监督检查辖区单位“四风”问题，并建立日常检查工作台账，发现苗头性、倾向性问题，及时督促整改。紧盯年节假期重点节点，引导党员干部自觉抵制“四风”，廉洁过节。全面推行村（社区）干部及其直系亲属享受惠农惠民政策“十公开”制度，全面公开48名村（社区）干部的528名亲属享受惠民政策情况。开展深化整治和查处侵害群众利益的不正之风和腐败问题专项工作。围绕专项整治重点的七个方面，采取问题清单方式由机关干部和村社干部自查，镇办站所以行业类别就涉及整治问题以项目台账方式逐一自查。查找农村集体“三资”管理方面、基层执法和公共服务方面的问题4个，约谈社干部4人，批评教育社干部3人。制定细化“十必问”“十必谈”实施办法，启动问责镇村干部5名，全镇通报批评5人，约谈180人次。受理并办理阳光重庆及114政务平台群众诉求9件，完成区纪委交办信访件3件，经调查举报反映情况不属实，按规定向区纪委信访室报送结果并信访结案。立案审查1件，党内警告处分1人。

【选举工作】　根据全区统一安排和布置，七塘镇于7月启动区党代表、人大代表、村（社区）换届选举工作。一是村、社区换届选举工作。针对“一推”“二推”“正式选举”等关键节点，镇政府召开班子会议研究5次,与8个村2个社区党组织签订严肃换届选举责任书。9月30日前完成8个村71个村民小组和2个社区9个居民小组换届工作，提拔村级正职干部1名、交流2名，提拔副职干部11名，更换村（居）民小组长22名，新增新聘用大学生本土人才13名，36名村（社区）专职干部全部实行选聘分离。二是区人大代表选举工作。8月至10月为筹备阶段，10月至12月分阶段做好选民登记、候选人提名、选举大会相关工作。其间，召开换届选举工作指导小组会议3次，动员会1次，专门研究工作会2次，工作推进会3次，专题培训工作会4次；开展集中性全面督查工作1次；开展“摆摊”宣传2次，通过宣传车、LED显示屏、村村通广播在辖区内大范围宣传。登记选民18 145人，登记率68.57%。推荐初步代表候选人18名，其中政党、人民团体提名13人，中共党员10人，党团提名的中共党员10人，占比55.5%，党团提名的女性2人，占比11.11%。经酝酿、讨论、协商，确定正式代表候选人18名。12月4日，5个选区，25个选举会场，差额选举代表13名，参加选举大会投票选民13 688人，其中，直接到场投票7 782人，委托投票5 906人，参选率75.4%。12月16日，中国共产党重庆市璧山区七塘镇第十八届人民代表大会第一次会议在七塘镇人民政府召开，会议选举产生七塘镇人大主席、镇长、副镇长：人大主席叶合全，镇长林华伟，副镇长汪德全、杨梅、毕贵礼。三是区党代表选举工作。通过无记名投票的方式，提出代表候选人13名的酝酿名单。与区委组织部沟通，按照多于代表名额22%的差额比例，最终确定代表候选人预备人选9名。11月25日，召开中国共产党重庆市璧山区七塘镇代表会议，直接采用候选人数多于应选人数的差额选举办法，选举产生七塘镇党委出席中国共产党重庆市璧山区第十四次代表大会代表8名。其中各级领导干部6名，占75%；劳动模范1名，占12.5%。女同志2名，占25%。50岁以下的6名，占75%；35岁以下的中青年2名，占25%。11月18日，召开中国共产党重庆市璧山区七塘镇第十六次代表大会，选举产生中共七塘镇第十六届委员会和中共七塘镇纪律检查委员会：党委书记石德军，党委副书记林华伟、袁遥，党委委员范永宏、叶合全、毕贵礼、胡天伦、汪德全、彭朝富；纪委书记胡天伦，纪委副书邹礼宾，纪委委员冯胜、周相足、万年长。

【经济发展】　围绕“食、住、行、游、购、娱”

七塘血橙挂满了枝头

（连宏宇　摄）

乡村旅游六大要素，全方位打造集旅游观光、休闲娱乐、示范试点于一体的特色农业示范基地。一是完成美丽乡村建设项目、现代农业示范项目和现代特色效益农业建设项目，新增生产生活便道15.4公里、沟渠河堤1.6公里、蓄水池11 000立方米、蔬菜商品化处理场7个，新建蔬菜大棚326个。全镇蔬菜产量13.5万吨，产值13 950万元。二是新培植血橙新系、川早核桃、乌皮樱桃、优质葡萄、热带水果等新品种示范片133.3公顷，水果产量近7 100吨，产值10 850万元。三是试点土壤深松166.67公顷、土壤酸化、板结治理200公顷、测土配方施肥400公顷；建成农产品质量追溯体系4套；实施农产品残留物、有毒物检测467例，无公害蔬菜畅销市内外。在工业发展工作中，坚持“不引进污染企业”思路，严格按照生态文明建设要求，进一步提升环境质量，不断健全企业服务体系，企业结构不断优化。

【镇村建设】　不断完善城镇基础设施建设，新建场镇三期人行道7 469平方米、垃圾台83个、禽蛋市场1个、停车场1 080平方米、休闲步道490米。硬化二七路、汤甘路等农村公路5条15.6公里，启动大歪路、跃王路硬化工程。改造C、D级危房123户；完成七塘入场口涵洞清掏、金盾路路沿整治、小学入场口道路硬化、场镇老街管网改造、公厕改造、依凤农贸市场改造。完善垃圾收运体系建设，实施半边桥标准化垃圾中转站建设、杨家桥三车位垃圾中转站建设，新增标准化垃圾池18个、垃圾箱体9个、垃圾桶850个；推进绿化建设，实施行道树栽植、河堤水系绿化、美人蕉栽植等路段约25公里，完成半边桥微型湿地建设550平方米，实施金盾路绿化改造等工程，新增绿地1.1万平方米。

【生态文明】　围绕“碧水蓝天”“生态涵养”的工作目标，开展生态文明示范区建设，群众生活环境显著改善。一是实施杨家桥生态河堤整治，补植公路行道树3 500株、新植美人蕉45万株；二是查处整改企业污染、养殖污染、食品安全、城市管理等问题32个；三是集中开展违章建筑治理，拆除公路沿线违章搭建1 360平方米，实施

七塘镇微型湿地公园

（连宏宇　摄）

蓝色彩钢棚改灰6万平方米；四是健全“一岗双责”“一查到底”的生态建设机制，拒绝污染企业投资进驻，加强企业生产环境评价，生态文明常态化建设有序推进。

【民生事务】 全年发放困难补助和临时救助经费413.05万元、发放农业综合直补399万元、发放困难补助和临时救助等经费325万元，发放计生奖励扶助28.6万元，稳步推进94户相对贫困户的扶贫攻坚，城乡居民合作医疗参保率99.8%；转移农村富余劳动力350人，促成400人再就业。卫生服务到位，做好孕产妇、儿童、老人保健及中医药服务，强化预防接种、传染病防治、重性精神病管理，加强医德医风建设，增强医患沟通，全年无1例医疗事故发生。开展各项文体活动，举办第二届乡村歌手大赛、第三届农民运动会、璧北河健身长跑等活动；流动文化服务进基层文艺演出18场，举办“七塘五年工作成果展”展览活动10场，建成璧山群众文化馆七塘分馆；摄影作品《忙碌的菜农》获“爱璧山·爱劳动”摄影大赛第1名。义务教育阶段学生入学率、巩固率、按期毕业率均100%，七塘初中、依凤九年制学校的初三学生升入重点高中人数比例居全区同类学校前两名；投入18 500元奖励考入重点本科的高中生15名和考入璧中特班的初中生11名。

（七塘镇）

八塘镇

【概况】 八塘镇位于璧山区最北端，与北碚、铜梁、合川三区相邻，境内福八、接八、澄八公路与外界相通，交通便利。辖区面积65.26平方公里，耕地1 555.73公顷。辖村10个、1个社区，62个村(居)民小组。2016年年底总人口3.19万人，其中非农人口1.01万人，场镇常住人口4 300人。年人口出生317人、人口死亡236人，人口出生率9.93‰、死亡率7.39‰、自然增长率2.54‰。镇党委辖基层党组织21个、党员1 127人。全年完成财政总收入434万元，其中：工商税收406万元，非税收入28万元；农业总产值1.50亿元，农村常住居民人均年可支配收入达到14 972元；辖区内有学校3所，分别为八塘小学、五龙小学、八塘中学，在校学生1 799人，在职教师123人；全镇企业75个，私营个体数455个；企业从业人员2 163人，私营个体895人；金融机构5个，各项存贷款余额8.6亿元，居民储蓄存款余额7.61亿元。

【党建工作】 一是强作风。开展“两学一做”学习教育，领导班子成员上党课28次，谈话谈心65人次，开展专题学习110次，查找突出问题90条、整改24条、常态整改66条。二是强公开。重视村居党建的引领作用和基层服务型党组织建设，做好党建公开栏和群工系统“四公开”，促使公开全面化和规范化，公开栏公示信息累计1000次，利用群工系统公开信息535条。三是强后进(村)。2016年江兴村被确定基层党建后进村，2016年青云村、阳龙村分别被确定为镇级、区级换届后进村。为确保基层党建后进村尽快脱帽，筹资10万元，帮扶后进村改善便民服务环境和生产生活设施，增强产业发展后劲，解决道路硬化、办公设施置办、信访、人饮工程等问题。四是强先进。2016年，敢英村申报基层党建示范点工作(结果尚未公示)，并在璧山区委建党95周年评选表彰中获先进基层党组织，3人次获奖。五是强投入。落实村居办公和服务群众专项经费70万。群工系统录入事项439件，办结435件，办结率99.09%；满意424件，未评价6件，基本满意5件，满意率98.58%。开展农村党员40年党龄工作，累计为22名老党员发放补助。六是强非公(非公有制)。根据非公企业实际情况，按照单建、联建等方式，新建、改建福源行、同力、八塘镇非公组织联合支部非公党组织3个。同力党支部争创“双强”示范组织。维护非公网站，累计发表信息 36?条，采用信息 5 条。七是强服务。完成智灯、三元、石庙、敢英、五龙等 5 个村的“三进村”工作。八是强质量。根据成熟一个发展一个的原则，根据《党章》《党员管理条例》及区委组织部出台的文件等相关规定，转正党员 7 名、吸收预备党员 9 名、发展入党积极分子 10 名，重点向村后备人员倾斜。九是强组织。完成村（社区）“两委”班子换届，选举产生村（社区）“两委”成员 68 人；完成镇领导班子、镇纪委班子换届工作；完成区、镇两级党代表、人大代表换届工作。开展党员组织关系集中排查、党员违纪违法排查、基层党组织按期换届情况专项检查、党费收缴工作专项检查、非公组织“两个覆盖”、抓党建促脱贫攻坚、抓严抓实领导机关党员干部学习教育重点工作 7 项，排查出失联党员 5 人，违纪违法受处理党员 13 人，党费补缴 8.4 万元。村（社区）、机关干部学习教育工作。累计开展培 10 次，设置远程教育站点 12 个，干部网络学院累计学习 1780 学分，公需课学习 30 人次。

【选举工作】 2016 年，全镇严格按照上级要求，部署全镇换届工作。针对村（社区）“两委”换届选举工作，分别成立换届工作领导、指导小组，对该项工作进行指导、把控，选举产生村（社区）两委”成员 68 人，其中党总支书记 11 名，7 名继任，4 名新当选，女性书记 3 名，群团委员 38 名，村（居）“两委”中大专及以上学历 22 名，“两委”委员平均年龄 47 岁。于 11 月 24 日召开中共八塘镇第十五次代表大会，会议选举产生中共八塘镇第十五届委员会和中共八塘纪律检查委员会，选出党委委员 9 名，党委书记陈力胜，党委副书记钟攀、叶和定，党委委员沈林、张诚、艾强、彭定余、雷凤平、熊燕；纪委书记熊燕，纪委副书记王京辉等 5 名纪委委员，并选举产生出席中共璧山区第十四次代表大会的代表 10 名。12 月 4 日，召开区镇人大代表换届选举会议，选出区人大代表 12 名，镇人大代表 62 名。12 月 16 日，召开八塘镇第十七届人民代表大会第一次会议，会议选举产生八塘镇人民政府镇长钟攀，人大主席沈林，副镇长张诚、艾强、胡光。

【经济发展】 2016 年，蔬菜种植（复种）2 733.33 公顷，产量累计 17.5 万吨；土地流转 1 620 公顷，流转率 67.4%；3.33 公顷以上规模蔬菜业主 40 户，1 200 公顷，现有蔬菜种植和营销公司 3 家，龙头企业 5 个，专业合作社 31 个，投入使用冷链物流库 3 座；农业三品认证申报 15 家、21 个品种，绿色及无公害种植果蔬近 800 公顷。农业生产配套设施扎实推进，蔬菜生产大棚面积达到 70 公顷，沟带路 67.5 公里，生产便道 137 公里，机耕道 30.5 公里，节水灌溉设施覆盖 866.67 公顷。樱桃、蓝莓、草莓、柑橘、玫瑰等特色农产品快速发展，群众增收渠道不断丰富。截至年末，全镇企业 75 个，私营个体数 455 个；企业从业人员 2 163 人，私营个体 895 人；全镇固定资产投入完成 7.15 亿元；工业总产值达到 10.31 亿元；农业总产值达到

2016 年 4 月 15 日，第二届云雾山樱桃节开幕式现场

（曾清龙　摄）

1.92亿元。举办第二届云雾山樱桃采摘节，完成樱桃谷公厕、登山步道、车行道等基础设施建设，吉文生态农业、文骏乡村旅游、西部玫瑰花都、凉水水库生态农庄等乡村旅游项目进展顺利。

八塘镇生产便道进田间

（曾清龙　摄）

【镇村建设】　完成接八路、双黄路的白改黑工作，完成公路绿化栽植美人蕉近10公里。改造阳龙四八路7.15公里（其中上半年已完成2.5公里，4.65公里在实施）。硬化闵凉路、水高路、四八路（肆菱碑至柏树垭口段）公路3条。树立公路安全警示标志标牌48块，完成4条（接八路改造、青黄路、五喜路、曹三路）公路道路改造立项。改造金海湾片区、氮肥厂片区道路入场口、接八路道路入场口，维修公路7处。完成前进村等（除敢英村、智灯村以外）8个村的村规划修编工作。完成地质灾害排查演练工作，包括阳龙村三组长胡山滑坡点、青云村四组石碾子滑坡点、青云村六组张家山滑坡点、石庙村三组石碾子滑坡点4处地质灾害隐患点。完成C、D级危房改造132户(其中C级危房102户，D级危房30户)，新建公厕2座，改造公厕2座，新建二车位垃圾场1个，场镇补漏12处，拆除、改造彩钢棚69户。健全完善市场化环卫营运模式，有日常保洁员36人，手推保洁车36辆，做到人手1辆，设立垃圾箱体24个，垃圾中转站2个。新建标准化垃圾收集转运站1个，发挥335个农村垃圾池（房）的中转站作用，实现农村垃圾“不过周”。坚持疏堵结合，改善营运环境，规范车辆停放和经营秩序，镇域商圈项目建设全区领先，场镇“以街为市”问题彻底破解。对重车实行“限重、搭篷、限时、冲洗、防漏、处罚”等综合举措。

【生态文明】　规范化整治屠宰场1个，集贸市场2个。制定河道清漂管理机制，三岔河河道发包给劳务外派公司，定期清理维护。璧北河八塘段由经发办负责每月组织人员2次至3次河道清漂打捞。与各村签订秸秆禁烧责任书，将秸秆禁烧工作作为生态创建村居重点工作纳入村居年终综合考核。规范化整治隆德包装制品有限公司工业排污口并纳入日常巡查监管重点。对八塘镇污水管网和污水处理厂日常巡查，对发现问题及时整改，部分雨污未分离管网正整改中。整改污染严重企业，加强后续监管。加强生态创建日常巡查整治，完成物联网日常巡查任务，完成上级废旧轮胎专项整治、燃气锅炉清洁能源改造、固体危废转移许可证办理等工作。创建市级生态镇，创建市级生态村5个，创建区级生态村5个。

【民生事务】　全年，拓宽对外宣传的广度和深度、丰富各种载体，开通“金色八塘”微信公众号，实现广播终端村村通，农家书屋全覆盖。建成健身路径1条，完成农村电影惠民放映工程132场。坚持每月对镇辖区内所有文化市场安全检查，加强全镇区级保护文物7个，镇级保护文物管护20个。全镇11个村（居）农家书屋实现全覆盖，对10个村已损广播终端实现常态化维修。辖区居民健康档案建档率114%，其中新建档318人，累计建档29 664人，更新档案29 664人，规范化电子建档率99%，健康档案合格率90%。免费为60岁以上老年健康体检2678人，健康指导2 678人次，健康管理人2 678人次。持续加大力度对辖区内居民的健康教育宣传力度。利用硬盘播放机及电视对健康知识滚动播出。深入村居及学校，举行健康知识讲座20次，接受教育群众1 503人次，并利用高血压日、糖尿病日等宣传日进行健康知识宣传。开展健康知识讲座、主题健康宣教活动、幼儿园体检、义诊等公益活动24次，覆盖人群达到8 377人次。发放城镇低保金133.95万元、农村低保金91.22万元、五保金57.84万元、三无人员生活补助金160.05万元。全镇发放优抚金和慰问金215.32万元、农村籍退役士兵发放老年生活补助21.89万元、80岁以上老龄人的营养补助61.37万元、救助金和慰问金14.38万元。城乡居民养老保险完成申报1.72万人次，全部录入系统，参保率达到95%；城乡居民合作医疗保险实际参保2.5万人，参保率达到96%。开展多次法律法规知识宣传咨询活动，发放《中华人民共和国安全生产法》《中华人民共和国食品安全法》《中华人民共和国道路交通安全法》《中华人民共和国消防法》等法律法规宣传资料500份，现场接受群众咨询近100人次；采用日常检查和大排查大整治相结合，全年深入企业生产经营单位或场所检查500个次，查处隐患82项，责令立即整改68项，下发的14份限期整改通知书，经复查均整改完毕，落实较好。防范和遏制安全事故发生，完成八塘辖区安全生产事故零死亡指标。对青云村、智灯村、前进村等3个村级劝导站安装交通安全岗亭、监控、空调和警灯，并于12月底投入使用，运行状况良好。督促八塘、五龙场镇新办食品药品经营许可单位按要求对食品药品制度公示上墙并实行网格化监管。全年受理许可备案申请62件，其中餐饮服务许可21件，食品流通许可申请36件，受理保健食品申请2件。全年立案查处16件，其中食品流通案件11件，餐饮服务案件5件。收缴涉案食品品种30个，处罚金额近6万元。开展烟花爆竹经营安全专项治理和经营户许可申办发放工作，严格实行专店专人销售，对经营场所存在安全隐患的均口头整改或下发限期整改指令书。

(于亚飞)

河边镇

【概况】 河边镇位于璧山城西北部，场镇距城区8公里，与铜梁区接壤，319国道、黛山大道、渝蓉高速穿境而过，辖6个村1个社区，土地2 000公顷，其中耕地1 200公顷，场镇规划6.39公顷，是重庆市市级生态镇、市应急管理示范镇、国家级气象标准示范镇。

2016年年末人口2.53万人，其中非农业人口0.9万人，常住人口2.06万人。工业总产值15亿元；实现增加值3.6亿元；利润总额0.8亿元。工业固定资产投资8亿元。辖区内非公有制企业66家，从业人员6 180人，总产值15亿元。全年财政收入3 689万元，其中工商税收3 496万元。金融和非金融机构2个，居民储蓄存款余额7.4亿元。农业总产值2.32亿元，同比增长28%；农民人均纯收入15 592元，增长10.4%。全年户籍人口出生243人，符合政策生育率96.7%。

河边初中在校学生345人，教学班8个，教职工54人，学历合格率100%。其中，中学高级教师12人，中学一级教师28人。现拥有教学大楼2栋、教师办公大楼1栋、学生公寓2栋、食堂1座，教学楼配有图书室、阅览室、多媒体教室、网络教室和阶梯教室。

河边小学有小学教学班21个，辖区内有村小1所、幼儿园1所。在校学生1 037人，在园幼儿77人。现有在职教职工58名，其中璧城教管中心1人，借调区教委5人，有退休职工76名。取得副高级职称3人，小学高级任职资格教师38名，招聘幼师及保育员6名，招聘保安7名，食堂工作人员6名。辖区内学校空置教学点2个。中心校占地14 609平方米，有教学班17个，教学楼3栋，操场5 794平方米，有标准化篮球场2个，羽毛球场3个。学校内专设仪器室、美术室、书画室、阅览室、音乐室、科技活动室、劳技活动室、党支部活动室、多媒体室、录播互动教室等功能室。有市级书法家协会会员4人，区级书法家协会会员28人。

河边镇卫生院是新型农村合作医疗保险的定点医院，现有职工29人。设有内科、外科、儿科、妇产科、中医科、骨伤科、牙科及B超心电图、放射、检验等科室，床位10张。镇下辖6个村有11个村卫生室，现有乡村医生21人。

完成重庆西郊福寿园人文纪念公园项目征地拆迁24.53公顷，殡仪馆项目启动。

【党建工作】 围绕管党治党责任，抓工作落实。厘清责任边界，强化责任担当，不断夯实管党治党政治责任地，推动全面从严治党责任落实到位，协助党委细化责任清单24项，镇党委专题研究部署党风廉政建设和反腐败工作10次。研究重点难点工作9项，解决重点难点问题18件，开展党建督查8次、印发通报8期，突出标准上从严、追责上逗硬。推进“两学一做”学习教育。研究印发并实施村（社区）、机关事业单位、非公组织等工作方案3个，严格按照“两学一做”学习计划开展专题学习教育。党委书记带头讲党课4次，领导班子成员讲党课21人次。党政班子成员到基层调研27人次。坚持问题导向，查找问题85个，全部整改到位。培训基层党组织书记91人次。健全干部日常管理制度、考核办法，培训干部258人次。组织机关事业单位在职党员90名100%到社区报到发挥作用。集中推进非公企业和社会组织“两个覆盖”。选派党建指导员7名对点指导非公组织开展点7个。先后制定《党风廉政建设和反腐败工作责任制》《党政领导班子“一岗双责”责任清单》《党风廉政建设“两个责任”清单》，细化党政领导班子共同责任11项和班子成员主要责任27项，开展廉政文化宣讲8场次，组织参观廉政书画展68人次，发送廉政短信2 400人次。切实纠风治乱，紧盯节点反四风，狠刹“节日腐败”，落实“1+X+Y”督查工作模式，严查落实中央八项规定精神情况，推进“十公开”，在全镇设固定公开点40个，详细公示村（社区）五职干部及其亲属187名享受的15.07万元情况，开展整治和查处侵害群众利益的不正之风和腐败问题专项整治行动，85名干部开展自查自纠。突出执纪审查，坚持抓早抓小，出台《十必问》《十必谈》暂行办法，约谈420人次，对8名机关干部及村干部给予诫勉谈话处理。畅通来电、来信、来访、网络“四位一体”的信访举报平台，收到网络信访举报4件，区纪委转交办信访件1件，办结4件，办结率100%。立案审查3件，党内警告处分1人、党内严重警告处分1人，留党察看一年处分1人。

【选举工作】 根据全区统一安排和布置，河边镇于7月启动区党代表、人大代表、村（社区）换届选举工作。7月5日，成立换届选举工作领导小组和换届选举工作指导小组23个，分片区全程指导并参与换届选举工作。一是村、社区换届选举工作。针对“一推”“二推”“正式选举”等关键节点，镇政府召开班子会议研究6次,与6个村1个社区党组织签订严肃换届选举责任书。书记、主任平均年龄47.6岁比上一届小1岁；高中以上文化程度的比上一届高出3.4%,达到“两升一降”(即文化程度和履职能力提升，平均年龄下降）的目的。二是区人大代表选举工作。8月至10月为筹备阶段，10月至12月分阶段做好选民登记、候选人提名、选举大会相关工作。其间，召开换届选举工作指导小组会议4次，动员会2次，专门研究工作会2次，工作推进会2次，专题培训工作会4次；开展集中性全面督查工作2次；开展“摆摊”宣传2次，文艺队“游街”宣传5天。河边镇登记选民 15 948 人，登记率 75.2%。推荐初步代表候选人 14 名，其中政党、人民团体提名 10 人，中共党员 7 人，党团提名的中共党员6 人，占比 42.85%，党团提名的女性 3 人，占比 21.43%。经酝酿、讨论、协商，确定正式代表候选人 14 名。12 月 4 日，4 个选区，23 个选举大会，差额选举代表 10 名，参加选举大会投票选民 10 835 人，其中，直接到场投票 7 105 人，委托投票 3 730 人，参选率 67.94 %。12 月 16 日，第十八届人民代表大会第一次会议在河边镇人民政府召开，会议选举产生河边镇人大主席、镇长、副镇长：人大主席张敬晔，镇长曹登桥，副镇长牟标、李江涛、周华鹏。三是区党代表选举工作。通过无记名投票的方式，提出代表候选人 18 名的酝酿名单。与区委组织部沟通，按照多于代表名额 22%的差额比例，最终确定代表候选人预备人选 14 名。11 月 25 日，召开中国共产党重庆市璧山区河边镇代表会议，直接采用候选人数多于应选人数的差额选举办法，选举产生河边镇党工委出席中国共产党重庆市璧山区第十四次代表大会代表 11 名。其中各级领导干部 9 名，占 82%；各类专业技术人员 1 名，占 9%；劳动模范 1 名，占 9%。女同志 2 名，占 18%。50 岁以下的 5 名，占 45%；35 岁以下的中青年 1 名，占 9%。选举产生中共河边镇第十五届委员会和中共河边镇纪律检查委员会：党委书记唐应容，党委副书记曹登桥、李小红，党委委员张敬晔、向怀宇、牟标、李江涛、陈立国、曾沫然；纪委书记向怀宇，纪委副书记张一，纪委委员周淑娟、李国均、蒲婧。

河边镇市级卫生村同心村

（张承刚　摄）

【经济发展】　全镇工农业总产值 17.32 亿元。其中，工业产值 15 亿元；全社会固定资产投入 10.6 亿元；工业固定资产投入 8 亿元；财政总收入3 689 万元。社会消费品零售总额 10.5 亿元。建成 66.67 公顷巫山青脆李、柑橘纽荷尔、W 莫柯德精品、艳阳猕猴桃果木种植基地；创建家庭农场 2 家；完成美丽乡村——浸口村申报，引进投资额度 500 万元以上的农业龙头企业 1 家；引进易田农村电商，打造农村电商一条街；个体餐饮转为限上餐饮 2 家，引进百货超市 1 家、商贸物流企业 2 家。

【镇村建设】　建成占地 1 500 平方米的盐井河广场，安装健身器材 21 件，新栽植绿化 3 000 平方米；铁梅路、拱老路、文浸路、登高桥和环金桥在预算审核中；村级道路硬化达 95%以上；经适桥竣工；新建公厕 1 个；占地 1 200 平方米的生态停车场进入施工阶段。

【生态文明】　整治病险山坪塘 25 口，完成 D 危房改造 32 户，改造厕所 1 座，完成 17.5 公里护栏安装。完成渝蓉高速两侧和 319 国道可视范围蓝色彩钢棚整治 20 万平方米。关停污染严重企业 8 家；全镇新安装油水分离设施餐馆 24 家，新安装油烟分离设施餐馆 2 家；补植杨树 5 800 株、行道树 1 226 株，栽植美人蕉 4 万株；浸口村、铁石村、盐井河村创建为市级生态村。货超市 1 家、

2016年11月28日，镇党委书记唐应容（右一）到浸口村检查森林防火工作

（河边镇　供图）

商贸物流企业2家。

【民生事务】　发放城乡低保97.9万元、五保供养资金130.5万元、重点优抚对象补助201.5万元。跟踪动态管理2015年、2016年的扶贫对象，开展结对帮扶。推动计生“阳光服务”，落实全面二孩政策，兑现独生子女父母一次性奖励32.1万元。开展就业适应培训230人次；落实城乡医疗救助制度，推进全面参保，城乡医疗保险、养老保险实现全覆盖。二期土地复垦通过市级专家组验收，完成农村危房改造18户。（河边镇）

福　禄　镇

【概况】　福禄镇是璧山西部的门户。东临璧城街道，南连大兴镇，西与铜梁区华兴镇接壤，北接璧山区河边镇和铜梁区西泉镇。渝蓉高速福禄下道口开通后，福禄场镇距渝蓉高速福禄下道口4.1公里，距黛山大道10公里，距重庆绕城高速16.1公里。全镇辖区面积40.6平方公里。最高海拔638米。梅江河贯穿全境。辖村民委员会6个，社区居委会1个，村民小组38个，居民小组2个。全镇土地404 6公顷，其中耕地119 5.2公顷。年末人口20 424人，其中非农业人口5 967人，场镇常住人口2 340人。全年出生人口192人，符合政策生育率98.44%。

2016年，全镇工农业总产值10.43亿元，同比增长18.79%；全镇工业总产值8.78亿元，增长11.12%；工业增加值2.2亿元，增长11.13%。农业总产值1.65亿元，增长19.6%；农民人均纯收入14 984元，增长10%。财政总收入1 906万元，增长9.9%，其中一般预算收入499万元，工商税收475万元，增长10%；辖区有银行2个，邮政储蓄银行和农村商业银行，城乡居民储蓄存款2.89亿元，增长10.25%。辖区有福禄镇卫生院1个，职工20人；村级卫生室14个，个体诊所2个，连锁药房3个；辖区有福禄初级中学、福禄小学（含福禄幼儿园）以及民办幼儿园3所，其中福禄初级中学教学班6个，教师30人，学生188人；福禄小学教学班12个，教师36人，学生428人。

【党建工作】　开展“两学一做”工作。将党的十八届六中全会纳入“两学一做”专题学习范畴，采取“专题学”“网络学”“互动学”“有声学”等方式，实现党员学习全覆盖；开展建党95周年“两学一做”知识竞赛；增强党员干部“四个意识”，整改突出问题29个。加强组织建设。每季度检查基层党组织“三会一课”等组织生活落实情况促进党内生活常态长效；全面排查辖区内党员组织关系，无失联党员；严厉查处违纪党员；清理并足额补缴党费。加强便民服务中心建设，深入推广群工系统，全年受理群众反映事项320件，办结率100%，满意率98.12%。发挥党建优

势，打好精准脱贫“组合拳”。落实党风廉政建设。树牢全面从严治党责任意识，细化完善“两个责任”清单，督促班子成员履行“一岗双责”；结合换届，个别约谈35人次，集体约谈310人次，诫勉谈话1人；修订完善镇村干部管理制度4个，提高党风廉政建设考核分值；全面推行干部负积分管理；开展各类督查31次，发督查通报6期，查纠突出问题2个。加强精神文明建设。原创节目小品《划船湾的家风院规》获全区小城故事会“家风润万家”展示活动一等奖。开展“重庆好人”“感动重庆人物”推荐评选活动。福中社区党总支书记李大康、斑竹村村民张发健分别当选第44期、第47期“重庆好人”。深入开展“红红火火过大年”“中秋团圆”等形式多样的“我们的节日”主题活动及各类志愿服务活动20场次。意识形态工作领域无责任事故、无负面影响。

【选举工作】 村（社区）党组织换届于8月15日前完成6村1社区党组织换届选举，选出村、社区党组织成员35名，其中书记7名（留任6名，新当选1名），副书记2名，委员26名。新一届村（社区）党组织成员平均年龄45.57岁，比上一届年轻1.1岁，其中党组织书记平均年龄为48.29岁，比上一届降低4.14岁。第十届村（居）民委员会于2016年9月28日依法选出委员35名，其中主任7名，副主任7名；2016年10月21日，经各村（居）民小组推选，产生村（居）民小组长40名，产生村（居）代表254名；2016年10月30日前产生各村（居）务监督委员会。中国共产党重庆市璧山区福禄镇第十六次代表大会于11月22日至11月23日在福中大会场召开，参加大会的应到会代表100名，实到会代表98名。大会听取和审查中共重庆市璧山区福禄镇第十五届委员会工作报告、中共重庆市璧山区福禄镇第十五届纪律检查委员会工作报告；选举彭长春、张咏梅、王济民、张琴、周厚和、刘庆荣、陶小瑜、胡金国、张引等9人为中共重庆市璧山区福禄镇第十六届委员会委员，其中彭长春当选为镇党委书记，张咏梅、张琴当选为镇党委副书记；选举陶小瑜、唐绍琴、伍晓红、韩伟、朱明月等5人为中共重庆市璧山区福禄镇第十六届纪律检查委员会委员，其中陶小瑜当选镇纪委书记，唐绍琴当选镇纪委副书记；选举刘晋、胡正好、舒朝勇、彭长春、张咏梅、胡金国、吴正祥、胡健等8人为中共重庆市璧山区第十四次代表大会代表。

【经济发展】 推进农业产业化发展。利用国家级“基层科普行动计划”项目，建成福禄镇红山“水果科普示范基地”。与嘉之树公司联合建成“福禄柑橘产业品种展示园”，为镇柑橘产业科技推广和技术培训提供重要的实践平台。高标准实施2016年水土保持项目，新增33.33公顷以上“柑橘高标准示范园区”6处。实现“一村一企、一村一品、一村一园”的村际产业架构，形成“公司+合作社+基地+农户”的产业格局。全镇新增果树种植233.33公顷，全镇水果达到832.6公顷，产量1.05万吨；蔬菜种植1 094.53公顷，产量3.76万吨。

2016年8月16日，福禄镇唐光强（左一）在柑橘苗基地劳动
（周海瑞 摄）

持续推进工业发展。辖区有企业34个其中规模企业2个（即重庆旭展建材有限公司、重庆市璧山区峰智混凝土有限公司），个体工商户220个，从业人员2 561人。全镇实现工业总产值8.78亿元，比上年7.64亿元增长11.12%。其中规上工业企业总产值1.9亿元，比上年1.54亿元，增长23.35%；实现全社会固定资产投入7.01亿元，与上年的5.93亿元相比，增长18.21%，其中工业固定资产投资实现1.01亿元，与上年1亿元相比增长1%。

【镇村建设】 投入240万元，完成2公里河福路路灯、人行道、雨水管网等市政设施改造。完成福禄中学至污水处理厂污水管网建设，场镇雨污分流100%。根据过往车辆的频率分级设置安排道路清扫人员和清扫次数，增设垃圾桶250个。完善城乡重点路段交通标志标牌。投入31万元，新建斑竹碧苑、橘园街停车场2个，新增停车位30个。持续开展道路交通劝导、执法，城乡交通井然有序。拆除渝蓉高速沿线违规搭建彩钢棚8 030平方米。

【生态文明】 全力推进生态村镇创建，用行动守住福禄"橘红石青"的"生态底色"。坚持生态巡查机制，强化对关停企业、采石场的监控，加大对养殖场、山坪塘、养鱼池等的管控，场镇餐馆全部实现油污分离，关停整治辖区7大类污染源79个，场镇建成区污水集中处理率达95%以上，解除辖区内集体水库、山坪塘承包合同，污染源得到有效整治。投入219万元，定期对重要节点、5个出入口更换"绿化装点"，绿化美化河福路5公里，橘园街、梅江河场镇段、乡村公路补植绿色植物30 000株，全镇新增绿化4 500平方米。守住1 200公顷森林防火"安全线"，全镇森林覆盖率64%。胜利村、红山村创建市级生态村。

【民生事务】 及时发放低保、老龄、优抚、五保、"三无"人员及孤儿等特殊群体补贴908万元，惠及15 187人次。建成福中社区养老服务站，启动福禄敬老院原址新建。开展精准扶贫精准脱贫，核定相对贫困户55户155人，落实专项资金扶持其产业。发放再就业小额贷款25笔220万元，办理小额人身意外伤害险5 075份，自然灾害公众责任险赔付69起34 500元，城乡居民养老保险、医疗保险参保率分别为85%和97%。发放计生奖（特）扶165万元。组织流动文化服务进基层文艺演出19场、惠民电影放映76场，安装电视"户户通" 370个。完善社会治安防控体系"五张网"，实现重点路段全覆盖，镇村专兼职巡逻队、巡逻车实现无缝巡逻。受理治安案件205件，治安拘留15人，破刑事案件31件，破可防性案件25件。完善领导干部大下访接访制度，办理信访案件36件，帮助群众解决28件。加强人民调解工作，受理民间纠纷274件，调解成功273件，成功率99.6%。派出所建成全区首个标准化执法办案中心，完成福禄司法所标准化建设。完成"六五"普法宣教活动。

福禄镇龙宝村全景

（陈富春　摄）

【福禄水城生态休闲旅游特色镇项

目】　该项目于3月29日获区发改委批复，项目总投资4.5亿元。整个项目建设内容包括园区道路工程、湿地公园工程、柑橘基地工程以及创业创新基地等工程。截至年底，完成666.67公顷优质晚熟柑橘基地、竹林沟水库及湿地等建设。

【福禄橘乡文化创意小镇】　根据重庆市人民政府办公厅发布的“关于培育发展特色小镇的指导意见”（渝府办发〔2016〕111号）文件精神，于6月23日向市发改委申报特色小镇示范点材料，7月26日在重庆市渝州泰客斯酒店二楼会议室召开的评审会上，福禄镇入围特色小镇（围绕橘文化发展文创产业）。截至年底，审报福禄橘乡文创特色小镇储备项目23个，总投资7.68亿元，其中动工柑橘文创主题公园、芸香谷橘乡文创湿地、“福禄星汇”创业孵化基地、中国西部农业文创基地主干道—璇枢大道等项目4个。

【璧山裸心酒店项目】　该项目位于渝蓉高速下道口旁，占地约120公顷，建筑占地23.42公顷，总投资约10亿元，整个项目分为3期，是一个集特色酒店、度假别墅、温泉中心、水疗中心、无边泳池、户外运动、特色农庄等为一体的独一无二的自然人文度假村。该项目建成后将填补重庆地区高端精品式度假休闲区的空白。截至年底，璧山裸心项目各项工作正在抓紧推进，完成项目概念性规划设计及详规，完成项目地块的勘界工作，启动道路等基础设施的建设，确定温泉泉眼的位置，明确项目设计、服务、管理的招投标方式等一系列相关工作。（徐庆瑜）

广　普　镇

【概况】　广普镇位于北纬29°20′1″，东经106°8′43″。地处璧山县最南端，东邻健龙乡，南与江津区接壤，西界三合镇，北连丁家镇，镇政府驻普兴社区普兴街，距璧山城区40公里。辖区土地3 234公顷，其中耕地2 743公顷，场镇规划0.47平方公里。广普镇辖普兴社区和护普、马鞍、白鹤、金龙、大石塔、周家、白杨、坪中8个村，辖村民小组45个和居民小组4个。年末总人口25 229人，其中非农业人口2 414人,常住人口18 179人。

2016年，财政收入1 536.56万元，同比增长9.76%，其中工商税收1 499.86万元。工业总产值达到6亿元；规模以上工业总产值4.3亿元，增长3.37%；社会固定资产投资7.38亿元；工业固定资产投资1.5亿元；农村常住居民人均可支配收入14 371元，增长6.12%；城镇常住居民人均可支配收入31 233元，增长5.83%。域内有中小学3所，广普中学、广普小学以及云平小学有29个班，在校学生1159人，在职教教师83人。

农业总产值27 300万元，粮食总产量11 340吨；私营企业20个，从业人员720人，总产值59 971万元；辖区有农村商业银行、邮政储蓄银行金融机构2家，各项存贷款1 450万元，居民储蓄存款2.01亿元。

【党建工作】　致力固本强基，全力夯实基层党建。落实村居办公经费17.6万元，服务群众专项经费27万元。撤销活力不足非公支部2个，整顿后进村支部1个。围绕“两学一做”学习教育活动，查找班子问题5个，领导干部问题51个，并制定具体整改措施，落实责任单位和责任人，积极整改。提升基层党建工作水平。利用农村远程教育平台和“12371”党建信息平台加强干部队伍教育管理，促进党群关系良性发展，全面提升镇村干部队伍履职素养和能力。严格落实党委中心组学习制度、干部学习制度及村务公开制度。利用“群工系统”让群众好办事，遴选本土人才9名到村挂职，为98名村（社区）干部、村居民小组长、网格长购买和安装APP终端，每月在“群工系统”上定期公开党务、财务、政务、服务、扶贫帮困、民事代办等事项，打通服务群众“最后一公里”。

广普镇登云坪生态园

（张承刚　摄）

【选举工作】　村（社区）党组织换届于8月23日前完成8村1社区党组织换届，选出村、社区组织成员29名，其中书记9名（留任6名，新当选3名），副书记1名，委员19名，新一届村（社区）党组织成员平均年龄43.1岁，比上一届年轻1.15岁，其中党组织书记平均年龄为46.89，比上一届降低1.82岁。第十届村（居）民委员会于2016年10月24日依法选出委员29名，其中主任9名，副主任9名；2016年10月31日，经村（居）民小组推选，产生村（居）民小组长49名，产生村（居）民代表323名，2016年11月4日前产生各村（居）务监督委员会。2016年11月22日，召开中国共产党重庆市璧山区广普镇第十五次党代会，应到代表118人，实到代表115人，发出选票115张，收回有效票114张，选举产生中共重庆市璧山区广普镇第十五届委员会委员、纪委委员。其中，万红、刘勇、杜俊明、何祖秋、汪勇、沈攀、张军、徐开祥、黄常见当选中共重庆市璧山区广普镇第十五届委员会委员；万红、刘啟发、严俊、肖峰、柏晓丽当选中共重庆市璧山区广普镇纪律检查委员会委员；徐开祥当选中共重庆市璧山区广普镇第十五届委员会书记；杜俊明、汪勇当选中共广普镇第十五届委员会副书记；万红当选中共重庆市璧山区广普镇纪律检查委员会书记；严俊当选中共重庆市璧山区广普镇纪律检查委员会副书记。

【经济发展】　做好区县农业切块项目以及水土保持工作，农业基础更加坚实，机耕750公顷、机播12公顷，机插16.5公顷。培育注册新型农业产业主体家庭农场1家，农业专业合社1家，聚力发展特色农业，加强对苗木和脐橙的优化升级，积极发展花椒等特色农业。全镇累计发展花卉苗木1 066.67公顷，优质脐橙333.33公顷；改良花椒333.33公顷；登云坪生态园初具规模。全镇规模以上工业企业总产值43 068万元，工业固投15 270万元，淘汰落后产能的企业。按照“3+3”招商模式，利用镇内闲置资产招商；以微型商圈建设为契机，推进三产发展。投资400万元，完成区级微型商圈项目建设，并做好微型商圈环境整治、基础建设、绿化美化工作，引导4家流动商贩入驻交易。拒绝污染企业2家。

【镇村建设】　加强配套设施建设。改造公厕3个，完成广普及云平场镇道路“白改黑”。新增场镇道路指示牌17块。更新禹王观广场健身器材，广普场镇实现智慧城管，新建区级微型商圈及免费停车场各1个。开展各项活动，丰富广普镇居民日常生活。在春节期间，举办“迎春川剧表演”和“迎春广场操舞”会演。组织惠民工程文艺下基层演出16场、惠民电影放映96场。

【生态文明】　坚持因地制宜，把握好“健康发展、生态环保”的总航向，坚持走特色农业发展道路。改造优质苗木33.33公顷，升级苗木基地2个，新发展脐橙观光采摘园1个，新增13.33公顷精品太空荷花园。推进“凉伞云遮”古八景景点环境整治资金申报工作，启动景点环境整治。启动坪中村“农村庭院宾馆”建设工作；技术改造工业企业3家，淘汰落后产能，关停污染企业2家，新发展企业2家。继续实施农村环境连片整治项目，投入资金98万元完成第二批农村环境连片整治，新修污水管网1 200米，新增垃圾箱体6个、垃圾桶200个。广普、云平2座污水处理站完成升级改造并投入使用。创建市级卫生镇”，有4个村完成市级生态村创建工作，4个村正按照区统一安排开展创建工作；正推进国家生态文明建设示范镇创建；实施环保“五大行动”，重点工业污染源达标排放率100%。完成农村垃圾收运系统的配套设施建设，新建垃圾收集站1个；完成河道日常清理和阶段清漂45公里，关停排放未达标企业3家，关停养殖场5家、整治养殖场7家。乡村主干道公路栽种美人蕉24公里8万株，配备农村公路保洁员8人，建立农村公路常态化管护机制，全镇农村公路实现“一日一扫，全天保洁”。

【民生事务】 落实便民工程，基础设施进一步完善。充分利用交通、“一事一议”和国家高标准农田等项目建设资金，继续完善城乡道路建设，新修泥结石道路4公里。整治水库1座、提灌站2座、山坪塘21口，大灌溉区项目建设10公里；新建生产、人行便道21公里、路基改造8公里、村社道路硬化8公里，基本实现农村生产便道、村级道路硬化全覆盖。新建广普镇公共服务中心，完成9个村（社区）公共服务中心一站式服务平台建设。民生事业不断推进，完成广普敬老院升级改造，创建区级示范敬老院，新建村幸福院工程3个、社区养老服务站1个、村老年人活动室4个，改造残疾人危房24户。完成15户低保等贫困户C级危房改造、47户低保等贫困户D级危房改造，审批改建、新建、扩建农房160户；建设董家苑等农民新村点1个，新增场镇1万平方米。持续推进富民工程。及时发放农业支持保护补助6 773户193.64万元。验收2015年度巩固退耕还林成果专项工程17.7公顷。免费实施白内障复明手术6例。坚持以财政收入的60%以上用于社会民生事业，基本实现养老救助、医疗保险、拥军低保等城乡全覆盖。实施精准扶贫精准脱贫工程，完成112户建卡贫困家庭及98户相对贫困户帮扶和脱贫工作。办理城乡居民合作医疗保险23 549人，办理城乡居民养老保险16 451人。城镇新增就业219人，发放创业担保贷款201万元。强化安民工程。组建5至6人的村居治安巡逻队9个，安装视频探头38个，组建治安信息员58人。围绕“组织建在网格、力量集中到网格、任务落实到网格、问题解决在网格”的工作目标，全镇建成大网格、中网格、小网格三级治安防控网络。完善群众信访工作逐级负责制，畅通信访渠道，实施“阳光信访”，全年收到各类信访案件38件。其中区信访办转办的有28件，镇内接访10件；受理各类信访案件

2016年6月2日，区政协主席向邦俊（右四）到广普坪中生态园调研生态农家乐建设情况 （严俊 摄）

29件，不予（再）受理9件，信访案件处理回复率达到100%。加大特殊人群的管控，全镇公安机关列管重点人员30人，刑释解教人员125名，在册社区矫正人员4名。查获治安案件100多件，治安拘留8人，强制隔离戒毒2人。破刑事案件26件，刑事指控6人，提交公诉3人；收缴枪支1支，为群众挽回经济损失1万元。全年安排综治维稳工作的专项经费45万元。投入30万元改造视频监控系统、交通劝导站和完善治安巡逻装备。强化法治宣传教育，全年发放禁毒宣传资料4 000份；开展反邪教宣传9次、发放宣传手册3 000份；开展防通信（网络）诈骗6次、发放宣传手册3 000份。与社区（村）、单位签订责任书30份，明确各社区（村）、单位在综治和维稳工作中的目标和责任。基本形成多层次、全方位、全覆盖的人防、技防天网，社会秩序得到持续稳定。

（李　红）

三　合　镇

【概况】 三合镇位于璧山区南端，东邻广普镇，南接江津区，西连永川区，北依丁家街道，距璧山城区38公里，属典型的丘陵地形，梅江河横贯全镇,流长13公里。辖区面积35.98平方公里，土地2 101公顷，其中耕地954公顷，林地1 147公顷，场镇规划0.7平方公里。辖行政村7个,社区1个，村（居）民小组34个。年末总人口16 891人，其中非农业人口2 906人,场镇常住人口1 667人。

2016年，全镇工业经济总产值2 873万元，同比增长1%，增加值819万元，增长12%，实现利润662万元。完成工业固定资产投资7 105万元。全年财政总收入177万元，其中税收收入158万元，非税收入19万元。金融机构2个，年末居民存款余额2.4亿元，增长14.3%，贷款余额2 360万元，增长13.9%。农业总产值16 310万元，增长8%，农村居民人均纯收入达到16 223元，增长13%。

中心小学1所，村小1所，在校学生445人，在职教师32人；初级中学1所，在校学生177人，在职教师24人，毕业生合格率100%。

镇卫生院1所，在职职工20人,拥有床位25张，村卫生室6个，药店6个。有线电视管理站1个，闭路电视用户2500户，实现卫星电视户户通。农村广播31组，覆盖率100%。小型水电站2座，年发电130万千瓦时。

【党建工作】 抓主业。一是抓好党员组织关系集中排查,对全镇党支部进行深入摸排，弄清全部党员党组织关系。二是抓好全镇党代表和党员违纪违法未处理情况排查，无应处未处情况。三是做好按期换届专项检查工作，确保辖区内各级党组织如期换届。四是抓好党费收缴工作专项检查，全部足额交齐党费。五是集中开展非公企业和社会组织“两个覆盖”，全面摸排镇非公经济组织，补齐非公短板。六是抓党建促脱贫攻坚工作，建立工作机制，明确职责和工作任务，取得较好成绩。七是抓实机关党员干部学习教育，依托“三会一课”、在职党员到村社区报到，强化实效。抓重点。抓好“两学一做”学习教育，组织驻村干部、支部书记讲党课20人56人次，利用QQ群、微信等新媒体发送学习信息800条，覆盖全镇726名党员；对“两学一做”工作开展“回头看”，组织排查和整改基层党组织问题15个，后进基层党组织如期“摘帽”。抓服务。一是新建平安社区和高山村便民服务中心，投资50万元优化5个村办公环境。二是受理群众反映事项382件，办结率100%，满意率100%，其中“二郎村协调解决村民饮水困难”受到市级平台表扬。三是利用农商行等平台资源，逐步实现“便民超市、电子商务、金融网点”三进村。四是机关干部“一对一”结队帮扶相对贫困户64户，落实产业扶贫项目资金12.8万元，发放各类帮扶资金579.2万元。抓作风。落实班子成员“两个责任”要求，严格执行党风廉政建设和意识形态“一岗双责”，切实加强意识形态宣传和管控。制发《2016年党风廉政建设和反腐败分工责任制》《2016年党风廉政建设“两个责任”清单》等文件。全年收到信访件23件，立案查处3件，查处党员5人。对全镇干部开展集中约谈和针对性约谈112人次。

【选举工作】 村居党支部换届选举。7月11日启动换届工作，下发《关于成立三合镇换届工作领导小组的通知》和《关于认真做好全镇村（社区）“两委”换届工作的通知》，8月11日采取差额直选的方式选出8个村（社区）新一届支委24人，其中支部书记8人，支部委员16人。村居委员会换届选举。8月启动，经过动员部署、制定选举方案、成立选举机构、提名候选人等阶段，于10月9日至11日，选举高山村、天星村、二郎村、双河村、龙凤村、平安社区、石龙桥村、新场村等8个村（居）委员会成员。其中：各村委员会主任1名、副主任1名、委员1名，均差额选举方式选举产生；平安社区委员会主任1名、副主任1名、委员3名，主任、副主任为差额选举方式选举产生，委员为等额选举方式选举产生。调整村社区主要负责人9人，平均年龄为45.6岁，专职干部平均年龄为42.5岁，高中、中专以上学历占80%。2名本土人才进入村“两委”班子，回引7名本土人才到村任职。镇党委纪委换届选举。11月20日，召开中国共产党璧山区三合镇第十七次代表大会。会议差额选举产生中共三合镇第十七届委员会委员，分别是王光常、王祖全、刘勇、刘世界、张世会、陈健、范祥波、高锋、凌财全9人，在随后的第一次全体会议上陈健当选书记，范祥波、高锋当选副书记；差额选举出十七届纪律委员会委员，分别是王祖全、刘显建、何俊利、张纯平、罗江琴，在随后的第一次全体委员会议上，王祖全当选书记，刘显建当选副书记。区镇人大代表换届选举。8月中旬启动，经过准备工作、选民登记、候选人提出、投票选举等阶段，于12月4日以差额方式选举产生三合镇第十八届人民代表大会代表51名、璧山区第十七届人民代表大会代表7名。镇人大政府班子换届选举。12月17日，召开三合镇第十八届人大一次会议，会议以等额方式选举范祥波为三合镇人民政府镇长、王光常为三合镇人大主席，以差额方式选举何剑为镇人大副主席、刘世界和刘勇为镇人民政府副镇长。

【经济发展】 改造茶山道路1.2公里，新种植茶叶33.33公顷，改良茶叶66.67公顷，茶叶种植506.67公顷。新种植花椒26.67公顷，花椒种植266.67公顷。新栽植苗木6.67公顷，苗木200公顷。实施标准化茶叶基地建设，主要栽植“黄金叶”茶、浙江白茶；种植“大雅”“爱媛”等新品种水果66.67公顷，新培育农产品品种7个。新引进农业企业5家，新发展农民合作社6个，家庭农场6个。加大对外招商力度，主动走出去，到浙江、江苏、云南招商，引进浙江白茶、云南玫瑰业主落户三合。新增土地流转120公顷。获无公害农产品认证1个。年出栏生猪13 232头，肉兔25.2万只，禽类97.1万羽；年产水产795.3

茶叶基地内茶农采茶

（曾清龙　摄）

吨，果蔬类41 658吨。开展九永高速公路建设协调工作，九永高速公路建设工作顺利推进。硬化农村道路6.5公里，修建农村便道21公里，改造山坪塘37口，完成1座小二型水库建设，完成全镇7公里水利大灌区建设项目，完成石龙桥村玫瑰园项目建设66.67公顷。全年，批发零售、住宿餐饮等个体商贸经营户207家，社会消费品零售总额7 800万元。

【镇村建设】 审批农村建房164户，建筑21 748平方米；改造农村C级危房31户，D级危房58户，残疾人危房29户；实施三合镇第二批农村建设用地复垦工作，完成二郎村标准化农村电网改造，实施5个村近万人农村饮水安全工程。基本完成平安广场建设。启动建设平安休闲公园，委托西南大学规划设计。完成程家苑Ⅰ期建设，建筑9 500平方米。建设高标准规范化综合农贸市场，建筑2 676平方米。修建公共卫生间2座，新建污水管网1 990米，安装太阳能路灯100盏，建成场镇店招店牌1 960平方米。外立面改造1.6万平方米，道路白改黑1.2公里。

【生态文明】 重点实施定三路—马三路以及三合大桥—茶山生态带建设，新栽植公路行道树植物1万株、美人蕉5万株，定三路绿化美化工作成为全区道路绿化美化的范例。实施沿河水系绿化，补植水生植物500株，清漂梅江河水体12次，清理水面漂浮物及沿岸垃圾80吨。定期巡查饮用水水源地，无新增排污口，无污水直接流入饮用水水源地现象。推进农村环境连片整治，建成污水处理厂1座，建成垃圾中转站1座，添置垃圾桶100个、垃圾收运车2辆。采取外包方式，将场镇环境卫生清扫保洁、农村硬化公路卫生、垃圾收运等工作交由专业的环卫服务机构进行管理、运作，环境卫生质量得到进一步提高。场镇建成区垃圾做到日产日清，无害化处理率100%；农村生活垃圾每2天收运1次，无害化处理率80%。关停整治养殖场9家。完成山坪塘和梅江河环境综合治理。农村人饮工程卫生合格率100%。通过评选“生态文明示范户”90户、“生态文明院落”22个，提升群众环境保护意识。新增场镇公共绿地6 500平方米，建成区人均公共绿地达到14平方米。

【民生事务】 发放民政社保资金371万元，其中城市低保金32万元，农村低保金104万元,五保金52万元，优抚金104万元，“三无”人员生活补贴79万元。发放再就业小额贷款205万元，医疗救助金10.7万元，80岁以上老年人营养费39万元。兑现计生奖扶资金130万元，农机购置补贴2.67万元，农业支持保护补贴125万元，退耕还林和森林生态效益补偿金81万元。转移农村富余劳动力90人，新增就业210人。城乡居民养老保险参保10 541人，缴费率78.5%。巩固2015年扶贫成效，继续开展对99户244人的帮扶，加大对二郎市级贫困村的帮扶投入力度。精准识别相对

三合扶贫公路

（罗君　摄）

贫困户 64 户 152 人。制定精准帮扶措施，深入农户找准致贫原因，“一对一”制定具体帮扶措施，建立帮扶台账。发放便民服务卡 211 张、惠民政策选编 6 000 本，送去慰问品 318 份。转变脱贫方式模式，实施“美丽乡村”、国土整治扶贫项目，以项目造血帮助脱贫；发展茶叶、水果、花椒、养殖业等特色农业，持续稳定增加贫困户收入，变被动脱贫为主动脱贫，变短暂增收为长效增收，从根源上杜绝贫困反弹。改造农村 C、D 级危房 50 户，残疾人危房 14 户，无障碍改造 46 户，发放因灾倒房自然灾害公众责任保险金 4.3 万元。发放产业扶持资金 12.8 万元，贫困户人均纯收入达 10 615 元。完成扶贫攻坚任务，脱贫攻坚得到市、区相关领导的充分肯定。大力推进教育、文化、体育事业发展，三合小学获批璧山区文化委剪纸艺术创作基地和区教委剪纸特色项目，三合中学教师获“全国书香之家”；三合小校、三合中学教学质量继续列全区同类学校前茅。利用“梦想课堂”“文化大院”等载体，开展“星级文明户”评选、学雷锋志愿服务等活动，提升群众素质。新建村农民体育健身工程 2 个，全镇农体工程实现全覆盖。送文化下乡播放电影 96 场，文艺演出 14 场，全天免费开放农家书屋 8 个。全年开展干部下（接）访 120 人次，解决群众问题 119 件，疏导稳控 1 件。调解各类纠纷 191 件次，调解率 100%。高标准建成二级交通“劝导站”2 个，设置交通标志标牌 34 块，安装道路交通防撞护栏 1 100 米。建成社区微型消防站 1 个。新建森林防火碑 6 个，防火检查站 3 个。开展企业安全执法检查 24 次，发现并整治隐患 200 条；关停三合煤矿，妥善处置劳资、厂舍等遗留问题；整治新场村地质灾害滑坡点 2 处，消除辖区最大安全隐患；加强道路安全排查检查，及时排除各类道路隐患约 100 处，查处交通违法 730 件次。完善并加强食品药品网格化建设，立案查处食品药品安全案件 3 起，建成投入使用的食药检测室和农产品检测室 2 个。

（三合镇）

健龙镇

【概况】 健龙镇位于璧山区东南部，东临江津区，南接广普镇，西连丁家街道，北倚来凤古驿。区位优越，得天独厚。辖区面积 50.6 平方公里，场镇规划 1 平方公里。全域土地肥沃，水源充沛，草木葱茏，景色宜人。璧南河蜿蜒迤逦，境内 15 公里。缙云山巍峨绵延，纵贯南北 17 公里，保有森林 1 800 公顷。耕地 2 264 公顷，其中基本农田 2 029 公顷，是典型的农业镇。镇辖行政村 9 个，社区 2 个，村民小组 55 个，2016 年总人口 2.68 万人，常住人口 1.85 万人，其中非农业人口 0.37 万人，全年出生人口数 279 人，符合政策生育率 85.23%。镇内有卫生院 1 所，敬老院 1 所，学校 3 所，在职教师 66 人，在校学生 749 人。

进一步完善对工青妇等群团组织和老干部工作的指导,在科教文卫、统战、关工委等方面都取得新成绩。

【党建工作】 开展“三严三实”学习教育，建设“基层服务型党组织”，全面落实“两个责任”。规范村（居）便民服务中心平台，严格村（居）目标考核办法。村（居）务公开栏和群工系统“四公开”，推进村（居）务公开规范化。利用群工系统，提升服务效能。群工系统收集群众反映的意见建议 518 条，满意率 99.8%。“三进村”实现全覆盖。“两学一做”学习教育按照区委要求有序开展。削减“三公”经费支出，强化党风廉政建设。开展警示专题片教育，通报违反党风廉政建设、“八项规定”精神、群众身边的“四风”问题和腐败案例，组织 90 名机关、村社区干部到重庆市廉政教育基地开展警示教育。围绕生态创建、干部纪律、村务公开等进行明察暗访，全年累计实地督查 30 次、电话督查 102 人次，印发督查通报 12 期,全年约谈机关、村（社区）干部 286 人次，机关干部大会点名批评干部 19 人次，党纪处分和组织处理4名，并对相应的联系领导和负责人批评教育。以比促学，创建书香村镇。在“五四”青年节、“七一”建党节期间，在辖区学校开展“凝聚青春力量·开启青春之梦”和“中国梦、青年梦”宣传教育活动，在辖区学校广泛开展“遵纪守法，从我做起”主题教育读书活动，选送4篇征文和4名选手参加全区的征文演讲比赛，取得优异成绩。

【换届工作】 根据全区统一安排和布置，健龙镇于7月启动区党代表、人大代表、政协委员，村、社区换届选举工作。7月5日，成立换届选举工作领导小组和换届选举工作指导小组11个，分片区全程指导并参与换届选举工作。一是村、社区换届选举工作。针对“一推”“二推”“正式选举”等关键节点,与11个村（社区）党组织签订严肃换届选举责任书。换届后，书记、主任平均年龄50岁比上一届大2岁；大专以上文化程度比上一届高出12.7%。二是人大代表选举工作。8月至10月为筹备阶段，10月至12月分阶段做好选民登记、候选人提名、选举大会相关工作。其间，召开换届选举工作指导小组会议4次，动员会2次，专门研究工作会3次，工作推进会2次，专题培训工作会4次；开展集中性全面督查工作3次；开展“摆摊”宣传4次，文艺队演出宣传1次，进村入户宣传5次。镇辖登记选民11 746人，登记率52.1%。推荐初步代表候选人84名，其中政党、人民团体提名8人，中共党员52人，党团提名的中共党员7人，占比87.5%，党团提名的女性2人，占比25%。经酝酿、讨论、协商，确定正式代表候选人83名。依法在选举日，按选区差额选举代表总58名，参加选举大会投票选民10 123人，其中，直接到场投票6 806人，委托投票3 317人，参选率86%，完成选举任务。三是政协委员换届工作。11月，健龙镇按照相关要求和规定程序确定张杰、邓定轩、毛泽怀、冉毅斯、钟相林等5人作为区政协委员建议人员初步名单。经区换届领导小组审核认定，张杰、邓定轩、毛泽生、冉毅斯、钟相林等5人为第十届区政协委员。四是区党代表选举工作。通过无记名投票的方式，提出代表候选人 名的酝酿名单。与区委组织部沟通，按照多于代表名额22%的差额比例，最终确定代表候选人预备人选12名。11月23日，召开中国共产党重庆市璧山区健龙镇代表大会，直接采用候选人数多于应选人数的差额选举办法，选举产生健龙镇党委出席中国共产党重庆市璧山区第十四次代表大会代表9名。其中各级领导干部7名，占77.8%；各类专业技术人员1名，占11.1%；劳动模范1名，占11.1%。女同志2名，占22%。50岁以下的6名，占66.7%；35岁以下的中青年1名，占11.1%。

11月23日，召开中国共产党重庆市璧山区健龙镇第二次代表大会，选举产生中共健龙镇第二届委员会和中共健龙镇纪律检查委员会：党委书记徐华福，党委副书记曹彬、张杰，党委委员徐刚、周世俊、张正、向宗孝、邓定轩、严灿源；纪委书记周世俊，纪委副书记朱霞，纪委委员邹信荣、李开果、徐长凤。12月4日，举行区镇两级人大代表选举。12月4日，选举产生区十七届人民代表大会代表11人，选举产生镇十八届人民代表大会代表58人。12月16日，第十八届人民代表大会第一次会议在健龙镇人民政府召开，会议选举产生健龙镇人大主席、镇长、副镇长：人大主席徐刚，镇长曹彬，副镇长张正、向宗孝。

【经济发展】 2016年，完成财政总收入1 064万元，其中工商税收1 036万元。实现工业产值3.97亿元，同比增长9.54%；其中规上工业3.6亿元，增长1.7%。全社会固定资产投资累计完成7.1亿元，增长22.41%，其中：完成工业生产性投入1.6亿元，商贸投资6.6亿元。实现限上住宿和餐饮业营业收入816万元，增长29.1%。农村常住居民人均可支配收入达到15 044元，增长10.5%，城镇常住居民人均可支配收入达到31 810元，增长

健龙镇农技人员指导柚子管护工作

（刘畅　摄）

9.9%。工贸企业稳步推进，持续发展。辖区工业企业 37 家，个体工商户 284 户。非公经济从业人员 4 804 人，其中私营个体 3 336 人；非公经济产值实现 108 653 万元，其中私营个体 67 873 万元。全镇规上工业企业 4 家、规上商贸企业 1 家。全年向上级争取补助资金 59.86 万元，支持企业贷款贴息补助、水电费补助、技术设备购置补助，减轻企业经济运行负担和压力。强化对企业安全生产巡查监管和服务工作，定期检查辖区内烟花爆竹企业 24 家和非煤矿山企业 2 家，将 18 家家具厂、纺织厂、木材加工厂纳入重点消防管理对象，对企业管理者开展职业卫生和安全教育培训。农林牧渔总产值 2.43 亿元，增长 35%；粮食总产量 9 482 吨。完成新石村 650 万元农业综合开发项目，寨子村近千万元农综项目完成 60%。获批 49 万元现代蔬菜基地项目基金项目和 15 万元特色效益农业项目。新星果蔬专业合作社被区政府评为“十佳农民专业合作社”、被市农委评为“重庆市农民合作社示范社”。新增土地流转 34 公顷，龙头企业“东泰华原公司”探索“蔬菜苗木种植—家禽喂养—生态养鱼”机制。卫盾农庄、融瑞农业等现代农场走“概念营销”模式，向发展“生态休闲农业”。全镇形成蔬菜基地 600 公顷、花卉苗木基地 433.33 公顷两大主导产业以及水产养殖 153.33 公顷。

【镇村建设】　投入 216.67 万元改造山坪塘 33 口、提灌站 1 座，硬化睦佳、画眉、弥勒村人行便道 7.5 公里，完成硬化打代路路面 2 公里及附属设施的完善，完成沙张路、大塔路约 6.3 公里路面硬化工程项目公开招投标工作，完成沿河路、石苏路、杨胡路图纸的测设工作，完成丁团路、沿山路“8．17”洪灾毁损路段的整治工程。改造完成农村 C 级危房 17 户、D 级危房 15 户。九永高速公路建设工程在镇辖区范围内约 2.8 公里，基本完成征地红线范围内拆迁工作，涵洞、天桥正在施工。村级公路保洁养护机制进一步完善，各类标志标牌安装齐备。

【生态文明】　建成全区第 1 个生态敬老院，建成全镇第 1 个生态公园和文体广场，建成场镇水冲式清洁卫生厕所 4 座，场镇配套功能逐步完善。璧南河健龙段河堤整治全面完工，整治璧南河场镇河堤 3 000 米，修建沿河洗衣台 3 处，建成亲水步道 3 000 米。关停 3 家污染严重、生产效能低的企业，排查出需规范设置排污口企业 7 家，并要求其落实相关硬件设施。获市级卫生场镇，市级生态村 4 个。

【民生事务】　民生工程保障。投入 200 万元对敬老院修缮和改造,敬老院落实专职管理人员和管理经费。全镇纳入集中供养的“三无”人员 93 人，供养经费 65.3 万元，五保老人 254 人，发放五保金 122 万元，实现“应保尽保”。纳入城乡低保的有 366 户 588 人，发放城乡低保金 193 万元。不断提高临时救助水平，救助困难群众328人，支出临时救助金11.8万元，灾后重建23户，补助资金20万元。创新举措，对享受国家抚恤补助的优抚对象统一标准进行普遍优待，向19名义务兵发放义务优待金15.2万元，向232名优抚对象发放优抚资金202万元，向106名农村籍60岁退役士兵发放资金15.7万元。改造残疾人危房12户，投入改造资金18万元；阳光家园22户，发放补助资金2.64万元。实施“大众创业、万众创新”，新增创业167人，发放创业担保贷款205万元。解决新增城镇就业人员326人，失业人员实现再就业114人，城镇登记失业率控制在3%以内。向53户廉租房住户发放补贴7.6万元。参加城乡居民医保22 313人，享受各类养老待遇5 707人，基本实现养老医疗保险全覆盖。按照全区统一部署，通过“一对一”“多对一”结对帮扶，采取资金帮扶、产业帮扶、技术帮扶、政策兜底等多项措施，全镇185户建卡贫困户全部越过扶贫标准线。平安村镇建设。落实“属地管理”和“谁主管、谁负责”原则，层层签订目标责任书，坚持矛盾纠纷排查，坚持领导接访和首访负责制度，做到有访必接，有接必办，有办必果。全年排查出重点信访事项8项，各类矛盾纠纷307件，调处301件，调解成功率达98%以上。成立夜间专业巡逻队和白天摩托车巡逻队，全镇监控探头增至297个，“空中亮探头、街上闪警灯、农村有巡逻”的社会治安防控体系基本形成。排查非煤矿山安全隐患25处，排查并整改火灾安全隐患企业5家。排查非煤矿山安全隐患23处，排查并整改火灾安全隐患企业2家，对食品药品单位按照定期检查与重点节假日拉网式检查的方式进行日常监管，出动人员58人次，检查餐饮服务单位216家次，食品流通单位208家，药品及保健品经营户54家次，农村家宴一条龙282家次，未发生食品安全事故，群众安全感和幸福指数较过去有较大提高。关爱行动，奖励扶助特殊群体。落实计划生育奖励扶助、特别扶助制度。累计享受奖励扶助1 035人，特别扶助67人，四级以下残疾扶助13人，增发养老金653人，独生子女死亡特别关爱金36人，独生子女残疾特别关爱金67人。结合镇实际制定奖励措施，走访慰问贫困计生家庭43户，发放慰问金1.36万元。5名考取重点大学的独生子女给予每人1 000元的助学奖励。

2016年10月18日，在健龙敬老院，老人们在院里散步

（周海瑞　摄）

（兰　平　唐　姣）

人物 光荣榜

先进集体

一、全国奖

表 11-1

获奖单位	授奖单位	获奖名称	授奖时间
璧山区	中国科协	2016—2020 年度全国科普示范区	2016 年 2 月
璧山区德康现代家庭农场养殖协会	中国科协、财政部	基层科普行动计划项目先进集体	2016 年 6 月
璧山区	国务院教育督导委员会	国家义务教育发展基本均衡区	2016 年 2 月
璧山区	中国成人教育协会	全国全民终身学习活动周优秀组织奖	2016 年 12 月
璧山区文风小学	中国少年科学院、中国青少年发展服务中心	第十二届青少年走进科学世界“科学实践嘉年华”全国展示交流活动优秀组织奖	2016 年 12 月
璧山区北街幼儿园	中国教育电视协会、中国电化教育馆	第十三届全国中小学校园影视作品专题新闻类二等奖	2016 年 11 月
璧山区地方税务局	中央精神文明建设指导委员会办公室	全国文明单位	2016 年 2 月
璧山区水务局	水利部	全国水利安全知识网络竞赛组织奖	2016 年 10 月
高新区管委会	科技部	科技服务业区域试点单位	2016 年 3 月
重庆市璧山区人民法院	最高人民法院	2016 年度在司法新闻宣传工作做出突出成绩的人民法院	2016 年
璧山区正兴司法所	司法部	全国法律援助工作先进集体	2016 年 10 月
重庆金冠汽车制造有限公司房车车间	全国总工会	全国工人先锋号	2016 年 5 月
璧山区健龙镇白果村	国家减灾委员会、民政部	全国综合减灾示范社区	2016 年 1 月
重庆金冠汽车制造股份有限公司计生协	中国计生协会	全国计划生育协会先进集体	2016 年 5 月
区后勤服务中心	重庆市妇联	重庆市“巾帼文明岗”	2016 年 12 月
区环境卫生管理所天子桥公厕	中国城市环境卫生协会	“最美公厕”综合奖	2016 年 11 月

二、市级部门表彰

表 11-2

获奖单位	授奖单位	获奖名称	授奖时间
区市政园林局	中共重庆市璧山区委组织部、重庆市璧山区人力资源和社会保障局	2015 年度璧山区人民满意的公务员示范单位	2017 年 2 月
区规划局	重庆市规划局	2016 年度区县规划部门城乡规划工作考核一等奖	2017 年 1 月
区文化艺术中心项目	重庆市规划局	2016 年度区县公共设施规划实施项目一等奖	2016 年 12 月
璧山区秦岭家禽养殖农民专业合作社	重庆市妇联、重庆市供销总社	重庆市巾帼农民合作社示范社	2016 年 7 月
璧山区吴燕蔬菜种植股份合作社	重庆市妇联、重庆市供销总社	重庆市巾帼农民合作社示范社	2016 年 7 月
璧山区黄氏葡萄种植专业合作社	重庆市妇联、重庆市供销总社	重庆市巾帼农民合作社示范社	2016 年 7 月
重庆金冠汽车制造股份有限公司计生协	重庆市计生协会	重庆市流动人口计生协会示范点	2016 年 4 月
来凤街道	重庆市环保局	重庆市生态文明建设示范乡镇（镇街）	2016 年 9 月
来凤街道孙河村	重庆市城乡建设委员会	农民新村市级示范点	2016 年 8 月
来凤街道安乐村	重庆市旅游小组经济发展办公室	市级全域旅游示范村	2016 年 11 月
来凤街道孙河村	重庆市旅游小组经济发展办公室	市级全域旅游示范村	2016 年 11 月
来凤街道来凤村	重庆市旅游小组经济发展办公室	市级全域旅游示范村	2016 年 11 月
来凤街道魁塘村	重庆市旅游小组经济发展办公室	市级全域旅游示范村	2016 年 11 月
区公安局治安支队	重庆市公安局	“2015 年度公安工作成绩突出单位”，各记集体三等功一次	2016 年 4 月
区公安局璧泉派出所	重庆市公安局	“2015 年度公安工作成绩突出单位”，各记集体三等功一次	2016 年 4 月
区公安局指挥中心	重庆市公安局	全市公安机关警务指挥实战技能大比武中获优秀奖	2016 年 2 月
区公安局情报支队	重庆市公安局	全市公安情报系统青年民警业务技能比武，获团体一等奖	2016 年 8 月
区公安局情报支队	重庆市公安局	全市公安情报系统青年民警业务技能比武，获团体一等奖	2016 年 8 月
区公安局情报支队	重庆市公安局	全市公安情报系统青年民警业务技能比武，获团体一等奖	2016 年 12 月
区公安局指挥中心	重庆市公安局	“2014 至 2015 年度密码工作成绩突出集体”，记集体嘉奖一次	2016 年 7 月
璧南人民法庭	市高法院、市高检、团市委、市综治办等 14 家市级单位	重庆市青少年维权示范岗	2016 年 9 月

续表 11-2

获奖单位	授奖单位	获奖名称	授奖时间
大路街道财政所	市人力资源和社会保障局、市妇女联合会	重庆市三八红旗集体	2016 年 3 月
重庆长运集团璧山公司 GPS 岗组	团市委、重庆市安监局	2016 年度重庆市青年安全生产示范岗	2016 年 12 月
区司法局正兴司法所	重庆市司法局	重庆市优秀司法所	2016 年 11 月
区司法局七塘司法所	重庆市司法局	重庆市优秀司法所	2016 年 11 月
重庆市中亚动物药业有限公司 GMP 车间	重庆市总工会	重庆工人先锋号	2016 年 4 月
重庆金仑机械制造有限责任公司金工车间	重庆市总工会	重庆工人先锋号	2016 年 4 月
重庆瑞普电气实业股份有限公司高压交联班组	重庆市总工会	重庆工人先锋号	2016 年 12 月
重庆蓝黛动力传动机械股份有限公司	重庆市总工会	重庆市五一劳动奖状	2016 年 1 月
重庆山青机械制造有限公司	重庆市总工会	重庆市五一劳动奖状	2016 年 4 月
健龙镇人民政府	重庆市爱卫办	市级卫生镇	2016 年 11 月

先进个人

一、全国奖

表 11-3

获奖个人	授奖单位	获奖名称	授奖时间
璧城街道北门社区居民　张强	中央宣传部、中央文明办	“中国好人榜”	2016 年 1 月
福禄镇王章斗	中国计生协会	先进个人	2016 年 5 月
区农委罗国全	农业部	农牧渔业丰收奖三等奖	2016 年 12 月

二、市委、市政府表彰

表 11-4

获奖个个	授奖单位	获奖名称	授奖时间
区人民医院于长青	重庆市人民政府	重庆市自然科学一等奖	2016 年

二、市级部门表彰

表 11-5

获奖个个	授奖单位	获奖名称	授奖时间
区财政局熊远强	重庆市人力资源和社会保障局、重庆市财政局	全市财政系统先进个人	2016 年 1 月
璧泉街道财政所严莲	重庆市人社局、市财政局	重庆市财政系统先进个人	2016 年 1 月
福禄镇福中社区党总支书记李大康	中共重庆市委宣传部、重庆市精神文明建设委员会办公室、重庆市互联网信息办公室	第 44 期敬业奉献“重庆好人”	2016 年 2 月
福禄镇斑竹村村民张发健	中共重庆市委宣传部、重庆市精神文明建设委员会办公室、重庆市互联网信息办公室	第 47 期见义勇为“重庆好人”	2016 年 5 月
丁家医院杨大义	重庆市委宣传部	“重庆好人”	2016 年
区市政管理局谭良宽、吴春来	重庆市人力资源和社会保障局、重庆市市政管理委员会、重庆市园林事业管理局	重庆市市政系统先进个人	2016 年 7 月
区市政园林局谭良宽	中共重庆市委组织部、重庆市市政管理委员会、重庆市公务员局	重庆市人民好公仆	2016 年 3 月
区市政园林局赵川、陶正刚	重庆市精神文明建设协会、重庆市慈善总会、重庆市环境卫生管理局、重庆市环卫协会、重庆市晨报	最美环卫工人	2016 年 1 月
区公安局治安支队张宏	重庆市公安局	“6101”系列警卫任务成绩突出个人，记个人嘉奖一次	2016 年 4 月
区公安局国保支队谢远智	重庆市公安局	“6101”系列警卫任务成绩突出个人，记个人嘉奖一次	2016 年 4 月
区公安局七塘派出所王浩	重庆市公安局	“6101”系列警卫任务成绩突出个人，记个人嘉奖一次	2016 年 4 月
区公安局璧泉派出所魏泽锡	重庆市公安局	“6101”系列警卫任务成绩突出个人，记个人嘉奖一次	2016 年 4 月
区公安局丁家派出所钟波	重庆市公安局	“6101”系列警卫任务成绩突出个人，记个人嘉奖一次	2016 年 4 月
区公安局青杠派出所张浩	重庆市公安局	“2015 年度派出所工作中成绩突出的所长”，记个人三等功一次	2016 年 4 月
区公安局璧泉派出所何锡强	重庆市公安局	“2015 年度社区和驻村工作中成绩突出个人”，记个人三等功一次	2016 年 4 月
区公安局正兴派出所张大军	重庆市公安局	“2015 年度社区和驻村工作中成绩突出个人”，记个人三等功一次	2016 年 4 月
区公安局经侦支队甘鑫	重庆市公安局	“2015 年度案侦工作中成绩突出个人”，记个人三等功一次	2016 年 4 月

续表 11-5

获奖单位	授奖单位	获奖名称	授奖时间
区公安局璧泉所刘正浩	重庆市公安局	“ 2015 年度案侦工作中成绩突出个人”，记个人三等功一次	2016 年 4 月
区公安局法制支队张利娟	重庆市公安局	“2015 年度法制工作中成绩突出个人”，记个人三等功一次	2016 年 4 月
区公安局交巡警支队廖善富	重庆市公安局	“2015 年度交巡警工作中成绩突出个人”，记个人三等功一次	2016 年 4 月
区公安局璧城所刘利华	重庆市公安局	“2015 年度公安窗口工作中成绩突出个人”，记个人三等功一次	2016 年 4 月
区公安局指挥中心徐燕	重庆市公安局	“2014 至 2015 年度密码工作成绩突出个人”，记个人嘉奖一次。	2016 年 7 月
区公安局网安支队张尚薇	重庆市公安局	“2015 年度网络舆情导控先进个人”，记个人嘉奖一次	2016 年 8 月
区公安局情报支队何力	重庆市公安局	“重庆市公安局青年岗位能手”	2016 年 8 月
区公安局情报支队邹盛	重庆市公安局	“重庆市公安局青年岗位能手”	2016 年 8 月
区公安局交巡警支队综合大队赖克南	重庆市公安局	“重庆市公安局优秀女民警”	2016 年 12 月
区公安局情报支队何力	重庆市公安局	“重庆市公安局青年岗位能手”	2016 年 12 月
情报支队邹盛	重庆市公安局	“重庆市公安局青年岗位能手”	2016 年 12 月
国网重庆璧山供电公司林建平	国网重庆市电力公司	劳动模范	2016 年 1 月
区人民法院吴剑、黄大全	重庆市高级人民法院、重庆市人力资源和社会保障局	“重庆市法院系统先进个人”	2016 年 12 月
区人民法院陈德富	重庆市高级人民法院	全市法院财务统计工作先进个人	2016 年 12 月
青杠街道杨庆	重庆市司法局	重庆市人民调解能手	2016 年 1 月
大路街道冯定容	市妇女联合会	2016 年重庆市巾帼建功标兵	2016 年 12 月
区司法局冯万	重庆市司法局	重庆市人民调解能手	2016 年 1 月
区司法局杨庆	重庆市司法局	重庆市人民调解能手	2016 年 1 月
区司法局张金惠	重庆市司法局	重庆市人民调解能手	2016 年 1 月
区司法局彭同莉	重庆市司法局	重庆市优秀司法所长	2016 年 4 月
区司法局张国清	重庆市司法局	重庆市优秀司法所长	2016 年 4 月
区司法局巫正明	重庆市司法局	重庆市人民调解能手	2016 年 4 月
区司法局刘世吉	重庆市律师协会党委	优秀党务工作者	2016 年 7 月
区人民医院夏庆弟	重庆市总工会	重庆市五一劳动奖章	2016 年 4 月
丁家街道卫生院凌 何	重庆市总工会	重庆市五一劳动奖章	2016 年 12 月
区教委邹洪梅	市委宣传部	感动重庆月度人物	2016 年 2 月
璧泉街道刘华、代青	市委宣传部	感动重庆月度人物	2016 年 5 月

璧山区正高级专家名单

表 11-7

序号	工作单位	姓 名	性别	民族	出生年份	技术职务	现所在岗位
1	区医院	何福厚	男	汉族	1964	主任医师	专技岗位
2	区医院	王杨进	男	汉族	1958	主任医师	专技岗位
3	区医院	张 宏	男	汉族	1964	主任医师	专技岗位
4	区医院	黄先惠	女	汉族	1965	主任医师	专技岗位
5	区医院	夏庆弟	男	汉族	1963	主任医师	专技岗位
6	区医院	刘光碧	女	汉族	1965	主任护师	专技岗位
7	区医院	冯定奇	男	汉族	1965	主任医师	专技岗位
8	区医院	赵光荣	男	汉族	1963	主任医师	专技岗位
9	区医院	刘朝伦	男	汉族	1961	主任医师	专技岗位
10	区医院	向秀根	男	汉族	1965	主任医师	专技岗位
11	区医院	刘家文	女	汉族	1967	主任护师	专技岗位
12	区医院	张司兰	女	汉族	1964	主任医师	专技岗位
13	区医院	陶才莉	女	汉族	1964	主任医师	专技岗位
14	区医院	彭禄荣	男	汉族	1965	主任医师	专技岗位
15	区医院	曹廷容	女	汉族	1964	主任医师	专技岗位
16	区疾控中心	苏德模	男	汉族	1963	主任医师	专技岗位
17	区中医院	程红彬	男	汉族	1966	主任中医师	专技岗位
18	区中医院	杨冬梅	女	汉族	1965	主任中医师	专技岗位
19	区中医院	刘显章	男	汉族	1965	主任医师	专技岗位
20	区中医院	胡仁举	男	汉族	1966	主任中药师	
21	区保健院	龚琼华	女	汉族	1963	主任医师	专技岗位
22	区疾控中心	黄 翔	男	汉族	1959	主任检验技师	专技岗位
23	璧山中学	罗明乾	男	汉族	1956	中学研究员	专技岗位
24	璧山中学	巫正鸿	男	汉族	1963	中学研究员	专技岗位
25	来凤中学	先儒才	男	汉族	1966	中学研究员	专技岗位
26	区教科所	段世彬	男	汉族	1955	中学研究员	专技岗位
27	重庆红宇摩擦制品有限公司	赵勇	男	汉族	1973.04	正高级工程师	专技岗位
28	重庆红宇摩擦制品有限公司	王丹膺	男	汉族	1971.10	正高级工程师	专技岗位
29	动物卫生监督所	欧武海	男	汉族	1957.07	农业推广研究员	专技岗位
30	农业技术推广中心	徐继钊	男	汉族	1957.10	农业推广研究员	专技岗位
31	区建设工程质量监督站	李英	女	汉族	1969.09	正高级工程师	专技岗位
32	区人民医院	梁栋	男	汉族	1973.02	主任医师	专技岗位
33	区人民医院	彭彩碧	女	汉族	1974.07	主任医师	专技岗位
34	区人民医院	曾维英	女	汉族	1963.12	主任医师	专技岗位
35	区人民医院	邓秀碧	女	汉族	1966.07	主任药师	专技岗位
36	来凤中学	王文龙	男	汉族	1968.10	正高级教师	专技岗位
37	区教科所	皮恒明	男	汉族	1961.05	正高级教师	专技岗位

（区人力社保局）

2016年壁山区国家级文艺人才名录

表11-8

序号	姓名	所属协会会员	入会时间
1	陈安乐	中国美术家协会会员	1987年
2	胡珍蓉	中国舞蹈家协会会员	2000年
3	胡正好	中国书法家协会会员	2000年
4	缪培坚	中国摄影家协会会员	2005年
5	苟寿成	中国摄影家协会会员	2005年
6	廖学东	中国摄影家协会会员	2005年
7	尹水才	中国摄影家协会会员	2006年
8	傅应明	中国书法家协会会员	2007年
9	周厚勇	中国作家协会会员	2008年
10	赵兴中	中国作家协会会员	2008年
11	张庆华	中国民间文艺家协会会员	2008年
12	洪　军	中国书法家协会会员	2009年
13	杨明富	中国音乐家协会会员	2015年
14	陈永舒	中国音乐家协会会员	2015年

延伸阅读 ▶▶

国家园林城市：让绿意浸润城市每个角落

漫步壁山城区，绿树婆娑，碧水荡漾，湿地公园、绿色廊道、休闲公园交相辉映，处处散发出的醉人绿意，让人心旷神怡，整个城区就像一个大公园。

从“国家园林城市”获批，到如今打造“秀美绿城”，全区切实保护好山体、水系，处处植绿，凸显“四面环山、显山露水”的自然本底。如今，壁山人对“秀美绿城”的不懈追求，让一个“山在城中留，水在城里游”的绿色园林城市清晰地展现在市民面前。

全民参与共建共创

时间回溯到2008年，当时的壁山县委、县政府作出创建“国家园林城市”的战略决策。全区干部群众积极响应号召，护绿、爱绿、植绿成为一种自觉。仅2010年一年，壁山城区栽种的大树比过去60年的总和还要多，品种也更为齐全。

壁山从当时的“县委大院”做起，实施围墙拆除、还绿于民。各单位积极响应，封闭围墙全部改造为通透式。特别是在实施壁南河景观工程建设中，沿河涉及的有关单位，对拆围墙、拆厂房等工作无不通力协作。据了解，2010年新增加的城市绿地中，有近10万平方米的土地是各单位、企业无偿提供的。各种花园式工厂、园林式单位、园林式小区大量涌现。

经过3年的努力，壁山形成了点、线、面纵横交错的城市绿网体系，并呈现出道路绿化精细、滨河绿化特色鲜明、单位附属绿化突出三大特点。城市绿网与壁南河、秀湖水系交相辉映，加上独有的自然景观和历史文化资源，营造出富有壁山特色的城市景观，各项创建指标已达到或超过国家园林城市标准。

大事记

1 月

4 日 区国土房管局颁发璧山第一本“不动产权证书”，启动不动产统一登记工作。原依法颁发的“国有土地使用证”“房地产权证”“林权证”等证书与证明继续有效。不动产登记机构按照“不变不换”的原则，权利不变，簿证不更换，只在权利人依法办理变更登记、转移登记等登记时，逐步将原有房地产权证更换为新的不动产登记簿证。

5 日 国家发改委主任徐绍史到璧山区调研经济社会发展及新型城镇化建设工作。

7 日 璧山区首座换乘枢纽与高铁站同步投入使用。

12 日 国家林业局通知，重庆秀湖公园作为试点湿地公园通过验收，成为“国家湿地公园”。

25 日 电子图书借阅系统在公共服务中心和区图书馆投用，市民可通过此借阅机借阅电子图书。该借阅机内预装有 2 000 种独家授权的正版图书和 200 种杂志。

是月 由区人民政府主管、区人民政府办公室主办、璧山年鉴编辑部承办的《璧山年鉴》2015 卷首次对外公开出版发行。

是月 八塘供销社在全国供销合作总社开展的主题为“弘扬扁担背篓精神，建设供销合作社文化”座谈会上，获为农服务先进集体“金扁担”奖。

是月 璧山区第一本医学专著《实用骨科学》由中医古籍出版社出版发行。该专著由区人民医院医生何斌主编，是区人民医院建院以来，首部出版的医学专著。

2 月

4 日 璧山区乐成坝广场、野庐公园、嘉谷公园建成投用。

17 日 福寿园国际集团与璧山区签订《战略合作协议》。

22 日 璧山区新增“重庆市著名商标”2 件，分别为重庆蓝黛动力传动机械股份有限公司使用的第 12 类“图形”商标和重庆瑞通实业有限公司使用的第 12 类“图形”商标。

24 日 璧山国家高新区举行工业投资项目集中签约仪式，20 家企业签约，总投资 38 亿元，涉及汽车零部件、智能装备、新能源通用设备、现代生物科技、新型材料等高新技术产业。

25 日 《国务院办公厅印发关于对落实有关政策措施成效明显地区予以激励支持的通知》（国办函〔2016〕21 号）通报表杨璧山等 20 个重大决策部署成效地区，并给予一次激励政策。

26 日 璧山区被命名“全国科普示范县（市、区）”，示范期 5 年。

是月 璧山区建成“网上团支部”43 个，其中镇街团（工）委共建“网上团支部”15 个，镇街团（工）委以下团支部共建“网上团支部”28个，覆盖团员青年1200人。

是月 璧山区原创音乐作品《小而美》，登第46期《全球华语流行音乐金曲榜》榜单，于2月22日至28日在全国30多家华语电台播出，覆盖北京、天津、重庆、台湾、广东等20个省、直辖市，覆盖4亿人群。

3 月

9日至11日 璧山区第一届老年人体育健康运动会在区体育馆举行。

10日 国家发改委西部开发司副司长黄恕明带领调研组到璧山区调研承接产业转移情况。

14日 全国“家园共育指导基地”授牌仪式在璧山区北街幼儿园举行，国家基础教育实验中心家庭与学校合作教育指导委员会秘书长赵刚，为北街幼儿园授牌。北街幼儿园成为璧山区首个被授牌的学校。在授牌的同时，北街幼儿园还被授予“家长与教师合作协会”。

16日 璧山国家高新区10家企业首次集中开工，总投资26.7亿元，涉及“互联网+协同制造”为代表的创新型战略性产业项目、璧山培育的上市公司。

是日 CCTV-2财经频道9:24《交易时间》栏目以《关注智慧环保产业》为题，报道璧山环保物联网试点工作成效。

18日 璧山区首个基层片区检察室——区人民检察院驻璧南检察室，在青杠街道双路社区挂牌运行。该检察室属区人民检察院派驻机构，辖青杠、来凤、三合等7个镇街，直接服务人口25万人。

是日 重庆市首个农村留守妇女关爱服务互助组在璧山区大路街道团坝村成立。该互助组下设种植互助组、养殖互助组、灵巧手工互助组、农村电商互助组、心理抚慰互助组、文化生活互助组等6个特色互助组，村里61名留守妇女全部参加不同的互助组。

20日 “崇文大讲堂——胡正好讲临帖转换与创作提高”书法讲座在渝中区崇文堂举行。璧山区书法家胡正好应邀为来自全市各地的书法爱好者讲课。讲座展出胡正好近期创作的书法精品8幅。

24日 CCTV-4中文国际频道20:00《走遍中国》栏目以《医养结合 养老新招》为题，报道位于璧山区的重医附一院青杠老年护养中心养老产业发展情况。

25日 璧山区河边小学教师邹洪梅在2016年1月至2月“最美巴渝·感动重庆月度人物”评选活动中 获2月“感动重庆月度人物”。

是月 璧山区建成14个社区养老服务站。

是月 璧山国家高新区获国家科技服务业区域试点单位。

4 月

5日 重庆台商工业园党群服务中心投入使用。

6日 璧山区首个专业康复机构--区人民医院康复医学科开诊。

11日 中央电视台中文国际频道（CCTV-4）“走遍中国”栏目以《公厕革命风生水起》为题，报道璧山区通过实施“公厕革命”方便群众如厕，打造城市名片，以良好环境招商引资的生动实践。

15日 “第二届云雾山樱桃采摘节”在八塘镇凉水村开幕。

19日 璧山区设立首个政协委员接待处。该接待处由璧泉街道南关社区设立，街道政协委员轮流“坐班”，搜集群众反映的热点、难点问题，及时反馈给相关职能部门，并协调处理和解决。

21日 中国民主促进会重庆市委直属璧山区支部成立。重庆市政协副主席、民进重庆市委主委陈贵云出席成立大会。雍湘当选为民进璧山区支部主委。

21日至24日 璧山国家高新区19家高新企

业组团参加第十二届中国重庆高新技术成果交易会暨第八届中国国际军民两用技术博览会。

25日 由中国美术家协会·艺术委员会、四川美术学院等联合主办，以“悟境”为主题的璧山籍画家赖深如先生的81幅写意花鸟画作品，在渝中区解放碑重庆美术馆1号展厅展出。

27日 教育部副部长杜占元到璧山区专题调研区教育信息化工作。

是月 璧山区河边小学在“龙乡墨韵·第五届全国教师书法作品展”系列活动中被授予“重庆市书法艺术教育名校”。

是月 在丰都县举行的重庆市第七届乡村文艺会演（决赛）中，音乐类《璧山鼓韵》获一等奖,《连萧闹丰年》获舞蹈类三等奖。

是月 璧山国家高新区企业——瑞普电气实业股份有限公司在北京中国中小企业股转系统第201期新三板挂牌（股票代码83627），这是继“蓝黛传动”在中小板上市后，璧山区首家在新三板挂牌的企业。

是月 璧山区汽车（摩托车）零部件制造基地获“2015年度中国汽车零部件制造基地优秀基地”，成为全国获此荣誉的8个城市之一。

是月 璧山区歌曲《小而美》电视榜电台榜均升至首位 ，领衔全球华语金曲榜双冠。

是月 璧山区首个“低碳高效池塘循环流水养鱼”基地开建。大路街道福里村，总投资100万元，占地9.33公顷，运用循环流水生态处理系统，实现“内池养鱼，外塘养水”。

是月 由华语词坛泰斗庄奴、著名音乐人古月作词作曲，著名歌手马丽演唱，区委宣传部、区广播电视台共同策划摄制《青草地》在重庆电视台播出。

5　月

4日至6日 全国著名教育专家冯恩洪，上海市市东中学校长金辉等到璧山区调研教育发展规划和课程改革工作。

6日 中午11:57分，中央电视台新闻频道cctv–13《真诚·沟通》栏目播出重庆璧山区璧泉街道环保志愿者郑渝军多年坚持不懈开展生态文明保护和宣传的公益形象宣传片，是璧山区工作首次被央视新闻频道聚焦，开创历史新纪录。郑渝军2014年获璧山“十佳雷锋传人”，2015年5月成为“重庆好人”，2015年6月获评“中国好人”。

7日 由重庆市作协副主席、秘书长刘运勇撰写的记叙宋代璧山状元冯时行的长篇历史小说《大宋状元冯时行》研讨会在璧山召开。该书于2015年6月公开出版，计30万字，以北宋末年、南宋初年历史为背景，以冯时行科考、为官、坐罢、复起、去世为主要线索，用小说的形式，叙述宋代璧山状元冯时行一生力挺抗金、勤政为民、坚持民族大义的故事。

12日 璧山区陈云刚、张波2名选手在重庆市首届残疾人才艺大赛中《轻风》《怒放的生命》分获美术书法类三等奖、表演艺术类获三等奖。

15日 水利部副部长矫勇到璧山区专题调研水利工作。

是日 “全国网络媒体总编看璧山活动”在璧山区启动，重点围绕养老、教育、生态保护、城市规划等展开考察。

19日至22日 璧山区组团参加重庆悦来国际博览中心举办的第十九届中国（重庆）国际投资暨全球采购会（简称渝洽会）。渝洽会上，签约项目22个，其中工业项目20个、商贸项目1个、农业项目1个，协议总投资71.9亿元。

20日 全国水文机制体制改革创新工作座谈会在璧山区召开，全国各流域及省市水文机构主要负责人参加座谈。

24日 璧山区民营企业家、民生能源集团董事长薛方全获央视2015年度“十大慈善人物”，是重庆市获此荣誉第1人。

26日 璧山区6名学生在“百名重庆美德少年”展示活动中获评“重庆美德少年”，数量为全市各区县第一，另有4名学生获“重庆美德少年提名奖”。

31日　璧山区文化艺术中心投入使用。

是日　璧山区首次组织新任命20名国家工作人员集体向宪法宣誓。

是日　“巴山渝水人中杰 毓秀钟灵百代贤”重庆历史名人图片巡展在璧山区秀湖公园正南门广场举行。该展由重庆市政府文史研究馆主办，重庆历史名人馆、璧山区委宣传部、区档案局承办。本次展出100多位重庆本籍历史名人的先进事迹和相关图片，其中璧山区有冯时行、蒲国宝、江朝宗、谢唯进4位璧山历史名人入选。

是月　璧山区首座“社区图书馆”投用。该社区图书馆是区图书馆的首座分馆，与区图书馆共享图书资源。该图书馆占地300平方米，可藏书1万册，并配有电子阅览区。

是月　璧山区首批8个公用电动汽车充电桩投用。该充电桩向公众开放，采用手机APP扫描二维码付费，1千瓦时电费用为1.22元，半小时最快能充20千瓦时电，可连续行驶160公里，最低0.12元/公里。

是月　璧山区城北小学获评“重庆市绿色学校”。

是月　央视记录频道（CCTV-9）《相遇百年》摄制组到璧山，拍摄著名国际友人，国际共产主义战士、教育家伊莎白·柯鲁克（Isabel Crook）与璧山的不解之缘。《相遇百年》是中国和加拿大合拍的5集纪录片，主要反映来自加拿大的国际友人在中国的奋斗历程。

6　月

3日　璧山区璧泉街道天门社区居民郑渝军等10人在纪念“六五”世界环境日暨首届重庆绿色年度人物评选活动中被评首届“重庆绿色年度人物”。

4日　早上6点26分，由央视综合频道（CCTV-1）和央视新闻频道（CCTV-13）并机直播的《朝闻天下》栏目，在《校训是什么》中，对璧山实验小学“青白为人，文雅为志”的校训及校训背后的故事，报道时长5分钟。

19日　国家体育总局田径运动管理中心副主任、国家田径队总教练冯树勇，国家田径队副总教练余维立到璧山区考察经济社会发展和体育文化设施建设情况。

19日至30日　璧山区首届创新创业大赛初赛在CBD金融街创业大厦开赛，全区70家中小型企业和创业团队的70个创新项目参加比赛。此次大赛中20个项目进入决赛，评选企业和团队各3个等级名次，并从其中评7名重庆市科技小巨人项目。获胜者除最高可获5万元专项奖金外，还将获多项优惠政策支持。

23日　璧山区微刻大师潘启慧获重庆市2016年度十大“巴渝工匠”奖杯。

24日　第七届重庆璧山葡萄采摘节在大兴镇莲生村葡萄广场开幕。

27日　璧山区火中救人的2名聋哑女孩刘华和代青，获评5月“最美巴渝·感动重庆月度人物”。

28日　璧山国家高新区举行集中开工活动，龙润公司、蓝黛传动、红宇精工和青山公司项目总占地41.43公顷，总投资34.1亿元，投入强度550万元/亩。此次开工的4个项目均为本土企业的扩建。

是日　“千年重庆”杯第三届重庆市原创歌曲大赛颁奖晚会在璧山区文化艺术中心举行，璧山区原创歌曲《城市底色》获表演金奖和十佳原创歌曲奖。

30日　重庆西郊福寿园人文纪念公园项目举行开工仪式。

是日　璧山区首届电子商务进农村赶集活动在丁家街道举行。该活动以“互联网+美丽乡村”为主题，由区商务局、丁家街道办事处、重庆创丰电子商务有限公司等主办。

2016年6月30日，璧山区首届电子商务进农村赶集活动在丁家举行。图为活动现场　（张承刚　摄）

是月　璧山区首个消防科普教育基地在璧山中学新校区建成投用。该基地由区教委、区消防支队等单位联合建设，设有119模拟报警系统、隐患查找屋、虚拟火灾灭火系统、火灾逃生体验系统、火灾自动报警系统以及消防标识墙等多种消防科普系统。

是月　璧山区首批新能源市政巡逻车投入试运行。

7　月

3日至24日　由重庆市委宣传部、市文化委、市文学艺术界联合会主办的“吕凤子130周年诞辰全国书画名家作品邀请展”在重庆美术馆开展。画展包括绘画、书法两部分，作品110件。

6日　10家中央、市级媒体到璧山区集中采访高新技术产业及“双创”情况。

20日　全球最大的区域主题公园运营商——美国六旗娱乐集团携手山水文园集团与璧山区政府签署合作协议，建设“重庆山水主题小镇——六旗乐园”。重庆市市长黄奇帆、副市长陈绿平，美国六旗集团全球总裁兼首席执行官约翰·达菲、山水文园集团董事局主席李辙出席签约活动。是日，美国六旗集团全球总裁兼首席执行官约翰·达菲、山水文园集团董事局主席李辙，接受新华社、中新社、《环球时报》《香港商报》、北京电视台等全国近40家媒体专访。

22日　区委常委、宣传部部长刘晋在中宣部全国宣传干部学院围绕“新时期网信工作的发展与创新”主题作教学案例讲解，以璧山区为例，从当前网信管理现状、应对思路、探索举措、反馈评价以及创新体会等五个方面，向来自浙江、广东、江苏、山东、新疆等省、自治区的100名市（区、县、旗）委常委、宣传部长介绍璧山区近年来在网信管理工作领域的创新探索和实践。

是日　璧山区书法家胡正好应邀至重庆人民广播电台《重庆之声》频道接受“精彩人生”栏目直播访谈，谈书法，谈人生，谈璧山文化。

28日　璧山区建成专门的“环境信息”电子

2016年7月20日，美国六旗娱乐集团携手山水文园集团与璧山区政府签署合作协议。图为活动现场　（谢捷　摄）

图，实现污染防治、环境监管、环境监测等方面的业务协同和数据共享。

是月 璧山区来凤鱼传统烹饪技艺被列为重庆市第五批市级非物质文化遗产代表性项目。

是月 璧山区设立创业种子投资基金，以公益参股和免息信用贷款方式，支持落户璧山区的创业团队和成立不超过3年的种子期创新型小微企业。

是月 璧山区首例椎间孔镜微创术在区人民医院骨科完成。

8 月

4日 璧山区渝西跨境商品直购体验城试营业。该体验城由美购网络科技有限公司投资7000万元打造，涉及日用、母婴、个人护理、食品等品类10个、国外进口商品7000种，采用“线下体验中心+线上购物平台”的O2O运营模式，体验全球同步的跨境商品直购。

10日 璧山区与得润电子签订项目战略合作协议，双方以推动“中欧智慧能源产业园”项目建设为核心，在新能源汽车电池模组、车联网数据采集模块、车联网智慧交通平台建设等领域展开全面合作，项目投资100亿元。

16日 璧山区首个220千伏智能变电站——茅莱变电站投用。该变电站于2015年初开工建设，2016年6月30日凌晨，该站完成2台主变、2条220千伏母线、2条110千伏母线、4条220千伏线路的带电工作。

18日 新华社、《人民日报》《经济日报》《光明日报》、重庆电视台、《重庆日报》、华龙网等中央、市级媒体到璧山区集中采访争取国家资金拉动民间投资情况。

是日 重庆电视台卫视频道《重庆新闻联播》栏目在头条以《小城治水：旱能灌涝能排》为题，报道璧山区通过兴修水利等多种举措，推进水域建设和城市建设一体化，全面建设“活力水城”，打造生态宜居城市的工作情况。

29日 璧山区获重庆市首个生态文明建设示范区命名。

30日 由国家卫计委、民政部、财政部、国土资源部等部委有关司组成的调研组到璧山区调研医养结合新模式。

9 月

1日 璧山区新加坡伊顿国际幼儿园开园。该幼儿园位于东岳公园，校区依湖而建，环境优美，总投资近5000万元，总占地约7000平方米，户外活动近2000平方米。幼儿园招生年龄段为18个月~6岁，开设18个班，其中包括亲子班、双语班、国际班及全托班，可容纳近500名幼儿。

是日 由中央网信办指导、重庆市委网信办、人民网主办的《启航：新棋局 瞰长江》全新首映发布会暨2016长江经济带网络宣传研讨会在重庆召开。璧山区作为全国唯一区县代表以“以服务为切口 积极探索政务新媒体融合”为题，与媒介专家、业界精英作经验分享。

璧山新加坡伊顿国际幼儿园

（郭昌禄　摄）

8日 以“交流·交易·交融”为主题的第五届重庆文化产业博览会在重庆国际博览中心北展馆启幕，璧山区委宣传部常务副部长、书法家胡正好的书法作品亮相文博会。

9日 重庆首个微农信平台“璧山养殖”投用。“璧山养殖”微农信平台是一款手机APP软件，由重庆市农委为推动畜牧行业互联网+转型，依托“12316云平台”打造，并在璧山区璧城畜牧兽医站率先试点。

10日至11日 璧山区原创MV《难得想起他》首登国家级电视台——中国教育电视台(CETV-1)。

13日 中央电视台新闻联播采访组到璧山区，围绕璧山活用国家政策拉动民间投资，采访区长章勇武、副区长黄文杰及相关部门负责人。

14日 璧山区弘扬社会主义核心价值观和正能量的MV作品《为什么》继《难得想起他》之后登陆央视新媒体“1号线上”，向全国推送。

17日 晚21:21分，中央电视台书画频道首播反映璧山籍书法家胡正好书法创作的新闻《用书法“绘制”诗歌地图——胡正好、谢平诗性书法摄影系列作品展在四川、重庆展出》。

20日 区人民医院与重庆医科大学附属第一医院（以下简称重医一院）签署合作办医协议。

是日 中央权威主流媒体《经济日报》聚焦璧山区现代农业发展进程，以图片新闻的形式报道璧山区三合镇通过引导茶农规模化种植和经营，提高生产效率和经济效益的消息。

25日 由中国侨联举办，市侨联承办的“海外侨胞故乡行——走进重庆”活动到璧山区，美国、加拿大、澳大利亚等13个国家和地区的25位重庆籍侨胞参观考察经济社会发展新成就。

26日 中央电视台品牌栏目《焦点访谈》全面深化改革系列报道栏目组到璧山区，拍摄采访全面深化改革中户籍制度改革取得的成效。

28日 璧山区人民医院新院落成和重医一院璧山医院揭牌。重庆市医院协会会长、第三军医大学大坪医院院长周林，重医一院党委书记许平出席落成揭牌活动。

是日 区长章勇武就璧山户籍制度改革的具体做法接受中央电视台品牌栏目《焦点访谈》全面深化改革系列报道栏目组专访。

29日 教育部教育督导局——联合国儿童基金会2016-2020年周期“学生创造力评估指标”研制项目启动会在璧山区召开。教育部教育督导局学校督导处处长崔立双，联合国儿童基金会驻华办教育处项目官员郭晓平出席会议。

是月 璧山区璧山中学、城北小学、青杠实验小学3所学校在重庆市教委组织开展的重庆市“美丽校园”评选活动中，获重庆市“美丽校园”。璧山中学在“重庆市最美校园”评选活动中，获“重庆市最美校园”。

是月 璧山区电子商务商会成立。会议选举第一届电子商务商会会长、副会长、秘书长。

是月 中央财经频道专题报道璧山区青龙湖再现被誉为“水中大熊猫”的桃花水母。

2016年9月28日，璧山区人民医院新院落成和重医一院璧山医院揭牌 （谢捷 摄）

是月 璧山区三合初中的刘荣海家庭、文风小学的卢静家庭获第二届全国“书香之家”。

是月 “海上丝路跨境美食总部区”落户璧山区。同年5月，在渝洽会重点项目签约仪式上，璧山区与海上丝路（澳洲）有限公司签约，该公司投资30亿元，其中外资不少于2亿美元，在秀湖公园翰林院建设海上丝路跨境美食总部区项目。

10　月

2日　璧山区原创MV作品《你是我的手杖》登陆央视新媒体。MV《你是我的手杖》是由世界华人乐坛的词曲作家庄奴、王建勋联袂打造，歌曲讴歌坚贞的爱情，以及儿女们对父母最温暖的祝愿。

8日　《瞭望东方周刊》记者到璧山区，聚焦“五大发展理念”下的璧山实践，采访区长章勇武、副区长黄文杰。

9日至10日　水利部副部长陆桂华到璧山区专题调研水生态文明建设。

11日　“词坛泰斗”、重庆市璧山区荣誉市民庄奴先生与世长辞，享年95岁。

是日 璧山区第6个职业学院——重庆护理职业学院成立。该院是2016年经市政府批准设立、教育部备案的全日制普通高等职业学院，由重庆医科大学附属第一医院出资举办，总投资3.54亿元。

18日　南门唐城商业街区创建市级特色型夜市街区。街区5.4万平方米，入驻商户70家，经营商铺183个，以汉唐风情为基调，打造特色化、专业化、规模化的商业空间，集品牌餐饮、风味小吃、娱乐休闲等众多业态于一体，成为市民游玩、购物、休闲的多功能特色街区。

19日　中央电视台综合频道CCTV—1《新闻联播》栏目以单条形式报道璧山区积极对接国家激励政策，激活拉动民间投资的工作情况。

21日　英国利物浦市2所小学的老师，到璧山区实验小学交流互访，搭建学校间合作共建、共享优质国际教育资源桥梁。

22日至26日　全国健身球操交流活动在云南德宏州举行。璧山区老体协女子健身球队代表重庆市参赛，获女子健身球操规定套路第一名、自编套路最佳编排奖等6个奖项。

26日　全市市政管理工作会议在璧山区召开。重庆市副市长陈绿平，市政府副秘书长张智奎出席会议。

27日　璧山区总商会青年委员会正式成立。会议选举区总商会青年委员会第一届理事会会长、副会长。

是日 璧山区举行“征信互认、银税互动”签约仪式，区国税局、地税局与15家银行共同签署《重庆市璧山区“银税互动”合作协议》。

是日 第一个园区党校璧山区委党校塘坊党群服务中心分校挂牌仪式在璧山国家高新区塘坊党群服务中心举行。

28日　意大利美达公司CEO朱塞丕·西蒙纳姊、中国区总经理多纳图·法理奥、得润电子股份有限公司董事长邱建民到璧山区考察，拟在璧山区建设智能制造工厂。

是月 璧山区正兴镇、大兴镇被列为全国重点镇。

是月 璧山区首个健康主题公园——瀚恩健康主题公园建成投用。

是月 璧山国家高新区科技孵化器内的创智工场成为全区首个国家级众创空间。

是月 来凤街道获评重庆市首批生态文明建设示范乡镇（街道）。

是月 璧山区首个“低碳高效池塘循环流水养鱼”基地投入运行。

是月 “璧山葡萄”入选“2016年中国果品区域公用价值品牌”，品牌价值经评估达到4.89亿元。

是月 新华社旗下《瞭望东方周刊》图文并茂发表长篇通讯《重庆璧山：从公厕“革命”到

资本创新》，深度报道璧山国家高新区坚持“创新、开放”思维谋划“绿色”产业集群，通过优化环境提升招商引资软实力，推进新型工业化的工作情况。

11 月

2日 “和美璧山·重庆市政协书画摄影系列展”在市政协大厅开展。该展由重庆市政协办公厅主办，市政协书画院和璧山区政协办公室联合承办。市政协书画摄影系列展由各区县政协轮流承办，旨在进一步活跃政协工作者的文化生活，展示“政协委员传递正能量”和区县书画摄影艺术成果。本次展出璧山区书画摄影艺术界的优秀作品31幅，其中书法作品10幅，美术作品10幅，摄影作品11幅。该展11月底结束。

是日 璧山区风光片登陆央视新媒体——“1号线上”。

是日 璧山国家农业科技园区科技提升项目——农业良种繁育组培中心投用。

11日 重庆市撤县设区实施效果评估项目专家团队到璧山区评估调研璧山撤县设区实施效果。2014年5月2日，经国务院正式批准，璧山“撤县设区”。

13日 中央电视台综合频道（CCTV-1）在《大美中国》栏目播出反映璧山区自然风光和城市风貌的视频——《收获季节：大美璧山》，向全国观众展现璧山小城大美。

14日 美国一带一路总商会考察团到璧山区对接招商引资工作，共同促招商、谋发展。

16日 璧山区首家农民合作社服务中心——璧山区农民合作社服务中心在区供销社挂牌成立。全区农民合作社登记注册的各类农民合作社470家。新成立的区农民合作社服务中心有经济师2名、会计师1名、成员110个。主要为全区农民专业合作社提供代理记账、代办咨询、涉农项目、农业产业等服务，解决农民合作社发展中各种运营难题。

是日 璧山区首家残疾人家长学校成立。

是日 璧山区首家青年影院成立，授牌仪式在摩登横店电影院举行。

18日至22日 由区文联主办、区摄影家协会承办的“川渝4区县（安岳、璧山、潼南、合川）”第二届摄影艺术联展、“渝西摄影联盟”第三届摄影艺术作品展在南门唐城举行。该展近400名摄影爱好者以人文风光、民风民俗等为主题的原创作品280幅参展。

19日至20日 第四届中国乡村文明发展论坛在北京国家行政学院会议中心盛大举行，璧山区档案馆应邀参加论坛，承办《晏阳初乡村建设的重庆乐章—中华平民教育促进会华西实验区历史档案展》系列巡展活动。

22日 璧山区大路街道龙门溪大桥入选市第一批176个优秀历史建筑名录。

28日 早上7:00中央电视台财经频道（CCTV-2）播报璧山区人民法院执行工作成效的消息，同日晚19:00央视综合频道（CCTV-1）《新闻联播》再次报道该新闻。同月21日，中央电视台聚焦璧山，采访区人民法院惩戒失信被执行人取得的成效、经验和经典案例。

30日 重庆众泰汽车工业有限公司在璧山国家高新区建成，是日首台“璧山造”众泰新能源汽车——T300在该公司下线，标志着璧山从“零部件”到“整车生产”的完整汽车产业体系基本形成。

12 月

1日 璧山区当选2016年“中国生态宜居城市”。

是日 璧山区首张个体户“两证整合”营业执照颁发。

3日 璧山区举行“血液透析血管通路理论与实践新进展”培训会，北京、武汉、昆明和重庆等地的30名相关领域医学专家参加讨论。该培训会由海峡两岸医药卫生交流协会血管外科专家委员会主办，区人民医院承办。

4日至5日 全区90个区人大代表选区和225个镇人大代表选区，选举产生新一届区镇两级人大代表。309314名选民投票，依法选举产生区第十七届人大代表242名，镇人大代表545名。

7日 璧山区成为第三批国家新型城镇化综合试点城市之一。

8日 六旗大道开工，拉开重庆山水主题小镇——六旗乐园项目建设帷幕。

2016年12月26日，中国共产党重庆市璧山区第十四次代表大会在区文化艺术中心召开 （谢捷 摄）

15日 由区委宣传部、区广播电视台联合打造的本土MV《请问芳名你是谁》，在璧山电视台首次播出。该歌曲《请问芳名你是谁》由庄奴作词、古月作曲，歌曲反映百姓在璧山城里幸福甜美的爱情生活，通过多场景拍摄，充分展现出璧山的人文气息。

20日 由国务院侨办主办，重庆市外事侨务办公室和重庆师范大学承办的海外华裔青少年“中国寻根之旅”冬令营重庆站活动走进璧山区。澳大利亚、印度尼西亚、马来西亚和缅甸的200名海外华裔青少年和领队参加。冬令营活动选取璧山区秀湖国家湿地公园作为实地参观点之一，旨在让海外华裔青少年们感受中国传统文化和独具特色的中国建筑。

是日 越共中央委员、越南祖国阵线中央委员会副主席兼秘书长陈青敏率代表团到璧山区访问。

21日 璧山区英文版宣传片《亲山亲水青春城》最新版在璧山电视台首次播出。该片最新版由区委宣传部、区广播电视台、本土“草根”创作人唐杰联合打造。

23日 国家统计局投资司副司长李俊波率队到璧山区调研投资运行、商品房去库存等情况。

24日 西南交通大学旧址纪念碑落成仪式在璧山区丁家街道公园广场举行，50名西南交大新老校友出席落成仪式。此次西南交通大学旧址纪念碑在璧山区的落成，为璧山抗战历史文化增添浓墨重彩的一笔，对璧山区打造全域景区城市有着重大意义。

26日至28日 中国共产党重庆市璧山区第十四次代表大会在区文化艺术中心召开。大会应到代表299名，实到代表289名，符合规定人数。大会选举产生中国共产党重庆市璧山区第十四届委员会委员36名、候补委员8名，中国共产党重庆市璧山区第十四届纪律检查委员会委员21名和璧山区出席市第五次党代会的8名代表。大会通过《中国共产党重庆市璧山区第十四次代表大会关于中共重庆市璧山区第十三届委员会报告的决议》《中国共产党重庆市璧山区第十四次代表大会关于区十三届纪律检查委员会工作报告的决议》。

28日 中国共产党重庆市璧山区第十四届委员会举行第一次全体会议。会议选举新一届区委常委、书记、副书记，表决通过中国共产党重庆市璧山区第十四届纪律检查委员会第一次全体会

2016 年 12 月 28 日，中国共产党重庆市璧山区第十四届委员会举行第一次全体会议　（曾清龙　摄）

议选举结果。吴道藩、章勇武、何平、李金泉、张献强、朱朝阳、刘晋、万容、李丹、黄文杰当选区委常委。吴道藩当选区委书记，章勇武、何平当选区委副书记。

是日　中国共产党重庆市璧山区第十四届纪律检查委员会召开第一次全体会议。会议选举中共重庆市璧山区第十四届纪律检查委员会常务委员会委员和书记、副书记。李金泉、刘廷忠、陈洪涛、陈文、祝晓琴、蒋学远、殷朝阳、车昕、李焰梅当选中共重庆市璧山区第十四届纪律检查委员会常务委员会委员，李金泉当选中共重庆市璧山区第十四届纪律检查委员会书记，刘廷忠、陈洪涛、陈文当选中共重庆市璧山区第十四届纪律检查委员会副书记。

29 日　清华大学副校长尤政院士、重庆大学杨士中院士、中国地质大学俄罗斯自然学院李研耕院士、北京航空航天大学俄罗斯自然学院刘红院士等专家到璧山区实地考察区城市建设和产业发展情况。

是日　重庆军民深度融合产业发展交流会在渝召开。重庆军民融合协同创新研究院揭牌，落户璧山国家高新区。

30 日　中央电视台综合频道（CCTV-1）《焦点访谈》栏目以重庆市璧山区户籍制度改革为例，深度报道重庆市新型城镇化建设和户籍制度改革的工作实践与积极成效。

是月　璧山区七塘小学、青杠实验小学创建为“全国青少年校园足球特色学校”。

2016 年 12 月 28 日，中国共产党重庆市璧山区第十四届纪律检查委员会召开第一次全体会议

（周海瑞　摄）

文 献

政府工作报告

——2017年1月8日在重庆市璧山区第十七届人民代表大会第一次会议上

重庆市璧山区人民政府区长 章勇武

各位代表：

现在，我代表璧山区人民政府向大会作工作报告，请予审议，并请各位政协委员提出意见。

一、过去五年成就和2016年工作回顾

区十六届人大一次会议以来的五年，是璧山“智慧破题、绿色发展、高位赶超、全面迈进”的五年。这五年，在市委、市政府和区委的正确领导下，我们“谋在新处，干在实处”，主动适应经济发展新常态，坚持一张蓝图干到底，用“三区一美”战略行动凝聚共识、形成合力，用团队精神和创业激情，收获“发展自信”、标定“地区价值”。

五年一个跨越，综合实力大幅提升，经济发展跻身全市“一梯队”

五年来，一幅崭新经济图景呈现，多数指标走在全市前列。地区生产总值达到428.4亿元，年均增长14.3%，总量翻了一番多，人均GDP突破9 000美元；一般公共预算收入实现56.2亿元，年均增长26.9%；固定资产投资以年均26.6%的增速，达到718.8亿元；规上工业企业增加到320家，实现产值1 029.2亿元，年均增长22%；社会消费品零售总额实现总量翻番，达到122.4亿元，年均增长15.8%；国有资产总量增长超过60%，突破700亿元；金融机构增加到57家，存贷款余额达到690亿元。五年跨越发展，啃下了“硬骨头”，攻克了“突破口”，凸显了“含金量”。“撤县设区”梦想成真，重庆第二个国家高新区破茧成蝶，国家新型工业化示范基地、国家低碳工业园区、国家城市湿地公园、中国人居环境范例奖、全国双拥模范城、国家农业科技园区、国家水利风景区、全国水生态文明城市、生态保护与建设示范区等15张“国字号”名片收入囊中。

五年一个蝶变，深绿城市日渐清晰，生态宜居擦亮“城市名片”

五年来，绿岛新区崭新崛起，城市规模快速倍增，一幅山水画卷徐徐展开。城镇建成区扩大到51.4平方公里，常住人口增加到73万，城镇化率达到54.26%，成功申报为国家新型城镇化综合试点地区。文化艺术中心、璧山中学、人民医院、妇幼保健院、老年护养中心、图书馆、规划馆等重要“功能要件”相继建成，30个公园、20个广场点缀其中，支撑城市功能更趋多元。建成区公共绿地1 800万平方米，立体绿化20万平方米，人均公园绿地面积增加到28平方米，城市植物品种达到2 700种，绿色清新成为“城市底色”。

"一河三湖九湿地"框架逐渐成形，水城建设活力迸发。23万平方米仿古建筑拔地而起，古城建设厚植文化符号。坚持环境污染"零容忍"，在全市率先出台环保"严控清单"，关闭各类污染企业580余家，辖区环境质量持续改善。成渝高铁、渝蓉高速建成通车，轨道一号线大学城至璧山段、九永高速上马推进，黛山大道连通南北，合璧津高速、渝遂高速支线纳入近期规划。实施国省道路面改造179公里，新建改造农村公路870公里，全区路网密度提高到257公里/百平方公里。实现"镇镇通沥青路，村村通水泥路"，基本实现"半小时璧山"，区域综合交通枢纽功能持续提升区位优势。

五年一个台阶，现代产业体系基本成型，产业优势支撑"发展底气"

五年来，产业转型升级稳步迈进，三次产业结构调整为5.3:71.7:23。在全市率先退出煤炭、烟花爆竹生产行业，整体去除钢铁冶炼产能，单位GDP能耗下降16.5%。装备制造、电子信息、食品医药三大主导产业高歌猛进，实现规上工业产值732.7亿元，占比71.2%。全社会研发投入占GDP比重提高到2.2%，国家级高新技术企业达到72家。高新区建成区扩大3倍，产值翻了三番，成功跨入千亿园区行列。获评"中国驰名商标"4件，实现"零"的突破。"三农"支出达到28.7亿元，农业"三大基地"基本建成。国家农业科技园区引领现代农业加快发展，璧山成为全国蔬菜产业重点区县、中国无公害果蔬十强区县。实施服务业倍增计划，服务业增加值达到99.7亿元，年均增长10.4%。六旗乐园项目签约落地，CBD、奥特莱斯、秀湖水街、南门唐城、渝西跨境商品直购体验城等大型商业体开门迎客。

五年一个答卷，社会公共服务日臻完善，民生温度感知"为民情怀"

五年来，我们坚持财政收入60%以上用于民生，持续增进百姓福祉。科学划分"四个功能区"，引导镇街立足特色、错位发展。规划布局10个道口片区，因地制宜明确功能定位，"道口经济"发展稳步推进。投入75亿元改善农村基础设施，实施村镇环境综合整治和生态创建，美丽乡村成为农村生动"音符"。实现"镇镇通公交"，群众出行更加便捷。城乡居民人均可支配收入五年增长85.2%，达到24186元。"五险"参保130.1万人次，基本实现"人人享有社会保障"目标。城乡低保实现应保尽保，97.1万人次从中受益。城镇新增就业7.6万人，帮助1.7万名城镇登记失业人员实现就业。教育领域综合改革纵深推进，通过国家"义务教育发展基本均衡区"督导认定。深化医药卫生体制改革，实施基本药物制度，基本公共卫生服务实现全覆盖。构建现代公共文化服务体系，大力推进全民阅读、全民艺术普及、全民健身。累计投入38.3亿元，接续实施重点民生实事。"一生之城"逐步实现"链条补缺"，人生10个重要节点高标准服务体系日渐成型。

五年一个刻度，深化改革次第开花，发展软环境成为"硬实力"

五年来，我们强化目标意识和问题导向，用改革办法解决问题推动工作。深入推进依法行政，清理公开行政"权力清单""责任清单"。以机构改革和简政放权促进职能转变，整合精简机构38个、撤销临时机构和议事协调机构146个，清理取消区级行政审批事项200项。深化投融资体制改革，坚持"三道防线"控制负债，政府性债务绿色可控。坚持"政府投资瘦身，社会投资扩容"，政府投资和社会投资比例始终保持在1∶6的合理区间。推进商事制度改革，激发社会创业创新活力，市场主体达到4.8万户。积极稳妥推进"营改增"工作，税收征管平稳有序。释放税收改革红利，为19.9万户次纳税人减负11.4亿元。实施镇街分税制财政管理体制改革，镇街最低财力保障线提高到2 000万元。顺利完成党政机关公务用车制度改革。坚持公共资源"阳光交易"，完成交易金额450.9亿元，为政府增收节支10.9亿元。

建立诚信评价机制，为诚信企业“松绑”。推进三级服务体系建设，区、镇街、村（社区）三级服务中心全部实现规范化。实施“三年千人引才计划”，引进和培养硕士研究生、副高级职称以上人才1310名。开展“走进矛盾、破解难题”“走进企业、助推发展”“走进村社、融入群众”活动，落实领导干部信访包案、联系重点项目、结对包建村社制度，打通服务群众“最后一公里”。在全市率先开展网络留言办理工作，受理1 071件，办复率100%。落实“干部对账”定期“报账”制度，保障各项工作高效推进。政法综治“三基”工作成效显著，社区网格化管理、基层应急规范化实现全覆盖，完成食品药品监管体制改革。严格落实中央八项规定精神，坚决纠正“四风”，以“群众路线”“三严三实”和“两学一做”要求推进作风建设。保持预防和惩治腐败高压态势，立案查处74件，政纪处分82人。81项重大决策事前征求人大、政协意见，办结人大代表建议和政协提案1 702件，办复率和满意率均达100%。

各位代表！五年披星戴月，风雨兼程。我们深知“孤举者难起，众行者易趋”。五年来，我们与全区人民一道，闯关迈坎走进新的发展“坐标系”。一路伴随我们前行的，是你们无声的支持与鼓励，饱含深情的注视与托举，合力创造了“璧山速度”，共同演绎了“璧山故事”，一起印刻下这段有激情、有温度的发展轨迹。

回顾刚刚过去的2016年，全区上下深入实施“三区一美”战略行动，务实苦干，步稳蹄疾，全面完成了年初确定的各项目标任务，在全市经济版图上留下了浓墨重彩的一笔，实现了“十三五”良好开局。

这一年，是追求卓越从未停步，宜居功能日趋完善的一年

绿城、水城、古城建设快速推进。绿岛新区完成征地拆迁2 882亩，御湖新区4.7公里环湖路建成通车。新建11个生态停车场，新增1 120个公共停车位。完成1 200户居民楼院立体绿化，建成5条示范街区。实施河湖水系连通工程，新建扩建3座水库、4处湿地，水网密度达到2.7公里/平方公里，城区水域面积占比提高到10.5%，人均水面面积达到10平方米。启动“海绵城市”建设项目20个，覆盖试点面积2平方公里。建成仿古建筑5.7万平方米、仿古亭廊14处，新开工1.6万平方米。基础设施日益完善。九永高速璧山段完成48%的工程量，轨道一号线缙云山隧道双向掘进3公里，六旗大道动工建设，合璧津高速、渝蓉高速连接北环立交进入开工准备阶段。长江提水璧山供区工程隧洞整体贯通，新区水厂开工，中水回用二期工程投用。建成220千伏茅莱变电站，编制新能源汽车充电桩建设规划，建成充电桩137个。新建4G基站720个，新增“无线城市”免费WIFI热点62个。城市管理更趋精细化。整治城区违法建筑64.9万平方米，改造“城中村”22个。新建改造标准化公厕8座、垃圾收集站16个，垃圾收运体系逐步完善，城镇生活垃圾无害化处理率达到100%。深入实施环保“五大行动”，主要污染物削减达标率完成市政府下达任务，顺利通过中央环保督察。现代服务业释放活力。云雾山“裸心”度假酒店项目完成概念规划设计，“千年重庆”民俗文化旅游项目启动建设。俊豪购物广场完成主体工程，南门唐城创建为市级特色夜市街区。新增金融机构8家，金融业增加值占GDP比重达到2.6%。“人生链条”服务体系更加健全。人民医院新院落成，实现与重医一院合作办医，中医院新院破土动工。璧山中学与重庆一中联盟办学、实验小学与巴蜀小学合作办学纵深推进，伊顿幼儿园和重庆护理职业学院开学招生，职教中心改扩建顺利推进。重庆西郊福寿园人文纪念公园开工建设。

这一年，是创新开放全面发力，新型工业提质增效的一年

工业经济持续壮大。完成工业投资377.7亿元，增长12.5%。实现工业增加值267.4亿元，增长11.3%。实际利用内资296.6亿元，进出口总额

13.4亿元。236个项目实施技术改造，8个项目通过重组、并购、合作实现产业升级。获批中新合作智慧区试点，为中新项目落地搭建更好平台。高新区发展开足马力。实现规上工业产值890亿元，增长18.7%，高新技术产业产值占比达到43.5%。首辆“璧山造”众泰新能源汽车整车下线，引进得润电子新能源汽车零部件等项目51个。30个项目开工建设，32个项目建成投产。高新区成为国家科技部科技服务业区域试点单位，纳入重庆国家自主创新示范区核心建设范围。科技创新激发产业活力。采取“总院+专业研究院”模式，组建重庆军民融合协同创新研究院，成功举办重庆军民深度融合产业发展交流会，加快组建中国工程科技军民融合发展战略研究院和10个专业研究院。建立创业种子基金，科技创新示范基地建成投用，“璧山创智工场”被命名为国家级众创空间。与重庆大学、重庆理工大学等高校共建大学生实训基地，5 000余名大学生、1 000余名企业员工参加培训。新增高新技术企业41家、科技型企业103家，新增重庆名牌产品7个。新增发明专利190件，万人发明专利拥有量达到5.9件。实施股权投资计划。坚持“创新+资本=新动力”经济逻辑，打造金融创新高地。帮助潜力企业争取国家专项建设基金17.4亿元。“两山西证”“两山火炬”两支股权投资基金投资众泰汽车等项目6.4亿元，实现瑞普电气、兴渝涂料、梦赛力士3家企业“新三板”挂牌，凯成科技等6家企业完成上市筹备。

这一年，是协调发展攻坚克难，统筹城乡稳中有进的一年

全面巩固扶贫脱贫成果。在全面完成脱贫任务基础上，设立相对贫困户识别标准，新识别1 117户、3 169人。落实每户2 000元以上产业扶持资金，帮助脱贫户稳步增收。投入139万元为脱贫户和相对贫困户购买保险，解决因病因灾返贫问题。道口经济发展持续推进。实施大路道口征地拆迁740亩，大路物流园项目开工建设，引进现代农业、智慧物流项目5个，投资额6亿元。建成中铁任之健康城2.4万平方米体验区，22万平方米颐养区和养老公寓主体完工。特色效益农业迸发生机。农林牧渔业产值达到40.5亿元，增长28.9%。璧北蔬菜基地播种面积11.8万亩、产量27万吨，璧南苗木基地新增种植面积2 000亩，璧西果木基地新增种植面积5 000亩，“三大基地”产值突破10亿元。完成永久性基本农田划定，建成高标准基本农田6.8万亩，实施农村宅基地复垦665亩。新建改建农村水利设施2 000余处。引进培育农业龙头企业15家、专业合作社48家。新增重庆名牌农产品5个，新认证无公害农产品28个。发展农村电子商务，建成13个镇街电商服务中心、60个村级电商服务站，信息进村入户率达到50%。生态创建长抓不懈。加大考核力度，治污防污长效机制和督查巡查机制不断健全。完成28个行政村环境连片整治，实施通道绿化132公里，关闭污染企业21家，关停整治畜禽养殖场26家。启动全市首个生态文明建设示范基地建设，成功创建全国节约型公共机构节能示范单位2个、国家级生态镇街12个、市级生态文明建设示范镇街1个、市级生态村（社区）61个，获全市首批生态文明建设示范区命名。

这一年，是民计民生续写新篇，和美璧山温暖人心的一年

民生实事逐项落实。投入6.2亿元，集中力量办好25件重点民生实事。其中，保障性住房建设、农村危房改造、城市供水“一户一表”改造、社区便民商业设施建设等9件全面完成三年目标任务，农村公路危险路段安全防护设施安装、山坪塘整治及村社便道建设、农村妇女“两癌”检查和孕妇产前出生缺陷筛查及残疾人帮扶、流动文化服务进村、扩大就业技能培训等5件超额完成年度任务。新建扩建4所中小学校，改善65所义务教育薄弱学校基本办学条件，义务教育阶段学生营养餐全覆盖。完成4个镇街敬老院标准化建设，建成6个社区养老服务设施和8个社区健

身点。改造升级农村电网400公里，实现165个行政村（社区）光纤全覆盖。开工建设精神卫生中心，实施260家基层卫生机构医用计量设备免费检定。改造23栋老旧居住建筑消防设施，规范设置城区27个重要节点信号灯和交通标识。社会事业稳步推进。新建民办幼儿园4所，完成御湖小学、凤凰小学主体工程建设。全面推进教育系统绩效考核，41所学校实施课程改革，高考重本上线突破800人。启动医联体建设和分级诊疗，推进人民医院、妇幼保健院“三甲”创建工作，国家卫生区创建通过初步检查。全面两孩政策有序实施。举办11场大型文艺演出活动，承办重庆市第三届原创歌曲大赛，完成全国第一次可移动文物普查并通过验收。参加市五运会并获得历史最好成绩，举办第一届老年人体育健康运动会，常年参加体育锻炼人口比例达到45.5%。就业和社会保障不断加强。城镇新增就业2.6万人，城镇登记失业率为2.51%。新发展微型企业680户，带动就业3 600人。积极构建和谐劳动关系，确保农民工工资按时足额发放。社会保险不断扩面，参保待遇逐步提高。发放城乡低保金3 280万元、五保金1 555.9万元、“三无”人员生活补助金1 236.6万元，2.3万人从中受益。实施医疗救助、临时救助13.6万人次，发放救助金2 660万元。1.8万名80岁以上老人享受高龄营养补贴1 278.3万元，467个失独家庭获得特别关爱金744万元。平安建设深入推进。创建“2+N”矛盾纠纷联调机制，调处纠纷1 795件。集中开展打击“盗扒骗”专项行动，严厉打击“黄赌毒”、非法集资、传销等违法犯罪。新配备禁毒专职社工43名，禁毒康复中心开工建设。在全市率先建立反信息诈骗中心，查处涉案账户71个，止付涉案资金492.8万元。组建百人特警队，维稳处突能力进一步提升。社会安全事件应急联动指挥系统建成投用，城市交通智能化示范有序推进。完成6 000余个重点风险源登记识别及评估，开展应急演练30余次。探索建立安全生产诚信体系，实现安全监管关口前移。关闭5家危化生产企业，安全生产基本面持续改善。全年未发生较大以上安全生产事故。

随着经济社会快速发展，双拥共建、妇女儿童、关心下一代、老干部、残疾人、老龄、民族宗教、法制、外事、侨务、对台工作取得新成绩，审计、统计、武装、司法、气象、供销、地震、科普、民防、人事、编制、档案、修志工作进一步加强。

一年来，我们深度推广“音乐与城市”，原创歌曲引发无数人共鸣；我们倡导开放多元的城市心态，“来了就是璧山人”的情愫，在每个人心中蔓延；57人次省部级领导和550批次外地考察团先后驻足，发出“小而美”的心声感叹。

悄无声息中，“璧山经验”42次上榜中央主流媒体，5个全市性现场会在璧山召开。特别值得我们珍藏的是，璧山作为落实党中央、国务院重大决策部署成效明显的20个地区之一，首次得到国务院通报表扬，国家层面的六项激励政策，让我们心怀感激、余温未消。

各位代表！时光在回溯中尤显不凡。每一次回望共同奋斗的经历，都让我们有无数感悟。上述成绩的取得，是市委、市政府深切关怀和导航定向的结果，是区委营造最优政治生态和清晰路径指引的结果，是人大、政协矢志支持和同心同行的结果，是历届老领导、老同志接续发力和奋斗积淀的结果，是73万璧山儿女众志成城、硬朗劳动的结果。在此，我代表区人民政府，向全区人民，向人大代表、政协委员，向各民主党派、工商联、人民团体，向驻璧部队、武警官兵、公安民警，向支持、参与璧山发展建设的社会各界人士，致以衷心的感谢和崇高的敬意！

改革年代、转型区间，矛盾重叠、问题交织。我们清醒地认识到，在经济社会不断进步的同时，制约发展的矛盾和问题仍未根本消除。经济总量不大，发展质量和效益亟待提升；产业结构不优，创新能力不强，多点支撑格局尚未形成；土地、环境、资金等要素约束还未得到彻底解决；民间投资热情不高，企业融资难、融资贵问题依然存在；城乡缺乏良性互动，农村经济增长乏力，发展现代农业任重道远；社会治理、公共服务、基础设施建设相对滞后；干部队伍中还一定程度存在漠视问题、不敢担当，思维惯性、“手艺”不精等问题。这些问题拖不起、躲不过，也绕不开。我们要将“问题导向”作为政府工作的重要方法，以爬坡过坎的毅力、刀口向己的勇气，攻克“问题堡垒”，冲刺关键一程。

二、未来五年经济社会发展主要目标任务

五年的交汇，是一个重要的历史节点。当前，国际环境中不确定因素增多，世界经济呈现徘徊式复苏态势，但新兴市场和发展中经济体增长好于预期。在这样的背景下，中国进入经济发展新常态，“一带一路”实现对外开放战略转变，供给侧结构性改革促进经济的积极因素增多，改革红利逐渐释放，经济发展韧性增强，中国仍然是世界经济增长的重要动力源。具有直辖优势的重庆，全面融入“一带一路”、长江经济带、西部大开发国家战略和成渝经济区、成渝城市群等区域发展战略，在习近平总书记视察重庆“一个目标”“两点定位”和“四个扎实”新要求指引下，坚持发展实体经济不动摇，新的经济增长动力正在加快形成。身处其中的璧山，机遇大于挑战。撤县设区的“华丽转身”，国家高新区的“平台升级”，区位环境优势放大发展潜能，产业结构调整走向纵深，打牢了“稳”的基础，积蓄了“进”的力量。

刚刚闭幕的区第十四次党代会，已将未来发展之路的现实方位标示得格外清晰。今后五年全区工作的指导思想是：高举中国特色社会主义伟大旗帜，全面贯彻党的十八大和十八届三中、四中、五中、六中全会精神，以马克思列宁主义、毛泽东思想、邓小平理论、“三个代表”重要思想、科学发展观为指导，深入贯彻习近平总书记系列重要讲话精神，统筹推进“五位一体”总体布局，协调推进“四个全面”战略布局，紧扣“创新、协调、绿色、开放、共享”五大发展理念，坚持稳中求进工作总基调，全面落实市委各项部署，深度推进“三区一美”战略行动，全面建成小康社会。

未来五年，全区经济社会发展主要预期目标是：地区生产总值年均增长10%，发展质量和效益显著提升，生态文明、民主法治、社会治理取得明显成效，城乡居民人均收入年均增长10%，如期全面建成小康社会，人民群众幸福感不断增强。具体指标与市委考核指标逐年“对标”。

今后五年，我们要继续坚定不移地实施“三区一美”战略行动，做到“有定力、不纠结，有方向、不犹疑”，坚持“驰而不息”，实现“久久为功”。具体任务是：

建成生态宜居区。以“低碳、便利、宜居、舒适”为城市建设价值取向，建成重庆“最佳人居环境城市”。新增城市公园20个，城市公共绿地达到2 600万平方米，城市立体绿化达到60万平方米，建成区绿化覆盖率提高到50%，人均公园绿地面积增加到30平方米，城市植物品种达到3 000种。建成“国家生态文明试验区”。新建或改造水库20座，形成“一河六湖十八湿地”构架。实施河湖水系连通工程，建成城区桥梁50座。城区水面比例提高到12%，人均水面面积达到12平方米，水网密度接近5公里/平方公里。建设璧南河、璧北河、梅江河“三河”清水廊道，水质保持在Ⅳ类以上。中水回用率达到50%，水环境形成良性循环。建成“全国水生态文明城市”和“海绵城市”。形成南门唐城、秀湖水街、御湖古镇、东林禅院、地派宋城、“千年重庆”古建筑博物馆群等60万平方米仿古建筑，建成一座不可复制的“宁静”古城。完善“孩子出生、幼儿园、小学、中学、职教、就业、居住、看病、购物、娱乐、健身、养老、殡葬”等重要节点高标准服务体系。打造20分钟步行生活圈，建设集生活服务功能于一体的复合社区。打通与主城连接8条隧道，建成轨道一号线大学城至璧山段、九永

高速、合璧津高速，加快推进渝蓉高速连接北环立交、渝遂高速扩能改造、市郊铁路建设，实现“15分钟主城”目标；畅通城市“四纵十横”干道和微循环路网，大规模建设新能源汽车充电桩。建成10个特色酒店，建设50个旅游生态停车场、50座旅游公厕和游客接待中心、汽车露营地。推进全域景区建设，打造“处处是景点，时时吸引人”的旅游城市。

建成新型工业化示范区。力争规上工业产值达到2 500亿元，成为重庆转型发展的创新引领区。建立财政研发经费支出稳定增长机制，全社会研发投入占GDP比重提高到3%。突出企业创新主体地位，促进40%以上规上工业企业建立研发机构。推进开放式创新，组建中国工程科技军民融合发展战略研究院和重庆军民融合协同创新研究院，培育专业创新研究院。大力发展生产性服务业和总部经济，搭建综合创新服务平台。全区科技进步贡献率达到60%，高新技术产业产值比重提高到50%。重点推进“智能装备、信息技术、生命健康”三大主导产业聚集发展。推进中新合作智慧区试点建设，促进“中新（重庆）战略性互联互通示范项目”不断落户落地。坚持“创新+资本=新动力”经济逻辑，做大股权投资规模，培育、引进30家企业改制挂牌上市。积极引进银行、保险、券商、基金公司进驻金融街，将金融业增加值占GDP比重提高到5%。按照“绿色、环保、低碳”标准，新规划20平方公里生态园区，形成未来50平方公里高新区雏形。

建成统筹城乡先行区。进一步优化“四个功能区”资源配置，提升镇街支撑功能定位的能力。遵循错位发展理念，围绕道口区域功能定位，给予必要的财力和用地支持，完善基础设施，形成道口区域发展新格局。发挥国家农业科技园区聚集、辐射、示范功能，围绕打造“全链条、全循环、高质量、高效益”农业产业集群，引进培育一批农业产业化龙头企业。有序推进农村土地“三权分置”改革，深入推进璧北10万亩蔬菜基地、璧南10万亩苗木基地、璧西10万亩水果基地建设。深入推进生态镇街、生态村（社区）建设，打造重庆的“金色郊区”。推进国家新型城镇化综合试点，建设一批特色小镇。继续落实各项扶贫政策，切实巩固脱贫成果。针对小康社会指标体系所涉及的经济发展、民主法制、文化建设、人民生活、资源环境等五大类20多个指标，以只争朝夕精神修补“短板”，如期全面建成小康社会。

打造“和美璧山”。坚持60%以上财政收入用于保障和改善民生。对接市委、市政府“民生实事”清单，每年推出20件以上民生实事。全面对接全市重点改革任务，重要领域和关键环节改革取得突破。完善立体化、信息化社会治安防控体系，提高打击刑事犯罪、保障公共安全能力。加快建设法治政府，突出严格执法、全民守法，把经济社会发展工作纳入法治化轨道。把安全红线刻在心里，坚决杜绝重特大安全事故发生。精心办好“音乐与城市推广”，加大“清新璧山”营销力度，提高外界对璧山的认知度和认同感。发扬“古道驿站”的包容传统，塑造“来了就是璧山人”的城市性格。

各位代表！“纷繁世事多元应，击鼓催征稳驭舟。”未来的璧山，前行的道路注定不会是坦途。但“唯其艰难，才更需勇毅；唯其笃行，才弥足珍贵”。我们坚信，“没有比脚更长的路，没有比人更高的山”，只要我们集思广益用好机遇，众志成城应对挑战，立行立改破解难题，奋发有为务求创新，就一定会在新一个五年里，向全区人民交出一份满意的答卷！

三、2017年工作安排

“砥砺风雨去浮云，应信明天春更好。”任何事业都不是一蹴而就的，但“为者常成，行者常至”。唯有树立“功成不必在我”的事业境界，坚持一锤接着一锤敲、一茬接着一茬干，步步为营、年年有成，才能实现积小胜为大胜。

2017年是实施“十三五”规划的重要一年，

是供给侧结构性改革的深化之年。政府工作基本思路和主要任务是：深入实施“三区一美”战略行动，坚持稳中求进工作总基调，牢固树立和贯彻落实新发展理念，适应把握引领经济发展新常态，以提高发展质量和效益为中心，坚持稳增长、促改革、调结构、惠民生、防风险，坚持创新引领，加快培育发展新动能，继续抓好“去产能、去库存、去杠杆、降成本、补短板”，加快建设生态宜居区、新型工业化示范区、统筹城乡先行区，打造“和美璧山”。

“思深方益远，谋定而后动。”综合考虑各方面因素，2017年经济社会发展主要预期目标是：地区生产总值增长11%左右，一般公共预算收入增长10%，固定资产投资增长11%，工业增加值增长11%，社会消费品零售总额增长13.5%，实际利用内外资分别增长20%、12%，进出口总额增长10%，城乡居民人均可支配收入增长11%左右，城镇登记失业率控制在3.5%以内，单位GDP能耗、主要污染物减排等约束性指标完成市里下达目标任务。

为实现上述目标，我们要心无旁骛、聚精会神，在以下七个方面开创新局面。

（一）增强“跨越功能”，在提升经济发展质量上开创新局面

经济发展如高铁驰骋，“好车”才能“快跑”，“快跑”才能“赶超”。2017年，要在注重质量和效益的基础上谋求发展速度，努力实现经济又好又快发展，提升“再次跨越”的能力。

打造区域现代综合交通枢纽，构建“内畅外联”的交通网络体系。加快轨道一号线大学城至璧山段建设，完成缙云山隧道和车站、高架建设。建成六旗大道，开工换乘枢纽，确保与轨道交通同步投用。对接全市交通一体化规划，提前谋划布局与中梁山各个隧道衔接的交通路网。做好市郊铁路璧铜段、渝蓉高速连接北环立交、虎峰隧道等项目的协调配合工作。九永高速主体工程基本完工，合璧津高速开工建设。启动黛山大道南延至来凤、双星大道西延至大兴、北二环路西延至福禄及虎峰隧道西延至正兴前期工作。升级改造省道47公里，硬化农村公路100公里。

布局项目支撑点，强化投资“拉力”。推进“十三五”规划项目逐步落地，坚持“政府投资瘦身，社会投资扩容”，确保固定资产投资超过780亿元，力求政府投资和社会投资比例保持在1∶6。加强项目统筹调度，改进项目协调督办方式，确保区级领导联系重点项目快速推进。做好项目储备和三年滚动投资编报工作，主动对接中央和市级投资项目、投资方向和财政政策，激励培育示范，强化项目策划，继续做好国家专项建设基金、中央预算内投资、市级项目资金争取工作，力争获得20亿元以上项目资金。继续坚持“三道防线”控制负债，确保政府性债务控制在“绿色警戒线”内。正确引导民间投资，严厉打击非法集资，有效防范金融风险。

多管齐下强化要素保障，努力破解发展“瓶颈”。深化供给侧结构性改革，提高资源配置精准性和有效性。完成城规、土规局部修改，核减耕地保护面积8万亩、基本农田保护面积7万亩，积极争取用地指标，保障发展空间需求。实施5个区级土地整治项目，建成高标准基本农田3.5万亩。实施“产业人才集聚计划”，重点针对主导产业、高新技术、农业科技等领域，引进高层次和紧缺人才，增强人才对发展的支撑力和契合度。长江提水璧山供区工程竣工，加快推进新区水厂建设，新建供水管网60公里，对接实施好渝西水资源配置工程规划。完成茅秀双回、田秀西110千伏线路迁改下地，推进110千伏青杠变电站增容工程。

（二）坚持“以人为本”，在优化生态宜居功能上开创新局面

城市的核心是人，关键是12个字“衣食住行、生老病死、安居乐业”。解决好人的问题，是城市发展的价值取向；让人民群众生活得更方便、更舒心、更美好，是城市进步的重要标尺。2017

年，要继续巩固提升深绿城市建设成果，进一步放大环境优势，不断丰富和完善宜居功能，努力将城市品质推向新高。

提速绿岛新区项目建设，增强城市“强磁性”。完成御湖新区和六旗乐园片区规划调整，实施征地拆迁4 000亩。实施绿岛新区北部片区市政道路建设。启动御湖新区首期精品酒店和特色文化酒店建设，开工滨水道路和环湖截污干管工程。秀湖汽车露营地建成投用。

持续推进绿城、水城、古城建设，彰显城市生态宜居特质。加强城市山体、水系的保护和利用，坚持沿道路退让10至40米用于城市绿化，实现“绿随路建”，延伸城市“绿廊、绿带”。完成东岳公园、虎峰公园绿化栽植，新建5个社区公园和市民休闲广场。新建立体绿化示范街区5条、规模示范点3个，实施居民楼院立体绿化1 500户以上。新增城市绿地200万平方米，新引进水生植物100种，持续打造生物多样化城市。推进“海绵城市”建设，完成29个试点项目，启动数字化监测平台建设。实施千秋堰水库扩建等河湖水系连通工程，逐步形成“北水南调”年蓄引提水能力1 000万立方米以上。新建玉泉湖等2座景观防洪水库和3处湿地，新增水域面积900亩，新增和恢复水网6公里。在原址或重要节点恢复建设古街、古桥、文庙、寺庙、牌坊、塔楼、戏楼、祠堂、书院、会馆、宅院、驿站，建成仿古建筑4万平方米、新开工8.8万平方米，建设仿古亭廊10处。

突出“细部作业”，提升城市管理精细化水平。疏解老城空间压力，实现部分城市功能逐步向新区转移，增加城市“透气性”。坚持每平方公里预留100亩建设生态停车场，新建6个生态停车场。新建新能源汽车充电桩450个，出台相应配套政策，完善建设运营管理服务体系，打造全市新能源汽车推广应用示范区。发挥“智慧城管”巡查处置优势，确保市政设施完好率98%以上。坚持景观灯饰“三同时”，实施13栋公共建筑景观照明工程。完成城区综合管廊建设规划编制，严控道路和绿化开口、开挖。落实网格化巡查管理制度，整治存量违法建筑12万平方米，坚决取缔新增违法建筑。科学设置交通标识、信号灯，缓解城区交通压力。持续推进环保“五大行动”，打好大气、水、土壤污染防治攻坚战，“三河”水质和饮用水源地水质稳定达标，大气环境质量持续改善。完善“智慧环保”建设，提升环境监管信息化水平。切实解决群众反映强烈的突出环境问题，保障环境安全。

加快打造“一生之城”重要节点，增强城市核心竞争力。强化璧山中学与重庆一中联盟办学，推进实验小学与巴蜀小学合作办学。御湖小学、凤凰小学开学招生，新增学位4 320个。推进人民医院与重医一院合作办医，提速人民医院和妇幼保健院“三甲”创建，加快推进中医院迁建项目。中铁任之健康城初步建成并对外开放。加快推进重庆西郊福寿园人文纪念公园建设，殡仪馆搬迁工程建成投用。

（三）突出“创新引领”，在推进国家高新区建设上开创新局面

高新区是科技的聚集地，也是创新的孵化器。2017年，要对标“中国制造2025”，坚持用战略眼光谋划产业发展，用创新思维延伸产业内涵，聚焦“智能装备、信息技术、生命健康”三大主导产业，力争全区规上工业产值实现1 200亿元。

推动产学研一体化，提升高新区科技创新能力。实施“创新型领军企业”培育计划，鼓励更多企业成为创新主体，逐步实现由“生产加工”向“研发创新”转变。推进“1+10”研究院创新体系建设，力争中国工程科技军民融合发展战略研究院挂牌，建成科技型中小企业研发服务共享平台和得润汽车电子研究院、碳纳米材料产业研究院等4家专业研究院。启动一批大学科技园和太阳堡创业大街建设，引进50家具有科技含量和创新能力的企业入驻科技创新示范基地，培育国家级众创空间1个和市级众创空间、孵化器3个

以上。新增科技型企业100家、高新技术企业20家、市级企业研发中心10家。高新技术产业产值比重提高到45%，规上工业企业建立市级研发机构比例达到15%。

强化“龙头”项目带动，加速形成战略性新兴产业集群。深化“3+3+N”招商模式，扩大社会招商队伍，突出产业链招商。围绕新能源汽车、旅居房车、机器人、智能家居、通用机械，布局“智能装备”产业；围绕物联网、云计算、移动互联、集成电路、新型显示、穿戴设备、智能终端，布局“信息技术”产业；围绕生物医药、新型药物、医疗器械、健身器材、健康食品，布局“生命健康”产业。力争引进100亿级项目1个、50亿级项目3个以上，引进战略性新兴产业项目30个以上和一批细分行业龙头企业。创新产城融合发展模式，启动产业新城首期项目建设。推进众泰新能源汽车生产基地建设。促进得润电子实施跨国并购，打造“得润电子产业园”。充分利用中新合作智慧区试点平台，积极推进“中新合作科技产业园”建设。新开工项目20个，20个项目建成投产。

深入实施“企业成长计划”，提升企业发展内生动力。鼓励支持企业通过海外并购、技术“嫁接”、人才引进等方式，提高市场竞争力。扶持蓝黛、青山、红宇、凯成等骨干企业扩产增效，支持龙润转向与德国大陆电子、金冠汽车与德国海姆房车合资合作项目建设。对战略性新兴产业和成长性强的项目，积极协调金融机构融资支持，优先保障项目扩产用地需求。坚持“创新+资本=新动力”经济逻辑，增强资本集聚能力，做大基金规模，强化基金使用管理。推进企业改制挂牌上市工作，实现10家以上企业进入资本市场。

完善配套服务功能，增强高新区承载能力。争取用地指标3 000亩，实施征地拆迁3 000亩。新建道路10公里、绿化20万平方米，建成区面积拓展到18平方公里。按照“20分钟步行半径”，布局完善生活服务设施。大力支持新技术、新模式、新业态、新产业发展，坚持用“深度服务”破除影响社会投资的机制障碍。重视生产要素保障，满足企业发展所需。引导企业不断加强内部管理，落实安全生产主体责任。

（四）推动“文旅融合”，在激活现代服务业上开创新局面

随着六旗乐园项目落地，璧山打造重要旅游目的地成为可能。今后一个时期，文化旅游将成为支撑经济发展新的增长点，是助推发展的重要战略举措。2017年，要围绕高端引领和聚集人气，突出现代服务业特色亮点，打造旅游经济“升级版”。

高品质推进50个重点旅游项目建设，培育文化旅游“增长极”。积极推进六旗乐园配套基础设施建设，开工首期水上乐园，建成展示体验区。完成云雾山“裸心”度假酒店建筑设计，实现年内开工建设。地派温泉酒店主体工程完工，温泉区投入试营业。建成“千年重庆”民俗文化旅游项目一期工程，推进御湖旅游度假区、玉泉湖旅游度假区、茅莱山北纬29°植物园、登云山民国风情街建设，推出特色旅游产品和精品旅游线路，打造文旅融合新高地，创建“全域旅游示范区”。

支持和引导商圈升级，打造商贸新引擎。做好“吃住行游购娱”深度服务配套，培育“商养学闲情奇”六种形态。探索“互联网+”商圈发展模式，培育特色商业街区，加快环秀湖商圈、CBD购物区、渝西跨境商品直购体验城、红星美凯龙等商圈建设和业态培育，启动奥特莱斯二期项目，建成俊豪购物广场。加快新兴商贸服务业发展，全面推进电子商务进农村。完善物流配送体系，加快普洛斯物流园、丰树物流园等项目建设。

加快金融业发展，稳定房地产市场。继续落实金融业发展奖励政策，新引进金融机构3家以上，金融产业占GDP的比重提高到2.8%。加强房地产市场调控、引导和管理力度，适度调节房地产开发用地供应量，合理调整房地产市场结构，打造高品质精品楼盘，逐步化解房地产库存。

（五）围绕“协调同步”，在统筹城乡先行上开创新局面

城乡统筹协调发展，重点在农村、难点在农业、成败系于农民。2017年，要进一步加大政策扶持和财政投入力度，多要素联动推进农村供给侧结构性改革，创新和拓展城市工商资本“下乡”和农民“进城”途径，形成以城带乡、以工促农、城乡互动的良好局面。

促进区域协调发展，激发道口经济活力。按照“四个功能区”划分，优化整合资源，打造特色镇街，引导各功能区走差异化、特色化发展之路。围绕道口功能定位，优化产业布局，精准策划一批项目落地。渝蓉道口片区以六旗乐园建设为契机，重点发展现代服务业，促进城市向北拓展。实施大路道口片区征地拆迁187亩，围绕冷链物流、养生养老等领域，引进龙头企业，做大道口片区产业规模。

大力发展都市农业，构建一产业与二、三产业融合发展新格局。发挥国家农业科技园区引领作用，研发引进推广新品种120个、新技术30项，强化农业科技支撑。完成苗木综合交易市场规划选址，优化苗木基地品种结构，鼓励引导发展“林下经济”。重庆都市果业研发中心投入运行，建设循环生态种养模式示范片500亩，新增良种水果面积2 000亩。继续夯实粮油、生猪等保供产业基础。加快发展设施农业，推进农业物联网示范建设。大力推广“互联网+农业”，新增农村电商服务站30个，力争实现全覆盖。推进丘陵地区农机综合试验基地建设，引进推广新型适用农机具700套，农业机械化水平达到49.5%。新增农业龙头企业5家、农民合作社10家，培育家庭农场20个。创建国家农产品质量安全示范区，打造农产品出口示范基地。全面禁止高毒农药销售使用，建设农产品质量安全追溯系统，新增无公害农产品6个、绿色农产品10个，培育名牌农产品3个。大力发展休闲体验农业，围绕璧北田园生活、璧西观光采摘、璧南生态休闲体验带，完善道路交通、餐饮住宿等配套设施，打造现代农业公园。

深入推进生态创建，留住绿水青山。全面启动国家生态文明建设示范区创建。继续坚持环境污染“零容忍”，持续推进污染源关停整治，完成生活污水处理厂（站）和配套管网升级改造。编制实施大气、水、土壤环境质量限期达标规划，持续改善城乡环境。高标准实施农村环境综合整治，构建良性循环的农业生态系统。成功创建8个市级美丽乡村、52个市级生态文明建设示范村（社区）、12个国家级生态文明建设示范镇街。

（六）立足“惠民利民”，在打造和美幸福家园上开创新局面

“无德于民，不足以兴。”让人民群众在共建共享发展中有更多获得感，是检验任何工作含金量的重要标尺。2017年，要继续坚持财政收入60%以上用于民生，让发展机会更加公平、发展成果更加均等地惠及全民，让人民群众过上更有尊严的生活。

持续推进重点民生实事，解决老百姓最关心的热点问题。动态调整重点民生实事清单，把一批群众关心的“民生热点”纳入实施范畴。新建村社便道100公里，整治山坪塘280口。精神卫生中心建成投用，实现11个镇街敬老院标准化建设。建成定向经济适用房35.5万平方米，安置9 100人。新建改造公厕8座、垃圾收集站5个。完成改善义务教育薄弱学校基本办学条件年度任务，继续实施义务教育阶段学生营养餐全覆盖工程。

认真做好就业和社保工作，保障人民群众切身利益。做好高校毕业生和就业困难人员等群体就业工作，开展职业技能培训3 500人，城镇新增就业1.8万人，帮助和引导3 500名城镇登记失业人员实现就业。新发展微型企业600家，新增就业岗位3 500个，让1 200人实现创业梦。继续完善“五险统征”工作机制，扩大社会保险覆盖面，城乡养老、医疗保险参保率稳定在95%以上。积极推行社保卡“一卡通”，全面推进机关事业单位

养老保险制度改革。加强劳动保障监察和劳动人事争议仲裁工作，营造和谐劳动关系。

大力推进教育、卫生计生、文化事业发展，化解需求难题。坚持教育投入超过一般公共预算支出的1/5，深化教育领域综合改革。全面推进中小学课程改革，培养学生核心素养。完成璧山中学、实验小学等4所学校智慧校园建设，加快推进职教中心改扩建，新建民办幼儿园4所。深化医药卫生体制改革，逐步缓解群众“看病难、看病贵”问题，群众就医满意率达到85%以上。确保基本公共卫生服务全覆盖，成功创建“国家卫生区”。落实计生民生工程，提高计生服务水平。启动档案馆建设前期工作，升级改造文化馆免费项目功能设施，图书馆开放投用。切实保护好历史文化资源，推进文物合理适度利用。加快建设足球、篮球、乒乓球、羽毛球、网球、门球、游泳、徒步、路跑、骑行、舞蹈等设施，完善健身休闲服务体系。新建1个体育健身广场，改造10条健身路径，人均体育场地面积达到1.5平方米以上。

深化平安建设，全方位提升群众安全感。深化社会治安防控体系“五张网”建设，强化社会治安共管共治机制建设，加大刑事、经济、毒品、通信网络犯罪打击力度。加快推进机动车管理中心、消防指挥中心综合消防站建设，实施璧城、璧泉派出所改扩建，新建公安合成作战中心，禁毒康复中心建成投用，适时启动公安战训基地建设。强化应急和防灾减灾能力，健全各类公共突发事件预防预警和应急处置体系，“应急处置一键通”上线运行。推进基层食品药品监管机构规范化建设，创建重庆市食品安全示范区。深化安全生产诚信体系建设试点，强化道路交通、消防、危爆化物品、建筑施工、工商贸、人员密集场所等重点领域安全防范和专项整治，遏制重特大安全事故发生。

（七）弘扬“工匠精神”，在加强政府自身建设上开创新局面

落实，是一种态度，更是一种能力。2017年，政府工作要从“实”处着力，在“细”中见功，坚持“工匠精神”的精益求精和极致追求，把“职业”当“事业”，让“产品”成“作品”。

持续纵深推进各项改革。强化为企业“减负”就是减轻经济前行“包袱”的理念，注重经济领域风险防控、简政放权、放管结合、优化服务，砍掉束缚发展的荆棘，为企业“松绑”、替群众“解绊”、给市场“腾位”。严格落实“干部对账”制度，定期“晒账单”，促进工作高效落实。深化事业单位改革和行政审批制度改革，推进事业单位法人治理结构试点工作，完成行政许可标准化建设。有序推进商事制度改革和户籍制度改革，加快推进区属国有企业改革和事业单位公务用车制度改革。

不断提升依法行政水平。健全政府工作人员学法用法制度，不断提高法治思维和法治水平。坚持科学民主决策，认真履行公众参与、专家论证、风险评估、合法性审查等重大决策法定程序。依法接受人大及其常委会法律监督和工作监督，主动接受政协民主监督，自觉接受社会监督和舆论监督。拓宽参政议政渠道，广泛听取民主党派、工商联、无党派人士、人民团体意见，认真办理人大代表建议和政协提案。严格落实政务公开各项规定，提高政府工作透明度。

持之以恒加强作风建设。切实增强“四个意识”，特别是核心意识、看齐意识。推进作风建设常态化、长效化，强化制度执行的保障机制。加强干部队伍建设，不断提升公务人员综合素质和履职能力。强化绩效管理和行政问责，健全工作责任制度、激励机制和督查问责机制，落实重大决策终身责任追究制度及倒查机制，大力整治“不作为、慢作为、乱作为”现象。

始终坚守廉洁从政底线。深入推进党风廉政建设，压实主体责任。严格执行招标投标相关法规，进一步完善公共资源交易规程。加强政府投资项目、重大资金支出、重要公益性基金监管和跟踪审计，强化重点领域和关键环节行政监察。

做好群众来信来访、网络留言办理和阳光政务工作，畅通民意诉求渠道。坚持“问题导向”，扎实推进惩治和预防腐败工作，努力营造“干部清正、政府清廉、政治清明”的良好氛围。

各位代表！更伟大的成功还在孕育，更艰巨的任务仍在前方。过去的发展积淀、未来的清晰目标，都赋予我们更加坚定的发展信念和迎难而上的奋进力量。我们坚信，“积力之所举，则无不胜也；众智之所为，则无不成也”。站在新的历史起点，让我们紧密团结在以习近平同志为核心的党中央周围，在区委的坚强领导下，以“翻篇归零”的姿态、力拔头筹的干劲、上下同欲的合力，开启新征程、谱写新篇章、再创新辉煌！

璧山区建成中国生态宜居城市

（2016年12月1日）

2016年12月1日，“中国幸福城市可持续发展国际论坛”在北京人民大会堂举行，发布2016年“中国最具幸福感城市”“中国城市人民获得感案例”和“中国生态宜居”城市名单，重庆市璧山区获“中国生态宜居城市”。此次论坛由联合国开发计划署、中国市长协会《中国城市发展报告》和新华社《瞭望东方周刊》主办。本次活动以“人民获得感成就幸福城市”为主题，问卷调查内容主要包括教育、医疗、环境、交通、文化等16项指标，通过幸福城市的调查评价，充分展现人民获得幸福的美好生活，推出一批在人民获得感方面有突出贡献的幸福城市，引领中国城市幸福发展。

一、加大环境治理和生态修复

重庆市璧山区自2010年以来，璧山加大环境治理和生态修复，建成生态宜居区。以“低碳、便利、宜居、舒适”为城市建设价值取向，建成重庆“最佳人居环境城市”。新增城市公园20个，城市公共绿地达到2 600万平方米，城市立体绿化达到60万平方米，建成区绿化覆盖率提高到50%，人均公园绿地面积增加到30平方米，城市植物品种达到3 000种。建成“国家生态文明试验区”。新建或改造水库20座，形成“一河六湖十八湿地”构架。实施河湖水系连通工程，建成城区桥梁50座。城区水面比例提高到12%，人均水面面积达到12平方米，水网密度接近5公里/平方公里。建设璧南河、璧北河、梅江河“三河”清水廊道，水质保持在Ⅳ类以上。中水回用率达到50%，水环境形成良性循环。建成“全国水生态文明城市”和“海绵城市”。形成南门唐城、秀湖水街、御湖古镇、东林禅院、地派宋城、“千年重庆”古建筑博物馆群等60万平方米仿古建筑，建成一座不可复制的“宁静”古城。完善“孩子出生、幼儿园、小学、中学、职教、就业、居住、看病、购物、娱乐、健身、养老、殡葬”等重要节点高标准服务体系。打造20分钟步行生活圈，建设集生活服务功能于一体的复合社区。打通与主城连接8条隧道，建成轨道一号线大学城至璧山段、九永高速、合璧津高速，加快推进渝蓉高速连接北环立交、渝遂高速扩能改造、市郊铁路建设，实现“15分钟主城”目标；畅通城市“四纵十横”干道和微循环路网，大规模建设新能源汽车充电桩。建成10个特色酒店，建设50个旅游生态停车场、50座旅游公厕和游客接待中心、汽车露营地。推进全域景区建设，打造“处处是景点，时时吸引人”的旅游城市。

二、打造生态宜居和清新城市

近五年来，璧山以重庆绿岛新区核心区建设

为突破口，全力推进生态城市建设和宜居城市建设，城市规模快速倍增，一幅山水画卷徐徐展开。城镇建成区扩大到51.4平方公里，常住人口增加到73万，城镇化率达到52.14%，成功申报为国家新型城镇化综合试点地区。文化艺术中心、璧山中学、人民医院、妇幼保健院、老年护养中心、图书馆、规划馆等重要“功能要件”相继建成，30个公园、20个广场点缀其中，支撑城市功能更趋多元。建成区公共绿地1 800万平方米，立体绿化20万平方米，人均公园绿地面积增加到28平方米，城市植物品种达到2 700种，绿色清新成为“城市底色”。“一河三湖九湿地”框架逐渐成形，水城建设活力迸发。23万平方米仿古建筑拔地而起，古城建设厚植文化符号。坚持环境污染“零容忍”，在全市率先出台环保“严控清单”，关闭各类污染企业580家，辖区环境质量持续改善。成渝高铁、渝蓉高速建成通车，轨道一号线大学城至璧山段、九永高速上马推进，黛山大道连通南北，合璧津高速、渝遂高速支线纳入近期规划。实施国省道路面改造179公里，新建改造农村公路870公里，全区路网密度提高到257公里/百平方公里。实现“镇镇通沥青路，村村通水泥路”，基本实现“半小时璧山”，区域综合交通枢纽功能持续提升区位优势。

延伸阅读 ▶▶

国家园林城市：让绿意浸润城市每个角落

创建三年终获成功

2011年，国家住建部、市园林局专家和领导两次来璧，对璧山创建国家园林城市工作进行调研。他们认为，璧山的美已经体现在城市建设的方方面面，希望璧山再接再厉，在创建国家园林城市工作中打造更多亮点。

功夫不负有心人，2012年2月8日，国家住建部正式下发文件，授予璧山“国家园林县城”称号。

国家园林城市，是根据中华人民共和国住房和城乡建设部《国家园林城市标准》评选出的分布均衡、结构合理、功能完善、景观优美，人居生态环境清新舒适、安全宜人的城市，是国内重要的城市品牌之一。

据区市政园林局相关负责人介绍，同一批次中获批的“国家园林城市”，全国只有31个，其中重庆市只有当时的开县和璧山获此殊荣。

秀美绿城展露芳容

“国家园林城市”获批之后，打造“秀美绿城”成为璧山人不懈追求的梦想。

近年来，老城搬迁了一批老旧党政机关楼，新增一批绿地、公园。新城建设则遵循"高调绿化、低调建筑、空间留白"，道路建设路缘线后退10至40米用于绿化；党政机关、园区企业不建实体围墙，因地制宜培植乔灌草植物绿墙；保护天际线，新建建筑限高。

璧山以绿为脉，精心营造“山水拥城、人林共生”的城市绿化系统。今年将紧扣城区山水脉络，高密度实施街面绿化，因地制宜建成东岳、漫水湾等5个公园和市民休闲广场，同时引进植物200种，打造生物多样化生态城市。新增城市绿地200万平方米以上，建成区绿化覆盖率提高到50%，人均公园绿地面积达到28平方米。今年全区还将实施居民楼院立体绿化1000户以上，建成5条立体绿化集中展示街区。

如今的璧山，走在路上，两旁有宽阔的草坪，植有银杏、香樟、皂角、国槐等树木，矮一点的有紫薇、玉兰、桂花，贴近地面，则是星星点点的小花。随到一处，都是拍照留影的好地方。

秀美绿城，让人们被绿意浸润，更让百姓感受到幸福、充满希望。

统计资料

璧山区国民经济和社会发展统计公报

璧山区统计局

2017 年 2 月

2016 年，在复杂的国内外经济形势下，璧山区在区委、区政府的坚强领导下砥砺前行，深入实施“三区一美”战略行动思路，加快推进高新区建设，加快城市配套建设和生态环境打造，全年经济持续稳定发展，城乡面貌进一步改善，居民生活水平稳步提高。

一、综合

全年完成地区生产总值 428.4 亿元，同比增长 11.4%，增速居全市第 3 位。按三次产业分，第一产业增加值 27.16 亿元，同比增长 4.1%；第二产业增加值 301.50 亿元，同比增长 12.0%；第三产业增加值 99.69 亿元，同比增长 10.9%。

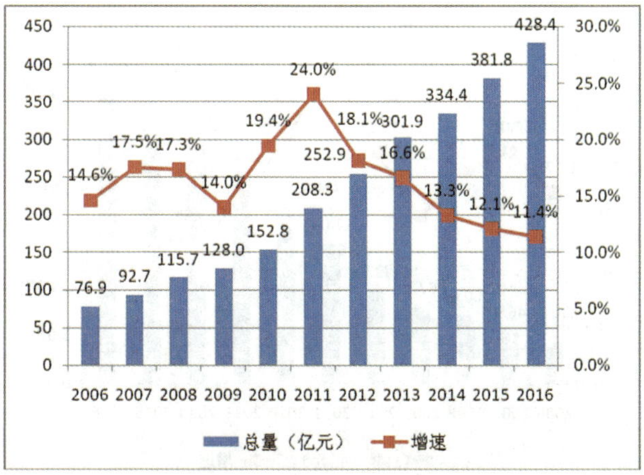

图 1　2006 -2016 年 GDP 总量及其增长速度

从三次产业对经济增长的贡献程度看：第一产业贡献率为 1.9%，拉动经济增长 0.2 个百分点；第二产业贡献率为 76.6%，拉动经济增长 8.7 个百分点；第三产业贡献率为 21.5%，拉动经济增长 2.5 个百分点。

2016 年地区生产总值

表 1　　　　　　　　　　　　　　　　单位：亿元

全年居民消费价格总水平同比上涨 1.5%，其

指　　标	2016 年	比上年±%
地区生产总值	428.35	11.4
第一产业	27.16	4.1
第二产业	301.50	12.0
工业	267.36	11.3
建筑业	34.14	18.1
第三产业	99.69	10.9
交通运输、仓储和邮政业	19.96	8.2
批发和零售业	17.24	11.1
住宿和餐饮业	6.54	8.7
金融业	9.69	2.4
房地产业	9.19	7.6
营利性服务业	13.08	19.6
非营利性服务业	23.79	14.5
农林牧渔服务业	0.21	12.3

中食品类价格同比上涨2.8%。在食品价格中粮食价格同比上涨1.2%、鲜菜价格同比上涨4.2%、畜肉价格同比上涨12.3%、水产品价格同比上涨5.4、蛋价格同比下降1.9%、鲜果价格同比下降2.0%。

二、农业

表2　　2016年居民消费价格

指　　标	比上年±%
居民消费价格总指数	1.5
食品烟酒	2.8
衣着	3.9
居住	0.1
生活用品及服务	-2.0
交通和通信	-1.2
教育文化和娱乐	3.2
医疗保健	1.4
其他用品和服务	0.9

全年完成农林牧渔业总产值40.5亿元，按可比价计算，同比增长3.6%，完成增加值27.2亿元，按不变价计算，同比增长4.1%。农业产值22.4亿元，同比增长5.6%；林业产值0.5亿元，同比增长12.7%；牧业产值14.7亿元，同比增长0.4%；渔业产值2.6亿元，同比增长7.0%；农林牧渔业服务业产值0.3亿元，同比增长13.7%。

全年水果、蔬菜、禽兔、花卉苗木四大主导产业产值28.4亿元，同比增长38.7%，占农林牧渔业总产值比重达70.0%。

全年粮食产量17.44万吨，同比减少0.25%；水果产量15.1万吨 ，同比增长8.0%；蔬菜产量75.6万吨，同比增长7.5%；全年出栏生猪27.88万头，同比下降3.5%；出栏家禽3294万只，同比增长1.9%；出栏肉兔365.91万只，同比增长0.59% 。

璧北10万亩蔬菜基地3.8万亩，播种面积达到11.81万亩，蔬菜产量达到27.19万吨。绿化（花卉）苗木基地7.9万亩，本年新增绿化（花卉）苗木面积0.2万亩。全年粮食作物播种面积28612公顷，同比下降0.39%。油料种植面积2 864公顷，同比增长0.5%。蔬菜种植面积22 047公顷，同比增长2.0%。

全年新型职业农民培训人数400人。农村劳动力转移新增2 159人，全区农村劳动力转移累计总人数达到18.24万人次。

表3　　2016年主要农产品产量

指标名称	单位	产量	比上年±%
粮食	万吨	17.44	-0.25
蔬菜	万吨	75.60	7.5
水果	万吨	15.10	8.0
生猪出栏数	万头	27.88	-3.5
家禽出栏数	万只	3294	1.9
肉类	吨	73153	-5.2
禽肉	吨	50577	1.1
猪肉	吨	20661	-3.2
禽蛋	吨	7264	-3.3
水产品	吨	19159	7.0

三、工业和建筑业

全区完成工业增加值267.4亿元，同比增长11.3%。工业对全区经济增长的贡献率达64.2%，拉动经济增长7.3个百分点。

全区规模以上工业企业320户，完成工业总产值1 029.2亿元（含电力），同比增长12.5%。主营业务收入984.9亿元，同比增长12.2%。利税总

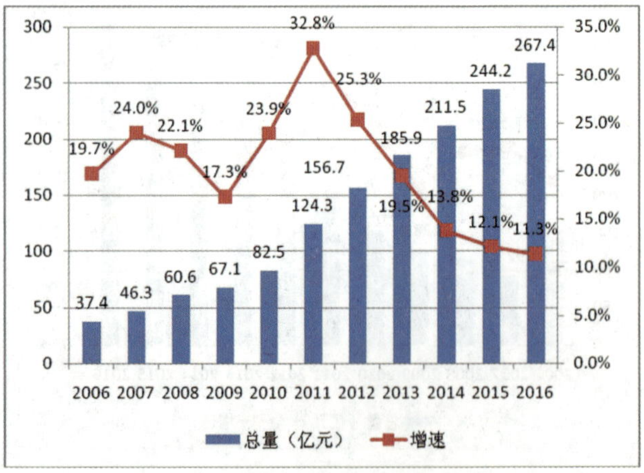

图2　2006-2016年工业增加值及其增长速度

额 90.8 亿元，同比增长 8.6%。利润总额 59.7 亿元，同比增长 13.0%。从业人员平均人数 101 814 人，同比增长 4.0%。

全区完成在地建筑业产值 188.0 亿元，同比增长 18.7%。全区完成建筑业增加值 34.1 亿元，同比增长 18.1%，对经济增长的贡献率为 12.4%，拉动经济增长 1.4 个百分点。我区注册的资质建筑企业有 37 个，其中三级以上施工总承包建筑企业 27 家，三级以上专业承包建筑企业 10 家。全区注册地建筑企业完成建筑业产值 95.5 亿元，同比增长 54.4%；房屋建筑施工面积 619.3 万平方米，同比增长 40.1%，其中本年新开工面积 456.2 万平方米，同比增长 77.8%；房屋建筑竣工面积 363.7 万平方米，同比增长 65.6%。

四、固定资产投资

全年完成固定资产投资 718.8 亿元，同比增长 13.9%。分经济类型看，国有经济投资 158.8 亿元，同比增长 19.1%；集体经济投资 0.6 亿元，同比下降 30.2%；私营个体经济投资 440.8 亿元，同比增长 5.8%；港澳台及外商投资 24.3 亿元，同比增长 540.5%；其他经济投资 94.2 亿元，同比增长 24.0%。分产业看，第一产业投资 16.5 亿元，同比下降 15.8%；第二产业投资 377.7 亿元，同比增长 12.5%,其中工业投资 377.7 元，同比增长 12.5%；第三产业投资 324.5 亿元，同比增长 17.8%。高新区完成投资 335.0 亿元，同比增长 25.0%；绿岛新区完成投资 83.1 亿元，同比增长 6.8%。

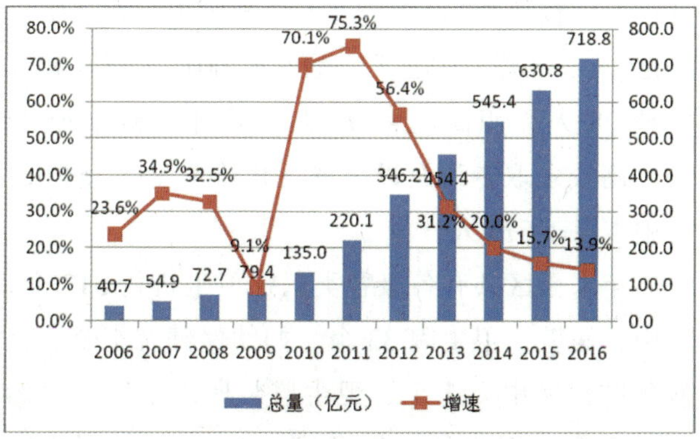

图 3　2006 —2016 年固定资产投资总量及其增长速度

房地产开发投资 80.0 亿元，同比下降 6.7%。全年房屋施工面积 632.5 万平方米，同比下降 8.2%，其中新开工面积 94.3 万平方米，同比下降 16.9%。住宅施工面积 460.1 万平方米，同比下降 8.3%；住宅新开工面积 83.0 万平方米，同比增长 22.6%。全年房屋竣工面积 91.1 万平方米，同比下降 6.9%，其中住宅竣工面积 71.0 万平方米，同比下降 9.7%。全年商品房销售面积 199.1 万平方米，同比增长 15.0%，其中住宅销售面积 168.8 万平方米，同比增长 26.0%。

五、国内贸易

全年完成社会消费品零售总额 122.4 亿元，同比增长 14.8%。其中限额以上法人企业完成社会消费品零售额 54.9 亿元，同比增长 23.6%。分行业看，批发业零售额 5.7 亿元，同比增长 13.4%；零售业零售额 41.8 亿元，同比增长 24.1%；住宿业零售额 0.3 亿元，同比增长 34.3%；餐饮业零售额 7.1 亿元，同比增长 30.0%。

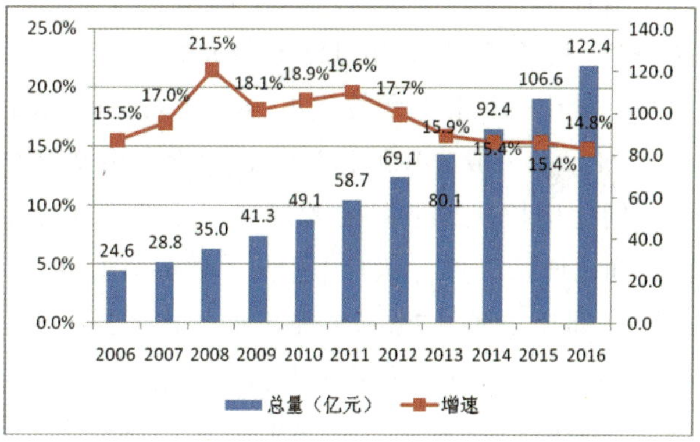

图 4　2006—2016 年社会消费品零售总额总量及其增长速度

六、交通、邮电、旅游

年末全区公路里程 2 352 公里，其中等级公路 1 064 公里。全区汽车拥有量 74 540 辆,同比增长 19.5%。全社会公路客运量 2 443 万人，旅客周转量 134 691 万人公里；公路货运量 2 234 万吨，货运周转量 219 002 万吨公里。

全年完成邮电业务收入 4.3 亿元，同比增长 10.1%。其中邮政业务收入 0.9 亿元，同比增长

15.4%；电信业务收入 3.4 亿元，同比增长 8.8%。年末固定电话用户 9.33 万户，比年初下降 5.7%；移动电话用户 55.1 万户，比年初增长 0.9%；互联网用户 13.4 万户，比年初增长 2.6%。

全年接待游客 1 306.49 万人次，同比增长 3.6%；完成旅游收入 30.7 亿元，同比增长 4.5%。

七、对外经济、招商引资

全年实际利用内资 296.6 亿元，同比增长 23.8%。实际利用外资 12 837 万美元,同比下降 19.4%。

完成进出口总额 13.4 亿元，同比下降 30.1%，其中进口额 3.4 亿元，同比增长 35.5%；出口额 9.9 亿元，同比下降 40.2%。

八、财政、金融、保险

全年辖区内财政收入 149.8 亿元，同比增长 4.1%。地方财政收入 131.6 亿元，同比增长 1.6%。一般公共预算收入 56.2 亿元，同比增长 13.7%，一般公共预算收入中，税收收入完成 27.5 亿元，同比增长 11.5%；非税收入 28.7 亿元，同比增长 16.0%。地方财政支出 158.3 亿元，同比增长 5.7%，其中一般公共预算支出 78.7 亿元，同比增长 9.7%。在一般公共预算支出中,教育支出 9.0 亿元，同比增长 9.2%；社会保障和就业支出 6.3 亿元，同比增长 7.4%；医疗卫生与计划生育支出 8.4 亿元，同比增长 4.7%；节能环保支出 4.5 亿元，同比增长 29.5%；城乡社区支出 28.7 亿元，同比增长 19.1%；农林水支出 6.9 亿元，同比增长 17.5%。

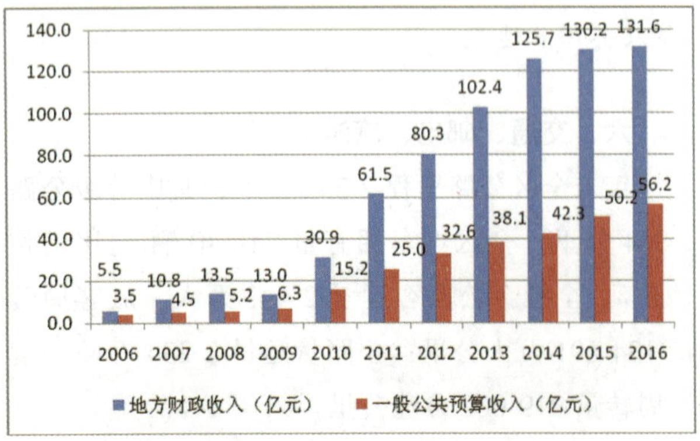

图 5　2006—2016 年地方财政收入、一般公共预算收入总量

年末，全区金融机构本外币存款余额 426.7 亿元，比年初增长 24.3%，其中人民币存款余额 418.5 亿，比年初增长 23.5%。人民币住户储蓄存款余额 276.7 亿元，比年初增长 11.8%。全区金融机构本外币贷款余额 286.8 亿元，比年初增长 2.7%。

全年保费收入 6.2 亿元，同比增长 15.6%；赔付支出 3.8 亿元，同比增长 24.1%。

九、科技、文化、教育、卫生

全区市级以上技术中心 34 个，高新技术企业 71 家，高新技术产品 125 个。全年全区共获得授权专利 1 518 件。

年末全区拥有文化馆 1 个，公共图书馆 1 个，档案馆 1 个，镇街文化服务中心 15 个，电影发行公司 4 个，歌舞娱乐场所 48 家，综合性体育中心 1 个，体育馆 1 个，承办各类比赛 40 场次。

年末全区拥有各类学校 203 所，其中普通中学 21 所、小学 41 所、幼儿园 138 所、职高 1 所、特殊教育学校 1 所、教师进修学校 1 所。全区各类学校在校学生 88 495 人，其中普通中学在校学生 27 448 人，小学在校生 39 185 人，幼儿园在校生 19 060 人,特殊教育学生 108 人，中职生 2 694 人。全区各类学校招生人数 24 103 人，其中普通中学招生 9 340 人，小学招生 6 236 人，幼儿园招生 7 452 人,特殊教育学校招生 10 人，职高学校招生 1 065 人。全区各类学校教职工人数 6 038 人，其中专任教师 5 242 人。在专任教师中，普通中学 2 025 人，小学 2 172 人，幼儿园 901 人,特殊教育学校 28 人，职高学校 94 人，教师进修学校 22 人。高校录取专科及以上璧山户籍考生 3 354 人，其中本科 1 675 人。

年末全区共有各级各类医疗卫生机构 513 个。其中，医院、卫生院 33 个、妇幼保健院 1 个、疾病预防控制中心 1 个、卫生监督所 1 个、私人诊所 137 个、卫生所（医务室）11 个、村卫生室 306 个、门诊部 11 个、社区卫生服务中心(站) 12

个。全区共有医院、卫生院床位 4 726 张。卫生技术人员 3 535 人。全区执业医师和执业助理医师 1 540 人，注册护士 1 458 人。

2016 年卡介苗、糖丸、白三联、麻苗接种率分别达 100.00%、100.00%、100.00%、100.00%；流脑、乙脑接种率达 99.70%、99.40%；乙肝合格接种率、乙肝首针及时率分别达到 100.00%、97.00%；产妇住院分娩率 100.00%；5 岁以下儿童死亡率 6.02‰；婴儿死亡率 4.26‰。

十、人口、人民生活、社会保障

年末全区总户数 25.36 万户，总人口（户籍人口）64.35 万人，其中城镇人口 33.51 万人，乡村人口 30.84 万人。在总人口中,男性 32.66 万人，女性 31.69 万人。全年出生人口 8 156 人，死亡人口 5 002 人；人口自然增长率为 4.7‰。出生人口性别比为 106.3（出生人口、死亡人口含漏统数据）。2016 年，全区常住人口 73 万人，其中城镇人口 39.61 万人，农村人口 33.39 万人；城镇化率为 54.26%。

全体居民人均可支配收入 24 186 元，同比增长 10.9%；城镇常住居民人均可支配收入 32 510 元，同比增长 9.3%。在总收入中，人均工资性收入 20 828 元；人均经营性收入 3 824 元；人均财产性收入 3 392 元；人均转移性收入 4 466 元。人均生活消费支出 19 507 元，同比增长 13.4%。城镇居民恩格尔系数为 0.360。

农村常住居民人均可支配收入 15 680 元，同比增长 10.2%。在农村常住居民人均可支配收入中，人均工资性收入 8 557 元；家庭经营性收入 4 519 元；人均财产性收入 631 元；人均转移性收入 1 973 元。农村常住居民人均生活消费支出11 486 元，同比增长 9.7%。农村居民恩格尔系数为 0.367。

全年城镇职工基本养老保险参保人数 184 888 人，同比增长 9.6%；城乡居民社会养老保险参保人数 277 128 人，同比下降 1.1%；城镇职工基本医疗保险参保人数 90 094 人，同比增长 6.9%；城乡合作医疗参保人数 574 354 人，同比下降 0.1%；失业保险参保人数 83 154 人，同比增长 7.2%；工伤保险参保人数 80 893 人，同比增长 2.2%；生育保险参保人数 66 635 人，同比增长 9.3%。城镇失业人员登记数 2 691 人，同比增长 20.8%；城镇登记失业率 2.41%，比 2015 年同期上涨 0.38 个百分点。

十一、资源、环境、安全生产

全年水资源总量 47 233 万立方米。全年降水量 1 210 毫米。年平均气温 18.8℃。年末水库蓄水总量 7 889 万立方米。全区总用水量 12 057 万立方米，其中农业用水 4 372 万立方米，工业用水 3 120 万立方米，生活用水 2 490 万立方米，其他用水 2 075 万立方米。全区总用电量 22.9 亿千瓦时，其中工业用电量 16.5 亿千瓦时。全区天然气用气量 9 028 万立方米，其中工业用气 3 182 万立方米。

全区林木面积 4.57 万公顷，林木覆盖率 50.0%。全年新增城市绿地 56 公顷，城市绿地面积达到 1 575 公顷，其中本年新增公园城市绿地 44 公顷，公园城市绿地面积达到 638 公顷。人均公园绿地面积 23.54 平方米，生活垃圾无害化处理 99.0%。

城区空气质量优良天数达到 336 天。地表水质达标率 100.0%，区域环境噪声和交通干线噪声平均值控制在 54.5 分贝和 66.7 分贝。医疗废物、危险废物集中处理率 100.0%。

全年各类事故死亡 16 人，同比下降 11.1%。其中生产安全事故死亡 6 人,同比下降 25.0%；交通事故死亡 10 人,同比下降 16.7%。

注：本公报为初步统计数据，最终数据以《璧山统计年鉴 2016》为准。

2016年璧山主要经济指标完成情况表

表 14-1

指标名称		单位	2016年全年	排位		
				全市	与主城九区比	城市发展新区
GDP	总量	亿元	428.4	15	9	6
	增速	%	11.4	3	1	2
工业增加值	总量	亿元	267.4	9	5	4
	增速	%	11.3	7	3	4
固定资产投资	总量	亿元	718.8	8	4	4
	增速	%	13.9	24	3	12
社会消费品零售总额	总量	亿元	122.4	16	9	6
	增速	%	14.8	3	1	2
实际利用内资	总量	亿元	296.6	12	7	5
	增速	%	23.8	6	1	3
一般公共预算收入	总量	亿元	56.2	9	6	3
	增速	%	13.7	13	2	5
地方税收收入	总量	亿元	27.5	13	8	5
	增速	%	11.5	16	2	7
全体居民人均可支配收入	总量	元	24186	12	10	3
	增速	%	10.9	9	1	2
城镇常住居民人均可支配收入	总量	元	32510	9	9	1
	增速	%	9.3	9	1	1
农村常住居民人均可支配收入	总量	元	15680	7	7	1
	增速	%	10.2	10	1	5
进出口总额	总量	万元	133950	18	10	7
	增速	%	-30.1	29	10	11
实际利用外资	总量	万美元	12837	16	10	7
	增速	%	-19.4	18	8	10
常住城镇化率	%	%	54.26	19	10	9
	提高百分点	%	1.82	1	1	1

街镇主要经济指标排序表

规模工业总产值表

表 14-2

单位名称	规模工业总产值（万元）		增速（%）	
	绝对额	位次	±%	位次
璧城街道	108588	5	-17.4	12
璧泉街道	4719799	1	17.5	3

单位名称	规模工业总产值（万元）		增速（%）	
	绝对额	位次	±%	位次
青杠街道	4398557	2	18.6	2
来凤街道	82890	7	–5.4	10
丁家街道	322142	3	–5.2	9
大路街道	180379	4	–9.4	11
河边镇	105395	6	–29.6	13
大兴镇	37503	10	–9.4	11
正兴镇	27575	12	9.9	6
广普镇	43068	9	7.2	7
七塘镇	46065	8	11.1	5
八塘镇	2738	14	13.4	4
福禄镇	19004	13	24.3	1
三合镇	–	–	–	–
健龙镇	36251	11	1.7	8

注：划横线格表示无数据；本表规模工业总产值不含电力数据

固定资产投资表

表 14–3

单位名称	固定资产投资（万元）		增速（%）	
	绝对额	位次	±%	位次
璧城街道	543231	3	11.3	9
璧泉街道	3539733	1	16.4	6
青杠街道	1406418	2	18.1	4
来凤街道	153363	7	–8.5	12
丁家街道	234171	4	–12.9	14
大路街道	215325	5	–18.5	15
河边镇	127940	8	–2.1	10
大兴镇	160866	6	–4.2	11
正兴镇	78702	13	–10.6	13
广普镇	83648	11	14.9	7
七塘镇	113422	9	16.8	5
八塘镇	92289	10	11.4	8
福禄镇	70127	15	18.2	3
三合镇	74328	14	37.4	1
健龙镇	83116	12	24.1	2

限上法人批零销售额表

表 14–4

单位名称	限上法人批零销售额（万元）		增速（%）	
	绝对额	位次	±%	位次
璧城街道	317305	2	16.9	8
璧泉街道	813355	1	18.7	7
青杠街道	47430	5	22.5	5
来凤街道	17212	6	27.4	2
丁家街道	15098	7	32.3	1
大路街道	79754	4	21.0	6
河边镇	105364	3	–4.9	9
大兴镇	5489	8	25.3	4
正兴镇	4281	9	25.9	3
广普镇	–	–	–	–
七塘镇	–	–	–	–
八塘镇	–	–	–	–
福禄镇	–	–	–	–
三合镇	–	–	–	–
健龙镇	–	–	–	–

注：划横线格表示无数据。

限上法人住餐营业收入表

表 14–5

单位名称	限上法人住餐营业收入（万元）		增速（%）	
	绝对额	位次	±%	位次
璧城街道	25838	1	13.6	12
璧泉街道	15805	3	33.5	2
青杠街道	21146	2	20.6	11
来凤街道	2634	6	28.2	8
丁家街道	2609	7	29.7	5
大路街道	7851	4	34.0	1
河边镇	666	10	33.2	3
大兴镇	2026	8	29.4	6
正兴镇	3661	5	31.2	4
广普镇	520	11	23.5	10
七塘镇	–	–	–	–
八塘镇	335	12	26.4	9
福禄镇	–	–	–	–
三合镇	–	–	–	–
健龙镇	816	9	29.1	7

千万元以上内资表

表 14–6

单位名称	千万元以上内资（万元）			
	新增合同资金	位次	本年到位资金	位次
璧城街道	63000	6	56568	5
璧泉街道	118800	2	118298	2
青杠街道	67500	4	65293	3
来凤街道	23300	8	22133	8
丁家街道	65920	5	29920	7
大路街道	134852	1	226496	1
河边镇	–	–	–	–
大兴镇	–	–	–	–
正兴镇	–	–	–	–
广普镇	72500	3	47200	6
七塘镇	4000	9	4521	10
八塘镇	25500	7	63899	4
福禄镇	–	–	–	–
三合镇	–	–	–	–
健龙镇	–	–	12455	9

农村常住居民人均可支配收入表

表 14–7

单位名称	农村常住居民人均可支配收入（元）		增速（%）	
	绝对额	位次	±%	位次
璧城街道	17131	1	9.5	15
璧泉街道	17130	2	9.6	14
青杠街道	16318	4	10.9	1
来凤街道	15825	5	9.7	13
丁家街道	16451	3	9.8	12
大路街道	15648	7	10.7	3
河边镇	15592	8	10.4	6
大兴镇	15818	6	10.8	2
正兴镇	15313	9	10.1	9
广普镇	14371	15	10.6	4
七塘镇	15145	10	10.2	8
八塘镇	14972	12	9.9	11
福禄镇	14832	13	10.0	10
三合镇	14382	14	10.3	7
健龙镇	15044	11	10.5	5

城镇常住居民人均可支配收入表

表 14-8

单位名称	城镇常住居民人均可支配收入（元）		增速（%）	
	绝对额	位次	±%	位次
璧城街道	34965	2	9.8	3
璧泉街道	35327	1	9.7	4
青杠街道	34384	3	9.5	6
来凤街道	33068	6	9.1	10
丁家街道	33902	4	9.3	8
大路街道	33484	5	9.2	9
河边镇	32776	7	9.4	7
大兴镇	32595	8	8.9	12
正兴镇	31716	10	8.6	15
广普镇	31233	14	10.0	1
七塘镇	31454	12	8.7	14
八塘镇	31303	13	9.0	11
福禄镇	31523	11	9.6	5
三合镇	30069	15	8.8	13
健龙镇	31810	9	9.9	2

辖区内一般公共预算收入表

表 14-9

单位名称	辖区内一般公共预算收入（万元）		增速（%）	
	绝对额	位次	±%	位次
璧城街道	63251	2	2.0	6
璧泉街道	141480	1	16.9	2
青杠街道	60236	3	12.3	3
来凤街道	5649	6	-21.8	12
丁家街道	8942	5	-19.4	11
大路街道	11601	4	11.5	4
河边镇	3689	7	-17.9	10
大兴镇	2212	8	-33.2	13
正兴镇	1701	10	-35.3	14
广普镇	1537	11	21.7	1
七塘镇	1279	12	-17.6	9
八塘镇	434	14	-41.0	15
福禄镇	1906	9	9.9	5
三合镇	177	15	-9.2	7
健龙镇	1065	13	-10.4	8

辖区内工商税收表

表 14-10

单位名称	辖区内工商税收（万元）		增速（%）	
	绝对额	位次	±%	位次
璧城街道	58452	3	5.1	6
璧泉街道	126363	1	20.4	4
青杠街道	58904	2	15.3	5
来凤街道	5417	6	-3.4	10
丁家街道	8542	5	-7.9	12
大路街道	10869	4	51.0	1
河边镇	3496	7	-7.5	11
大兴镇	2052	8	-13.6	13
正兴镇	1597	10	-16.1	14
广普镇	1500	11	25.5	2
七塘镇	1217	12	2.7	7
八塘镇	404	14	-28.4	15
福禄镇	1869	9	21.2	3
三合镇	158	15	-3.1	9
健龙镇	1036	13	1.1	8

延伸阅读 ▶▶

“音乐之城”欢迎“璧山人”

借助新媒展示城市之美

用音乐营销城市，是璧山人的创举。而将音乐植入网络，其传播效果则倍增。

基于互联网的巨大影响力、广泛传播力，璧山制作的《小而美》《来了就是璧山人》等 20 余首表现城市魅力的 MV，通过本地政府网、QQ 音乐等载体进行在线播放。让外地人也能通过互联网，直观了解璧山城，直接听到“璧山元素”，感受“璧山记忆”。

与此同时，璧山还将互联网技术运用到城市建设中。目前，璧山城区已实现 WIFI 全覆盖,行走在城区里，随处可以享受免费上网的便利。而下一步璧山准备将 WIFI 布局到旅游景点,并逐渐扩散到所有镇街，使互联网“营销城市”更具底气。

撤县设区两年，也是“互联网+”时代飞速发展的阶段。营销璧山与新媒体融合发展，让更多的人能够认识璧山、了解璧山。

附　　录

2016年重庆市璧山区行政区划一览

表15-1

镇（街道）	村、居、社区名称
璧城街道	10个社区：城中社区、东关社区、塘湾社区、大旺社区、北门社区、芋荷社区、黄葛社区、双龙社区、三角社区、马家桥社区 6个村：新堰村、来龙村、龙井湾村、四面山村、大塘村、天池村
璧泉街道	13个社区：文风社区、南关社区、牛角湾社区、华龙社区、双狮社区、天门社区、新胜社区、虎峰社区、观音社区、团堡社区、养鱼社区、鹰嘴社区、大岚社区
青杠街道	7个社区：大兴社区、大字社区、双路社区、青山社区、清明社区、石河社区、塘坊社区 6个村：中兴村、大森村、梁山村、沙坡村、棕树村、莲花村
来凤街道	3个社区：东街社区、西街社区、花园社区 10个村：来凤村、登凤村、安乐村、孙河村、四平村、魁塘村、鹿河村、三星村、普新村、新七村
丁家街道	3个社区：铜锣社区、沙堆社区、合中社区 16个村：石垭村、天灯村、黉学村、凉风村、莲花坝村、走马村、龙安村、铜瓦村、三五村、杨寺村、大岚坳村、长五村、八寿村、高古村、新民村、竹林湾村
大路街道	3个社区：红石社区、接龙社区、六合社区 14个村：三担村、团坝村、阳河村、高拱村、三江村、新房村、郭家村、大竹村、大沟村、四维村、福里村、龙泉村、三台村、大堂村
正兴镇	2个社区：文华社区、太和社区 12个村：沙塝村、河堰村、金堂村、大面坡村、朝阳村、石院村、尖山子村、湾塘村、团结村、石龙村、卫寺村、曙光村
大兴镇	2个社区：兴隆社区、油田社区 17个村：长隆村、狮子村、龙飞村、万民村、高桥村、朝元村、船形村、石鼻村、平安村、茅莱村、均田村、符家村、双柏村、独耳村、山王村、联盟村、莲生村
七塘镇	2个社区：七兴社区、金凤社区 8个村：建设村、将军村、喜观村、阳岫村、盐店村、四合村、三步梯村、跃进村
八塘镇	1个社区：一品社区 10个村：江兴村、智灯村、青云村、石庙村、五龙村、凉水村、敢英村、三元村、阳龙村、前进村

续表 15-1

镇（街道）	村、居、社区名称
河边镇	1个社区：文昌社区 6个村：同心村、铁石村、盐井河村、新四村、浸口村、复兴村
福禄镇	1个社区：福中社区 6个村：斑竹村 龙宝村 胜利村 红山村 和平村 浸河村
广普镇	1个社区：普兴社区 8个村：护普村、马鞍村、白鹤村、金龙村、大石塔村、周家村、柏杨村、坪中村
三合镇	1个社区：平安社区 7个村：新场村、龙凤村、高山村、石龙桥村、二郎村、天星村、双河村
健龙镇	2个社区：肖家嘴社区龙江社区 9个村：白果村、寨子村、玉林村、画眉村、小河村、弥勒村、鱼洞村、新石村、睦佳村

璧山区组织机构及其负责人

区级党政机关

中共璧山区委

书　记：吴道藩

副书记：章勇武　李文勇 (12月离任)　何　平（12月任职）

常　委：陈　强（12月离任）　李金泉　刘启海（12月离任）　张献强　敖　斌（12月离任）　卢　红（女，1月离任）　朱朝阳　刘　晋　万　容（女，2月任职）　李　丹（女，12月任职 ）　黄文杰（12月任职）

璧山区人大常委会

主　任：薛方梅（女）

副主任：杨红军　彭达宪　张远明　程　明

璧山区人民政府

区　长：章勇武

副区长：何　平（常务）　张献强　李　丹（女）　张树金　黄文杰　程　虎

政协璧山区委员会

主　席：向邦俊

副主席：张正刚　刘正忠　罗恩德　周英碧（女）　杨　靖

秘书长：周厚强

区委机构

纪　委

书　记：陈　强（12月离任）　李金泉（12月任职）

副书记：刘廷忠　陈洪涛　陈　文

常　委：祝晓琴（女）　雷　荣（10月离任）　蒋学远　曾　率（10月离任）　殷朝阳　李焰梅（女，10月任职）　车　昕（10月任职）

纪委工作部门

办公室主任：李华东（10月任职）
组织部部长：祝晓琴（女）
宣传部部长：曾　率（10月离任）
赵　东(10月任职)
党风政风监督室主任：蒋学远（10月离任）
张　莉（女，10月任职）
信访室主任：张　莉（女，10月离任）
殷朝阳（10月任职）
案件监督管理室主任：殷朝阳（10月离任）
蒋学远（10月任职）
第一纪检监察室主任：雷　荣（10月离任）
李焰梅（女，10月任职）
第二纪检监察室主任：王　宇（9月离任）
第三纪检监察室主任：李宗洪（9月任职）
案件审理室主任：李焰梅（女，10月离任）
车　昕（10月任职）
巡察室：余　波（9月任职）

区委工作部门

区委办公室（机要局、保密办/国家保密局　密码管理局）

主　任：罗志军（兼机要局、保密办/国家保密局、密码管理局，3月离任）
陈荣彬（兼机要局　保密办/国家保密局　密码管理局，4月任职）
副主任：莫　珣　肖伦友
纪委派驻纪检组组长：王新宇（10月任职）
专职密码督查员：甘小樯（5月任职）

组织部（非公经济和社会组织工委）

部　长：卢　红（女，兼任区委非公工委书记，2月离任）
万　容（女，兼任区委非公工委书记，3月任职）
常务副部长：余祖明
副部长：徐继东（4月离任）
张咏梅（女，9月离任）
余利华（4月任职）
区委非公工委专职副书记：钟华琴（女）

宣传部

部　　长：刘　晋
常务副部长：胡正好
副部长：陈　亮（8月离任）　李　航
詹　勇（8月任职）
纪委派驻纪检组组长：胡世礼（11月任职）

统战部（台湾工作办公室、台办、民宗侨办）

部　　长：刘启海（12月离任）
刘　晋（12月任职）
常务副部长：彭朝英（女，兼任台办、民宗办主任）
副部长：肖绍国　王兴伟
纪检组组长：胡世礼（10月离任）
区纪委派驻纪检组组长：王万全（10月任职），副组长：游凤敬（10月任职）

政法委（综治办、防邪办）

书　记：李金泉
副书记：张树金（兼）
常务副书记、综治办主任：张中华
副书记、防邪办主任：周　伟
副书记、国安办主任（挂职）：钟　新
政治处主任：陈贵宗
防邪办副主任：高　锋（9月离任）
综治办副主任：彭晓春（女，8月离任）
郭大荣（9月任职）
纪检组组长：邓　敏（女，10月离任）
纪委派驻纪检组组长：汪永燚（10月任职）

编办（事业单位登记局）

主　任：魏晓凤（女，兼事业单位登记局局长）
副主任：叶和定（9月离任）
王才福（11月任职）

直机关工委

书　记：王复梅（女）
副书记：万　华
纪工委书记：张天翔（10月离任）

区委部门管理机构

督查室

主　任：王忠宇

副主任：肖鸿霞（女，4月任职）

老干局

局　长：余有全

副局长：孙　萍（女）

区委直属事业单位

党校（行政学校、社会主义学院）

党校校长：李文勇（兼，12月离任）

何　平（兼，12月任职）

行政学校校长：何　平（兼）

社会主义学院院长：刘启海（兼，12月离任）

刘　晋（兼，12月任职）

党校常务副校长（行政学校副校长、社会主义学院副院长）：甘昌福（7月离任）

舒　俊（7月任职）

党校副校长（社会主义学院副院长）：蓝　建

党校副校长（行政学校副校长）：张长林

璧山报社

党组书记　社长　总编：张　伟

副社长　副总编：刘家宏　李春鸣　陈云刚

纪检组组长：汪永燚（10月离任）

党史研究室

主　任：黄文斌

副主任：罗长洪（10月离任）

刘顺英（女，10月任职）

区人大常委会工作机构

人大办公室

主　任：吴建卿（女）

副主任：黄　强　彭　昱（9月离任）

张开强（9月任职）

人大常委会人事代表工作委员会

主　任：林华伟（7月离任）

王万书（7月任职）

副主任：黄　宏

人大常委会法制工作委员会

主　任：廖福容（女）

副主任：彭定伦

人大常委会农业工作委员会

主　任：韩维萍（女）

副主任：张开强（9月离任）

李世强（9月任职）

人大常委会教育科学文化卫生工作委员会

主　任：王禧华

副主任：沈　亮（女）

人大常委会预算工作委员会

主　任：徐安绪（4月任职）

副主任：伍仁斌

人大常委会城乡建设环境保护工作委员会

主　任：王大全

副主任：徐远达（4月任职）

区人大常委会信访办公室

主　任：吴建卿（女，兼）

副主任：张巧玲（女）

区政府机构

区政府工作部门

区政府办公室（政府法制办、民防办、政府应急办）

党组书记、主任：董奕锋（兼民防办主任法制办主任）

副主任：郭清荣　张光汉（4月离任）

饶　静（女，4月任职）

聂源极（11月任职）

纪委派驻纪检组组长：邓昌谷（10月任职）

法制办

主　任：董奕锋

副主任：郭清荣

民防办

主任：董奕锋

发改委

党组书记、主任：陈荣彬（4月离任）

刘兆奎（4月任职）

副主任：蒋永福　刘　平（女）　杨　俊

任仲泉（11月任职）

纪检组组长：吴　荣（8月离任）

财政局

党组书记　局长：彭禄友（兼金融办主任）

副局长：董其鑫　张显鸿　戴雪平（女）

纪检组组长：甘华学（10月离任）

纪委派驻纪检组组长：叶　兰（女，10月任职）

经信委

党委书记、主任：刘光中（8月离任）

杨　勇（8月任职）

党委副书记：刘居明

副主任：张箴华　谷山岗（4月离任）

曾佑勇

纪委书记：杨伙清（10月离任）

教委

工委书记：朱朝阳（兼）

工委委员、主任：张　忠

工委副书记：张继仁

工委委员、副主任：徐安茂

工委委员、副主任：吴明平

工委副书记、纪工委书记：李　好（女，10月离任）

工委委员、纪委派驻纪检组组长：邱　仟（10月任职）

工委委员、教育督导室副主任：唐　刚

工委委员、副主任：彭　鹏

科委

党组书记、主任：周　梁

副主任：孙　华（9月任职）

雷　鸣（10月离任）　李泽元

纪检组组长：李小琴（女，10月离任）

城乡建委

党委书记　主任：张玉平

党委副书记：刘　勇

副主任：陈维焕　邓绍红（11月任职）

罗秀君（10月离任）

葛　勇（4月任职）

纪委书记：邓绍红（10月离任）

党委委员：罗秀君（9月离任）

叶龙娟（女，10月任职）

葛　勇（4月任职）

交委

党委书记　主任：钱蜀光

党委副书记：王光常（9月离任）

陈荣明（9月任职）

副主任：陈荣明（9月离任）　谢永胜

邹　勇（9月任职）　赖晓明

纪委书记：邹　勇（9月离任）

党委委员：朱　静（女，10月离任）

农委（区农综办）

农工委书记：敖　斌（兼）

主 任：欧文礼

农工委副书记：陈　宇

副主任：刘家洪（4月任职）　李　刚

罗亨伦（女）

纪工委书记：王万全（10月离任）

纪委派驻纪检组组长：周家勤（女，10月任职）

商务局（旅游局）

党委书记、局长：谢玉红（女，7月离任）

侯咏梅（女，7月任职）

纪委书记：吴泽均（10月离任）

党委副书记：洪　彬

副局长：徐远达（4月离任）　邓沛伟

汪　建（4月任职）

胡　洲（4月任职）

公安局

党委书记、局长：张树金（兼督察长）

党委副书记、政委：刘建中（12月离任）

党委副书记、副局长：秦俊才

党委委员、纪委书记：王复健（10月任区纪委驻纪检组组长）

党委委员、副局长：姚文华

党委委员、政治处主任：张 静（女）

党委委员：吴佩操（10月离任）

党委委员、交巡警支队支队长：邹 宇

党委委员、治安管理支队支队长：杨帮强

党委委员、刑事侦查支队政委：胡廷东

警务处主任：严永红

警务保障处主任：谢恩义

治安管理支队政委：胡勤勇

交巡警支队政委：廖 伟

刑侦支队支队长：赵 荣

监察局

局 长：刘廷忠

副局长：祝晓琴（女）

雷 荣（10月离任）

张 伟（9月离任）

蒋学远（10月任职）

民政局（区老龄委办）

党组书记、局长：叶太中

党组成员、副局长：雷 荣（11月任职）

党组成员、老龄办主任：刘 勇（9月离任）

向义华（9月任职）

党组成员、纪检组组长：雷贵建（10月离任）

党组成员、副局长：雷贵建（11月任职）

副局长：常爱书（女） 谷山刚（4月任职）

司法局

党组书记、局长：何中毅（7月离任）

谢玉红（女，7月任职）

党组成员、副局长：杨正华（4月离任）

谭 信（4月任职）

郑富华

副局长：周成伟

党组成员、纪检组组长：朱奕桦（女，10月离任）

人力社保局

党组书记、局长：李定明（女）

党组副书记：刘啟发（9月任职）

党组成员、副局长：程锡萍（女） 周厚建

邱长江

党组成员、纪检组组长：邱 仟（11月离任）

党组成员、纪委派驻纪检组组长：李贵春（11月任职）

国土房管局

党组书记、局长：朱家庆

党组成员、土地整治储备中心主任：郭逢义

党组成员、副局长：周善平 万 华

梁安华（12月任职）

党组成员、纪检组组长：李 德（10月离任）

党组成员、纪委派驻纪检组组长：甘华学（10月任职）

区土地整治储备中心

主 任：郭逢义

副主任：仇剑波（4月离任） 孙 伟

曹 伟（4月任职）

区征地拆迁办

主 任：刘 洪

副主任：陈福萍（女） 卢青春

环保局

党组书记、局长：张 川

党组成员、副局长：毛发蓉（女）

罗 俊 杜俊明（10月离任）

甘平兴（5月离任）

党组成员、纪检组组长：郑 义（8月离任）

党组成员、纪委派驻纪检组组长：孙登洪（10月任职）

纪委派驻纪检组副组长：张天翔（10月任职）

党组成员、环境监察支队支队长：赵选亮

规划局

党组书记 局长：吴永彬（4月离任）

蒋杭航（女，4月任职）

副局长：张荣华（11月离任） 张 兴

左 斌（9月任职）

杨春华（女，11月任职）

纪检组组长：杨春华（女，11月离任）

市政园林局

党组书记　局长：谭良宽

副局长：梁德平　王　涛（9月离任）

李剑锋　王　宇（9月任职）

水务局

党委书记、局长：王继超

党委副书记：杨　毅（女）

纪委书记：田云健（10月离任）

副局长：周成炬　傅福明

刘　铁（9月任职）

党委委员：岳文杰（9月任职）

文化委（区体育局）

主　任：王复莲（女）

党组成员、书记：黄　林

党组成员　纪检组组长：王新宇（10月离任）

党组成员：李高超

党组成员、副主任：洪　军

何中政（9月任职）

卫生计生委（区爱卫办）

党委书记、主任：胡守国（7月离任）

柯真碧（7月任职）

党委委员、副主任：黄登科（9月离任）

党委委员、纪委书记：鲁荣毅（女，10月离任）

党委委员、纪委派驻纪检组组长：李　好（女，10月任职）

纪委派驻纪检组副组长：徐晓渝（10月任职）

党委委员、副主任：唐怀彬　陈大明（9月离任）　李正洪（9月任职）

党委副书记：汪国琴（女，10月离任）　伍小琴（女，10月任职）

党委委员、卫生计生执法监督局局长：刘隆平（7月任职）

党委委员、爱卫办主任：赵治中

审计局

党组书记、局长：舒朝勇

副局长：杨用明　龚建烈（女）

李小红（女，9月离任）

党组成员：周　波（女）

经济责任审计联席会议办公室主任：刘　诚（11月任职）

安监局

党组书记、局长：谢传武

党组成员、副局长：巫正宏（10月离任）　夏庆龙　颜广宇（10月病故）　张世帝（9月任职）

党组成员、安监执法支队支队长：刘玉强

纪检组组长：叶和生（10月离任）

统计局

党组书记、局长：郑发利

党组成员、副局长：王洪波　黄　伟

副局长：杨　玲（女）

党组成员、纪检组组长：王　春（10月离任）

林业局

党组书记、局长：廖光明（4月离任）

彭开华（4月任职）

党组成员、副局长：徐　刚（9月离任）

曾　率（10月任党组成员、11月任副局长）

任志成

党组成员、纪检组组长：郑祖旺（10月离任）

副局长：冯大俊

机关事务局

党组书记、局长：丁翠碧（女）

党组成员、纪检组组长：杨后平（10月离任）

党组成员、副局长：姜　虹（女）

杨后平（11月任职）

信访办

党组书记、主任：刘子立

党组成员、副主任：赵德奎

谭　信（4月离任）　郭大荣（8月离任）

肖其建（4月任职）　朋晓波（8月任职）

党组成员、纪检组组长：车　昕（10月离任）

党组成员、信访督查专员：万东洪　杨成文（4月任党组成员，5月任督查专员）

区政府派出机构

绿岛新区管委会

党工委书记：李文勇（兼）

党工委副书记、管委会主任：万永生

党工委副书记、管委会副主任：蒋杭航（女，4月离任） 戈　刚（8月任职）

党工委委员、纪工委书记：龙泽会（女，9月离任）

党工委委员、管委会副主任：罗　东（9月离任） 尚晓波（9月任职） 胡正国（9月任职）

管委会委员、企业服务部部长：尚晓波（9月离任）

管委会委员、财务部部长：陈国庆（2月离任）

管委会委员、规划展览部部长：胡正国（9月离任）

监察室主任：戴虎宏（11月离任）

征地拆迁部部长：周国福

璧山高新区管委会(2016年4月前)

党工委书记：卢　红（女，2月离任）

党工委副书记、管委会主任：黄文杰（2月离任）

党工委副书记、常务副主任：田　中

党工委委员、副主任：蒋道军（4月离任） 葛　勇（4月离任） 陈　志

党工委委员、纪工委书记：熊　文

管委会委员、办公室主任：张华荣

管委会委员、安监安主任：周基伟（4月离任）

管委会委员、企业服务部部长：唐　刚

管委会委员、征地拆迁部部长：曹　伟（4月离任）

管委会委员、招商部部长：郑远康

管委会委员、统计部部长：刘文模

两山中心主任：曾维波（2月离任）

璧山高新区管委会（2016年4月后）

党工委书记、管委会主任：罗志军（3月任职）

党工委副书记、常务副主任：田　中

党工委委员、副主任：陈　志（5月任委员，6月任副主任） 韩　霄（7月任职）

党工委委员、纪工委书记：熊　文（10月离任）

党工委委员、纪委派驻纪检组组长：王登益（10月任职）

纪委派驻纪检组副组长：曹　立（10月任职）

管委会委员、办公室主任：张华荣（9月离任）

管委会建设管理局局长：刘志鸣（4月任职）

管委会经济发展局局长：唐　刚（4月任职）

管委会经济发展局副局长：刘文模（5月任职）

管委会财务局局长：刘隆英（女，9月任职）

管委会创新服务中心主任：龚　茜（女，11月任职）

管委会投资促进局副局长：郑远康（5月任职）

两山公司

董事长、总经理：曾维波（2月任职）

副总经理：傅　鑫（6月任职）
代修智（9月任职）

国家农业科技园区管委会

党工委书记：敖　斌（兼）

党工委副书记、管委会主任：程　虎（兼）

党工委副书记、管委会常务副主任：刘　刚

党工委专职副书记、管委会副主任：李元荣

党工委委员、管委会副主任：周基伟（4月任职）

党工委委员、管委会副主任：卢朝锋（9月离任）

党工委委员、纪工委书记：李贵春（10月离任）

局馆合一机构

档案局（档案馆、地志办）

党组书记、局（馆）长：陈启江（兼地志办主任）

党组成员、副局（馆）长：曾　健　刘　静

（女） 荀映平

党组成员、纪检组组长：孙登洪（10月离任）

其他机构

供销社

党委书记、主任：肖世忠（7月离任）

甘昌福（7月任职）

党委副书记：李荣宝（9月离任）

张　宁（9月任职）

纪委书记：陈世龙（10月离任）

副主任：王洪乾　吴光学

区政协工作机构

区政协办公室

主　任：周厚强

副主任：柯昌蜀（女）

提案社法办公室

主　任：张兴亮

副主任：岳万勇　钟晓涛

社事学习文史办公室

主　任：瞿显贵

副主任：袁平安

经济人环建设办公室

主　任：骆成勇（9月离任）

副主任：廖　涛　何孔其

委员联络办公室

主　任：罗庆利

副主任：刘智国（9月任职）

机关纪检组

组长：叶　兰（女，10月离任）

区纪委派驻纪检组

组长：张荣华（10月任职）

社情民意信息中心

主　任：石怀伟

专门委员会（驻会领导职务）

提案委员会

主　任：张兴亮

副主任：岳万勇

学习及文史委员会

主　任：傅应明

副主任：叶　兰（女，10月离任）

经济委员会

主　任：骆成勇（9月离任）

副主任：廖　涛

农业委员会

主　任：郭清洪

人口资源环境建设委员会

主　任：何大树

副主任：何孔其　石怀伟

科教文卫体委员会

主　任：瞿显贵

副主任：袁平安

社会和法制委员会

主　任：刘宗彬

副主任：钟晓涛

审判机关

法　院

党组书记、院长：陈宏宇

党组副书记、副院长：伍顶军

党组成员、副院长：吴宏斌

党组成员、纪检组组长：王雪松（8月离任）

党组成员、专委：王雪松（8月任职）

副院长：赵红敏（女）

党组成员、政治处主任：王昌遂

党组成员、执行局局长：曾星灿

检察机关

检察院

党组书记、检察长：孟卫红（女）

党组副书记、副检察长：唐　洪

党组成员、副检察长：刘海东

党组成员、副检察长：万　成（8月离任）

副检察长：赖　华（8月任职）

党组成员、纪检组组长：石孝忠

党组成员、政治处主任：张海军

党组成员、职侦局局长：肖金菊（4月任职）

检委会专职委员：赖　华（8月离任）

王云蜀　肖忠荣

区级部门管理事业单位

研究室

主　任：曹登桥（4月离任）

莫　珣（4月任职）

副主任：陈兴谊

行政服务中心管理办

党组书记：龙泽会（女，9月任职）

主　任：袁道国（7月离任）

张　伟（9月任职）

党组成员、副主任：徐搴锴　李　川

公共资源交易中心

党组书记、主任：万小力 (8月离任)

刘友忠（8月任职）

党组成员、副主任：张兴良（9月离任）

周开绪　李美忠　伍琼琦（女，10月任职,10月任党组成员，11月任副主任）

党组成员、纪检组组长：叶龙娟（女，10月离任）

广播电视台

党组书记、台长：胡玉华（女）

副台长：罗时全　林勇华　张琴（女，9月离任）　左三刚（11月任职）

纪检组组长：左三刚（10月离任）

国资中心（重庆联交所璧山支所）

党组书记、主任：刘隆平（7月离任）

黄　建（7月任职）

副主任：李　刚（11月离任）　黎洪友

宋明泽（11月离任）

党政信息中心

主　任：徐　刚

副主任：黄义臣　马孝荣

工程建设中心

副董事长　主任：王济民（9月离任）

副主任：彭定勇　凯祥孟

绿岛公司

董事长　总经理：陈国庆（2月任职）

副总经理：刘　锋（9月任职）

远教中心

主任：余利华（4月离任）

何　琪（女，4月任职）

社保局

局　长：何中毅（7月任职）

副局长：何　平（9月任职）

钱大学（7月任职）

张　黎（9月任职）

就业局（区农村劳务开发办）

党支部书记　局长：郑　勇

疾控中心（区健康教育所、区卫生进修校）

主任：王　旭（兼区卫生进修学校校长，区健康教育所所长）

文化执法支队

支队长：周显勇

工商联　民主党派　关心下一代工作委员会

工商联（总商会）

主席（会长）：雍　湘（女）

党组书记、副主席（副会长）：肖绍国（8月离任）　刘光中（8月任职）

党组成员、副主席（副会长）：白　均

党组成员、纪检组组长：邓昌谷（10月离任）

党组成员、秘书长：刘庆荣 (女，8月离任) 罗荣亮（8月任职）

关工委

主　任：卢　红（女，2月离任）

万　容（女，3月兼任）

名誉主任：胡朝木

执行主任：罗中华

副主任：朱俊堂　王正洪　张宗伦　彭时万　雷飞武　周世平

群众团体机构

总工会

主席：钟昌国

党组书记、副主席：徐泽平（4月离任）
徐继东（4月任职）

总工会副主席：曾　红（11月任职）

纪检组组长：王登益（10月离任）

挂职副主席：白　涛（9月任职）

兼职副主席：陈　楠（9月任职）
饶　强（9月任职）
陈小红（9月任职）

团区委

书　记：李佳敏

副书记：任仲泉（11月离任）
戴虎宏（11月任职）

妇联

主　席：钟昌群（女）

副主席：伍琼琦（女，11月离任）
汪国琴（女，11月任职）

科协

党组书记、主席：龙泽源

党组成员、副主席：冯大春

党组成员、纪检组组长：李仕宏（8月离任）

社科联

主　席：徐安绪（4月离任）
徐泽平（4月至9月）
陈　亮（9月任职）

副主席：尹　宏

侨联

主　席：刘　华（女）

秘书长：彭雪松（4月离任）

副主席：彭雪松（4月任职）

残联

党组书记、理事长：周明进

党组成员、副理事长：游凤敬（10月离任）
徐孝辉（10月任职）

党组成员、纪检组组长：王贵康（10月离任）

红十字会

常务副会长：肖祖兴（8月离任）
肖世中（8月任职）

副会长：杨　玲（女）

计生协会

常务副会长：罗庆华

秘　书　长：曹　勇

市级以上直属工作部门

国税局

党组书记、局长：胡　睿

党组成员、副局长：柏兴明（5月离任）
刘　涛

党组成员、纪检组组长：杨　艺

总经济师：苟　伟

地税局

党组书记、局长：刘　萍（女）

党组成员、副局长：徐廷中（5月离任）
廖小林（5月离任）
谭　兴
张孝鸿（5月任职）
崔　宁（9月任职）

党组成员、纪检组组长：陈小敬

工商局

党组书记、局长：黄　超

党组成员、副局长：杨金城（11月离任）
陶世明　钟世永

党组成员、机关党委书记：张礼强

党组成员、纪检组组长：刘　江

质监局

党组书记、局长：王 敏

党组成员、副局长 纪检组组长：汪 中

党组成员、副局长：朱 勇（1月离任）
曾中胜（6月任职）

食品药品监督局

党组书记、局长：王安礼

党组成员、副局长：黎 伟 荣腾举

党组成员、纪检组组长：许 霖（1月任职）

烟草专卖局（重庆市烟草公司璧山分公司）

书记、局长、经理：罗晓庆

副书记、副局长：刘 建（女）

副经理：谢秀丽（女）

气象局

局 长：徐之华

副局长：徐 燕（女）

中国邮政集团公司重庆市璧山区分公司

党总支书记、总经理：朱 洪

党总支副书记、副总经理、纪检委员：宾友华

镇街机构

璧城街道

党工委书记：李长征

党工委副书记 办事处主任：孙 东

党工委副书记：肖绍波（10月离任）
邓胜超（10月任职）

党工委委员、人大工委主任：肖绍波（10月任职）

党工委委员、纪工委书记：谭其一（10月离任） 邓 敏（女，10月任职）

党工委委员、政法书记：林 箭

党工委委员、办事处副主任：刘 铁（9月离任） 向 华（女） 谭其一（11月任职） 刘光华（10月任职）

办事处副主任：蔡大丰

党工委委员、人武部长：何远德（10月离任） 刘光华（10月任职）

党工委组织委员：邓胜超（10月离任）
罗长洪（10月任职）

党工委宣传委员：赵 东（10月离任）
邹德平（女，10月任职）

党工委统战委员：邹德平（女）

璧泉街道

党工委书记：刘全模

党工委副书记、办事处主任：杨 勇（8月离任） 万小力（8月任职）

党工委专职副书记：张华荣（9月任职）

党工委委员、人大工委主任：罗庆中（9月离任） 骆成勇（9月任职）

党工委委员、办事处副主任：叶合全（9月离任） 沈 洪（10月任职） 朱奕桦（女，10月任职）

办事处副主任：薛方勇 肖其建（4月离任）

党工委委员、纪工委书记：马安利（10月离任） 张华勇（10月任职）

党工委委员、政法书记：胡 勇

党工委委员、人武部长：杨明禄（11月离任） 薛方勇（11月任职）

党工委组织委员：刘顺英（女，10月离任）
李小琴（女，10月任职）

党工委宣传委员：沈 洪（10月离任）
王姝尹（女，10月任职）

党工委统战委员：王姝尹（女）

青杠街道

党工委书记：侯咏梅（女，7月离任）
张 余（7月任职）

党工委副书记、办事处主任：张 余（7月离任） 王 涛（9月任职）

党工委副书记：曾永德（10月离任）
李 德（10月任职）

人大工委主任：曾永德

党工委委员：曾永德（10月任职）
欧文龙(10月任职)

汪　勇（9月离任）

党工委委员　办事处副主任：牟祖伟

办事处副主任：汪　勇（9月离任）　欧文龙

张　健（11月任职）

张　礼（11月任职）

党工委委员、人武部长：张　礼（11月离任）　牟祖伟（11月任职）

党工委委员、纪工委书记：罗荣亮（8月离任）　田　强（10月任职）

党工委委员、政法书记：张　健（10月离任）　周华林（10月任职）

党工委组织委员：伍晓琴（女，10月离任）

张元毅（10月任职）

党工委宣传委员：田　强（10月离任）

刘明利（女，10月任职）

党工委统战委员：张元毅（10月离任）

刘明利（女，10月任职）

来凤街道

党工委书记：陈根然

党工委副书记、办事处主任：张　东

党工委副书记：刘家洪（4月离任）　蒋道军（4月任职，10月离任）　罗秀君（9月任职）

人大工委主任：刘家洪（4月离任）

党工委委员、人大工委主任：蒋道军（6月任人大工委主任,10月任党工委委员）

党工委委员、办事处常务副主任：袁　遥（10月离任）

办事处副主任：张福友（10月任党工委委员）　薛祖泉（10月任党工委委员）　李宗洪（11月离任）　陈　勇（11月任职）党工委委员

纪工委书记：代修智（9月离任）

唐云财（10月任职）

党工委委员、政法书记：张华勇（10月离任）　刘　华（10月任职）

党工委委员、人武部长：江宗富（11月离任）

余永波（11月任职）

党工委组织委员：余永波（10月离任）

王贵书（10月任职）

党工委宣传委员：方平萍（女）

党工委统战委员：刘　华（10月离任）

方平萍（女，10月任职）

丁家街道

党工委书记：柯　斌

党工委副书记、办事处主任：陈代忠（2月离任）　张光汉（4月任职）

党工委委员、人大工委主任：王亚东（女）

党工委副书记：王亚东（10月离任）　罗东（9月任职）

党工委委员、办事处副主任：罗　强（11月离任）　陈　兵　周志刚（11月任职）　曾利维（11月任职）

办事处副主任：李祖兵（11月离任）

唐光军（11月任职）

党工委委员、纪工委书记：李开良（10月离任）　刘开金（10月任职）

党工委委员、政法书记：龙贻坤（10月离任）　吴佩操（10月任职）

党工委委员、人武部长：周志刚

党工委组织委员：曾利维（10月离任）　王洪英（女，10月任职）

党工委宣传委员：高道素（女）

党工委统战委员：唐光军（10月离任）

高道素（女，10月任职）

大路街道

党工委书记：代兴义

党工委副书记、办事处主任：魏　虹（女）

党工委委员、人大工委主任：严灿丰（10月任党工委委员）

党工委副书记：严灿丰（10月离任）

彭　昱（9月任职）

党工委委员、办事处常务副主任：肖祖海（9月离任）

党工委委员、纪工委书记：周家勤（女，10月离任）　邓义忠（10月任职）

党工委委员、政法书记：邓勇刚（10月离任） 万　洪（10月任职）

党工委委员、人武部长：李正洪（9月离任党工委委员，11月离任人武部长） 郭义斌（9月党工委委员任职，11月人武部长任职）

党工委委员、办事处副主任：郭义斌 邓勇刚（11月任职） 韩　艳（女，10月任党工委委员）

办事处副主任：胡珊戎（女，11月任职）

党工委宣传委员：徐孝辉（10月离任）

党工委组织委员：周华鹏 （10月离任）

党工委委员：江宗志 张　引 （10月离任）

正兴镇

党委书记：王万书（7月离任）
黄佑强（7月任职）

党委副书记、镇长：黄佑强（7月离任）
肖祖海（7月任职）

党委副书记、人大主席：刘智国（9月离任）

熊　文（12月任党委委员、人大主席）

党委副书记：肖祖海（9月任职）
马安利（10月任职）

党委委员、常务副镇长：曹　立（10月离任）

党委委员、副镇长、人武部长：梁　勇（12月任职）

党委委员、副镇长：李祖兵（12月任职）
叶宝利（女，10月任职）

党委委员、纪委书记：刘开金（10月离任）
赵学玲（女，10月任职）

党委委员、政法书记：朋晓波（8月离任）
李正伦（10月任职）

党委委员：张兴良（9月任职，10月病故）
熊　文（10月任职）

副镇长：程　健

党委组织委员：石国永（10月离任）
朱　静（女，10月任职）

党委统战委员：王洪英（女，10月离任）

党委宣传委员：彭朝富（10月离任）

党委宣传委员 统战委员：郑　兵（10月任职）

大兴镇

党委书记：柯真碧（女，7月离任）
袁道国（7月任职）

党委副书记、镇长：向　勇

党委副书记、人大主席：刘敞发（9月离任）
李荣宝（9月任职）

党委副书记：黎　端（10月任职）

党委委员、纪委书记：杨万洪（10月任职）

党委委员、副镇长：刘志鸣（5月离任）

张　钢（10月任党委委员）

姚　敏（女，12月任职）

易　军（12月任职）

副镇长：曾　红（10月离任）
万亚东（12月任职）

党委委员、政法书记：谢　斌（10月离任）
龙贻坤（10月任职）

党委委员、人武部长：易　军

党委委员：李勋富（10月离任）

党委组织委员：黎　端（女，10月离任）
陶亚兰（女，10月任职）

党委统战委员：姚　敏（女，10月离任）
雷　华（10月任职）

党委宣传委员：雷　华

八塘镇

党委书记：刘兆奎（4月离任）
陈力胜（4月任职）

党委副书记：陈力胜（4月离任）
李世强（9月离任）
钟　攀（9月任职）
叶和定（11月任职）

镇　　长：陈力胜（4月离任）
钟　攀（12月任职）

党委委员、人大主席：李世强（9月离任）

沈　林（9月任党委委员，12月任人大主席）

党委委员、纪委书记：周华林（10月离任）

熊　燕（女，10月任职）

党委委员、政法书记：张　诚（10月离任）

艾　强（10月任职）

副镇长：艾　强（党委委员、副镇长）

邓定轩（10月离任）

胡　光（12月任职）

党委组织委员：雷凤平（女）

党委宣传委员：胡　光（10月离任）

彭定余（10月任职）

七塘镇

党委书记：舒　俊（7月离任）

石德军（7月任职）

党委副书记、镇长：石德军（7月离任）

林华伟（7月任职）

党委副书记、人大主席：何　平（9月离任）

党委副书记：袁　遥（10月任职）

党委委员、人大主席：叶合全（9月任党委委员，12月任人大主席）

党委委员、纪委书记：胡天伦

党委委员、政法书记：毕贵礼

人武部长：毕贵礼（11月离任）　汪德全（10月任党委委员，11月任人武部长）

副镇长：毕贵礼　汪德全

刘明利（女，10月离任）

杨　梅（女，12月任职）

党委组织委员：张　正（10月离任）

范永宏（10月任职）

党委宣传委员：彭定余（10月离任）

彭朝富（10月任职）

党委统战委员：熊　燕（女，10月离任）

彭朝富（10月任职）

河边镇

党委书记：彭开华（4月离任）

唐应容（女，4月任职）

党委副书记、镇长：唐应容（女，4月离任）

曹登桥（4月任职）

党委委员、人大主席：张敬晔

党委副书记：张敬晔（10月离任）

李小红（女，9月任职）

党委委员、副镇长、政法书记、人武部长：刘光华（10月离任党委委员、政法书记，11月离任人武部长）

党委委员、政法委书记：牟　标（10月任职）

党委委员、人武部长：李江涛（10月任党委委员，11月任人武部长）

党委委员、副镇长：李江涛　牟　标　周华鹏（12月任职）

党委委员、纪委书记：杨万洪（10月离任）

向怀宇（女，10月任职）

党委组织委员：李华东（10月离任）

曾沫然（10月任职）

党委宣传委员：向怀宇（女，10月离任）

陈立国（10月任职）

党委统战委员：卓　阳（8月离任）

陈立国（10月任职）

福禄镇

党委书记：彭长春

党委副书记、镇长：张咏梅（9月任职）

党委副书记：韩　霄（7月离任）

张　琴（9月任职）

党委副书记、人大主席：张世帝（9月离任）

党委委员、人大主席：王济民（9月任职）

党委委员、政法书记、副镇长：向义华（9月离任）　胡金国（10月任职）

党委委员、纪委书记：陶小瑜（10月任职）

党委委员、副镇长：何中政（9月离任）

胡金国　周厚和（10月任职,11月任人武部长）

副镇长：周基贵（12月任职）

党委组织委员：刘庆荣（女，8月任职）

党委宣传委员：陶小瑜（女，10月离任）

张　引（10月任职）

党委统战委员：周厚和（10月离任）

张　引（10月任职）

广普镇

党委书记：刘友忠（8月离任）

徐开祥（8月任职）

党委副书记：徐开祥（8月离任）

汪 勇（9月任职）

杜俊明（10月任职）

镇 长：徐开祥（8月离任）

汪 勇（12月任职）

党委副书记、人大主席：孙仁尺（9月离任）

党委委员、人大主席：刘 勇（9月任党委委员，12月任人大主席）

党委委员、纪委书记：万 红

党委委员、副镇长：张 军（10月任政法书记）

党委委员、副镇长、人武部长：黄常见

副 镇 长：左 斌（9月离任）

石国永（12月任职）

党委组织委员：郑 兵（10月离任）

沈 攀（10月任职）

党委宣传委员：邓义忠（10月离任）

何祖秋（10月任职）

党委统战委员：万亚东（10月离任）

何祖秋（10月任职）

三合镇

党委书记：陈 健

党委副书记、镇长：范祥波

党委副书记、人大主席：张 宁（9月离任）

党委委员、人大主席：王光常（9月任党委委员 12月任人大主席）

人大副主席：何 剑（12月任职）

党委副书记：高 锋（9月任职）

党委委员、纪委书记：唐云财（10月离任）王祖全（10月任职）

党委委员、政法书记、人武部长 副镇长：万 洪（10月离任）

党委委员、政法书记、副镇长：刘 勇（10月任职）

党委委员、人武部长、副镇长：刘世界（10月任职）

副镇长：张世会（10月离任）

党委统战委员：王祖全（10月离任）

党委组织委员：凌财全

党委宣传委员、统战委员：张世会（女，10月任职）

党委委员、副镇长：徐晓渝（10月离任）

党委委员：何 剑（10月离任）

健龙镇

党委书记：徐华福

副书记、镇长：曹 彬

副书记、人大主席：孙 华（9月离任）

副书记：张 杰（10月任职）

党委委员、人大主席：徐 刚（12月任职）

党委委员、人大副主席：程 莉（12月任职）

党委委员、纪委书记：王才福（10月离任）

周世俊（11月任职）

党委委员、政法书记：陈 勇（11月离任）

张 正（11月任职）

党委委员、人武部长：陈 勇（11月离任）

向宗孝（12月任职）

副镇长：陈 勇（11月离任）

周世俊（11月离任）

何祖秋（10月离任）

张 正（12月任职）

向宗孝（12月任职）

党委组织委员：张 杰（10月离任）

严灿源（10月任职）

党委统战委员：王贵书（10月离任）

邓定轩（10月任职）

党委宣传委员：向宗孝（10月离任）

邓定轩（10月任职）

党委委员：周基贵（11月离任）

徐 刚（9月任职）

市级以上部分在璧国有重点企业

国网重庆璧山供电公司

党委副书记、总经理：洪　涛

党委书记、副总经理：陈　宾

党委副书记、纪委书记、工会主席：杨友利

党委委员、副总经理：游文钧　陈特炜（7月至12月期间西藏挂职）

总工程师：沈红莲（女）

璧山天然气公司

党委书记、执行董事：胡　浩

党委副书记、总经理：帅兴德

党委副书记、工会主席：易惠勤（女，12月任职）

副总经理、安全总监：彭定川（2月离任）

安全总监、副总经理　纪委书记：贺志强（3月任安全总监、7月任纪委书记）

副总经理：罗诗斌（4月任职）

渝山水资源公司

党支部书记、董事长、总经理：卢祖华

副总经理：李　军　黄　丽（女）　陈伦生

重庆盐业集团璧山分公司

总经理：雷　音（10月离任）

殷义森（10月任职）

副总经理（副局长）：龚　勇

重庆广电璧山分公司

总经理：张　健

副总经理：郑开春　杨　磊

璧山区出席中共重庆第五次代表大会代表名单

（按姓氏笔画为序）

万　容（女）　杨　松　吴道藩　曹廷孝　章勇武　傅　静（女）　谭良宽　黎朝燕（女）

2016年12月28日

出席重庆市第四届人大五次会议的璧山区代表团代表名单（18名）

（按姓氏笔画为序）

表15-2

姓　名	单位及职务
王　洪	重庆渝西园林集团有限公司董事长、党委书记
王运昌	重庆川东投资集团有限公司董事长
朱家庆	璧山区国土资源和房屋管理局局长、党组书记
刘桂平	重庆市人民政府副市长、党组成员
吴道藩	璧山区委书记
李儒章	中国电子科技集团公司首席专家、研究员级高级工程师、模拟集成电路国家级重点实验室副主任
陈　强	璧山区人大常委会主任、党组书记
胡　忠	重庆市送变电工程有限公司总经理、党委副书记
胡健康	市三届人大常委会副主任

姓　名	单位及职务
赵红敏	璧山区人民法院副院长
夏丽华	重庆青山工业有限责任公司技术中心技术开发部部长
贾天平	市人大农业与农村委员会副主任委员
章勇武	璧山区委副书记，区人民政府区长
彭禄友	璧山区财政局局长、党组书记，区金融办主任（兼）
曾佑惠	璧山区实验小学校教师
谢玉红	璧山区司法局局长、党组书记
雷豫平	璧山区大路街道三担村村委会主任
薛方梅	璧山区人大常委会原主任、市人大常委会人事代表工作委员会委员

出席重庆市政协四届五次会议璧山组委员名单

（按姓氏笔画为序）

表 15-3

姓　名	单位及职务	备注
王复莲	璧山区文化委主任、民建璧山支部主委	璧山组委员
代永莲	璧山区农业技术推广中心高级农艺师	璧山组委员
孙　露	重庆金冠集团董事长	在璧市政协委员
向邦俊	璧山区政协主席	璧山组委员
朱堂福	重庆蓝黛机械有限公司董事长	璧山组委员
刘章毅	重庆瀚恩阳光物业公司董事长	在璧市政协委员
沈　朋	重庆玄黄合德生态农业开发公司董事长	璧山组委员
杨云帆	璧山华汤温泉	在璧市政协委员

中共重庆市璧山区第十四届代表大会代表名单

（以姓氏笔画为序）

表 15-4

第一代表团（共 30 人）

姓　名	单位及职务
万　华	区直机关工委副书记
王　敏	区质监局局长、党组书记
王大全	区人大常委会城环工委主任
王安礼	区食药监分局局长、党组书记
王忠宇	区委督查室主任

续表 15-4

姓　名	单位及职务
王复梅	区直机关工委书记
王艳平	重庆言诚律师事务所专职律师
龙泽会	区行政服务中心管理办党组书记
伍顶军	区法院副院长（正处级）
向太华	原县政协主席
刘　萍	区地税局局长、党组书记
刘友忠	区公共资源交易中心主任、党组书记
杨　唯	区路灯管理所副所长、党支部书记
杨金城	区工商分局副处级干部
连宏宇	璧山报社经宣部主任
何　伟	区饮食行业协会党支部书记、秘书长
余有全	区委老干局局长
张长林	区委党校副校长
张越越	区党政信息中心八级职员
周学成	区司法局来凤司法所所长
周显勇	区文化执法支队支队长
胡　睿	区国税局局长、党组书记
胡朝木	原县委书记
钟华琴	区委非公经济和社会组织工委专职副书记（正处级）
徐之华	区气象局局长、党组书记
徐枝庆	红火鸟鞋业财务管理部经理、党支部书记
徐荣高	原县人大常委会主任
郭逢义	区土地整治储备中心主任
唐　洪	区检察院副检察长，区纪委常委（兼）（正处级）
黄文斌	区委党研室主任

第二代表团（共 30 人）

姓　名	单位及职务
万小力	璧泉街道党工委副书记、办事处主任
王定凤	璧泉街道残联理事长
戈　刚	绿岛新区党工委副书记，管委会副主任（兼）
卞红梅	璧泉街道社保所专技十一级干部
朱家庆	区国土房管局局长、党组书记
刘　晋	区委常委、宣传部长
刘全模	璧泉街道党工委书记
严　莲	璧泉街道财政所所长

续表 15-4

姓 名	单位及职务
李 好	区纪委驻区卫生计生委纪检组组长
李小琴	璧泉街道党工委组织委员
吴正祥	福禄镇斑竹村党总支书记
吴道藩	区委书记
张华荣	璧泉街道党工委副书记
张咏梅	福禄镇党委副书记、镇长
陈 文	区纪委副书记
陈荣彬	区委办公室主任
幸小华	璧泉街道新胜社区助理、社会工作师
尚晓波	绿岛新区管委会副主任
罗晓庆	区烟草专卖局（分公司）党组书记、局长、经理
胡 健	福禄镇初级中学教师
胡正好	区委宣传部常务副部长
胡金国	福禄镇党委委员、政法书记、副镇长
莫 珣	区委研究室主任、办公室副主任
夏庆东	璧泉街道综治办主任
黄 超	区工商分局局长、党组书记
黄文杰	区政府副区长
彭长春	福禄镇党委书记
蒋杭航	区规划局局长、党组书记
舒朝勇	区审计局局长、党组书记
颜天鸿	重庆广东温氏家禽有限公司执业兽医师

第三代表团（共 30 人）

姓 名	单位及职务
王 洪	来凤街道登凤村花卉种植户
王代勇	区水利水库管理中心专技八级干部
王荣刚	来凤街道中心卫生院中级主治医师
王继超	区水务局局长、党委书记
甘秉林	八塘镇五龙村党支部书记
叶太中	区民政局局长、党组书记
叶和定	八塘镇党委副书记
刘小萌	区水土保持生态环境监测站专技十级干部
刘正忠	区政协副主席
杨 毅	区水务局党委副书记

续表 15-4

姓　名	单位及职务
何开荣	来凤小学党支部书记、一级教师
张　东	来凤街道党工委副书记、办事处主任
张　莉	区纪委党风政风室（区政府纠正部门行业不正之风办公室）主任
陈力胜	八塘镇党委书记
陈宏宇	区法院院长、党组书记
陈胤臬	重庆友擘机械制造有限公司副总经理助理
陈根然	来凤街道党工委书记
罗秀君	来凤街道党工委副书记
周　梁	区科委主任、党组书记
赵　东	区纪委宣传部部长
钟　攀	八塘镇党委副书记、镇长
钟传慧	来凤街道文化服务中心专技八级干部
钟昌群	区妇联主席
袁礼灿	来凤街道西街社区党委书记
高定梅	八塘镇中心卫生院主管护师
唐云财	来凤街道党工委委员、纪工委书记
章勇武	区委副书记、区政府区长
董奕锋	区政府党组成员，区政府办公室主任、党组书记
舒　俊	区委党校常务副校长
雷凤平	八塘镇党委组织委员

第四代表团（共 30 人）

姓　名	单位及职务
万永生	绿岛新区管委会主任，党工委副书记（兼）
王　涛	青杠街道党工委副书记、办事处主任
邓简阳	重庆山青机械制造有限公司人力资源干事
石德军	七塘镇党委书记
龙　凤	青杠街道农业服务中心农业技术员
卢廷淑	中医院院长、党支部书记
向邦俊	区政协主席、党组书记
刘　丽	区妇幼保健院主治医师
李　德	青杠街道党工委副书记
李定明	区人力社保局局长、党委书记
李乾春	青杠街道梁山村党总支书记
杨红军	区人大常委会副主任
吴　晓	区司法局青杠司法所所长

续表 15-4

姓　名	单位及职务
张　余	青杠街道党工委书记
张元毅	青杠街道党工委组织委员
张洪敬	区人民医院副主任护师
张富银	七塘小学教导副主任
陈　瑜	区卫生计生监督执法局副主任科员
林华伟	七塘镇党委副书记、镇长
罗　媚	区疾控中心副主任医师
周长青	区人民医院主治医师
胡述刚	重庆金福莱生物科技有限公司畜牧兽医专业医师
胡琳悦	青杠实验小学初级教师
柯真碧	区卫生计生委主任、党委书记
祝晓琴	区纪委常委、组织部部长，区监察局副局长（兼）（正处级）
袁　遥	七塘镇党委副书记
黄　建	区国资中心主任、党组书记
彭秀娟	七塘镇三步梯村党支部委员
程　虎	区政府副区长
魏晓凤	区编办主任

第五代表团（共 31 人）

姓　名	单位及职务
孔繁龙	重庆众泰汽车工业有限公司职业经理人、高级工程师
邓　敏	璧城街道党工委委员、纪工委书记
邓胜超	璧城街道党工委副书记
左利静	重庆蓝黛动力传动机械股份有限公司总经理助理、技术中心主任
田　中	璧山高新区管委会常务副主任
任家良	重庆港风办公家私有限公司生产总监
刘子立	区信访办主任、党组书记
江　焰	璧泉初级中学一级教师
孙　东	璧城街道党工委副书记、办事处主任
李长征	璧城街道党工委书记
杨　松	重庆金冠汽车制造股份有限公司职业经理人
杨　娅	璧山高新区台资企业党建指导员
杨志敏	重庆金鑫滤清器制造有限公司会计、统计员
肖绍波	璧城街道党工委委员、人大工委主任
吴建卿	区人大常委会党组成员，区人大常委会办公室主任、信访办主任（兼）、机关党组书记

续表 15-4

姓　名	单位及职务
吴嘉林	璧城街道三角社区党委书记、社区居委会主任
余光霜	重庆统一企业有限公司机务技师
余祖明	区委组织部常务副部长，区纪委常委（兼）
张　峰	重庆顾地塑胶电器有限公司总经办主任、科协秘书长
张小梅	东关小学一级教师
张正刚	区政协副主席
陈永才	璧城街道新堰村党总支副书记
陈洪涛	区纪委副书记
罗志军	璧山高新区党工委书记、管委会主任（副厅局长级）
唐　麾	重庆龙润汽车转向器有限公司工艺部部长
曹华勇	璧城街道卫生院临床执业助理医师
韩　霄	璧山高新区管委会副主任
曾维波	重庆两山建设投资有限公司董事长、总经理
赖　勇	重庆三友机器制造有限公司机加课课长
谭良宽	区市政园林局局长、党组书记
薛方梅	区人大常委会主任

第六代表团（共 30 人）

姓　名	单位及职务
王在刚	教师进修学校校长、高级教师
王泰雯	璧山中学二级教师
尹学良	区物资有限公司党支部书记、助理经济师
邓秀梅	丁家街道走马村村委会副主任
朱朝阳	区委常委、教育工委书记
刘开金	丁家街道党工委委员、纪工委书记
刘光中	区委统战部副部长，区工商联党组书记、工商联（总商会）副主席（副会长）
刘兆奎	区发展改革委主任、党组书记
严　平	丁家小学二级教师
严永全	青杠金太阳幼儿园园长
杨　勇	区经济信息委主任、党委书记
吴　平	璧山中学党委书记
邱　仟	区纪委驻区教委纪检组组长
邱　燕	丁家橄菊公司人事专员
张　忠	区教委主任
张光汉	丁家街道党工委副书记、办事处主任

续表 15-4

姓　名	单位及职务
张献强	区委常委、区政府副区长
陈　磊	丁家盾之王公司行政总监
罗　东	丁家街道党工委副书记
周培学	区委教育工委组织人事科负责人
柯　斌	丁家街道党工委书记
姚银竹	丁家兽医站兽医师
殷朝阳	区纪委常委、信访室主任
黄显松	来凤中学教师、一级教师
董群英	特殊教育学校党支部书记、高级教师
傅　静	璧山实验小学党支部书记、一级教师
曾　萍	丁家医院主治医师
曾佑勇	区经济信息委副主任
谢玉红	区司法局局长、党组书记
颜复军	丁家街道综治办主任

第七代表团（共 30 人）

姓　名	单位及职务
万　红	广普镇党委委员、纪委书记
万　春	广普镇人民政府专技十二级干部
万东刚	广普镇护普村党支部书记
王镜尧	重庆庆华混凝土有限公司生产技术负责人
邓资标	大路街道文化服务中心主任
田　娜	健森动力机械有限公司中级会计师
代兴义	大路街道党工委书记
朱　洪	中邮璧山分公司总经理、党总支书记
刘　勇	区城乡建委党委副书记
牟之东	区人武部政委
严灿丰	大路街道党工委委员、人大工委主任
李　丹	区政府副区长
李　翠	重庆瀚恩物业发展有限公司开发部经理、安全员
李祥玉	重庆市璧山区大江龙餐饮文化有限公司财务总监
李焰梅	区纪委常委、第一纪检监察室主任
杨明义	建辉瓷砖经营部职工
吴　勇	保家小学一级教师
何　平	区委常委、区政府常务副区长

续表 15-4

姓　名	单位及职务
余定容	大路街道办事处专技九级干部
汪　勇	广普镇党委副书记、镇长
张玉平	区城乡建委主任、党委书记
胡正兴	大路街道团坝村党支部书记
侯咏梅	区商务局局长、党委书记
洪　彬	区商务局党委副书记
徐开祥	广普镇党委书记
徐爱华	砂之船（重庆）商业有限公司财务结算主管、初级会计师
黄　林	区文化委党组书记
彭　昱	大路街道党工委副书记
彭开华	区林业局局长、党组书记
魏　虹	大路街道党工委副书记、办事处主任

第八代表团（共 29 人）

姓　名	单位及职务
艾　渝	后勤保障旅物资营营长
申双全	武警璧山消防支队政委
任　伟	61655 部队政治教导员
刘廷忠	区纪委副书记、区监察局局长
李华东	区纪委办公室主任
杨作东	河边镇新四村党支部书记、村卫生室主治医师
宋树才	77136 部队政委
张　川	区环保局局长、党组书记
张显鸿	区财政局副局长
陈　凤	健龙镇小河村种植专业户
陈　强	区委常委、纪委书记，区人大常委会党组书记
陈大勇	77146 部队部队长
陈启江	区档案局（馆）局（馆）长、党组书记
周　平	龙江小学教导主任
周世俊	健龙镇党委委员、纪委书记
周厚强	区政协秘书长、党组成员，区政协办公室主任、机关党组书记
周恩贤	河边镇铁石村党支部书记
柏　松	区人武部部长
钟昌国	区总工会主席
徐华福	健龙镇党委书记
唐应容	河边镇党委书记

续表 15-4

姓 名	单位及职务
曹 彬	健龙镇党委副书记、镇长
曹登桥	河边镇党委副书记、镇长
梁志鹏	武警璧山中队政治指导员
彭禄友	区财政局局长、党组书记
蒋小龙	78170 部队 70 分队政治指导员
曾沫然	河边镇党委组织委员
谢传武	区安监局局长、党组书记
魏富春	77126 部队医院院长

第九代表团（共 29 人）

姓 名	单位及职务
万 容	区委常委、组织部长
王代华	区公安局交通巡逻警察支队秩序大队大队长
牛慧慧	区农环站农艺师
甘小波	区农机推广站站长、工程师
伍 悦	区公安局反信息诈骗中心主任兼警令处副主任
刘建中	区公安局党委副书记（于 2016 年 12 月调离璧山）
严奉成	区农委科教信息科科长
李元荣	国家农业科技园区党工委副书记，管委会副主任（兼）
李元辉	三合镇双河村党支部书记
何 平	国家农业科技园区产业部人员、渝西蔬菜研发中心负责人
余 波	区纪委巡察工作室主任
张 静	区公安局政治处主任
张树金	区政府副区长，区公安局局长、督察长（兼）
陈 宇	区委农工委副书记（正处级）
陈 健	三合镇党委书记
陈荣明	区交委党委副书记
范祥波	三合镇党委副书记、镇长
欧文礼	区农委主任
易忠平	区公路管理所副所长、高级工程师
周家勤	区纪委驻区农委纪检组组长
胡玉华	区广播电视台台长、党组书记
秦征宇	区公安局警卫处副处长
秦俊才	区公安局党委副书记（正处级）
敖 斌	区委常委、农工委书记，国家农业科技园区党工委书记（兼）

续表 15-4

姓　名	单位及职务
钱蜀光	区交委主任、党委书记
徐光剑	区公安局科技信息化科科长
徐继东	区总工会党组书记、副主席
凌财全	三合镇党委组织委员
景晓宇	三合小学二级教师

第十代表团（共 30 人）

姓　名	单位及职务
丁翠碧	区机关事务局局长、党组书记
车　昕	区纪委常委、案件审理室主任
甘昌福	区供销社主任、党委书记
朱　静	正兴镇党委组织委员
向　勇	大兴镇党委副书记、镇长
向可彬	中国电信股份有限公司璧山分公司总经理、党委书记
刘启海	区委常委、统战部长
李佳敏	团区委书记
李金泉	区委常委、政法委书记
杨万芳	大兴镇兴隆社区党支部书记
杨万洪	大兴镇党委委员、纪委书记
肖　平	大兴中学教导副主任
肖祖海	正兴镇党委副书记、镇长
佘永春	正兴镇金堂村党支部书记
张　建	同心小学校长、党支部书记
张中华	区委政法委常务副书记，区综治办主任（兼）
罗泽洪	正兴镇沙塝村党支部书记
郑发利	区统计局局长、党组书记
孟卫红	区检察院检察长、党组书记
赵学玲	正兴镇党委委员、纪委书记
胡　婧	正兴小学教师
袁道国	大兴镇党委书记
黄佑强	正兴镇党委书记
曹廷孝	大兴镇龙飞村党支部书记
彭达宪	区人大常委会副主任
彭朝英	区委统战部常务副部长
蒋学远	区纪委常委、案件监督管理室主任，区监察局副局长（兼）（正处级）
廖小洪	大兴镇农业服务中心农艺师

续表 15-4

姓　名	单位及职务
黎　端	大兴镇党委副书记
薛　霁	正兴初级中学一级教师

重庆市璧山区
第十七届人民代表大会代表名单

表 15-5

编　号	姓　名	单位及职务（职业）
001	王　芳	璧城街道马家桥社区党委书记、居委会主任
002	孔　强	区公安局璧城派出所所长
003	卢祖华	重庆渝山水资源开发有限公司董事长、总经理
004	田学梅	璧城街道规划建设环保科科长
005	皮建伟	区国税局璧城税务所所长
006	刘启海	区人大常委会副主任、党组副书记
007	孙　东	璧城街道党工委副书记、办事处主任
008	严　萍	城北小学教师
009	李长征	璧城街道党工委书记
010	肖绍波	璧城街道党工委委员、人大工委主任
011	佟奎峰	77136 部队团长
012	余祖明	区委办公室主任
013	汪　强	锦宏居餐饮文化公司董事长
014	张　玥	璧城街道社保所干部
015	陈　刚	区中医院病理科主任
016	陈　勇	璧城街道龙井湾村党总支书记
017	陈新建	璧城街道双龙社区综合服务专干
018	范翔翔	璧城街道北门社区党委委员、居委会主任
019	罗庆永	璧城街道来龙村综合治理专干
020	周永红	中国人保财险璧山支公司总经理
021	周兴春	蒲元初中副校长
022	郑吉华	璧城街道黄葛社区党委书记、居委会主任
023	胡大惠	璧城街道四面山村党总支书记
024	洪　涛	国网重庆璧山供电分公司总经理、党委副书记
025	钱蜀光	区交委党委书记、主任
026	郭定财	璧城街道芋荷社区党委书记
027	黄龙芳	璧城街道塘湾社区党委书记

续表 15-5

编　号	姓　名	单位及职务（职业）
028	章勇武	区委副书记、区政府区长
029	董奕锋	区政府办公室党组书记、主任
030	傅　霞	璧城街道城中社区党委书记
031	楚贵雲	璧城街道大旺社区党委书记
032	薛方梅	区人大常委会正厅局级退休干部
033	魏建华	璧城街道东关社区党委书记
034	万小力	璧泉街道党工委副书记、办事处主任
035	王长荣	璧泉街道双狮社区党委书记
036	王绍慧	重庆红宇精密工业有限公司董事、总经理
037	朱春海	重庆瑞润电子有限公司总经理
038	向芷娴	璧泉街道团堡社区党委书记
039	刘全模	璧泉街道党工委书记
040	杨红军	区人大常委会副主任
041	吴昌惠	璧泉街道文风社区居民小组长
042	吴道藩	区委书记
043	何雪梅	璧泉街道文风社区居委会主任
044	邹盛奎	璧泉街道天门社区居委会主任
045	张　钊	嘉陵公司（集团）董事、总经理、党委委员
046	张　果	璧泉街道办事处社事科副科长
047	张树金	区政府副区长，区公安局党委书记、局长
048	陈孝祝	重庆众泰汽车工业有限公司董事长
049	柯真桂	璧泉街道牛角湾社区党委书记
050	骆成勇	璧泉街道党工委委员、人大工委主任
051	蒋光伦	璧泉街道华龙社区党委书记
052	程淑明	重庆机电职业技术学院党委副书记
053	傅祥华	璧泉街道南关社区工作者
054	曾庆平	农行璧山支行党委书记、行长
055	樊崇兰	璧泉街道观音社区综合服务专干
056	薛方勇	璧泉街道办事处副主任
057	王可辉	重庆顾地塑胶电器有限公司总经理
058	龙泽联	青杠街道中兴村党支部书记
059	卢　沙	青杠街道石河社区党支部书记
060	朱堂福	重庆蓝黛动力传动机械股份有限公司董事长
061	刘正明	青杠街道双路社区居民委员会委员
062	刘堂贵	大学城安唯康餐饮公司员工

续表 15-5

编 号	姓 名	单位及职务（职业）
063	杨 彬	青杠街道沙坡村党支部书记
064	何官临	重庆山青机械制造有限公司副总经理
065	张 余	青杠街道党工委书记
066	张云霞	青杠初中教师
067	张献强	区委常委、区政府常务副区长
068	陈宏宇	区法院院长
069	龚为伦	重庆青山工业公司副总经理
070	童立纺	重医附一院青杠老年护养中心护士长
071	曾永德	青杠街道人大工委主任
072	廖福容	区人大法制委主任委员、办公室主任
073	王群英	来凤街道东街社区党委书记
074	刘春兰	来凤中学教师
075	孙 露	重庆金冠（集团）有限公司董事长兼总裁
076	李富超	来凤街道来凤村党支部书记
077	沈 军	重庆护理职业学院副院长
078	沈永钢	重庆永钢橡塑有限责任公司董事长
079	陈根然	来凤街道党工委书记
080	陈富全	来凤街道安乐村党支部书记
081	罗志军	璧山高新区党工委书记、管委会主任
082	周成军	来凤街道孙河村村委会主任
083	郎迎春	77146 部队政委
084	段 秀	来凤邮局支局长
085	曹 刚	来凤小学副校长
086	蒋道军	来凤街道人大工委主任
087	韩维萍	区人大常委会农工委主任
088	万 容	区委常委、组织部部长
089	万东勇	重庆畅如实业有限公司董事长
090	王亚东	丁家街道人大工委主任
091	左定芳	丁家街道黉学村党支部书记
092	叶小金	璧山区立山生态农业开发有限公司董事长
093	朱沛远	丁家街道新民村村委会主任
094	刘兆奎	区发展改革委主任、党组书记
095	李长屹	重庆渝川公司董事长
096	陈达慧	丁家小学教师
097	罗思明	丁家医院院长

续表 15-5

编　号	姓　名	单位及职务（职业）
098	罗恩德	区人大常委会副主任
099	罗福全	重庆市凯福食品有限公司董事长
100	周　金	重庆渝西园林集团有限公司副总经理
101	赵　伟	区国土房管局丁家国土所所长、支部书记
102	柯　斌	丁家街道党工委书记
103	祝清佑	丁家街道卫生院医生
104	徐安绪	区人大财经委主任委员、常委会预算工委主任
105	黄泽禄	丁家街道铜瓦村六组村民
106	彭定伦	区人大法制委副主任委员、办公室副主任（正处级）
107	傅新义	丁家街道铜锣社区党支部书记
108	曾　进	区公安局丁家派出所所长
109	曾随伦	丁家初中党支部书记、校长
110	赖发春	重庆市春恒房地产开发有限公司董事长、总经理
111	廖昌平	丁家街道合中社区党支部书记
112	甘春霞	大路小学办公室主任
113	甘雪梅	农行大路支行行长
114	代兴义	大路街道党工委书记
115	吕昊楠	区公安局大路派出所所长
116	向明科	大路街道大沟村党支部书记、村委会主任
117	刘必容	大路街道团坝村村委会副主任
118	刘珍凤	大路街道办事处社事科干部
119	刘登盛	大路街道三台村党支部书记
120	江正亮	大路街道四维村党支部书记
121	严灿丰	大路街道人大工委主任
122	李能鹏	重庆中铁任之养老产业有限公司总经理
123	杨　勇	大路街道福里村党支部书记
124	杨中黎	大路街道郭家村党支部书记
125	杨作华	农发行璧山支行行长
126	陈永明	璧山中学校副校长（中学高级教师）
127	周　容	大路街道办事处经发科科长
128	孟卫红	区检察院检察长
129	郝明兵	重庆大路物流有限公司董事、总经理
130	彭定礼	大路街道龙泉村党支部书记
131	蒋学科	大路街道新房村党支部书记
132	程　明	区人大常委会副厅局级干部
133	雷豫平	大路街道三担村村委会主任

续表 15-5

编 号	姓 名	单位及职务（职业）
134	王利平	河边镇文昌社区综合服务专干
135	吴晓荣	河边镇盐井河村书记
136	何 平	区委副书记
137	张敬晔	河边镇人大主席
138	陈 强	区人大常委会党组书记、主任
139	陈 燕	河边镇文化服务中心主任
140	陈兴乾	河边镇铁石村村委会主任
141	罗庆国	河边镇同心村村委会主任
142	唐应容	河边镇党委书记
143	雷飞剑	河边镇浸口村党支部书记
144	王复梅	区直机关工委书记
145	王济民	福禄镇党委委员、镇人大主席
146	李大群	福禄镇天德农业开发有限公司总经理
147	杨 荣	福禄镇斑竹村村委会主任
148	吴建卿	区人大常委会副主任、党组成员
149	沈子玉	福禄镇初中教师
150	龚天德	福禄镇龙宝村村委会主任
151	彭长春	福禄镇党委书记
152	蔡金东	重庆嘉之树农业有限公司总经理
153	方进鑫	璧山葡萄协会会长
154	甘兴旺	七塘镇四合村党支部书记
155	石德军	七塘镇党委书记
156	叶合全	七塘镇党委委员、镇人大主席
157	伍仁斌	区人大财经委副主任委员
158	向邦俊	区政协主席
159	刘崇良	七塘镇跃进村党支部书记
160	江中琼	重庆市中阔机械有限公司董事长
161	李维全	七塘镇盐店村党支部书记
162	张良淑	七塘镇依凤九年制学校教师
163	钱大富	七塘镇建设村村委会主任
164	徐远达	区人大常委会城环工委副主任
165	鲁兴明	七塘镇将军村党支部书记
166	朱永财	八塘镇智灯村支部书记
167	刘田霜	文骏生态农业开发有限公司经理
168	李英碧	八塘镇石庙村支部书记
169	李定明	区人社局局长

续表 15-5

编　号	姓　名	单位及职务（职业）
170	沈　林	八塘镇党委委员、镇人大主席
171	张　健	八塘初级中学教师
172	陈力胜	八塘镇党委书记
173	范家伦	八塘镇前进村委会主任
174	欧文礼	区农委主任
175	姜　利	同力塑料制品有限公司经理
176	钱光灿	八塘镇敢英村支部书记
177	翁　谊	八塘镇政府建管办副主任
178	王代忠	大兴镇独耳村党支部书记
179	仇义荣	大兴镇山王村党支部书记
180	冯大勇	大兴镇莲生村党支部书记
181	任廷全	大兴镇船形村党支部书记
182	刘开富	大兴镇万民村党支部书记
183	李永富	大兴镇平安村党支部书记
184	李佳敏	团区委书记
185	李泽会	大兴镇狮子村党支部书记
186	李荣宝	大兴镇党委委员、镇人大主席
187	杨文惠	大兴镇联盟村综合服务专干
188	杨茂彬	大兴镇朝元村党支部书记
189	余　青	大兴镇中心卫生院副院长
190	邹小燕	大兴镇均田村综合服务专干
191	沈　亮	区人大教科文卫委副主任委员、办公室副主任
192	张海龙	大兴镇长隆村党支部书记
193	陈　文	区纪委副书记
194	袁道国	大兴镇党委书记
195	舒洪波	大兴镇符家村党支部书记
196	曾富林	大兴镇双柏村党支部书记
197	谢玉红	区司法局党组书记、局长
198	黎永康	大兴镇高桥村党支部书记
199	王万书	区人大常委会人代工委主任
200	王仁海	正兴镇团结村村委会主任
201	刘　华	区侨联主席
202	孙良帮	重庆市璧山区四通机械厂厂长
203	吴德福	正兴镇太和社区党委书记
204	宋　平	正兴小学校长
205	陈富旗	正兴镇尖山子村党支部书记

续表 15-5

编 号	姓 名	单位及职务（职业）
206	钟昌群	区妇联主席
207	徐明军	正兴镇社事办八级职员
208	黄佑强	正兴镇党委书记
209	黄学政	正兴镇湾塘村村委会主任
210	彭森远	区水利水库管理中心副主任
211	程世杰	农商行璧山支行正兴分理处主任
212	曾德容	正兴镇沙塝村村委会委员
213	熊 文	正兴镇党委委员、镇人大主席
214	薛乐勇	正兴镇农业服务中心主任
215	王光常	三合镇党委委员、镇人大主席
216	邓福贵	三合镇高山村党支部书记
217	刘荣海	三合初中校长
218	何荣国	重庆三业茶叶有限公司经理
219	何厚元	三合镇卫生院院长
220	陈 健	三合镇党委书记
221	彭禄友	区财政局局长
222	万东川	重庆万旭苗木有限公司董事长
223	王大全	区人大常委会党组成员、办公室主任、信访办公室主任、机关党组书记
224	华成群	广普镇周家村党支部书记
225	刘 勇	广普镇党委委员、镇人大主席
226	刘光碧	区人民医院副院长、主任护师
227	杨远昌	广普镇坪中村综合服务专干
228	胡 荣	广普中学英语一级教师
229	徐开祥	广普镇党委书记
230	韩德文	重庆渝西园林集团有限公司工程师
231	谭忠柱	广普镇护普村村委会主任
232	王宪友	重庆信荣石膏建材责任有限公司董事长兼总经理
233	王禧华	区人大教科文卫委主任委员、办公室主任
234	刘辅波	健龙镇新星专业合作社负责人
235	吴永超	健龙初中校长、党支部书记
236	陈维华	健龙镇白果村党支部书记
237	徐 刚	健龙镇党委委员、镇人大主席
238	徐开友	健龙镇鱼洞村村委会主任
239	徐华福	健龙镇党委书记
240	黄泽梅	健龙小学校教师
241	彭达宪	区人大常委会副主任
242	程 莉	健龙镇人大副主席

中国人民政治协商会议
重庆市璧山区第十届委员会委员名单

中国人民政治协商会议重庆市璧山区第十届委员会委员经各界别推荐和协商共235名，经中国人民政治协商会议重庆市璧山区第九届委员会第二十七次常务委员会协商决定，现予以公布(以界别排序)。

中国人民政治协商会议

重庆市璧山区第九届委员会常务委员会

2016年12月19日

中国共产党（16名）

向邦俊　张正刚　刘正忠　钟昌国　周厚强
饶　静（女）　余利华　彭朝英（女）　张中华
张兴亮　瞿显贵　罗庆利　董其鑫　刘　勇
邹　宇　肖鸿霞（女）

无党派人士（12人）

周成伟　龚建烈（女）　刘隆英（女）　蔡大丰
杨　梅（女）　余　力　朱　静（女）
邱　玲（女）　曾　亮　朱朝刚　巫　波
陈　静（女）

共青团璧山区委员会（8人）

戴虎宏　柳庆君　胡　玲（女）　谢　燕（女）
张箴斌　罗菁华　唐春燕（女）　全　铮

璧山区总工会（8人）

徐继东　谭　兴　荣　莉（女）　袁朝成
王咏真　冯学成　邱前远　黄福刚（女）

璧山区妇女联合会（8人）

汪国琴（女）　向　华（女）　董　阳（女）
王　景（女）　张　蓉（女）　卢廷惠（女）
晏昌飞（女）　祝　英（女）

璧山区工商业联合会（21人）

刘光中　白　均　安世彬　任家中　张祖田
王人庆　周洪川　龙大江　杨国康　熊四海
程汝财　陆　涛　黄世英（女）　曾永兵
贺开斌　柏　冰　熊开友　袁清亮　林家洪
李科志　周善文

璧山区科协技术协会（6人）

冯大春　庞泽兴　陈洪春　龙冯刚　左辉荣
张利国

璧山区归国华侨联合会（7人）

彭雪松　杨　玲（女）　刘开文（女）　胡卫斌
邹　丽（女）　艾　科　张　健

文化艺术界（9人）

黄　林　傅应明　罗时全　邓　毅　谢　捷
彭开兰（女）　李文英（女）　周厚勇
瞿　榕（女）

科学技术界（6人）

李泽元　刘启光　罗　伟　李贤梅（女）
董其慧（女）肖开权

经济界（20人）

刘居明　梁德平　赖晓明　张　兴　杨　俊
胡　洲　吴　俊　巫大均　靳彬彬　孟英冬（女）
彭旭东　叶尚万　鲁　明　柯　靓　李宗隆

王必山　李泽贵　杨正元　明文刚　李红伟

农业界（15人）

刘家洪　李元荣　郭清洪　傅福明　冯大俊
朱文群（女）　彭朝分（女）　谭朝金　冯世德
何继良　胡　耀　毛泽生　邹小余　周国文　徐　勇

教育界（18人）

杨　靖　张继仁　龙泽平　周爱东　王成中
曾佑惠（女）　谭功云　刘义国　印　林
许　伟　黄光海　刘　萍（女）　谭　健（女）
周宗兰(女)　王　清（女）　万仁红（女）
庞泽喜　吴禄德

医药卫生界（13人）

伍晓琴（女）　罗庆华　刘　鸿（女）
董　兰(女)　蒋迎九　李建华　杨冬梅（女）
曹　红　梁　栋　龚琼华(女)　张秉霞（女）
何宗莉（女）　张子强

社会福利和社会保障界（6人）

雷贵建　周明进　邓　庆（女）　孙毅刚
陈春梅（女）　雷全武

少数民族界（5人）

王姝尹（女）　谭智勇　唐　波　钟伟惠（女）
戴兴贵（女）

特别邀请人士（57人）

周英碧（女）　雍　湘（女）　邹德平（女）
张华荣　李　德　刘明利（女）　罗秀君
方平萍（女）　罗　东　高道素（女）　彭　昱
江宗志　李小红（女）　陈立国　张　琴（女）
张　引　彭朝富　叶和定　彭定余　黎端（女）
雷　华　马安利　郑　兵　高　锋　张世会（女）
杜俊明　何祖秋　张　杰　邓定轩　何大树
石怀伟　柯昌蜀（女）　张　伟　赵红敏（女）
赖　华　常爱书（女）　钟晓涛　王长征　陈志强
李长殷（女）　伍宏宇　赵长友　瞿显林
彭　菲（女）　刘　军（女）　万东亚（女）
冉毅斯（女）　钟相林　陈小红　曾　涛
龙　彬　李家智　江朝猛　周善均　叶太刚
李勇祥　袁　义

索 引

一、本索引采用主题分析索引法编制。按主题词首字汉语拼音（同音字按声调）顺序排列，若首字拼音相同则按第二字音序排列，以此类推。索引主题词后的阿拉伯数字表示该主题内容所在页码。

二、“大事记”“统计资料”“文献”“附录”等部目的具体内容和区的“综述”“概况”，镇街的“经济发展”“社会发展”“生态发展”“城镇建设”统一条目以及正文中的图、表、名单未做索引。

三、部目、分目和次分目的索引款目用黑体字排印，其余款目用宋体字排印。

四、索引款目下缩进两格各占一行分别排列的款目为同一主题的“附见”，索引款目后标有2个以上页码的为同一主题的“参见”。为便于读者检索，内容有交叉的款目在索引中重复出现。

五、以引号、书名号等符号开头的索引词与其他索引词混编。

A

B

C

D

E

F

G

H

J

K

L

M

N

P

Q

R

S

T

W

X

Y

Z